Anerkennung und Beleidigung

Frankfurter kriminalwissenschaftliche Studien

Bd./Vol. 58

PETER LANG
Frankfurt am Main · Berlin · Bern · New York · Paris · Wien

Frank Schößler

Anerkennung und Beleidigung

Rechtsgut und Strafzweck des § 185 StGB

PETER LANG
Europäischer Verlag der Wissenschaften

Die Deutsche Bibliothek - CIP-Einheitsaufnahme

Schößler, Frank:

Anerkennung und Beleidigung : Rechtsgut und Strafzweck des § 185 StGB / Frank Schößler. - Frankfurt am Main ; Berlin ; Bern ; New York ; Paris ; Wien : Lang, 1997
(Frankfurter kriminalwissenschaftliche Studien ; Bd. 58)
Zugl.: Frankfurt (Main), Univ., Diss., 1997
ISBN 3-631-31615-1

D 30
ISSN 0170-6918
ISBN 3-631-31615-1

Meinen Eltern

Vorwort

Die Arbeit wurde im Wintersemester 1996/97 vom Fachbereich Rechtswissenschaft der Johann Wolfgang Goethe-Universität in Frankfurt am Main als Dissertation angenommen.

Mein herzlichster Dank gilt allen, die mich bei der Arbeit unterstützt und ermutigt haben; Ihr wißt, wer gemeint ist.

Besonders herzlich danken möchte ich meinem verehrten Doktorvater, Herrn Prof. Dr. Walter Kargl, der die Arbeit angeregt und optimal betreut hat. In zahlreichen Gesprächen hat er mir vielfältige Denkanstöße und Anregungen gegeben, seine Ratschläge und seine konstruktive Kritik waren für das Gelingen der Arbeit von unschätzbarem Wert.

Herrn Prof. Dr. Ulfrid Neumann, der das Zweitgutachten übernommen hat, sowie dem Vorsitzenden des Prüfungsausschusses, Herrn Prof. Dr. Erich Troje, möchte ich für das meiner Arbeit entgegengebrachte Interesse meinen herzlichen Dank aussprechen.

Zu Dank verpflichtet bin ich schließlich auch den Herausgebern der "Frankfurter kriminalwissenschaftlichen Schriften" für die Aufnahme der Arbeit in ihre Schriftenreihe.

Frankfurt am Main, im April 1997 — Frank Schößler

Inhaltsverzeichnis

Einleitung

Über Sinn und Zweck des § 185 StGB[1] läßt sich streiten. Von der einen Seite wird die faktische Abschaffung der Norm durch die Rechtsprechung des Bundesverfassungsgerichts beklagt, von der anderen Seite die Streichung des Beleidigungstatbestands aus dem Strafrecht gefordert. Daß die Beleidigung "so etwas wie ein Restphänomen aus primitiveren Zeiten" ist[2], ist historisch gut dokumentiert. Daß § 185 in der Praxis keineswegs nur private Konfliktsituationen betrifft[3], zeigen die Kontroversen um diverse "Soldatenurteile" und die sog. "Auschwitzlüge". Ob zukünftig an § 185 als fundamental wichtiger Norm festzuhalten ist, oder ob der Schutz der "Ehre" auch ohne das Strafrecht gewährleistet werden könnte, läßt sich nicht ohne eine genaue Klärung von Bedeutung und Funktion des Beleidigungstatbestands beantworten. Rechtsgut und Strafzweck der Beleidigung sollen in der vorliegenden Arbeit auf rechtsphilosophischer, rechtstheoretischer und sozialwissenschaftlicher Basis ermittelt werden. Im Zentrum der Rechtsgutsdiskussion wird das auf Kant, Fichte und Hegel zurückgehende Verhältnis intersubjektiver Anerkennung stehen, allerdings in einer modifizierten Form moderner sozialphilosophischer Konzeptionen. Ein anerkennungstheoretisches Konzept soll den zeit- und verfassungsgemäßen Kern des altertümlichen Begriffs der Ehre aufzeigen.

Hinter der Frage des Strafzwecks der Beleidigung verbirgt sich dagegen die nicht rechtsgutsspezifische allgemeine Problematik von Legitimation, Sinn und Zweck staatlichen Strafens im freiheitlich-demokratischen Rechtsstaat. Auch dabei wird es um intersubjektive Anerkennung gehen, jedoch nicht im Sinne der auf andere Weise anerkennungsbezogenen absoluten Straftheorie Hegels. Mit Blick auf sozialpsychologische Erkenntnisse wird die Bedeutung intersubjektiver Anerkennungsverhältnisse für die Bildung des moralischen Bewußtseins des Menschen vielmehr einen zentralen Einwand gegen die motivationalen Ansprüche der spezial- und generalpräventiven Strafzwecktheorien in ihren vorherrschenden Formen darstellen. In diesem Zusammenhang soll versucht werden, eine alternative Strafzweckkonzeption auf der Basis einer anerkennungstheoretischen Begrenzung der legitimen Rechtsgüter zu skizzieren, die zugleich den Auslegungsmöglichkeiten des nahezu unbestimmten Tatbestands des § 185 enge Grenzen vorgibt.

Der erste Abschnitt dieser Arbeit soll einen knappen Überblick über den Streitstand in der Beleidigungsdogmatik vermitteln, im zweiten Abschnitt gilt es, das

---

1 Im folgenden sind Paragraphen ohne Gesetzesangabe solche des StGB.

2 Bassenge, Ehre, S. 39.

3 Zu den statistischen Daten vgl. Steffen, Beleidigungen, S. 42 ff., 61 ff.

Rechtsgut der Beleidigung möglichst präzise zu erfassen. Neben einer zeitgemäßen Konkretisierung des Begriffs des Anerkennungsverhältnisses anhand der wichtigsten theoretischen Modelle der gegenwärtigen Sozialphilosophie und einer grundsätzlichen Klärung des Begriffs "Rechtsgut" wird dabei zu erörtern sein, ob und inwieweit das Verhältnis wechselseitiger Anerkennung den strafrechtlichen Rechtsgütern "Ehre" bzw. "Menschenwürde" zuzuordnen ist und welche Formen der Anerkennung eine "gerecht" verfaßte Gesellschaft überhaupt zu gewährleisten hat.

Ausgehend vom Rechtsgut der Beleidigung und der im dritten Abschnitt thematisierten Strafzweck- und Straflegitimationsproblematik werden im vierten Abschnitt schließlich die konkreten Strafbarkeitsvoraussetzungen und -grenzen der Beleidigung diskutiert. Vorab ist zwar sicher, daß nicht jede Unhöflichkeit oder Geschmacklosigkeit mit der Kriminalstrafe bedroht werden darf, anderenfalls würde "das ganze Leben zu einem ungeheuren Beleidigungstatbestand"[4] ausufern; ohne Bezugnahme auf die allgemeine Straftheorie läßt sich dagegen nicht erklären, warum etwa das Werfen von Steinchen an das Fenster des Nachbarn[5] unterhalb der Strafbarkeitsgrenze liegen muß. Neben einer anerkennungstheoretischen Definition des Beleidigungstatbestands werden dabei auch die Konsequenzen des anerkennungstheoretischen Ehrbegriffs für die zentralen Streitfälle der Beleidigungsdogmatik, die Themenkreise Kollektivbeleidigung und verfassungsmäßige Rechtfertigung beleidigender Verhaltensweisen, dargestellt. Das Spannungsverhältnis zwischen individuellen und kollektiven Rechten betrifft nicht nur den juristischen Diskurs, es ist zugleich eine der grundlegenden Streitfragen der modernen Philosophie. Die Stichworte politischer Liberalismus - Kommunitarismus - Bürgergesellschaft stehen für die sozialphilosophische Diskussion der Problematik freier Interessenartikulation und fairen Interessenausgleichs im gleichmäßigen Interesse aller Betroffenen.

---

[4] Vgl. Krug, Ehre, S. 137.

[5] Vgl. hierzu BayObLG JR 1963, 468.

Erster Abschnitt

Problemexplikation: Rechtsgutfrage und Ehrbegriffe

1 "Ehre" als Rechtsgut des § 185

Die Probleme der Beleidigungsdogmatik beruhen vor allem auf der begrifflichen Unbestimmtheit. Der Gesetzgeber hat "den Tatbestand des § 185 überhaupt nicht formuliert, die §§ 186 und 187 nur in einer Weise, die das tatbestandliche Angriffsobjekt nicht einmal mit annähernder Deutlichkeit erkennen läßt"[1]. Schon 1921 sprach Engelhard von einer "Resignation des Gesetzgebers"[2].

Das Rechtsgut des - nach Binding: "wenig gelungenen"[3] - 14. Abschnitts des Besonderen Teils des Strafgesetzbuchs läßt sich auch nicht der Abschnittsüberschrift entnehmen[4], ebensowenig lassen sich entsprechende Anhaltspunkte aus anderen Teilen der Rechtsordnung gewinnen. Hinzu kommt, daß ein Verletzungserfolg nach §§ 185 ff. anders als z.B. bei Delikten gegen die körperliche Integrität, das Eigentum oder Vermögen nicht nach außen hin wahrnehmbar ist. Das Rechtsgut der §§ 185 ff. ist daher dem Gesetzeswortlaut und der Gesetzessystematik alleine nicht zu entnehmen. Auch die Tatsache, daß der dem 14. Abschnitt entsprechende Titel des PrStGB noch mit "Verletzungen der Ehre" überschrieben war, läßt insofern keine eindeutigen Schlüsse zu[5]. Zur Bestimmung des Sinngehalts bieten sich vielfältige mögliche Ansatzpunkte an: umgangssprachliche Verwendung, historische Bedeutung und Entwicklung, Etymologie, Philosophie, Soziologie etc. Der archaische Begriff "Beleidigung" steht einer grundsätzlich unbegrenzten Vielzahl von Deutungsmöglichkeiten offen.

---

1 Tenckhoff, Bedeutung, S. 19; ähnlich Husmann, MDR 1988, 727: "das Gesetz kennt keinen Tatbestand der Beleidigung. Es sagt schlagwortartig nur, daß eine Beleidigung bestraft wird".

2 Engelhard, Ehre, S. 74 f., 120: "Ein Tatbestand der Beleidigung, der mehr als eine Umschreibung wäre, würde eine Lösung des Ehrproblems, einen feststehenden Ehrbegriff voraussetzen". Es sei aber "nicht Sache des Gesetzgebers", einen solchen aufzustellen.

3 Binding, Lehrbuch, S. 135.

4 Die §§ 185 bis 200 sind lediglich mit "Beleidigung" überschrieben. Deutliche Hinweise auf Rechtsgut und Schutzzweck geben dagegen Abschnittsüberschriften wie "Straftaten gegen die öffentliche Ordnung", "Straftaten gegen das Leben", "Straftaten gegen die persönliche Freiheit" etc.

5 Vgl. Tenckhoff, Bedeutung, S. 17, m.N.; Zur Umschreibung der Beleidigung in früheren Strafgesetzen siehe v. Bar, GS 52 (1896), 83 mit Fn. 1.

Die Grenze derartiger Interpretationsmöglichkeiten bildet das strafrechtliche Bestimmtheitsgebot[6]. Danach muß sichergestellt sein, daß jedermann voraussehen kann, welches Verhalten verboten und mit Strafe bedroht ist, damit er in der Lage ist, sein Verhalten entsprechend einzurichten[7]. Straftatbestände unklaren oder mehrdeutigen Inhalts sind mit dem Bestimmtheitsgrundsatz nur dann vereinbar, wenn im Wege der Auslegung Sinn und Umfang der Normen als feste und zuverlässige Grundlage für die Rechtsprechung eindeutig ermittelt werden können[8]. Die Vereinbarkeit des § 185 mit Art. 103 Abs. 2 GG wird teilweise bestritten[9]. Nach dem Bundesverfassungsgericht soll sie aber dadurch gegeben sein, daß die Tatbestände der §§ 185 ff. durch Rechtsprechung und Schrifttum in langdauernder gleichmäßiger Übung mit festen Konturen versehen worden seien[10] - in Rechtsprechung und Lehre besteht wenigstens insoweit Konsens, daß als Schutzgut der Beleidigung die "Ehre" gilt[11]. Für die Beleidigung im weiteren Sinne (als Überschnitt des 14. Abschnitts des BT) trifft dies jedoch nicht uneingeschränkt zu, die §§ 187 Alt. 3[12] und 189[13] sind differenziert zu betrachten.

---

[6] Art. 103 Abs. 2 GG, § 1 StGB, *nullum crimen, nulla poena sine lege*. Die Genese des nullum-crimen-Satzes wird Feuerbach zugeschrieben (Revision, S. 147 ff.), doch schon Fichte forderte, jeder müsse das Gesetz, nach welchem er bestraft wird, vorher gekannt haben, anderenfalls enthielte die Strafe eine Ungerechtigkeit (Naturrecht, Zweiter Teil, § 20). Fichtes Straftheorie ("Der böse Wille soll durch die angedrohte Strafe unterdrückt, der ermangelnde gute Wille durch sie hervorgebracht werden") bildet auch den Kern der Feuerbachschen Theorie des "psychologischen Zwangs", gesetzliche Bestimmtheit und Kenntnis der Gesetzesinhalte waren unverzichtbare Voraussetzungen der alten Abschreckungstheorien. Ein komprimierter Überblick zur historischen Entwicklung des Gesetzlichkeitsprinzips findet sich bei Roxin, AT, § 5, Rn. 12 ff.

[7] BVerfGE 25, 269 (285); 78, 374 (381 f.); Schmidt-Bleibtreu/Klein, Art. 103 GG, Rn. 227; Roxin, AT, § 5, Rn. 1 ff.

[8] Vgl. BVerfGE 45, 363 (371 f.); Schmidt-Bleibtreu/Klein, Art. 103 GG, Rn. 9; LK[10]-Tröndle, § 1, Rn. 13.

[9] Schubarth, JuS 1981, 728; Husmann, MDR 1988, 727. Daß die Frage der Vereinbarkeit des § 185 mit Art. 103 Abs. 2 GG "merkwürdigerweise ... nur selten gestellt" werde (so Ignor, Beleidigung, S. 22), ist ebenso unzutreffend wie die Einschätzung, "ernsthafte Zweifel" an der Verfassungsmäßigkeit der Norm seien "bislang kaum formuliert" worden (Ignor, a.a.O., S. 23). Thematisiert wird die Bestimmtheitsproblematik in nahezu jeder Abhandlung über § 185, auch werden in aller Regel gewichtige Bedenken vorgetragen. Selten sind lediglich solche Stimmen, die den Beleidigungstatbestand für grundsätzlich verfassungswidrig halten.

[10] Vgl. BVerfGE 14, 245 (252); 26, 41 (43); BVerfG EuGRZ 1995, 443 (452).

[11] BGHSt 1, 288 (289); 11, 67 (71); 16, 58 (62); Schönke/Schröder-Lenckner, Vor §§ 185 ff., Rn. 1; SK-Rudolphi, Vor § 185, Rn. 1; LK[10]-Herdegen, Vor § 185, Rn. 1; jeweils m.w.N.

[12] § 187 Alt. 3 (Kreditgefährdung) stellt nach allgemeiner Ansicht kein Ehr-, sondern ein Vermögensdelikt dar, vgl. nur LK[10]-Herdegen, Vor § 185, Rn. 1.

[13] Bei § 189 (Verunglimpfung des Andenkens Verstorbener) ist streitig, ob die (fortbestehende) Ehre des Verstorbenen (Hirschberg, Schutzobjekte, S. 125; Hirsch, Ehre, S. 125 ff.; Welzel, Lb., S. 315 f.; LK[10]-Herdegen, § 189, Rn. 2; ähnlich Otto, BT, S. 121), das Pietätsgefühl der Angehörigen (Dreher/Tröndle, § 189, Rn. 1; Rüping, GA 1977,

Als Sonderformen der Beleidigung sind die §§ 90 ff. aus systematischen Gründen den "Staatsschutzdelikten" (1. Abschnitt des BT) zugeordnet[14].

Mit dem heute allgemein anerkannten Bezugspunkt der Ehre sind zumindest jene früheren Deutungsmöglichkeiten ausgeschlossen, nach denen die Beleidigung weitläufig als Straftat gegen die Persönlichkeit[15], als Seelenschmerzzufügung ("Be*leid*igung")[16] oder als Angriff auf den öffentlichen Frieden[17] aufgefaßt wurde. Diese Ansätze lassen sich historisch weit zurückverfolgen: im frühen germanischen Recht wurde die Beleidigung als Erniedrigung des Betroffenen durch Kränkung seines Selbstwertgefühls (subjektives Ehrgefühl) verstanden[18], während das römische Recht stärker auf die (objektive) Rufverletzung ("infamatio") abstellte. Die römisch-rechtliche "iniuria" umfaßte auch Akte der Körperverletzung, des Hausfriedensbruchs und andere Angriffe gegen fremde Personen[19], also alle Angriffe auf die Persönlichkeit, die nicht durch besondere Deliktstatbestände strafbar waren. Noch zur Zeit der Aufklärung wurde der Begriff der Beleidigung allgemein für jede Form der Rechtskränkung verwandt[20]. Mit dem

---

304 f.; Küpper, Jura 1983, 590) oder der Allgemeinheit (OLG Düsseldorf NJW 1967, 1142; Lackner-Kühl, § 189, Rn. 1), der soziale Frieden (SK-Rudolphi, Vor § 185, Rn. 7) oder die über den Tod hinauswirkende Menschenwürde des Verstorbenen (BGHZ 50, 133; BVerfGE 30, 194; BT-Drs. 10/3358) geschützt werden soll.Daß es nicht alleine um den postmortalen Schutz des Toten und seiner "fortbestehenden" Ehre gehen kann, hat Eckstein schon vor über hundert Jahren plastisch formuliert: "Der Tote kann nun einmal nicht beleidigt werden; er ist nicht mehr, im Grabe liegen Gebeine" (Ehre, S. 113). Hassemer, Theorie, S. 184, nennt als Rechtsgut des § 189 das Interesse des lebenden Menschen am Schutz seiner Ehre nach seinem Tode.

14 LK[11]-Laufhütte, § 90, Rn. 1, spricht vom "Ehrenschutz des Staates". Verunglimpfungen i.S.d. §§ 90 ff. sind besonders massive Formen der Beleidigung.

15 Eckstein, Ehre, S. 47, 72 ff., 76, betrachtete, unter Berufung auf Hegel, den "Urgrund des Ehrtriebes" im Ehrbewußtsein des Menschen, und folgerte daraus, daß alle Angriffe auf die ideelle Persönlichkeit strafbare Beleidigungen seien.

16 v. Bar, GS 52 (1896), 83 f., sah die Beleidigung im wörtlichen Sinne als Leidzufügung, als Verursachung eines Seelenschmerzes; in diesem Sinne auch Heß, Ehre, S. 20 ff., 22; Stenglein, GS 42 (1889), 83.

17 Bassenge, Ehre, S. 27 ff., 50 ff., vertrat die Auffassung, die Ehre des Menschen sei äußeren Angriffen überhaupt unzugänglich; das Angriffsobjekt der Beleidigung sah er im öffentlichen Frieden, der durch etwaige Revanchehandlungen des Beleidigten gefährdet sei. Es ist zwar richtig, daß die Beleidigungsstrafbarkeit mit dem Schutz des öffentlichen Friedens zusammenhängt, jedoch sind Bassenge die Begriffe Rechtsgut, Angriffsobjekt und Strafzweck durcheinandergeraten - angegriffen werden kann nur der konkrete Mensch. Näheres dazu unten auf S. 226 ff.

18 Vgl. Hälschner, System, S. 197 ff; Übersichten bei Binding, Lehrbuch, S. 133; Blei, BT, S. 90; umfassende Darstellung bei Heins, Ehre, S. 54 ff.; v. Bar, GS 52 (1896), 90 f., will ausdrücklich am Beleidigungsverständnis der "stolzen Germanen" festhalten und qualifiziert gegenteilige Auffassungen als "irrig" ab (a.a.O., S. 91, Fn. 11). Dagegen Binding, Lehrbuch, S. 133, Fn. 2: "Das mag alles Andere sein, Darstellung deutschen Rechtes ist es - Gott sei Dank! - nicht!".

19 Vgl. Heins, Ehre, S. 36 ff.; Blei, a.a.O.; Krug, Ehre, S. 62, m.w.N.

rechtsstaatlichen Bestimmtheitsgebot ist ein Verständnis der Beleidigung als "subsidiäre Deliktskategorie, deren Umfang mit jeder gesetzlichen Sanktion eines neuen Verbrechens kleiner wird"[21], eine "Verflüchtigung der Beleidigung zu einem allgemeinen Friedensgefährdungs- oder Persönlichkeitsdelikt"[22], nicht mehr vereinbar.

Günther Jakobs ist dagegen der Ansicht, daß durch die §§ 185 ff. neben der Individualehre auch der öffentliche Frieden geschützt werde. Er bezieht sich dabei auf überpersonale öffentliche Interessen an zutreffender informeller Zurechnung von Eigenschaften und Verhalten zu Lasten einer Person, deren Verfälschung die "Bestandsbedingungen der Gesellschaft" verletze[23]. Dem ist entgegenzuhalten, daß der strafrechtliche Schutz individueller Rechtsgüter immer auch dem geordneten Zusammenleben der Menschen in der sozialen Gemeinschaft und somit auch übergeordnet dem "öffentlichen Frieden" dient. Aus dem Charakter des Rechts als Gemeinschaftsordnung folgt, daß jedes Unrecht über die Verletzung einer einzelnen Person, eines einzelnen Rechtsguts hinaus auch eine Negation der Rechtsordnung[24] darstellt, also eine Verletzung jener Gemeinschaft, die den rechtlich verfaßten Zustand überhaupt gewährleistet[25]. Die von Jakobs zitierten "Bestandsbedingungen der Gesellschaft" werden also in gewisser Weise durch jeden interpersonalen Konflikt tangiert und durch jeden Rechtsbruch potentiell gefährdet. Daraus im Fall der Beleidigung auf überindividuelle Rechtsgüter zu schließen, wäre verfehlt[26]; zwischen den über personale Interessen zu definierenden Rechtsgütern und den Zwecken der Strafe muß differenziert werden. Das Rechtsgut der Beleidigung ist daher über den Begriff der Ehre zu ermitteln, der Schutz des öffentlichen Friedens kann nur Gegenstand des Strafzwecks der Beleidigung sein.

2 Ehre und Beleidigung - Bedeutung und Bedeutungswandel

Mit der abstrakten Einigkeit über die Ehre als Schutzgut des § 185 ist noch nicht allzuviel gewonnen. Die Ehre ist ein schillernder, recht pathetischer Begriff, der ebenso wie der Beleidigungsbegriff einer Vielzahl höchst unterschiedlicher Interpretationen zugänglich ist. Die Ehre des "stolzen Germanen"[27] war eine

---

20 Vgl. etwa Hommel, Vorrede, S. 3.

21 Liepmann, Beleidigung, S. 242; v. Bar, GS 52 (1896), 90.

22 Arthur Kaufmann, ZStW 72 (1960), 426.

23 Jakobs, Aufgabe, S. 627 f., 636 f.

24 Vgl. Hegel, Rechtsphilosophie, Werke VII, § 97, Zusatz.

25 Zaczyk, Begriff, S. 114.

26 So auch Fischer, JZ 1990, 68, unter Berufung auf v. Holtzendorff-Dochow, Handbuch, 3. Band, S. 337: "Da Ehrenschutz im öffentlichen Interesse gewährt wird, reicht derselbe auch nur so weit, als es das öffentliche Interesse fordert". Vgl. auch Streng, Volksverhetzung, S. 509 f.

andere als die des freien Bürgers der Aufklärungszeit; die Standes- und Ritterehre des Mittelalters[28] eine andere als die nationalsozialistische[29]. Zeit- und sozialbedingt symbolisierte die "Ehre" zugleich immer auch Ideologie, Herrschaft, Klassenbewußtsein[30]. Diese "Altlast" erschwert die Suche nach dem "richtigen" Ehrbegriff im modernen rechtsstaatlichen Kontext, der von freien und gleichberechtigten Bürgern auszugehen hat.

Die Verantwortung für die beispiellose Verwirrung auf dem Gebiet von Ehre und Beleidigung trägt der Gesetzgeber, der sich nur auf die vage Andeutung festlegte, *"Die Beleidigung wird ... bestraft"*. Die inhaltliche Konkretisierung der Norm blieb Rechtsprechung und Rechtswissenschaft überlassen, unter rechtsstaatlichen Aspekten ist dieses Verfahren keineswegs so zu begrüßen, wie etwa Engelhard dies tat: der Gesetzgeber habe "wohl [getan], ... seine Aufgabe an Wissenschaft und Praxis zu übertragen"[31]. Genaugenommen hat nämlich der Gesetzgeber hier nicht "wohl getan", sondern das Prinzip der Gewaltenteilung unterlaufen. Der Erlaß von Strafrechtsnormen ist die Aufgabe der Legislative (Art. 74 Nr. 1 GG), die auf Zeit legitimierten Gesetzgebungsorgane repräsentieren den in demokratischen Wahlen artikulierten Willen der Bürger. Die Richter sind dagegen nach Art. 97 Abs. 1 GG "unabhängig und nur dem Gesetze unterworfen". Daß die Rechtsprechung *wesentliche* Inhalte der Gesetze selbst konstituieren müßte, sieht die Verfassung nicht vor. Durch die Verlagerung der Problematik auf die Judikative - Teubner spricht vom "Normbildungsauftrag an die Gerichte"[32] - muß sich der

---

27 v. Bar, GS 52 (1896), 90 f.

28 Dazu Kübler, JZ 1984, 543: "Die Legitimation dieser Gesellschaft verlangt die fraglose Hinnahme und Respektierung der vorgegebenen Unterschiede; deshalb hat jeder Stand - Adel, Kaufleute, Handwerker usw. - seine besondere `Ehre´, die die Anerkennung der jeweiligen Privilegien meint". Vgl. nur Feuerbach, Lehrbuch, § 171: "Der Oberherr als ein Subjekt der höchsten Gewalt im Staate hat die höchste bürgerliche Ehre".

29 Die Ehre des einzelnen bemaß sich nach dessen "Wert" für das Gemeinschaftsganze. In der Sprache der Zeit: "Die Ehre bezeichnet den Wert des einzelnen als Glied der Gemeinschaft und gleichzeitig den Wert, der dem einzelnen durch die Gemeinschaft zuteil wird" (Dahm, DR 1934, 417), "der nationalsozialistische Ehrbegriff kann nicht vom Individuum zu einer Gemeinschaft, sondern nur von der Volksgemeinschaft her zum einzelnen gedacht werden" (Ramm, Der Ehrbegriff als Grundlage des Ehrenschutzes im Strafrecht, S. 59 f.). Demnach "steht also nur ein Gesamtwesen, das deutsche Volk, im Mittelpunkt der Betrachtung. Für die Ehre des einzelnen Volksgenossen und ihren Schutz bedeutet das zwingend, daß zum Maßstab der Ehre und damit auch der Ehrverletzung der Wert des Ehrenträgers im Volksganzen ... alleiniger Maßstab werden muß" (Freisler, DJ 1936, 1460). Auf den Punkt gebracht wurde der nationalsozialistische Ehrbegriff im Leitspruch der "Waffen-SS": "Meine Ehre heißt Treue" (dazu zeitgenössisch Rannacher, Ehrenschutz, S. 156 f.).

30 Vgl. nur Wolff, ZStW 81 (1969), 894 f.; Kübler, JZ 1984, 543; Berger/Berger/Kellner, Unbehagen, S. 75 ff. (77).

31 Engelhard, Ehre, S. 120 f.

32 Teubner, Standards, S. 42 ff. - Teubners Untersuchung beschränkt sich auf die "Gute-Sitten-Klauseln" im Zivilrecht (§§ 138, 826 BGB, § 1 UWG).

Gesetzgeber den Vorwurf gefallen lassen, gegen die verfassungsrechtlich vorgeschriebenen Prinzipien verstoßen zu haben[33].

Ehrbegriff und tatbestandsmäßiger Umfang der Beleidigungsstrafbarkeit wären vor dem Normerlaß zu klären gewesen, nicht erst nach dem Inkrafttreten der Norm - Art. 103 Abs. 2 GG fordert ausdrücklich die "gesetzliche" Bestimmtheit der Strafbarkeit "*bevor* die Tat begangen wurde". Inhalt und Grenzen des § 185 waren aber nicht nur zum Zeitpunkt des Inkrafttretens der Norm umstritten, sie sind es heute noch, jedenfalls in nicht unerheblichen Einzelfragen.

Nicht nur die inhaltliche Konturierung des Begriffs "Ehre" gestaltet sich schwierig, schon dessen grundsätzlicher Stellenwert im System der Rechtsgüter ist umstritten. Während Schwinge die Ehre als "das vornehmste Persönlichkeitsrecht" und "eines der höchsten Rechtsgüter"[34] ausgibt, nennt Quensel Ehrverletzungen in einem Atemzug mit "non-konformistische(m) Lebensstil", als Beispiele besonders "harmloser" Formen abweichenden Verhaltens[35]. Arzt betont zwar den Bagatellcharakter der Beleidigung, stellt aber "bei vielen Beleidigungen einen erschreckend hohen Handlungsunwert" fest[36]. Maurach nennt eher allgemein die Ehre "das subtilste, mit den hölzernen Handschuhen des Strafrechts am schwersten zu erfassende und daher am wenigsten wirksam geschützte Rechtsgut unseres Strafrechtssystems"[37]. Historisch betrachtet bilden der sehr hohe Stellenwert der Ehre im frühen germanischen Recht[38] einerseits und die eher geringe Einschätzung der Bedeutung der Ehre in Teilen der Aufklärungsphilosophie[39]

---

33 Vgl. die allgemeine Kritik am Erlaß von "offenen Normen", Generalklauseln und unbestimmten Rechtsbegriffen bei Faller, Unabhängigkeit, S. 84 f.; Eckhold-Schmidt, Legitimation, S. 18, bemängelt, daß eine judizielle Normsetzung "an der demokratischen Legitimation nicht mehr teilhat": es fehle an einer hinreichenden Legitimationsbasis, "denn erst die richterliche Normkonkretisierung bestimmt den Inhalt der Entscheidung und stellt sich damit für den Rechtsunterworfenen als der relevante politische Akt dar. Das Legitimationsproblem erhält seine Schärfe dadurch, daß der unter Entscheidungszwang stehende Richter ständig politisch handeln muß, dieses Handeln aber prinzipiell unverantwortet bleibt. Die Regelung der Rekrutierung der Richter und die ihnen verfassungsrechtlich zugesicherte Unabhängigkeit schließen jede gesellschaftliche Kontrolle aus".

34 Schwinge, Ehrenschutz, S. 32, 64.

35 Quensel, Funktionalität, 188.

36 Arzt, JuS 1982, 720: "Man kann sogar eine Parallele zu den Mordmotiven ziehen (niedrige Beweggründe)".

37 Maurach, BT^4, S. 123 f.

38 Vgl. nur Heins, Ehre, S. 54 ff.

39 Zum geringen Stellenwert von "Beschimpfungen" vgl. etwa Hommel, Vorrede, S. 3: "die abscheulichsten Verbrechen sind, wodurch die allgemeine Sicherheit am heftigsten gestört wird, ...mittlere Verbrechen sind, die weniger beleidigen, ...endlich ganz geringe, wie Beschimpfungen ... und dergleichen". In diesem Sinne auch Hobbes, Leviathan, S. 42: "Das Gesetz aber richtet sich nicht nach den Neigungen Einzelner, sondern nach denen der Allgemeinheit. Daher sind Taten durch Beleidigung oder Schmähung, wenn

andererseits die Extrempositionen. In vorstaatlichen Gesellschaften spielten Beleidigungen mitunter gar keine Rolle[40]. Im heutigen Strafrecht ist der Bagatellcharakter der Beleidigung unstreitig, Beleidigungen sind absolute Strafantrags- (§§ 194, 77 ff.) und Privatklagedelikte (§§ 374 ff. StPO)[41]. Die Streichung des § 185 wird von verschiedenen Seiten ins Gespräch gebracht[42].

3 Der Inhalt des Rechtsguts "Ehre": Ehrbegriffe in Rechtsprechung und Literatur

Der juristische Ehrbegriff ist seit jeher heftig umstritten. Tenckhoff fand "alleine im juristischen Schrifttum über 60 verschiedene Ehrbegriffe"[43], zur Charakterisierung der daraus folgenden Kontroversen über Ehrbegriff und Tatbestandsfragen bemühen Autoren unterschiedlichster Theorienlager immer wieder das Hobbes-Zitat vom "bellum omnium contra omnes"[44]. Die wesentlichen Aspekte der

---

sie dem Betroffenen keinen weiteren Schmerz zugefügt haben als den augenblicklichen Verdruß, von den Griechen und Römern und anderen alten und neueren Völkern mit der Vermutung übergangen worden, die wahre Ursache liege nicht in der Schande, welche doch an selbstbewußten Menschen nicht haften bleibt, sondern in der Empfindsamkeit des Beleidigten". Schopenhauer, Aphorismen (4. Kapitel: Von dem, was einer vorstellt), unterteilt die Güter des Lebens in drei Kategorien: in das, was einer ist, das, was einer hat, und das, was einer vorstellt. Die Ehre ("objektiv, die Meinung Anderer von unserem Wert, und subjektiv, unsere Furcht vor dieser Meinung") gehört damit zur dritten Kategorie: Wer nichts ist und wer nichts hat, dem bedeute die Ehre viel.

40 Z. B. bei den Eskimos: Akut wurden Beleidigungen nur, wenn sie in Gewalttätigkeiten übergingen (Wesel, Frühformen, S. 128 ff.).

41 Staatsanwaltschaft und Gericht dürfen nur tätig werden, wenn der Verletzte fristgerecht Strafantrag gestellt hat (zu beachten ist die Sonderregelung in § 194 Abs. 1 Sätze 2 ff. bezüglich Angehöriger der vom Nationalsozialismus verfolgten Gruppen). Im Privatklageverfahren kann der Verletzte ohne vorherige Anrufung der Staatsanwaltschaft selbständig bei Gericht Strafklage erheben (§ 374 Abs. 1 StPO). Gem. § 380 Abs. 1 StPO ist der Erhebung der Privatklage ein erfolgloser Sühneversuch zwingend vorgeschaltet. Zu den praktischen Konsequenzen und Problemen vgl. Hirsch, Privatklageverfahren, S. 815 ff. und Steffen, Beleidigungen, S. 92 ff.

42 Die Bundestagsfraktion der "Grünen" forderte 1987 zwecks Entkriminalisierung die Herabstufung des Beleidigungstatbestands zur Ordnungswidrigkeit (BT-Drs. 11/1040, S. 7). Aus der Wissenschaft brachte zuletzt Frommel den Vorschlag ins Gespräch, "den gesamten Ehrenschutz aus dem Strafrecht zu verbannen und dem Zivilrecht zu überlassen" (KritJ 1995, 411). Als Alternative setzt sie auf § 130 als "Antidiskriminierungsnorm", in deren Zentrum der Schutz der Menschenwürde steht. Das deckt sich weitgehend mit der sozialwissenschaftlichen Erkenntnis, die "moderne Entdeckung der Würde" habe "gerade inmitten der Trümmer abgehalfterter Ehrbegriffe" stattgefunden (Berger/Berger/Kellner, Unbehagen, S. 79). Wir werden später aber sehen, daß Frommels Vorschlag nicht unproblematisch ist, weil § 130 Angriffe auf die Menschenwürde des einzelnen nur sehr begrenzt zu erfassen vermag.

43 Tenckhoff, JuS 1988, 201.

44 Erstmals Hurwicz, ZStW 31 (1911), 873; ebenso Arthur Kaufmann, ZStW 72 (1960), 418; Krug, Ehre, S. 13; Tenckhoff, Bedeutung, S. 13; Hirsch, ZStW 90 (1978), 978;

verschiedenen Ehrbegriffe lassen sich nach Otto[45] und Engisch[46] folgendermaßen gliedern:

- 1. Ehre als der "auf die Personenwürde gegründete innere Wert des Menschen"
- 2. Ehre als der "gute Ruf" nach außen
- 3. Ehre als "subjektiver" Sachverhalt, als "Ehrgefühl", "Ehrempfinden"
- 4. Ehre als "Achtungsanspruch"
- 5. Ehre als das die freie Selbständigkeit des normalen Menschen (der "Person") innerhalb der Gesellschaft konstituierende "Anerkennungsverhältnis".

Welcher dieser Wertungsgesichtspunkte für den strafrechtlichen Ehrbegriff maßgeblich sein soll, wird in der Literatur uneinheitlich beantwortet. Die jeweiligen Standpunkte werden grob in die Kategorien "faktischer", "normativer" und "normativ-faktischer" Ehrbegriff eingeteilt; daß diese Terminologie nicht exakt ist, ist allgemein anerkannt[47].

3.1 "faktischer" Ehrbegriff

Als "faktisch" gelten diejenigen Ehrbegriffe, die - auf das frühe germanische Recht zurückgehend - auf das subjektive Ehrgefühl des Betroffenen bzw. auf die äußere Wertschätzung, den "guten Ruf" einer Person in seiner realen Existenz abstellen[48]. Ein derartiges Ehrverständnis als "sozialpsychologisches Phänomen"[49] ist dem Einwand ausgesetzt, daß ein subjektives Ehrgefühl fehlen oder falsch, d.h. übertrieben hoch sein kann, auch der tatsächliche "Ruf" kann unverdient gut oder schlecht sein[50]. In der praktischen Anwendung des faktischen Ehrbegriffs

---

Fischer, JZ 1990, 69; Ignor, Beleidigung, S. 22.

45 Otto, Persönlichkeitsschutz, S. 73 f.

46 Engisch, Bemerkungen, S. 402.

47 Grundsätzlich: Engisch, Bemerkungen, S. 401 ff.; ähnl. E. A. Wolff, ZStW 81 (1969), 887. Auch Hirsch, ZStW 90 (1978), 986, räumt ein, daß sein als "normativ" bezeichneter Ehrbegriff nicht eigentlich normativ ist.

48 So etwa Weber, Injurien, S. 6: "die gute Meinung Anderer"; v. Liszt-Schmidt, Lehrbuch, § 95 II: Ehre als "die durch die Lebensführung erworbene Achtung, die soziale Stellung"; R. v. Hippel, Lehrbuch, S. 212: "die soziale Stellung eines anderen"; ähnlich Heß, Ehre, S. 26; weitere Nachweise bei Binding, Lehrbuch, S. 138, Fn. 3 und Hirsch, Ehre, S. 14 f. Gegen den psychologischen Ehrbegriff bei Engelhard (Ehre, passim) vgl. nur Engisch, Bemerkungen, S. 406 f.

49 Vgl. Arthur Kaufmann, ZStW 72 (1960), 428; Krug, Ehre, S. 70.

50 So bereits Binding, Ehre, S. 8 f.: "denn es giebt viel falsche Ehre und viel falsche Schande"; vgl. auch Liepmann, Beleidigung, S. 224 ff.; Graf zu Dohna, DStR 1941, 35; Arzt, Intimsphäre, S. 150 f.

stellt sich das Problem, daß bei der Beleidigung unter vier Augen der "gute Ruf" nach außen hin gar nicht beeinträchtigt werden kann, so daß als Angriffsobjekt der Beleidigung auf das subjektive Ehrgefühl zurückgegriffen werden müßte. Weil sowohl die Vorstellung, die jemand selbst von seiner Ehre hat, wie auch das bloße Ansehen eines Menschen unbegründet sein kann, kann ein derartiger Ehrbegriff nicht strafrechtlich schutzwürdig sein[51]. Auch dem Verständnis der Beleidigung als "Seelenschmerzzufügung" fehlt es an einem normativen Indikator, die Strafbarkeit identischer Äußerungen bliebe vom jeweiligen subjektiven Empfinden und der Empfindlichkeit des Betroffenen abhängig - das Strafrecht ist jedoch auf generalisierende Kriterien angewiesen[52]. Aus diesen Gründen besteht heute durchweg Einigkeit, daß sich die streng "faktischen" Auffassungen der Ehre nicht als Bezugspunkte der Beleidigungsstrafbarkeit eignen.

3.2 "normativer" Ehrbegriff

Nach dem "normativen" Ehrbegriff wird als Schutzgut der §§ 185 ff. der auf die Personwürde gegründete "innere Wert" eines Menschen gesehen, der einem Menschen berechtigterweise zustehende personale Geltungswert bzw. der daraus folgende Anspruch, nicht unverdient herabgesetzt zu werden[53]. Nach Max Scheler erwachse die Ehre "nicht erst aus dem Urteil, der Achtung oder Nichtachtung, der Verehrung oder Nichtverehrung der Umwelt, sondern besteht unabhängig von dieser Umwelt". Sie "erheische" und "fordere" aber "seitens der Umwelt je spezifische Akte der Anerkennung, der Achtung, der Verehrung usw."[54]. Dem "normativen" Ansatz zufolge sei die Ehre der Wert, der einem Menschen kraft seiner Personwürde und nach Maßgabe der Erfüllung seiner sozialen Pflichten zukomme. Der Umfang der Ehre bemesse sich nach dem "Frei sein von personalen Geltungswertmängeln"[55]. Dieser Ansatz geht im wesentlichen auf Karl Binding zurück, dessen Anliegen die Konstitution eines "für Alle ganz gleichwertigen juristischen Ehrbegriffs" war, zur Manifestation der Überwindung früherer ständisch-feudaler Ehrauffassungen[56]:

---

[51] Binding, Ehre, S. 13; Arthur Kaufmann, ZStW 72 (1960), 429 f.; Engisch, Bemerkungen, S. 407 f.; Hirsch, Ehre, S. 15; Tenckhoff, Bedeutung, S. 62, m.w.N.; gegenteilige Ansichten sind im neueren Schrifttum nicht ersichtlich.

[52] Hassemer, Theorie, S. 238.

[53] Arthur Kaufmann, ZStW 72 (1960), 430; Gallas, ZStW 75 (1963), 26; Krug, Ehre, S. 69, 182; Hirsch, Ehre, S. 29 ff., 45 ff., 72 ff.; ders., ZStW 90 (1978), 978; Welzel, Lb., S. 303 (ff.); Tenckhoff, Bedeutung, S. 181 f.; Arzt, JuS 1982, 717 f.; Schmidhäuser, BT, Kap. 5/1; LK[10]-Herdegen, Vor § 185, Rn. 8 ff. Im einzelnen sind dabei jedoch gewisse Abweichungen und unterschiedliche Akzentuierungen zu beachten.

[54] Scheler, Formalismus, S. 568.

[55] Hirsch, Ehre, S. 59; Androulakis, Sammelbeleidigung, S. 73; Tenckhoff, Bedeutung, S. 40, m.w.N.

[56] Binding, Lehrbuch, S. 136, mit Fn. 4.

"Ehre ist der Wert, der einem Menschen als solchem und auf Grund seiner Handlungsweise, also kraft des Maaßes der Erfüllung seiner sittlichen und rechtlichen Pflichten, also seiner sittlichen und rechtlichen Unversehrtheit zukommt. Zum Teil angeboren, ist sie zum anderen Teil wol-erworbenes Gut"[57].

Der spezifische Personenwert selbst könne durch andere nicht angetastet werden; verletzbar sei lediglich der aus der inneren Ehre fließende Achtungsanspruch des Ehrträgers, nicht unter seinem wirklichen Wert behandelt zu werden. Dieser Anspruch des Menschen auf Achtung seiner Persönlichkeit sei das Schutzobjekt der Beleidigungstatbestände[58].

Ein sozialethisch gerechtes Urteil über den wirklichen "Wert, den jemand innerhalb einer Gemeinschaft zu beanspruchen hat"[59], kann aber Wilhelm Sauer zufolge nur idealistisch von einem objektiven, idealen Beurteiler gefällt werden. "ein Urteil, das vielleicht tatsächlich von niemand gefällt wird, das sich aber nach den gleichen einzelnen Voraussetzungen und Maßstäben bestimmt, nach denen die Gemeinschaft urteilen sollte"[60]. In der Praxis sei diese Unsicherheit dadurch zu umgehen, daß eine widerlegbare Vermutung ("quisquis praesumitur bonus") zunächst für den jeweils vollen Ehrbestand spreche[61]. Ehre in diesem Sinne setze sich aus dem allgemeinen Menschenwert als konstantem Ehrfaktor ("Fehlen elementarer menschlicher Unzulänglichkeiten, d. h. Persondefekte"[62]) und dem Persönlichkeitswert, dem Unterbleiben schuldhafter Pflichtverletzungen[63] ("werthafte Lebensführung"[64]), als variablem Ehrfaktor zusammen.

Hans-Joachim Hirsch definiert Ehre als den "Wert, den der Mensch unter den für sie maßgebenden Wertgesichtspunkten aufweist: der Geltungswert-Status"[65]. An diesem Punkt setzt die Kritik am rein personal verstandenen "normativen" Ehrbegriff an: wenn die Ehre eines Menschen alleine aufgrund seines Menschseins bestehe, bleibe die Frage, wie diese Ehre dann verletzt werden könne[66] . Auch

---

57 Binding, a.a.O., S. 136.

58 Binding, a.a.O., S. 135 f.; Arthur Kaufmann, ZStW 72 (1960), 430 f.; Hirsch, Ehre, S. 30 ff.; Tenckhoff, Bedeutung, S. 84 ff.

59 Sauer, System, S. 345.

60 Sauer, a.a.O.

61 Arthur Kaufmann, ZStW 72 (1960), 435; Tenckhoff, Bedeutung, S. 51, m.w.N.; a. A. Hirsch, Ehre, S. 162 ff., m.w.N.

62 So Hirsch, Ehre, S. 83; Welzel, Lb., S. 303; SK-Rudolphi, Vor § 185, Rn. 4.

63 Hirsch, Ehre, S. 72 ff.; Welzel, Lb. S. 303 f.; Tenckhoff, Bedeutung, S. 43 ff., 48; SK-Rudolphi, Vor § 185, Rn. 4; LK[10]-Herdegen, Vor § 185, Rn. 4.

64 Tenckhoff, Bedeutung, S. 41.

65 Hirsch, Ehre, S. 30.

66 Dazu eingehend E. A. Wolff, ZStW 81 (1969), 888 ff., mit dem Versuch, die entsprechenden Erklärungen Hirschs (Ehre, S. 16, 30 ff., 50 ff.) zu widerlegen. Kritisch auch Jakobs, Aufgabe, S. 631. Zu früherer ähnlicher Kritik vgl. nur v. Liszt-Schmidt, Lb., S.

setze der Begriff "Geltung" bereits ein Verhältnis zum anderen voraus, ebenso sei ein "Status" als "Wert" ohne faktische Elemente nicht denkbar - eine als bloßer Wert definierte Ehre habe "etwas Unwirkliches"[67]. Friedrich Kübler sieht den "normativen" Ehrbegriff "offensichtlich in der idealistischen Tradition des 19. Jahrhunderts stehend"[68].

Gegen den rein personalen "normativen" Ehrbegriff gibt Lenckner zu bedenken, daß es "zu eng" sei, den Geltungswert bzw. -anspruch alleine an die Person zu knüpfen, da "das Gesetz, wie sich aus § 194 Abs. 3, 4 ergibt, auch bestimmte Institutionen für beleidigungsfähig hält, womit es zu erkennen gibt, daß auch diesen, und nicht nur ihren Mitgliedern, eine eigene Ehre zukommen" könne. Daraus folgert er, es könne in den §§ 185 ff. nicht alleine um die Ehre als einen Aspekt der Personenwürde gehen - eine solche haben Institutionen nicht -, sondern eher "um das `Anerkennungsverhältnis´, das Voraussetzung dafür ist, daß Personen, aber auch Institutionen in einer Gemeinschaft existieren und wirken können"[69]. Lenckners Interpretation der Strafantragsregeln nach § 193 Abs. 3, 4 ist jedoch keineswegs zwingend, die passive Beleidigungsfähigkeit von Institutionen läßt sich mit guten Gründen bestreiten[70]. An späterer Stelle werden andere Gründe vorgetragen, die gegen den "normativen" Ehrbegriff sprechen.

3.3 "normativ-faktischer" Ehrbegriff

Nach dem "normativ-faktischen" (auch: "dualistischen") Ehrbegriff stellt die Ehre ein komplexes Rechtsgut dar, das sowohl den inneren Wert, die Würde eines Menschen ("innere Ehre") als auch sein Ansehen ("guter Ruf"), seine Geltung in den Augen anderer ("äußere Ehre") umfasse[71]. Die "innere Ehre" soll dabei eher dem § 185, die "äußere Ehre" den §§ 186, 187 zugeordnet sein[72]. Bei diesem Ehrbegriff zeigt sich erneut das Problem der Verletzbarkeit des inneren Wertes eines Menschen (vgl. "normativer" Ehrbegriff), andererseits kann der gute Ruf eines Menschen nur insoweit strafrechtlich schutzwürdig sein, wie er auch tatsächlich verdient ist (vgl. "faktischer" Ehrbegriff)[73].

506; Dohna, DStR 1941, 35.

67 E. A. Wolff, a.a.O., 888.

68 Kübler, JZ 1984, 543.

69 Schönke/Schröder-Lenckner, Vor §§ 185 ff., Rn. 1.

70 Siehe unten, S. 250 ff.

71 Grundsätzlich: BGHSt 11, 67 (70 f.); ähnlich Dreher/Tröndle, § 185, Rn. 2; Blei, BT, S. 90 ff.; Hartung, ZStW 71 (1959), 387; Otto, Persönlichkeitsschutz, S. 74; Tettinger, JZ 1983, 319.

72 Vgl. Schönke/Schröder-Lenckner, Vor §§ 185 ff., Rn. 1; dazu krit. Otto, JR 1983, 2, Fn. 8.

73 BGHSt 36, 145 (148); Otto, Persönlichkeitsschutz, S. 82; ders., JR 1983, 5.

Ernst Amadeus Wolff sieht als Schutzgut der §§ 185 ff. nicht alleine den personalen Geltungswert bzw. -anspruch (oder: -"status") einer Person, sondern das die sittlich-soziale Selbständigkeit und die Freiheit des Menschen ermöglichende "Anerkennungsverhältnis", als normativ *und* faktisch zu verstehendes Beziehungsverhältnis des Menschen zur Umwelt[74]. Der Begriff der Ehre und die Möglichkeit, sie zu verletzen, könne nur aus der Besonderheit des Menschen verstanden werden, daraus, daß seine Konstitution eigentlich ein Sich-konstituieren in einem reflexiven Verhältnis mehrerer Bezogenheiten sei - der einzelne könne nur über die anderen vermittelt seine Selbständigkeit erlangen[75].

Ähnlich erblickt Rudolphi das Schutzgut der §§ 185 ff. in dem aus der Ehre folgenden Anspruch auf eine dem Geltungswert der Person entsprechende Behandlung in seiner Funktion, dem einzelnen ein dem Geltungswert seiner Person entsprechendes Leben und eine weitere Entfaltung seiner Persönlichkeit innerhalb der Gemeinschaft zu ermöglichen[76]. Daß der Ehrbegriff Rudolphis insgesamt eher dem "normativen" Lager zugeordner wird, zeigt, daß die Grenzen zwischen den einzelnen Auffassungen mitunter fließend sein können. Dennoch geht es hier nicht um gleichsam beliebige, im Ergebnis unerhebliche Präferenzen für oder gegen eine bestimmte Formulierung. In Einzelfällen der praktischen Anwendung, insbesondere in Konkurrenzfragen, führen "normative" und "normativ-faktische" Konzeptionen mitunter zu grundverschiedenen divergierenden Ergebnissen[77].

3.4 Stellungnahme

Nach dem bisher Erörterten kommt wegen des strafrechtlichen Bestimmtheitsgebots als Rechtsgut der Beleidigung nur der Geltungswert eines Menschen in der Form des "normativen" oder des "normativ-faktischen" Ehrbegriffs in Betracht.

---

74 E. A. Wolff, ZStW 81 (1969), 899, 901.

75 E. A. Wolff, a.a.O., 896 f.; ähnl. Otto, Persönlichkeitsschutz, S. 74 ff.; i. Erg. auch Engisch, Bemerkungen, S. 401 ff., 412.

76 SK-Rudolphi, Vor § 185, Rn. 5; in diesem Sinne auch Geppert, Jura 1983, 532; Schönke/Schröder-Lenckner, Vor §§ 185 ff., Rn. 1; Otto, JZ 1989, 803.

77 Nach dem normativ-faktischen Ehrbegriff ist zwischen § 185 und §§ 186, 187 Idealkonkurrenz möglich, wenn eine Äußerung gleichzeitig ein Werturteil und eine Tatsachenbehauptung beinhaltet, während nach dem normativen Ehrbegriff § 185 als Grundtatbestand verstanden wird, der im Wege der Gesetzeskonkurrenz von §§ 186, 187 verdrängt wird. Problematisch ist auch die Frage der passiven Beleidigungsfähigkeit von Personengemeinschaften. Wenn mit dem normativen Ansatz auf die Personenwürde des Menschen abgestellt wird, läge es nahe, eine verletzbare Kollektivehre von Gemeinschaften zu verneinen, da diese als solche eine "Personenwürde" nicht besitzen. Hirsch, Ehre, S. 91 ff., zieht diese Konsequenz jedoch nicht, Arthur Kaufmann bejaht noch weitergehend sogar eine "Familienehre", ZStW 72 (1960), 441 f.; zumindest letzteres wird nahezu einhellig abgelehnt, vgl. BGHSt 6, 186 (192); Hirsch, a.a.O., S. 108 ff.; LK[10]-Herdegen, Vor § 185, Rn. 20, m.w.N.

Weitgehende Übereinstimmung besteht dabei insofern, daß - zumindest im Ergebnis - eine Verletzung des Ehranspruchs darin gesehen wird, daß dem Betroffenen zu Unrecht Mängel nachgesagt werden, die, wenn sie vorlägen, seinen Geltungswert mindern würden[78].

Daß es bei dem Begriff der Ehre im Kern um die Möglichkeit der freien Entfaltung der Ich-Persönlichkeit in der sozialen Gemeinschaft geht und diese mit der Möglichkeit wechselseitiger intersubjektiver Anerkennung der Menschen zu tun hat, dürfte in dieser allgemeinen Form unstreitig sein[79]. Wolffs Theorie des Anerkennungsverhältnisses wird von den Vertretern des personalen Ehrbegriffs vor allem mangelnde Bestimmtheit vorgeworfen: "Eine über die Gleichsetzung von Ehre und Persönlichkeit (Personalität), Ehrverletzung und Persönlichkeitsverletzung hinausführende Konturierung des Rechtsguts der Beleidigungstatbestände ist der Theorie des Anerkennungsverhältnisses nicht gelungen. Auch sie streut breit, zu breit. Die Unbestimmtheit der Begriffe stellt ihre Eignung zu einer dem Erfordernis der Tatbestandsbestimmtheit genügenden Präzisierung zumindest in Frage"[80]. Nach Tenckhoff verliere der Ehrbegriff Wolffs feste Konturen durch die Einbeziehung "sachfremder Elemente". Die Selbständigkeit könne durch vieles ermöglicht werden, "u.a. Ruhm, Prestige, Gesundheit, Vermögen usw.". Dies führe "zu einem Verständnis der Beleidigung als Verletzung des allgemeinen Persönlichkeitsrechts"[81].

Die Zweifel an tatbestandsmäßiger Bestimmtheit und Abgrenzbarkeit zu anderen Delikten bzw. zu straflosen Beeinträchtigungen zivilrechtlicher Persönlichkeitsrechte verwerfen aber die Idee nicht grundsätzlich, Ehre als Anerkennungsverhältnis zu begreifen. Das nach Maßgabe der praktischen Philosophie von Kant, Fichte und Hegel entwickelte Konzept Wolffs beinhaltet entscheidende Unterschiede zur "normativen" Theorie Hirschs, die dem Menschen kraft seines personalen Geltungswertes die Ehre zuschreibt: die Gemeinschaft könne dem einzelnen nichts mehr geben, um in ihrem Vollbesitz zu sein[82]. Wolff hält dem entgegen, daß gerade ein Rechtsgut wie die Ehre nur über das Wechselspiel zwischen dem einzelnen und der Gemeinschaft gedacht werden könne, "daß der einzelne seine

---

78 Vgl. nur BGHSt 36, 145 (148).

79 So sieht z.B. auch Schendzielorz, Umfang, S. 17, unter ausdrücklicher Berufung auf Wolff den "Kern der Beleidigung (i. w. S.) in der Störung eines Anerkennungsverhältnisses". Ansonsten zeigt er sich allerdings dem Ehrbegriff Tenckhoffs eng verbunden und verwirft das Anerkennungsmodell Wolffs mit nahezu wortgleicher Begründung wie Tenckhoff (a.a.O. S. 14, Fn. 49; vgl. dazu Tenckhoff, Bedeutung, S. 174).

80 LK[10]-Herdegen, Vor § 185, Rn. 11.

81 Tenckhoff, Bedeutung, S. 174. Bemerkenswert ist, daß auch Tenckhoff der Vorwurf gemacht wird, er vertrete selbst eine Auffassung, die "der Sache nach auf die Rückkehr zur alten iniuria hinausläuft" (Hirsch, ZStW 90 [1978], 985).

82 Hirsch, Ehre, S. 52.

Entwicklung zum Freien (d. h. selbständigen Subjekt überhaupt) nicht alleine zu leisten vermag, ja, wenn ein solcher Status erreicht ist, ihn nicht schlechthin aus eigener Kraft aufrechterhalten kann. Ist das aber so, dann wird es zur Aufgabe der Gemeinschaft, dem einzelnen dazu zu verhelfen, frei zu sein und es zu bleiben. Sie muß den Freien hervorbringen und erhalten, der sie übersteigt und ihr gegenüber selbständig ist"[83].

Im folgenden soll versucht werden, die Anerkennungstheorie Wolffs von einem anderen Ansatzpunkt aus fortzuführen. Die Ehre ist zwar personenbezogen zu definieren, in ihrer Bedeutung und ihrem Umfang jedoch nicht rein personal zu erfassen. Das Modell des Anerkennungsverhältnisses begreift das Wesen der Ehre intersubjektiv, indem es besagt, daß wechselseitige Anerkennung und Akzeptanz der Menschen für die Identitätsentwicklung und Selbstverwirklichung der einzelnen Menschen unverzichtbare Voraussetzungen für das Leben in der sozialen Gemeinschaft darstellen. Nur über andere vermittelt kann der einzelne Selbständigkeit und Freiheit erfahren, seine eigene Persönlichkeit voll entwickeln und die verfassungsmäßig gewährleisteten Möglichkeiten der freien Entfaltung der Persönlichkeit wahrnehmen. Individuelle Autonomie und Leben in der Gemeinschaft setzen die Anerkennung durch andere, die erfolgreiche kommunikative Interaktion mit anderen, notwendig voraus. Verletzungen des Anerkennungsverhältnisses bilden den Gegenstand der Beleidigungsstrafbarkeit.

Vor dem Hintergrund der individuellen und kollektiven Bedeutung wechselseitiger Anerkennungsverhältnisse sowie vor dem Hintergrund der verfassungsmäßigen Wertentscheidungen gilt es, den strafrechtlich schutzwürdigen Bereich der Achtungsansprüche der Person näher zu konkretisieren und dabei den Erfordernissen der tatbestandsmäßigen Bestimmtheit des § 185 wie auch der Abgrenzbarkeit der Beleidigung zu § 130 (Volksverhetzung, verschärfter Strafrahmen) einerseits und Beeinträchtigungen des allgemeinen Persönlichkeitsrechts im zivilrechtlichen Sinne (straffrei) Rechnung zu tragen. Der verfassungsrechtliche Bezugsrahmen des Interesses der Person an der Erfahrung von Anerkennung schließt jenes feudal-ständische Ehrverständnis aus, das die Sozialwissenschaft zu dem Befund veranlaßt, der Begriff der Ehre habe "im heutigen Wertgefüge ungefähr den gleichen Rang wie die Keuschheit", beide Begriffe "haben in der Weltanschauung der Modernität eindeutig den Status des Altmodischen, Überholten, ... bestenfalls werden Ehre und Keuschheit als ideologische Überbleibsel im Bewußtsein überholter Schichten angesehen"[84]. Im folgenden soll gezeigt werden, daß das Interesse der Person an intersubjektiver Anerkennung als zeitgemäßer Kern des Begriffs der Ehre für die Wahrnehmung der Persönlichkeitsrechte zu jeder Zeit und in jeder Gesellschaftsform von fundamentaler Bedeutung ist.

[83] E. A. Wolff, ZStW 81 (1969), 894.

[84] Berger/Berger/Kellner, Unbehagen, S. 75.

Zweiter Abschnitt

Das Rechtsgut der Beleidigung - "Ehre" als Anerkennungsverhältnis ?

1 Zum Begriff "Anerkennungsverhältnis"

Die Idee, die Ratio der Beleidigungsstrafbarkeit in der Verletzung des Verhältnisses wechselseitiger Anerkennung der Menschen zu sehen, setzt zunächst eine zeitgemäße Konkretisierung dieses Begriffs voraus. Das gegenseitige Anerkennungsverhältnis wurde erstmals in der Philosophie der Aufklärung formuliert, namentlich bei Kant, Fichte und Hegel. In Grundzügen läßt sich diese Idee bereits der Philosophie der Antike entnehmen. An dieser Stelle soll kein Grundriß der Philosophiegeschichte oder der Rechtsphilosophie erstellt werden, vielmehr sollen die Grundzüge der klassischen Theorien nur knapp umrissen und anschließend im Kontext moderner Gesellschaftstheorien diskutiert werden. Für das Ziel, anhand der Bedeutung wechselseitiger Anerkennungsverhältnisse das Rechtsgut des Straftatbestandes der Beleidigung in seiner gegenwärtigen Form zu ermitteln, erscheint es sachdienlicher, gleich von solchen Theorien auszugehen, die ihrerseits ein den Grundprinzipien eines pluralistisch verfaßten demokratischen Rechts- und Sozialstaats Rechnung tragendes Verständnis zugrundelegen. Hegel selbst erklärte zur Zeitgebundenheit philosophischer Lehren, es sei "ebenso töricht zu wähnen, irgendeine Philosophie gehe über ihre gegenwärtige Welt hinaus, als, ein Individuum überspringe seine Zeit"[1].

Die Aufklärungsphilosophen mußten, zeitbedingt, von anderen Prämissen ausgehen; auf die konkreten Lebenssituationen in der heutigen pluralistischen, hochgradig komplexen modernen (*multikulturellen*) Gesellschaft konnten sie sich nicht beziehen. Nicht alle Komponenten dieser Theorien sind heute noch uneingeschränkt haltbar. Die zeitlos gültigen Elemente der praktischen Philosophie der Aufklärung kommen auch in den modernen gesellschaftstheoretischen Modellen in unterschiedlicher Form zum Tragen, vorab auszuscheiden sind jene Akzente der klassischen Philosophie, die nach heutigem Verständnis, insbesondere in straf-[2] und staatstheoretischer[3] Hinsicht, keine Gültigkeit mehr beanspruchen dürfen.

---

1 Hegel, Rechtsphilosophie, S. 26.

2 Dazu paradigmatisch Klug, Abschied, S. 36 ff.; Noll, Strafe, S. 48 ff.

3 Vgl. Arthur Kaufmann, Problemgeschichte, S. 39: "extrem autoritäre Staatstheorie" in Hegels objektivem Idealismus. Umstritten ist besonders die Textpassage, wonach "das Volk ... eher der Natur nach [ist] als der Einzelne; denn wenn der Einzelne abgesondert nichts Selbständiges ist, so muß er gleich allen Teilen in einer Einheit mit dem Ganzen

Im wesentlichen drei Linien moderner prozeduraler Theorien der Gerechtigkeit sollen hier aufgezeigt und auf ihr Verständnis von intersubjektiver Anerkennung hin untersucht werden, die auf unterschiedliche Weise zu den klassischen Modellen korrelieren: zum einen die "Theorie der Gerechtigkeit" von John Rawls, zum anderen die Konzeptionen der *Kritischen Theorie*, insbesondere in der Form der Kommunikations- bzw. Diskursethik von Karl-Otto Apel und Jürgen Habermas und der Anerkennungstheorie Axel Honneths. Damit stehen zugleich die drei wohl wichtigsten Strömungen der gegenwärtigen sozial- und politisch-philosophischen Diskussion zur Betrachtung: politischer Liberalismus (Rawls), Diskursethik (Habermas) und Kommunitarismus (Honneth)[4]. Gemeinsam ist diesen Konzeptionen, daß sie sich aus verschiedenen Blickwinkeln mit der Frage befassen, in welcher Weise und nach welchen formalen Regeln sich eine *gerechte* Gesellschaft konstituieren müßte, und unter welchen Voraussetzungen sich sozialer Fortschritt im Interesse aller Gesellschaftsmitglieder entwickeln kann. Nicht die Anerkennungsidee steht im Zentrum dieser Gedankenexperimente, sondern die Auseinandersetzung mit Voraussetzungen und dauerhafter Sicherung von sozialer Gerechtigkeit und Demokratie. Wir werden aber sehen, daß intersubjektive Anerkennung untrennbar mit diesen Beweiszielen verbunden ist und somit diese Theorien nicht nur eine nähere Konkretisierung des Begriffs des Anerkennungsverhältnisses ermöglichen, sondern darüber hinaus aus Auskunft erteilen, welche Formen der Anerkennung eine "gerecht" verfaßte pluralistische Gesellschaft gewährleisten muß.

(1.) Im Mittelpunkt der liberalen Theorien steht die Idee eines Staates, der die Verwirklichung individueller Autonomie der Bürger durch die Gewährleistung größtmöglicher Freiheit sicherstellen soll. Gerechtigkeit wird über Freiheit,

sein; wer aber nicht gemeinschaftlich sein kann oder aus Selbständigkeit nichts bedarf, ist kein Teil des Volks und darum entweder Tier oder Gott" (Hegel, Über die wissenschaftlichen Behandlungsarten des Naturrechts, Werke II, S. 505). Nach Honneth, Entwicklung, S. 560, wollte Hegel damit nur sagen, "daß jede philosophische Theorie der Gesellschaft zunächst anstatt von den Handlungsvollzügen isolierter Subjekte von den sittlichen Verbindungen auszugehen hat, in deren Rahmen sich die Subjekte immer schon gemeinsam bewegen". Vgl. aber auch Topitsch, Hegel, S. 36 ff. Zur Kritik an Fichte siehe Roemer, Naturrecht, S. 173 f.: Das Fichtesche System beinhalte die Gefahr der "Enthumanisierung des Staates", der "Zerstörung jedes menschlichen Verhältnisses zwischen dem Volk und den Staatsorganen, die doch auch Menschen sind. Von hier aus ist es dann nur noch ein Schritt zu der Maßlosigkeit der staatlichen Macht und dem Überwiegen der Gemeinschaftsinteressen über die der allzu formal aufgefaßten menschlichen Persönlichkeit".

4 Diese Zuordnung ist nur als grobe Zuordnung der im folgenden näher betrachteten Autoren gemeint. Diese stehen zwar stellvertretend für die jeweiligen sozialphilosophischen Konzeptionen, geben aber nicht das ganze Spektrum des Diskussionsstandes wieder. Selbstverständlich gibt es innerhalb der jeweiligen Theorienlager zahlreiche unterschiedliche Positionen und Akzentuierungen, einen umfassenderen Überblick dazu bieten z. B. die Beiträge in dem Sammelband: van den Brink / van Reijen (Hrsg.), Bürgergesellschaft, Recht und Demokratie (1995).

Gleichheit und individuelle Grundrechte definiert, der Staat soll die Unverletzlichkeit dieser Rechte garantieren. Anders als der autoritäre Staat bei Hobbes soll der liberale Staat demokratisch durch alle Staatsbürger legitimiert sein. Er muß auf die Gewährleistung und Sicherung der Individualrechte beschränkt bleiben und ist in ethischer Hinsicht ein "neutrales Instrument" der individuellen Bürger[5]. Eine über diese Grundfunktion hinausgehende Moralbildung oder "Ethisierung" der Staatsbürger ist dem Staat folglich untersagt. Die Stabilität der Staatsordnung beruht nicht auf Repression und Zwang (Hobbes)[6], sondern auf deren Anerkennung als *gerechte Ordnung* durch die Bürger. Einschränkungen seiner individuellen Freiheiten kann der einzelne nur dann akzeptieren, wenn sie durch von ihm anerkannte Werte legitimiert sind. Bezugsmaßstab ist insofern nicht der Wille der Mehrheit, sondern das (fiktive) Interesse *aller* : Minderheitenrechten kommt daher eine exponierte Stellung zu, weil der ständige Wechsel von Mehrheitskonstellationen für demokratische Gesellschaftsformen charakteristisch ist und sich niemand sicher sein kann, nicht selbst in die Rolle der Minderheit zu geraten. Karl Otto Hondrich hat diese Zusammenhänge auf die Formel gebracht: "Moderne Gesellschaften brauchen Liberalität, weil sie abweichendes Verhalten und Minderheiten brauchen. Sie führen der Mehrheit vor Augen, daß deren Normen und Normverwirklichung nicht ein für allemal gegeben sind, sondern auch anders sein könnten"[7].

(2.) Im Gegensatz dazu ist das kommunitaristische Modell nicht individualistisch, sondern kollektivistisch angelegt. Der einzelne wird hier über seine Zugehörigkeit zu einer ethischen und kulturellen Gemeinschaft ("community") definiert, das Bewußtsein gemeinsamer Zugehörigkeit zu einer als gerecht empfundenen Gemeinschaft bildet die Basis solidarischen Sozialverhaltens. Kommunitaristisches Denken verbindet Einzel- und Kollektividentität, soziale Prozesse stellen sich als intersubjektive individuelle *und* kollektive Selbstverständigung dar. Die vorgegebenen Normen und Werte der Gemeinschaft sollen es sein, die den einzelnen zum Aufbau seiner eigenen subjektiven Identität befähigen und ihn zugleich dazu motivieren, auf der Grundlage dieser Normen und Werte Gerechtigkeit und den Fortbestand der sittlichen Gemeinschaft zu verwirklichen. Auf der Grundlage solidarischen sozialen Handelns beruht dann eine flexible, dynamische Sozialordnung, die sich mit dem Begriff der "Volkssouveränität" umschreiben läßt[8].

---

5 Vgl. van den Brink, Bürgergesellschaft, S. 15.

6 Denn: "Das strengste Recht ist das größte Unrecht (summum ius summa iniuria)" (Kant, MdS, Rechtslehre, VIII, AB 40).

7 Hondrich, Moderne Gesellschaften.

8 Van den Brink, a.a.O., S. 20; Kurze Skizzierung der kommunitaristischen Grundprinzipien in Abgrenzung zu Rawls bei Rorty, Vorrang, S. 86 ff. Weiterführend die Beiträge in Honneth (Hrsg.), Kommunitarismus (1993).

(3.) Eine Zwischenstellung nimmt das Diskursmodell ein, indem es darauf abstellt, daß Gerechtigkeit nicht im Rawlsschen Sinne monologisch durch einen fiktiven Gesellschaftsvertrag zu verwirklichen sei, sondern nur im Zusammenspiel von gleichen individuellen Freiheiten des einzelnen und intersubjektiven Kommunikationsprozessen aller Bürger in rationalen Diskursen. Nach Habermas bedeutet Gerechtigkeit das Vorhandensein egalitär strukturierter Lebensformen in einem demokratisch verfaßten Sozialstaat, der "zugleich Spielräume für individuelle Selbstverwirklichung und Spontaneität freisetzen" solle[9]. Als maßgebliche individuelle Freiheiten nennt er die Freiheit der Erkenntnis, die Freiheit der Selbstbestimmung (keine Norm anzuerkennen, deren Sinn man nicht aus freien Stücken einsieht) und die Freiheit der Selbstverwirklichung[10].

Diese Darstellung der Grundzüge von Liberalismus, Kommunitarismus und Diskurstheorie soll lediglich die jeweiligen Bezugsrahmen der einzelnen Konzepte andeuten, um so die konstruktiven Unterschiede der drei Ansätze zu erklären. Die universalen Aspekte dieser Gesellschaftstheorien sollen nicht im Mittelpunkt der vorliegenden Arbeit stehen, denn die zentralen Fragen, wie nun tatsächlich eine "gute" und "gerechte" Gesellschaft strukturiert sein müßte, welche prozeduralen Theorien "Gerechtigkeit" am ehesten realisierbar erscheinen lassen, ob die Betrachtungen beim Individuum, bei der Gesellschaft als Ganzem oder beim interaktiven Verhältnis dieser Bezugspunkte ansetzen sollten, lassen sich nicht en passant beantworten - wenn dies überhaupt möglich ist[11]. Honneth sprach sich unlängst für ein auf einer Synthese obiger Modelle beruhendes Verständnis der moralischen Grundlagen des demokratischen Rechtsstaates aus: den Gefahren, daß einerseits der Konsenszwang jede abweichende Meinung unterdrücken könne (Konformismus), andererseits dem entgegengesetzten Risiko, das in der Auflösung sozialer Bindungen durch die individualisierenden Effekte des modernen Rechts bestehe, sei nur so zu begegnen, daß Kommunitarismus und radikaler Individualismus "ständige Wegbegleiter des politischen Liberalismus darstellen müssen". Je nach historischer Lage bedürfe die öffentliche Willensbildung einer stärkeren Gewichtung des "Ich" oder des "Wir"[12]. In diesem Sinne schreibt auch Rainer Forst: "Das `Konstitutionsverhältnis´ zwischen individueller und kollek-

9 Habermas, Krise, S. 151.

10 Habermas, Moral, S. 67.

11 Da die prozeduralen Theorien den öffentlichen Vernunftgebrauch ohnehin als nicht weiter hinterfragbare Voraussetzung der Verwirklichung von Gerechtigkeit unterstellen, wäre ebenso gut Gerechtigkeit auf der Basis eines entformalisierten "demokratischen Experimentalismus" denkbar, bei Richard Rorty etwa klingt dies an, auch die ultraliberale Konzeption Robert Nozicks (Anarchie, Staat, Utopia) geht in diese Richtung. Zur Möglichkeit der Gerechtigkeitsfindung äußert sich Hans Kelsen skeptisch: "Ich weiß nicht und kann nicht sagen, was Gerechtigkeit ist, absolute Gerechtigkeit, dieser schöne Traum der Menschheit" (Kelsen, Gerechtigkeit, S. 43). Nach Weinberger (Leitideen, S. 629) lasse sich aber immerhin "oft überzeugend beweisen, was ungerecht ist".

12 Honneth, Gerechtigkeit.

tiver Identität ist als *wechselseitiges*, nicht als einseitiges oder substantialisches zu verstehen"[13], ähnlich ist die Einschätzung Hondrichs: "In modernen Gesellschaften, in denen Individuen eine unverwechselbare Eigenständigkeit abverlangt wird und in denen Gruppen ihre Interessen nur kollektiv in Auseinandersetzung mit anderen wahrnehmen können, sind Freiräume die Voraussetzung für die Konstitution individueller und kollektiver Identität"[14].

Honneth unterstreicht das Verdienst John Rawls', breitenwirksam dargelegt zu haben, daß es "zu einem sozialliberalen Verständnis der Idee gleicher Freiheiten und Rechte keine ernsthafte Alternative gibt, solange wir am modernen Prinzip der persönlichen Autonomie festhalten wollen". Ergänzend lasse sich der Rechtstheorie Habermas' entnehmen, daß "eine solche egalitäre Idee der individuellen Selbstbestimmung nur dann überhaupt zu verwirklichen ist, wenn als ihr Komplementärprinzip die dynamisch verstandene Institution der demokratischen Willensbildung hinzugedacht wird". In seinem eigenen Modell der symmetrischen Anerkennung schließlich sieht Honneth jenes normative Prinzip des demokratischen Rechtsstaates, das "prinzipiell unerfüllbare Forderungen nach sozialer Gerechtigkeit stellt: Sich wechselseitig als Träger gleicher Rechte und Freiheiten anzuerkennen, heißt nämlich nicht weniger, als jedem anderen die Chance zu geben, in vollständiger Autonomie an der gemeinsamen Willensbildung teilzunehmen"[15].

Eine übergreifende Gesellschaftstheorie kommt nicht umhin, den Menschen als "soziale Individualität"[16] zu begreifen. Er ist weder losgelöst von jedem Gemeinschaftsbezug abstrakt als ein reines Selbst zu betrachten, noch als bloßes "Glied der Gemeinschaft". Individuelle Autonomie und Intersubjektivität schließen sich nicht aus, sondern bedingen einander wechselseitig[17].

1.1 Die Ausgangslage der Untersuchung

Die Ausgangsposition der folgenden Untersuchung ist durch die Anerkennungsmodelle der Aufklärungsphilosophie vorgegeben, hinter deren Kerngedanken es kein Zurück gibt[18]. Im Zentrum des Begriffs *Anerkennungs-*

---

13 Forst, Kontexte, S. 414.

14 Hondrich, Moderne Gesellschaften.

15 Honneth, a.a.O.

16 Arthur Kaufmann, JuS 1978, 364.

17 Vgl. auch Günther, Möglichkeiten, S. 211. Bei Erich Fromm, Psychoanalyse, S. 39, heißt es zur "Situation des Menschen": "Der einzelne Mensch repräsentiert die ganze Menschheit. Er ist ein spezifisches Exemplar der Gattung Mensch. Er ist `er', er ist aber auch `alle'. Er ist ein Individuum mit seinen Besonderheiten und in diesem Sinne einmalig. Zugleich repräsentiert er alle Eigenarten der Menschheit".

verhältnis steht die Idee, daß der einzelne Mensch nur über andere vermittelt Selbständigkeit und Freiheit erfahren und seine eigene Persönlichkeit voll entwikkeln kann. Das Anerkennungsverhältnis funktioniert intersubjektiv, Anerkennung des anderen als zurechnungsfähige Person setzt einen doppelten Prozeß voraus, Identifikation mit dem anderen und Distanzierung vom anderen gleichermaßen, Entindividualisierung und Individualisierung. Diesen Kerngedanken hat Johann Gottlieb Fichte bereits vor zweihundert Jahren in der "Grundlage des Naturrechts" formuliert: "*Ich muss das freie Wesen ausser mir in allen Fällen anerkennen als ein solches, d. h. meine Freiheit durch den Begriff seiner Freiheit beschränken*"[19].

> "Das Subject muss sich von dem Vernunftwesen, welches es ... ausser sich angenommen hat, durch Gegensatz unterscheiden. ... Dies ist ... nur unter der Bedingung möglich, dass es an jenem gegebenen unterscheiden könne, inwiefern der Grund desselben *in ihm*, und inwiefern er *ausser ihm* liege.
> ... In dieser Unterscheidung durch Gegensatz wird durch das Subject der Begriff seiner selbst, als eines freien Wesens, und der des Vernunftwesens ausser ihm, als ebenfalls eines freien Wesens, gegenseitig bestimmt und bedingt.
> ... Das Verhältniss freier Wesen zu einander ist daher das Verhältniss einer Wechselwirkung durch Intelligenz und Freiheit. Keines kann das andere anerkennen, wenn nicht beide sich gegenseitig anerkennen: und keines kann das andere behandeln als ein freies Wesen, wenn nicht beide sich gegenseitig so behandeln.
> ... Ich kann einem bestimmten Vernunftwesen nur insofern anmuthen, mich für ein vernünftiges Wesen anzuerkennen, inwiefern ich selbst es als ein solches behandele. Das bedingte in dem aufgestellten Satze ist, ... dass es mich, nach *meinem* und *seinem* Bewusstseyn, synthetisch in Eins vereinigt (nach einem uns gemeinschaftlichen Bewusstseyn), dafür anerkenne, so dass ich ihn, so gewiss er für ein vernünftiges Wesen gelten will, nöthigen könne, zuzugestehen, er habe gewusst, dass ich selbst auch eines bin.
> ... So gewiss ich ihn nun anerkenne, d. i. behandle, so gewiss ist er durch seine erst problematische Aeusserung *gebunden* oder *verbunden*, durch theoretische Consequenz genöthigt, mich *kategorisch* anzuerkennen, und zwar *gemeingültig*, d. h. mich zu behandeln wie ein freies Wesen. Es geschieht hier eine Vereinigung Entgegengesetzter in Eins.
> ... Der Begriff der Individualität ist aufgezeigtermaassen ein *Wechselbegriff*, d. i. ein solcher, der nur in Beziehung auf ein anderes Denken gedacht werden kann, und durch dasselbe, und zwar durch das *gleiche* Denken, der Form nach, bedingt ist.
> ... *Was zwischen mir und C gilt; gilt zwischen mir und jedem vernünftigen Individuum, mit welchem ich in Wechselwirkung komme*"[20].

---

[18] Vgl. nur Habermas, Moral, S. 68: "Die Ideen der Aufklärung sind ... nicht pure Abstraktionen; sie sind als unvermeidliche, oft kontrafaktische Voraussetzungen in die kommunikative Alltagspraxis und damit in die Lebenswelt eingelassen; zum Teil sind sie auch in den Institutionen des politischen Systems, wie fragmentarisch auch immer, verwirklicht".

[19] Fichte, Naturrecht, S. 48.

[20] Fichte, Naturrecht, § 4, Dritter Lehrsatz, S. 41 ff.

Den Kern der Fichteschen Anerkennungslehre werden wir bei der Betrachtung der modernen sozialphilosophischen Theorien wiedererkennen, gleiches gilt für die Konzeptionen Kants und Hegels, die an dieser Stelle nicht näher dargestellt werden, da sich Rawls (Kant) und Honneth (Hegel) explizit darauf beziehen.

1.2 Gerechtigkeitstheorie (John Rawls)

John Rawls gilt als der bedeutendste politische Philosoph der Gegenwart. Sein 1971 veröffentlichtes Hauptwerk "A Theory of Justice"[21] stellt den Versuch dar, die Kriterien anzugeben, nach denen sich beurteilen läßt, ob eine Gesellschaft in gerechter Weise eingerichtet ist oder nicht. Die für eine moderne demokratische Gesellschaft angemessenen Grundsätze politischer und sozialer Gerechtigkeit sollen dadurch zu ermitteln sein, daß gefragt wird, welche Grundsätze die Mitglieder einer solchen Gesellschaft selbst für die Gestaltung ihrer gemeinsamen Institutionen wählen würden, wenn sie unter fairen Bedingungen darüber zu entscheiden hätten - "Gerecht ist, worauf sich freie und gleiche Bürger unter fairen Bedingungen einigen"[22].

Anknüpfend an Kant, Rousseau und Hobbes greift Rawls auf das Modell eines fiktiven Gesellschaftsvertrags (pactum unionis civilis)[23] zurück[24]. Der Sozialkon-

21 Zustimmung und Kritik sind kaum noch überschaubar, aus dem umfangreichen Schrifttum zu Rawls seien exemplarisch genannt: Höffe (Hrsg.), John Rawls (1977); ders., Ethik, S. 160 ff., 213 ff.; ders., Rechtsprinzipien, S. 306 ff.; Kersting, John Rawls (1993); ders., Gesellschaftsvertrag, S. 259 ff.; Goerlich, Rawls, S. 434 ff.; Dreier, Recht, S. 142 ff.; Ellscheid, Naturrechtsproblem, S. 215 ff.; Geis, JZ 1995, 324 ff.; Wittig, ZStW 107 (1995), 251 ff.

22 Rawls, Gerechtigkeit als Fairneß (1977).

23 Vgl. Kant, MdS, Rechtslehre, VIII, §§ 42 ff.; ders., Über den Gemeinspruch: das mag in der Theorie richtig sein, taugt aber nicht für die Praxis, XI, A 233 ff.

24 Zu den konstruktiven Unterschieden: bei Hobbes schließt man den Gesellschaftsvertrag, weil "jeder dabei besser wegkommt" (Höffe), bei Kant dagegen, weil er der praktischen Vernunft, der wechselseitigen Anerkennung der Menschen als Personen, entspricht. Ähnlich Fichte, Naturrecht, Einleitung, S. 13. Rawls setzt, im Ergebnis wie Hobbes, auf das Glück der Betroffenen, die gesellschaftliche Kooperation soll dem Vorteil aller dienen. Anders als Hobbes, Kant und Fichte bewertet Rawls das vorstaatliche und vorrechtliche Zusammenleben, den Naturzustand, aber zunächst nicht negativ als konfliktträchtig, sondern positiv als kooperativ. Vgl. dazu Höffe, Ethik und Politik, S. 195 ff. (211, 214 f.); vgl. auch Kants Abgrenzung gegenüber Hobbes: Kant, Gemeinspruch, XI, A 233 ff. und die Gegenüberstellung der Konzepte von Hobbes und Kant bei Harzer, Naturzustand, insbes. S. 114 ff., 127 f. Den Kategorischen Imperativ Kants als individualethischen unbedingten Sollenssatz deutet Rawls prozedural in dem Sinne, daß die *Theorie der Gerechtigkeit* primär nicht auf individuelles Handeln, sondern auf den vernünftigerweise getroffenen Konsens aller über die gesellschaftliche Grundstruktur abstellt: Rawls, Theorie, S. 285 ff.; siehe dazu auch Dreier, Recht, S. 300; Geis, JZ 1995, 325. Einen umfassenden Überblick zu den Gesellschaftsvertragskonstruktionen von Aristoteles bis Buchanan bietet Kersting, Gesellschaftsvertrag (1994).

trakt dient der imaginären Fixierung der Bedingungen, wie die Menschen eine Gesellschaft gestalten würden, wenn sie in einer fiktiven ursprünglichen Position ("original position") wären, in der sie die allgemeinen Bedingungen der jeweiligen Gesellschaft, aber nicht ihre persönliche Identität und ihre besonderen Fähigkeiten kennen würden. Rawls' Gerechtigkeitstheorie versteht sich universalistisch, als Modell, das auf eine für alle Menschen gleichermaßen zustimmungsfähige Begründung abzielt. Sie hat den Anspruch, daß "die Situation des Menschen nicht nur unter allen gesellschaftlichen Gesichtspunkten, sondern von allen Zeiten her gesehen wird"[25].

Schon der Kantische Gesellschaftsvertrag umschrieb den Übergang vom vorrechtlichen Naturzustand in den rechtsverbindlichen Zustand des bürgerlichen Rechtsstaates. Zwar legte Kant Entstehung, Festlegung und Sicherung dieses verbindlichen Rechtszustands dar, seine vernunftrechtliche Argumentation ließ aber weitgehend offen, in welcher Weise negative Abwehrrechte, politische Mitwirkungsrechte und soziale Rechte im Detail zusammenspielen müssen, um Freiheit und Selbständigkeit des Einzelnen zu verwirklichen. Dies hat Rawls näher konkretisiert[26].

Rawls stellt dazu eine Reihe von Gerechtigkeitsgrundsätzen auf, die angeben, auf welche Rechte jedes Individuum Anspruch hat und wie die verschiedenen sozialen und wirtschaftlichen Güter zwischen den Bürgern der Gesellschaft zu verteilen sind. Die Zielrichtung folgt aus der Rawlsschen Definition von Gesellschaft als "ein Unternehmen der Zusammenarbeit zum gegenseitigen Vorteil"[27].

1.2.1 Gerechtigkeitskriterien

Bei der Gerechtigkeitstheorie Rawls' geht es darum, universalisierbare Normen dadurch zu gewinnen, daß sich die moralisch Urteilenden in eine hypothetische Ausgangsposition versetzen, die Machtdifferenziale ausschließt, gleiche Freiheiten für alle verbürgt und den einzelnen in Unkenntnis über die Positionen läßt, die er selbst in einer künftigen Ordnung einnehmen würde ("Schleier des Unwissens"). Von einem Verständnis der Bürger als freie und gleiche moralische Personen ausgehend, müssen politische Institutionen und die ihnen zugrundeliegenden Grundsätze allen Bürgern gegenüber zu rechtfertigen sein. Die Theorie der Gerechtigkeit versteht sich als Regulativ, diejenigen Ungleichheiten in den Lebensperspektiven von Bürgern, die sich aufgrund der sozialen Ausgangslage, natürlicher Vorteile und historischer Zufälligkeiten ergeben, auszugleichen[28].

25 Rawls, Theorie, S. 637.

26 Vgl. Brugger, JZ 1991, 900.

27 Rawls, Theorie, S. 105.

Die Merkmale der *original position* sind:

(1.) *Der Schleier der Unwissenheit ("veil of ignorance").* Keiner der fiktiven Vertragspartner kennt seine persönlichen Eigenschaften, Fähigkeiten, Interessen und Ziele, seinen gesellschaftlichen Status und seine wirtschaftlichen Verhältnisse, er kennt auch nicht die besonderen moralischen Überzeugungen und Wertvorstellungen, sondern lediglich allgemeine Tatsachen über die menschliche Gesellschaft, wie sie sich aus Alltagsverstand und Wissenschaft ergeben[29]. Dadurch wird sichergestellt, daß im Urzustand nur solche normativen Regeln vereinbart werden, die im Interesse aller Beteiligten liegen, die für die menschliche Bedürfnisbefriedigung und die Verwirklichung individueller Lebenspläne allgemein, unabhängig von Einzelinteressen, von fundamentaler Bedeutung sind.

(2.) *Gleichheit.* Im Urzustand gelten alle Beteiligten als gleich, sie haben das gleiche Recht, Vorschläge zu unterbreiten, Gründe und Argumente vorzutragen, ihre Zustimmung zu erteilen oder zu verweigern[30].

(3.) *Vernunft.* Im Urzustand verfügen alle Beteiligten über das gleiche Maß an Rationalität[31]. Der Inhalt der Gerechtigkeit muß durch Vernunft entdeckt werden,

---

28 Rawls, Idee, S. 57 ff: "[Wir können] die Talente und Fähigkeiten von Individuen nicht als festgelegte natürliche Gaben betrachten. ... Diese Fähigkeiten und Talente können jedoch nicht losgelöst von sozialen Bedingungen fruchtbar werden ... Entwickelte natürliche Anlagen stellen immer nur eine und zwar kleine Auswahl der Möglichkeiten dar, die hätten verwirklicht werden können. ... Zu den Faktoren, welche die Verwirklichung natürlicher Anlagen beeinflussen, zählen soziale Formen der Ermutigung und Förderung sowie die Institutionen, die sich mit deren Ausbildung und Förderung befassen". Die Tatsache müsse gesehen werden, "daß die Grundstruktur wahrscheinlich bedeutende soziale und ökonomische Ungleichheiten in den Lebensperspektiven der Bürger zuläßt, die von ihrer sozialen Herkunft, ihren verwirklichten natürlichen Begabungen und den Chancen und Zufällen abhängen, die ihren persönlichen Werdegang geprägt haben".

29 Rawls, Theorie, S. 160 ff.; ders., Idee, S. 62: "Die Parteien sind soweit wie möglich als bloße moralische Personen frei von Zufälligkeiten zu betrachten. Um fair zu sein, behandelt die ursprüngliche Situation die Parteien symmetrisch, denn als moralische Personen sind sie gleich: dieselben relevanten Eigenschaften kommen allen zu".

30 Gleichheit bei Rawls meint tatsächliche Gleichheit *aller* Vertragspartner, anders als Gleichheit etwa im Sinne des Aristoteles verstanden wurde: Nach Aristoteles ist Gleichheit eine moralische Tugend, eine Form von Gerechtigkeit. Gleichheit bedeute, Gleiche gleich und Ungleiche ungleich zu behandeln (Aristoteles, Nikomachische Ethik, 5. Buch, 1131 a, 1131 b). Das Gleichheitskonzept des Aristoteles konstituierte indes keine Gleichheit, sondern setzte diese voraus, um überhaupt das Recht zu haben. Nur wer "gleich" war, wurde auch gleich behandelt - Sklaven und Frauen waren bei Aristoteles nicht gleich: "Das männliche [Geschlecht] ist von Natur das bessere, das weibliche das schlechtere, weshalb ersteres herrscht und letzteres beherrscht wird" (Aristoteles, Politik, 1254 b). Zur Kritik vgl. exemplarisch MacKinnon, KritV 1994, 365 f., die sich dafür ausspricht, das verfassungsmäßige Gleichheitsgebot so zu interpretieren, daß soziale Gleichheit "wirklich hergestellt" werde (a.a.O., 373).

das heißt durch Lösung des Problems der Übereinkunft, das sich im Urzustand stellt[32].

(4.) *Gegenseitiges Desinteresse*. Die Beteiligten orientieren ihr Handeln im Urzustand ausschließlich an ihrem rationalen Eigeninteresse, dadurch wird gewährleistet, daß die Wahl der Grundsätze nicht von Gefühlen wie Neid, Mißgunst, Liebe oder Haß beeinträchtigt wird[33].

(5.) *Gerechtigkeitssinn*. Jede Vertragspartei soll sich darauf verlassen können, daß die einmal getroffenen Vereinbarungen auch von den anderen respektiert und eingehalten werden.[34]

Nach Rawls würden sich die Vertragspartner in einem solchen fiktiven Urzustand auf folgendes einigen:

1.) auf die Grundsätze gleichen Rechts auf alle Grundfreiheiten sowie auf Chancengleichheit
2.) auf zwei Vorrangregeln: Vorrang der Freiheit sowie der Gerechtigkeit vor Leistungsfähigkeit und Lebensstandard.

Die entscheidenden Grundgüter ("social primary goods") sind politische Rechte und bürgerliche Freiheiten, Lebenschancen, Macht, Status, Einkommen, Vermögen und die sozialen Bedingungen der Selbstachtung[35] - Dinge also, die für jeden einzelnen brauchbar und nützlich sind. Rawls hat dies später dahingehend revidiert, daß er nunmehr als Grundgüter diejenigen gesellschaftlichen Güter definiert, die unter den normalen Bedingungen des menschlichen Lebens notwendig sind, um die beiden moralischen Vermögen des Bürgers als freier und gleicher moralischer Person - den Gerechtigkeitssinn und die Befähigung zum Guten - im nötigen Umfange ausbilden, entwickeln und in rationaler Weise ausüben zu können[36]. Grundgüter sind demnach diejenigen Dinge, die Bürger brauchen, um Bürger zu sein, das heißt freie und gleiche Teilnehmer eines fairen Systems sozialer Kooperation auf der Grundlage gegenseitiger Achtung[37]. Achtung läßt sich übersetzen mit *Anerkennung*.

31 Rawls, Theorie, S. 166 f.

32 Rawls, Idee, S. 62.

33 Rawls, Theorie, S. 167 f.

34 Rawls, Theorie, S. 169.

35 Rawls, Theorie, S. 83, 111 ff.

36 Rawls, Idee, S. 94 ff.: erst durch den Besitz der beiden moralischen Vermögen können die Bürger zu voll kooperierenden Gesellschaftsmitgliedern werden.

37 Vgl. Hinsch, Rawls-Einleitung, S. 44. Nicht zu übersehen ist, daß sich Rawls mit diesem Korrektiv der kommunitaristischen Position annähert, indem die klassische liberale Orientierung an besitzindividualistischer Autonomie um die intersubjektivistische Kom-

Zu klären bleibt die Verteilung des verfügbaren Bestands dieser Grundgüter. Für die fiktiven Vertragspartner im Urzustand soll nur die Gleichverteilung sozialer Grundgüter, "soweit nicht eine Ungleichverteilung zu jedermanns Vorteil gereicht"[38], konsensfähig sein: *"Jedermann soll gleiches Recht auf das umfassendste System gleicher Grundfreiheiten haben, das mit dem gleichen System für alle anderen verträglich ist. Soziale und ökonomische Ungleichheiten sind zulässig, wenn sie zum größten zu erwartenden Vorteil für die am wenigsten Begünstigten und mit Positionen und Ämtern verbunden sind, die allen unter Bedingungen fairer Chancengleichheit offenstehen"*[39].

Die Grundfreiheiten genießen absolute Priorität gegenüber den sozialen und wirtschaftlichen Grundgütern, sie dürfen weder ungleich verteilt noch zugunsten der anderen Grundgüter eingeschränkt werden - eine Einschränkung der Grundfreiheiten soll allenfalls dann zulässig sein, wenn sie unter bestimmten sozialen Verhältnissen vorübergehend zur Wiederherstellung der vollen und gleichen Grundfreiheiten aller Menschen erforderlich wäre[40]. Die Möglichkeit der Bevorzugung der am wenigsten Begünstigten erlaubt eine Umverteilung zugunsten der Schwächeren, sie "repräsentiert gewissermaßen das Sozialstaatsprinzip"[41].

Daß das Modell Rawls′ nach unseren heutigen Maßstäben als "gerecht" gilt, steht außer Frage. Die Kritik an Rawls setzt an einem anderen Punkt an: Wieso, fragen die Kritiker, sollten sie sich die Menschen im fiktiven Urzustand gerade auf diese Regeln einigen? Die Antwort scheint einfach: Weil Rawls schon bestimmte inhaltliche Gerechtigkeitsvorstellungen unterstelle, nämlich "seine eigenen, bzw. die seiner Gesellschaft, genauer: der amerikanischen Gesellschaft des 20. Jahrhunderts"[42]. Was im Rawlsschen Urzustand als vereinbart gilt, entspreche "unserem heutigen moralischen und rechtlichen Verständnis, und wo dieses Verständnis aufhört, endet auch die Plausibiltät der Argumentation von Rawls". Der "Zirkel in der Beweisführung" sei nicht zu übersehen[43]. Die Liste der Grundfreiheiten wie auch der zu verteilenden Grundgüter scheine "vielleicht nicht beliebig, doch recht einseitig ausgewählt"[44], sie sei deutlich von einer materialistischen Ethik beeinflußt, immaterielle Güter wie Friede, Sicherheit, Liebe oder zwischenmenschliche Solidarität werden nicht erwähnt. Die Liste der Grundfreiheiten

---

ponente erweitert wird.

38 Rawls, Theorie, S. 83.

39 Rawls, Idee, S. 60; ders., Theorie, S. 81.

40 Rawls, Theorie, S. 175 ff.

41 Geis, JZ 1995, 326.

42 Arthur Kaufmann, Problemgeschichte, S. 167; ähnl. ders., Menschenbild, S. 419 f.; Lampe, Anthropologische Struktur, S. 206.

43 Arthur Kaufmann, a.a.O., S. 167 f.

44 Geis, JZ 1995, 327.

"entspricht schon äußerlich in so auffälliger Weise der klassischen liberalen Grund- rechtstradition (namentlich den 10 amendments der amerikanischen Verfassung), daß der Gedanke naheliegt, hier sei vom Ergebnis her argumentiert worden. ... Rawls untersucht Gerechtigkeit unter den Bedingungen des modernen Verfassungsstaates und kommt zu dem Ergebnis, daß dieser den Gerechtigkeitsgrundsätzen am besten entspricht"[45]. Ähnlich ist die Einschätzung Richard Rortys, demzufolge Rawls eine "durch und durch historische und antiuniversalistische" Einstellung zeige: er habe lediglich eine "historisch-soziologische Beschreibung unserer heutigen Lebensweise" gegeben[46]. Ganz anders stellt sich dagegen die feministische Kritik an John Rawls dar[47].

Rawls selbst räumt im Zusammenhang mit seiner Ablehnung einer umfassenden Morallehre des reinen Liberalismus[48] ein, daß seine Konzeption politischer Gerechtigkeit "in den grundlegenden intuitiven Gedanken wurzelt, die in der politischen Kultur eines demokratischen Verfassungsstaates gefunden werden"[49]. Die Einwände gegen Rawls' Urzustandskonzeption können hier dahingestellt bleiben, denn wenn diese nichts anderes sein soll als eine Beschreibung "unseres heutigen moralischen und rechtlichen Verständnisses", unserer aktuellen politischen Kultur, läßt sich die "Theorie der Gerechtigkeit" umso besser zur Erörterung der Frage nach Art und Umfang der Gewährleistung bzw. des Schutzes von Anerkennungsbeziehungen in eben dieser gesellschaftspolitischen Kultur heranziehen.

Rawls Gerechtigkeitstheorie gelangt zu dem Ergebnis, daß jedes Individuum umfassende persönliche und politische Rechte haben muß, etwa das Recht auf freie Meinungsäußerung, auf persönliches Eigentum, auf politische Mitbestimmung, sowie auf dieselben Chancen wie andere, eine Ausbildung und Arbeit zu erhalten.

---

45 Geis, JZ 1995, 327, 330. Außerdem: "Weil das Konzept voll auf den funktionierenden und etablierten demokratischen Verfassungsstaat zugeschnitten ist, bestätigt der rechtsphilosophische Überbau nur ohnehin in der Wirklichkeit längst Anerkanntes" (S. 331).

46 Rorty, Vorrang, S. 91, 95 f.

47 Am Beispiel von Susan Moller Okin, Gerechtigkeit, S. 283 ff.: "Eine feministische Leserin oder ein feministischer Leser sieht sich ständig vor die Frage gestellt: Bezieht sich diese Theorie auch auf Frauen oder nicht?". Sie begründet das im wesentlichen mit Rawls' ihrer Ansicht nach unkritischer Rezeption frauendiskriminierender Elemente der Kantischen Morallehre und der nicht geschlechtsneutralen Sprache: "angeblich die Gattung bezeichnende männliche Begriffe" wie "men", "mankind", "he" und "his" legten den Verdacht nahe, "Frauen aus dem Anwendungsbereich der gezogenen Schlußfolgerungen auszuklammern". Moller Okin meint das durchaus ernst. Konsequent weitergedacht müßte dieser Ansatz zu dem Schluß kommen, daß z.B. § 211 StGB ("*der* Mörder") nur Männer mit Strafe bedrohe, umgekehrt § 223 StGB aber nur Körperverletzungen an Männern ("wer eine*n* andere*n* ...") erfasse, etc. Ein ernstzunehmender Hinweis, daß er Frauen aus dem Kreise der gleichberechtigten Vertragspartner ausschließen wollte, ist bei Rawls nicht zu finden.

48 Siehe dazu Rawls, Idee, S. 300 ff.

49 Rawls, Idee, S. 285 f.; ähnlich auch Habermas, Faktizität, S. 78 ff., 85 ff.

"Eine wohlgeordnete Gesellschaft entspricht also den Gerechtigkeitsgrundsätzen, die aus der Sicht des Urzustands kollektiv vernünftig sind; und vom Standpunkt des einzelnen aus stimmt der Wunsch, die öffentliche Gerechtigkeitsvorstellung für den eigenen Lebensplan als maßgebend anzuerkennen, mit den Grundsätzen für vernünftige Entscheidungen überein"[50].

1.2.2 Pluralismusprinzip

Ein Problem der Rechtfertigung der Gerechtigkeitskonzeption ergibt sich aus dem Umstand, daß die einzelnen Bürger grundsätzlich divergierende Auffassungen zu moralischen, politischen und religiösen Fragen vertreten. Rawls hat diesen Aspekt ursprünglich nicht ausdrücklich erörtert, wodurch der Eindruck entstehen konnte, sein Modell der "Gerechtigkeit als Fairneß" setze eine umfassende Übereinstimmung aller Gemeinschaftsmitglieder hinsichtlich ihrer moralischen Auffassungen voraus[51]. Dieser Interpretationsmöglichkeit ist Rawls in den seitdem veröffentlichten Abhandlungen[52] entgegengetreten. Er unterstreicht nachhaltig, daß seine Konzeption zwar eine moralische, nicht aber als umfassende Morallehre gemeint ist: "Die Konzeption von Bürgern als freien und gleichen Personen ist nicht ein moralisches Ideal zur Regelung des gesamten Lebens, sondern vielmehr ein Ideal, das zu einer Konzeption politischer Gerechtigkeit gehört, auf die die Grundstruktur anzuwenden ist"[53]. Grundvoraussetzung dessen ist allgemeine Toleranz: Jede tragfähige politische Gerechtigkeitskonzeption, die nicht auf den uneingeschränkten, gewaltsamen Gebrauch staatlicher Macht vertraut, muß die grundlegende gesellschaftliche Tatsache anerkennen, daß es im modernen demokratischen Verfassungsstaat unter modernen Bedingungen zwangsläufig einander widersprechende und miteinander unvereinbare Konzeptionen des Guten gibt[54].

Die "Konzeption des Guten" muß von einem übergreifenden Konsens getragen werden, der voraussetzt, daß trotz aller Differenzen und Unvereinbarkeiten gewisse Übereinstimmungen zwischen den Auffassungen der Bürger bestehen[55]. Aus diesem Grund darf die politische Gerechtigkeitskonzeption gerade nicht im Sinne einer allgemeinen und umfassenden religiösen, philosophischen oder moralischen Lehre Werte, Normen und Tugenden für alle Lebensbereiche festlegen, sie muß sich auf die Definition bestimmter Grundwerte und Grundsätze fairer

---

50 Rawls, Theorie, S. 626.

51 Hinsch, Rawls-Einleitung, S. 10.

52 Insbesondere Rawls, Idee, S. 255 ff., 283 ff., 293 ff., 330 f., 333 ff.

53 Rawls, Idee, S. 283.

54 Rawls, a.a.O., S. 284, mit Beispielen für zulässige bzw. gebotene Freiheitsbeschränkungen in Fn. 27.

55 Hinsch, Rawls-Einleitung, S. 27, spricht von einem "Minimum an geeigneten Berührungspunkten".

sozialer Kooperation beschränken[56]. Die Grundtugenden der politischen Kooperation sind Toleranz, die Bereitschaft, anderen entgegenzukommen, Verantwortlichkeit und der Sinn für Fairneß[57]. Die Auswirkungen für den Inhalt der politischen Gerechtigkeitskonzeption und für die Art und Weise ihrer Rechtfertigung liegen auf der Hand: sie muß sich darauf beschränken, diejenigen Bereiche des gesellschaftlichen Lebens zu regulieren, die alle Bürger unangesehen ihrer besonderen moralischen Anschauungen betreffen[58].

Trotz des grundverschiedenen theoretischen Ansatzes der Gerechtigkeitsfindung nach dem Diskursmodell besteht in dieser für die später vorzunehmende Grenzziehung zwischen Meinungsfreiheit und strafrechtlichem Ehrenschutz zentralen Frage Übereinstimmung mit Habermas. Auch dieser erklärt, daß eine Gerechtigkeitstheorie in einer pluralistischen Gesellschaft nur dann auf Akzeptanz rechnen dürfe, "wenn sie sich auf eine Konzeption beschränkt, die im strikten Sinne nachmetaphysisch ist, nämlich vermeidet, im Streit konkurrierender Lebensformen und Weltanschauungen Partei zu ergreifen"[59].

Persönliche Freiheit darf nur begrenzt werden, wenn dies zur Sicherung der Freiheit anderer notwendig ist. Die Anerkennung des Faktums des Pluralismus wird nach Rawls somit als grundlegend für ein vernünftiges Verständnis gerechter sozialer Ordnung erachtet. Das Gerechtigkeitsmodell von Rawls versteht sich also nicht als ein bestimmte moralische Werte vorschreibendes inhaltliches System der Sittlichkeit, sondern als *Basis* der Sittlichkeit.

---

56 Rawls, Idee, S. 300 ff., 334: "Die Vielfalt umfassender religiöser, philosophischer und moralischer Lehren, die in modernen demokratischen Gesellschaften gefunden werden, (ist) keine bloß historische und bald vorübergehende Erscheinung; sie ist ein dauerhaftes Merkmal der öffentlichen Kultur von Demokratien. Unter den durch die Grundrechte und Grundfreiheiten freier Institutionen gesicherten politischen und gesellschaftlichen Bedingungen wird eine Vielfalt widerstreitender umfassender Lehren entstehen, sofern sie noch nicht existiert. Mehr noch: sie wird bestehen bleiben und vielleicht noch zunehmen. Diese Tatsache über freie Institutionen ist das Faktum des Pluralismus".

57 Rawls, Idee, S. 319. In diesem Sinne auch Hondrich, Moderne Gesellschaften: "Als Wissenschaftler, Bürger, Parteimitglied kann - und muß - der einzelne zwar Ansichten darüber entwickeln und vertreten, welches Maß an innerer und äußerer Öffnung der Gesellschaft das richtige ist. Einen Liberalen und Demokraten kann er sich aber nur nennen, wenn er die eigenen Ansichten als standortgebundene in ihrer Beschränktheit und im Wechselspiel mit anderen erkennt und wenn er sich selbst mit seiner jeweiligen Einzelmeinung für dümmer hält als jenes Wechselspiel, das im demokratischen System institutionalisiert ist. Liberalität ... setzt Individuen voraus ..., die den Widerspruch aushalten, mit ihrer Meinung individuell richtig und kollektiv falsch zu liegen".

58 Vgl. Hinsch, Rawls-Einleitung, S. 10.

59 Habermas, Faktizität, S. 83. Naucke, Grundbegriffe, S. 160 ff., erkennt dagegen in der Konsenstheorie sehr wohl metaphysische Elemente: "...die alten metaphysischen Themen der Rechtsphilosophie, nur leicht vermummt und sozialanthropologisch eingeformt".

Gegenstand der (hypothetischen) Vereinbarungen der Vertragspartner können nur solche Regelungen sein, über die es keine "vernünftigen" Meinungsverschiedenheiten gibt. Zu den Problemen der praktischen Umsetzung dieses Anspruchs schreibt Rawls:

> "Die meisten Menschen vertreten Auffassungen, die ihre eigenen, begrenzten Interessen voranbringen; und weil ihre Interessen verschieden sind, so sind es auch ihre Auffassungen. Oder vielleicht liegt es daran, daß die Menschen oft irrational und nicht besonders 'helle' sind, und dies führt in Verbindung mit logischen Fehlern zu widerstreitenden Meinungen. ... Viele unserer wichtigsten Urteile werden unter Bedingungen gefällt, die es äußerst unwahrscheinlich erscheinen lassen, daß gewissenhafte und uneingeschränkt vernünftige Personen, selbst nach einer freien Diskussion, ihre Fähigkeit zu vernünftigen Überlegungen so ausüben können, daß alle zur selben Entscheidung kommen"[60].

Vom Toleranzprinzip und dem Faktum des Pluralismus ausgehend, versucht Rawls, die "Regeln einer vernünftigen Diskussion" aufzustellen. Rawls sieht das Ziel politischer Diskussion darin, eine vernünftige Übereinstimmung zu erreichen, daher sollte sich der einzelne so weit wie möglich so verhalten, daß es diesem Ziel dient: "Wir sollten einander nicht sofort des Eigen- oder Gruppeninteresses, des Vorurteils und der Befangenheit und tiefverwurzelter Irrtümer wie ideologischer Blindheit oder Verblendung bezichtigen. Wenn wir dies tun, erzeugen wir Ressentiments und Feindschaft und blockieren den Weg zu einer vernünftigen Übereinkunft. Es ist schlicht unvernünftig und häufig die Erklärung eines intellektuellen Krieges, so eingestellt zu sein, daß man solche Anklagen ohne zwingende Gründe erhebt. ... Wir rechnen mit tiefgreifenden Meinungsverschiedenheiten und akzeptieren, daß die Vielfalt der Normalzustand einer demokratischen Gesellschaft ist". Aber: "Diese Tatsache zu hassen bedeutet, die menschliche Natur zu hassen; denn es bedeutet, ihre vielen nicht unvernünftigen Äußerungen zu hassen, die sich unter freien Institutionen entwickeln"[61].

Eine Regelung, über die es "vernünftige Meinungsverschiedenheiten" gibt, kann im Sinne des politischen Liberalismus nicht als "gerecht" gelten. Dieser Aspekt der "Gerechtigkeitstheorie" wird an späterer Stelle im Zusammenhang mit der Problematik der Straf- und Normlegitimation vertiefend behandelt.

1.2.3 Anerkennung

Das Verhältnis wechselseitiger Anerkennung der Menschen steht nicht im Zentrum des Rawlsschen Gedankenexperiments, jedenfalls nicht in der Weise wie bei

---

[60] Rawls, Idee, S. 336, 339.

[61] Rawls, a.a.O., S. 340 f.

Kant, Fichte, Hegel oder aus neuerer Zeit bei Honneth. Die wechselseitige Anerkennung der Vertragspartner im Urzustand als Träger gleicher Rechte und Freiheiten bildet aber die Grundvoraussetzung dafür, daß eine gerechte Einigung über die konstituierenden Gesellschaftsinstitutionen in vollständiger Autonomie überhaupt erzielt werden kann. Habermas hat das so auf den Punkt gebracht: Die Kommunikationsvoraussetzungen, unter denen die Parteien ihre Vereinbarungen treffen, erklären einen moralischen Gesichtspunkt, der nicht zum Privileg einer bestimmten Kultur gehört, sondern tiefer, und zwar letztlich in den Symmetrien gegenseitiger Anerkennung kommunikativ handelnder Subjekte überhaupt verankert ist[62]. John Rawls' Theorie der Gerechtigkeit bestätigt somit die fundamentale Bedeutung reziproker Anerkennung für die Verwirklichung der Freiheit des einzelnen in einer gemeinsam geteilten und institutionell gestalteten sozialen Lebenswelt. Mit dem Faktum des Pluralismus stellt sie darüberhinaus ein maßgebliches Kriterium für Umfang und Inhalt des Anerkennungsverhältnisses auf: den anderen als vernünftiges Wesen anzuerkennen heißt, ihm kein starres Konzept sittlicher Werte aufzuzwingen und auch die "Konzeptionen des Guten" der Minderheiten zu respektieren.

1.2.4 Zusammenfassung

Es soll hier wie gesagt nicht um die zentrale Frage der Gerechtigkeitskonzeption Rawls' gehen, wie sich (zukünftig) eine als gerecht geltende Gesellschaft konstituieren müßte, sondern um die Bedeutung intersubjektiver Anerkennungsverhältnisse für unsere gegenwärtige Gesellschaft und die entsprechenden Schlußfolgerungen für die Theorie des Strafrechts. Die Anerkennung des anderen als gleichberechtigten Vertrags- bzw. Interaktionspartner mit gleichrangigen Geltungsansprüchen verlangt, daß die zentralen Regeln des gesellschaftlichen Zusammenlebens von einem übergreifenden Konsens getragen werden und nicht nur die Interessen jeweiliger Mehrheiten fixieren. Solange niemand versucht, seine Mitbürger zu zwingen, der von ihm favorisierten Konzeption des Guten zu folgen, können divergierende Konzeptionen nebeneinander bestehen, ohne daß dadurch die Verbindlichkeit der jeweiligen Auffassungen gegenüber denen, die sie teilen, in Frage gestellt würden. Jeder einzelne hat einen Anspruch darauf, nur solchen Reglements unterworfen zu werden, denen er im Lichte dessen, was er nicht unvernünftigerweise für gut und richtig hält, zustimmen kann[63]. Weil das Pluralismusprinzip die Aufoktroyierung eines bestimmten Modells der Sittlichkeit verbietet, wäre nach dieser Konzeption beispielsweise eine Auslegung der Beleidigungsstrafnorm unzulässig, die den Verstoß gegen bestimmte Moralvorstellungen der bürgerlichen Mehrheit kriminalisiert. Im dritten Abschnitt wird dies näher erläutert.

---

[62] Habermas, Faktizität, S. 86.

[63] Hinsch, Rawls-Einleitung, S. 26 f.

1.3 Diskurstheorie (Jürgen Habermas)

Während die Rechtfertigung allgemein konsensfähiger Grundsätze einer gerechten sozialen Ordnung nach dem Gesellschaftsvertragsmodell von John Rawls gewissermaßen vorab durch einen fiktiven Vertrag vollkommen freier und gleicher fiktiver Vertragspartner monologisch hergestellt werden soll, stellen die Vertreter der Diskurstheorie auf kooperative kommunikative Konsensfindung in rational geführten Diskursen ab[64] - nur ein intersubjektiver Verständigungsprozeß könne zu einem Einverständnis führen, das reflexiver Natur ist, nur dann könnten die Beteiligten wissen, daß sie sich gemeinsam von etwas überzeugt haben[65].

Ausgangspunkt der Diskursethik ist die von Max Horkheimer begründete *Kritische Theorie*, der interdisziplinär angelegte Versuch einer kritischen Analyse der Bedingungen gesellschaftlichen Fortschritts in der sozialen Wirklichkeit. Horkheimer ging es dabei um die Untersuchung sozialer und historischer Bedingungen (marxistisch: Produktionsverhältnisse) zur Überwindung etablierter spätkapitalistischer Herrschaftsformen, um die "intellektuelle Seite des historischen Prozesses der Emanzipation"[66]. Jürgen Habermas vollzog einen einschneidenden Perspektivenwechsel weg vom Produktionsparadigma Horkheimers hin zu einem Kommunikationsparadigma, das sprachtheoretisch beweisen soll, daß es nicht die Bedingungen gesellschaftlicher Arbeit sondern die Bedingungen sozialer Interaktion der Menschen sind, die den sozialen Fortschritt ausmachen. Mit der Umstellung der Grundbegriffe von "praktischer Vernunft", die den einzelnen im Handeln orientieren sollte, auf "kommunikative Rationalität"[67] hat Habermas, wie Honneth formuliert, "den Zugang zu einer emanzipatorischen Sphäre des Handelns erst wieder geöffnet"[68].

Fällt es bei der Rawlsschen Konzeption nicht schwer, die praktische Philosophie Kants als klassischen Bezugspunkt auszumachen, schwanken bezüglich des

---

64 Habermas, Diskursethik, S. 76 f., lehnt das Rawlssche Gedankenexperiment explizit ab: "Konsequenterweise versteht Rawls den materialen Teil seiner eigenen Untersuchung ... nicht als *Beitrag* eines Argumentationsteilnehmers zur diskursiven Willensbildung über Grundinstitutionen einer spätkapitalistischen Gesellschaft, sondern eben als Ergebnis einer `Theorie der Gerechtigkeit´, für die er [Rawls] als Experte zuständig ist."

65 Habermas, Diskursethik, S. 77: "Indem die Beteiligten in eine moralische Argumentation eintreten, setzen sie ihr kommunikatives Handeln in reflexiver Einstellung mit dem Ziel fort, einen gestörten Konsens wiederherzustellen. Moralische Argumentationen dienen also der konsensuellen Beilegung von Handlungskonflikten".

66 Horkheimer, Theorie, S. 189. Zum Vergleich: bei Marx/Engels galt "die Geschichte aller bisherigen Gesellschaft" als "die Geschichte von Klassenkämpfen" (Manifest, S. 23).

67 Habermas, Faktizität, S. 24.

68 Honneth, Dynamik, S. 82. Kursorischer Überblick die Entwicklung der "kritischen Theorie" bei Honneth, KZfSS 41 (1989), 1 ff.

Habermasschen Kommunikationsmodells die Einschätzungen zwischen "linkshegelianisch"[69] und "eher Kant als Hegel und Marx verpflichtet"[70]. Diese Frage kann hier dahingestellt bleiben. Problematischer wird es sein, die Grundstrukturen des Diskursmodells so nachzuzeichnen, daß sich daraus anerkennungstheoretische Erkenntnisse gewinnen lassen. *Grundsätzlich* dürfte klar sein, daß eine sprach- und kommunikationstheoretische Konzeption wichtige Anhaltspunkte für die Auslegung des Kommunikationsdeliktes "Beleidigung" aufzeigen wird, ebenso, daß die Diskurstheorie intersubjektive Anerkennung der Diskursteilnehmer zwingend voraussetzt. Detailfragen aber sind nur mühsam zu erschließen, weil sie mitunter nur fragmentarisch über das gesamte Werk Habermas´ verteilt behandelt werden. Naucke stellt zutreffend fest, das Fazit der Diskurstheorie müsse "aus einer Fülle von Diskussionslinien herausformuliert werden, ... das Verhältnis von Kommunikation, Diskurs und Konsens ist nicht sehr klar"[71], Gerhard Wagner hält den gesellschaftstheoretischen Diskurs der Moderne für "gelinde gesagt unübersichtlich"[72]. Insofern kann die folgende Darstellung der Grundzüge des Diskursmodells keine umfassende Vollständigkeit beanspruchen, sie bleibt auf die zentralen Argumentationslinien beschränkt.

1.3.1 Kommunikationsstrukturen

Im Zentrum der Diskurstheorie steht die moralische Rechtfertigung des Rechts durch kooperative Anstrengungen in rational geführten Diskursen auf nachmetaphysischem Begründungsniveau. Die soziale Integration der Gesellschaft könne nur durch kommunikatives Handeln erfolgen, dem die wechselseitige Anerkennung der Geltungsansprüche der jeweiligen Interaktionspartner zugrundeliegt[73]. Gerechtfertigte Inhalte sollen aus dem Prozeß rationaler Kommunikation gewonnen werden, das Diskursprinzip soll einen zwanglosen Konsens aller Kommunikationsteilnehmer sichern[74]. Beim theoretischen Diskurs geht es um die Wahrheit empirischer Tatsachen, beim praktischen Diskurs um die überzeugende Rechtfertigung normativer Aussagen[75]. Dies setzt die verbindliche Festlegung des

---

69 So z.B. Höffe, Rechtsprinzipien, S. 20 f.

70 Dreier, ARSP 1995, 161, auf "die jetzige Theorie" Habermas´ bezogen.

71 Naucke, Grundbegriffe, S. 159.

72 G. Wagner, ARSP 1995, 1.

73 Habermas, Faktizität, S. 33 ff.

74 Habermas, Faktizität, S. 136 f.

75 Habermas, Vorstudien, S. 173 f.: "Die Argumentation kann ... konsenserzielende Kraft qua Argumentation ... nur beanspruchen, wenn sichergestellt ist, daß die Beteiligten die Begründungssprache, in der sie ihre Bedürfnisse interpretieren, hinterfragen und revidieren können. Der praktische Diskurs muß schon aufgrund seiner formalen Eigenschaften die Garantie geben, daß die Teilnehmer jederzeit die Diskursebene wechseln und sich der Unangemessenheit tradierter Bedürfnisinterpretationen innewerden können. Sie müssen dasjenige Sprachsystem entwickeln können, das ihnen zu sagen erlaubt, was sie

prozeduralen Verfahrens der Entscheidungsfindung voraus, die Ermittlung der Kriterien dieses Verfahrens bildet den Kern der Habermasschen Studien.

Die Verfahrensbedingungen, unter denen faktisch erzielte Kompromisse auch die Vermutung der Fairneß für sich haben, müssen in moralischen Diskursen gerechtfertigt werden, sie setzen das Diskursprinzip also bereits voraus[76]. Konsens basiert auf einem gelungenen Diskurs, dieser wiederum auf herrschaftsfreien, unverzerrten *idealen Sprechsituationen*: "Jene ausgezeichnete Kommunikation, in der Verzerrungen der Kommunikationsstruktur selbst überwunden werden können, ist die einzige, in der zusammen mit einem Wahrheitsanspruch zugleich ein Wahrhaftigkeitsanspruch 'diskursiv' geprüft (und als unberechtigt abgewiesen) werden kann"[77]. Dieser Idealzustand ist seinerseits an zahlreiche Prämissen gebunden.

Er setzt zunächst die unbegrenzte Kommunikationsgemeinschaft als die ideale Gemeinschaft der moralisch zurechnungsfähigen Subjekte voraus[78]. Grundvoraussetzung diskursiver Kommunikation der Akteure ist deren kommunikative Kompetenz, das Vermögen der Anwendung von Regeln, nach denen Sprechakte überhaupt vollzogen werden und so eine intersubjektive Verständigung herstellen können[79]. Die kommunikationstheoretischen Grundbegriffe definiert Habermas in Anlehnung an allgemeine Sprachtheorien folgendermaßen: *Sätze* sind aus sprachlichen Ausdrücken bestehende linguistische Einheiten. *Äußerungen* sind pragmatische Einheiten der Rede (situierte Sätze). *Sprechakte* sind die elementaren Einheiten der Rede, der Sprecher vollzieht mit dem Akt des Aussprechens genau die Handlung, die der in der Äußerung verwendete performatorische Ausdruck zugleich darstellt - ein Sprechakt erzeugt die Bedingungen dafür, daß ein Satz in einer Äußerung verwendet werden kann, gleichzeitig hat er selbst die Form eines Satzes. Strukturen der *Redesituation*, also allgemeine Bedingungen der Situierung von Sätzen, werden mit Hilfe von Sprechakten erzeugt[80]. Sätze sind die elementaren wahrheitsfähigen Bestandteile einer grammatischen Sprache, an deren Struktur läßt sich die Struktur der Gedanken des Sprechers ablesen, unter der Voraussetzung, daß sprachliche Ausdrücke für verschiedene Benutzer identische Bedeutungen haben[81]. Sätze dienen der Beschreibung beobachteter

---

unter gegebenen und im Hinblick auf machbare Umstände wollen können".

76 Habermas, Faktizität, S. 206.

77 Habermas, Vorstudien, S. 183.

78 Habermas, Faktizität, S. 136. Vgl. auch Apel, Apriori, S. 358 ff.

79 Habermas, Vorbereitende Bemerkungen, S. 101 ff., vgl. schon Mead, Geist, S. 190 f.: "Entscheidend für die Kommunikation ist, daß das Symbol in einem selbst das gleiche wie im anderen Individuum hervorruft. Es muß die gleiche Universalität für jede Person aufweisen, die sich in der gleichen Situation befindet". Zur intuitiven Regelkompetenz siehe auch Apel, Sprechakttheorie, S. 134 ff.

80 Habermas, Vorbereitende Bemerkungen, S. 102 f.; ders., Vorstudien, S. 127 ff.; ders., Universalpragmatik, S. 180 ff.

Sachverhalte der Wirklichkeit wie auch der Explikation von Sinn solcher Äußerungen[82]. Zum bloßen Haben eines Gedankens tritt ein Akt der Beurteilung hinzu[83].

Die elementaren Einheiten der Rede, die jeweils einzelnen Sprechakte, dienen der Verständigung von Sprecher und Hörer über Sachverhalte auf zwei Ebenen: der Ebene der Intersubjektivität, auf der *miteinander* kommuniziert wird, und die Ebene der Gegenstände, über die sich Sprecher und Hörer verständigen[84]. Als Formen umgangssprachlicher Kommunikation unterscheidet Habermas kommunikatives Handeln und Diskurs. Kommunikatives Handeln sind Interaktionen, die Gesprächsform haben, Äußerungen, die in den Kontext außersprachlicher Äußerungen eingelassen sind. Es vollzieht sich in eingelebten und normativ abgesicherten Sprachspielen, in denen Äußerungen nicht nur nach Regeln gebildet, sondern auch untereinander nach Regeln der Ergänzung und der Substitution verknüpft werden[85]. Diskurse dagegen dienen der Begründung problematisierter Geltungsansprüche von Meinungen und Normen, in Diskursen sind nur sprachliche Äußerungen zugelassen[86].

Kommunikatives Handeln ist das sprachliche Medium, durch das sich Interaktionen vernetzen und Lebensformen strukturieren, die kommunikative Vernunft ermöglichen - "jede soziale Interaktion, die ohne Ausübung manifester Gewalt zustandekommt, läßt sich als Lösung des Problems verstehen, wie die Handlungspläne mehrerer Aktoren so miteinander koordiniert werden können, daß sich die Handlungen der einen Partei denen der anderen Partei `anschließen´. ... Solange Sprache nur als Medium für die Übertragung von Informationen und Redundanzen genutzt wird, läuft die Handlungskoordinierung über die wechselseitige Einflußnahme zwecktätig aufeinander einwirkender Aktoren. Sobald hingegen die illusionären Kräfte der Sprechhandlungen eine handlungskoordinierende Rolle übernehmen, wird die Sprache selbst als primäre Quelle der sozialen Integration

81 Habermas, Faktizität, S. 26 - "Jedenfalls müssen die Angehörigen einer Sprachgemeinschaft in der Praxis davon ausgehen, daß Sprecher und Hörer einen grammatischen Ausdruck auf identische Weise verstehen können. Sie unterstellen, daß die gleichen Ausdrücke in der Mannigfaltigkeit der Situationen und der Sprechakte, in denen sie verwendet werden, dieselbe Bedeutung behalten". Vgl. auch Durkheim, Formen, S. 579: "Das Begriffssystem, mit dem wir im täglichen Leben denken, ist das System, das der Wortschatz unserer Muttersprache ausdrückt. Denn jedes Wort bezeichnet einen Begriff". Wittgenstein schreibt: "Die Gesamtheit der Sätze ist die Sprache" (Tractatus, Nr. 4.001).

82 Habermas, Universalpragmatik, S. 185; vgl. auch Wunderlich, Sprechakttheorie, S. 466.

83 Habermas, Faktizität, S. 27.

84 Habermas, Vorbereitende Bemerkungen, S. 104 f.

85 Habermas, Vorbereitende Bemerkungen, S. 115 f. Als Beispiel für kommunikatives Handeln nennt Habermas eine "Begrüßung in der Straßenbahn".

86 Habermas, Vorbereitende Bemerkungen, S. 115 ff.

erschlossen. Nur in diesem Falle soll von 'kommunikativem Handeln' die Rede sein". Grundvoraussetzung dafür ist, daß sich die Handelnden gegenseitig Zurechnungsfähigkeit zuschreiben, also unterstellen, daß sie ihr Handeln an Geltungsansprüchen orientieren können[87]. Das Vernunftprinzip liegt als notwendigerweise anzuerkennende ethische Grundnorm, als nicht weiter hintergehbares Apriori, jedem Diskurs der auf Sinnverständigung und Konsensbildung angelegten Kommunikationsgemeinschaft begriffslogisch bereits zugrunde[88]. Nach Karl-Otto Apel ist die transzendentalpragmatisch verstandene Dimension der Kommunikation im phänomenologischen Sinne als "Bereich der *Sinn-Konstitution* von so etwas wie ethischen Normen" anzusehen - der Sollens-Sinn der ethischen Normen konstituiert sich ausschließlich in der Dimension der dialogischen Interaktion, also der Kommunikation[89]. Das Verhältnis von kommunikativem Handeln und Diskursen erklärt Habermas auf diese Weise: das Modell reinen kommunikativen Handelns verlangt die Möglichkeit von Diskursen, umgekehrt können auch die Bedingungen des Diskurses nicht unabhängig von den Bedingungen reinen kommunikativen Handelns gedacht werden[90].

Als erste Approximation an den Anerkennungsbegriff können wir die wechselseitigen Bezüge kommunikativen und diskursiven Handelns festhalten. Auch außerhalb der Diskurstheorie ist die zentrale Bedeutung von sprachlichem Handeln für Intersubjektivität, Konsensfindung und Selbstverwirklichung in einer gemeinsam geteilten Lebenswelt unbestritten[91].
Die Kommunikationstheorie Habermas' unterscheidet sich insofern von reinen Grammatiktheorien[92], die sich mit der Sprache befassen, nicht mit den

---

87 Habermas, Faktizität, S. 17 ff., 33 ff.; ders., Theorie, Bd. 2, S. 112 ff.; ders., Vorstudien, S. 137 ff.; Geltungsansprüche sind "Verständlichkeit, Wahrheit, Richtigkeit und Wahrhaftigkeit" (Vorstudien, S. 104 ff.) - "die berechtigte Geltung eines Anspruchs garantiert nämlich die Zuverlässigkeit, mit der die aus einem bestimmten Anspruch resultierenden Erwartungen erfüllt werden" (Vorstudien, S. 129). Der kommunikativ Handelnde muß sich verständlich *ausdrücken*, *etwas* zu verstehen geben, *sich* dabei verständlich machen und sich *miteinander* verständigen (Vorstudien, S. 233)., vgl. auch a.a.O. S. 245 ff., 571 ff.; ders., Universalpragmatik, S. 176; Apel, Sprechakttheorie, S. 106: Ansprüche werden durch Sprechakte zur Geltung gebracht; jeder Sprechakt ist ein Anspruch.

88 Apel, Sprechakttheorie, S. 126, 144.

89 Apel, Sprechakttheorie, S. 104 f.: Nur durch Ansprüche von Menschen an Menschen hindurch können alle übrigen Sinnmotivationen für ethische Normsetzung, z. B. Bedürfnisse oder Interessen, ethisch normativen Sinn gewinnen.

90 Habermas, Vorbereitende Bemerkungen, S. 139.

91 Vgl. z. B. Gadamer, Wahrheit, Bd. 2, S. 336 ff., der Sprache definiert als "Brücke, durch die der eine mit dem anderen kommuniziert und über dem fließenden Strome der Andersheit Selbigkeiten aufbaut, oder Schranke, die unsere Selbstaufgabe begrenzt und uns von der Möglichkeit abschrankt, uns selber je ganz auszusprechen und mitzuteilen".

92 Z. B. Chomsky, Syntax-Theorie (1969); ders., Sprache (1973). Zur Abgrenzung siehe auch Apel, Sprechakttheorie, S. 88 ff.

Sprechvorgängen[93]. Jede Sprachanwendung kann nicht auf die formalen, syntaktisch-linguistischen Bestandteile der Äußerung reduziert werden; das Wesen sprachlicher Interaktion besteht in der sozialen Komponente, dem *Sinn*verstehen durch den Erklärungsempfänger. Die sprachlichen Regeln bilden nur die Basis dessen[94]. Der Sprecher wendet sie an, auch wenn er sie nicht explizit benennen kann; die sprachlichen Regeln sind implizites Regelwissen[95]. Ihren spezifischen Sinngehalt erlangen Sprechakte erst durch das Sinnverstehen eines verständigen, sozialisierten Empfängers[96]. Die Ausführung von Sprechakten ist immer Partizipation an einer "gemeinsamen menschlichen Handlungsweise"[97], an einer sprechende und handelnde Subjekte verbindenden Interaktion. Daß dies ohne wechselseitige Anerkennung der Akteure nicht funktionieren kann, ist klar. Nachfolgend gilt es, die inhaltlichen Konturen des Anerkennungsverhältnisses näher zu konkretisieren.

Wahrheit und Richtigkeit[98] des Diskurses beurteilen sich anhand der formalen Bedingungen gelungener sozialer Interaktion[99], den Eigenschaften einer "idealen

---

93 Habermas, Vorstudien, S. 84, 104: "Die Kommunikationstheorie der Gesellschaft ... begreift den Lebensprozeß der Gesellschaft als einen durch Sprechakte vermittelten Erzeugungsprozeß. Die gesellschaftliche Realität, die daraus hervorgeht, ruht auf der Faktizität der in symbolischen Gebilden wie Sätzen, Handlungen, Gesten, Überlieferungen, Institutionen, Weltbildern usw. implizierten Geltungsansprüche".

94 Sie sind für eine situationsgerechte Verwendung symbolischer Ausdrücke konstitutiv: "Durch sie werden zugleich die Situationen der möglichen Verwendung symbolischer Ausdrücke hervorgebracht. Die kommunikative Lebensform selber ist von der Grammatik der Sprachspiele abhängig" (Habermas, Vorstudien, S. 83).

95 Habermas, Vorstudien, S. 17. An anderer Stelle weist Habermas darauf hin, daß Diskursregeln für Diskurse nicht in demselben Sinne konstitutiv sind wie Schachregeln für real durchgeführte Schachspiele, weil letztere eine faktische Spielpraxis *bestimmen* - Habermas, Diskursethik, S. 101. Auch Apel, Sprechakttheorie, S. 101, führt das Schachbeispiel an: Sprachliche Regeln sind, im Unterschied zu ihren konventionellen Realisierungen in den einzelnen Sprachen, "nicht von irgend jemandem erfunden oder durch Konvention festgelegt, sondern sie sind *normative Bedingung der Möglichkeit für alle institutionellen Regel-Festlegungen durch Konventionen*". Vgl. zum Ganzen auch Wittgenstein, Untersuchungen, §§ 66 ff. u. passim.

96 Zur Verdeutlichung dessen eignet sich das in anderem Zusammenhang von Gustav Radbruch angeführte Beispiel, wonach eine Beleidigung nicht nur als "eine Reihe von Kehlkopfbewegungen, Schallwellenerregungen, Gehörreizungen und Gehirnvorgängen" ausgedrückt werden kann - der sprachliche Sinn und die soziale Bedeutung der Beleidigung bliebe ganz außerhalb des so konstruierten Begriffs (Radbruch, Systematik, S. 161). Habermas, Vorstudien, S. 65, bestreitet, daß die Identität von Bedeutungen alleine aufgrund einer *monologischen* Beherrschung der Kriterien der Selbstbeurteilung sprachlichen Verhaltens gesichert werden kann. Wittgenstein, Untersuchungen, S. 382: "Der Regel zu folgen *glauben* ist nicht: der Regel [tatsächlich] folgen. Darum kann man nicht einer Regel 'privatim' folgen, weil sonst der Regel zu folgen glauben, dasselbe wäre, wie der Regel folgen".

97 Habermas, Vorstudien, S. 71.

98 Hierzu Habermas, Vorstudien, S. 81 f., 117 ff.

Sprechsituation": *Chancengleichheit für alle Diskursteilnehmer, kommunikative Sprechakte zu verwenden, Freiheit der Rede und Gegenrede, keine Privilegierungen, Wahrhaftigkeit und Freiheit von Zwang* - Nur die ideale Sprechsituation schließt eine systematische Verzerrung der Kommunikation aus, "nur dann herrscht ausschließlich der eigentümlich zwanglose Zwang des besseren Arguments, der die methodische Überprüfung von Behauptungen sachverständig zum Zuge kommen läßt und die Entscheidung über praktische Fragen rational motivieren kann"[100]. Die ideale Sprechsituation gilt als Voraussetzung und Gewähr dafür, daß mit einem faktisch erzielten Konsens der Anspruch auf einen *wahren* Konsens verbunden werden darf[101]. In den kontrafaktischen Bedingungen der idealen Sprechsituation sieht Habermas "sprachtheoretische Bestimmungen für das, was wir herkömmlicherweise mit den Ideen der Wahrheit, der Freiheit und der Gerechtigkeit zu fassen versuchen": die Bedingungen einer idealen Lebensform[102].

Die Forderung nach Herrschaftsfreiheit in zwanglosen Diskursen bedeutet, auf eine Sanktionierung bestimmter Diskursbeiträge regelmäßig zu verzichten: "Alle Diskursteilnehmer müssen die gleiche Chance haben, Deutungen, Behauptungen, Empfehlungen, Erklärungen und Rechtfertigungen aufzustellen und deren Geltungsanspruch zu problematisieren, zu begründen oder zu widerlegen, so daß keine Vormeinung auf Dauer der Thematisierung und der Kritik entzogen bleibt"[103]. Das heißt: grundsätzlich muß auch "Unsinniges" thematisiert werden dürfen, auch dann, wenn es auf erhebliche Ablehnung der übrigen Diskursteilnehmer stößt - der Zustand und die innere Stabilität moderner Demokratien sind ja gerade am Umfang der gewährleisteten Meinungsfreiheit, unabhängig von der jeweiligen "Qualität" der Kommunikationsbeiträge, zu erkennen. Konsequent weitergedacht müßte auch trotz erwiesener Unwahrheit die Behauptung, Auschwitz sei eine "Erfindung", öffentlich problematisiert und diskutiert werden dürfen[104]. Dieses

---

99 Habermas, Vorstudien, S. 176 f.: "Die konsenserzielende Kraft des Arguments beruht darauf, daß wir zwischen den verschiedenen Ebenen des Diskurses so oft hin und hergehen können, bis ein Konsens besteht. Ein argumentativ erzielter Konsensus ist dann und nur dann ein zureichendes Kriterium für die Einlösung diskursiver Geltungsansprüche, wenn aufgrund der formalen Eigenschaften des Diskurses Freizügigkeit zwischen den Diskursebenen gesichert ist".

100 Habermas, Vorbereitende Bemerkungen, S. 136 ff.; ders., Vorstudien, S. 119 ff., 177 f.; ähnliche Argumentations- und Diskursvoraussetzungen formuliert Alexy, Diskurs, S. 36 ff.

101 Habermas, Vorbereitende Bemerkungen, S. 136 ff.; zustimmend Apel, Sprechakttheorie, S. 116 f.

102 Habermas, Vorbereitende Bemerkungen, S. 139.

103 Habermas, Vorstudien, S. 177; in diesem Sinne auch Apel, Sprechakttheorie, S. 124.

104 So auch Baumann, NStZ 1994, 392: "Wer etwa behauptet, Deutschland habe am 1. Weltkrieg nicht teilgenommen, oder Adenauer habe 333 bei Issus mitgewirkt, ist durch seine Dummheit genug gestraft. Gleiches muß für die Leugnung der Scheußlichkeiten und Verbrechen der jüngsten deutschen Vergangenheit gelten".

Beispiel zeigt aber schon, daß der Selbstdarstellung und Selbstverwirklichung des einzelnen angemessene Grenzen zu setzen sind, jedenfalls dort, wo konkrete Rechte Dritter beeinträchtigt werden. Auf die erforderliche Interessenabwägung zwischen dem Schutz individueller Achtungsansprüche und der Möglichkeit uneingeschränkter Meinungsäußerungen in öffentlichen Diskursen werden wir später zurückkommen.

Das Problem der tatsächlichen Realisierbarkeit einer idealen Sprechsituation ist bekannt. Habermas selbst zeigt sich optimistisch, daß dieser Idealtypus einer optimalen Kommunikationsstruktur praktisch erreichbar sein könnte[105]. Luhmann hält dagegen, daß alleine die Verfahrenskriterien nicht zugleich die Richtigkeit der gefundenen Entscheidungen garantieren könnten: Der Schnellere, in der Regel der geschulte und erfahrene Diskursteilnehmer, habe "wesentliche Vorteile. Er findet Zeit, die Konsequenzen seines Handelns vorauszusehen und sich an mutmaßlichen Wirkungen zu orientieren. Er hat die Chance größerer Rationalität und größeren Einflusses auf den Verlauf der Dinge. Der Langsamere dagegen findet sich immer wieder unter Zugzwang. Er muß sich an den Forderungen des Augenblicks orientieren, also an der Gegenwart statt an der Zukunft; er kann sein Maß nur in den gerade aktuellen Zumutungen oder in seinem eigenen Zustand, etwa in seiner Verstocktheit, finden und ist so taktisch unterlegen. Er muß handeln und kann erst nachher definieren, was er getan hat, sofern nicht auch dies von seinen schnelleren Partnern besorgt wird. Diese Unterlegenheit bewirkt auch, daß der Langsamere den die Situation regierenden Erwartungen stärker ausgeliefert ist. Er wird durch die Situation regiert oder doch zu ständigen Kompromissen zwischen seinen Endzwecken und dem in der Situation Erforderlichen genötigt"[106].

Luhmanns Beobachtung, daß realiter nahezu jede Kommunikation asymmetrisch verläuft, kann nicht widersprochen werden, weil jede Kommunikation situationsbezogen ist: Wenn Sinn gemeinsam aktualisiert wird, bedeute "gemeinsam" nicht chancengleich. Vielmehr könne ein gehobener Status ein erhöhtes Sinndurchsetzungsvermögen bedeuten, Kommunikationsherrschaft in dem Sinne, daß der

[105] Habermas, Vorstudien, S. 179: "Eine hinreichende Realisierung ... möchte ich trotzdem nicht a priori für unmöglich halten, weil die erwähnten Beschränkungen durch institutionelle Vorkehrungen entweder kompensiert oder doch in ihren Auswirkungen auf das deklarierte Ziel einer Gleichstellung der Chancen, Sprechakte zu verwenden, neutralisiert werden können". Ders., Theorie, Bd. 2, S. 163: "Die Konstruktion des unbegrenzten und unverzerrten Diskurses kann man den uns bekannten modernen Gesellschaften allenfalls als eine Folie mit der Absicht unterlegen, undeutliche Entwicklungstendenzen in grelleren Konturen hervortreten zu lassen". Anders etwa McCarthy, Philosophie, S. 330: der praktische Diskurs könne nur als Ideal, nie aber als tatsächlich erreichbares Ziel der demokratischen Selbstorganisation der Gesellschaft angesehen werden, da die Diskurstheorie zu restriktiv sei, um als Modell der rationalen Willensbildung und der kollektiven Entscheidungsfindung dienen zu können.

[106] Luhmann, Legitimation, S. 46.

Statushöhere kraft kommunikativer Kompetenz die Situation definiere und der Statusniedere wesentlich auf eine Anpassungsrolle festgelegt werde. Kommunikationsherrschaft wirke sich so aus, daß die Auswahl beweisrelevanter Information bei dem liege, der die Situation definiert. Sie äußere sich als Herrschaftswissen, Herrschaftssprache, allgemein als einseitig benachteiligende Verzerrung des grundsätzlich gemeinsamen Sinnzusammenhangs zu Kommunikationen[107]. Ein Widerspruch zum Modell der herrschaftsfreien idealen Sprechsituation ist das freilich nicht, kommt es dabei doch gerade darauf an, die strukturimmanenten Verzerrungen und Ungleichheiten von Kommunikationsvorgängen zu *überwinden*[108].

Zusammengefaßt gilt als vernünftiger Diskurs der ideale herrschaftsfreie Dialog aller mit allen, unter dem Primat des "eigentümlich zwanglosen Zwangs des besseren Arguments". Ziel des Diskurses ist ein begründeter Konsens[109] als *Wahrheitskriterium*. Aber: "der Sinn von Wahrheit ist nicht der Umstand, daß überhaupt ein Konsensus erreicht wird, sondern: daß jederzeit und überall, wenn wir nur in einen Diskurs eintreten, ein Konsens unter Bedingungen erzielt werden kann, die diesen als begründeten Konsensus ausweisen"[110]. Mithin sind für Konsens- bzw. *Wahrheits*findung in diesem Sinne allein formale Gesichtspunkte maßgeblich[111].

1.3.2 Anerkennung

Die Diskurstheorie ist keine reine Anerkennungstheorie. An dieser Stelle könnte sich die Frage aufdrängen, welchem Zweck die grundrißartige Darstellung des Diskursmodells für unsere Problemstellung dienen soll, wo doch schon bei nur oberflächlicher Betrachtung deutlich wird, daß das kommunikationstheoretische Konzept zumindest inzident die intersubjektive Anerkennung der Kommunikations- und Diskursteilnehmer begriffsnotwendig voraussetzt, also die wechselseitige Akzeptanz als moralische Personen und die wechselseitige Akzeptanz der jeweiligen Geltungsansprüche. Die Identität des einzelnen beruht auf der kommunikativ vermittelten *Identität mit* und zugleich *Verschiedenheit von* den anderen[112]. Damit ließe sich durchaus schon die elementare Bedeutung des Anerkennungsverhältnisses für Selbstdarstellung und Selbstverwirklichung der Menschen

---

107 Luhmann, Grundrechte, S. 25 ff.; vgl. auch Rottleuthner, Klassenjustiz?, S. 54.

108 Auch Luhmann hält Herrschaftsfreiheit insofern für "eine schlichte Selbstverständlichkeit des Denkens" (Systemtheoretische Argumentationen, S. 401).

109 Im Sinne von "Übereinstimmung, zu der wir in Diskursen gelangen können" (Habermas, Vorstudien, S. 160).

110 Habermas, Vorstudien, S. 160.

111 Vgl. auch Apel, Diskurs, passim.

112 Apel, Sprechakttheorie, S. 118.

in der sozialen Gemeinschaft behaupten. Ein solches Ergebnis alleine wird aber dem Ziel, ein anerkennungstheoretisches Konzept der Ehre zu entwickeln, noch nicht gerecht - insofern hätte dann auch ein knapper Verweis auf die entsprechenden Passagen bei den Klassikern Kant, Fichte und Hegel genügt.

Vielmehr geht es hier darum, eine solche inhaltliche Konturierung des Anerkennungsbegriffs zu ermitteln, die nicht nur das allgemeine Ergebnis der zentralen Bedeutung wechselseitiger Anerkennung für das Menschsein schlechthin unterstreicht, sondern gerade auch Rückschlüsse auf die Besonderheiten der Beleidigung als Kommunikationsdelikt zuläßt. Es soll gezeigt werden, daß Anerkennung kein bloß abstrakter Wert ist, sondern eine ganz konkrete Grundvoraussetzung jeder Form sinnvermittelter menschlicher Kommunikation durch Sprache[113]. Kommunikation ist Gemeinschaft mit anderen durch Mitteilung, Kommunikation ist Interaktion, Intersubjektivität, Konsens, Konvergenz[114]. Kommunikation dient der gemeinsamen Konstitution von Sinn, dem Austausch über Sein in einer gemeinsam geteilten Lebenswirklichkeit. Kommunikation setzt wechselseitige Anerkennung der Kommunikanten voraus, Anerkennung dient umgekehrt der Ermöglichung von Kommunikation. Die Beleidigung ist mehr als nur eine Kommunikationsstörung, die Verletzung reziproker Anerkennung geht tiefer.

Welche Rückschlüsse lassen sich anhand des bisher Erörterten für die Beleidigung ziehen? Sicher nicht, daß jede nicht-ideale Sprechsituation schon im Sinne der §§ 185 ff. strafrechtlich relevant wäre. Wir haben gesehen, daß die herrschaftsfreie Kommunikationssituation eben nur ein *Ideal* ist, in der Praxis sind faktische Ungleichheit und Benachteiligungen der Akteure, einseitige Kommunikationsherrschaft und Subordination die Regel[115]. Zur Ermittlung des

---

113 Auf die konstitutive Bedeutung von Sprache für die soziokulturelle Lebensform hat schon Mead, Geist, S. 291, hingewiesen: "Beim Menschen schafft die funktionale Differenzierung durch die Sprache ein völlig andersartiges Organisationsprinzip, das nicht nur ein anderes Individuum, sondern auch eine andere Gesellschaft produziert". Anders als tierische Signal- oder Gebärdensprachen bestehen differenzierte menschliche Sprachsysteme aus einer Grammatik, die vielfältige Verknüpfungsmöglichkeiten sprachlicher Symbole zuläßt. Soziale Integration und Sozialisation der Menschen sind sprachgebunden - Sprache dient nicht nur der Verständigung, sondern jeder Form der Handlungskoordinierung und damit auch der Konstituierung gesellschaftlicher Rollen. Vgl. auch Maturana/Varela, Erkenntnis, S. 227: "Die Sprache [erlaubt] dem, der damit operiert, die *Beschreibung seiner selbst* und der Umstände seiner Existenz ... - und zwar mit Hilfe sprachlicher Unterscheidungen von sprachlichen Unterscheidungen". Bei Broekman, Sprechakt, S. 107, ist zu lesen: "Der Mensch ist Funktion des Textes. Die textuelle Gegenwart ist sein letztmögliches Schicksal und sein ultimatives Selbstverständnis".

114 Arthur Kaufmann, Rechtsphilosophie, S. 5.

115 Um nur ein Beispiel zu nennen: Rottleuthner, Klassenjustiz?, S. 54, zur Verfahrensherrschaft des Richters im Strafverfahren: "Solange aber im Prozeß der Richter die Interpretationsherrschaft ausübt - er bestimmt, was "zur Sache" gehört -, solange er auf Fragen des Angeklagten nicht einzugehen braucht, ... ist ein herrschaftsfreier Dialog und damit

spezifischen Gehaltes des Anerkennungsbegriffs bedarf es demnach weiterer Betrachtungen der intersubjektiven Kommunikationsstrukturen.

Die reziproke Beziehung zwischen den Kommunikationsteilnehmern läßt sich anhand des Modells des Perspektivenwechsels von George Herbert Mead präzisieren. Mead erkannte, daß der einzelne seine Identität nur durch Kommunikation mit anderen erlangt, "nur durch die Verfeinerung gesellschaftlicher Prozesse mittels signifikanter Kommunikation"[116]. Die Intersubjektivität einer Regel und damit die Identität einer Bedeutung, auf der die wechselseitige Kritisierbarkeit des regelorientierten Verhaltens beruht, verlangt nicht nur Reziprozität des Verhaltens, sondern auch der Verhaltenserwartungen. Erwartungen an den anderen konstituieren sich durch die gegenseitige Reflexivität der Erwartungen, d.h. die Kommunikatoren müssen fähig sein, die Erwartungshaltung des jeweils anderen zu antizipieren und sich zu eigen zu machen. Darauf basiert die wechselseitige Anerkennung der Subjekte; sie müssen einander als identisch ansehen, die Stellung des anderen nachvollziehen können, um sich und den jeweils anderen unter derselben Kategorie zu subsumieren[117]. Aus der exzentrischen Perspektive zunächst des konkreten, später des generalisierten Anderen fühlen sich die Individuen zur wechselseitigen Anerkennung ihrer Rechte verpflichtet und billigen einander den Status zurechnungsfähiger Akteure zu.

Die entwicklungspsychologische Bedeutung der Fähigkeit zum Perspektivenwechsel wird von Keller und Edelstein unterstrichen:

> "Durch die Teilnahme an Interaktionen und durch selbst-reflexive Strukturen der Perspektivenübernahme wird das Individuum selbst zum Rezipienten seiner eigenen Handlungen, widergespiegelt durch die Bedeutungen, die diese Handlungen für andere erlangt haben. Der soziale Aufbau des Selbst beruht folglich darauf, daß sich das Selbst in Interaktionen als Handelnden wahrzunehmen lernt und damit auch die Bedeutungen erkennt, die andere den eigenen Handlungen zuschreiben. ... Im Verlauf der Entwicklung muß das Selbst die Folgen seiner Handlungen für andere und die Bewertung des Selbst seitens anderer berücksichtigen, um Beziehungen herzustellen und zu erhalten. ... Durch Perspektivenübernahme gelingt es dem Selbst, an der Welt der anderen teilzuhaben. Die emotionale Welt der anderen erschließt es durch empathische Gefühle"[118].

---

eine rationale Urteilsfindung nicht gewährleistet. Richter können sich, ohne aus ihrer Rolle zu fallen, jeder Diskussion mit den Beteiligten entziehen".

116 Mead, Geist, S. 280.

117 Aus der moralischen Autorität des "verallgemeinerten Anderen" folgert Mead die Geltung von Normen: Verstöße können sanktioniert werden, weil sie aus der allgemeinen Perspektive gültig sind (a.a.O., S. 273 ff., 301 ff.).

118 Keller/Edelstein, Entwicklung, S. 309 f.

Um selbst individuelles Subjekt sein zu können, müssen zugleich die Identität mit dem anderen und die absolute Verschiedenheit vom anderen behauptet werden. Dieses paradoxe Verhältnis der Ich-Identität ist kein unauflösbarer Widerspruch, sondern jene Dialektik des Ich, die schon Kant, Fichte und Hegel herausgestellt haben - die Haltung des einzelnen zur moralischen Autorität des "verallgemeinerten Anderen"[119].

Das paradoxe Verhältnis der Ich-Identität stellt Habermas anhand der Doppelstruktur kommunikativer Erwartungen dar: Erwartungen konstituieren sich stets durch die gegenseitige Reflexivität von Erwartungen. Nur die wechselseitige Antizipation von geltenden Erwartungen gegenüber Subjekten, die sich gegenseitig als Subjekte anerkennen, kann die Intersubjektivität der Geltung, also Identität der Bedeutung von Symbolen begründen[120]. Intersubjektivität - an dieser Stelle treten die Bezüge zur Dialektik des Ich im Sinne Fichtes und Hegels wie auch auf das Intersubjektivitäts- und Perspektivenwechselmodell Meads deutlich zutage - "enthüllt sich nun als ein paradoxes Verhältnis. Subjekte, die sich gegenseitig als solche anerkennen, müssen einander als identisch ansehen, soweit sie die Stellung von Subjekten einnehmen; sie müssen jeweils sich und den anderen unter diese Kategorie subsumieren. Zugleich fordert aber das Verhältnis der Gegenseitigkeit der Anerkennung auch die Nicht-Identität des einen und des anderen; beide müssen sogar ihre absolute Verschiedenheit behaupten, denn Subjekt zu sein schließt den Anspruch auf völlige Individualisierung ein. ... Die gegenseitige Reflexivität der Erwartung ... verlangt, daß beide Subjekte eine Erwartung zugleich von ihrer eigenen Position und von der des anderen aus identifizieren und erwarten können. ... Wann immer zwei Subjekte sich auf der Ebene der Intersubjektivität gegenübertreten, um miteinander zu sprechen oder zu handeln, beherrschen sie diese paradoxe Beziehung"[121]. Und: "Wenn sich Ego *diese* Einstellung von Alter

---

[119] Ausgehend vom kategorischen Imperativ Kants ("Handele nur nach derjenigen Maxime, durch die du zugleich wollen kannst, daß sie ein allgemeines Gesetz werde" - Kant, Grundlegung zur MdS, VII, BA 52) hat Fichte das wechselseitige Anerkennungsverhältnis selbstbewußter Menschen formuliert. In § 1 der "Grundlage des Naturrechts" heißt es: "Es soll, dürfte man sagen, eine Wechselwirkung zwischen dem Anschauen und Wollen des Ich der Möglichkeit des Ich selbst vorhergehen; im Ich soll etwas seyn, das in Wechselwirkung steht, ehe das Ich selbst ist; und dies sey widersprechend. ... Das Anschauen und Wollen geht dem Ich weder vorher noch nachher, sondern es ist selbst das Ich. ... Sich selbst in dieser Identität des Handelns und Behandeltwerdens, nicht im Handeln, nicht im Behandeltwerden, sondern in der *Identität* beider ergreifen, und gleichsam auf der That überraschen, heisst das reine Ich begreifen, und sich des Gesichtspunctes aller transcendentalen Philosophie bemächtigen" (S. 22 f.). Bei Hegel heißt es: "Ich schaue in ihm als Ich mich selbst an, aber auch darin ein unmittelbar daseiendes, als Ich absolut gegen mich selbständiges anderes Objekt" (Enzyklopädie III, Werke X, § 430). Vgl. dazu Habermas, Arbeit, S. 11 ff.

[120] Habermas, Sozialtechnologie, S. 191 ff.

[121] Habermas, a.a.O., S. 193. Reziprozität der Sprechakte und prinzipielle Austauschbarkeit der Dialogrollen (Frage/Antwort; Behaupten/Bestreiten; Befehlen/Befolgen) setzen

zu eigen macht, wenn er sich also mit den Augen eines Opponenten betrachtet, wie er auf dessen Kritik antwortet, gewinnt er ein *reflexives Verhältnis zu sich selbst*. Ego wird, indem er die Rolle des Argumentationsteilnehmers verinnerlicht, zur Selbstkritik fähig. ... Das reflexive Selbstverhältnis begründet die *Zurechnungsfähigkeit* eines Aktors"[122].

Das ist somit der Kern des Meadschen Modells, nach dem intersubjektive Kommunikation die ständige Fähigkeit zum Perspektivenwechsel voraussetzt, Handlungskoordinierung und Sozialisation der Individuen über die Sprache als Mittel der Verständigung realisiert werden. Zusammenfassend spricht Habermas von "Interaktionskompetenz", er betrachtet die Affekt- und Motivationsbildung als Bestandteil der Ich-Entwicklung, während die Ich-Entwicklung selbst zur kognitiven, sprachlichen und interaktiven Entwicklung komplementär verläuft[123]. "Wir können jetzt sagen, daß sich das Ich in einem *System von Abgrenzungen* konstituiert, worin sich die Subjektivität der inneren Natur gegenüber der Objektivität einer wahrnehmbaren äußeren Natur, gegenüber der Normativität der Gesellschaft und gegenüber der Intersubjektivität der Sprache abgrenzt. Dabei weiß sich das Ich nicht nur als Subjektivität, sondern als eine Instanz, die gleichzeitig in Kognition, Sprache und Interaktion die Grenzen der Subjektivität `immer schon´ transzendiert hat. Das Ich kann sich gerade in der Unterscheidung des bloß Subjektiven vom Nicht-Subjektiven mit sich selbst identifizieren"[124]. Kommunikatives Handeln ist nach alledem nicht nur ein bloßer sprachlicher Verständigungsprozeß verschiedener Aktoren über irgendetwas in der Welt, es ist zugleich immer auch Interaktion, wodurch die Kommunikanten ihre Zugehörigkeit zu sozialen Gruppen und letztlich ihre eigene Identität ausbilden, bestätigen und erneuern. Kommunikatives Handeln ist die Basis gelingender Persönlichkeitskonstituierung, Selbstverwirklichung und sozialer Integration des einzelnen[125]. Zusammengefaßt: ohne Anerkennung keine Kommunikation, ohne Kommunikation keine Persönlichkeitskonstituierung und Selbstverwirklichung des Menschen. Auch das Diskursmodell bestätigt folglich die elementare Bedeutung der Erfahrung wechselseitiger Anerkennung für den Menschen.

---

also wechselseitige Anerkennung und gleichzeitig prinzipielle Unvertretbarkeit der Individuen voraus.

122 Habermas, Theorie, Bd. 2, S. 115, 117; ders., Vorstudien, S. 76 ff.

123 Habermas, Vorstudien, S. 187 ff., 193. Wichtig ist die Unterscheidung von äußerer Natur, Sprache und Gesellschaft.

124 Habermas, Vorstudien, S. 194 f., insofern übereinstimmend mit Hegel (das Subjekt kann sich seiner selbst nur im Verhältnis zu und auf dem Wege über den Aufbau der gemeinsamen Außenwelt vergewissern).

125 Vgl. Habermas, Theorie, Bd. 1, S. 452; Bd. 2, S. 211 ff.

Eher unsystematisch und über das Gesamtwerk verstreut unterstreicht Habermas an verschiedenen Stellen ausdrücklich das Erfordernis und die Bedeutung intersubjektiver Anerkennung. Einige Beispiele[126]:

> "Mit jeder Sprechhandlung werden kritisierbare Geltungsansprüche erhoben, die auf *intersubjektive Anerkennung* angelegt sind"[127].

> "Eine Theorie der Sprache ... erlaubt, die Identität von Handlungssystemen aus dem *Verhältnis der Intersubjektivität einander anerkennender Subjekte* zu entwickeln, statt sie durch eine Projektion der Eigenschaften des transzendentalen Ich auf die Ebene von Kollektiven zu verfälschen"[128].

> "Die gemeinsame Überzeugung, die durch die *intersubjektive Anerkennung* eines mit einem Sprechakt erhobenen Geltungsanspruchs zwischen Sprecher und Hörer produziert oder auch nur bekräftigt wird, bedeutet die stillschweigende Akzeptanz von handlungsrelevanten Verpflichtungen; insofern schafft sie eine neue soziale Tatsache"[129].

> "Die Rechtsstellung des Staatsbürgers konstituiert sich durch ein Netz egalitärer *Beziehungen reziproker Anerkennung*. Sie mutet jedem die Teilnehmerperspektiven der ersten Person Plural zu - nicht nur die Beobachterperspektive eines am je eigenen Erfolg orientierten Beobachters oder Aktors. Rechtlich garantierte *Anerkennungsverhältnisse* reproduzieren sich aber nicht von selbst, sie bedürfen der kooperativen Anstrengung einer staatsbürgerlichen Praxis, zu der niemand durch rechtliche Normen genötigt werden kann. Das moderne Zwangsrecht erstreckt sich aus gutem Grund nicht auf die Motive und die Gesinnung seiner Adressaten"[130].

Diese Auswahl belegt und verdeutlicht die Abhängigkeit der Teilnahme an Kommunikationen von der wechselseitigen Anerkennung und die gegenseitige Reflexivität / Antizipation der Erwartungshaltungen der Menschen als deren Grundvoraussetzung.

1.3.3 Zusammenfassung

Hinter der Theorie des kommunikativen Handelns und der Diskursethik steht der zentrale Gedanke der Philosophie Habermas´: die Idee der kommunikativen Vernunft. Für den Versuch eines anerkennungstheoretischen Konzeptes der Ehre ist neben der allgemeinen Bedeutung von Anerkennung als Voraussetzungen insbesondere das Modell des Perspektivenwechsels festzuhalten. Anerkennung des anderen bedeutet immer, sich durch Perspektivenwechsel und psychische

---

126 Nachfolgende Hervorhebungen von mir.

127 Habermas, Faktizität, S. 34.

128 Habermas, Sozialtechnologie, S. 178.

129 Habermas, Faktizität, S. 183.

130 Habermas, Faktizität, S. 641.

Dezentralisation in dessen Position hineinversetzen zu können. Hinsichtlich der Legitimität von Rechtsnormen ist wichtig, daß das Diskursmodell nicht auf Mehrheitsentscheidungen abstellt, sondern auf universelle Konsentierbarkeit. Konsensfähig ist nur, was sich in rationalen Diskursen als für alle vernünftigen Diskursteilnehmer zustimmungsfähig erweist, aus der Perspektive des jeweils einzelnen Individuums wie auch aus der des "verallgemeinerten Anderen" betrachtet. Nur in dieser Weise konsentierbare Normen und Norminhalte haben einen moralischen Geltungsanspruch.

Wenn wir im intersubjektiven Anerkennungsverhältnis den Kern des Rechtsguts der Beleidigung sehen, bleibt die Frage zu klären, in welcher Weise und in welchem Umfang dabei faktische Elemente dabei zu berücksichtigen sind. Zu klären ist, ob der rechtlich geschützte Achtungsanspruch auf die Anerkennung des anderen als gleichberechtigten Menschen beschränkt bleibt oder auch auf die Anerkennung individueller Komponenten zu erstrecken ist. Persönliche Faktoren - positive wie negative Eigenschaften, Fähigkeiten oder Verhaltensweisen - haben unstreitig Einfluß auf den Umfang der jeweiligen Achtungsansprüche. Auch die Vertreter des "normativen" Ehrbegriffs greifen auf faktische Elemente zurück, wenn sie den Ehrbestand vom "frei sein von personalen Geltungswertmängeln"[131] bzw. vom "Unterbleiben von Pflichtverletzungen"[132] abhängig machen. Im einzelnen bleibt das faktische Anerkennungselement aber noch unklar.

Da das Habermassche Modell von unverzerrter, herrschaftsfreier Verständigung in *Ideal*situationen ausgeht, vermag es keine hinreichenden Kriterien für tatsächliche faktische Ungleichheiten der konkret handelnden Individuen zu liefern - es ist gerade auf die Auflösung sozialer Ungleichheiten der am praktischen Diskurs teilnehmenden Individuen angelegt, ähnlich der "original position" im Vertragsmodell Rawls'. Anhand des Diskursmodells können wir einen gewissen normativen Kern des Anerkennungsbegriffs festhalten. Daß es indes faktische Unterschiede als Element des Anerkennungsbegriffs geben *muß*, deutet Habermas unter Bezugnahme auf das reflexive Selbstverhältnis (Mead) und die notwendige Individualisierung des einzelnen durchaus an. Eine weitere Konkretisierung dessen wie auch die erforderlichen Aufschlüsse hinsichtlich der faktischen Komponenten des Anerkennungsbegriffs verspricht das Anerkennungsmodell Honneths zu liefern, das stärker an den sozialisatorischen Verhältnissen und moralischen Erwartungen der Einzelindividuen orientiert ist als das Diskurskonzept.

---

131 Hirsch, Ehre, S. 59.

132 Tenckhoff, Bedeutung, S. 46 ff.; ders., JuS 1988, 205.

1.4 Anerkennungstheorie (Axel Honneth)

Axel Honneth begreift das Kommunikationsparadigma nicht wie Habermas sprach-, sondern anerkennungstheoretisch, weil die normative Voraussetzung allen kommunikativen Handelns im Erwerb sozialer Anerkennung zu sehen sei[133], weil es "die Unterstellung der sozialen Anerkennung ist, was die Subjekte an normativen Erwartungen mit der Aufnahme kommunikativer Beziehungen verbinden"[134]. Die Erfahrung sozialer Anerkennung stelle eine Bedingung dar, "an der die Identitätsentwicklung des Menschen im ganzen hängt"[135]. Den konzeptionellen Unterschied sieht Honneth darin, daß die Habermassche Universalpragmatik zwar die in der Sprache angelegten normativen Voraussetzungen einer herrschaftsfreien Verständigung unter den Menschen festlegen könne, nicht aber den sich in den moralischen Erfahrungen der beteiligten Subjekte als solche niederschlagenden emanzipatorischen Vorgang zu erfassen vermag: "denn [die beteiligten Subjekte] erfahren eine Beeinträchtigung dessen, was wir als ihre moralischen Erwartungen, als ihren `moral point of view´ betrachten können, nicht als Einschränkung von intuitiv beherrschten Sprachregeln, sondern als Verletzung von sozialisatorisch erworbenen Identitätsansprüchen"[136]. Honneths Anerkennungstheorie soll schließlich zeigen, wie eine moralische Kultur beschaffen zu sein hätte, die den Betroffenen, den Mißachteten und Ausgeschlossenen, die individuelle Kraft gibt, ihre Erfahrungen in der demokratischen Öffentlichkeit zu artikulieren, statt sie in den Gegenkulturen der Gewalt auszuleben. Die Betrachtung der vielfältigen Anstrengungen eines Kampfes um Anerkennung setzt die Betrachtung der moralischen Erfahrungen, die die Subjekte bei der Mißachtung ihrer Identitätsansprüche machen, voraus[137]. Der wechselseitige Anspruch der Individuen auf die

---

133 Honneth, Dynamik, S. 86.

134 Honneth, a.a.O., S. 87.

135 Honneth, a.a.O., S. 87.

136 Honneth, a.a.O., S. 85. Außerdem: "Im Mittelpunkt dürfen nicht mehr die Spannungen zwischen System und Lebenswelt stehen, sondern die gesellschaftlichen Ursachen, die für die systematische Verletzung der Anerkennungsbedingungen verantwortlich sind. Die Aufmerksamkeit der zeitdiagnostischen Analyse hat sich von der Verselbständigung der Systeme auf die Verzerrung und Beschädigung der sozialen Anerkennungsverhältnisse zu verlagern" (a.a.O., S. 88). Zur Kritik an Habermas siehe auch Honneth, KZfSS 41 (1989), 23 ff. Um eine stärkere Einbeziehung sozialisatorischer Komponenten in die Habermassche Kommunikationstheorie bemüht sich ebenfalls Thomas McCarthy, Philosophie, S. 193 ff. u. passim. McCarthy hält grundsätzlich an Habermas´ "Theorie des kommunikativen Handelns" fest, in gewissen Punkten jedoch mit divergierenden Gewichtungen - er vertraut auf die Eigendynamik der Selbstheilungskräfte der (US-amerikanischen) Demokratie, nach Maßgabe des Regulativs der "kommunikativen Vernunft". Abschließend gelangt McCarthy zu der Feststellung, daß "wir nicht damit rechnen sollten, in bezug auf umfassende Konzeptionen des Sinns und des Werts des Lebens sei ein rationaler Konsens zu erzielen".

137 Honneth, Dynamik, S. 92 f.

Anerkennung ihrer Individualität soll "auf dem Weg eines sich stufenweise wiederholenden Kampfes [um Anerkennung] allmählich zu einem Zustand kommunikativ geführter Freiheit" führen[138]. Ein permanenter Kampf um Anerkennung soll es sein, der als moralische Kraft innerhalb der sozialen Lebenswirklichkeit des Menschen für Entwicklungen und Fortschritte sorgt[139] - gebunden an den Kontext des demokratischen Rechtsstaates: der Kampf um Anerkennung wird als diejenige Konfliktform verstanden, die in den demokratischen Rechtsstaaten einen Prozeß der permanenten Selbstkorrektur etabliere, auf dessen Basis sich die Demokratien weiterentwickelten[140].

In seiner *Anerkennungstheorie* kehrt er, an die Jenaer Schriften des frühen Hegel und (wie auch Habermas) an den amerikanischen Philosophen und Sozialpsychologen George Herbert Mead anknüpfend, wieder zur "Subjektphilosophie", auf der Basis der emotionalen und psycho-sozialen Konstitution der handelnden Individuen und Gruppen, zurück. Honneth unterscheidet als kommunikative Voraussetzungen einer gelingenden Identitätsbildung drei Muster wechselseitiger Anerkennung: die emotionale Zuwendung in sozialen Intimbeziehungen wie der Liebe und der Freundschaft, die rechtliche Anerkennung als moralisch zurechnungsfähiges Mitglied einer Gesellschaft und die soziale Wertschätzung individueller Leistungen und Fähigkeiten[141]. Diesen Anerkennungsmustern stellt er Vergewaltigung, Entrechtung, Entwürdigung, Beleidigung und Erniedrigung als Formen der Mißachtung persönlicher Identität gegenüber[142].

1.4.1 Grundlagen der Anerkennungstheorie

Die Idee wechselseitiger Anerkennung im Gesamtwerk Hegels geht weit über das berühmte "Rechtsgebot ... : *sei eine Person und respektiere die anderen als Personen*"[143] hinaus. Die Grundzüge des gegenseitigen Respektierens und

---

138 Honneth, Entwicklung, S. 550 f.

139 Honneth, Kampf um Anerkennung, S. 227. Bei Charles Darwin war es der "Kampf ums Dasein".

140 Honneth, Gerechtigkeit.

141 Honneth, Anerkennung, S. 148 ff., 282 ff. Diese Anerkennungsformen "bilden intersubjektive Schutzvorrichtungen, die jene Bedingungen äußerer und innerer Freiheit sichern, auf die der Prozeß einer ungezwungenen Artikulation und Realisierung von individuellen Lebenszielen angewiesen ist" (a.a.O., S. 279).

142 Honneth, Anerkennung, S. 212 ff.

143 Hegel, Rechtsphilosophie, § 36, S. 95. Insbesondere Arthur Kaufmann beruft sich immer wieder auf diesen Passus (z.B. Naturrechtsrenaissance, S. 127 und Problemgeschichte, S. 176); vgl. auch Scheler, Formalismus, S. 382. Hegel, a.a.O., zu § 35, Anm., Zusatz, S. 95, zum Begriff der Person: "Der für sich seiende oder abstrakte Wille ist die Person. Das höchste im Menschen ist, Person zu sein... . Vom Subjekte ist die Person wesentlich verschieden, denn das Subjekt ist nur die Möglichkeit der Persönlichkeit, da

Anerkennens hat Hegel lange vor der Philosophie des Rechts in seinen frühen Jenaer Schriften dargestellt[144], Honneth zeichnet zunächst die ursprüngliche Idee des Hegelschen "Kampfes um Anerkennung" nach, um sie dann anhand Meads Modell der sozialen Genese der Ich-Identität zu einer aktuellen Anerkennungstheorie zu verdichten. Die Erforderlichkeit der Rekonstruktion des ursprünglichen Hegelschen Modells begründet Honneth damit, daß Hegel sein Konzept eines Kampfes um Anerkennung "auf halbem Wege preisgegeben" und "als unvollendetes Fragment zurückgelassen" habe[145]. Für unsere Problemstellung sollen weniger die historischen Grundlagen, als vielmehr die zeitgemäße Aufbereitung von Interesse sein[146].

1.4.2 Muster intersubjektiver Anerkennung

Als Muster intersubjektiver Anerkennung nennt Honneth Liebe, Recht und Solidarität[147].

(1) Liebe als erste Stufe der reziproken Anerkennung bedeutet in diesem Sinne jede aus starken Gefühlsbindungen bestehende Beziehung zwischen wenigen Personen, von Eltern-Kind-Beziehungen über Freundschaften bis hin zu erotischen Zweierbeziehungen. In der wechselseitigen Erfahrung liebevoller Zuwendung wissen sich beide Subjekte darin einig, daß sie in ihrer Bedürftigkeit vom jeweils anderen abhängig sind - "weil dieses Anerkennungsverhältnis zudem einer Art von Selbstbeziehung den Weg bereitet, in der die Subjekte wechselseitig zu einem elementaren Vertrauen in sich selber gelangen, geht es jeder anderen Form der reziproken Anerkennung sowohl logisch als auch genetisch voraus: jene Grundschicht einer emotionalen Sicherheit nicht nur in der Erfahrung, sondern auch in der Äußerung von eigenen Bedürfnissen und Empfindungen, zu der die

---

jedes Lebendige überhaupt ein Subjekt ist. Die Person ... ist die Einzelheit der Freiheit im reinen Fürsichsein. Als Person weiß ich mich frei in mir selbst und kann von allem abstrahieren, da nichts vor mir als die reine Persönlichkeit steht...". Vereinfacht gesagt bedeutet dies, daß "Person" nicht Zustand, sondern Ereignis ist, relational, dynamisch, geschichtlich. Der Mensch ist nicht von Natur aus Person, sondern erst durch gegenseitige Anerkennung anderer Menschen als Personen (Kaufmann, Naturrechtsrenaissance, S. 128).

144 Hegel, Jenaer Schriften 1801-1807, Werke II.

145 Honneth, Anerkennung, S. 107. Eingehende kritische Auseinandersetzung mit Theorie und Weltbild Hegels (Honneth, a.a.O., S. 107: "theoretische Sackgassen") dort im 2. und 3. Kapitel, S. 20 ff., vgl. darüberhinaus Honneth, Entwicklung, S. 549 ff., gewissermaßen als Vorstudien zum "Kampf um Anerkennung".

146 Zu den Grundzügen der Idee Hegels vgl. Honneth, Entwicklung, S. 549 ff.; ders., Anerkennung, S. 11 ff. (Kap. 1); weiterführend zum Anerkennungsmodell Hegels: Siep, Kampf, S. 155 ff.; ders., Anerkennung (1979); Wildt, Autonomie (1982). Zu Mead siehe oben S. 53 ff. und Honneth, Anerkennung, S. 114 ff.

147 Honneth, Anerkennung, S. 148 ff.

intersubjektive Erfahrung von Liebe verhilft, bildet die physische Voraussetzung für die Entwicklung aller weiteren Einstellungen der Selbstachtung"[148]. Die erste Stufe von Selbstvertrauen erlangt das Kleinkind dadurch, daß es sich der mütterlichen Liebe sicher wird, was ihm ermöglicht, sorglos zeitweise mit sich allein zu sein[149]. Die Erfahrung von Liebe als Grundvoraussetzung erfolgreicher Selbstkonstituierung des Menschen ist mithin die Basis jeder weiteren Form von Anerkennung.

(2) Die Erfahrung rechtlicher Anerkennung vermittelt dem Menschen die Möglichkeit, sein Handeln als eine von allen anderen geachtete Äußerung der eigenen Autonomie begreifen zu können; die rechtliche Anerkennung als Person, die mit allen anderen Mitgliedern seines Gemeinwesens die Eigenschaften teilt, die zur Teilnahme an diskursiver Willensbildung befähigen, ist die Voraussetzung einer positiven Selbstreflexion, der "Selbstachtung". Moralische Zurechnungsfähigkeit als der achtungswürdige Kern einer Person ist nur unter der Bedingung allgemeiner Grundrechte möglich, "denn nur unter Bedingungen, in denen individuelle Rechte nicht mehr disparitär den Angehörigen sozialer Statusgruppen, sondern im Prinzip egalitär allen Menschen als freien Wesen zuerkannt werden, wird jede Rechtsperson in ihnen einen objektiven Anhaltspunkt dafür erblicken können, daß an ihr die Fähigkeit der autonomen Urteilsbildung Anerkennung findet"[150]. Rechtliche Anerkennung vermittelt dem Menschen das Gefühl, als vollwertiger, moralisch gleichberechtigter Interaktionspartner akzeptiert zu werden. Honneth deutet in diesem Zusammenhang bereits an, daß der Anerkennungsbegriff über den oben anhand der Konzepte von Rawls und Habermas herausgearbeiteten Kernbereich (Anspruch auf Anerkennung kraft Menschseins schlechthin) hinausgehen muß: "von der Anerkennung der Person als solcher unterscheidet sich nun die Wertschätzung eines Menschen vor allem dadurch, daß es in ihr nicht um die empirische Anwendung allgemeiner, intuitiv gewußter Normen geht, sondern um die graduelle Bewertung konkreter Eigenschaften und Fähigkeiten. ... In beiden Fällen wird ja ein Mensch um bestimmter Eigenschaften willen geachtet, im ersten Fall [dem Menschsein als solchem] ... handelt es sich um diejenige allgemeine Eigenschaft, die ihn überhaupt erst zur Person macht, im zweiten Fall hingegen um die besonderen Eigenschaften, die ihn im Unterschied zu anderen Personen charakterisieren"[151]. Damit ist ein erster Hinweis auf faktische Elemente des Anerkennungsbegriffs gegeben, die es im folgenden zu konkretisieren gilt.

(3) Als drittes elementares Anerkennungsmuster nennt Honneth die soziale Wertschätzung: "um zu einem ungebrochenen Selbstverhältnis gelangen zu können,

[148] Honneth, a.a.O., S. 172.
[149] Honneth, a.a.O., S. 168.
[150] Honneth, a.a.O., S. 192 ff.
[151] Honneth, a.a.O., S. 183.

bedürfen menschliche Subjekte über die Erfahrung affektiver Zuwendung und rechtlicher Anerkennung hinaus stets auch noch einer sozialen Wertschätzung, die es ihnen erlaubt, sich auf ihre konkreten Eigenschaften und Fähigkeiten positiv zu beziehen"[152]. Die soziale Wertschätzung gilt also denjenigen Eigenschaften, durch die Menschen in ihren persönlichen Unterschieden charakterisiert sind. Wiederum:

> "Denn Ego und Alter können sich wechselseitig als individuierte Personen nur unter der Bedingung wertschätzen, daß sie die Orientierung an solchen Werten und Zielen teilen, die ihnen reziprok die Bedeutung oder den Beitrag ihrer persönlichen Eigenschaften für das Leben des jeweils anderen signalisieren". Denn "als 'wertvoll' vermag eine Person sich nur empfinden, wenn sie sich in Leistungen anerkannt weiß, die sie gerade nicht mit anderen unterschiedslos teilt"[153]

Zur Ermittlung des Maßes an sozialer Wertschätzung stellt Honneth auf kulturelle Wert- und Zielvorstellungen der Gesellschaft ab: "das kulturelle Selbstverständnis einer Gesellschaft gibt die Kriterien vor, an denen sich die soziale Wertschätzung von Personen orientiert, weil deren Fähigkeiten und Leistungen intersubjektiv danach beurteilt werden, in welchem Maße sie an der Umsetzung der kulturell definierten Werte mitwirken können"[154]. Die Auflösung der traditionellen Werthierarchie der Standesgesellschaft bewirkt auch einen Wandel der sozialen Wertschätzung des einzelnen. Der Begriff der Ehre werde fortan zu den Kategorien "Ansehen" und "Prestige" ausgedünnt, die nur noch zu dem Beitrag des einzelnen an praktischer Umsetzung der abstrakt definierten gesellschaftlichen Ziele korrelieren[155]. Soziale Wertschätzung, so die Schlußfolgerung Honneths, könne daher unter den Bedingungen moderner Gesellschaften nur noch durch wechselseitige symmetrische Wertschätzung erfolgen, durch Solidarität: "denn nur in dem Maße, in dem ich aktiv dafür Sorge trage, daß sich [der anderen Person] mir fremde Eigenschaften zu entfalten vermögen, sind die uns gemeinsamen Ziele zu verwirklichen"[156]. Das kommunitaristische Anerkennungsmodell stellt also nicht bloß auf die Anerkennung des "Du" ab[157], sondern zugleich auf die Perspektive eines moralischen "Wir", weil "über die individuelle Entscheidung hinaus so viel an

---

[152] Honneth, a.a.O., S. 196.

[153] Honneth, a.a.O., S. 203.

[154] Honneth, a.a.O., S. 198.

[155] Honneth, a.a.O., S. 203 ff.

[156] Honneth, a.a.O., S. 207 ff.- jeder Mensch soll ohne kollektive Abstufungen die gleiche Chance erhalten, sich in seinen eigenen Leistungen und Fähigkeiten als wertvoll für die Gesellschaft zu erfahren (S. 210); zum Solidaritätsgedanken aus staatsrechtlicher Sicht vgl. Denninger, KritV 1995, 7 ff. und Frankenberg, KritV 1995, 25 ff.

[157] Bei Fichte hieß es: "Was zwischen mir und C gilt; gilt zwischen mir und jedem vernünftigen Individuum, mit welchem ich in Wechselwirkung komme" (Naturrecht, § 4, S. 50).

normativen Überzeugungen geteilt werden muß, daß jeder im anderen die gleichberechtigte Person zu achten bereit ist"[158].

Für unsere Ausgangsfrage ist das noch zu allgemein. Die Wandlung rechtlicher Anerkennung von der früheren hierarchisch bedingten "Standesehre" hin zu einer allgemeinen, umfassenden rechtlichen Wertschätzung jedes Menschen, der Menschenwürde, ist ein historisches Faktum. Daraus aber auf einen "Niedergang des Begriffs der Ehre"[159] in dem Sinne zu schließen, daß die allgemeine Gewährleistung der Menschenwürde für den Persönlichkeitsschutz ausreichend wäre, ist nicht zwingend. Der alte standesbezogene Ehrbegriff als Stabilisator von Herrschafts- und Klassendenken, als "eine Quelle der Solidarität unter gesellschaftlich Gleichgestellten und eine Abgrenzungslinie gegen gesellschaftlich Tieferstehende"[160], hat sich zweifellos erledigt. Was aber in dieser Untersuchung ermittelt werden soll, ist ein zeitgemäßer Begriff der Ehre im Sinne eines zeitgemäßen Rechtsguts des § 185, der dem historisch-gesellschaftlichen Wandel Rechnung trägt.

Honneths Untersuchung des Anerkennungsbegriffs ist ausgerichtet auf die Rechtfertigung der kommunitaristischen Gesellschaftstheorie, wonach nur durch kollektive Selbstverständigung im öffentlichen Austausch mit den anderen Egozentrik und Eigeninteresse überwunden und Selbständigkeit des einzelnen verwirklicht werden könne, wobei über bloße Toleranz hinausgehend auch solidarisches Verhalten jedes einzelnen gefordert wird. Weil damit aber Honneth wie schon Rawls und Habermas auf einen praktisch (noch) nicht anzutreffenden gesellschaftlichen Idealzustand fixiert ist, bleiben auch nach dessen Anerkennungsmodell zumindest bis zu diesem Punkt konkrete faktische Elemente des Anerkennungsverhältnisses noch unscharf.

1.4.3 Die Verletzung intersubjektiver Anerkennung

Den Grundmustern der Anerkennung stellt Honneth drei Typen der Mißachtung gegenüber: Vergewaltigung, Entrechtung und Entwürdigung[161], also die Verletzung körperlicher, rechtlicher und psychischer Identitätsansprüche.

(1) Die elementarste Form der Mißachtung ist in praktischer Mißhandlung durch Folter oder Vergewaltigung zu sehen, wodurch der betroffenen Person die

---

158 Honneth, Gerechtigkeit.

159 Honneth, Anerkennung, S. 202, in Fn. 62 unter Berufung auf Berger/Berger/Kellner, Unbehagen, S. 75 ff.

160 Berger/Berger/Kellner, a.a.O., S. 77.

161 Honneth, Anerkennung, S. 212 ff.

Möglichkeit der freien Verfügung über den eigenen Körper gewaltsam entzogen wird. Mit der Verletzung der äußeren Autonomie verbinden sich neben körperlichem Schmerz vor allem Gefühle der Schutzlosigkeit und sozialer Scham sowie ein fundamentaler Verlust an Selbst- und Weltvertrauen.

(2) Rechtliche Mißachtung, der Ausschluß von bestimmten Rechten innerhalb der Gesellschaft, beeinträchtigt die moralische Selbstachtung der Betroffenen. Die Vorenthaltung bestimmter Rechte, die anderen Gesellschaftsmitgliedern zugebilligt werden, verletzt die Erwartung, als ein zur moralischen Urteilsbildung fähiges Subjekt und als gleichberechtigter Interaktionspartner unter seinen Mitmenschen [illegible] nem Verlust an Selbstachtung verbunden.

(3) Soziale Mißachtung schließlich bezeichnet solche Verhaltensweisen, die allgemein - zunächst im nicht-juristischen Sinne - als Beleidigungen verstanden werden. Durch die Herabwürdigung individueller oder kollektiver Lebensweisen wird den betroffenen Menschen die Möglichkeit genommen, ihren eigenen Fähigkeiten einen sozialen Wert beizumessen, sie können sich infolge dessen nicht mehr auf etwas beziehen, dem innerhalb des Gemeinwesens eine positive Bedeutung zukommt. Die Mißachtung der Anerkennung entzieht dem einzelnen die soziale Zustimmung zu seiner Selbstverwirklichung; wenn er sich nicht mehr selbst als in seinen charakteristischen Eigenschaften und Fähigkeiten geschätztes Wesen verstehen kann, bewirkt auch dies regelmäßig einen Verlust an persönlicher Wertschätzung[162].

Damit ist gezeigt, daß die beleidigungsrelevanten Aspekte der Anerkennung nur einen Teilbereich der intersubjektiven Anerkennungsverhältnisse betreffen können. Auch sind sie, anders als Formen der körperlichen Mißachtung, immer zeit- und kulturabhängig. Soziale Anerkennung setzt also zwingend die Achtung nicht nur des Menschen schlechthin voraus, sondern gerade auch seiner individuellen Eigenschaften und Leistungen, mithin eindeutig faktische Elemente: "Subjekte begegnen sich im Horizont der wechselseitigen Erwartung, als moralische Personen und für ihre sozialen Leistungen Anerkennung zu finden"[163]. Die Abhängigkeit von kulturellen Wertvorgaben und Zielvorstellungen bedeutet, daß nur solche Eigenschaften und Leistungen anerkennungswürdig sein können, denen "innerhalb ihres Gemeinwesens eine positive Bedeutung zukommt"[164].

Gemeinsam ist den drei Anerkennungs- bzw. Verletzungsmustern: durch Mißachtung werden Menschen in einem positiven Verständnis ihrer selbst, das sie auf

---

[162] Honneth, a.a.O., S. 216 ff.

[163] Honneth, Dynamik, S. 86.

[164] Honneth, Anerkennung, S. 217.

intersubjektiven Wegen erlangt haben, verletzt. Weil das normative Selbstbild jedes Menschen wie gezeigt auf stete Rückversicherung angewiesen ist, geht mit der Erfahrung von Mißachtung die Gefahr einer Verletzung einher, die die Identität der ganzen Person zum Einsturz bringen kann[165]. Rechtlicher Schutz des Verhältnisses intersubjektiver Anerkennung bedeutet demnach Schutz des Kernbereichs der menschlichen Persönlichkeit.

1.4.4 Zusammenfassung

Die Darstellung der politischen und kommunikationstheoretischen Anerkennungsstrukturen, die für die öffentliche und private Autonomie in einer integrierenden, für alle vorteilhaft verfaßten Gesellschaft nach den Modellen von Rawls und Habermas zu gewährleisten sind, ergänzt Honneth um die subjektive Komponente der psychisch-sozialen Folgen der Erfahrung von Mißachtung für die Betroffenen. Die Erschütterung der praktischen Selbstbeziehung einer Person durch den Entzug von Anerkennung wird als Verlust der jeweiligen Identitätsansprüche, als Verlust an Selbst- und Weltvertrauen, geschildert.

> "Der Zusammenhang, der zwischen der Erfahrung von Anerkennung und dem Sichzusichverhalten besteht, ergibt sich aus der intersubjektiven Struktur der persönlichen Identität: die Individuen werden als Personen allein dadurch konstituiert, daß sie sich aus der Perspektive zustimmender oder ermutigender Anderer auf sich selbst als Wesen zu beziehen lernen, denen bestimmte Eigenschaften und Fähigkeiten positiv zukommen"[166].

Das entspricht der bereits dargestellten Dialektik von Kollektiv-Allgemeinem und Individuell-Besonderem in der Gesellschaft. Das Individuum selbst ist eine soziale Kategorie, das seine Freiheit nur in der Gesellschaft und durch die Gesellschaft vermittelt erlangen kann. Das kollektive Gebilde Gesellschaft ist ebenso auf den individuellen Gegenpol angewiesen wie umgekehrt das Individuum auf gesellschaftlich Allgemeines[167]. Honneths Modell verdeutlicht zugleich, daß der Anspruch auf reziproke Anerkennung nicht auf den Kern der Person, das Menschsein schlechthin, beschränkt bleiben kann, sondern auch die individuellen Eigenheiten jeder Person erfaßt, durch die er sich gerade individuell von den anderen abhebt. Der soziale Geltungsanspruch muß als zeit- und gesellschaftsbedingte Variable betrachtet werden. Als Formen der Anerkennung, die eine gerechte Gesellschaft zu gewährleisten hat, faßt Rainer Forst zusammen: "Man achtet alle Personen auf gleiche Weise (und ohne Abstufung), weil sie Personen sind, man schätzt jedoch eine Person auf bestimmte Weise, weil sie eine `Persönlichkeit´ ist, die bestimmte Werte verkörpert, die man für schätzenswert hält"[168].

[165] Honneth, a.a.O., S. 212 f.

[166] Honneth, a.a.O., S. 277 f.

[167] Adorno, Durkheim-Einleitung, S. 13 f.

1.5 Die Bedeutung intersubjektiver Anerkennung in vorstaatlichen Gesellschaften

Die Bedeutung intersubjektiver Anerkennung wurde bislang anhand moderner Gesellschaftstheorien der Gegenwart unter Bezugnahme auf die Aufklärungsphilosophie erklärt. Folgender kurzer Exkurs soll zeigen, daß dies nicht alleine ein Phänomen nachkonstitutioneller bürgerlicher Gesellschaftsformen ist; die Bedeutung intersubjektiver Anerkennung läßt sich ebenso der Betrachtung der Sozialstrukturen und der Konfliktregelungsmechanismen vor- und frühstaatlicher Gesellschaften entnehmen.

Die grundlegenden Ordnungsprinzipien früher Jägergesellschaften waren Egalität, Verwandtschaft und Reziprozität. Der wechselseitige Gabentausch spielte eine bedeutende Rolle, er hatte neben den wirtschaftlichen auch soziale Funktionen. Die Reziprozität früher Gesellschaften gilt als eine Art Gesellschaftsvertrag, der immer wieder neu geschlossen wird, über den Gabentausch wird Gesellschaft hergestellt und Kultur ermöglicht. Zudem hatte der Gabentausch für das soziale Zusammenleben eine friedensfördernde bzw. -erhaltende Funktion. Ganz ohne staatliche Ordnung, ohne staatliche Gerichtsbarkeit und Sanktionsmechanismen funktionierten die vorstaatlichen Gesellschaften über das Reziprozitätsprinzip - wer seine Tauschpflichten nicht erfüllte, wurde von den lebensnotwendigen Gegenleistungen des Tauschpartners ausgeschlossen, die Nichterfüllung richtete sich somit unmittelbar gegen den Nichtleistenden selbst, ohne daß es der Konstitution eines äußeren Zwanges bedurft hätte[169]. Christian Sigrist bezeichnet die Reziprozitätsmechanismen als Selbststeuerungsprozesse:

> "Die Aufrechterhaltung einer gegebenen sozialen Ordnung wird durch Reziprozitätsmechanismen auch ohne Vermittlung einer Instanz ermöglicht: der Druck der Einzelinteressen führt zu einer Reduzierung des abweichenden Verhaltens auf die Linie des erwarteten Verhaltens. Solche Prozesse subsumiere ich unter den Begriff der Selbststeuerung"[170].

Zu dieser Selbststeuerung gehört auch die Entwicklung von Konfliktregelungsmechanismen, die nicht auf Unterwerfung und Strafe angelegt sind, sondern auf Zustimmung der im Streit verwickelten Parteien, auf "lebensweltliche Nähe und

---

[168] Forst, Kontexte, S. 417.

[169] Wesel, Frühformen, S. 86 ff., 322 f. und passim. Vgl. auch Habermas, Faktizität, S. 40 f.; Blankenburg, Ideologem, S. 76 f. Wesels Idealisierung des "guten Wilden" (zum Begriff siehe v. Trotha, Distanz, S. 1 ff.) ist durchaus Kritik ausgesetzt, vgl. nur Müller, KritJ 1979, 253 ff. Die Kritik betrifft jedoch eher Wesels staats- und straftheoretische Schlußfolgerungen, der Kern des Reziprozitätsprinzips, um das es hier geht, wird nicht in Frage gestellt.

[170] Sigrist, Regulierte Anarchie, S. 115.

besonders Aussöhnung, ... Wiederherstellung und Bewahrung der Beziehung zwischen den Streitenden"[171]. Das Prinzip der Gegenseitigkeit und das integrative Geflecht wechselseitiger Ansprüche und Verpflichtungen soll die Feindseligkeiten der Streitparteien überwinden und ist auf Konsens angelegt. Die rechtsethnologische Schlußfolgerung, deshalb vom "guten Wilden" zu sprechen, ist gleichwohl relativierungsbedürftig. Die stets drohende Gefahr gewaltsamer Selbsthilfe seitens der Konfliktparteien zwingt die Menschen zu Verhandlung und Konsensfindung, weil im Falle eines Ausufern des Konflikts mangels übergeordneter Interventionsinstanzen eine Wiederherstellung des friedlichen Zusammenlebens nicht mehr möglich gewesen wäre und somit jederzeit der Abgrund der Auflösung der Freiheit und Frieden gewährleistenden Ordnung allgegenwärtig war: "der `Wilde´ ist aufgrund der bitteren Notwendigkeit gut, daß alle seine Handlungen die Last der Versöhnung zu tragen haben und Vereinbarungen zum Frieden sind. Der `Wilde´ ist gut, weil er unter dem Schrecken des Rechts auf gewaltsame Selbsthilfe steht"[172].

Henner Hess und Johannes Stehr fassen diese Friedensschutzmechanismen und den Übergang zur "ursprünglichen Erfindung des Verbrechens" so zusammen:

> "Soziale Kontrolle ist hier nicht repressiv, sondern zielt auf Reintegration des Abweichenden, Wiedergutmachung eventueller Schäden, Wiederherstellung des status quo, Pazifizierung und Konfliktbegrenzung. Erst mit den sozialen Klassen, mit Herrschaft und mit staatlicher Organisation der Gesellschaft entstehen antagonistische Konflikte, die nicht mehr im Interesse der Mehrheit der Gesellschaftsmitglieder oder gar des ganzen Kollektivs gelöst werden können. Bestimmte Vorzugslagen müssen deshalb durch zwangsstabgestützte, d.h. rechtliche Normen geschützt werden, und die Sanktionen gegen Handlungen, die den so geschützten partikularen Interessen widersprechen, nehmen den Charakter von repressiven Kriminalstrafen an"[173].

Für die heutige Zeit ließen sich anhand des vorstaatlichen Reziprozitätsprinzips vielfältige Rückschlüsse ziehen. Ökonomische hinsichtlich der Selbstregulierungsmechanismen der Marktwirtschaft, politische hinsichtlich der Ordnungsfaktoren und der Systemstabilität, kriminologische hinsichtlich Delinquenz und Verhaltenssteuerung und rechtliche hinsichtlich Sanktionsmechanismen und -wirkungen. Darum soll es an dieser Stelle noch nicht gehen. Abstrahiert von diesen Elementen läßt sich in der Reziprozität vorstaatlicher Gesellschaften ganz allgemein der Urtypus des Verhältnisses wechselseitiger Anerkennung erblicken. Zumindest die von Uwe Wesel als positive Reziprozität bezeichneten Verhältnisse - als Ausdruck von Solidarität, Freundschaft und enger Verwandtschaft, im Gegensatz zur sog. negativen Reziprozität, einer Art Handel mit Fremden[174] - besagen nichts

---

[171] v. Trotha, Distanz, S. 1.

[172] v. Trotha, a.a.O., S. 5 ff., 28 ff. (hier: S. 8 f.).

[173] Hess/Stehr, Erfindung, 18.

anderes als die zwingende Notwendigkeit wechselseitiger Anerkennung der Individuen der Jägergesellschaft für das Zusammenleben in der Gemeinschaft und die menschliche Existenz schlechthin. Wer den anderen nicht als Tauschpartner anerkennt, setzt damit zugleich seine eigene Anerkennung durch andere aufs Spiel. Im Kern entspricht das durchaus dem Fichteschen Anerkennungsmodell, vereinfacht wiederholt: die Anerkennung als Person setzt die Anerkennung des anderen als Person voraus. Ähnlich verhält es sich mit dem Meadschen Modell des Perspektivenwechsels.

Wenn man somit schon in der vorstaatlichen Reziprozität eine Form wechselseitiger Anerkennung erkennt, läßt sich daraus die These bestätigen, daß intersubjektive Anerkennung für jeden Menschen in jeder Gesellschaftsform ein elementares Grundbedürfnis, eine fundamentale Existenz- und Selbstverwirklichungsvoraussetzung ist. Das Verhältnis wechselseitiger Anerkennung ist kein Phänomen, das auf die bürgerliche Gesellschaft in ihren verschiedenen Ausprägungen beschränkt bleibt, sondern eine zeit- und gesellschaftsunabhängige Grundbedingung jedes Menschseins. Ganz unabhängig von der Frage, ob unsere gegenwärtige Gesellschaft als "Moderne", "Postmoderne" oder "Risikogesellschaft" charakterisiert wird[175].

1.6 Die Bedeutung intersubjektiver Anerkennung aus entwicklungspsychologischer Sicht

Die Erfahrung wechselseitiger Anerkennung ist für jeden Menschen in jeder Gesellschaftsform von fundamentaler Bedeutung. Der Andere ist als gleichberechtigter moralisch zurechnungsfähiger Mensch anzuerkennen, seine Ziele, Rechte, Bedürfnisse und Empfindungen werden durch die Fähigkeit zu Perspektivenwechsel und psychischer Dezentralisation, zu Emphatie und Sensibilität zugleich als eigene erkannt; die gemeinsam geteilte Lebenswelt kann nur gemeinsam mit den anderen konstituiert werden. Der Andere ist nicht nur Er, sondern immer auch ein Teil des Wir und des Ich. Nur über andere, über die soziale Gemeinschaft vermittelt, kann der einzelne sich selbst erfahren und seine Bedürfnisse und individuellen Handlungs- und Lebenspläne verwirklichen. "Erfolgreiche soziale Interaktionen setzen die Fähigkeit des Handelnden voraus, daß er auch das, was andere tun oder tun wollen, in Rechnung stellt; er ist gezwungen, die Dinge, denen er Bedeutung schenkt, auch aus der Perspektive des anderen zu sehen"[176].

---

174 Vgl. Wesel, Frühformen, S. 89.

175 Brock, ZfSoz 20 (1991), 24, merkt zu den Epochenunterscheidungen an, daß "Soziologen schon immer dazu neigten, sich wohl nicht zuletzt auch aus Gründen der Dramaturgie am Beginn einer Zeitenwende zu wähnen".

176 Backes, Strafrecht und Lebenswirklichkeit, S. 49.

Die Erfahrung von Anerkennung dient der Stabilisierung der schutzbedürftigen Ich-Identität ("Das Ich bleibt der gefährdetste Bereich im seelischen Geschehen"[177]), die positive Selbstbeziehung jedes einzelnen als Voraussetzung für kommunikative Intersubjektivität mit anderen ist zunächst abhängig vom angstfreien Umgang mit sich selbst. Anerkennung ist Voraussetzung für ungezwungene kommunikative Artikulation und praktische Realisation der individuellen Lebensziele. Der Mensch braucht für seine individuelle Entwicklung andere Menschen, er braucht die Zuwendung der Eltern, Freunde, Lebensgefährten, um seine potentiellen Fähigkeiten und letztlich seine *Freiheit* voll entwickeln zu können[178]. Daß zwischenmenschliche Kommunikation überdies nicht nur für die Psyche, sondern ganz generell für die biologische Entwicklung des Menschen von fundamentaler Bedeutung ist, zeigen empirisch die Beispiele sogenannter "Wolfskinder"[179] oder der Fall des Kaspar Hauser[180]: Isolation bewirkt irreparable Entwicklungsstörungen, äußerlich wahrnehmbar in Form von Gefühlsarmut und Kontaktschwierigkeiten. Ethische Gründe verbieten es, diese Zufallserkenntnisse durch gezielte Versuchsreihen auf ein breiteres empirisches Fundament zu stellen. Gesicherte wissenschaftliche Erkenntnisse bietet jedoch die "Hospitalismus"-Forschung.

Als Hospitalismusschäden werden psychische bzw. psychosomatische Schäden bezeichnet, die durch einen Mangel an Zuwendung bei längeren Aufenthalten in Heimen, Kliniken, Anstalten etc. entstehen[181]. Den betroffenen Menschen wird zwar eine zureichende äußere Versorgung gewährt, sie erfahren aber, z. B. infolge Zeitmangels der Betreuer, nur eine unzureichende Reizzufuhr. Das Fehlen einer stabilen Bezugsperson und die daraus folgende mangelnde Gelegenheit des kontinuierlichen Gefühlsaustauschs (fehlende "Nestwärme") kann gerade bei Kindern zu irreparablen Persönlichkeitsschädigungen führen. Vor allem, wenn Neugeborenen in den ersten drei Lebensmonaten die Möglichkeit des Aufbaus einer emotionalen Beziehung zu einer verläßlichen Bezugsperson fehlt, sind nahezu regelmäßig "Affektentzugserscheinungen" registrieren: Angst, Apathie, depressive Verstimmung, Weinerlichkeit, motorische Unruhe, Kontaktarmut, Aggressivität, erhöhte Infektanfälligkeit, verzögerte psychische und physische Entwicklung.

---

177 Mitscherlich, Gesellschaft, S. 159.

178 Vgl. Taylor, Atomismus, S. 94 ff.

179 Kargl, Handlung, S. 80, Fn. 22, nennt das Beispiel zweier indischer Mädchen hin, die jahrelang mit einem Wolfsrudel gelebt hatten. Als sie im Alter von etwa acht und fünf Jahren gefunden wurden, sprachen sie nicht, hatten ausdruckslose Gesichter, aßen rohes Fleisch und wurden nachts aktiv. Sie lehnten menschlichen Kontakt ab und zogen die Gesellschaft von Hunden und Wölfen vor. Taylor, a.a.O., sieht in Wolfskindern "keine Kandidaten für eigentlich menschliche Freiheiten".

180 Umfassende Literaturhinweise dazu bei Schreibmüller, NJW 1990, 1966 ff.

181 Zu unterscheiden ist zwischen infektiösem und psychischem Hospitalismus, vgl. Pschyrembel, Klinisches Wörterbuch, S. 720. Die nachfolgenden Ausführungen beziehen sich auf letzteres.

Ähnliche Reaktionen lassen sich auch in späteren Lebensabschnitten bei dauerhaften Heim- oder Klinikaufenthalten beobachten. Kinder, die über Jahre in Heimen aufwuchsen, waren meist unfähig, engere soziale Bindungen einzugehen, hatten eine geringere Frustrationstoleranz und ein geringer ausgeprägtes Schuldbewußtsein ("Asozialitätssyndrom"). Diese Symptome können ebenfalls die Folge psychischer Vernachlässigung innerhalb der Familie ("familiärer Hospitalismus") sein, sie sind nicht auf die Heim- oder Anstaltssituation beschränkt[182]. Den erkennbaren psychosomatischen Schäden trotz optimaler Versorgung der Kinder in physischer Hinsicht stellte René Spitz solche Fälle gegenüber, in denen Säuglinge in für ihre physischen Bedürfnisse schlechter ausgestatteten Institutionen dennoch zu gesunden, kräftigen Kindern heranwuchsen, weil die Pflegepersonen liebevoll mit ihnen interagierten und auf sie eingingen[183].

Diese äußerlich wahrnehmbaren Symptome mangelnder Zuwendung und Anerkennung lassen sich entwicklungspsychologisch erklären. Sie belegen die von Honneth in Anlehnung an Hegel entwickelte These, daß die Erfahrung von Liebe als Grundvoraussetzung erfolgreicher Selbstkonstituierung des Menschen die Basis für die Entwicklung moralischer Wertorientierung darstellt, die Basis für Verantwortungsbewußtsein gegenüber dem anderen und für die Fähigkeit, anderen die erforderliche Anerkennung zu erweisen. Zusammenfassend kann auf die Darstellung bei Hilde Kaufmann verwiesen werden:

> "Die erste menschliche Person, die schon für den Säugling und erst recht für das Kleinkind von ausschlaggebender Bedeutung ist, ist die Mutter (bzw. deren Ersatz). Schon beim Stillen bzw. der Flaschenernährung spürt der diffus auf Lust-Unlust-Gefühle eingestellte Säugling, ob eine ruhige volle Zuwendung zu ihm erfolgt oder eine unruhig-gehetzte oder gar feindlich-ungeduldige Atmosphäre besteht. Dementsprechend verschiebt sich seine emotionale Reaktion nach der positiv oder negativ getönten Seite. Diese Grunderfahrung setzt sich im Laufe der Entwicklung weiter fort und führt entweder zu Geborgenheitserlebnissen oder zu Frustrationen, Ängsten, zu dem Gefühl des Abgelehntseins, Unerwünschtseins usw., die ihrerseits den Ausgangspunkt zu Fehlentwicklungen bilden können, nämlich entweder zu einer Kontakt- oder Zuwendungsschwäche zur Welt, oder zu ängstlichen oder aggressiv-feindlichen Haltungen, wobei Angst und Unsicherheit zur Aggression führen können. Diese affektive Verunsicherung kann es dem Kind ganz erheblich erschweren, später nun seinerseits stabile affektive Beziehungen aufzubauen, eben weil es dies schon nicht in Beziehung zu seiner Mutter gelernt hat. Weder ist die Fähigkeit genügend entwickelt, Liebe zu geben, noch das Vertrauen, gleichmäßige und sichere Liebeszuwendung zu erfahren"[184].

---

[182] Zum Ganzen Pschyrembel, Klinisches Wörterbuch, S. 720; Spitz, Objektbeziehungen, passim; Hofmann, Stichwort Hospitalismus; Hilde Kaufmann, Kriminologie I, S. 117 ff., mit umfassenden weiterführenden Nachweisen.

[183] Hierzu E. S. Wolf, Selbst, S. 153.

[184] Hilde Kaufmann, Kriminologie I, S. 118 f., mit umfassenden Nachweisen.

In der psychoanalytischen Fachterminologie gilt die Bezugsperson als "ein Selbstobjekt, das durch das Angebot geeigneter Selbstobjekt-Erfahrungen die Erfahrung des Kindes auslöst, ein Selbst zu sein. Der Entzug der nötigen Selbstobjekt-Erfahrungen vor der irreversiblen, kohärenten Ausbildung des auf diese Weise wachgerufenen Selbst führt zu einer schwachen Struktur und manchmal sogar zum Zerfall des Selbst"[185]. Die Erfahrungen des Zurückgewiesen- oder Nichtanerkanntwerdens durch das geachtete Selbstobjekt bzw. der Wegfall der immer benötigten, aber plötzlich nicht mehr verfügbaren selbstbestätigenden, idealisierten Selbstobjekt-Erfahrungen bedroht die Kontinuität des Selbst; das Bedürfnis nach Selbstobjekt-Erfahrungen hält das ganze Leben hindurch an[186], am Beispiel von Kleinkindern läßt sich dies am signifikantesten aufzeigen: "Kleinkinder brauchen gewöhnlich die ständige Aufmerksamkeit oder Anwesenheit der Mutter, um in Sicherheit die Selbstobjekt-Umgebung erfahren zu können, die die Struktur ihres Selbst kohärent erhält. Ist das Kind etwas älter, genügt es, wenn die Mutter irgendwo im Haus zu hören ist. Gelegentliches Nachsehen, ob sie wirklich da ist, genügt dann für die Aufrechterhaltung einer stabilen Selbstobjekt-Erfahrung. Ein oder zwei Jahre später wird die Mutter sogar sagen können, sie gehe weg und komme später wieder"[187].

Die Beziehung zur Mutter (bzw. zum Muttterersatz) ist zunächst der entscheidende Faktor für das Gelingen bzw. Mißlingen der Herstellung des "Urvertrauens", aber nur ein - wenn auch grundlegender - Aspekt der gelingenden bzw. mißlingenden Gesamtsozialisation des Individuums, das "ungebildet und unkultiviert" zur Welt kommt[188]. Von der Natur der ersten und frühen gefühlshaften Zuwendungen hängt es ab, welches Verhaltensrepertoire sich ein Mensch später durch eine Folge von Identifikationen aneignen kann[189]. Auf der nächsten Entwicklungsebene kommt es auf die Beziehungen des Kindes zur primären Familiengruppe, in der Regel Mutter und Vater, an. In den Worten Mitscherlichs: "Die anfängliche Form der zwischenmenschlichen Beziehungen sind die unbewußten Introjektionsvorgänge. Handlungsmuster der Urfiguren Mutter und Vater werden übernommen und verinnerlicht"[190]. Dieses Frühstadium der individuellen Entwicklung ist somit prägend (im Sinne intuitiven Erlernens und Nachahmens) für die Bildung eines Verantwortungsurteils und die Verfestigung des Verantwortlichkeitsgefühls für den anderen. Umgekehrt heißt das, daß Defizite in diesem frühen Entwicklungsstadium durch nachfolgende Sozialisationsinstanzen (z.B. Schule, Freundeskreis, weitläufigere soziale Kontakte, mit ständig zunehmender Bedeu-

185 E. S. Wolf, Selbst, S. 154.

186 E. S. Wolf, a.a.O., S. 162 ff.

187 E. S. Wolf, a.a.O., S. 164.

188 Mitscherlich, Gesellschaft, S. 11.

189 Mitscherlich, a.a.O., S. 177.

190 Mitscherlich, a.a.O., S. 179.

tung auch die Massenmedien) wenn überhaupt nur schwer kompensiert werden können[191]. Und vor allem: die innere Überzeugung der Notwendigkeit der Anerkennung und Respektierung des anderen, die Verinnerlichung von Toleranz und Akzeptanz, läßt sich nur zwanglos erlernen, nicht aber durch repressive Maßnahmen, Sanktionen und Strafen, erzwingen. Dieser Gedanke wird an späterer Stelle im Zusammenhang mit den Strafzwecktheorien weitergeführt.

Der kurze Abriß bestätigt, daß wechselseitige Anerkennung, kommunikative und affektive Zuwendung, nicht nur theoretisch, sondern empirisch nachweisbar eine fundamentale Voraussetzung für die menschliche Entwicklung darstellt. In der [illegible] liegt sich das so:

> "Seinem inneren Erleben nach ist das Individuum [illegible] mit Beziehungen zu anderen Personen zu tun hat. In einem psychischen Vakuum können Menschen kein erfülltes, menschliches Leben leben. Wir haben gelernt, daß eine Umgebung von Selbstobjekt-Erfahrungen, geschaffen durch ein Geflecht von Selbstobjekt-Beziehungen, eine *sine qua non* der Entstehung, Entwicklung und Erhaltung eines kohärenten, gesunden Selbst ist"[192].

1.7 Zusammenfassung

Wenn Habermas die sprachtheoretischen Bestimmungen der idealen Sprechsituation als die Bedingungen einer idealen Lebensform charakterisiert hat, ist diese Aussage nun dahingehend zu ergänzen, daß ganz allgemein intersubjektive Anerkennung die Grundvoraussetzung für die gelingende Persönlichkeitskonstitution und -sozialisation und die Verwirklichung der jeweiligen individuellen Lebensideale in der gemeinsam konstituierten sozialen Wirklichkeit darstellt. Die Erfahrung intersubjektiver Anerkennung ist zunächst in psychischer Hinsicht die zwingend notwendige Voraussetzung für die Selbstkonstituierung des Menschen innerhalb der sozialen Gemeinschaft. Die Erfahrung von Mißachtung beeinträchtigt nicht nur die Selbstbeziehung des Betroffenen, sein Selbst- und Weltvertrauen. Gefühle der Schutzlosigkeit und sozialer Scham können im Extremfall in die von Honneth als "psychischer Tod" oder "sozialer Tod" umschriebenen Zustände übergehen und schließlich zu handfesten organischen Erkrankungen führen[193].

---

[191] Mitscherlich, a.a.O., S. 158 f.: "Was die individuelle Erziehung dem Kind zuteil werden läßt, Anweisungen, wie es seine Triebwünsche mit den realen Verhältnissen in erträglichen Einklang bringen kann, dazu sind Kulturen, trotz sichtbarer Zeichen denkerischer Leistungen, in manchen Augenblicken des Weltgeschehens nicht in der Lage".

[192] E. S. Wolf, a.a.O., S. 165; vgl. auch F.-X. Kaufmann, Sicherheit, S. 291: "`Sicherheit´ im ganzheitlichen Sinn ist unter komplexen gesellschaftlichen Verhältnissen nur dadurch zu gewinnen, daß das heranwachsende Subjekt *sich seine eigene Identität gewinnt*".

[193] Vgl. dazu obige Ausführungen zum Hospitalismus sowie die weiterführenden Nachweise bei Honneth, Anerkennung, S. 218, Fn. 4.

Damit ist erklärt, warum intersubjektive Anerkennung für jeden Menschen in jedem Gesellschaftssystem von elementarer Bedeutung ist. Der Unwertgehalt von Mißachtungen liegt in der Beeinträchtigung der Entfaltungs- und Entwicklungsmöglichkeiten des Angegriffenen. Der sozialethische Vorwurf an den Angreifer liegt darin begründet, daß er - Rationalität unterstellt - durch die Fähigkeit zum Perspektivenwechsel befähigt ist, die Schmerz-, Scham- und Schutzlosigkeitsgefühle des Betroffenen als eigene nachzuempfinden.

Darin liegt also der Kern des Anerkennungsverhältnisses. Anzuerkennen sind nicht nur diejenigen Eigenschaften, die den Betroffenen überhaupt erst zur Person machen, sondern vielmehr auch die besonderen Eigenschaften, die das Individuum von den anderen Personen unterscheidbar macht. Die Anerkennung, die der einzelne für Genese und Fortbestand seiner persönlichen Identität benötigt, darf sich nicht alleine auf den jedem Menschen eigenen gemeinsamen Kern des Menschseins schlechthin beschränken. Nicht alleine darauf, in jedem anderen spiegelbildlich zugleich sich selbst zu erkennen, weil beide *Personen* sind[194]. Entscheidend für die Individualität der Persönlichkeiten sind gerade die individuellen Unterschiede, die den einzelnen von allen anderen abheben und ihn einzigartig erscheinen lassen. Emile Durkheim weist auf die Notwendigkeit hin, daß der Mensch "etwas in sich hat, das ihm und nur ihm allein gehört und das ihn individualisiert, wo er mehr ist als eine einfache Verkörperung des Gattungstyps seiner Rasse und seiner Gruppe"[195].

Auch Luhmann hat das Bedürfnis der Personen, sich selbst durch die Verschiedenheit ihrer Merkmale auszuzeichnen, beschrieben:

> "Für die Selbstidentifikation als Grundlage des eigenen Erlebens und Handelns reicht es nicht mehr aus, um die Existenz des eigenen Organismus zu wissen, einen Namen zu haben und durch allgemeine soziale Kategorien wie Alter, Geschlecht, sozialer Status, Beruf fixiert zu sein. Vielmehr muß der Einzelne auf der Ebene seines Persönlichkeits*systems*, und das heißt: in der Differenz zu seiner *Umwelt* und in der Art, wie er sie im Unterschied zu anderen handhabt, Bestätigung finden"[196].

Wenn also die Anerkennung eines anderen über das gemeinsame Menschsein als Kern des Anerkennungsverhältnisses hinaus explizit auch die individuellen

194 Auch das "personale" Ehrkonzept Arthur Kaufmanns zieht diesen Schluß nicht: "[Es versteht sich], daß die Ehre der Menschen verschieden ausgeprägt ist je nach seiner Stellung und Funktion innerhalb des sozialen Ganzen. Es ist nicht dasselbe, ob ein primitiver Hilfsarbeiter [!] oder ein geistiger Würdenträger mit einem derben Schimpfwort bedacht wird. ... Der Grund dafür liegt darin, daß sich die sittliche Personalität der Menschen verschieden äußert je nach Rolle und Aufgaben, die ihnen als Gliedern der Gemeinschaft auferlegt sind" (ZStW 72 [1960], 440).

195 Durkheim, Teilung, S. 444.

196 Luhmann, Liebe, S. 17.

Eigenheiten des anderen betreffen muß, kommt es darauf an, welche Persönlichkeitsaspekte Anerkennung fordern dürfen und welche nicht. Zunächst wurde bereits festgestellt, daß der Gesellschaftsbezug der Intersubjektivität solche Aspekte aus dem Anerkennungsverhältnis ausscheidet, die nicht auf gemeinschaftlich konsentierten Wertvorstellung aller beruhen; keine Anerkennung verdient somit beispielsweise die Eigenschaft als besonders begabter Ganove[197], auch wenn der Betreffende gerade dies für ein besonders hervorhebenswertes Charakteristikum seiner selbst halten sollte. Darüberhinaus kann nur das Anerkennung durch andere beanspruchen, was diesen überhaupt zur Kenntnis gelangt; abzustellen ist auf die Selbstdarstellung des einzelnen[198].

Selbstdarstellung bedeutet nach Luhmann "Selbstexpression vor dem Hintergrund variabler Steuerung". Durch Selbstdarstellung werden Eindrücke erzeugt, die dem Darsteller als Eigenschaften zugerechnet werden. Eindrücke von der Persönlichkeit eines Menschen werden in sozialer Interaktion durch das Verhalten der Selbstdarstellung vermittelt; das Verhalten gilt wegen der mitzudenkenden Möglichkeit, sich auch anders verhalten zu können, als Verhaltensentscheidung[199]. Die Selbstidentifikation des Menschen vollzieht sich im sozialen Kontakt, "also im Wissen darum, daß man mit jeder einsehbaren Lebensäußerung absichtlich oder unabsichtlich eine Aussage über sich selbst verbindet. ... Selbstbewußte Identität gewinnt er nur dadurch, daß er sich als Interaktionspartner selbst darstellt"[200]. Giese führt diesen Gedanken weiter: "Die Selbstdarstellung und ihr Gelingen regulieren Umfang und Eigenart der Interaktionsbeteiligung. Wer mit seiner Selbstdarstellung gar keine Anerkennung findet, läuft Gefahr, gesellschaftsunfähig zu werden. Dann beginnt ein böser Zirkel aus sich abwechselnden Negativsanktionen des einzelnen gegen die Gesellschaft und umgekehrt. Scheiternde Selbstdarstellung stellt die Beteiligungsfähigkeit an Interaktionen in Frage"[201].

Wie schon die Ausführungen Honneths unterstreicht dieser Ansatz, daß dem Verhältnis intersubjektiver Anerkennung zwingend auch faktische Elemente zugrundegelegt werden müssen. Diese bestehen in den in intersubjektiven Kommunikationsprozessen dargestellten individuellen Eigenheiten der einzelnen Menschen, sofern diese Eigenheiten nicht den allgemeinen gesellschaftlichen Wertvorstellungen zuwiderlaufen. Letzteres muß das von Rawls hervorgehobene "Faktum des Pluralismus" berücksichtigen, d. h. gegenüber den individuellen Eigenheiten,

---

197 Ansatzweise Bejahung einer "Spitzbubenehre" bei Simmel, Soziologie, S. 404; Sauer, System, S. 344. Dagegen zu recht Arthur Kaufmann, ZStW 72 (1960), 423; Hirsch, Ehre, S. 46.

198 Ähnlich Amelung, Rechtsgüterschutz, S. 188, Fn. 70.

199 Luhmann, Vertrauen, S. 37 ff., 59 ff.

200 Luhmann, Grundrechte, S. 60 f.

201 Giese, Würde-Konzept, S. 66.

Ansichten und Verhaltensweisen ist so weit wie möglich Toleranz zu üben. Nicht jede von der Mehrheit abgelehnte Verhaltensweise oder Eigenschaft ist aus dem Anerkennungsbegriff auszuscheiden, weil es, wie Rawls zutreffend erklärt, in einer gerechten Gesellschaft vielfältige konkurrierende Konzeptionen des Guten geben kann. Auszuscheiden ist nur das, was von einem vernunftgemäß zustandegekommenen - mit Habermas: in rational geführten idealen Diskursen ermittelten - Konsens nicht getragen werden kann.

Das Modell der Anerkennung des anderen durch Perspektivenwechsel gewinnt in modernen, offenen Gesellschaften eine zusätzliche Bedeutung durch das pluralistische Konzept legitimer Perspektivenvielfalt. Es geht nicht mehr nur darum, in jedem anderen sich selbst und umgekehrt zu erkennen, sondern darum, den anderen als Teil der pluralistisch-toleranten offenen Gesellschaft anzuerkennen. Auch wenn dessen individuelle Eigenheiten mehrheitlich keine Zustimmung finden.

Die Einbeziehung individueller Aspekte in den Anerkennungsbegriff könnte aber als Widerspruch zum Gleichheitsgrundsatz gedeutet werden. Erinnern wir uns daran, daß in feudalen Gesellschaften über den Begriff der Ehre gerade ständische und hierarchische Ungleichheiten der Menschen bekräftigt und fixiert wurden. Anerkennung bedeutet im modernen Verfassungsstaat, der von freien und gleichen Bürgern ausgeht, nicht die Anerkennung von Statusunterschieden, sondern nur von persönlichen Eigenschaften, Fähigkeiten, Leistungen etc. Der mittelalterliche Status läßt sich schon insofern nicht als persönliche "Eigenschaft" bezeichnen, als er regelmäßig durch Hineingeburt in Stand oder Rolle erworben wurde, also gewissermaßen durch Erbgang. Anerkennung im demokratisch-rechtsstaatlichen Kontext meint, in kommunikativen Beziehungen die Einzigartigkeit der eigenen Person anerkannt zu wissen: Anerkennung der privilegienlosen Verschiedenheit. Gleichheit bedeutet nur Gleichberechtigung[202]; es würde der Individualität der Menschen nicht gerecht, die Betrachtung auf den Kern des Menschseins zu reduzieren und alle Menschen als sozusagen analoge Erscheinungen zu betrachten. Es muß dabei bleiben, faktische Elemente in den Begriff des Anerkennungsverhältnisses einzubeziehen.

Ein unberechtigter "guter Ruf" soll nicht Gegenstand des Anspruchs auf Anerkennung sein, wohl aber der berechtigte[203]. Die Systemtheorie scheint das anders zu sehen: "Reputation ist kein gesellschaftlich legitimierbares Ziel und kann daher auch kein offizielles Systemziel sein"[204]. Wie immer das gemeint ist: hier geht es nicht um "offizielle Systemziele", sondern um allgemein konsentierbare Ziele

---

[202] Kant übersetzt "angeborene Gleichheit" mit "Unabhängigkeit" (MdS, Einleitung der Rechtslehre, VIII, AB 45).

[203] Vgl. die Nachweise im 1. Abschnitt.

[204] Luhmann, Selbststeuerung, S. 239.

konkreter Menschen[205]. In Luhmanns eigener Terminologie ließe sich sagen: ein berechtigter "guter Ruf" ist das Ergebnis gelungener Selbstexpression in intersubjektiven Kommunikationsprozessen, also sehr wohl anerkennungswürdig.

Die intersubjektiven Achtungs- und Anerkennungsansprüche setzen sich demnach aus zwei Komponenten zusammen:

1.) Jeder Mensch hat einen Anspruch auf Anerkennung seines Menschseins, auf Anerkennung als freier, gleichberechtigter Kommunikationsteilnehmer[206]. Das Pluralismusgebot läßt nicht zu, bestimmte Menschen wegen bestimmter Eigenschaften, z.B. kultureller, religiöser oder ethischer Art, von diesem Kern des Anerkennungsverhältnisses auszuschließen oder ihnen andere Lebensformen aufzuzwingen[207]. Jeder Mensch ist anzuerkennen, weil er ein Mensch ist.

2.) Dazu kommt der Anspruch auf Anerkennung, Achtung und Respektierung der individuellen Identität des einzelnen. Dieses faktische Element ist wegen seiner Zeit- und Gesellschaftsabhängigkeit als variabel zu verstehen. Anerkennungswürdig sind nur solche Persönlichkeitsaspekte, die mit den jeweiligen aktuellen kulturellen Wertvorstellungen der Gesellschaft vereinbar sind[208]. Gegenstand des faktischen Anerkennungselements kann also nur das sein, was diskursethisch nach dem Modell des Perspektivenwechsels für jedermann als achtungswürdiger Persönlichkeitswert konsentierbar sein kann. Als Gegenbeispiele: Eigenschaften als besonders geschäftstüchtiger Mafiaboß oder besonders fingerfertiger Taschendieb scheiden als faktische Komponenten des Anerkennungsbegriffs mangels gesamtgesellschaftlicher Konsentierbarkeit aus. Weil der Anerkennungsbegriff auf den konkreten Menschen abstellt, ist es nicht die soziale Rolle, die Anerkennung

---

205 An anderer Stelle führt Luhmann aus, daß der Bezugspunkt seiner Analysen das organisierte soziale System ist, "nicht die Persönlichkeit des `Organisationsmenschen´". Er wolle die Bestandsbedingungen des sozialen Systems betrachten, "nicht aber eine Anpassungspsychologie des Einzelmenschen und auch keine Verhaltensethik ausarbeiten" (Luhmann, Funktionen und Folgen, S. 25 f.). Der systemtheoretische Einwand ist daher vernachlässigbar, wenn es - wie hier - nicht um Systeme, sondern um Menschen geht.

206 Anerkennung als Mensch und als Kommunikationsteilnehmer sind nicht dasselbe. Um einem anderen gegenüber die Mißachtung dessen Persönlichkeit ausdrücken zu können, muß der Betreffende begriffslogisch überhaupt erst als zurechnungsfähiger Kommunikationspartner anerkannt werden. Vgl. auch Frankenberg, KritV 1995, 38: "Wer die Kontrahenten im Streit als Gegner akzeptiert, respektiert die Tatsache, daß diese als Mitglieder des politischen Gemeinwesens mit gleichem Recht öffentlich auftreten, und sei das auch noch so lästig und widerwärtig".

207 Vgl. Denninger, KritV 1995, 17: Es ist unzulässig, den anderen "in seinen Grundüberzeugungen, in seinem elementaren Wertebewußtsein, damit in seiner geistig-moralischen `Substanz´ und Identität zu treffen, zu `brechen´, zu vernichten, ihm seine Götter zu nehmen".

208 Zum Zeitfaktor vgl. F.-X. Kaufmann, Sicherheit, S. 186 ff., 341; Luhmann, Funktion, S. 31 ff.; ders., Recht, S. 557 ff.; Kargl, Rechtsgüterschutz, S. 62 ff.

beansprucht, sondern die konkrete Persönlichkeit als jeweils aktuelles Resultat eines permanenten Sozialisationsprozesses. Das variable Element des Anerkennungsverhältnisses läßt sich vorsichtig als berechtigter sozialer Geltungswert der Person bezeichnen.

Der Anspruch des Menschen auf Achtung und Respekt bezieht sich also auf mehr als nur auf Anerkennung als Mensch, wie dies der personale Ehrbegriff nahelegt; er bezieht sich auch auf die konkrete Identität des einzelnen. Individuelle Intelligenz oder Schönheit zum Beispiel sind fraglos Eigenschaften, die unter den variablen Aspekt des Anerkennungsverhältnisses fallen. Was aber noch nicht heißen soll, daß das Absprechen dieser Eigenschaften schon eine strafrechtlich relevante Mißachtung wäre. Notwendige Einschränkungen hinsichtlich des Umfangs des Beleidigungstatbestands sind später vorzunehmen.

Was die strafrechtliche Relevanz des Anerkennungsschutzes betrifft, haben schon die Anerkennungsmuster Honneths gezeigt, daß das, was als beleidigungsrelevante Verletzung des Anerkennungsverhältnisses in Betracht kommt, nur einen Teilaspekt der reziproken Anerkennungsbeziehungen umfaßt. Die deutlich gravierenderen Formen der Mißachtung, etwa Folter, Vergewaltigung oder Entrechtung, werden anderweitig geschützt. Was als Kern der Beleidigungsstrafbarkeit übrigbleiben kann, sind Anerkennungsverletzungen in Form von Mißachtungen des Personenwertes bzw. des sozialen Geltungsanspruchs. Und auch in diesem Bereich bedarf es weiterer Einschränkungen: für das Selbstvertrauen und das Selbstwertgefühl des einzelnen dürften Enttäuschungen in der Familie, in der Liebe, in Freundschaften, im Berufsleben etc. deutlich bedrohlicher sein als die Erfahrung allgemeiner Mißachtung im Sinne von Beleidigungen. Den einzelnen vor derartigen elementaren Enttäuschungen zu schützen, ist aber nicht die Aufgabe des Strafrechts, das schon seinem Wesen nach nicht zur Gewährleistung einer umfassenden "Daseinsvorsorge"[209] befugt und befähigt ist. Dies umso mehr, als der fortschreitende Individualisierungsprozeß moderner Gesellschaften dem einzelnen durch die Auflösung traditioneller Bindungen einerseits und die Gewährleistung weitestgehender individueller Freiheiten andererseits immer stärker die Aufgabe stellt, sein Leben im eigentlichen Sinne *eigen*verantwortlich zu organisieren. Mit allen Problemen und Schwierigkeiten[210]. Gerade deshalb muß aber die "Sicherheit der Selbstdarstellung" erforderlichenfalls institutionell gewährleistet werden:

> "An die Stelle vorgegebener Sozialbeziehungen tritt die bewußt eingegangene Beziehung `von Mensch zu Mensch´. Die Verläßlichkeit der eigenen Subjektivität wird

[209] Zu individuellem Sicherheitsbedürfnis und generalisierten Erwartungen gegenüber Staat und Sozialpolitik immer noch aktuell F.-X. Kaufmann, Sicherheit, S. 186 ff. u. passim.

[210] Die "Individualisierungsdebatte" beleuchten aus unterschiedlichen Blickwinkeln Beck/Beck-Gernsheim, Individualisierung, S. 10 ff.; Berger/Berger/Kellner, Unbehagen, S. 59 ff.; Luhmann, Copierte Existenz, S. 191 ff.

> zur grundlegenden Tauschleistung im persönlichen Kontakt. Selbstsicherheit wird damit auch zu einer Frage der 'Sicherheit der Selbstdarstellung'. Sicherheit der Selbstdarstellung ermöglicht dem Mitmenschen Berechenbarkeit des eigenen Verhaltens und damit die Konstituierung eines stabilen Umweltelements"[211].

Auf der einen Seite ist es also so, daß Identitätsfindung und -stabilisierung des einzelnen nur vom jeweiligen Individuum selbst geleistet werden kann - Gesellschaft und gesellschaftliche Instanzen, einschließlich des Strafrechts, vermögen dem einzelnen diese Leistungen nicht abzunehmen. Andererseits haben wir gesehen, daß der einzelne diese Leistungen nur im Zusammenspiel mit anderen vollbringen kann, auf der Basis intersubjektiver Anerkennungsbeziehungen. In diesem Bereich aber ist Schutz "von außen" geboten, wenn die Möglichkeiten der Persönlichkeitsentfaltung durch unbeeinträchtigte kommunikative Interaktion im sozialen Umgang mit anderen durch Mißachtungen beschnitten werden. Der Mensch, dem jegliche Achtungsansprüche abgesprochen werden, kann seine Freiheitsrechte kaum noch wahrnehmen.

Strafrechtlicher Schutz der individuellen Achtungsansprüche muß auf einen Kernbereich des Anerkennungsverhältnisses beschränkt bleiben, das staatliche Strafrecht kann zudem nur auf die *Verletzung* von Anerkennungsansprüchen reagieren. Eine Rechtspflicht zu positiver Anerkennung des anderen, etwa im Sinne der Pflicht zur Hilfeleistung gem. § 323 c[212], läßt sich nicht begründen. Zunächst zurückzustellen ist die Frage, ob der strafrechtliche Schutz individueller Anerkennungsansprüche nur über die Beleidigungstatbestände erfolgt oder auch über die Tatbestände zum Schutz der Menschenwürde.

Zuvor gilt es, mit Blick auf den Streitstand bezüglich der Definitionen des Begriffs "Rechtsgut" die vielfach in der Literatur zu findende Auffassung zu widerlegen, die Ehre als solche sei das Rechtsgut der Beleidigung. Unpräzise bleibt das auch dann, wenn man mit Wolff die Ehre als Anerkennungsverhältnis definiert[213], vielmehr muß ein allgemeingültiger Rechtsgutsbegriff als Kern des Verbrechens über die Verletzung individueller Interessen hergeleitet werden.

---

[211] F.-X. Kaufmann, Sicherheit, S. 226, 290 ff.

[212] Dazu kritisch Kargl, GA 1994, 247 ff.; Seelmann, JuS 1995, 281 ff.

[213] E. A. Wolff, ZStW 81 (1969), 889.

2 Zum Begriff "Rechtsgut"

2.1 Streitstand und Definitionen

Definitionen des Rechtsgutsbegriffs gibt es ähnlich viele wie solche des Ehrbegriffs. Schon eine kleine Auswahl verdeutlicht die Uneinigkeit auf diesem Feld: Rechtsgüter seien diejenigen "Lebensgüter, Sozialwerte und rechtlich anerkannten Interessen des einzelnen oder der Allgemeinheit, die wegen ihrer besonderen Bedeutung für die Gesellschaft Rechtsschutz genießen"[214], "Eigenschaften von Personen, Sachen oder Institutionen, die der freien Entfaltung des einzelnen dienen"[215], "Gegenstände in ihrer Bezogenheit auf den Menschen", die der Selbstverwirklichung des Menschen dienen und es wert sind, rechtlich geschützt zu werden[216], "strafrechtlich geschützte Werte, Einrichtungen und Zustände, die für das geordnete menschliche Zusammenleben unentbehrlich sind"[217], "werthafte Zustände"[218], "werthafte Funktionseinheiten"[219], "Bedingungen der Möglichkeit, an der sozialen Interaktion zu partizipieren"[220] oder "die Bauelemente der für richtig gehaltenen Sozialordnung"[221]. Wiederum anders ist die Definition des Rechtsgutes als "Objektivation des leitenden Wertgesichtspunktes, aus dem sich unsere Welt konstituiert: der Freiheit der Person"[222] oder als "Institution eines von der Rechtsordnung geschützten menschlichen Lebensinteresses"[223] bzw. als sozial wertvoll erkanntes "Lebensgut"[224]. Roxin definierte Rechtsgüter jüngst als "Gegebenheiten oder Zwecksetzungen, die dem einzelnen und seiner freien Entfaltung im Rahmen eines auf dieser Zielsetzung aufbauenden sozialen Gesamtsystems oder dem Funktionieren dieses Systems selbst nützlich sind"[225]. Die Auflistung ließe sich beliebig fortsetzen[226]; Amelung spricht aus gutem Grund von einer "Wirrnis auf dem Gebiet der Rechtsgutslehre"[227]. Die folgende Betrachtung muß darauf

[214] Wessels, AT, § 1 I 2.

[215] Kindhäuser, Gefährdung, S. 144 f.

[216] M.Marx, Definition, S. 62 ff., 67.

[217] Kienapfel, AT, S. 39.

[218] Jäger, Strafgesetzgebung, S. 13; Roxin, JuS 1966, 381 f.

[219] Rudolphi, Rechtsgutsbegriff, S. 163; SK-Rudolphi, Vor § 1, Rn. 8; Jakobs, AT, 2/15; ähnlich Otto, Rechtsgutsbegriff, S. 8.

[220] Calliess, Strafe, S. 143 ff.

[221] Zipf, Kriminalpolitik, S. 106.

[222] Sina, Dogmengeschichte, S. 90 f.

[223] Krümpelmann, Bagatelldelikte, S. 68 f.

[224] Schönke/Schröder-Lenckner, Vor §§ 13 ff., Rn. 9.

[225] Roxin, AT, § 2, Rn. 9.

[226] Weitere Definitionen bei Otto, Rechtsgutsbegriff, S. 2 f.; Kindhäuser, Gefährdung, S. 137 ff.

[227] Amelung, Rechtsgüterschutz, S. 279.

beschränkt bleiben, nur die wesentlichen Aspekte der Rechtsgutsdebatte nachzuzeichnen[228].

Einigkeit besteht heute insoweit, daß zwischen Rechtsgut und konkretem Handlungsobjekt zu differenzieren ist. Handlungsobjekt ist der konkrete Gegenstand des äußerlichen Verhaltens, der das Objekt der Tat bildet und an dem die Tathandlung vollzogen wird. Handlungsobjekt läßt sich auch mit Verhaltens- oder Angriffsobjekt umschreiben[229]. Rechtsgut ist dagegen, allgemein formuliert, ein ideelles Gut, unabhängig von dem konkreten Tatobjekt oder der konkreten Tathandlung[230].

Was im einzelnen ein Rechtsgut sein kann, ist damit noch nicht geklärt. Unter "Interessen der Allgemeinheit" läßt sich alles mögliche subsumieren, der Schwerpunkt der "Freiheit der Person" schränkt dies erheblich ein, das Abstellen auf die "Möglichkeit der sozialen Interaktion" schließlich läßt im Umkehrschluß Lücken im Schutz der Intimsphäre zu[231]. Die unterschiedliche Schwerpunktsetzung der oben exemplarisch dargestellten Ansätze zeigt bereits, daß ein klar umrissener Rechtsgutsbegriff nicht alle dieser Elemente vereinigen kann, ohne dabei jegliche Konturen zu verlieren. Ein historischer Rückblick auf Genese und Entwicklung des Rechtsgutsbegriffs zeigt im folgenden die zentralen Probleme individueller, allgemeiner und systemfunktionaler Bezugspunkte.

2.2 Genese und Entwicklung

Die entscheidende Voraussetzung für die Entstehung des Begriffs *Rechtsgut* war die auf die Wirkung der Aufklärungsphilosophie zurückgehende grundlegende Änderung der strafrechtlichen Dogmatik, weg von der früheren unbestimmten, willkürlichen und unsystematischen Form der Gesetzeskodifikationen hin zu einer verständlichen Bestimmtheit der Tatbestände und Strafmaßnahmen. Wegweisend war die Forderung Feuerbachs nach einem allgemeinen Verbrechensbegriff: "...den allgemeinen Begriff eines jeden einzelnen Verbrechens bestimmt klar und erschöpfend darzustellen, und dann die einzelnen Arten eines jeden Verbrechens

---

228 Zur Vertiefung verweise ich auf die grundlegenden Arbeiten von Sina, Dogmengeschichte (1962); M. Marx, Definition (1972); Amelung, Rechtsgüterschutz (1972); Hassemer, Theorie (1980).

229 Statt aller Jakobs, AT, 2/6; vgl. bereits Beling, Verbrechen, S. 210. Hassemer, Theorie, S. 18, bezeichnet die Unterscheidung zwischen Rechtsgut und Handlungsobjekt als das einzige nicht kontroverse Ergebnis der Problemgeschichte.

230 In den Worten Roxins: "Rechtsgut ist also das ideelle Gut, das sich in dem konkreten Angriffsgegenstand verkörpert; es ist verletzbar nur durch Beeinträchtigung je individueller Handlungsobjekte" (AT, § 2, Rn. 24).

231 Worauf auch Jakobs, AT, 2/15, Fn. 28, hinweist.

aus dem Begriffe abzuleiten"[232]. Als gemeinsamen Kern der Verbrechen stellte Feuerbach auf die Verletzung subjektiver Rechte anderer ab[233], der Verbrechensbegriff der *"Rechtsverletzung"* etablierte sich anfangs des 19. Jahrhunderts zunächst.

Die Entwicklung des Begriffs des *"Gutes"* als zentraler Terminus der Verbrechenslehre wird Birnbaum (1834) zugeschrieben[234], wenngleich der Ausdruck "Rechtsgut" dort noch nicht auftaucht. "Dadurch, daß wir etwas verlieren oder einer Sache beraubt werden, die *Gegenstand unsers Rechtes* ist, daß uns ein *Gut*, welches uns rechtlich zusteht, entzogen oder vermindert wird, wird ja unser *Recht* selbst weder vermindert noch entzogen"[235] - "wenn man das Verbrechen als *Verletzung* betrachten will, [muß] dieser Begriff naturgemäß nicht auf den eines *Rechtes*, sondern auf den eines Gutes bezogen werden"[236].

Der Begriff des *"Rechtsgutes"* wurde erstmals 1872 von Karl Binding formuliert: "Die Verursachungsverbote lassen sich nur daraus erklären, dass der durch die verbotene Handlung bewirkte Zustand den Interessen des Rechts widerspricht, während der Zustand vor der Handlung diesen Interessen entsprach. Alle diese Zustände, die durch die Änderung nicht verdrängt werden sollen, sind für das Recht von Wert: Man kann sie *Rechtsgüter* nennen"[237]. Rechtsgut im positivistischen Sinne Bindings war "alles, was in den Augen des Gesetzgebers für die Rechtsordnung von Wert ist, ... kurz alles, was ausser dem Gehorsamsrechte des Staates Objekt eines deliktischen Angriffs bildet"[238]. Rechtsgut war an anderer Stelle "zunächst der Gegenstand der Rechtsgewalt, das heisst die Person oder Sache, die dem Berechtigten unterworfen wird"[239]. Insgesamt zeichnen die verschiedenen Erklärungsversuche Bindings ein recht diffuses Bild vom Begriff des

---

232 Feuerbach, Kritik, S. 34.

233 Feuerbach, Lehrbuch, § 23: "Jede rechtliche Strafe im Staat ist die rechtliche Folge eines durch die Notwendigkeit der Erhaltung äußerer Rechte begründeten, und eine Rechtsverletzung mit einem sinnlichen Übel bedrohenden Gesetzes". Inkonsequent war indes die in § 27 propagierte Strafbarkeit sonstiger nicht individualbezogener Verletzungshandlungen als "Verbrechen im weiteren Sinne" (sog. "Polizeivergehen"). Vgl. zu letzterem auch Feuerbach, Kritik, S. 16 f. - beispielhaft nennt er dort Hurerei oder Sodomie.

234 Einschränkend Sina, Dogmengeschichte, S. 20, Anm. 27.

235 Birnbaum, Erforderniß, S. 172 (Hervorhebungen im Original).

236 Birnbaum, a.a.O., S. 175 f. - Er schlußfolgerte, "daß als Verbrechen nach der Natur der Sache oder als vernunftgemäß im Staate strafbar jede dem menschlichen Willen zuzurechnende Verletzung oder Gefährdung eines durch die Staatsgewalt Allen gleichmäßig zu garantirenden Gutes anzusehen sey" (S. 179).

237 Binding, Normen, S. 189. Zu Person und Wirkungsgeschichte Bindings siehe Westphalen, Karl Binding (1989).

238 Binding, Handbuch, S. 169.

239 Binding, Normen, S. 344.

Rechtsguts: einerseits von "Zuständen" zu sprechen, andererseits von "Objekten deliktischer Angriffe", "Sachen und Personen", paßt nicht zusammen. Ob Rechtsgüter in der Bindingschen Rechtsgutslehre abstrakt zu verstehen waren oder als konkret verletzbar, blieb unklar. Auch Franz von Liszt kritisierte die Verwechslung bzw. Gleichsetzung von Rechtsgut und subjektivem Recht, Schutz- und Tatobjekt in Bindings Normentheorie[240]. Des weiteren war nach Binding ein Rechtsgut nicht notwendigerweise ein Verbrechenselement, da er auch von solchen Verbrechen ausging, deren Unrechtsgehalt alleine in der "reinen Auflehnung gegen die Norm, mag diese Auflehnung `rechtsnachteilig´ sein oder nicht"[241], bestehen könne. Das Verdienst Bindings bleibt die Genese des Rechtsgutsbegriffs, der dadurch nach den Worten Armin Kaufmanns das "Bürgerrecht in der Strafrechtsdogmatik"[242] erlangte. Es war aber erst v. Liszt, der den Rechtsgutsbegriff zur Basis späterer Verbrechenslehren machte.

Das moderne dogmatische Verständnis der Rechtswidrigkeit von Verhaltensweisen als Verletzung bestimmter Rechtsgüter wird maßgeblich auf Franz v. Liszts "Marburger Programm"[243] von 1882 zurückgeführt[244]. Grundlegend war der von v. Liszt vollzogene Paradigmenwechsel weg vom vernunftgeleiteten, rational konstituierten Menschen der Aufklärung hin zum empirischen, in der sozialen Wirklichkeit lebenden Individuum. Als erster sah v. Liszt das Verbrechen als sozialethische Erscheinung und den Menschen als durch äußere Einflüsse[245] determiniert[246]. Seine Straftheorie war spezialpräventiv konzipiert und vom "Zweckgedanken" geleitet, im rechtsstaatlichen Sinne sah er das Strafgesetzbuch vor allem

240 v. Liszt, ZStW 6 (1886), 676 ff., insbes. 684; vgl. auch Armin Kaufmann, Lebendiges und Totes, S. 69.

241 Binding, Handbuch, S. 186, Anm. 7.

242 Armin Kaufmann, Lebendiges und Totes, S. 69.

243 v. Liszt, ZStW 3 (1883), 1 ff.

244 Vgl. Hassemer, Theorie, S. 37 ff. Richtungsweisend war die Hervorhebung der soziologischen Komponente bei v. Liszt, der ähnlich wie Ferri (Verbrechen, 1896) oder Garofalo das Verbrechen als *soziale Erscheinung* erkannte.

245 Lombroso glaubte dagegen an den "geborenen Verbrecher" ("L´ uomo delinquente", 1876), der unabhängig von Sozialisation oder sozialer Lebenslage an äußerlichen Merkmalen erkennbar sei (Schädelform, Gesicht, Behaarung etc.). In diese Richtung biologischer Tätertypdetermination ging - noch lange nach der Widerlegung der Thesen Lombrosos (vgl. hierzu Montagu, Verbrechen, S. 226 ff.) - auch die Debatte um die angebliche Entdeckung des sog. "Mörderchromosoms" in den sechziger Jahren unseres Jahrhunderts.

246 v. Liszt, ZStW 3 (1883), S. 47 u. passim; ders., ZStW 13 (1893), 338: "Der Verbrecher ... ist also *für uns Menschen* unbedingt und uneingeschränkt *unfrei*; sein Verbrechen die notwendige, unvermeidliche Wirkung der gegebenen Bedingung. Für das Strafrecht gibt es keine andere Grundlage als den Determinismus". Damit trägt v. Liszt der Tatsache Rechnung, daß die naturrechtliche, von einfach strukturierten, geschlossenen Gesellschaften ausgehende Betrachtungsweise der Komplexität pluralistischer, "offener" moderner Gesellschaften nicht mehr gerecht werden konnte.

wegen des "nullum crimen, nulla poena sine lege"-Satzes als "magna charta des Verbrechers"[247]. Unter dieser Prämisse galt Strafe als "zweckbewußter Rechtsgüterschutz"[248].

Rechtsgut und Angriffsobjekt des Verbrechens sollten - in Abgrenzung zu Birnbaum und Binding - klar unterscheidbar sein: "Die Objektivierung der Strafe ermöglicht zunächst die Erkenntnis der Lebensbedingungen der staatlichen Gemeinschaft und der in ihr befaßten einzelnen, gegen welche das Verbrechen sich richtet. Sie werden fixiert, gegen einander abgewogen, zu rechtlich geschützten Interessen, zu Rechtsgütern erklärt durch die generellen Imperative: du sollst nicht töten; nicht stehlen; nicht ehebrechen; ... usw. ... - An die Erkenntnis der Rechtsgüter schließt sich genauere Betrachtung der gegen diese gerichteten Handlungen, der Verbrechen im weitesten Sinne. Sie werden erst kasuistisch, dann in begrifflicher Allgemeinheit aufgezählt; der rechtliche Imperativ verwandelt sich in den begriffsentwickelnden Rechtssatz. ... Es muß ein weiterer Schritt gethan werden. Aus den einzelnen Verbrechensbegriffen sind diejenigen Merkmale zu abstrahieren, welche jedes Verbrechen an sich trägt, ist das System jener begriffsentwikkelnden Rechtssätze zu schaffen, welche den allgemeinen Teil des Strafrechts ausmachen"[249]. Liszt unterschied zwischen dem rechtlich geschützten Interesse und der "sinnfälligen Verkörperung jenes Interesses"[250], also andeutungsweise zwischen dem Rechtsgut als abstraktem Schutzobjekt und dem tatsächlichen Handlungsobjekt. Andeutungsweise deshalb, weil die Differenzierung insgesamt unscharf blieb:

> "*Interesse* ist der Wert, den der Eintritt oder Nichteintritt einer bestimmten Veränderung für den Betreffenden hat; 'Gut' ist im Unterschiede von jenem Interesse dasjenige, *wofür* jede Veränderung von Wert ist. Was aber jenes *Etwas* ist, in dessen Interesse der Eintritt oder Nichteintritt einer Veränderung in der Außenwelt, das Handeln oder Nichthandeln der Rechtsgenossen liegt, das sagt uns der Satz: Alles Recht ist um des Menschen willen da, alles Recht schützt menschliche Lebensinteressen. Das menschliche Dasein ist also *das* Rechtsgut; in den verschiedenen Gestaltungen dieses Daseins ergibt sich die Einteilung der Rechtsgüter"[251].

Unbestritten bleibt "der systematisch-funktional liberale Gehalt"[252] des auf v. Liszt zurückgehenden Rechtsgutsbegriffs. Wichtig ist die Betonung "mensch-

247 v. Liszt, ZStW 13 (1893), 357: "Strafrecht ist ... die rechtlich begrenzte Strafgewalt des Staates. Rechtlich begrenzt nach Voraussetzung und Inhalt; rechtlich begrenzt im Interesse der individuellen Freiheit".

248 v. Liszt, ZStW 3 (1883), 33: "Sie wendet sich gegen den Willen des Verbrechers, indem sie Rechtsgüter verletzt oder vernichtet, in welchen der Wille Verkörperung gefunden hat".

249 v. Liszt, ZStW 3 (1883), 19 f.

250 v. Liszt, ZStW 8 (1888), 151.

251 v. Liszt, ZStW 8 (1888), 141 f.

licher Lebensinteressen" im Gegensatz zu Binding, der auf das "Interesse des positiven Rechts" abstellte: "Alles, an dessen unveränderter und ungestörter Erhaltung das positive Recht nach seiner Ansicht ein Interesse hat, was es deshalb durch seine Normen vor unerwünschter Verletzung oder Gefährdung zu sichern bestrebt ist"[253]. Der liberale Ansatz v. Liszts wurde zunächst von der positivistischen Schule[254], später vor allem von der nationalsozialistischen Ideologie entschieden bekämpft. Das extreme Gegenmodell zu einem am Rechtsgüterschutz orientierten modernen Strafrecht stellte die im Nationalsozialismus namentlich von der sog. "Kieler Schule" propagierte Auffassung vom "Verbrechen als Pflichtverletzung"[255] dar, "Begriff und Wort des Tatbestandes sollten aus der Strafrechtsdogmatik verschwinden"[256]. Das liberale, am Schutz individueller Rechte orientierte Konzept war mit der autoritären Staatsidee, die es gerade auch in der Strafrechtsdogmatik zu fixieren galt, nicht mehr vereinbar. Der Individualismus sollte dem Kollektivismus weichen[257], "in allererster Linie" sollten "Rasse und Volkstum" geschützt werden[258].

Formal-methodisch machte sich die Kritik an der Lehre vom Rechtsgut als Schutzobjekt menschlicher Interessen daran fest, daß der Begriff des Rechtsguts eben ein abstrakt-ideeller *Begriff* blieb. Gallas bemängelte, ein Schutzobjekt sei als Allgemeinbegriff "nicht verletzbar"[259]. Weil Gallas sein Modell als Beitrag zum "neuen Denken" verstand[260], sah er das Wesen des Verbrechens nicht mehr

252 Sina, Dogmengeschichte, S. 69.

253 Binding, Normen, S. 193.

254 Vgl. oben das Konzept Bindings. Dazu: Armin Kaufmann, Lebendiges und Totes, passim; Sina, Dogmengeschichte, S. 64 ff.; Hassemer, Theorie, S. 42 ff.; Amelung, Rechtsgüterschutz, S. 73 ff.

255 Vgl. Schaffstein, GA 1935, 97 ff.; Dahm, Ehrenschutz der Gemeinschaft, S. 1 ff.; Gallas, Kritik, S. 50 ff. Das Strafrecht sollte weg von rechtsgutorientierten deskriptiven Tatbestandsbegriffen an einem bestimmten "Tätertyp" orientiert werden (Dahm, Tätertyp, 1940), vgl. auch RGSt 74, 199 (202), im Sinne der "VO gegen Volksschädlinge" von 1939. Den radikalsten Ansatz zeigte Freisler, der den gesamten Besonderen Teil durch einen einzigen generalklauselartigen Zentraltatbestand ersetzen wollte, nach dem jeder Verstoß gegen das, "was die Volksgemeinschaft von einem ordentlichen Volksgenossen verlangt", strafbar sein sollte; siehe dazu Rüping, Grundriß, S. 99, m.w.N.

256 So ausdrücklich Dahm, Verbrechen und Tatbestand, S. 89. Begründung: "Wir nehmen [wenn die Hitlerjugend einer katholischen Jugendorganisation die Fahne entreißt und als Trophäe verbrennt] keinen Diebstahl an, weil Dieb nicht jeder ist, der `eine fremde bewegliche Sache einem anderen in der Absicht wegnimmt, dieselbe sich rechtswidrig zuzueignen´, sondern nur, `wer seinem Wesen nach [!] Dieb ist´" (S. 102) - *Täterstrafrecht*.

257 Programmatisch Nagler, GS 103 (1933), 19: "Das Individuum hat aufgehört, eigenständiges Element im Aufbau der herrschaftlichen Organisation zu sein. ... Es ist ausschließlich gliedhaft; seine Rechtspositionen rangieren hinter [!] dem Gemeininteresse".

258 Freisler, DJ 1934, 472.

259 Gallas, Kritik, S. 57 f.

260 Gallas, a.a.O., S. 50. "Diese Kritik ist ... grundsätzlich-weltanschaulicher Natur" (S.

in einem unzulässigen Eingriff in rechtlich geschützte Einzelinteressen ("als das Ergebnis einer individualistisch-liberalen Denkweise"), sondern "in seinem gemeinschaftszerstörenden Charakter" - das nationalsozialistische Rechtsideal werde durch die Einheit von Gemeinschaft und Gemeinschaftsglied bestimmt, damit "werden `Pflicht´ und `Gesinnung´, nicht oder nicht mehr in erster Linie `Rechtsgut´ und `Interesse´ zum Ausgangspunkt strafrechtlicher Begriffsbildung"[261].

Nach der Überwindung der nationalsozialistischen Staats- und Strafrechtsideologie hält die heute herrschende Meinung an der Auffassung vom Verbrechen als Rechtsgutsverletzung fest[262]. Das aus heutiger Sicht einzig haltbare Argument Gallas´ bleibt, daß der Begriff der Rechtsgutsverletzung tatsächlich nicht, wie es insbesondere bei Birnbaum, aber auch in späteren Konzeptionen mitunter noch anklang, rein naturalistisch im Sinne einer realen Veränderung eines Ausschnittes aus der empirischen Wirklichkeit gedacht werden kann[263]. Die heute allgemein vorgenommene Unterscheidung zwischen Rechtsgut und Angriffsobjekt trägt dieser Problematik Rechnung. Trotz der begrifflichen Unschärfen ist somit an den Kern des v. Lisztschen Rechtsgutkonzeptes anzuknüpfen. Damit soll nicht das Rechtsgut als "Begriff"[264] verstanden werden - dies fordert die Feststellung, es sei nicht Aufgabe des Strafrechts, Begriffe zu schützen[265], geradezu heraus -, vielmehr ist der Blick auf Liszts Gedanken, das Recht müsse menschliche Lebensinteressen schützen, zu richten.

Versteht man Rechtsgut als abstrakt-ideellen "Begriff", der als solcher gar nicht verletzt werden könne[266], gelangt man in der Tat zu jenem Rechtsgutsverständnis, das Gallas als "Vergeistigung" abgetan hat. Die Frage, warum dann dieses *Unverletzliche* strafrechtlich geschützt werden müsse, wäre schwer zu beantworten[267]. Handfeste Probleme stellen sich einem naturalistischen Rechtsgutsverständnis, wenn es an einem äußerlich wahrnehmbaren Schaden fehlt[268], etwa bei der Frage

---

51).

261 Gallas, a.a.O., S. 51 ff.

262 Vgl. nur Hassemer, Theorie, S. 192 ff. u. passim; Sina, Dogmengeschichte, S. 76 ff., 89 ff.

263 Gallas, Kritik, S. 54 f.; insoweit zustimmend Krug, Ehre, S. 105, Fn. 225.

264 So aber v. Liszt, ZStW 6 (1886), 675.

265 Amelung, Rechtsgüterschutz, S. 176; ebenso Kargl, ARSP 1996, 492, jeweils mit Hinweis auf Keßlers Replik auf v. Liszt: "Gesetze werden nicht zum Schutze von Begriffen, sondern von Realitäten erlassen" (Keßler, GS 39 [1887], 127).

266 v. Liszt, ZStW 6 (1886), 675; aus heutiger Zeit z.B. Jescheck, AT, S. 234. Stellvertretend für die Ansicht, die Ehre als Rechtsgut der Beleidigung sei "unverletzbar" Binding, Ehre, S. 4, 16; ders., Lehrbuch, S. 141; Hirsch, Ehre, S. 53, Fn. 25 u. passim.

267 Amelung, Rechtsgüterschutz, S. 198 ff.; Kargl, ARSP 1996, 491 f.

268 Zum Problem des Schadens bei den Tötungsdelikten vgl. Kargl, Rechtsgüterschutz, S. 55 ff.; ders., ARSP 1996, 488 ff.

der Strafbarkeit des untauglichen Versuchs[269]: ein naturalistisch gedachtes Rechtsgut bliebe ja gerade unverletzt.

Der von Gallas aufgezeigte Ausweg, die Substitution des Rechtsgutsbegriffs durch einen ideologisch durchsetzten *Tätertypus*bezug, kann nicht ernsthaft in Betracht gezogen werden. Als akzeptable Lösung bietet sich an, den anderen Bezugspunkt der v. Lisztschen Argumentation aufzugreifen, d.h. nicht vom Rechtsgut als "Begriff" auszugehen, sondern von den "menschlichen Interessen". Interessen in diesem Sinne sind dann solche Werte, die der positiven Gesetzgebung logisch vorausgehen; ein Interesse am Leben etwa hat der einzelne schon bevor die Rechtsordnung das Leben strafrechtlich unter Schutz stellt[270]. Diese Blickrichtung bedeutet eine Einschränkung der positivistischen bzw. "methodologischen" Auffassung, nach der das Rechtsgut pragmatisch nur als "Sinn und Zweck der einzelnen Strafrechtssätze" definiert wird[271]. Der Interessenbezug läßt nicht zu, daß der Zweck *jeder* gesetzten Strafnorm als Rechtsgut definiert werden könnte.

Ein interessenbezogener Rechtsgutsbegriff orientiert sich an einer positiv zu bewertenden Beziehung zwischen einer Person und einem Sachverhalt[272]. Menschliche Interessen können real beeinträchtigt und verletzt werden. Die Betrachtung richtet sich dann nicht nur auf eine materialistische oder naturalistische Beeinträchtigung von Sachen oder Dingen, sondern auf die Verletzung eines Anspruchs, daß eine Beeinträchtigung personaler Interessen nicht eintreten möge[273]. Das besagt auch der zentrale Satz der Rechtsphilosophie Arthur Kaufmanns: "Die Idee des Rechts ist die Idee des personalen Menschen - oder sie ist gar nichts". Das Recht lasse sich nur dadurch legitimieren, "daß es einem jeden das ihm als Person Zustehende gewährt: das Suum Iustum"[274]. Personsein bedeutet, daß der Mensch als ein zur Selbstbestimmung und Selbstvervollkommnung angelegtes autonomes Wesen ist, mit der Fähigkeit und Aufgabe, für sich selbst zu entscheiden. Die personale Selbstverwirklichung vollzieht der Mensch durch sein Handeln, durch die Sozialität zu seinen Mitmenschen[275]. Dieser Kern des Personenbegriffs ist unstreitig[276].

---

269 Vgl. dazu Kindhäuser, Strafe, S. 30 f.

270 Vgl. v. Liszt, ZStW 6 (1886), 673; ders., Lehrbuch, S. 174.

271 In diesem Sinne aber Honig, Einwilligung, S. 30, 94; Schwinge, Teleologische Begriffsbildung, S. 25; ähnlich noch heute Blei, AT, § 24 II.

272 Sina, Dogmengeschichte, S. 96 ff.; Marx, Definition, S. 67.

273 Kargl, ARSP 1996, 494 f.; ähnlich auch Krümpelmann, Bagatelldelikte, S. 68 f.; Hassemer, Grundlinien, S. 91; Arthur Kaufmann, Unrechtsbewußtsein, S. 120. Der Rechtsgüterbegriff bei Roxin, AT, § 2, Rn. 9, ist der Sache nach ähnlich, wenngleich Roxin das Abstellen auf Interessen für zu allgemein hält.

274 Arthur Kaufmann, Problemgeschichte, S. 176 f. und Naturrechtsrenaissance, S. 132.

275 Arthur Kaufmann, JuS 1978, 364. Zum Personbegriff bei Hegel siehe oben Anm. 143. Bei Kant: "Person ist dasjenige Subjekt, dessen Handlungen einer Zurechnung fähig

Der Bezugspunkt des Rechts ist also der Mensch als Person; der Gehalt des Rechtsgutsbegriffs muß diesem Umstand Rechnung tragen. Die Funktion der Rechtsgüter ist somit darin zu sehen, daß sie die Möglichkeit der Person zur Nutzung eines positiv ("gut") zu bewertenden Sachverhalts, zur Realisierung ihrer Interessen, gewährleisten[277]. Das Interesse der Person besteht darin, daß die elementaren Bedingungen der persönlichen Entwicklung durch andere nicht beeinträchtigt werden sollen; der Kern der Rechtsgüter liegt dann in der symbolischen Bekräftigung der Unverbrüchlichkeit individueller Selbstverwirklichungs- und Entwicklungsinteressen, die die notwendige Bedingung zur Konzipierung und Entfaltung der selbstbestimmten Verwirklichung der jeweiligen Lebensplanungen darstellen[278].

Eine Verletzung von Rechtsgütern ist in diesem Sinne nicht mehr naturalistisch an bestimmten äußerlich wahrnehmbaren Ereignissen festzumachen, sondern bereits mit dem Angriff auf schutzwürdige Interessen des einzelnen gegeben; auch Gefährdung und Versuch lassen sich auf diese Weise trotz fehlenden materiellen Schadens als Rechtsgutsverletzungen begründen[279]. Nicht das "Interesse" als solches (v. Liszt) ist das Rechtsgut, sondern der *Gegenstand* des Interesses[280].

2.3 Rechtsgut und Anerkennungsverhältnis

Nach Maßgabe der allgemeinen Erörterungen zur Rechtsgutsdefinition kann das Rechtsgut der Beleidigung nicht das Anerkennungsverhältnis als solches sein, sondern das Interesse der Person an intersubjektiver Anerkennung. Durch den Interessenbezug des Rechtsgutsbegriffs kommt es für eine Rechtsgutsverletzung

---

sind" (Einleitung in die Metaphysik der Sitten, VIII, AB 22).

276 Als weiteres Beispiel: Durkheim, Teilung, S. 444: "Eine Person zu sein heißt, eine autonome Quelle des Handelns zu sein. ... Man könnte auf jeden Fall sagen, daß er [der Mensch] die Gabe der freien Entscheidung hat und daß das genügt, um seine Persönlichkeit zu begründen".

277 Vgl. Jakobs, AT, 2/14.

278 Vgl. Kargl, ARSP 1996, 494 f.

279 So auch Krümpelmann, Bagatelldelikte, S. 89. Kargl, a.a.O., hat dies am Beispiel der Tötungsdelikte erläutert; Jakobs, AT, 2/14, weist darauf hin, daß das Rechtsgut der Eigentumsdelikte nicht die Sache ist, an der Eigentum besteht, sondern die Beziehung möglicher Nutzung zwischen Eigentümer und Sache (ebenso Otto, Rechtsgutsbegriff, S. 5). Nach Wesel, Frühformen, S. 96, soll es beim Eigentum weniger um die "Beziehung einer Person zu einer Sache" im Sinne einer absoluten Beherrschung gehen, sondern vielmehr um "die Beziehung dieser einen Person, des Eigentümers, zu allen anderen Menschen in seiner näheren und weiteren Umgebung, im Hinblick auf diesen Gegenstand". Und: "Diese Beziehung ist in ihren Grundzügen egoistisch und rücksichtslos. Das bedeutet absolut".

280 Vgl. Amelung, Rechtsgüterschutz, S. 175 ff., insbes. S. 177. Zur Problematik überindividueller Universalrechtsgüter siehe unten, S. 165 ff.

nicht auf den von der Person vollzogenen Wertungsakt an[281], das Strafrecht kann auf einen konkreten Schadensbegriff wie er im zivilen Deliktsrecht zugrundezulegen ist, verzichten[282]. Konkret bedeutet das, daß für die Beleidigungsstrafbarkeit ein äußerlich wahrnehmbarer Verletzungserfolg - etwa ein Gekränktsein oder ein Empfinden von "Seelenschmerz" seitens des Angegriffenen - nicht erforderlich ist, was sich bereits aus den Ausführungen zu den rein "faktischen" Ehrbegriffen ergibt. Auf die konkreten Gefühle oder Reaktionen der Betroffenen kommt es nicht an. Der Unwertgehalt herabsetzender Äußerungen ist darin zu erblicken, daß das *Interesse* jedes potentiell Betroffenen an der Erfahrung intersubjektiver Anerkennung bzw. an der Nichtbeeinträchtigung dessen durch Mißachtungsbezeugungen grundsätzlich beeinträchtigt wird. Der Rechtswert intersubjektiver Anerkennung als solcher ist bereits mit dem Angriff erschüttert, unabhängig von der Bewertung durch den Angegriffenen. Es geht im Sinne Meads allgemein um die Reziprozität von Verhaltenserwartungen: Erwartungen an den anderen konstituieren sich durch die gegenseitige Reflexivität der Erwartungen, die wechselseitige Anerkennung des Subjekte beruht auf der beiderseitigen Fähigkeit, die Erwartungshaltung des jeweils anderen zu antizipieren und sich zu eigen zu machen.

Das Interesse an wechselseitiger Anerkennung entspricht dem Interesse an emotionaler Unversehrtheit: es geht um fundamentale Interessen für Konstitution, Entwicklung und Entfaltung der Person schlechthin. Selbst- und Fremdbeziehungen der Individuen setzen ein positives Selbstbild und die Bestätigung dessen durch die anderen voraus. Die Zerstörung von Selbst- und Weltvertrauen ist geeignet, Identität und Persönlichkeit in ganz erheblichem Maße zu verletzen, psychisch wie physisch. Jede Mißachtung *kann* diese Folgen beim Betroffenen herbeiführen, ob dies tatsächlich der Fall sein wird, bleibt eine Frage der individuellen Empfindlichkeit. Die notwendige Objektivität des Strafrechts bleibt insofern gewahrt, als es nach der interessenbezogenen Rechtsgutsdefinition ganz allgemein das potentiell bei jedem vorhandene Interesse an Nichtschädigung schützt. Maßgeblich ist der Schutz des interpersonalen Vertrauens in Achtung und Respektierung der Persönlichkeit, in die Unantastbarkeit der eigenen Persönlichkeit, in das Gewährenlassen in intersubjektiven Kommunikationsprozessen; der Schutz des Vertrauens in die Fähigkeit des anderen zu Perspektivenwechsel und psychischer Dezentralisation, Differenzierungs- und Einfühlungsvermögen, Empathie und Sensibilität, austauschbaren Handlungsperspektiven und Erwartungshorizonten[283]. Anknüpfungspunkt des Rechtsgüterschutzes sind mithin die individuellen Interessen jedes einzelnen, der Vertrauensfaktor stellt den Bezug zur Gemeinschaft sämtlicher Normadressaten in der gemeinsam geteilten Lebenswelt her.

---

281 Vgl. Jakobs, a.a.O.

282 Krümpelmann, Bagatelldelikte, S. 89.

283 In anderem Zusammenhang ähnlich Herzog, Gesellschaftliche Unsicherheit, S. 118.

Das Interesse an der Achtung des intersubjektiven Anerkennungsverhältnisses bezieht sich zum einen auf Achtung und Anerkennung der Person schlechthin, auf das Menschsein als solches, zum anderen auf soziale Anerkennung der jeweiligen individuellen Eigenheiten der jeweiligen Person in der Weise, wie dies in interaktiven Kommunikationsprozessen zum Ausdruck gebracht wird (Selbstdarstellung), berechtigt ist (das folgt aus den Ausführungen zum "faktischen" Ehrbegriff) und konsentierten gesellschaftlichen Wertvorstellungen nicht zuwiderläuft (eine "Verbrecherehre" etwa ist kein anerkennungswürdiges Schutzgut).

3 Systematische Einordnung des Rechtsguts

Der Ausgangspunkt der Untersuchung war die These, daß das Interesse an intersubjektiver Anerkennung das Rechtsgut der Beleidigung sei. Abgrenzungsschwierigkeiten im Verhältnis der Beleidigung zu den Menschenwürdeschutznormen ergeben sich jedoch, wenn man in den Begriff der Menschenwürde nicht nur den Schutz der Anerkennung des Menschseins schlechthin einfließen läßt, sondern darüberhinaus auch die oben beschriebenen faktischen Anerkennungselemente. Voraussetzung dieser Sichtweise wäre, daß der Begriff der Menschenwürde nicht absolut, d.h. für alle Menschen gleich zu definieren wäre, sondern je nach individuellen Aspekten bei verschiedenen Menschen in verschiedener Weise. Nach dem Wortlaut der Verfassung erscheint ein solches Verständnis der Menschenwürde zwar alles andere als naheliegend, mit Blick auf die verfassungsrechtliche Literatur und die neuere höchstrichterliche Rechtsprechung muß diese Frage aber zumindest als streitig gelten.

In der Entscheidung zur sog. "Auschwitzlüge"[284] ist der BGH der Auffassung, das schwere Verfolgungsschicksal der Juden im "Dritten Reich" sei ein Bestandteil deren "individueller Würde". Da dies nun im Zusammenhang mit der Frage einer Verletzung der Menschenwürde gesagt wird und ein unvergleichbares Schicksal unstreitig ein individuell bedingtes *faktisches* Element persönlicher Achtungsansprüche ist, drängt sich die Frage auf, inwieweit - wenn überhaupt - faktische Anerkennungselemente bezüglich des Schutzes der Menschenwürde zu berück-

[284] BGHSt 40, 97 (zum Fall Deckert / Leuchter), siehe hierzu auch LG Mannheim NJW 1994, 2494; BGH NJW 1995, 340; kritisch Bertram, NJW 1994, 2397 ff.; Wassermann, NJW 1995, 303 f. Vgl. auch BVerfG NJW 1994, 1779 ff. zum Verbot einer geplanten NPD-Veranstaltung mit dem "Revisionisten" David Irving. *Zur Terminologie:* Genaugenommen müßte von "Auschwitzleugnung" gesprochen werden. Die Bezeichnung "Auschwitzlüge" stammt aus der Terminologie der "Revisionisten", die die historische Tatsache (vgl. BGHSt 40, 97 [99]) des NS-Völkermords als "Lüge" darstellen. Eine Vereinfachung stellt der Begriff der "Auschwitzlüge" auch insoweit dar, daß die nationalsozialistische Verfolgung von Bevölkerungsteilen nicht auf Juden und die Massenvernichtung nicht auf das KZ Auschwitz-Birkenau beschränkt war.

sichtigen sind. Wäre dies der Fall, müßten die Rechtsgüter der Beleidigung und der Menschenwürdeschutznormen als weitgehend identisch erachtet werden, was schon aus systematischen Gründen höchst zweifelhaft wäre.

Auch in den Entscheidungen zum sog. "Asylbetrüger"-Pamphlet[285] (einem "Gedicht", in dem einem "Herrn Asylbetrüger" in den Mund gelegt wird, er komme aus Übersee, bringe AIDS, verteile Rauschgift an deutsche Kinder, sei faul, parasitär, betrügerisch etc. und mache sich über "die dummen Deutschen" lustig) scheint die Rechtsprechung in die Definition der Menschenwürde faktische Elemente einfließen zu lassen, was ebenfalls die Abgrenzbarkeit der Rechtsgüter der §§ 185 bzw. 130 in Frage stellt. Einigkeit besteht hinsichtlich der "Auschwitzlüge" und des "Asylbetrüger"-Pamphlets nur insofern, daß ein von faktischen Elementen geprägter intersubjektiver Achtungs- bzw. Anerkennungsanspruch grundsätzlich übereinstimmend bejaht wird. Unklar bleibt jedoch, ob dieser einen Aspekt der Menschenwürde und / oder der Ehre darstellen soll.

(1) In der *"Auschwitzlüge"-Entscheidung* bekräftigte der BGH den vorinstanzlichen Schuldspruch wegen § 189 mit der Begründung, "untrennbarer Bestandteil der Würde eines Menschen können auch die besonderen Umstände seines Todes sein", das "schwere Schicksal" der Ermordung in den Gaskammern nationalsozialistischer Konzentrationslager präge "dessen individuelle Würde". Diese Begründung wirft die grundsätzliche Frage auf, ob es überhaupt möglich sein kann, faktische Elemente in die Menschenwürde des einzelnen einfließen zu lassen, sei es durch positive Verhaltensweisen oder Leistungen oder durch ein besonderes individuelles Schicksal, oder durch bestimmte negative Verhaltensweisen oder Nicht-Leistungen im Sinne einer Minderung der Menschenwürde.

Gegen die Sichtweise des BGH wendet Baumann ein, daß "nicht jedes schwere Schicksal prägend, auch nicht jedes würdevoll" sei[286]. Jedenfalls stelle aber die Leugnung der NS-Morde eine Verletzung des spezifischen Achtungsanspruchs und der Ehre der Opfer i.S.d. § 189 dar[287]. Jakobs gibt zu bedenken, daß im Falle des Leugnens des Opferschicksals im Falle einer Naturkatastrophe "wohl auch der BGH nicht auf den Gedanken käme", den Tod der Opfer mit ihrer Persönlichkeit zu verbinden[288]. Bei der Menschenwürde gehe es "um das Anerkannt-Werden des Menschen als gleiche Person, um einen allen Menschen aufgrund ihres Menschseins zukommenden Status", dessen Allgemeinheit die Koppelung der Würde mit einem individuellen oder häufigen oder auch massenhaften Schicksal ausschließe[289]. Im Ergebnis hält Jakobs keinen der Beleidigungstatbestände für

285 BayObLG NStZ 1994, 588; OLG Frankfurt NJW 1995, 143.

286 Baumann, NStZ 1994, 393, Fn. 11.

287 Baumann, NStZ 1994, 393.

288 Jakobs, StV 1994, 541.

verwirklicht[290]. Die Argumentation der Rechtsprechung, das Verfolgungsschicksal der betroffenen Juden sei Teil ihrer persönlichen Würde, stützt sich auf stereotype - nach Wehinger: "unreflektierte"[291] - Verweise auf frühere Judikate[292], die indes gerade hinsichtlich der herkömmlichen Grundsätze der passiven Beleidigungsfähigkeit von Personenmehrheiten rechtsdogmatisch als bedenklich erscheinen müssen[293]. Die Abgrenzung von Anerkennungsschutz i.S.d. § 185 und Menschenwürdeschutz i.S.d. § 130 ist daher alles andere als unproblematisch, auch ist keinesfalls zutreffend, daß die einfache wie die qualifizierte[294] Leugnung des Holocausts "fraglos"[295] unter die Beleidigungstatbestände fällt.

(2) Ähnliche begriffliche Diskrepanzen offenbaren auch die *"Asylbetrüger"-Pamphlet-Entscheidungen*. Umstritten ist dabei, ob und inwieweit eigene Leistungen bzw. eigene negative Verhaltensweisen eines Menschen dessen Menschenwürde betreffen können. Der nach § 130 erforderliche "Angriff auf die Menschenwürde" setzt nach übereinstimmender Auffassung voraus, daß der angegriffenen Person ihr Lebensrecht als gleichwertige Persönlichkeit in der staatlichen Gemeinschaft abgesprochen und sie als minderwertiges Wesen behandelt wird. Der Angriff muß sich gegen den ihre menschliche Würde ausmachenden unverzichtbaren Kern der Persönlichkeit, nicht lediglich gegen einzelne Persönlichkeitsrechte, richten[296]. Bloße Diskriminierungen oder Angriffe auf die Ehre sollen nicht genügen, § 130 hat nicht die Funktion des erweiterten Ehrenschutzes[297].

Das BayObLG bejaht einen Angriff auf die Menschenwürde mit der Begründung, der Vorwurf, jemand verbreite Aids, verführe Kinder zum Drogenhandel und lebe in besonders übler Weise parasitär, enthalte die Aussage, der Betreffende erreiche moralisch nicht einmal die unterste Stufe menschlicher Existenz[298]. Zu

---

289 Jakobs, a.a.O.: "der BGH redet also von Würde, wo es um konkrete Identität geht".

290 Jakobs, StV 1994, 542.

291 Wehinger, Kollektivbeleidigung, S. 40.

292 BGHSt 11, 207 (208); BGHZ 75, 160 (162 f.).

293 Näheres hierzu unten, S. 265 ff.

294 Zur Terminologie: als qualifiziert gilt in diesem Sinne ein erkennbar auf Hetze angelegtes Leugnen der Judenvernichtung durch den Nationalsozialismus; ein ohne mit erkennbar hetzerischen Angriffen verbundenes Bestreiten oder Beschönigen dieser historischen Tatsachen gilt als einfache "Auschwitzlüge", vgl. v. Bubnoff, ZRP 1982, 118 f.

295 So aber Beisel, NJW 1995, 1001.

296 BGH NJW 1994, 1421; BGHSt 31, 226 (231); 36, 83 (90); OLG Frankfurt NJW 1989, 1367 (1369); Dreher/Tröndle, § 130, Rn. 8; Lackner, § 130, Rn. 3; Schönke/Schröder-Lenckner, § 130, Rn. 7; AK-StGB-Ostendorf, § 130, Rn. 14;Schafheutle, JZ 1960, 473; Brockelmann, DRiZ 1976, 214; Geilen, NJW 1976, 280; Vogelsang, NJW 1985, 2387; Streng, Volksverhetzung, S. 512; Otto, JR 1994, 473.

297 Benda, BT-Drs. 3/1746, S. 3.

298 BayObLG NStZ 1994, 588. Anders OLG Frankfurt NJW 1995, 143 (145), wonach ein Angriff auf die Menschenwürde der Asylbewerber verneint wurde, weil diese zwar bös-

bezweifeln ist jedoch, ob die fragliche Äußerung tatsächlich den "unverzichtbaren Persönlichkeitskern" der Betroffenen angreift. Diese Sichtweise würde voraussetzen, daß Bestand und Umfang der Menschenwürde auch von eigenen Leistungen bzw. eigenen negativen Verhaltensweisen des Betreffenden abhängig wären. Nach der hier vertretenen Auffassung stellt die Menschenwürde eine von derartigen faktischen Elementen unabhängige absolute Größe dar - soweit nicht einer Person das Lebensrecht in der Gemeinschaft abgesprochen wird, wäre die Zuschreibung negativer Verhaltensweisen ein Fall der Beleidigungsdelikte.

Für die Klärung der Abgrenzung von "Ehre" und Menschenwürde kommt es somit entscheidend darauf an, ob auch in den Begriff der Menschenwürde individuell-faktische Elemente einfließen können, oder ob die Menschenwürde absolut und für jeden Menschen gleichermaßen gewährleistet wird und die Verletzung sozialer Achtungsansprüche ausschließlich Gegenstand der Beleidigungstatbestände sein kann. Dies setzt zunächst eine eingehende Analyse der verschiedenen Würdebegriffe voraus.

3.1 Anerkennungsverhältnis und Menschenwürde

Daß, ganz allgemein gesprochen, Menschenwürde etwas mit Anerkennung zu tun hat, können wir an den Ausgangspunkt der folgenden Überlegungen stellen[299]. Strafrechtlicher Schutz der Menschenwürde wird insbesondere durch § 130 (Volksverhetzung) gewährleistet[300], einer rechtsstaatlich äußerst umstrittenen Norm mit recht diffusen Tatbestandsmerkmalen[301]; schon die Entstehungsgeschichte ist bedenklich[302]. Interessieren soll hier mit Blick auf o.g. Entscheidung vor allem das Tatbestandsmerkmal "Angriff auf die Menschenwürde". Menschenwürde im Sinne des § 130 kann nichts anderes bedeuten als Menschenwürde im

willig verächtlich gemacht, ihr Lebens- und Existenzrecht aber nicht bestritten worden sei - "der Angriff richtet sich insoweit nur gegen ein Aufenthalts- und Bleiberecht von Asylbewerbern, nicht aber gegen ihr Lebensrecht". In diesem Sinne auch Otto, JR 1994, 473; ders., Jura 1995, 278.

299 Noch allgemeiner: Skinner, Würde, S. 65: "Das, was wir als die Literatur über die menschliche Würde bezeichnen dürfen, befaßt sich damit, wie gebührende Anerkennung erhalten werden kann".

300 Ausdrücklich genannt wird die Menschenwürde auch in § 131 (Gewaltdarstellung; Aufstachelung zum Rassenhaß), als ratio legis liegt der Würdeschutz auch § 220a (Völkermord) zugrunde, dem wohl signifikantesten Fall "symbolischen" Strafrechts.

301 Zu den grundsätzlichen Bedenken gegen § 130 vgl. AK-StGB-Ostendorf, § 130, Rn. 8; Giehring, StV 1985, 30 ff.; Fischer, NStZ 1988, 159 ff., 164; Hassemer, KritJ 1990, 362 f.; Prittwitz, Soldaten, S.96; kritisch zur Neufassung Neumann, StV 1994, 274.

302 Vgl. Schafheutle, JZ 1960, 473; Giehring, StV 1985, 31; AK-StGB-Ostendorf, § 130, Rn. 2. Aus dem "Haß- und Verachtungsparagraph" (Ostendorf) 100 des PrStGB von 1851 wurde 1871 § 130 RStGB als "Anreizung zum Klassenkampf", der Tatbestand der "Volksverhetzung" löste diese Norm erst 1960 ab.

Sinne des Art. 1 Abs. 1 GG, womit wir bei der entscheidenden Frage wären: können individuelle Faktoren, hier: persönliche Schicksale, in den Begriff der Menschenwürde einfließen oder ist diese ein von jeglichen individuellen Faktoren unabhängiger absoluter Wert, der bei jedermann gleichermaßen vorhanden ist?

Nach dem BGH scheint ersteres der Fall zu sein. In der "Auschwitzlüge"-Entscheidung nimmt der BGH an, daß ein schweres Schicksal "die individuelle Würde" präge. Was aber soll im strafrechtlichen Sinne mit "Würde" gemeint sein? Im StGB taucht der Begriff "Würde" nur im Zusammenhang des unbefugten Führens von Amtsbezeichnungen u.ä. auf: "Öffentliche Würden" im Sinne von § 132a (Mißbrauch von Titeln, Berufsbezeichnungen und Abzeichen) bezeichnen auf öffentlich-rechtlichen Vorschriften beruhende Ehrenstellungen, z.B. die Ehrenbürgerschaft einer Stadt[303]. Das kann hier nicht mit Würde gemeint sein. Also Würde im Sinne der Menschenwürde? Unbedenklich ist diese Schlußfolgerung keineswegs. *Würde* im umgangssprachlichen Sinne ist nicht gleichbedeutend mit *Menschenwürde* im verfassungsrechtlichen Sinne. Dies ergibt sich schon daraus, daß eine Menschenwürde nur Menschen zukommen kann, nicht aber Organisationen oder Institutionen[304]. Auch der Begriff der "Würde des Gerichts" in § 175 Abs. 1 GVG meint etwas anderes[305]. Zudem besagt die Redensart etwa, ein schweres Schicksal *mit Würde* zu tragen, nicht, daß ein schweres Schicksal folgerichtig ein Element der Menschenwürde im juristischen Sinne sein müßte. Der Gesamtkontext der Entscheidung spricht jedoch dafür, daß der BGH mit dem fraglichen Zitat auf die Menschenwürde i.S.d. § 130 - und somit auch i.S.d. Art. 1 Abs. 1 GG - abstellt.

Einhellig anerkannt ist der hohe Stellenwert der Menschenwürde in der Verfassung der Bundesrepublik. Aufgrund der nationalsozialistischen Gewaltverbrechen hat der Parlamentarische Rat den Schutz der Menschenwürde im Grundgesetz an exponierter Stelle festgeschrieben (Art. 1 Abs. 1 GG) und durch Art. 79 Abs. 3 GG ausdrücklich gegen eventuelle Verfassungsänderungen gesichert. Damit sollte deutlich die Abkehr von dem fatalen Satz "Du bist nichts, Dein Volk ist alles" manifestiert werden, der neue Staat soll um des Menschen willen da sein und nicht mehr umgekehrt[306]. Die Fixierung der Unantastbarkeit der Menschenwürde

---

303 Dreher/Tröndle, § 132a, Rn. 9.

304 Bader, Betrifft Justiz 1995, 5: "Die Bundeswehr hat ebensowenig Menschenwürde wie die Verwaltungsgerichtsbarkeit oder das Landeskatasteramt".

305 Gemeint ist damit das Mindestmaß an Respekt, der dem Gericht und den Verfahrensbeteiligten gebührt, und die dem Ernst einer Gerichtsverhandlung angemessene äußere Form des Erscheinens und Auftretens (KK-Mayr, § 175 GVG, Rn. 2; Löwe/Rosenberg-Schäfer, § 175 GVG, Rn. 3). Kritisch zur "Würde des Gerichts" Rüping, ZZP 88 (1975), 221: "Der Begriff der Würde setzt einen individuellen Träger voraus und kommt Institutionen als solchen nicht zu"; siehe auch Sarstedt, JZ 1969, 153: "Die Würde des Gerichts kann nur durch den Richter verletzt werden".

in der Verfassung des neuen freiheitlich-demokratischen Staates ist also entstehungsgeschichtlich als bewußter Gegenpunkt zu jenem Menschenbild des faschistischen Staates zu sehen, das Erich Fromm so beschreibt: "Die Idee von der Wertlosigkeit und Nichtigkeit des Menschen fand einen neuen, diesmal vollkommen säkularisierten Ausdruck in jenen autoritären Systemen, die den Staat oder die `Gesellschaft´ zum obersten Herrscher machten - das Individuum dagegen sollte seine eigene Bedeutungslosigkeit erkennen und seine Erfüllung im Gehorsam und in der Unterwerfung finden"[307].

Was mit Menschenwürde gemeint sein soll, ist damit noch nicht enträtselt. Nur wer Mensch ist, kann eine Menschenwürde haben. Mensch ist, so banal dies klingen mag, wer von Menschen gezeugt wurde[308]; die Rechtsprechung spricht von der "Zugehörigkeit zur menschlichen Art"[309]. Alleine mit der Abgrenzung des Menschen gegenüber dem Tier[310] und der Feststellung des herausragenden Stellenwertes der Menschenwürde in der Verfassungssystematik lassen sich für den Inhalt des Menschenwürdebegriffs noch keine deutlichen Konturen gewinnen. Die entscheidende Frage bleibt zunächst unbeantwortet: hat *jeder* Mensch die gleiche Menschenwürde?

Die zentrale Bedeutung der Menschenwürde wird vom Bundesverfassungsgericht in ständiger Rechtsprechung unterstrichen: Die Achtung und Schutz der Würde des Menschen sind "in der freiheitlichen Demokratie der oberste Wert"[311], ein "tragendes Konstitutionsprinzip des Grundgesetzes"[312], dessen Wertsystem seinen Mittelpunkt "in der innerhalb der sozialen Gemeinschaft sich frei entfaltenden menschlichen Persönlichkeit und ihrer Würde" findet[313]. Die Würde des Men-

---

306 Vgl. Zippelius, Recht und Gerechtigkeit, S. 242.

307 Fromm, Psychoanalyse, S. 164 f.

308 v. Münch-Kunig, Art. 1 GG, Rn. 12.

309 OLG Bamberg NStZ 1989, 389 (390).

310 Vgl. auch Horkheimer/Adorno, Dialektik, S. 262 ff.: "Die Idee des Menschen in der europäischen Geschichte drückt sich in der Unterscheidung vom Tier aus" (S. 262). Auf die menschliche Vernunft abstellend: "In der Tierseele sind die einzelnen Gefühle und Bedürftigkeiten des Menschen, ja die Elemente des Geistes angelegt ohne den Halt, den nur die organisierende Vernunft verleiht" (S. 263 f.). Charles Taylor stellt auf die Fähigkeit ab, in den wichtigsten Grundfragen des Lebens, bei den wichtigsten Bindungen und Verpflichtungen, die der Mensch eingeht, Autonomie üben zu können, d. h. sich gegebenenfalls auch alternativ verhalten zu können (Atomismus, S. 96 f.). Diese Position steht derjenigen Rousseaus nahe, wonach weniger der Verstand als spezifische Unterscheidung zum Tier den Menschen auszeichne, sondern die Fähigkeit zu freiem Handeln und zur Selbstvervollkommnung (Rousseau, Diskurs, S. 101 ff.). Bei Niklas Luhmann wird der Mensch bestimmt durch "die Fähigkeit zur selbstreferentiellen Konstitution eines Weltverhältnisses" (Liebe, S. 173).

311 BVerfGE 5, 85 (204); 32, 98 (108); 45, 187 (227); 50, 166 (175); 54, 341 (357).

312 BVerfGE 6, 32 (36, 41).

313 BVerfGE 7, 198 (205); 21, 362 (369).

schen ist nicht nur Grenze, sondern auch Aufgabe der staatlichen Gewalt[314]. Die staatlichen Ziele haben keinen Eigenwert, sondern ziehen ihre Berechtigung allein daraus, daß sie den Menschen konkret dienen[315].

Der Stellenwert der Menschenwürde läßt sich weiterhin auch aus dem Vergleich der Verfassungsgrundsätze des Würdeschutzes und des Lebensschutzes erschließen. Das Grundgesetz stellt den Schutz der Menschenwürde *höher* als den Schutz des Lebens - das Grundrecht auf Leben (Art. 2 Abs. 2 Satz 1 GG) ist gesetzlich beschränkbar (Satz 3), wenn auch nur, soweit der Schutz des Lebens anderer dies erfordert und nur unter engsten Voraussetzungen, eine Preisgabe der "unantastbaren" Menschenwürde darf der Staat dem einzelnen dagegen unter keinen Umständen abfordern[316].

Während der Charakter der Menschenwürde als oberstes Staatsprinzip einhellig anerkannt ist, bereitet die inhaltliche Konkretisierung des Schutzbereiches Schwierigkeiten[317], die auf die Unbestimmtheit des Würdebegriffs, auf dem "sozusagen zweieinhalbtausend Jahre Philosophiegeschichte lasten"[318], und auf sozio-kulturelle Wandlungen[319] zurückzuführen sind. Die Würde des Menschen ist nicht naturwissenschaftlich meßbar wie etwa seine Größe oder sein Gewicht. Sie beruht auf philosophischer Zuschreibung, was sie mit Begriffen wie Freiheit, Gleichheit, Vernunft etc. verbindet.

Da das Grundgesetz die Würde des Menschen ohne nähere Erläuterung voraussetzt, steht dieser unbestimmte Rechtsbegriff im Rahmen des Gesamtkontextes der Verfassungsmaximen verschiedenartigen Auslegungsansätzen offen. Starck[320] unterscheidet zwischen christlichem[321], humanistisch-aufklärerischem[322], marx-

---

314 Pieroth/Schlink, Grundrechte, Rn. 399

315 Häberle, HbStR I, 847.

316 v. Münch-Kunig, Art. 1 GG, Rn. 5; Jarass/Pieroth-Jarass, Art. 2 GG, Rn. 54 f., m.w.N.

317 Vgl. im Sinne der negativen Dialektik Horkheimer, Kritik, S. 40: "Redensweisen wie `die Würde des Menschen´ implizieren entweder ein dialektisches Fortschreiten, bei dem die Idee des göttlichen Rechts aufbewahrt und transzendiert wird, oder werden zu abgegriffenen Parolen, deren Leere sich offenbart, sobald jemand ihrer spezifischen Bedeutung nachfragt".

318 Pieroth/Schlink, Grundrechte, Rn. 400.

319 Vgl. Pieroth/Schlink, a.a.O.: "Anforderungen, die die Menschenwürde stellt, sind im besonderen Maß zeit- und situationsabhängig. ... Der zivilisatorische und kulturelle Gesamtzustand einer Gesellschaft bedingt unterschiedliche Vorstellungen und Verwirklichungen der Menschenwürde"; vgl. auch BVerfGE 45, 187 (229): "Das Urteil darüber, was der Würde des Menschen entspricht, kann ... nur auf dem jetzigen Stande der Erkenntnis beruhen und keinen Anspruch auf zeitlose Gültigkeit erheben". Daß sich der Gehalt der Menschenwürde im Laufe der Zeit überhaupt ändern kann, ist indes nicht unstreitig, vgl. Jarass/Pieroth-Jarass, Art. 1 GG, Rn. 4.

320 v. Mangoldt/Klein-Starck, Art. 1 Abs. 1GG, Rn. 2.

istischem[323], systemtheoretischem[324] und behavioristischem[325] Würdekonzept. Zu einfach ist die Erklärung Nipperdeys, nach dem der Begriff der Menschenwürde keiner weiteren juristischen Definition bedürfe[326] - zu vielfältig und mitunter unvereinbar sind die vorgenannten Auslegungsansätze.

Für die Ermittlung des verfassungsrechtlichen Leitbildes der Menschenwürde können diese Ansätze wohl aussagekräftige Kriterien beitragen, nicht aber alleine umfassende Gültigkeit beanspruchen. Im folgenden soll nicht jedes dieser Modelle für sich analysiert werden[327], vielmehr werden die einzelnen Ansätze im Rahmen einer Grobgliederung in die Untersuchung einbezogen. Zur Ermittlung des [illegible] der Menschenwürde lassen sich im wesentlichen drei Ansätze feststellen:

(1.) eine positive Bestimmung der Menschenwürde als *Wert*, bzw.
(2.) als *Leistung*, sowie
(3.) eine negative Umschreibung von der Eingriffsseite her.

3.1.1 Menschenwürde als "Wert"

In der Tradition der praktischen Philosophie Kants und der christlichen Naturrechtslehre ist Menschenwürde als *Wert* zu begreifen, als "der Eigenwert und die Eigenständigkeit, die Wesenheit, die Natur des Menschen schlechthin"[328]. Mit dem Verhältnis von "Wert" und "Würde" setzte sich Kant in der "Metaphysik der Sitten" eingehend auseinander: "Allein der Mensch als Person betrachtet ... ist über allen Preis erhaben; ... denn als ein solches ... ist er nicht bloß Mittel zu

---

321 z.B. Fuchs, Lex naturae, S. 57 ff.; weitere Nachweise dazu bei Zippelius, Recht und Gerechtigkeit, S. 242 f., Fn. 3 ff.

322 z.B. Maihofer, Rechtsstaat, passim.

323 z.B. Bloch, Naturrecht, passim.

324 z.B. Luhmann, Grundrechte, S. 53 ff.

325 z.B. Skinner, Würde, S. 28; Watson, Behaviorismus, S. 114 ff.

326 Nipperdey, Würde, S. 1.

327 So ist schon vorab klar, daß der christliche Würdebegriff ("die Würde des Menschen ist seine Gottebenbildlichkeit", vgl. Fuchs, Lex naturae) mit nachmetaphysischem Denken unvereinbar ist. Wenig ergiebig für unsere Ausgangsfrage sind auch die Ausführungen bei Skinner - ein Beispiel: "Wir bestätigen die merkwürdige Beziehung zwischen Anerkennung und der Unauffälligkeit von kontrollierenden Bedingungen, wenn wir eine Kontrolle verheimlichen, um einen Verlust an Lob zu vermeiden oder um Lob zu beanspruchen, das uns eigentlich nicht zusteht. Der General versucht sein Bestes, um seine Würde zu wahren, wenn er in einem Jeep über holpriges Gelände fährt, und der Flötenspieler fährt fort zu spielen, auch wenn ihm eine Fliege übers Gesicht krabbelt" (Würde, S. 54 f.).

328 Nipperdey, Würde, S. 1.

anderer ihren, ja selbst eigenen Zwecken, sondern als Zweck an sich selbst zu schätzen, d.i. er besitzt eine *Würde* (einen absoluten innern Wert), wodurch er allen andern vernünftigen Weltwesen *Achtung* für ihn abnötigt, sich mit jedem andern dieser Art messen und auf dem Fuß der Gleichheit schätzen kann"[329]. Den Grund für die Auffassung der "Würde" als "unbedingten, unvergleichbaren Wert" sieht Kant in der "Autonomie ... der menschlichen und jeder vernünftigen Natur"[330], die Würde kommt jeder mit moralischer Identität, praktisch-vernünftiger Selbstverantwortung und der Fähigkeit zu rationaler Selbstbestimmung ausgestatteten Person zu. Keine Würde hat alles, was einen *Preis* hat: "Im Reich der Zwecke hat alles entweder einen Preis oder eine Würde. Was ... dagegen über allen Preis erhaben ist, das hat eine Würde. Das was die Bedingung ausmacht, unter der etwas Zweck an sich sein kann, hat einen innern Wert, d. i. die Würde"[331].

Zwar unterscheidet Kant zwischen moralischer ("ist also nichts anderes als die Freiheit eines vernünftigen Wesens unter moralischen Gesetzen") und psychologischer ("ist aber bloß das Vermögen, sich seiner selbst in den verschiedenen Zuständen der Identität seines Daseins bewußt zu werden") Person, wenn er Freiheit nur auf die *moralische Person* bezieht[332], diese Unterscheidung bleibt aber abstrakt, weil jeder Mensch beides zugleich ist[333].

Die Würde des Menschen steht nicht im Zentrum der Betrachtungen Kants, vielmehr dient sie als Argument zur Begründung des vernunftgeleiteten autonomen sittlichen Handelns (kategorischer Imperativ) - als vernunftbegabtem moralischen Wesen ist dem Menschen aufgegeben, die Maximen seines Handelns so zu wählen, daß sie universalisierbar sind, d. h. sich mit der Freiheit eines jeden anderen Menschen vertragen[334]. Würde und wechselseitige Anerkennung sind notwendige Voraussetzungen dessen:

---

329 Kant, MdS, Tugendlehre, VIII, § 11, A 93.

330 Kant, Grundlegung zur MdS, VII, BA 78.

331 Kant, Grundlegung, VII, BA 77.

332 Kant, Einleitung in die MdS, VIII, AB 22.

333 Luhmann, Grundrechte, S. 64, Fn. 32.

334 "Die Vernunft bezieht also jede Maxime des Willens als allgemein gesetzgebend auf jeden Willen und auch auf jede Handlung gegen sich selbst, und dies zwar nicht um irgend eines praktischen Beweggrundes oder künftigen Vorteils willen, sondern aus der Idee der Würde eines vernünftigen Wesens, das keinem Gesetz gehorcht als dem, das es zugleich selbst gibt" (Kant, Grundlegung, VII, BA 76 f.). In diesem Sinne auch Fichte, Naturrecht, Einleitung, S. 10 f.: "Beschränke deine Freiheit durch den Begriff der Freiheit aller übrigen Personen, mit denen du in Verbindung kommst... . Ich muß mich nothwendig in Gesellschaft mit den Menschen denken, mit denen die Natur mich vereiniget hat; aber ich kann dies nicht, ohne meine Freiheit durch die ihrige beschränkt zu denken; nach diesem nothwendigen Denken muss ich nun auch handeln...".

"Achtung, die ich für andere trage, oder die ein anderer von mir fordern kann (observantia aliis praestanda), ist also die Anerkennung einer *Würde* (dignitas) an anderen Menschen, d. i. eines Werts, der keinen Preis hat, kein Äquivalent, wogegen das Objekt der Wertschätzung (aestimii) ausgetauscht werden könnte. ... Ein jeder Mensch hat rechtmäßigen Anspruch auf Achtung von seinen Nebenmenschen, und *wechselseitig* ist er dazu auch gegen jeden anderen verbunden. ... Er ist verbunden, die Würde der Menschheit an jedem anderen Menschen praktisch anzuerkennen, mithin ruht auf ihm eine Pflicht, die sich auf die jedem anderen Menschen notwendig zu erzeigende Achtung bezieht"[335].

Die Würde des Menschen zeichnet sich also dadurch aus, daß sie ihren Stellenwert als ein durch nichts zu ersetzender Wert an sich der notwendigen würdebezogenen Anerkennung aller Beteiligten verdankt, die man jedem anderen Menschen zuteil werden lassen muß, weil man sie ganz ursprünglich für sich selbst in Anspruch nimmt. Gleichwohl bleibt zu berücksichtigen, daß einige Elemente der praktischen Philosophie Kants mit dem heutigen sozialstaatlichen Verständnis nicht unmittelbar vereinbar sind. Umstritten ist, ob das Selbständigkeitserfordernis in der Theorie Kants zur Ausgrenzung oder gerade zur Integrierung der sozial Schwachen und Abhängigen führt - nicht nur "Frauenzimmer" oder "die Negers von Afrika"[336] belegte der Philosoph mit recht derben Urteilen[337].

Die Fähigkeit zur politischen Mitsprache bindet Kant an den Bürgerstatus, der von der Selbständigkeit des Einzelnen abhängen soll[338]. Selbständigkeit bedeutet in diesem Sinne, seine Existenz und Erhaltung nicht der Willkür eines Anderen im Volke, sondern seinen eigenen Rechten und Kräften als Glied des gemeinen Wesens verdanken zu können[339]. Wenn Kant dabei unter anderem "Hausbediente, Ladendiener, Taglöhner und Friseure" von der Selbständigkeit und somit vom aktiven Bürgerstatus ausnimmt[340], soll dies aber im Gesamtkontext der Kantschen Theorie nicht dahingehend verstanden werden, daß diesen Menschen eine geringere Menschenwürde zukäme. Vielmehr müsse berücksichtigt werden, daß der eher ökonomisch-wirtschaftsliberal geprägte Ansatz Kants die Frage sozialer

335 Kant, MdS, Tugendlehre, VIII, §§ 37, 38, A 139 f.

336 Falscher Plural im Original, siehe folgende Anmerkung.

337 Kant, Über das Gefühl des Schönen und Erhabenen, II, A 102 f.: "Die Negers von Afrika haben von der Natur kein Gefühl, welches über das Läppische stiege. ... So wesentlich ist der Unterschied zwischen diesen zwei Menschengeschlechtern, und er scheint eben so groß in Ansehung der Gemütsfähigkeiten, als der Farbe nach zu sein. Die unter ihnen weit ausgebreitete Religion der Fetische ist vielleicht eine Art von Götzendienst, welcher so tief ins Läppische sinkt, als es nur immer von der menschlichen Natur möglich zu sein scheinet. ... Die Schwarzen sind sehr eitel, aber auf Negerart, und so plauderhaft, daß sie mit Prügeln müssen auseinander gejagt werden".

338 Kant, Über den Gemeinspruch: das mag in der Theorie richtig sein, taugt aber nichts für die Praxis, XI, A 236.

339 Kant, Gemeinspruch, XI, A 244 ff.

340 Kant, Gemeinspruch, XI, A 246, Anm. *.

Verantwortlichkeiten schon aus zeitgeschichtlichen Gründen nicht im Sinne des heutigen Sozialstaatsprinzips (Art. 20 Abs. 1, 28 Abs. 1 GG) aufarbeiten konnte[341]. Aus heutiger Sicht wird Kant so interpretiert, daß seine Konzeption der Selbständigkeit eine staatliche Intervention zur Überwindung struktureller Hindernisse des Selbständigwerdens nicht aus-, sondern einschließe: sie ziele auf den sozialen Rechtsstaat ab, der von der primären Zuständigkeit jedes einzelnen für sich selbst und seine Nächsten ausgeht, aber nachrangige gegenseitige staatsbürgerliche Verantwortlichkeiten gleichwohl in den allgemeinen Rechtssicherungswillen mit einbezieht[342]. Zusammenfassend läßt sich die Kantische Philosophie also als ein Entwurf eines auf der Freiheit des Menschen im Sinne eigenständiger und verantwortlicher Persönlichkeitsentfaltung aufbauenden Rechtsstaats begreifen, dem ein Verständnis der Menschenwürde als absoluter *Wert* zugrunde liegt. Die an Kant orientierte moderne Sozialphilosophie von John Rawls gelangt zu dem gleichen Ergebnis: "Insofern wir den Wert von Bürgern überhaupt vergleichen, ist ihr Wert in einer gerechten und wohlgeordneten Gesellschaft immer der gleiche"[343].

Isensee drückt das heutige verfassungsrechtliche Verständnis der Menschenwürde als Wert folgendermaßen aus: "Die Menschenwürde ist angeboren, sie kommt dem Menschen zu, weil er Mensch ist, ohne Rücksicht darauf, was für ein Mensch er als Individuum ist und was er aus seinem Menschsein macht. Die Menschenwürde liegt allen Unterscheidungen voraus, den biologischen, den rechtlichen, den sozialen"[344]. Wertenbruch definiert die Menschenwürde als den "äußeren Respektwert jedes einzelnen Menschen, der allen Menschen gleichermaßen auf Grund der jeweiligen Situation `vor dem Gesetz´ zuzuerkennen ist, dessen Achtung und Sicherung jeder einzelne daher zunächst vom Staate als Schöpfer und Hüter der Gesetzesordnung verlangen kann, dessen Beachtung er aber auch von allen anderen dem Gesetz unterworfenen Menschen jederzeit verlangen kann"[345]. Benda betont, daß ein umfassender Würdeschutz auch und gerade solchen Menschen zugute kommen muß, die in concreto weit hinter dem diesem Würdebegriff zugrundeliegenden idealtypisch umschriebenen Menschenbild[346] zurückbleiben[347]. Das Sozialhilferecht ist ein Beispiel dafür. Die-

[341] Brugger, JZ 1991, 899: "Das liegt aber ... an Kants vernunftrechtlicher Argumentation und der mangelnden zeitgeschichtlichen Aktualität des Sozialstaatsthemas".

[342] Brugger, JZ 1991, 890, m.w.N. in Fn. 74 f.

[343] Rawls, Idee, S. 69.

[344] Isensee, AfP 1993, 626.

[345] Wertenbruch, Grundgesetz, S. 180; ähnlich Maihofer, Rechtsstaat, S. 31.

[346] Vernunftgeleitete moralische Personen (Kant).

[347] Benda, Würde, S. 29, nennt exemplarisch "psychisch kranke, Asoziale oder nicht der Resozialisierung zugängliche Kriminelle"; ähnl. ders., HbVerfR, Rn. 16. Dort heißt es zu recht, man müsse sich daher, "wenn man nicht solche am Rande der Gesellschaft lebenden Menschen des verfassungsrechtlichen Schutzes berauben will, mit einer beschei-

ses Verständnis der Menschenwürde stellt also sicher, daß gerade die schwächsten und am ehesten gefährdet erscheinenden Mitglieder der Gesellschaft (vor allem auch Angehörige ethnischer oder religiöser Minderheiten) ein angeborenes Recht auf Schutz und Hilfe durch den Staat und vor Beeinträchtigungen und Übergriffen durch staatliche Stellen oder durch Dritte haben.

Auch der Parlamentarische Rat ging bei der Schaffung des Art. 1 Abs. 1 GG von diesem Verständnis der Menschenwürde aus[348], das Bundesverfassungsgericht erklärt, daß "die von Anfang an im menschlichen Sein angelegten potentiellen Fähigkeiten genügen, um die Menschenwürde zu begründen"[349]. In der Praxis ergeben sich nach dieser Definition keine Schwierigkeiten, auch Kindern[350], Geisteskranken[351] oder Straftätern[352] unabhängig von persönlichen Fähigkeiten oder persönlichem Verhalten die volle Menschenwürde zuzuerkennen.

3.1.2 Menschenwürde als "Leistung"

Nach der Gegenauffassung soll es bei der Menschenwürde entscheidend auf die *Leistung* der Identitätsbildung ankommen. Dieser maßgeblich auf einer soziologischen Abhandlung Niklas Luhmanns[353] basierende Ansatz stößt auch im verfassungsrechtlichen Schrifttum teilweise auf Zustimmung[354]. Luhmann definiert Würde als "Grundbedingung gelingender Selbstdarstellung eines Menschen als individuelle Persönlichkeit"[355], der Mensch habe seine Würde aufgrund seines eigenen selbstbestimmten Verhaltens. Der entscheidende Unterschied zur vorstehenden Auffassung der Menschenwürde als Wert besteht darin, daß nach Luhmann Würde weder "eine Naturausstattung wie vermutlich gewisse Grundanlagen der Intelligenz"[356] noch ein "dem Menschen an sich anhaftender `Wert´, den er `hat´ oder

---

deneren Definition [des sozialethischen Idealbildes des Menschen] begnügen, die von den potentiellen, abstrakten Fähigkeiten des Menschen ausgeht, seine Freiheit zu verwirklichen".

348 Vgl. Denninger, JZ 1982, 225.

349 BVerfGE 39, 1 (41 f.).

350 BVerfGE 74, 102 (124 f.).

351 Vgl. BGHZ 35, 1 (8).

352 BVerfGE 64, 269 (284); 72, 105 (115).

353 Luhmann, Grundrechte, S. 53 ff.

354 Vgl. insbesondere AK-GG-Podlech, Art. 1 Abs. 1, Rn. 11; ders., AöR 88 (1963), 199 f.; Gusy, DVBl 1982, 986; Höfling, NJW 1983, 1583, mit ausdrücklichem Bezug auf Luhmann in Fn. 19; partiell zustimmend, im Ergebnis jedoch ablehnend Pieroth/Schlink, Grundrechte, Rn. 401 f.

355 Luhmann, Grundrechte, S. 61.

356 A.a.O., S. 68.

`in sich trägt´", sei, wobei sich Luhmann ausdrücklich vom kantischen Würdeverständnis Günter Dürigs distanziert[357].

Würde sei vielmehr das Resultat erfolgreicher Identitätsbildung und gelungener Selbstdarstellung des Menschen, sie müsse erst konstituiert werden[358]. Selbstdarstellung in diesem Sinne ist "jener Vorgang, der den Menschen in Kommunikation mit anderen zur Person werden läßt und ihn damit in seiner Menschlichkeit konstituiert. Ohne Erfolg in der Selbstdarstellung, ohne Würde, kann er seine Persönlichkeit nicht benutzen. Ist er zu ausreichender Selbstdarstellung nicht in der Lage, scheidet er als Kommunikationspartner aus und sein mangelndes Verständnis für Systemanforderungen bringt ihn ins Irrenhaus"[359].

Luhmann stellt insbesondere auf sozial standardisiertes, rollenmäßiges Verhalten der Individuen ab. "Soziales Handeln erschöpft sich nicht im Augenblick. Sobald es von anderen Menschen wahrgenommen werden kann, erhält es einen Ausdruckswert, der den Handlungswert transzendiert"[360]. Die sozialen Beziehungen werden durch "soziale Rollen" strukturiert, Identität und Persönlichkeit gewinne der einzelne aber erst durch konkrete individuelle Rollenstilisierung: die Person "zeigt sich nicht als sie selbst, wenn sie rollenmäßig, also selbstverständlich handelt. Dagegen wird sie in der Art, wie sie ihre Rolle konkret moduliert, in ihren Initiativen und besonders in abweichendem Handeln, das andere enttäuscht und gegen sie aufbringt, persönlich sichtbar"[361]. Nach dem Luhmannschen Konzept handelt es sich mithin bei der Menschenwürde nicht um angeborene natürliche Qualitäten oder implizierende Werte des Menschen, sondern "um die äußeren und inneren Vorbedingungen der Selbstdarstellung als individuelle Persönlichkeit im Kommunikationsprozeß"[362]. Und: "Grundrechte gewährleisten weder Freiheit noch Würde, das steht nicht in der Macht des Staates. Dieser muß voraussetzen, daß der Mensch genug Verstand und Erfahrung besitzt, um seine Persönlichkeit richtig zu handhaben"[363]. Der Mensch habe "seine Würde in erster Linie selbst zu verantworten"[364]. Eine Minderung oder gar der Verlust der Würde scheint nach diesem Ansatz möglich: "Mit jeder Kommunikation riskiert der Mensch seine Würde"[365]. Um den Unterschied zum erstgenannten Würdekonzept deutlich

---

357 A.a.O., S. 68, Fn. 44.

358 A.a.O., S. 66, 68. "Eine einzige Entgleisung, eine einzige Indiskretion kann sie [die Würde] radikal zerstören", S. 69.

359 A.a.O., S. 69.

360 A.a.O., S. 65.

361 A.a.O., S. 65 f.

362 A.a.O., S. 70.

363 A.a.O., S. 72 ("Insofern ist es sinnvoll, Freiheit und Würde als vorstaatliche Rechtsgüter zu betrachten").

364 A.a.O., S. 73, Fn. 54.

aufzuzeigen: eine angeborene, jedermann gleichermaßen eigene Menschenwürde kann nicht "riskiert", reduziert oder verloren werden.

Der Vorteil dieser Konzeption gegenüber der wertphilosophischen Sichtweise wird "in der Möglichkeit, sie unmittelbar auf konkrete Problemsituationen konkreter Menschen zu beziehen"[366], gesehen. Podlech räumt zwar den Nachteil dieses Modells ein, "daß aus ihr nur schwer strukturelle Bedingungen für die Verfassungsgemäßheit von Teilrechtsordnungen und rechtlich geregelten sozialen Institutionen abgeleitet werden können", hält aber grundsätzlich daran fest, daß Würde etwas mit eigener menschlicher Leistung zu tun habe[367]. Hingewiesen sei an dieser Stelle noch auf die merkwürdige Würdedefinition Arnold Gehlens: "der Jedermann zugängliche Weg zur Würde" sei, "sich von den Institutionen konsumieren zu lassen, mit einem Wort: Dienst und Pflicht"[368].

Aus kommunikationstheoretischer Sicht vermag das in sich geschlossene Modell Luhmanns zu überzeugen. Fragwürdig erscheint aber die Konsequenz, aus dem Ausscheiden eines Menschen als Kommunikationspartner, aus der Verbringung ins "Irrenhaus", eine Minderung oder gar den Verlust bzw. die anfängliche Nichtkonstituierung der vollen Menschenwürde des Betroffenen zu folgern. Mit Recht weist Frankenberg in anderem Zusammenhang darauf hin, daß es zahlreiche Gesellschaftsgruppen gibt, die "aufgrund ihrer Lebensumstände - vor allem Arbeits- oder Wohnungslosigkeit, Armut oder Krankheit - oder aufgrund von Hindernissen, die in der Struktur von Gesellschaft, Politik oder Öffentlichkeit liegen, praktisch vom Gebrauch der öffentlichen Freiheit ausgeschlossen sind"[369]. Daß sich das in diesen Fällen wohl zwangsläufig einstellende defizitäre Kommunikations- bzw. Selbstdarstellungsverhalten nicht negativ auf den Umfang der Menschenwürde der Akteure auswirken darf, sollte eine Selbstverständlichkeit sein[370].

365 A.a.O., S. 67.

366 AK-GG-Podlech, Art. 1 Abs. 1, Rn. 11.

367 AK-GG-Podlech, a.a.O.; vgl. wiederum ders., AöR 88 (1963), 199 f.; Gusy, DVBl 1982, 986; Höfling, NJW 1983, 1583.

368 Gehlen, Moral, S. 160. Daß dieser Satz "vor Studenten geäußert, der blanken Verständnislosigkeit" begegnete (a.a.O.), kann wiederum Gehlen nicht nachvollziehen.

369 Frankenberg, KritV 1995, 37.

370 Auch hier bleibt Luhmanns Position eher diffus: "Nachlässige Kleidung, situationsmäßig nicht zu begründende Unsauberkeit sind unwürdig nicht nur deshalb, weil sie mangelnde Selbstachtung zu bekunden scheinen. Sie stellen - untrennbar damit verbunden - zugleich mangelnde Bereitschaft zur Interaktion zur Schau. Die Einstellung zu sich selbst wird typisch aus Symbolen abgelesen, die zugleich die Einstellung zur Interaktion bezeugen" (Grundrechte, S. 61, Fn. 25). "Nachlässige Kleidung", was immer man darunter verstehen mag, halte ich nicht für eine generelle Bekundung mangelnder Interaktionsbereitschaft. Nachlässige, unangemessene Kleidung wurde beispielsweise der ersten Generation grüner Parlamentsabgeordneter vorgeworfen; die Schlußfolgerung, die Betreffenden wollten sich aufgrund dieser vermeintlichen Symbolik nicht an parlamenta-

3.1.3 Umschreibung der Menschenwürde von der Eingriffsseite her

Einen weiteren Ansatz stellen die Versuche einer negativen, an der Verletzung (als Eingriff in den grundrechtlichen Schutzbereich) orientierten Definition der Menschenwürde dar. Genaugenommen ist dies kein eigenständiger Ansatz, sondern eine fallgruppenbezogene Konkretisierung des die Menschenwürde als absoluten Wert begreifenden Modells. Nach der an Kant angelehnten klassischen "Objektformel" Günter Dürigs ist "die Menschenwürde getroffen, wenn der konkrete Mensch zum Objekt, zu einem bloßen Mittel, zur vertretbaren Größe herabgewürdigt wird"[371].

Das Bundesverfassungsgericht hat Eingriffe in die Menschenwürde zunächst mit Begriffen wie "Erniedrigung, Brandmarkung, Verfolgung, Ächtung"[372] umschrieben, mit Begriffen also, die menschenunwürdige Verletzungshandlungen aus der Zeit der nationalsozialistischen Schreckensherrschaft bezeichnen, sich später jedoch der Objektformel Dürigs angeschlossen. Danach sollten "die sittliche Persönlichkeit" und "der soziale Wert- und Achtungsanspruch" des Menschen[373] verbieten, diesen zum "bloßen Objekt" des Staates zu machen oder ihn einer Behandlung auszusetzen, die seine Subjektqualität grundsätzlich in Frage stellt[374]. Auch hier ist der Einfluß des Kantschen Würdebegriffs nicht zu übersehen. Der Mensch hat aufgrund seiner Vernunft das Recht und die moralische Pflicht, nach eigenen Zwecken und nicht nach dem Zwecke anderer zu handeln[375]. Die daraus resultierenden Grenzen für die Rechtsordnung hat das BVerfG unter Berufung auf Kant ausdrücklich anerkannt:

> "Der Satz, 'der Mensch muß immer Zweck an sich selbst bleiben', gilt uneingeschränkt für alle Rechtsgebiete; denn die unverlierbare Würde des Menschen als Person besteht gerade darin, daß er als selbstverantwortliche Person anerkannt bleibt"[376].

---

rischer Interaktion beteiligen, haben selbst die entschiedensten politischen Gegner der Grünen nicht gezogen. Dieses Beispiel läßt sich m. E. ohne weiteres verallgemeinern.

371 Dürig, AöR 81 (1956), 127; vgl. Kant, Grundlegung zur MdS, VII, BA 66 f.: "Handle so, daß du die Menschheit, sowohl in deiner Person, als in der Person eines jeden andern, jederzeit zugleich als Zweck, niemals bloß als Mittel brauchest"; siehe auch ders., MdS, Tugendlehre, VIII, § 25, A 119.

372 BVerfGE 1, 97 (104); 1, 332 (348); 6, 389 (439).

373 Vgl. BVerfGE 9, 167 (171); 45, 187 (228).

374 BVerfGE 9, 89 (95); 27, 1 (6); 50, 166 (175); 57, 250 (275); 63, 332 (337). Eine Ausnahme von dieser ansonsten ständigen Rechtsprechung bildet allerdings das sog. "Abhörurteil", BVerfGE 30, 1 (25 f.): "Der Mensch ist nicht selten bloßes Objekt nicht nur der Verhältnisse und der gesellschaftlichen Entwicklung, sondern auch des Rechts, insofern er ohne Rücksicht auf seine Interessen sich fügen muß". Zur Kritik daran vgl. nur Rupp, NJW 1971, 275 ff.; Häberle, HbStR I, 822 f. sowie das Sondervotum BVerfGE 30, 33 (42).

375 Vgl. Kant, MdS, Tugendlehre, VIII, § 11, A 93.

376 BVerfGE 45, 187 (228). Ähnlich BVerfGE 24, 119 (144): "Eine Verfassung, welche

Beispielhaft heißt es zu den Problemkreisen Resozialisierung und lebenslängliche Freiheitsstrafe:

> "Die grundlegenden Voraussetzungen individueller und sozialer Existenz müssen gewahrt bleiben. Aus Art. 1 Abs. 1 GG in Verbindung mit dem Sozialstaatsprinzip ist daher - und das gilt insbesondere für den Strafvollzug - die Verpflichtung des Staates herzuleiten, jenes Existenzminimum zu gewähren, das ein menschenwürdiges Dasein überhaupt erst ausmacht. Mit einer so verstandenen Menschenwürde wäre es unvereinbar, wenn der Staat für sich in Anspruch nehmen würde, den Menschen zwangsweise seiner Freiheit zu entkleiden, ohne daß zumindest die Chance für ihn besteht, je wieder der Freiheit teilhaftig werden zu können. ... Die Androhung der lebenslänglichen Freiheitsstrafe findet ihre verfassungsrechtlich notwendige Ergänzung in einem sinnvollen Behandlungsvollzug. Die Vollzugsanstalten sind auch bei den zu lebenslanger Freiheitsstrafe verurteilten Gefangenen verpflichtet, auf deren Resozialisierung hinzuwirken, sie lebenstüchtig zu erhalten und schädlichen Auswirkungen des Freiheitsentzugs und damit auch und vor allem deformierenden Persönlichkeitsveränderungen entgegenzuwirken"[377].

Die Konkretisierungen des Menschenwürdebegriffs durch die Rechtsprechung stehen dem Verständnis der Würde als "Leistung" (Luhmann) bzw. "Dienst und Pflicht" (Gehlen) eindeutig entgegen. *Jedem* Menschen, unabhängig von seiner individuellen Fähigkeit zu Selbstbestimmung und Freiheitsverwirklichung, kommt kraft seines Menschseins Subjektqualität zu. Niemand, auch kein Geisteskranker, Neugeborener, Triebtäter oder Todgeweihter, darf als bloßes Objekt, als "non human being", als "Untermensch", als "Material" ausgegrenzt und "zum Liquidieren oder Abwracken freigegeben" werden[378]. Mit Kant gesprochen: "Der Mensch ist aber keine Sache, mithin nicht etwas, das bloß als Mittel gebraucht werden kann, sondern muß bei allen seinen Handlungen jederzeit als Zweck an sich selbst betrachtet werden. Also kann ich über den Menschen in meiner Person nicht disponieren, ihn zu verstümmeln, zu verderben oder zu töten"[379].

3.1.4 Stellungnahme

Vom Ergebnis her läßt sich der Ansatz Luhmanns bis in die Antike zurückverfolgen. "Dignitas" (Würde) bezeichnete in der antiken Philosophie zweierlei: zum einen die soziale Position eines Menschen innerhalb der Gesellschaft, insofern gibt

---

die Würde des Menschen in den Mittelpunkt ihres Wertsystems stellt, kann bei der Ordnung zwischenmenschlicher Beziehungen grundsätzlich niemandem Rechte an der Person eines anderen einräumen, die nicht zugleich pflichtgebunden sind und die Menschenwürde des anderen respektieren".

377 BVerfGE 45, 187 (228 f., 238); vgl. auch BVerfG NJW 1995, 3244 ff. Zur Problematik *kurzzeitiger* Freiheitsstrafen siehe Krümpelmann, Bagatelldelikte, S. 181 f.

378 Vitzthum, JZ 1985, 202.

379 Kant, Grundlegung, VII, BA 67.

es ein Mehr oder Weniger an Würde; zum anderen die Auszeichnung jedes Menschen vor der nichtmenschlichen Kreatur, insofern kommt allen Menschen die gleiche Würde zu[380]. Gleichwohl läßt sich von der (nicht-juristischen!) dualistischen Sichtweise der Würde in der Antike nicht auf den Würdebegriff im modernen demokratischen Rechts- und Sozialstaat schließen. Beeinflußt vor allem durch christliche Ethik und Aufklärungsphilosophie setzte sich zunehmend ein an Freiheit, Gleichheit und Vernunft orientiertes Verständnis der Menschenwürde als Wert durch[381].

Für die Auffassung Luhmanns wird vorgebracht, daß dieses Modell nicht von einer bestimmten philosophischen Konzeption abhängig sei und der Zusammenhang der Menschenwürde mit anderen, die Leistung der Identitätsbildung ermöglichenden Grundentscheidungen des Grundgesetzes (Rechts- und Sozialstaatsprinzip; Gleichheits- und Freiheitsgrundrechte) deutlich zum Ausdruck komme[382]. Die Aufoktroyierung von Würdekonzeptionen sei mit der Verbürgung der Menschenwürde unvereinbar[383]. Dem ist zuzugeben, daß Stellung, Status und Achtungsansprüche des Menschen in unterschiedlichen Gesellschaften immer kulturabhängig variieren, und daß - unabhängig von der Gleichheitsproblematik - in bestimmten Gesellschaften der Mensch eine geringere Wertschätzung erfährt als heilige Tiere. Insofern ist der Würdebegriff tatsächlich von den jeweiligen philosophischen oder religiösen Werthaltungen abhängig. Das spricht jedoch nicht dagegen, für unsere heutige westeuropäische pluralistische Gesellschaft einen Konsens hinsichtlich eines absoluten Würdebegriffs in der Tradition der praktischen Philosophie Kants anzunehmen.

Gegen die These der "Würde als Leistung" spricht vor allem die Gefahr einer "Aushöhlung"[384] des verfassungsrechtlichen Schutzes der menschlichen Würde, wenn er von einer bestimmten eigenen Würdeleistung abhängig gemacht wird. Luhmann hält dem zwar entgegen, daß "der Staat voraussetzen muß, daß der Mensch genug Erfahrung und Verstand besitzt, um seine Persönlichkeit richtig zu handhaben"[385]. Sein Ansatz ist aber gerade dort problematisch, wo der Einzelne handlungs- oder willensunfähig und zur "Leistung der Identitätsbildung" außerstande ist. Daß er trotzdem als Mensch zu akzeptieren ist, verlangt die Gegenansicht. Im verfassungsrechtlichen Schrifttum überwiegt daher deutlich die Ablehnung des Luhmannschen Menschenwürdekonzepts. Pointiert spricht Starck von

---

380 Vgl. dazu AK-GG-Podlech, Art. 1 Abs. 1, Rn. 1; Vitzthum, JZ 1985, 207, m.N.

381 Zur historischen Entwicklung weiterführend Oestreich, Entwicklung, S. 10 ff.; Bayertz, ARSP 1995, 465 ff.

382 So AK-GG-Podlech, Art. 1 Abs. 1, Rn. 17 ff.; Pieroth/Schlink, Grundrechte, Rn. 401 f.

383 Pieroth/Schlink, a.a.O., Rn. 402.

384 v. Mangoldt/Klein-Starck, Art. 1 GG, Rn. 6; Vitzthum, JZ 1985, 207.

385 Luhmann, Grundrechte, S. 70.

einem "soziologischen Mißverständnis"[386], Häberle bezeichnet das Modell als "eine zentrale Verfehlung des Verfassungsstaates und seiner Kultur"[387], Walter Schmidt konstatiert, "daß Luhmanns Grundrechtstheorie (wenn sie denn so genannt werden darf) den Bezug zum geltenden Verfassungsrecht nahezu ganz aufgegeben hat"[388].

Ein Verständnis von Menschenwürde als eine individuell ausfüllbare Variable würde gerade dort zu nicht hinnehmbaren Ergebnissen führen, wo Menschen - ganz unabhängig von der Frage eigenen Verschuldens- in Schwierigkeiten sind: Krankheit, Behinderung, Straffälligkeit etc. Es wäre zynisch und paradox, müßten sie im Falle [illegible]ngen schutzlos dastehen, im Extremfall gar mit vermindertem Lebensrecht. Der sozialdarwinistische Ansatz des späten Karl Binding ("Die Freigabe der Vernichtung lebensunwerten Lebens") ging in diese Richtung:

> Das Leben der "unheilbar Blödsinnigen" sei "absolut zwecklos... Für ihre Angehörigen wie für die Gesellschaft bilden sie eine furchtbar schwere Belastung. Ihr Tod reißt nicht die geringste Lücke ... Wieder finde ich weder vom rechtlichen, noch vom sozialen, noch vom sittlichen, noch vom religiösen Standpunkt aus schlechterdings keinen Grund, die Tötung dieser Menschen, die das furchtbare Gegenbild *echter Menschen* bilden und fast in Jedem Entsetzen wecken, der ihnen begegnet, freizugeben - natürlich nicht an Jedermann"[389].

Binding spricht in seiner schauerlichen Abhandlung von "Nebenmenschen" (!) und "unrettbarem Idiotentum"[390]: "Mit Aufwand unendlicher Zeit und Geduld und Sorge bemühen wir uns um die Erhaltung von Leben negativen Wertes [!], auf dessen Erlöschen jeder Vernünftige hoffen muß"[391]. Die gewissermaßen "zeitgemäße" Variante dessen findet sich in der gegenwärtigen "Bioethik"- bzw. Gentechnologiedebatte[392], erinnert sei des weiteren an die interdisziplinäre

386 v. Mangoldt/Klein-Starck, Art. 1 GG, Rn. 14.

387 Häberle, HbStR I, 838.

388 W. Schmidt, Grundrechte, S. 211.

389 Binding, Freigabe, S. 31 f. (Hervorhebung von mir).

390 Binding, a.a.O., S. 20, 35. Ähnlich argumentiert "vom ärztlichen Standpunkte aus" Alfred Hoche, a.a.O., S. 62: "Eine neue Zeit wird kommen, die von dem Standpunkt einer höheren Sittlichkeit aus aufhören wird, die Forderungen eines überspannten Humanitätsbegriffs und einer Überschätzung der Existenz schlechthin mit schweren Opfern dauernd in die Tat umzusetzen". *Höhere* Sittlichkeit ?

391 Binding, a.a.O., S. 41.

392 Einen extremen Ansatz stellt die Auffassung dar, die Organe noch lebender Menschen seien "Gesundheitsressourcen", die wie alle anderen Ressourcen "gerecht verteilt werden" müßten: "Wir könnten uns daher gezwungen sehen, daß alte Menschen getötet werden, damit ihre Organe an jüngere, schwerstkranke Personen umverteilt werden könnten, die ohne diese Organe bald sterben müßten" (Nachweise und scharfe Kritik hierzu bei Geisler, Dinosaurier-Ethik (1995). Weiterführend zur Problematik Menschen-

Diskussion der heftig umstrittenen Thesen Peter Singers zu Abtreibung und Kindestötung[393]. Aufgeworfen ist die grundsätzliche Frage, ob der Wert eines Menschen nach Maßgabe seiner gesellschaftlichen Nützlichkeit zu ermitteln sei, ob der Mensch also entgegen Kant doch in gewisser Weise einen "Preis" habe[394].

Wenn Luhmann die "Menschqualität" daraus schließt, daß "der Mensch allein fähig ist, sein eigenes Bewußtsein zu reflektieren, Sinn zu konstituieren"[395], stellt sich vor dem Hintergrund seines Würdekonzeptes im Umkehrschluß die Frage, ob nicht denjenigen, die dazu ausnahmsweise nicht in der Lage sind, die "Menschqualität" abgesprochen werden müßte. Dabei würde die Nähe zu Bindings "Nebenmenschen" bedrohlich. Niemand wird Luhmann, Podlech oder den übrigen Vertretern des leistungsbezogenen Würdebegriffs derartiges ernsthaft unterstellen können, eine Gesamtbetrachtung der jeweiligen Konzepte spricht eindeutig für das Gegenteil[396]. Dennoch muß festgehalten werden, daß dieses Verständnis der Menschenwürde als leistungsabhängige Variable gerade deshalb sehr problematisch ist, weil es den hier skizzierten Gefahren nicht hinreichend standzuhalten vermag[397]. In der Praxis werden die theoretischen Ausführungen

würde / Gentechnologie: Vitzthum, Gentechnik, S. 185 ff.; Häberle, HbStrR I, 854 ff.; Benda, HbVerfR, Rn. 39 ff., mit ausführlichen Nachweisen zum Streitstand.

393 Singer, Praktische Ethik, nimmt eine Einteilung von Menschen in zwei Kategorien vor, in *Personen* und solche, die *nur Menschen* sind. Neugeborene seien als Wesen ohne Ich-Bewußtsein und Zukunftswünsche keine "Personen", zumindest bis zu einem Lebensalter von ca. einem Monat solle der Staat dem Kleinstkind kein "volles ... Recht auf Leben" gewährleisten (Singer, a.a.O., S. 171). Zur Gegenposition vgl. nur Birnbacher, Analyse & Kritik 12 (1990), 205 ff. und J.-C. Wolf, Analyse & Kritik 12 (1990), 219 ff. Relativierend Hoerster, Analyse & Kritik 12 (1990), 226 ff. und JuS 1991, 190 ff.

394 Bedenklich auch Ernst v. Hippel, Rechtstheorie, S. 126 f., zur Frage, ob im Falle eines Brandes eher ein berühmtes Bild oder ein kleines Kind zu retten sei: "Es macht doch schließlich einen Unterschied, ob es sich um einen kleinen Idioten handelt oder um ein Genie, denn auf das bloße Dasein kommt es doch nicht an. Die nackte Existenz als das schlechthin Wertvolle zu setzen, hätte nur Sinn bei ihrer Ewigkeit. Dazu käme man so zur Leugnung letztlich jeder Ordnung und auf den absoluten Egoismus und die Wertanarchie. Im übrigen wird verkannt, daß ein wirkliches Kunstwerk in viel tieferem Sinne lebendig ist als das lebende Nichts, das die Natur reichlich neu hervorbringt. Auch der tote Goethe ist wirklicher als Herr Überall".

395 Luhmann, Soziale Systeme, S. 64, 346 ff.

396 Podlech, AK-GG, Art. 1 Abs. 1, Rn. 56, stellt vielmehr ausdrücklich klar, daß "eine Differenzierung zwischen 'lebenswertem' und 'lebensunwertem' Leben mit der Wahrung der Menschenwürde unvereinbar" ist. Auch Luhmann kann nicht unterstellt werden, daß er in bestimmten Konstellationen (Kommunikationsdefizite) Menschen die volle *Menschenwürde* abspricht, vgl. Luhmann, Recht, S. 575 ("Menschenwürde ist jedem Menschen eigen"), 580 ff. Vieles spricht dafür, daß es sich hier in der Tat um ein begriffliches Mißverständnis handelt - auch Honneth, Anerkennung, S. 203 f., benutzt den Begriff "Würde" eher im Sinne von "Ehre" als von "Menschenwürde". Dennoch bleibt Luhmanns Position insofern unklar, als er sich unmißverständlich vom Verständnis der Menschenwürde als Wert distanziert und sein Würdekonzept ausdrücklich in den Kontext des Art. 1 Abs. 1 GG gestellt hat.

zur Menschenwürde gerade dort gegenständlich, wo Menschen dem Idealtypus der höchsten Stufe geistig-sittlicher Entwicklung eben nicht voll entsprechen, wo sie in konkreten Schwierigkeiten sind. Die Menschenwürde fungiert als "Bollwerk gegen den Leviathan"[398]. In besonderem Maße gilt dies für das Strafverfahren, das für die Bürger die intensivste Konfrontation mit der staatlichen Hoheitsgewalt darstellt[399].

Der BGH hat grundlegend klargestellt, daß auch der Verdacht schwerster Verbrechen nur unter Wahrung der Menschenwürde und der Grundlage der Grundrechte des Beschuldigten zu erforschen ist: "Es ist ... kein Grundsatz der Strafprozeßordnung, daß die Wahrheit um jeden Preis erforscht werden müßte. Allerdings hat diese Rechtsauffassung zur Folge, daß wichtige, unter Umständen die einzigen Mittel zur Aufklärung von Straftaten unbenützt bleiben. Das muß jedoch hingenommen werden"[400]. Zu begründen ist dies mit dem rechtsstaatlichen Anliegen des Strafprozeßrechts, gegen den Beschuldigten nur in menschenwürdiger Weise, also unter Wahrung seiner Grundrechte und unter Achtung seiner Persönlichkeit, zu verfahren. Mit den Worten Foucaults: "im verruchtesten Mörder ist zumindest eines noch zu respektieren, wenn man bestraft: seine menschliche Natur"[401].

Dazu dienen in verfahrensrechtlicher Hinsicht vornehmlich die Sicherung der Rechtsstellung des Beschuldigten (z.B. § 136a StPO[402], § 244 Abs. 3 Satz 2 StPO) und des Verteidigers (§§ 137 ff. StPO), die Justizgrundrechte des Grundgesetzes (Art. 101 ff. GG), insbesondere der Anspruch auf rechtliches Gehör, das Bestimmtheitsgebot und das Verbot der reformatio in peius, der aus dem Rechtsstaatsprinzip abzuleitende Verhältnisgrundsatz[403], der "nemo tenetur"-Grund-

---

397 So auch Häberle, HbStR I, 838: "Selbst wenn Luhmanns Konzept der Sache nach solche Folgerungen nicht ziehen mag - er eröffnet ohne Not Gefahren für einen umfassenden rechtlichen Menschenwürdeschutz".

398 Bayertz, ARSP 1995, 471.

399 Roxin, Strafverfahrensrecht, § 2, Rn. 1, bezeichnet das Strafverfahrensrecht als "Seismograph der Staatsverfassung"; ähnlich Eberhard Schmidt, Lehrkommentar, Teil I, Rn. 99: "Ausführungsgesetz zum Grundgesetz"; vgl. auch BVerfGE 32, 373 (383); BGHSt 19, 325 (330).

400 BGHSt 14, 358 (365).

401 Foucault, Überwachen, S. 94.

402 In der RStPO war eine entsprechende ausdrückliche Bestimmung über Beweisverwertungsverbote noch nicht enthalten. Anlaß für die Aufnahme des § 136 a in die StPO waren gerade die verheerenden Erfahrungen mit den sog. "Gestapo-Methoden" (vgl. Rüping, Grundriß, S. 116 f.). Interessant ist, daß auch Luhmann sein Konzept der Würde als Ergebnis gelingender Selbstdarstellung unter anderem mit der Berufung auf § 136 a StPO zu begründen versucht: die Norm verbiete es, "Kommunikationen zu erwirken, die der Täter nicht in seine Selbstdarstellung eingliedern kann" (Luhmann, Grundrechte, S. 75, Fn. 59). So kann man das Verbot der Willensbeeinträchtigung durchaus interpretieren, ein zwingender Beweis für Luhmanns These ist das aber keineswegs.

403 Näher dazu Rogall, ZStW 91 (1979), 22 f.

satz[404], sowie die Regelungen des Art. 6 MRK ("fair-trial-Prinzip"[405]). Gleiches gilt auch auf der an den Strafprozeß anknüpfenden Rechtsfolgenseite: auch nach einer rechtskräftigen Verurteilung eines Angeklagten dürfen die Strafvollzugsbedingungen nur in menschenwürdiger Weise ausgestaltet werden. Dieser kurze Abriß zeigt, daß auch das rechtsstatliche Strafverfahren der Bundesrepublik von einem Verständnis der Menschenwürde als *Wert* ausgeht - und ausgehen muß -, das auch dem schwerster Verbrechen verdächtigen Angeklagten eine vollständige, egalitäre Menschenwürde zuschreibt. Nur so läßt sich eine Ausgrenzung biologisch oder sozial Benachteiligter wirkungsvoll vermeiden.

Wenn also Menschenwürde als absoluter Wert zu begreifen ist, muß daraus folgen, daß der absolute Schutz der Menschenwürde nicht eine individuelle und rollenspezifische Würde Einzelner abdeckt, auch nicht bestimmte persönliche Leistungen oder persönliche Schicksale. Die Menschenwürde ist auf ein menschheitlich universales und egalitäres Bild des Menschen ausgerichtet. Sie liegt - im Rahmen der Freiheits- und Gleichheitsgrundrechte, die überhaupt erst die Voraussetzung für die Entfaltung des Leistungsprinzips darstellen - dem Leistungsprinzip der modernen Gesellschaft gerade voraus. Die "unantastbare" Menschenwürde ermöglicht erst die Verwirklichung der grundrechtlich geschützten Persönlichkeitsrechte; Menschenwürde und Persönlichkeitsrechte sind nicht identisch[406]. Menschenwürde ist absolut als Wert zu verstehen, sie wird nicht erst durch gesellschaftlich nützliches Verhalten begründet oder gesteigert, ebensowenig wird sie durch schädliches Verhalten gemindert oder verwirkt. Der Gewährleistung der Unantastbarkeit der Menschenwürde liegt das Idealbild des Menschen als vernunftbegabtes, geistig-sittliches Wesen zugrunde, das darauf angelegt ist, in Freiheit sich selbst zu bestimmen und zu entfalten[407]. Hinter dieses aufgeklärte Verständnis der Menschenwürde gibt es in modernen Gesellschaften kein zurück mehr. Menschenwürde darf nicht als leistungsabhängige Variable gedacht werden, die einzelnen Menschen verhaltensabhängig in unterschiedlichem Umfang zuzuerkennen wäre.

Was Luhmann als Definition des Begriffs "Würde" bezeichnet, kann nach alledem mit dem verfassungsrechtlichen Begriff der *Menschen*würde i. S. d. Art. 1 Abs. 1 GG nicht identisch sein. Vieles spricht dafür, daß das, was mit "Würde" als verhaltens- und leistungsabhängiger Variabler bezeichnet wird, eher dem Begriff der "Ehre" zuzuordnen ist[408]. Für den Begriff der Menschenwürde muß es

---

404 "nemo tenetur se ipsum accusare": niemand darf gezwungen werden, sich selbst einer Straftat zu bezichtigen, vgl. BVerfGE 56, 37 (49); BGH NJW 1990, 1426.

405 Hierzu grundsätzlich v. Münch-Kunig, Art. 2 GG, Rn. 29.

406 Isensee, AfP 1993, 627 f.

407 BVerfGE 45, 187 (227).

408 So scheint das auch Amelung, Rechtsgüterschutz, S. 188, Fn. 70, zu verstehen. Das

dabei bleiben, daß diese *jedem* Menschen unabhängig von allen faktischen Unterschiedlichkeiten *gleichermaßen* zuzuschreiben ist. Das Kantische Verständnis der Menschenwürde geht von einem wohl in der Lebenswirklichkeit nie anzutreffenden Idealtypus des Menschen aus. Wenn sich mit Durkheim gesprochen "jede Gesellschaft ein Ideal nach ihrem Bilde" macht[409], müssen wir zu dem Ergebnis kommen, daß es in unserer heutigen Gesellschaft eben das Idealbild der Aufklärungsphilosophie ist, die unserem aktuellen Verständnis der Menschenwürde zugrundeliegt. Jedem Menschen ist die gleiche Menschenwürde als absoluter unabänderlicher Wert eigen, unabhängig von irgendwelchen Leistungen, Selbstdarstellungen oder ähnlichem. Jeder Mensch hat in jedem Lebensstadium und in jeder Lebenssituation die gleiche volle Menschenwürde.

Damit sind nun auch die Einwände gegen die Würde-Argumentation des BGH in der "Auschwitzlüge"-Entscheidung bestätigt. Günther Jakobs hat dazu angemerkt, daß es "bei der Menschenwürde nicht um `einzelne Persönlichkeitsrechte´, sondern um die Selbstzweckhaftigkeit des Menschen, ... um sein Anerkannt-Werden als gleiche Person, also um einen allen Menschen aufgrund ihres Menschseins zukommenden Status" gehe. Dies schließe es "schlechthin aus, die Würde mit einem individuellen oder häufigen oder auch massenhaften Schicksal zu koppeln. ... Die Leugnung einer konkreten Vita wird nicht zur Leugnung der Würde, sondern sie bleibt eine bloße Behauptung über die konkrete Gestalt des Lebens"[410]. Das deckt sich mit dem hier vertretenen Verständnis der Menschenwürde als absoluter Wert. Es verdeutlicht zugleich das Verhältnis von Anerkennung und Menschenwürde: intersubjektive Anerkennung des anderen und Anerkennung der Menschenwürde setzen einander wechselseitig voraus. Wenn der BGH der Auffassung ist, das Verfolgungsschicksal in der nationalsozialistischen Zeit sei ein Bestandteil der Würde der Juden, kann "Würde" dabei nicht im Sinne des Art. 1 Abs. 1 GG gemeint sein. Für die gebotene Achtung der Menschenwürde kommt es nicht auf individuell variable Komponenten an, die Juden haben keine andere Menschenwürde als jeder andere Bürger. Die vom BGH mit "Würde" um-

---

Rechtsgut der Ehrverletzungsdelikte sieht er in einem "Prozeß der - teils bewußten, teils unbewußten - Selbstdarstellung der Person in ihrem Handeln". Zur Begründung verweist er auf Luhmann, Funktionen und Folgen, S. 159 f., 347 f. und die oben zitierten Passagen aus "Grundrechte als Institution". Wie gezeigt geht es dort aber gar nicht um "Ehre", sondern um das, was Luhmann "Würde" nennt. Auch in "Funktionen und Folgen", S. 347 ff., steht nicht die Ehre im Blickpunkt der Betrachtung, sondern die "Zusammenarbeit in formalen Organisationen": "In formalen Systemen ist die wechselseitige persönliche Achtung als Grundregel des Verhaltens durch die formalen Erwartungen ersetzt. Das Verhalten ist - jedenfalls in einigen wichtigen Hinsichten - nicht mehr elementar, sondern systemorientiert" (S. 350). Wenn also Amelung mit Hinweis auf Luhmann auf die Ehre abstellt, obwohl bei Luhmann von der Ehre gar nicht die Rede ist, bestätigt dies die hier vertretene Auffassung.

409 Durkheim, Soziologie, S. 110.

410 Jakobs, StV 1994, 541.

schriebenen individuellen Achtungsansprüche der Juden wegen ihres Verfolgungsschicksals können nur Gegenstand der Beleidigungstatbestände sein.

3.1.5 Verfassungsrechtlicher Schutz der Menschenwürde

Aus dem Verständnis der Menschenwürde als Wert folgt, daß die Verletzung der faktischen Elemente des Anerkennungsverhältnisses nicht unter dem Aspekt der Menschenwürde, sondern nur unter dem Aspekt der "Ehre" strafbar sein kann. Das Verhältnis von Menschenwürde und Ehre ist so zu verstehen, daß die Ehre insoweit staatlichen Schutz genießt, wie sie Ausdruck der Menschenwürde ist[411]. Nur unter im Rahmen der Ehre dürfen individuelle Eigenheiten der Person schutzwürdig sein, nicht im Rahmen der allgemein und absolut aufzufassenden Menschenwürde[412].

Auf der verfassungsrechtlichen Ebene dient die Erklärung der Unantastbarkeit der Menschenwürde dem Schutz des Kernbereichs der menschlichen Persönlichkeit gegen schwere Beeinträchtigungen durch die staatliche Gewalt. Erniedrigende, menschenverachtende staatliche Willkürakte verstoßen gegen das Grundprinzip des Art. 1 Abs. 1 GG, minderschwere Eingriffe beurteilen sich dagegen ausschließlich nach Maßgabe der anderen[413] Grundrechte. Keine verfassungsrechtlich relevanten Verstöße gegen die Menschenwürde sind etwa die Haltepflicht vor einer roten Ampel auch bei fehlender Verkehrsgefährdung[414], die Ladung zum Verkehrsunterricht[415], bestimmte Formen der militärischen Grußpflicht[416] oder der Friedhofszwang für Urnen[417]. Wollte man auch dies alles unmittelbar an Art. 1 Abs. 1 GG messen, bestünde die Gefahr, die Menschenwürde durch "inflationäre"[418] Bezugnahme darauf zu "kleiner Münze"[419] zu verflüchtigen.

---

411 Vgl. v.Mangoldt/Klein-Starck, Art. 1 Abs. 1 GG, Rn. 70; Isensee, AöR 1993, 626.

412 So auch Berger/Berger/Kellner, Unbehagen, S. 79: "Würde, im Gegensatz zur Ehre, bezieht sich stets auf die aller auferlegten Rollen oder Normen entkleidete, eigentliche Menschlichkeit. Sie gehört zum Ich als solchem, zum einzelnen ohne Rücksicht auf seine Stellung in der Gesellschaft".

413 Zur Frage, ob Art. 1 Abs. 1 GG als eigenständiges Grundrecht anzusehen ist (in Art. 1 Abs. 3 GG ist von "*nachfolgenden* Grundrechten" die Rede), vgl. Jarass/Pieroth-Jarass, Art. 1 GG, Rn. 2 a, m.w.N.; weitere Nachweise bei Zippelius, Recht und Gerechtigkeit, S. 250, Fn. 47 f. - nach ganz h.M. stellt Art. 1 Abs. 1 GG ein eigenständiges Grundrecht dar.

414 Vgl. Schreiter, DÖV 1956, 693.

415 BVerfGE 22, 21 (28).

416 BVerwGE 43, 312 (314).

417 BVerfGE 50, 256 (262). Eine Analyse der Bezugnahme auf die Menschenwürde in der höchstrichterlichen Rechtsprechung findet sich bei Giese, Würde-Konzept, S. 14 ff.

418 Vgl. v. Münch-Kunig, Art. 1 GG, Rn. 8.

419 Vgl. Dürig, AöR 81 (1956), 124.

Daß aus der Aufgabe, die Menschenwürde des einzelnen zu achten, auch eine Verpflichtung des Staates zur Sicherung vor materieller Not herzuleiten ist, wurde vom BVerfG zunächst verneint[420]. Diese Auffassung wurde dem umfassenden Schutzgedanken des obersten Verfassungsprinzips jedoch nicht hinreichend gerecht, mittlerweile gilt eine Pflicht des Staates nicht nur zur Aufrechterhaltung, sondern erforderlichenfalls auch zur Verschaffung des Existenzminimums als anerkannt; der ohne Schuld in materielle Not Geratene hat ein subjektives öffentliches Recht auf staatliche Hilfe[421]. Darüberhinaus ist der Staat ebenfalls verpflichtet, Angriffe auf die Menschenwürde durch Dritte - "unmenschliches" Verhalten[422] - für unzulässig zu erklären und gegebenenfalls zu ahnden[423]. Die Wertentscheidung, die Unantastbarkeit der Menschenwürde zum obersten Verfassungsprinzip zu erklären, strahlt auf die gesamte Rechtsordnung aus.

3.1.6 Strafrechtlicher Schutz der Menschenwürde

Damit kommen wir zurück zum strafrechtlichen Schutz der Menschenwürde durch § 130, zunächst in der bis Ende 1994 gültigen Fassung, die der hier problematisierten "Auschwitzlüge"-Entscheidung zugrundelag. Ob die Menschenwürde auch das durch diese Norm geschützte Rechtsgut ist[424], oder nur ein Tatbestandsmerkmal, das Rechtsgut dagegen der öffentliche Frieden[425], ist streitig[426].

3.1.6.1 Die alte Fassung des § 130

Zur Verwirklichung des Tatbestands des § 130 a.F. mußten mehrere Tatbestandsmerkmale kumulativ erfüllt sein: (1.) ein Angriff auf die Menschenwürde anderer,

---

420 BVerfGE 1, 97 (104).

421 Benda, HbVerfR, Rn. 18, mit Bezug auf § 1 BSHG.

422 LK[10]-v. Bubnoff, § 131, Rn. 11, definiert unmenschliches Verhalten als Negation der "Prinzipien der Menschenwürde und der Menschlichkeit durch eine bewußte Nichtachtung der Gebote der Rücksicht, Teilnahme und Hilfsbereitschaft für den Mitmenschen und eine schwerwiegende Verletzung des menschlichen Achtungsanspruchs".

423 Benda, a.a.O., Rn. 19 ff.

424 Bejahend AK-StGB-Ostendorf, § 130, Rn. 3; Vitzthum, JZ 1985, 205; Streng, Volksverhetzung, S. 509 f.

425 So BT-Drs. 3/2150, S. 435; OLG Hamburg NJW 1975, 1088; OLG München 1985, 2430 f.; Schönke/Schröder-Lenckner, § 130, Rn. 1; Dreher/Tröndle, § 130, Rn. 2; LK[10]-v. Bubnoff, § 130, Rn. 2; Arzt/Weber, LH 5, Rn. 86; Geilen, NJW 1976, 280; Giehring, StV 1985, 32; Lohse, NJW 1985, 1678. Kritisch zum Rechtsgut "öffentlicher Frieden" Fischer, NStZ 1988, 159 ff.

426 Für Menschenwürde *und* öffentlichen Frieden als Rechtsgüter des § 130: SK-Rudolphi, § 130, Rn. 1; Schafheutle, JZ 1960, 470; Brockelmann, DRiZ 1976, 213. Frommel, KritJ 1995, 405 f., nennt als Rechtsgut das "Interesse aller Demokraten, andere als Freie und Gleiche ungeachtet ihrer ethnischen, religiösen und sonstigen Gruppenzugehörigkeit zu achten".

(2.) dadurch, daß gegen Teile der Bevölkerung zum Haß aufgestachelt oder zu Gewalt- oder Willkürmaßnahmen gegen sie aufgefordert wurde oder daß sie beschimpft, böswillig verächtlich gemacht oder verleumdet wurden, (3.) in einer Weise, die geeignet ist, den öffentlichen Frieden zu stören.

Entscheidend ist zunächst das Vorliegen eines Angriffs auf die Menschenwürde anderer. Nach ganz herrschender Meinung ist dies erst der Fall, wenn der angegriffenen Person ihr Lebensrecht als gleichwertige Persönlichkeit in der staatlichen Gemeinschaft abgesprochen und sie als minderwertiges Wesen behandelt wird. Der Angriff muß sich also gegen den unverzichtbaren Kern der Persönlichkeit, nicht bloß gegen einzelne Persönlichkeitsrechte, richten[427]. Aus der Begründung der Neufassung: Durch das Tatbestandsmerkmal des Angriffs auf die Menschenwürde solle verhindert werden, "daß § 130 auch auf legale politische, wirtschaftliche und soziale Auseinandersetzungen angewendet wird, selbst wenn diese zu Auswüchsen führen. Nach dem Willen des Gesetzgebers sollen nur besonders massive Diskriminierungen und Diffamierungen, die Menschen als unterwertig darstellen und ihnen das Lebensrecht in der Gemeinschaft bestreiten, als Volksverhetzung strafbar sein"[428].

Daraus folgt eindeutig, daß ein Angriff auf die Menschenwürde i.S.d. § 130 noch nicht gegeben ist, wenn bestimmte individuelle Eigenschaften, Leistungen oder Schicksale des einzelnen in Abrede gestellt werden, seien es für den Betroffenen auch noch so bedeutende oder prägende Faktoren, seien die fraglichen Äußerungen auch noch so verletzend oder abstoßend - bloße Geschmacklosigkeiten, Persönlichkeits- oder Ehrverletzungen fallen somit vorab aus dem Anwendungsbereich des § 130 heraus[429]. Auf die übrigen Tatbestandsmerkmale dieser Norm kommt es dann nicht mehr an.

Einen derart schweren Angriff auf die Menschenwürde der Juden in dem Sinne, daß sie als minderwertig dargestellt und ihnen das Lebensrecht in der sozialen Gemeinschaft abgesprochen worden wäre, stellt das Infragestellen bzw. Leugnen der nationalsozialistischen Massenverfolgung und -vernichtung trotz aller Abscheulichkeit dieser Äußerungen noch nicht dar, solange dies nicht mit erkennbar hetzerischen Angriffen verbunden ist. Somit ist im vorliegenden Fall der "Auschwitzlüge" der Tatbestand des § 130 schon mangels eines Angriffs auf die

---

427 BGH NJW 1994, 1421; BGHSt 31, 226 (231); 36, 83 (90); OLG Frankfurt NJW 1989, 1367 (1369); Dreher/Tröndle, § 130, Rn. 8; Lackner, § 130, Rn. 3; Schönke/Schröder-Lenckner, § 130, Rn. 7; AK-StGB-Ostendorf, § 130, Rn. 14; Schafheutle, JZ 1960, 473; Brockelmann, DRiZ 1976, 214; Geilen, NJW 1976, 280; Vogelsang, NJW 1985, 2387; Streng, Volksverhetzung, S. 512; Otto, JR 1994, 473.

428 BT-Drs. 12/6853, S. 24.

429 Vgl. nur Jarass/Pieroth-Jarass, Art. 2 GG, Rn. 28; Geilen, NJW 1976, 280; Vitzthum, JZ 1985, 205.

Menschenwürde zu verneinen. Der Fall des "Asylbetrüger"-Pamphlets liegt ähnlich: trotz der Widerwärtigkeit des Textes wird niemandem das Lebensrecht bestritten, auch hier ist somit der Tatbestand des § 130 nicht verwirklicht. Die Strafbarkeit wegen Beleidigung ist später zu diskutieren.

Zur Verdeutlichung der Unterschiede zwischen Volksverhetzung und Beleidigung empfiehlt sich zunächst ein Blick auf die unterschiedlichen Strafrahmen: während die einfache Beleidigung mit Freiheitsstrafe bis zu einem Jahr oder mit Geldstrafe zu sanktionieren ist, sieht § 130 eine Freiheitsstrafe von drei Monaten bis zu fünf Jahren vor. Damit ist vorab unmißverständlich klargestellt, wie sich schon aus der Auslegung der Tatbestandsmerkmale ergibt, daß die Volksverhetzung nur ungleich schwerere Beeinträchtigungen als die Beleidigung pönalisiert; zugleich ist klar, daß § 130 grundsätzlich nicht als eine Art Ausweich- oder Auffangtatbestand herangezogen werden darf, wenn eine Sanktionierung nach § 185 nicht in Betracht kommt, z.B. mangels Individualbezogenheit allgemeiner Schmähungen[430]. Skeptisch sind insbesondere jene Tendenzen in Rechtsprechung und Literatur zu betrachten, die in ganz pauschal gehaltenen Kollektivbeleidigungen "der Soldaten" einen Fall des § 130 sehen[431]. Zwar lassen sich die Soldaten unter das Tatbestandsmerkmal "Teile der Bevölkerung" (solche, die sich nach bestimmten Merkmalen z.B. religiöser, politischer oder beruflicher Art als eine erkennbare Einheit von der Gesamtbevölkerung unterscheiden lassen und einen gewissen Umfang aufweisen) subsumieren[432], ob dies aber mit dem entstehungsgeschichtlichen Sinn und Zweck des § 130 als minderheitenschützende Norm vereinbar ist, bleibt zweifelhaft. § 130 trat 1960 in Kraft als Reaktion auf eine antisemitische und neonazistische "Welle von Haß, Gemeinheit und flegelhaftem Unverstand" Ende der fünfziger Jahre, bei der es zu Schändungen von Synagogen, Gedenksteinen und Grabmälern kam[433]. Minderheiten, Randgruppen und gesellschaftlich Schwache sollten geschützt werden. Ob sich dies ohne weiteres auf eine in der Verfassung fest verankerte (Art. 87a GG) und in der Bevölkerung allgemein akzeptierte Institution wie die Bundeswehr und ihre Angehörigen übertragen läßt, soll hier nicht entschieden werden. Bedenklich ist es aber allemal, zumal die Streitkräfte mit zahlreichen Privilegien ausgestattet sind (z.B. Grundrechtseinschränkungen zu Verteidigungszwecken gem. Art. 17a GG) und über einen mächtigen PR-Apparat verfügen, der ihnen ermöglicht, mittels ganzseitiger Zeitungsanzeigen oder ausgedehnter Werbespots im Fernsehen auf die Stimmungslage in der Bevölkerung massiv Einfluß zu nehmen. Die eigentlich schützenswerten Bevölke-

---

430 Zur Problematik der Kollektivbeleidigung siehe unten, S. 265 ff.

431 Vgl. nur BGHSt 36, 83 (90) und Dau, NJW 1988, 2650 ff., mit zahlreichen Nachweisen.

432 BGH GA 1979, 391; OLG Koblenz NJW 1984, 2373; LG Göttingen NJW 1979, 1558 ff.

433 Schafheutle, JZ 1960, 470 ff.; BT-Drs. 3/1143.

rungsteile, rassistischen oder ausländerfeindlichen Stimmungen ausgesetzte Juden, Ausländer, Asylbewerber etc. haben diese Möglichkeiten jedenfalls nicht. Monika Frommel bestreitet entschieden, daß Soldaten "als Repräsentanten der jeweiligen Mehrheit" zu den "Teilen der Bevölkerung" gehören, die wegen ihrer Gruppenzugehörigkeit typischerweise Diskriminierungen und damit Menschenrechtsverletzungen ausgesetzt sind[434].

Zurück zur Abgrenzung von Volksverhetzung und Beleidigung: Während die Beleidigung ein rein individualbezogenes Delikt ist, setzt § 130 voraus, daß nicht nur einzelne, sondern eben "Teile der Bevölkerung" angegriffen werden, zudem in einer der in Nr. 1 bis 3 aufgeführten Begehungsweise bzw. Intensität. Selbst wenn also eine Beleidigung die Intensität des "Angriffs auf die Menschenwürde" i.S.d. § 130 aufweisen sollte, wäre Tateinheit mit § 130 nur in seltenen Fällen möglich. § 130 schützt nur den Kernbereich des Menschseins vor menschenunwürdigen Äußerungen, im Gegensatz zu § 185 ist § 130 nur bei einem eindeutig überindividuellen Bezug anwendbar. Angriffe auf die Menschenwürde einzelner lassen sich nur durch § 185 erfassen.

3.1.6.2 Die Neufassung des § 130

Durch die am 1.12.1994 in Kraft getretene Neufassung des § 130 durch das sog. "Verbrechensbekämpfungsgesetz"[435] ergeben sich nun einige gewichtige Änderungen: die Nummern 1 und 2 des § 130 a.F. wurden in § 130 Abs. 1 Nr. 1 n.F. zusammengefaßt, das Erfordernis des Angriffs auf die Menschenwürde entfällt. Der Schutzgedanke wurde damit nicht preisgegeben, vielmehr ging der Gesetzgeber davon aus, daß Äußerungen, in denen zum Haß gegen Teile der Bevölkerung aufgestachelt oder zu Gewalt- oder Willkürmaßnahmen gegen sie aufgefordert wird, "in der Regel einen Angriff auf die Würde der betroffenen Menschen" darstelle[436]. Ulfrid Neumann hat diese Begründung aus gutem Grund in Frage gestellt:

> "Das verstehe, wer kann. Denn wenn, was der Entwurf nicht bestreitet, das Merkmal des Angriffs auf die Menschenwürde eine sinnvolle Strafbarkeitsvoraussetzung darstellt, gibt es nur zwei Möglichkeiten: entweder liegt, wie dies nach Auffassung des Entwurfs bei Handlungen des § 130 Nr. 1 und 2 StGB in der Regel der Fall ist, ein Angriff auf die Menschenwürde vor, dann ist der Tatbestand schon nach geltendem Recht anwendbar.; ein Änderungsbedarf besteht also nicht. Oder aber es liegt - nach Auffassung der Verfasser des Entwurfs: ausnahmsweise - kein Angriff auf die

---

434 Frommel, KritJ 1995, 406.

435 BGBl. I, S. 3186.

436 BT-Drs. 12/6853, S. 24.

Menschenwürde vor, dann ist eine Bestrafung gemäß § 130 StGB eben nicht gerechtfertigt"[437].

In den Fällen des Beschimpfens, böswilligen Verächtlichmachens oder Verleumdens von Bevölkerungsteilen (§ 130 Abs. 1 Nr. 2 n.F.) bleibt es dagegen beim Erfordernis des Angriffs auf die Menschenwürde, "um hier eine Begrenzung des Tatbestandes auf besonders massive Schmähungen sicherzustellen und die im Vergleich zu den §§ 185 bis 187 wesentlich höhere Freiheitsstrafdrohung zu rechtfertigen"[438]. Hinsichtlich der "Auschwitzlüge"-Problematik ergeben sich im Ergebnis insofern keine Veränderungen gegenüber § 130 a.F. - das bloße Bestreiten des Holocausts ("einfache Auschwitzlüge") wird von § 130 Abs. 1 noch nicht erfaßt.

Der neue Absatz 2, vom Gesetzgeber als "allgemeiner Anti-Diskriminierungstatbestand" konzipiert, bezieht sich auf die Herstellung, Einfuhr, Verbreitung etc. von Schriften u.ä. volksverhetzenden Inhalts, ohne daß es nunmehr noch auf die Eignung zur Friedensstörung ankäme. Als Korrektiv dient dabei die Sozialadäquanzklausel des Abs. 5 i.V.m. § 86 Abs. 3[439].

Nach Absatz 3 wird jetzt auch die "einfache Auschwitzlüge" ausdrücklich unter Strafe gestellt, der Gesetzgeber sieht darin einen "wichtigen und unverzichtbaren Beitrag zur Bekämpfung rechtsextremistischer und ausländerfeindlicher Propaganda"[440]. Mit Freiheitsstrafe bis zu fünf Jahren oder mit Geldstrafe wird bestraft, "wer eine unter der Herrschaft des Nationalsozialismus begangene Handlung der in § 220 a Abs. 1 bezeichneten Art in einer Weise, die geeignet ist, den öffentlichen Frieden zu stören, öffentlich oder in einer Versammlung billigt, leugnet oder verharmlost". Damit ist nach geltendem Recht das Leugnen des Holocausts auch ohne das Erfordernis eines Angriffs auf die Menschenwürde im obigen Sinne strafbar. Rechtspolitisch mag das zu begrüßen sein, strafrechtsdogmatisch ist diese Regelung aber keinesfalls weniger problematisch als der alte § 130: erstmals wird ein Leugnen historischer Tatsachen explizit unter Strafe gestellt - zu recht fragt Lüderssen, ob "das Rechtsgut `Wahrheit in der Geschichtsschreibung´ überhaupt fixierbar" sei[441] -, schon hinsichtlich früherer Gesetzentwürfe wurde auf die Gefahren einer "Gesinnungsinkriminierung" hingewiesen[442]. Ob sich das

437 Neumann, StV 1994, 274.

438 BT-Drs. 12/6853, S. 24.

439 Kritisch zu Abs. 2 Beisel, NJW 1995, 999; zustimmend jedoch Frommel, KritJ 1995, 409 f. Der Strafrahmen des Abs. 2 ist niedriger als bei Abs. 1, 3.

440 BT-Drs. 12/6853, S. 23. Zur Entstehungsgeschichte siehe Partsch, EuGRZ 1994, 429 ff.

441 Lüderssen, Abschaffen, S. 12. Vgl. aber auch BGHZ 75, 160 (161 ff.) zur Beleidigungsfähigkeit der Juden als Kollektiv und zu dieser Entscheidung unten S. 268 ff.

442 Köhler, NJW 1985, 2389 ff. Anders aber Frommel, KritJ 1995, 409, die es für "pole-

ambitionierte Ziel der "Bekämpfung"[443] rassistischer und fremdenfeindlicher Tendenzen mittels des Strafrechts überhaupt effektiv erreichen läßt, wird an späterer Stelle noch kritisch hinterfragt[444].

3.1.6.3 § 185

Für die Abgrenzung zur Beleidigung bleibt auch nach der Neufassung des § 130 alles beim alten - die Volksverhetzung ist kein qualifizierter Fall von Beleidigungen oder Verleumdungen. Angriffe auf die Menschenwürde einzelner, denen es am Bezugspunkt "Teile der Bevölkerung" bzw. an der Eignung zur Störung des öffentlichen Friedens fehlt, lassen sich nur durch § 185 als Individualbeleidigung erfassen.

3.2 Anerkennungsverhältnis und Ehre

Strafrechtlicher Schutz des Verhältnisses intersubjektiver Anerkennung ist nach alledem nicht unter dem Aspekt der Menschenwürdeschutznormen möglich. § 130 schützt die Achtung der Menschenwürde jedes Menschen gleichermaßen, jedoch nur bei eindeutig überindividuellem Bezug. Der Bestand der vollen Menschenwürde als Kern der Persönlichkeit wird dabei unabhängig von jeglichen faktischen Elementen wie persönlichen Fähigkeiten, Verhaltensweisen oder Schicksalen allgemein, gleich und umfassend gewährleistet. Die Anerkennung der Menschenwürde ist die Grundvoraussetzung sämtlicher Persönlichkeitsrechte; schon früh wurde erklärt, daß die dem Menschen als solchem angeborene Menschenwürde die Voraussetzung der Ehre ist[445].

Das Verhältnis wechselseitiger Anerkennung beinhaltet zum einen die Anerkennung des anderen als freien und gleichberechtigten Menschen, zum anderen die Anerkennung dessen individueller Eigenschaften, Fähigkeiten, Leistungen, aber auch z.B. Schicksale. Für eine strafrechtlich relevante Verletzung des Anerkennungsverhältnisses müssen also hinsichtlich der jeweils angegriffenen Person faktische Elemente berücksichtigt werden. Unter dem Aspekt der Menschenwürde ist dies nicht möglich, ein schwerkrimineller Serienmörder besitzt nach wie vor die gleiche unverminderte Menschenwürde wie ein unverdächtiger Herr X.

misch" hält, das Rechtsgut des § 130 Abs. 3 im Schutz einer spezifischen "historischen Wahrheit" zu sehen, und die Neufassung des § 130 vielmehr als "die Formulierung eines nicht mehr unterschreitbaren Minimums einer jeden Zivilgesellschaft" begrüßt.

443 Albrecht, Jugendstrafrecht, S. 3, macht in anderem Zusammenhang auf die "militärische Begrifflichkeit" aufmerksam.

444 Dazu unten, S. 142 ff.; 152 ff.

445 Vgl. nur v. Holtzendorff-Dochow, Handbuch, Band 3, S. 337; Binding, Lehrbuch, S. 137, 139.

Faktische Elemente - soziale Leistungen und Selbstdarstellung in kommunikativen Prozessen - können demnach nur unter dem Aspekt der Beleidigung erfaßt werden, indem Erstgenanntem eine geringere Ehre bzw. ein geringerer Anspruch auf Anerkennung seiner Persönlichkeit zugesprochen wird. Daß dies der Fall sein muß, d.h. daß nicht jedermann ähnlich der Menschenwürde die "volle Ehre" in gleichem Umfang zuzusprechen ist, dürfte unbestritten sein. Auch die Vertreter des sog. "normativen" Ehrbegriffs greifen auf faktische Elemente zurück, wenn sie den Ehrbestand vom "frei sein von personalen Geltungswertmängeln"[446], vom "Unterbleiben von Pflichtverletzungen"[447] abhängig machen.

Aus dem Vergleich mit der Menschenwürde ergibt sich, daß es zwischen den Anerkennungs- und den Menschenwürdeschutznormen zwar hinsichtlich des Interesses an der Anerkennung des Menschseins schlechthin Überschneidungen gibt, daß aber das von individuellen Variablen abhängige Interesse an sozialer Anerkennung nur Gegenstand des Rechtsguts der Beleidigung sein kann. Die Beleidigung wird zwar personal definiert, das Rechtsgut muß jedoch notwendig interpersonal und intersubjektiv gedacht werden, nicht nur rein personal im Sinne des "normativen" Ehrbegriffs. Daraus folgen entscheidende qualitative Unterschiede.

Nach den rein personalen Ehrbegriffen soll die Ehre alleine aus der Personenwürde folgen, die soziale Komponente bleibt auf das Ausbleiben der sog. negativen Ehrfaktoren beschränkt. Praktische Konsequenzen: das Absprechen besonderer sportlicher oder beruflicher Leistungen wird als Mißachtung der Persönlichkeit, nicht aber der Ehre bewertet. Beleidigend soll dies erst dann sein, wenn dem Betreffenden eine "Pflichtverletzung" vorgeworfen wird. Vereinfacht gesagt verläuft die Strafbarkeitsgrenze demnach zwischen der Bewertung der Leistung des anderen als "schlecht" und dem Vorwurf der Unfähigkeit[448]. Straffrei bleiben soll auch der Vorwurf der Häßlichkeit, weil "zu einer voll entwickelten menschlichen Persönlichkeit ein bestimmtes Mittelmaß an Schönheit nicht erforderlich ist"[449]. Diese Ansicht geht zurück auf Binding: "Die Vorwürfe der Beschränktheit und der Hässlichkeit gehen nicht an die Ehre"[450] - "wofür der Mensch gar nichts kann, wie für seine Anlagen, kann doch *er* gar nicht, kann höchstens sein Schöpfer Achtung verlangen"[451]. Das, was Binding als Vorwurf der "Beschränktheit" bezeichnet, ist nicht ganz einfach zu beurteilen. Es kommt maßgeblich darauf an, wie eine solche

---

446 Hirsch, Ehre, S. 59.

447 Tenckhoff, Bedeutung, S. 46 ff.; ders., JuS 1988, 205.

448 Tenckhoff, JuS 1988, 203 f.

449 Tenckhoff, JuS 1988, 205.

450 Binding, Ehre, S. 10; ders., Lehrbuch, S. 144 f.

451 Binding, Lehrbuch, S. 138.

Äußerung objektiv zu verstehen ist; jedenfalls macht es einen erheblichen Unterschied, ob jemandem gewissermaßen "angeborene" Dummheit unterstellt wird oder aber - m. E. naheliegender - unzureichende Bildung. Letztere ist unzweifelhaft nicht "angeboren" oder dem "Schöpfer" zu verdanken. Mit Vorwürfen der "Häßlichkeit" verhält es sich ähnlich: auch das Aussehen eines Menschen ist nicht so, wie es die Natur (bzw. der Schöpfer) demjenigen "gegeben" hat, sondern beruht in aller Regel jedenfalls zu einem gewissen Teil auf dem Willen des Betroffenen, sei es nur, daß er bestimmte Kleidungsstücke trägt (die auch als "häßlich" empfunden werden können), seinen Körper pflegt oder nicht, zum Friseur geht oder nicht, etc.; Aussehen hat in aller Regel etwas mit bewußter Selbstdarstellung zu tun.

Das oben zum Anerkennungsverhältnis und zur Mißachtung Gesagte rekapitulierend ist an dieser Stelle einzuwenden, daß es eigentlich keinen Unterschied machen kann, ob jemand als häßlich bezeichnet oder mit einem derben Schimpfwort belegt wird[452]. Das schutzwürdige Vertrauen in die eigene Persönlichkeit und in respektvolles Verhalten aller anderen kann durch den Vorwurf der Häßlichkeit ebenso erschüttert werden wie durch den Vorwurf der Idiotie. Beides ist geeignet, das Selbst- bzw. Fremdbild des Betroffenen zu beeinträchtigen und dadurch dessen Position in interaktiven Kommunikationsprozessen und die Möglichkeit ungehinderter freier Entfaltung der Persönlichkeit zu schwächen. Das eine als nicht ehrrelevant aus dem Schutzbereich der Beleidigung auszuschließen, stellt einen Widerspruch dar. Beim Rechtsgut der Beleidigung kann es nicht um ein auch im Bindingschen Ehrbegriff noch anklingendes antiquiertes Verständnis der Ehre (die es nach damaliger Auffassung noch in Zweikämpfen zu verteidigen bzw. wiederherzustellen galt) gehen, sondern um die der Person zustehende Anerkennung durch andere, wobei der Begriff der Ehre insofern synonym für die schutzbedürftigen Anerkennungsansprüche verwandt wird. Für den Begriff und den Umfang der Schutzwürdigkeit der so verstandenen Ehre kommt es auf die Gewährleistung der Wertschätzung an, der eine Person zu ihrer freien Entfaltung bedarf[453].

Problematisch bleibt die Frage, ob das Verfolgungsschicksal der Juden im "Dritten Reich" Gegenstand des Anerkennungsverhältnisses im Sinne strafrechtlichen Schutzes gem. §§ 185 ff. sein kann. Die wohl herrschende Meinung verneint das. Nach dem Ehrbegriff Tenckhoffs ("Freisein von elementaren menschlichen Unzulänglichkeiten" und "Unterbleiben von sittlichen, rechtlichen und sozialen

[452] Derbe Schimpfworte aus dem zoologischen Bereich sollen deshalb an die Ehre gehen, weil dem Bezeichneten dadurch unterstellt werde, er stünde intellektuell den Tieren gleich. Vgl. dazu mit unterschiedlicher Akzentuierung Kohler, GA 47 (1900), 30; Hammeley, Kollektivbeleidigung, S. 22; Arthur Kaufmann, ZStW 72 (1960), 432; einschränkend Krug, Ehre, S. 147.

[453] So auch Kindhäuser, Gefährdung, S. 303.

Pflichtverletzungen"[454]) müßte das Verfolgungsschicksal als Element der Ehre der Betroffenen ausscheiden. Auch nach Lenckner ist "das bloße Absprechen besonderer Verdienste, Leistungen und Vorzüge einerseits und eines besonders schweren, durch Not, Krankheit, Verfolgung usw. gekennzeichneten Schicksals, das der Betroffene zu erleiden hatte, andererseits" mangels "Zuschreibung einer negativen Qualität" nicht ehrrelevant[455]. Wenn jedoch wie gezeigt der Kerngedanke der Beleidigungsstrafbarkeit im Schutz des Interesses des einzelnen am Verhältnis intersubjektiver Anerkennung liegt, ist nicht einzusehen, warum bestimmte Elemente dessen, die für das Selbstverständnis der betroffenen Personen geradezu konstituierend sind, aus dem strafrechtlich geschützten Bereich ausgeklammert werden sollten. Um Mißverständnisse zu vermeiden: einzubeziehen sind nach der hier vertretenen Auffassung zumindest solche Anerkennungselemente, die bei objektiver Betrachtung allgemein konsentierbar als wesentlich und für das Selbstverständnis der Persönlichkeit unverzichtbar angesehen werden können. Nicht jede unerhebliche Krankheit, hier ist Lenckner zuzustimmen, aber doch das nationalsozialistische Verfolgungsschicksal, das unzweifelhaft die Persönlichkeit der Betroffenen maßgeblich und nachhaltig geprägt hat. Nach der Gegenansicht ließe sich das Bestreiten der Verfolgung nur unter dem Aspekt des konkludent geäußerten Vorwurfs der Lüge als Beleidigung erfassen, problematisch bliebe jedenfalls die Frage einer Verunglimpfung der tatsächlich verstorbenen Verfolgungsopfer (§ 189). Da die hier aufgeworfenen Fragen über die eigentliche Rechtsgutsproblematik hinausgehen und schon die konkreten Strafbarkeitsvoraussetzungen des § 185 betreffen (diese werden im 4. Abschnitt näher erörtert), soll an dieser Stelle die Andeutung der divergierenden Positionen genügen.

Zusammenfassend bleibt festzuhalten: Das Rechtsgut des Kommunikationsdelikts Beleidigung stellt begriffsnotwendig auf Interaktion, Intersubjektivität und kommunikative Prozesse ab. Es schützt die Möglichkeit des mit Würde ausgestatteten Menschen als Person, mit anderen Personen Gemeinschaft zu haben und sich in der Gemeinschaft frei zu entfalten und selbst zu verwirklichen. Das Wesen der Beleidigung liegt also in der Verletzung dieses intersubjektiven Anerkennungsverhältnisses. Die Beleidigungstatbestände schützen das die Selbständigkeit und Selbstverwirklichung des einzelnen in der sozialen Gemeinschaft ermöglichende Anerkennungsverhältnis, das Interesse an der Achtung des wechselseitigen Anerkennungsverhältnisses stellt das Rechtsgut der Beleidigung dar.

---

454 Tenckhoff, JuS 1988, 205.

455 Schönke/Schröder-Lenckner, § 185, Rn. 3.

3.3 Ergebnis: Das Rechtsgut der Beleidigung

Das Rechtsgut der Beleidigung ist das Interesse an der Achtung des intersubjektiven Anerkennungsverhältnisses. Die Elemente dieses Rechtsgutes sind zum einen der Anspruch auf Achtung und Anerkennung der Person schlechthin, als freien, gleichberechtigten und zurechnungsfähigen Menschen, zum anderen der Anspruch auf Achtung und soziale Anerkennung der jeweiligen individuellen Eigenheiten der jeweiligen Person in der Weise, wie diese individuellen Komponenten in intersubjektiven Kommunikationsprozessen zum Ausdruck gebracht werden, berechtigt sind und konsentierten gesellschaftlichen Wertvorstellungen nicht zuwiderlaufen.

Die Strafnorm der Beleidigung dient dem Schutz des interpersonalen Vertrauens in Achtung und Respektierung der Persönlichkeit, in die Unantastbarkeit der eigenen Persönlichkeit, in das Gewährenlassen in intersubjektiven Kommunikationsprozessen. Sie dient dem Schutz der Ich-Identität des einzelnen und dem Schutz der allgemeinen Strukturen der Intersubjektivität, dem Schutz des Vertrauens in die Fähigkeit des anderen zu Perspektivenwechsel und psychischer Dezentralisation, Differenzierungs- und Einfühlungsvermögen, Empathie und Sensibilität, austauschbaren Handlungsperspektiven und Erwartungshorizonten.

Anerkennung des anderen setzt die Anerkennung der Menschenwürde, Gleichheit, Freiheit, Vernunft und Gerechtigkeit voraus. Anerkennung des anderen bedeutet vor allem auch die Anerkennung des "Faktums des Pluralismus" (Rawls), das zu weitestgehender Toleranz gegenüber abweichenden Selbstverwirklichungsidealen anderer verpflichtet. Über Toleranz und Gewährenlassen hinausgehendes solidarisches Verhalten im Sinne der kommunitaristischen Idee kann das (Straf-)Recht dagegen nicht einfordern.

Dritter Abschnitt

Der Strafzweck der Beleidigung

John Rawls schreibt in der "Theorie der Gerechtigkeit", es "wäre weit besser, wenn die strafrechtlich verbotenen Handlungen nie begangen würden"[1]. Dem wird niemand widersprechen können[2]. Keine Einigkeit besteht dagegen in der Frage, welchen Zwecken die konkrete Strafe dienen soll, wenn eine solche Handlung dann doch begangen wurde. Für den Strafzweck der Beleidigung kann nichts anderes gelten als für alle übrigen Delikte, es geht um die Klärung der allgemeinen Frage nach der Aufgabe des Strafrechts, nach Legitimation und Zweck staatlichen Strafens. Die Antworten sind vielfältig: Topoi wie Rechtsgüterschutz[3], Moralbekräftigung[4], Erwartungssicherung[5], Normstabilisierung[6] oder Friedenssicherung[7] sollen die Funktion des Strafrechts umschreiben, hinsichtlich der Strafzwekke reicht das Angebot der Erklärungen von Vergeltung, Sühne und Abschreckung über verschiedene Konzepte der Spezial- oder Generalprävention. Sicher ist, daß das Strafrecht der Gewährleistung und Aufrechterhaltung der Mindestbedingungen des friedlichen Zusammenlebens der Menschen verpflichtet ist.

In diesem Abschnitt werden zunächst (1.) Vorüberlegungen zu den Themenkreisen Recht und Moral, Rechtsgüterschutz, Straf- und Normlegitimation angestellt, die praktische Umsetzbarkeit der straflimitierenden Konzeptionen wird anschließend (2.) im Zusammenhang mit den verschiedenen Strafzwecktheorien diskutiert. Abschließend soll versucht werden, ein alternatives Strafzweckmodell zu skizzieren, das an enge anerkennungstheoretische Voraussetzungen der Normgeltung und Normlegitimation gebunden ist, die ihrerseits den im vierten Abschnitt zu erörternden konkreten Strafbarkeitsvoraussetzungen der Beleidigung enge Grenzen setzen.

---

1 Rawls, Theorie, S. 349.

2 Mit Ausnahme Durkheims, der Normbrüche (und anschließende staatliche Reaktionen) als für den Bestand der gesellschaftlichen Ordnung unerläßlich ansieht (Durkheim, Regeln, S. 157 ff.).

3 Z.B. Roxin, AT, § 2, Rn. 1.

4 Z.B. Welzel, Lb., S. 1 ff.

5 Z.B. Luhmann, Funktion des Rechts, S. 31 ff.; ders., Recht, S. 124 ff.

6 Z.B. Jakobs, AT, 1/3.

7 Z.B. Würtenberger, Rechtsfriede, S. 209 ff.; Kargl, ARSP 1996, 485 ff.

1 Vorüberlegungen und Grundlagen

1.1 Recht und Moral

Entscheidende Bedeutung kommt der Frage zu, inwieweit strafrechtlichen Normen moralische Inhalte vermitteln sollen bzw. inwieweit sie davon losgelöst zu verstehen sind. Gerade ein nahezu unbestimmter Tatbestand wie der des § 185 eignet sich (theoretisch) vorzüglich als Transportmedium moralischer Gesinnungswerte; unter der Prämisse, daß das Strafrecht der Bildung, zumindest aber der Stabilisierung eines bestimmten vorgegebenen Moralbewußtseins dienen sollte, ließe sich eine *tendenziell* grenzenlose Strafbarkeit jeder Form der Mißachtung der Persönlichkeit als Beleidigung begründen.

1.1.1 Moralisierendes Strafrecht

Hans Welzel, um ein Beispiel zu nennen, sprach sich für ein moralisierendes Strafrecht aus: "Materieller Gehalt der Strafrechtssätze ist nicht der bloße Rechtsgüterschutz, sondern die Erhaltung der rechtlichen Gesinnungswerte"[8]. Zeitbedingt - der Text entstand 1944 - definierte er als "Aktwerte rechtlicher Gesinnung" folgendes: "die Treue gegenüber Volk, Reich, Führung, der Gehorsam gegenüber der Staatsgewalt, die Wehrbereitschaft, die Wahrhaftigkeit der eidlichen Aussage, die geschlechtliche Zucht, die Achtung vor dem Leben, der Gesundheit, der Freiheit und der Ehre anderer, die Ehrlichkeit gegenüber fremdem Eigentum, die Redlichkeit im Vermögensverkehr usf."[9]. Die Moralität im engeren Sinne sollte indes außerhalb des Strafrechts bleiben[10]. Was sich hier vordergründig als Trennung von Recht und Moral ausgibt, bleibt in seinem Gesamtkontext dennoch stark moralisierend. Selbst wenn wir von Volk und Führer abstrahieren, verbleibt jedenfalls mit der "geschlechtlichen Zucht" ein Element in Welzels Katalog, das nichts anderes bedeutet als staatliche Bevormundung der Bürger in höchstpersönlichen Angelegenheiten. Mit wem und in welcher Weise Sexualität praktiziert wird, ist nach liberalem Verständnis die Privatangelegenheit der Beteiligten, die jedenfalls in der Regel[11] das friedliche Zusammenleben der Menschen in der Gemeinschaft nicht tangiert und somit die Gesellschaft nichts angeht. Das moralisierende Strafrecht soll dagegen in den Intimbereich der Bürger eingreifen. An späterer Stelle scheint Welzel dann sogar über das Ziel bloßer Moralerhaltung und -stabilisierung hinauszugehen: "Auch die Strafschärfung zur Sicherung der

---

[8] Welzel, Begriff, S. 229. Ähnlich Hellmuth Mayer, der auf die "Schaffung sozialethischer Gesinnungswerte" abstellte (AT, S. 21 f.).

[9] Welzel, a.a.O., S. 231.

[10] Welzel, a.a.O., S. 231 f.

[11] Anders selbstverständlich bei der Beeinträchtigung von Rechten Dritter, insbesondere, wenn die Freiheit der sexuellen Selbstbestimmung eines Beteiligten tangiert wird.

seelischen Haltung des Volkes dient den augenblicklichen Kriegsbedürfnissen: der Erhaltung der effektiven Widerstandskraft des Volkes"[12]. Vergegenwärtigt man sich, daß kurz vor Kriegsende die psychische "Widerstandskraft des Volkes" bekanntermaßen durch allgemeine Resignation doch arg beeinträchtigt war, kann die entsprechende Forderung Welzels eigentlich nur so verstanden werden, daß den Strafnormen auch eine explizit moral*bildende* Funktion zukommen sollte:

> "Das Strafgesetz ... formt und festigt ... das sittliche Urteil und die rechtliche Gesinnung der Volksglieder und hemmt rechtsfeindliche Antriebe. Es ist damit von allerstärkster sittenbildender, sozial-ethischer Kraft"[13].

Amelung will in einem anderen Aufsatz Welzels an "relativ versteckter Stelle" Kritik an der extensiven nationalsozialistischen Strafrechtsdogmatik ausgemacht haben[14]. Wie dem auch sei: Welzels Verhältnis zur nationalsozialistischen Staatsideologie und Strafrechtsdogmatik soll hier nicht weiter interessieren, die Aufmerksamkeit gilt der Funktion, die Welzel dem Strafrecht zuspricht. Und hier blieb es beim Anspruch der Moralbildung: noch 1969 erklärte Welzel die "Formung des sozialethischen Urteils" der Bürger zur zentralen Aufgabe des Strafrechts, "indem es den wirklich betätigten Abfall von den Grundwerten rechtlicher Gesinnung verfemt und bestraft"[15]. Mit den Worten Ernst Blochs ließe sich das als "Verrechtlichung der Moral" oder "moralische Pathetisierung des Rechts"[16] charakterisieren.

Die Normsetzungsbefugnisse des Gesetzgebers wie auch die Auslegung bestehender Straftatbestände müßten nach diesem Verständnis tendenziell weit gefaßt werden. Speziell der Beleidigungstatbestand wäre ohne scharfe Trennung von Recht und Moral weitläufig, nahezu uferlos, zu verstehen. Alles mögliche, was zwar nur im entferntesten Sinne eine eigentliche Mißachtung einer Person darstellt, aber gegen herrschende Moralvorstellungen verstößt, wäre als Beleidigung pönalisierbar. In der Tat mangelt es nicht an entsprechend skurrilen Beispielen aus früherem Schrifttum und früherer Rechtsprechung: für Beleidigungen gehalten wurden die Verletzung des Briefgeheimnisses[17], das Verweigern eines Grußes[18],

---

12 Welzel, a.a.O., S. 239.

13 Welzel, a.a.O., S. 234 f.

14 Amelung, Rechtsgutverletzung, S. 274 f. mit Fn. 32.

15 Welzel, Lb., S. 3; vgl. wiederum H. Mayer, a.a.O. Die Wortwahl Welzels ist bezeichnend: von "Verfemung" zu sprechen, wirkt vor dem Hintergrund des liberalen Geistes der späten sechziger Jahre mehr als befremdlich.

16 Bloch, Naturrecht, S. 274. Blochs Ausführungen waren allgemeiner Natur und nicht auf die Straftheorie Welzels bezogen.

17 v. Bar, GS 52 (1896), 92.

18 Heins, Ehre, S. 121; immerhin machte Heins (ein Vertreter des nationalsozialistischen Ehrbegriffs) dies vom "Einzelfall" abhängig.

das Weglassen der Anrede "Herr"[19], offener Hausfriedensbruch[20], Ehebruch[21], die Wegnahme der Kleider einer Badenden[22], das Ausräuchern eines Stuhles, auf dem der Gemeinte gesessen hat[23], ebenso, recht kurios, wenn "ein Student im Eisenbahnwagen ein Streichholz am rauhen Kinn seines Nachbarn ansteckt"[24] oder "der Lieblingshund einer alten Jungfer vor ihren Augen getötet wird, um diese zu kränken"[25].

Geleitet von den rigiden Moralvorstellungen der Nachkriegszeit faßte auch die Rechtsprechung den Begriff der Beleidigung bedenklich weit. Die moralische Überfrachtung des Strafrechts war insgesamt ein Phänomen, das nicht auf die Beleidigungsdelikte beschränkt blieb. Dem "Sittengesetz" räumte der BGH partiell den Vorrang vor individuellen Freiheiten der Bürger ein, auch wenn die fraglichen Verhaltensweisen keinerlei konkrete Rechte anderer beeinträchtigten. Ein berühmtes Beispiel dafür bietet die 1954 ergangene Entscheidung zur Strafbarkeit des Beischlafs unter Verlobten (!) als Kuppelei (§§ 180, 181 a.F.): "Die sittliche Ordnung will, daß sich der Verkehr der Geschlechter grundsätzlich in der Einehe vollziehe, weil der Sinn und die Folge des Verkehrs das Kind ist. ... Nur in der Ordnung der Ehe und in der Gemeinschaft der Familie ... nehmen sich die Geschlechtspartner so ernst, wie sie es sich schulden"[26]. Das ist die Sprache der Nachkriegszeit und doch viel älter. Von Kant nämlich (in der "Metaphysik der Sitten" ist zu lesen, im Geschlechtsverkehr mache der Mensch sich selbst und den anderen zur Sache; nur in der Ehe sei die wechselseitige Behandlung als Personen garantiert[27]), auch wenn der Zweite Strafsenat diese Parallele verschwiegen hat.

Der Erste Zivilsenat des BGH wurde zu Sexualverhalten und moralischer Rollenverteilung bzw. -erwartung noch deutlicher. Streng verschieden seien Mann und Frau "nicht nur im eigentlich Biologisch-Geschlechtlichen, sondern auch in ihrer seinsmäßigen, schöpfungsmäßigen Zueinanderordnung zu sich und dem Kind in

19 RG LZ 1915, 445. OLG Düsseldorf NJW 1960, 1072 hielt das Duzen eines Fremden regelmäßig für eine Beleidigung, zutreffend a.A. OLG Düsseldorf JR 1990, 345.

20 Heins, a.a.O.

21 Heins, a.a.O., S. 121f. Auch die Rechtsprechung war lange Zeit der Auffassung, der Ehebruch stelle eine Beleidigung des betrogenen Ehegatten dar, vgl. nur RGSt 70, 94 (98), m.w.N.; aus der Nachkriegszeit vgl. BGH NJW 1952, 476; BayObLG MDR 1958, 264. Mit der Aufhebung der Strafbarkeit des Ehebruchs (§ 172 a.F., 1. StrRG v. 25.6.1969, BGBl I, 645) hat der Gesetzgeber eine eindeutige Wertentscheidung getroffen, es wäre systemwidrig, den Ehebruch über den Umweg des § 185 als "Auffangtatbestand" weiterhin unter Strafe zu stellen.

22 Heins, a.a.O., S. 122; vernünftigerweise aber anders RGSt 6, 231.

23 RG LZ 1915, 60.

24 Heins, a.a.O.

25 Kohler, GA 47 (1900), 42, mit zahlreichen Beispielen ähnlichen Kalibers.

26 BGHSt 6, 46 (53).

27 Kant, MdS, Rechtslehre, VIII, § 25, AB 108.

der Ordnung der Familie, die von Gott gestiftet und daher für den menschlichen Gesetzgeber undurchbrechbar ist. Die Familie ist nach der Schöpfungsordnung eine streng ihrer eigenen Ordnung folgende Einheit; Mann und Frau sind `ein Fleisch´". Und schließlich: "Der Mann zeugt die Kinder; die Frau empfängt, gebiert und nährt sie und zieht die Unmündigen auf. Der Mann sichert, vorwiegend nach außen gewandt, Bestand, Entwicklung und Zukunft der Familie; er vertritt sie nach außen; in diesem Sinne ist er ihr `Haupt´. Die Frau widmet sich, vorwiegend nach innen gewandt, der inneren Ordnung und dem inneren Aufbau der Familie"[28]. Der geistesgeschichtlich-philosophische Hintergrund dieser Betrachtungsweise läßt sich mit den Schlagworten "Naturrecht" oder "katholische Wertethik" nur unzureichend kategorisieren[29]. Das Welt- und Menschenbild der Rechtsprechung der fünfziger Jahre basierte auf Topoi wie "Reinhaltung der sittlichen Ordnung" und "Sauberkeit der Ehe"[30], und auch folgender sexualpsychologischer "Befund" war bezeichnend: "Infolge ihrer schwächeren, weniger zur Betätigung drängenden als zur duldenden Hingabe bereiten Natur und des daraus entspringenden Anlehnungsbedürfnisses neigt die Frau in ihrem Liebesleben mehr zur festen Bindung als der Mann" - diese Worte hat nicht etwa Lombroso Ende des letzten Jahrhunderts zu Papier gebracht, sondern 1954 der Dritte Strafsenat des BGH[31].

Die "Sittengesetz"-Rechtsprechung offenbart ein Moralverständnis, das abweichenden Lebensformen nur äußerst geringe Freiräume zubilligt. Die festgelegten Rollenerwartungen und der starre Moralkodex lassen in Fragen der Sittlichkeit divergierende "Konzeptionen des Guten" im Sinne des Rawlsschen Pluralismusprinzips nicht zu, sie sind nicht auf friedliche Koexistenz der Bürger ausgerichtet, sondern zielen auf moralische Bevormundung ab. Die Begründung der Strafbarkeit der Beteiligung an einem fremden Selbstmord zeigt dies in bedrückender Deutlichkeit: "Da das Sittengesetz jeden Selbstmord - von äußersten Ausnahmefällen vielleicht abgesehen - streng mißbilligt, da niemand selbstherrlich über sein eigenes Leben verfügen und sich den Tod geben darf, kann das Recht nicht anerkennen, daß die Hilfepflicht des Dritten hinter dem sittlich mißbilligten Willen des Selbstmörders zu seinem eigenen Tode zurückzustehen habe". Die rhetorische Frage, ob "der Wille des Selbstmörders zu seinem eigenen Tode überhaupt zu achten" wäre, wird rigoros verneint, "weil der Selbstmörder nicht befugt ist, aus eigenem Willensentschluß über sein Leben zu verfügen"[32]. Daß die einer

[28] BGHZ 11, Anhang 34 (65).

[29] Zu den Einflüssen diverser philosophischer Strömungen auf die "Naturrechts"-Rechtsprechung siehe Evers, JZ 1961, 242 ff.

[30] Siehe BGHSt 6, 168 (170).

[31] BGHSt 6, 168 (169).

[32] BGHSt 6, 147 (153). Vgl. zum "Sittengesetz" auch BVerfGE 6, 389 (434 ff.) zur Verfassungsmäßigkeit des § 175 StGB a.F.: die Norm wurde für verfassungsgemäß erklärt,

weltlichen Staatsverfassung verpflichteten Richter (das Recht des Menschen auf Autonomie und Selbstbestimmung steht aus gutem Grund an der Spitze des Grundrechtskatalogs) auf "göttliche Stiftung" und einen nicht näher erklärten Lebenszwang rekurrieren, muß schon verwundern. Theodor W. Adorno sagt, "prinzipiell und mit unvermeidlicher Übertreibung", daß "in Recht und Sitte all das Sympathie findet, worin Verhaltensweisen der gesellschaftlichen Unterdrückung - letztlich der sadistischen Gewalt - sich fortsetzen"[33].

Ein förmliches Gesetz im rechtstechnischen Sinne war das "Sittengesetz" nicht. Die "Normen des Sittengesetzes", die "aus sich selbst heraus gelten", so der BGH, "beruhen auf einer vorgegebenen und hinzunehmenden Ordnung der Werte bzw. Sollenssätze"[34]. Weinkauff führt diese Argumentation auf den Naturrechtsgedanken zurück, "unausgesprochen steht dahinter die Vorstellung, das schlechthin Verbindliche der Ordnung der Werte ... beruhe auf göttlicher Setzung"[35]. Bei Kant galt das "Sittengesetz" als moralische Kategorie, die jedermann kraft praktischer Vernunft einsehen könne - wovon die merkwürdige Naturrechtsrekonstruktion des BGH einigermaßen weit entfernt war[36]. Roxin betont, daß das die allgemeine Handlungsfreiheit einschränkende "Sittengesetz" i.S.d. Art. 2 Abs. 1 GG aus dem Kontext der Verfassung heraus nur so interpretiert werden darf, daß es "nur solche elementaren sittlichen Normen umfaßt, deren Einhaltung nicht nur um ihrer selbst willen, sondern auch um der Vermeidung sozialschädlicher Wirkungen willen" geboten ist[37]. Zu recht wurde die pseudonaturrechtliche Rechtsprechung der fünfziger Jahre als "unschlüssig" und keineswegs "aus sich selber heraus evident" kritisiert[38], als "eine recht bunte, nicht selten widerspruchsvolle und verwirrende Vielfalt von Wertvorstellungen"[39], die nicht als überpositives Naturrecht zu rechtfertigen sei, sondern "vielmehr nur den normativen Muff der fünfziger Jahre" belege, "die erkenntnistheoretisch unbewanderte, wertphilosophisch naive und für fremde Bewertungen unempfindliche Herrschaftsattitüde"[40]. In einer

weil homosexuelle Betätigung "eindeutig gegen das Sittengesetz" verstoße; vgl. auch BGHSt 1, 235 (237); 7, 268 (271).

33 Adorno, Sexualtabus, S. 312.

34 BGHSt 6, 46 (50 ff.); ausdrücklich zustimmend Weinkauff, NJW 1960, 1689 ff., 1695. Mitunter sprach der BGH auch von "allgemeingültigen Sittengesetze[n] der christlich-abendländischen Kultur" (BGHZ 5, 76 [97]).

35 Weinkauff, a.a.O.

36 Evers, JZ 1961, 247: "Die Rechtsordnung als `ethisches Minimum´ nimmt es in Kauf, wenn der Mensch seine Aufgabe zur Entfaltung der sittlichen Persönlichkeit gröblich verfehlt, unter der Voraussetzung, daß er nicht gegen ausdrückliche Anordnungen verstößt oder die Grenze der Gemeinverträglichkeit überschreitet. Wann dies der Fall ist, kann dem Sittengesetz nicht entnommen werden".

37 Roxin, AT, § 2, Rn. 25, mit Verweis auf Rudolphi, Rechtsgutsbegriff, S. 161.

38 Exemplarisch sei verwiesen auf Weischedel, Recht und Ethik, S. 7, 29 ff., 32; Evers, JZ 1961, 241 ff.; Wieacker, JZ 1961, 337 ff.

39 Arthur Kaufmann, Naturrechtsrenaissance, S. 109.

Entscheidung aus dem Jahre 1957 hielt der BGH die unverlangte Zusendung einer Werbeschrift für Mittel zur Empfängnisverhütung und sexueller Reizsteigerung für eine Beleidigung, weil dies gegen das (nicht näher präzisierte) "allgemeine Gefühl von Sitte und Anstand" und das "Gebot des Anstandes und der Rücksicht" verstoße[41]. Offener läßt sich die Moralisierung des Strafrechts kaum ausdrücken. Nicht die Verletzung individueller Rechte der Person scheint hier im Vordergrund zu stehen, sondern die Konservierung herrschender bürgerlicher Moralvorstellungen, die nicht eben von Pluralismus und Toleranz geprägt sind. Den Einwänden gegen die Berufung auf das "Sittengesetz" ist nichts hinzuzufügen.

Die Beispiele aus Literatur und Rechtsprechung verdeutlichen, daß die Auslegung des Beleidigungstatbestands gerade in Blickrichtung auf die Grenze zum allgemeinen Persönlichkeitsrecht im zivilrechtlichen Sinne ohne Klärung des Verhältnisses von Recht und Moral nicht sachgerecht zu bewältigen ist. Ob das Recht, insbesondere das Strafrecht, in einem freiheitlich-demokratisch verfaßten Staat überhaupt befugt ist, den Bürgern moralische Grundhaltungen aufzuoktroyieren, ist nach den vorne erörterten Prinzipien distributiver Gerechtigkeit und der Konsensfindung in rational geführten Diskursen zu bestreiten. Paradigmatisch erklärt Foucault, der Mensch sei nicht das, was die Staatsgewalt angreifen und verändern, sondern was sie intakt lassen und respektieren solle[42]. Ob das Recht überhaupt in der Lage ist, moralbildend zu wirken, ist noch eine andere Frage.

1.1.2 Trennung von Recht und Moral

Die Alternative könnte eine völlige Trennung von Recht und Moral sein; die Vertreter des reinen Rechtspositivismus propagieren dies. Nach dieser Ansicht könne jeder beliebige Norminhalt, auch wenn er gegen fundamentale Gerechtigkeitsprinzipien verstößt, positives, d. h. gültiges Recht sein[43]. Moralneutralität ist die Kernthese des Rechtspositivismus[44]. Das Problem der Auslegung des § 185 betrifft zwar nicht den Kern der Positivismus- / Nichtpositivismusdebatte, weil die

---

40 Hassemer, Strafrechtswissenschaft, S. 264.

41 BGHSt 11, 67 (71). Beinahe revolutionär klingt für die damalige Zeit die Feststellung, jeder Dritte habe es grundsätzlich zu unterlassen, "sich unaufgefordert zum Berater darüber aufzuwerfen, in welchen Formen jemand die Begegnung und das geschlechtliche Erlebnis mit dem Partner gestalten soll" (a.a.O., S. 71). Daß sich Gesetzgebung und Rechtsprechung dennoch gerade diese "Beraterrolle" angemaßt haben, zeigen die oben zitierten Beispiele allzu deutlich. Auf die "immer noch anerkannten Regeln des Anstands und der guten Sitten im menschlichen Zusammenleben" berief sich beispielsweise auch OLG Düsseldorf NJW 1960, 1072 f. bezüglich der Strafbarkeit des "Autofahrergrußes".

42 Foucault, Überwachen, S. 94.

43 Vgl. Hobbes: "Auctoritas, non veritas facit legem".

44 Grundsätzliche Standortbestimmung bei Hoerster, NJW 1986, 2480 ff.

Norm als solche unverdächtig ist, gegen übergeordnete Gerechtigkeitsprinzipien zu verstoßen. Soweit es aber darum geht, welche Inhalte in eine unbestimmte Norm hineininterpretiert werden dürfen, ist eben doch die Streitfrage nach Zulässigkeit und Grenzen moralischer Inhalte aufgeworfen. Und ganz allgemein: die Frage, was "Recht" eigentlich ist[45]. Art. 20 Abs. 3 GG jedenfalls unterscheidet "*Gesetz* und *Recht*"[46].

Normlegitimatorische Bezugspunkte der Rechtstheorie sind die ordnungsgemäße Normsetzung und die soziale Geltung einer Norm bzw. eines Normensystems. In der "Legalität", d.h. im verfassungs- und verfahrensmäßig korrekten Entstehen, haben die Normen des gesetzten Rechts ihre Legitimität, soziale Normgeltung bedeutet, daß die Norm entweder befolgt oder ihre Nichtbefolgung sanktioniert wird. Moralische Normgeltung dagegen bedeutet die Zustimmungsfähigkeit aller potentiell Betroffenen zu Handlungsnormen, die im gleichmäßigen Interesse aller liegen[47].

Setzungsorientierte Rechtsdefinitionen finden sich beispielsweise bei John Austin, H.L.A. Hart oder Hans Kelsen[48]. Kelsens "Reine Rechtslehre" will das Recht "befreien" von allen "fremden Elementen" wie Psychologie, Soziologie, Ethik und politischer Theorie[49]. Nach diesem Modell ist der Bürger zur Befolgung jeder verfahrensgerecht erlassenen Norm verpflichtet, unabhängig von ihrem materiellen Inhalt: es könne "jeder beliebige Inhalt Recht sein"[50], selbst gänzlich sinnlose Normen wären zu achten[51]. Die Normativität der Rechtssätze beruhe auf der sog. "Grundnorm"[52], "derzufolge man sich so verhalten soll, wie es einer tatsächlich gesetzten, im großen und ganzen wirksamen Verfassung und daher den gemäß dieser Verfassung tatsächlich gesetzten, im großen und ganzen wirksamen

45 Wesel schreibt, eine Antwort darauf zu geben sei "ähnlich einfach wie der bekannte Versuch, einen Pudding an die Wand zu nageln" (Frühformen, S. 52). Und später: "Die alte Frage. Niemand kann sie endgültig beantworten" (a.a.O., S. 334).

46 Der herrschenden rechtstheoretischen Ansicht, Gesetz und Recht seien nicht identisch (stellvertretend Arthur Kaufmann, Naturrechtsrenaissance, S. 113; Kargl, GA 1994, 247), steht in bezug auf Art. 20 Abs. 3 GG die Auffassung entgegen, daß überpositive Gerechtigkeitsvorstellungen nicht unter Berufung auf diese Verfassungsnorm an die Stelle des positiven Rechts treten dürften (dazu stellvertretend Jarass/Pieroth-Jarass, Art. 20 GG, Rn. 26, m.w.N.).

47 Hierzu Teubner, Standards, S. 78 f.; Kargl, GA 1994, 254 f., 261 f.

48 Weiterführend W. Ott, Rechtspositivismus (^{2}1992).

49 Kelsen, Reine Rechtslehre, S. 1.

50 Kelsen, a.a.O., S. 201.

51 Kelsen, a.a.O., S. 104, wörtlich: "Eine Norm kann auch einen sinnlosen Inhalt haben".

52 Das Modell Kelsens steht und fällt mit der nicht-positivistischen (!) "Grundnorm", von der Kelsen selbst sagt, sie gelte "wie eine Norm des Naturrechts" [!] (Kelsen, Grundlagen, S. 20, 66).

Normen entspricht"[53]. Auf Gerechtigkeit oder Ungerechtigkeit der Verfassung und der davon abgeleiteten Rechtssätze komme es dagegen nicht an:

> "Welchen Inhalt die Verfassung und die auf ihrer Grundlage errichtete staatliche Rechtsordnung hat, ob diese Ordnung gerecht oder ungerecht ist, kommt dabei nicht in Frage; auch nicht, ob diese Rechtsordnung tatsächlich einen relativen Friedenszustand innerhalb der durch sie konstituierten Gemeinschaft garantiert. In der Voraussetzung der Grundnorm wird kein dem positiven Recht transzendenter Wert bejaht"[54].

Ein typisches Beispiel für den Positivismus ist die Lehre Karl Bindings, dessen Rechtsgutsbegriff "alles, was in den Augen des Gesetzgebers für die Rechtsordnung von Wert ist, ... kurz alles, was ausser dem Gehorsamsrechte des Staates Objekt eines deliktischen Angriffs bildet", umfaßte[55]. "*Strafbares Unrecht ist Unrecht, bei welchem das Deliktsmoment als Quelle von Straffolgen anerkannt wird; unsträfliches Unrecht dasjenige, bei welchem das positive Recht das Deliktsmoment übersehen will*"[56]. Leerformelhaft[57] legt Binding die Bewertung von Recht und Unrecht ausschließlich in die Hand des Gesetzgebers, gesellschaftliche Gerechtigkeitsmaßstäbe und gesellschaftlicher Wertewandel bleiben außen vor, Rechtsgüter und Schutzbedürftigkeit konstituieren sich nicht in der sozialen Wirklichkeit und nicht nach Maßgabe gesellschaftlicher Konsensfähigkeit, sondern nach Maßgabe der herrschenden politischen Klasse - "nur durch ihre eignen Erwägungen und durch die Logik beschränkt"[58]. Nach Wolfgang Naucke entwickelte sich in Bindings Gesetzespositivismus "jene merkwürdige, für moderne Juristen so hilfreiche, berufsnotwendige Verbindung von zufälligem, zeitbedingtem Gesetzesinhalt und einer Hochstilisierung der gesetzlichen Zwangsmöglichkeiten, jene Verbindung, die für das aktuelle Recht typisch bleibt"[59]. Die Folgen: "Das Gesetz ist nur noch eine herrschsüchtige Gebärde", "der Strafjurist, der sich dem strafrechtlichen Positivismus überläßt, wird zum Staatsschutz-Ingenieur"[60]. Binding selbst lieferte mit der Forderung der "Freigabe der Vernichtung lebensunwerten Lebens"[61] ein bizarres Exempel dafür, wohin ein Zuwenig an Moral führen kann[62]. Auch das Reichsgericht bekannte sich zum

---

53 Kelsen, Reine Rechtslehre, S. 45 ff., 219.

54 Kelsen, a.a.O., S. 204.

55 Binding, Handbuch, S. 169; programmatisch ders., Normen, siehe dazu oben S. 81 ff.

56 Binding, Normen, S. 174.

57 Frommel, Präventionsmodelle, S. 116.

58 Binding, Normen, S. 193.

59 Naucke, Aushöhlung, S. 487.

60 Naucke, a.a.O., S. 487, 494.

61 Freilich sollte auch das, ganz im positivistischen Sinne, nach peinlich genau festgelegten formalen Regeln ablaufen, z.B.: "Über den Vollzugsakt wäre dem Freigebungsausschuß ein sorgfältiges Protokoll zuzustellen" (Binding, Freigabe, S. 37).

62 Möglicherweise galt das Ansinnen Bindings zur damaligen Zeit nicht als unmoralisch, wenn man Moral als die Gesamtheit der in einer Gesellschaft anerkannten ethisch-

Gesetzespositivismus in Reinkultur: "Der Gesetzgeber ist selbstherrlich und an keine anderen Schranken gebunden als diejenigen, die er sich selbst [!] in der Verfassung oder anderen Gesetzen gezogen hat"[63].

Andere positivistische Ansätze stellen verstärkt auf soziale Aspekte der Rechtsgeltung ab. Max Weber definierte Recht als eine Ordnung, die "äußerlich garantiert ist durch die Chance physischen oder psychischen Zwanges durch ein auf Innehaltung oder Ahndung der Verletzung gerichtetes Handeln eines eigens darauf eingestellten Stabes von Menschen"[64]. Nach Theodor Geiger sei Recht die "soziale Lebensordnung eines zentral organisierten gesellschaftlichen Großintegrats, sofern diese Ordnung sich auf einen von besonderen Organen monopolistisch gehandhabten Sanktionsapparat stützt"[65]. Niklas Luhmann beschränkt den Begriff des Rechts ebenfalls auf die Frage, ob eine Norm ordnungsgemäß gesetzt und sozial wirksam sei[66], "Legitimation durch Verfahren": ein System, das die Entscheidbarkeit aller aufgeworfenen Probleme garantieren muß, könne nicht zugleich die Richtigkeit der Entscheidung garantieren[67]. Zumal nach Luhmann Wahrheit und Gerechtigkeit keine eigentlichen Werte sind, sondern gewissermaßen symbolische Funktionen, die das sich und seine Anerkennung selbst produzierende System aufrechterhalten[68]. Das Recht gilt als vollständig positiviert, so daß "für beliebige Inhalte Rechtsgeltung gewonnen werden" könne, "und zwar durch eine Entscheidung, die das Recht in Geltung setzt und ihm seine Geltung auch wieder nehmen kann"[69]. Gustav Radbruch hielt noch 1932 den Richter für verpflichtet, auch ungerechte Gesetze anzuwenden:

> "Das Recht gilt nicht, *weil* es sich wirksam durchzusetzen vermag, sondern es gilt, *wenn* es sich wirksam durchzusetzen vermag, *weil* es nur dann Rechtssicherheit zu gewährleisten vermag"[70].

---

sittlichen Grundüberzeugungen von Gut und Schlecht definiert; nennen wir es also treffender ein Zuwenig an Menschlichkeit.

63 RGZ 118, 325 (327).

64 Weber, Wirtschaft und Gesellschaft, S. 17 f.

65 Geiger, Vorstudien, S. 339.

66 Luhmann, Rechtssoziologie, S. 105.

67 Luhmann, Legitimation, S. 21.

68 Luhmann, Positives Recht, S. 178 ff.

69 Luhmann, a.a.O., S. 180.

70 Radbruch, Rechtsphilosophie (^{3}1932), S. 81. Aber einschränkend: "Dargetan ist nur, daß ... die durch das positive Recht gewährte Rechtssicherheit auch die Geltung ungerechten und unzweckmäßigen Rechts rechtfertigen kann" (a.a.O., S. 82). Radbruch erkannte aber das Problem ungerechter "Schandgesetze", exemplarisch nennt er das Sozialistengesetz Bismarcks.

Nach 1945 klang das dann aus den bekannten Gründen völlig anders, die berühmte *Radbruchsche Formel* differenzierte zwischen "gesetzlichem Unrecht" und "übergesetzlichem Recht":

> Das positive Recht sollte auch dann vorrangig sein, "wenn es inhaltlich ungerecht und unzweckmäßig ist, es sei denn, daß der Widerspruch des positiven Gesetzes zur Gerechtigkeit so ein unerträgliches maß erreicht, daß das Gesetz als 'unrichtiges Recht' der Gerechtigkeit zu weichen hat"[71].

Damit sind nun deutlich die Gefahren eines moralunabhängigen positivistischen Rechts angesprochen. Den unfaßbaren Perversionen des Rechts in totalitären Staaten hat der reine Positivismus wenig entgegenzusetzen - er verlangt von den Richtern, das gesetzte Recht anzuwenden. Auch die Wissenschaft soll in dieses System eingebunden werden. Der erste Satz einer 1933 veröffentlichten straftheoretischen Abhandlung mit dem bezeichnenden Titel "Die Strafe als Dienst am Volke" lautet: "Aufgabe der Rechtswissenschaft ist es, ihr Lehrgebäude hineinzustellen in die Ideenwelt des neuen Staates, auf dieser Grundlage ihre Probleme neu zu begreifen und der Reform den Weg zu weisen"[72]. In aller Deutlichkeit haben die Erfahrungen der nationalsozialistischen Schreckensherrschaft gezeigt, wohin das führen kann. Klarzustellen ist natürlich, daß das "Dritte Reich" kein Gesetzesstaat war. Schandgesetze wie das "Gesetz zum Schutze des deutschen Blutes und der deutschen Ehre"[73] oder die "VO gegen Volksschädlinge"[74] bildeten zwar die Grundlage eines grausigen Gesetzespositivismus, zugleich bediente sich die Justiz immer auch übergesetzlicher Elemente, wie etwa den "Kundmachungen des Führers", die als "Wegweiser der Rechtsfindung" dienen sollten[75]. *Unrecht* (im moralischen Sinne) prägte auch die Beleidigungsrechtsprechung während des Nationalsozialismus. Die Ehre war an die "seelische und rassische Zugehörigkeit zur Volksgemeinschaft"[76] gekoppelt, das LG Halle stellte 1941 fest, ein Jude könne "nicht den gleichen Ehrenschutz genießen wie ein Reichsbürger", wobei offengelassen wurde, ob ein Jude überhaupt eine Ehre oder wenigstens eine "ihm

---

[71] Radbruch, SJZ 1946, 105 ff. Arthur Kaufmann, NJW 1995, 81 ff., legt Wert auf die Feststellung, daß Radbruch entgegen der weit verbreiteten Ansicht weder 1932 reiner Positivist noch 1946 reiner Naturrechtler gewesen sei. Zur Rezeption der "Radbruchschen Formel" in der Rechtsprechung der Nachkriegszeit vgl. BGHSt 2, 173 (177); 2, 234 (238); 3, 357 (362); BVerfGE 3, 58 (119); 3, 225 (233); 6, 132 (138); 6, 389 (414); später noch BVerfGE 23, 98 (106) und zuletzt BGH StV 1996, 34 (37).

[72] Stock, Strafe (Vorwort).

[73] RGBl. 1935 I, 1146.

[74] RGBl. 1939 I, 1679.

[75] Carl Schmitt, DJZ 1934, 946 f.: "Der Führer schützt das Recht ..., wenn er ... kraft seines Führertums als oberster Gerichtsherr unmittelbar Recht schafft. ... Der wahre Führer ist immer auch Richter. Aus dem Führertum fließt das Richtertum". Vgl. auch § 2 Abs. 1 des StGB-Entwurfs von 1939.

[76] Ramm, Ehrbegriff, S. 61; Dahm, Ehrenschutz der Gemeinschaft, S. 35.

eigene jüdische Ehre" besitzen könne[77]. Dieses Beispiel zeigt ganz kraß die Einflüsse außerrechtlicher kruder Naturrechtsformeln, die in dem Grundsatz gipfelten: "Recht ist, was arische Menschen für recht befinden, Unrecht ist das, was sie verwerfen"[78].

Ralf Dreier nennt als zentrale Argumente gegen den Positivismus das "Unrechts-" und das "Prinzipienargument"[79]. Während obige Beispiele dem Unrechtsargument zuzuordnen sind, besagt das Prinzipienargument, daß "allen entwickelten Rechtssystemen Prinzipien immanent sind, die kraft ihrer Struktur und / oder ihrer Geltungsbegründung den positivistischen Rechtsbegriff sprengen"[80]. Gemeint ist damit, daß jedes positive Recht Auslegungsspielräume läßt, die anhand übergeordneter (z.B. Verfassungsprinzipien) oder außerrechtlicher (z.B. eben Moral) Maßstäbe auszufüllen seien. Auf diese Weise werde trotz positivistischer Rechtstheorie eine "notwendige Verbindung zwischen Recht und Moral" hergestellt[81].

Das Unrechtsargument kann auch Norbert Hoerster nicht entkräften, wenn er ausführt, ob eine als unmoralisch bewertete Rechtsnorm unter den Rechtsbegriff falle oder nicht, richte sich "ausschließlich nach den Maßstäben einer *konkreten Rechtsordnung*", womit er auf die Vereinbarkeit mit übergeordneten verfassungsrechtlichen Maßstäben abstellt[82]. Dies führt solange zu vertretbaren Ergebnissen, wie die Verfassung als solche moralischen Gerechtigkeitsprinzipien entspricht. Wie aber, wenn in einem totalitären System die Verfassung selbst "ungerecht" wäre? Im Ergebnis müßte dann wohl die Gültigkeit der fraglichen Norm, wegen der Vereinbarkeit mit den Verfassungsprinzipien, stehen.

Die Frage nach den zulässigen Inhalten des Rechts bleibt damit noch offen. Es läßt sich festhalten, daß reiner Rechtspositivismus begrifflich auch ohne jede "Gerechtigkeit" im Sinne einer Vorteilhaftigkeit für alle Normadressaten denkbar ist. Ein nicht auf Gerechtigkeit und übergreifenden Konsens ausgerichtetes Rechtssystem bezieht aber seine Stabilität nicht aus der Zustimmung der Bürger, sondern aus repressiver Herrschaftsausübung. Recht ohne Moral bzw. Recht mit zuwenig Moral ist jedenfalls mit den Prinzipien der Gerechtigkeit schlecht vereinbar. Umgekehrt scheint auch ein Zuviel an Moral mit dem Demokratieprinzip schlecht vereinbar. Das Demokratieprinzip besagt, daß der Staat nicht um seiner

---

77 LG Halle DR 1941, 2662.

78 H.H. Dietze, zit. nach Topitsch, Sprachlogische Probleme, S. 26 (mit weiteren ähnlichen Beispielen).

79 Dreier, NJW 1986, 891 ff.

80 Dreier, NJW 1986, 892.

81 Zum Prinzipienargument weiterführend Alexy, Grundrechte, S. 71 ff.; Dworkin, Bürgerrechte, S. 54 ff.

82 Hoerster, NJW 1986, 2480 f.

selbst willen, sondern für die Menschen da ist (Art. 20 Abs. 2 GG). Gerechtfertigt sind demnach nur solche Rechtsnormen, die dem Willen des Staatsvolkes entsprechen; das BVerfG hat dies auf die Formel gebracht, daß sich die Willensbildung in einer Demokratie vom Volk zu den Staatsorganen und nicht umgekehrt von den Staatsorganen zum Volk hin vollziehen muß[83]. Dieser Grundsatz muß über die Normsetzung hinaus auch für die Auslegung mehrdeutiger Normen gelten, d.h. konkret auch für den § 185 StGB. Legitim kann nur sein, was vom Willen der Bevölkerung getragen wird. Problematisch ist die Frage, ob die Zustimmung der *Mehrheit* diesem Erfordernis genüge tut, d. h. ob die Überzeugung der Mehrheit ein ausreichender Grund ist, bestimmte Verhaltensweisen unter Strafe zu stellen[84]. Nimmt man die Idee der "Gerechtigkeit als Fairneß" ernst, muß dies unter Bezugnahme auf das Pluralismusgebot bestritten werden: die jeweilige Mehrheit - Mehrheitsverhältnisse sind zufällige Momentaufnahmen, Mehrheitsstimmungen sind nahezu beliebig manipulierbar - könnte die jeweilige Minderheit mit nahezu beliebigen Rechtspflichten belegen. Zwar nur im Rahmen des verfassungsmäßig Zulässigen, aber Spielräume für moralische Bevormundung blieben allemal[85], wollte man - mit Lüderssen gesprochen - im Staat den "zuständigen Moralunternehmer"[86] in den entscheidenden gesellschaftspolitischen Fragen sehen.

1.1.3 Historischer Rückblick

Die Trennung von Recht und Moral wird allgemein als Errungenschaft der Aufklärung (Thomasius, Beccaria, Hommel, Kant, Fichte) gesehen. Moraltheologie und mittelalterliches Denken wurden mit zunehmender Verbreitung des Vernunftdenkens zurückgedrängt; das überkommene transzendente, auf Gott bezogene Weltbild wich dem Verständnis des vernunftbegabten Menschen als empirisches Individuum. Folglich galt es zu unterscheiden zwischen rechtlich erzwingbaren Pflichten und nur innerlich verpflichtenden Geboten der Sitte und der Moral. Zweck- und Nützlichkeitserwägungen erhielten Einzug in die Straftheorie, Religions- und Sittlichkeitsdelikte als nur moralische Verfehlungen wurden zurückgedrängt oder wenigstens milder beurteilt. Beispiele bilden Strafnormen gegen Ketzerei, Atheismus und bestimmte Formen der "Unzucht" wie Sodomie oder

[83] BVerfGE 20, 56 (98 f.).

[84] Vgl. Hoerster, JZ 1971, 123 ff.

[85] Zu den Gefahren formal-demokratisch möglicher Mehrheitsbeschlüsse für die Demokratie im Allgemeinen vgl. Weinberger, Leitideen, S. 621 f.; ders., ARSP 81 (1995), 318 f.; Hondrich, Moderne Gesellschaften, nennt Mehrheitsgefühle "alles andere als unabänderliche, fixierte Größen. Sie seien vielmehr "immer auf dem Sprung, neue Erscheinungsweisen abweichenden Verhaltens auszugrenzen und zu diskriminieren". Habermas ergänzt, ein Konsens der Mehrheit sei ein Konsens der Gefühllosigkeit, der sich mit der Marginalisierung von Minderheiten abfinde (Habermas, Moral, S. 67).

[86] Lüderssen, Abschaffen, S. 69.

Beischlaf mit einer menstruierenden Frau[87]. Eine plastische Beschreibung der "sittlichen Einmischung in alles und jedes" findet sich bei Ernst Bloch: "Die alten Gesetzbücher erröten, wenn sie über Huren handeln, sie schäumen auf, wenn sie über Meuterei zu bestimmen haben, sie sind überfüllt mit verfolgungssüchtigem Anstand, mit Einheit von Rache und Moralpauke zugleich"[88].

Kant unterteilte Pflichten in "Rechtspflichten" (officia iuris) und "Tugendpflichten" (officia virtutis) - eine äußere Gesetzgebung sollte nur für erstere möglich sein. Recht ist Müssen, Moral ist Sollen. Recht bezieht sich auf äußere Vorgänge, Moral auf innere[89]. Für das Recht sollte es alleine darauf ankommen, ob Verhaltensweisen den Vorgaben des Gesetzes entsprechen, nicht aber auf die Frage, aus welchen Motiven gesetzeskonformes Handeln vollzogen wird, ob aus moralischer Überzeugung von den Gegenständen der Regelung (z. B. aus Respekt vor fremdem Eigentum) oder nur aus Angst vor Bestrafung. Rechtsgesetze sollten mithin nicht die Moralität der Gesinnung sichern, sondern rein äußerlich die Legalität des Verhaltens, also Konformität[90]. Nach Kant sei es nicht die Aufgabe der Juristen, "über Gesetzgebung selbst zu vernünfteln, sondern die gegenwärtigen Gebote des Landesrechts zu vollziehen"[91]. Wobei das Bekenntnis zum Positivismus nicht darüber hinwegtäuschen kann, daß die Rechtslehre Kants von strengen moralischen Wertvorstellungen geprägt war. Auch Hegel sieht das Recht ("das Reich der verwirklichten Freiheit"[92]) positivistisch: "Daß Gewalt und Tyrannei ein Element des positiven Rechts sein kann, ist demselben zufällig und geht seine Natur nicht an"[93]. Fichte war ebenfalls der Auffassung, das Recht könne geradezu in einen Gegensatz zu Moral und Sittlichkeit treten, ohne deswegen im mindesten seinen Rechtscharakter einzubüßen[94].

---

87 Zum Ganzen Eb. Schmidt, SchwZStW 73 (1958), 341 ff.; Amelung, Rechtsgüterschutz, S. 16 ff.; Rüping, Grundriß, S. 54 ff.; Welzel, Naturrecht, S. 164 ff.; Wesel, Frühformen, S. 334 ff. Interessant ist in diesem Zusammenhang die Entscheidung OLG Frankfurt NJW 1967, 2075 f., die die Erzwingung des Beischlafs mit einer Frau "trotz Menstruation" als Beleidigung wertete, weil dies "einen über die Notzuchtshandlung begrifflich hinausgehenden Angriff auf die Geschlechtsehre der Verletzten" darstelle. Derartige Fälle der sog. "Sexualbeleidigung" werden an späterer Stelle einer kritischen Betrachtung unterzogen.

88 Bloch, Naturrecht, S. 261. Das Auseinanderfallen von Legalität und Moralität nennt Bloch einen ideologischen Grundzug der Bürgerlichkeit (a.a.O., S. 263).

89 Vgl. nur Luhmann, Recht, S. 39 f.; weitere ähnliche Unterscheidungen bei Lüderssen, Analyse & Kritik 3 (1981), 198 f.

90 Vgl. Kant, MdS, Rechtslehre, Anhang zur Einleitung in die Rechtslehre, VIII, AB 47 ff.; Feuerbach, Revision, S. 29: "Bürgerliche Strafe kann keine moralische Strafe sein".

91 Kant, Zum ewigen Frieden, XI, A 68 ff. "So muß ihnen jede jetzt vorhandene gesetzliche Verfassung und, wenn diese höheren Orts abgeändert wird, die nun folgende immer die beste sein; wo dann alles so in seiner gehörigen mechanischen Ordnung ist".

92 Hegel, Rechtsphilosophie, VII, § 4, S. 46.

93 Hegel, a.a.O., § 3, S. 34 f.

94 Fichte, Naturrecht, S. 104, 148. Die positiven Gesetze sollten jedoch "nichts anderes

Die Gesellschaftsvertragslehre der Aufklärungszeit hat die Trennung von Recht und Moral nicht "erfunden". Sie hat der vernunftrechtlichen Einsicht zum Durchbruch verholfen, daß der Staat nur innerweltliche Ziele verfolgen darf und dem Strafrecht nur die Aufgabe zukommt, das friedliche Zusammenleben der Bürger (als "Vertragspartner") zu garantieren. Betrachtet man aber die historische Entwicklung des Rechts (oder unverbindlicher gesprochen: der Ordnungsmechanismen sozialer Gemeinschaften) insgesamt, stellt sich die Trennung von Recht und Moral als logischer Schlußpunkt eines langen Entwicklungsprozesses dar.

Das Ordnungssystem in vorstaatlichen Jäger- und Sammlergesellschaften basierte auf einem indifferenten Ineinandergreifen der Ordnungsbereiche Recht, Moral und Sitte, die starre Bindung an Traditionen und Naturreligionen läßt eine Unterscheidung zwischen diesen Ordnungsfaktoren nicht zu[95]. Obgleich diese Ordnungen mit dem heutigen Begriff des Rechts nur wenig gemein haben, läßt sich ihnen Rechtsqualität insofern zuschreiben, daß man Recht als ein Regelwerk definiert, das unter dem Einfluß von Autoritäten in einer Gesellschaft allgemein als verbindlich angesehen wird und auf die Verletzung von Regeln mit Sanktionen reagiert[96]. Im einzelnen waren die Regeln der verschiedenen archaischen Gesellschaften grundverschieden[97], gemeinsam war aber allen eine Ordnung, die die wichtigsten Bereiche des sozialen Lebens regelte: Regeln über die Zugehörigkeit zur Verwandtschaftsgruppe, über Exogamie und Inzest, Brautpreisleistungen und Residenz, Zuordnung von Land, Vieh und anderen Sachen und ihre mögliche Vererbung, über Reziprozität und Verbote von Verletzungen anderer[98]. Den traditionellen Regeln der Gemeinschaft haben sich die Menschen nicht nur aus Überzeugung unterworfen, sondern auch, weil sie religiöse und familiäre Sanktionen[99] bis hin zum Ausschluß aus der Gemeinschaft befürchten mußten. In

sein als das realisierte Naturrecht".

95 Weiterführend Wesel, Frühformen, S. 319 ff., 334 ff. u. passim; Kargl, Handlung, S. 381 ff., 403 f.

96 Wesel, a.a.O., S. 52 ff., 334 ff. Elemente des Rechts sind demnach auctoritas (Autorität), veritas (allgemeines Rechtsbewußtsein) und Sanktionen. Wesel hat sich damit ausdrücklich von seiner früher (Wesel, KritJ 1979, 233 ff., 242) vertretenen Unterscheidung von Recht und Gewohnheitsrecht distanziert (vgl. Wesel, Egalitäres und staatliches Recht, S. 47 f.). Die aufgegebene Differenzierung zwischen *law* und *custom* besagte, daß Recht erst mit Herrschaft entstehe, die in egalitären, anarchischen, akephalen vorstaatlichen Gesellschaft noch nicht gegeben war; zwischen Gewohnheitsgesellschaften und Rechtsgesellschaften wurde unterschieden.

97 Wie auch die religiösen und magischen Leitmotive der einzelnen Gesellschaften grundverschieden waren. Die Mbuti im nordöstlichen Kongo beispielsweise verstanden den Wald religiös, als lebendiges, wohlwollendes und gütiges Wesen, das auf das Handeln der Menschen reagierte (Wesel, Frühformen, S. 149 ff.). Die Lele im heutigen Zaire glaubten an einen Gott, Njambi, waren aber zugleich Hexerei, Zauberei, Orakeln und Magie verbunden; durch Geister, glaubten sie, nehme der Gott Einfluß auf die Menschen (S. 295 ff.). Die Eskimos hatten Geister und Schamanen (S. 124 ff.).

98 Wesel, Frühformen, S. 319 u. passim.

diesem komplexen Regelwerk, das den Mitgliedern der Gesellschaft innere Verpflichtungen auferlegt und auf Übertretungen mit Sanktionen reagiert, liegt die Rechtsqualität der vorstaatlichen Ordnungen. Personifizierte oder institutionalisierte Autoritäten oder gar Gesetze waren nicht erforderlich, da die akephalen Gesellschaften Konflikte primär durch gemeinsame Konsensfindung beilegten[100]. Die Konflikterledigung erfolgte selbstregulierend ohne "rechtliche" Instanzen durch Verhandlung und Vermittlung; inwieweit dies als institutionalisierte soziale Kontrolle bezeichnet werden kann, bleibt ein definitorisches Problem. Sigrist nennt diesen Zustand "regulierte Anarchie": Anarchie, weil die Gesellschaften ohne formalisierte Rechtsinstanzen auskommen, reguliert, weil sie die Bedingungen strikter Egalität normativ sichern müssen[101]. Normverstöße waren zunächst Verletzungen persönlicher Rechte anderer, nicht aber Verstöße gegen die Interessen der Allgemeinheit[102].

Die Auflösung der ursprünglichen Verschmelzung von Recht und Moral setzte mit der Entstehung staatlicher Herrschaft ein[103], die zunehmende Verrechtlichung der Lebenswelt durch immer komplexere Gesetzeswerke bedingte zugleich eine zunehmende Unterscheidung von Rechts- und Moralpflichten. Damit ergab sich zwangsläufig als neues Problem, daß Recht nicht mehr "von unten", durch gemeinschaftliche Konsensfindung, sondern "von oben", durch die Autorität der Staatsmacht, konstituiert wurde. Daß die Wertsetzung nunmehr dem Staat überlassen war, heißt allerdings auch, daß die Setzung moralisch motivierter Normen zur Disposition der Machthaber stand.

Der kurze historische Abriß über die zunehmende Entflechtung von Recht und Moral legt die Vermutung nahe, daß dieser Prozeß im heutigen Staat abgeschlossen, das Recht mithin frei von moralisierenden Elementen der Sittlichkeit im

99 Z. B. Rache, Blutrache, Fehde. Art und Bedeutung der Sanktionen der verschiedenen akephalen Gesellschaften lassen sich nicht verallgemeinern, siehe oben.

100 Die Eskimos etwa waren besonders empfindlich gegenüber "Wehtun", worunter ausschließlich körperliche Gewalt verstanden wurde. Gewalttätigkeiten, die sich ausnahmslos aus dem Streit um Frauen entwickelten, galt es um jeden Preis zu verhindern, eine friedensstiftende, beruhigende Funktion kam den stundenlangen ritualisierten Streitgesängen zu. Die Kontrahenten singen sich böse Anschuldigungen zu, am Ende entscheidet der Beifall der Zuhörer über den Ausgang des Konfliktes. Der nach heutigem Verständnis beleidigende Charakter der Gesänge spielte keine weitere Rolle, infolge der Fixierung aller Ängste auf Gewalttätigkeiten wurden Beleidigungen nur dann akut, wenn sie in Gewalt übergingen. Ritualisierte Gegengewalt kam erst als Reaktion auf Gewalttätigkeiten in Betracht, im Vorfeld galt das Primat der friedlichen Konfliktregelung (Wesel, Frühformen, S. 109 ff.).

101 Sigrist, Regulierte Anarchie; vgl. auch Blankenburg, Ideologem, S. 76 f.

102 Wesel, Frühformen, S. 344.

103 Wesel, a.a.O., S. 350, datiert die "Verrechtlichung" des Lebens auf den Übergang zur Seßhaftigkeit.

weiteren Sinne sein müßte[104]. Und doch zeigen die obigen Beispiele aus Rechtsprechung und Schrifttum einen nach wie vor starken Einfluß rigider Moralvorstellungen auf die Rechtsfindung. Noch im amtlichen StGB-Entwurf von 1962 wurde versucht, ein durch und durch moralisierendes Strafrecht durchzusetzen, exemplarisch sei auf den Bereich der "Sittlichkeitsdelikte" hingewiesen: Unter Berufung auf die "unbestreitbare Erkenntnis ..., daß die Reinheit und Gesundheit des Geschlechtslebens eine außerordentlich wichtige Voraussetzung für den Bestand des Volkes und die Bewahrung der natürlichen Lebensordnung" sei, sollten Strafbestimmungen gegen Ehebruch, einfache Homosexualität, Unzucht mit Tieren, Zuhälterei, Striptease, Verbreitung unzüchtiger Schriften oder Sachen, Werbung für unzüchtigen Verkehr, unsittliche Anpreisung verhütender Mittel und "Kuppelei unter Ehegatten im Sinne des Partneraustausches" der "Ausbreitung dieser Verfallserscheinung[en] mit einer Strafandrohung entgegentreten". Ganz unverhohlen wurde zur Aufgabe des Strafrechts erklärt, "durch die sittenbildende Kraft des Strafgesetzes einen Damm gegen die Ausbreitung eines lasterhaften Treibens zu errichten"[105]. Von einer historisch-konsequenten Trennung von Recht und Sittlichkeit kann insofern keine Rede sein. Trotz des Scheiterns dieses Entwurfs ist auch das geltende Strafrecht nicht frei von Normen, die den Tatrichter zu ethisch-moralischen Bewertungen verpflichten, offensichtlich ist dies bei den "guten Sitten" i.S.d. § 226 a[106] und den Mordmerkmalen des § 211[107]. Also doch keine Trennung von Recht und Moral?

---

104 Arthur Kaufmann, JuS 1978, 363, stellt fest, daß die Identität von Recht und Moral vornehmlich das Dogma autoritärer Systeme war und ist. Teubner bestätigt das mit dem Hinweis auf ein Hitler-Zitat: "Von nun an gibt es keinen Unterschied mehr zwischen Recht und Moral" (Teubner, Standards, S. 16, Fn. 25).

105 Lesenswert dazu die Kritik von Roxin, Sittlichkeit, S. 156 ff. sowie die Begründung des Alternativentwurfs von 1966. Zutreffend weist Roxin a.a.O. darauf hin, daß diese Auffassungen von der Sexualmoral des 19. Jahrhunderts und der noch sehr viel weiter zurückgehenden kirchlichen Moraltheologie geprägt waren. Hans Welzel war übrigens an der Ausarbeitung des E 1962 beteiligt.

106 Auch die Umschreibung der "guten Sitten" mit dem "Anstandsgefühl aller billig und gerecht Denkenden" bleibt vage; zu Nachweisen für Rechtsprechung und Kritik vgl. nur Dreher/Tröndle, § 226a, Rn. 9.

107 Nach ständiger Rechtsprechung (seit BGHSt 2, 63) ist ein Täter als Mörder zu verurteilen, wenn die Motive der Tötung "nach allgemeiner sittlicher Anschauung verachtenswert sind und auf tiefster Stufe stehen". Haffke, GA 1978, 48, kritisiert dies als Versuch, "die kollektive Entrüstung und Empörung über ein als besonders scheußlich eingestuftes Verbrechen zu kanalisieren und in das Strafrecht zu transponieren". Woesner, NJW 1978, 1025 f., sieht in dem "Druck der irrationalen Fassung der einzelnen Tatbestandsmerkmale", die erst "die Schleusen moralisierender, häufig sogar gefühlsbetonter Wertung" öffneten, die Gefahr, daß der Richter "seine eigenen moralischen Anschauungen zum Bestandteil des Rechts" erkläre.

1.1.4 Entwicklungspsychologische Erkenntnisse: Moralbewußtsein durch autoritäre "Erziehung"?

Das führt nun zurück zur Ausgangsfrage, inwieweit moralische Elemente in das Strafrecht des freiheitlich-demokratischen Rechtsstaats einfließen dürfen. Die positivistische Antwort hieße: soweit der Gesetzgeber entsprechende Normen form- und verfahrensgerecht erlassen hat. Unter diesem Aspekt müßten die bereits dargestellten moralgeleiteten Interpretationen des § 185 im Kern als zulässig erachtet werden - vorbehaltlich der noch zu thematisierenden Rechtsgüterschutzlehren. Die bislang nur im Rahmen des Anerkennungsbegriffs erörterten Gerechtigkeitstheorien sprechen jedoch gegen ein solches Verständnis - Recht ohne Moral, das als "ethisches Minimum"[108] ausschließlich an der setzungsmäßigen Legitimität orientiert wäre, birgt zu große Risiken für die Gerechtigkeit.

Moralisierende Strafnormen beinhalten die Gefahr einer tendenziell ausufernden Pönalisierung, gerade die Beispiele zur Beleidigung haben dies gezeigt. Gegen ein Zuviel an Moral spricht zunächst das Demokratieprinzip. Darüberhinaus muß bezweifelt werden, ob eine von oben verordnete Moral die Adressaten überhaupt *innerlich* erreichen kann. Die äußerlich wahrnehmbare Befolgung entsprechender Normen bedeutet nicht, daß deren moralischer Gehalt auch verinnerlicht worden wäre. Nach der Kantischen Unterscheidung von Recht (Müssen) und Moral (Sollen) ist das Recht autoritäre Fremdbestimmung des Willens, die Moral dagegen autonome Selbstbestimmung des Willens. Bloch nennt die Legalität die "schlechthin zwanghafte ... Peitsche des Tierbändigers, nicht die Stimme des Gewissens"[109]. Daß die "Peitsche" schlecht geeignet ist, das Innere, das Gewissen, zu motivieren, folgt schon aus der Ratio der oben vorgestellten Anerkennungsmuster.

Anknüpfend an die Anerkennungsmuster und die Ausführungen zur Entwicklungspsychologie können wir festhalten: Die Fähigkeit zum Perspektivenwechsel, zu Empathie, Verständnis und Verantwortungsbewußtsein gegenüber dem anderen wird über die Erfahrung von Anerkennung vermittelt, zuerst und insofern prägend über das Verhältnis des Kindes zu den Eltern[110]. Die Erfahrung von Liebe in der Eltern-Kind-Beziehung stellt die erste Stufe der reziproken Anerkennung dar,

---

108 Vgl. Jellinek, Bedeutung, S. 45.

109 Bloch, Naturrecht, S. 263.

110 "Prägung" meint in diesem Zusammenhang nicht die irreversible Fixierung eines Instinktschemas (Konrad Lorenz), der Mensch kann sich nämlich von angeborenen Verhaltenstendenzen freimachen: "Wenn es beim Menschen unwiderruflich festliegende Prägungsengramme gibt, so ist er kraft seiner Entscheidungsfreiheit ebenso von ihnen unabhängig, wie er auch angeborenen Verhaltenstendenzen nicht unbedingt folgen muß" (Hassenstein, Verhaltensbiologie, S. 341).

in der wechselseitigen Erfahrung liebevoller Zuwendung wissen sich die Subjekte darin einig, daß sie in ihrer Bedürftigkeit vom jeweils anderen abhängig sind. Das Selbstvertrauen des Kleinkindes konstituiert sich über die Sicherheit der mütterlichen Liebe. Über die im Eltern-Kind-Verhältnis vorgelebte Anerkennungsbeziehung erfährt das Kind nicht nur das Gefühl des eigenen Wertes, sondern über das vorgelebte Verhalten der primären Bezugspersonen zugleich ein prägendes allgemeines Werte- und Weltverständnis. Diese erste Sozialisationsstufe vermittelt dem Kind Vorstellungen über sozial akzeptierte Werte und "richtiges" Verhalten gegenüber anderen Menschen[111]:

> "Entscheidend beteiligt am Erlernen sozialer Verhaltensmuster nun sind jene ... Vorgänge der Identifikation und Imitation, vermittels derer das Kind die allgemeinen Normen oder Verhaltensmuster, die ihm im Elternhaus vorgelebt werden, übernimmt"[112].

Die Achtung für den anderen wird also über positive Anerkennungsverhältnisse erzeugt, nicht über Zwangsbeziehungen[113]. Schon Hegel erkannte den Kern dieses Problems, indem er gegen Feuerbachs Straftheorie des "psychologischen Zwangs" den Einwand erhob, dies sei, "als wenn man gegen einen Hund den Stock erhebt, und der Mensch wird nicht nach seiner Ehre und Freiheit, sondern wie ein Hund behandelt"[114]. Wieacker warnt vor dem "Übel der Heuchelei oder der traumatisch-aggressiven Reaktion, das jede mit Gewalt erzeugte Moral hervorbringt" und der "Unmenschlichkeit, mit der eine absolute Moral sich allzeit gern über Gewissen, Ehre und Existenz Andersdenkender hinweggesetzt hat": der Rechtszwang sei "das ungeeignetste und odioseste Mittel, Sittlichkeit als solche zu verwirklichen"[115]. Woraus die Schlußfolgerung zu ziehen ist, daß die unmittelbare Verwirklichung materialer ethischer Werte nicht die Aufgabe des Rechts sein kann[116] - rationale Motive lassen sich nicht empirisch erzeugen, sondern entspringen alleine der autonomen Einsicht; Gehorsam und Moral schließen sich aus[117].

Die nähere Betrachtung entwicklungspsychologischer und pädagogischer Erkenntnisse über die Entwicklung moralischer Urteile und persönlicher

---

[111] Honneth, Anerkennung, S. 153 ff.; Kargl, Funktion, S. 28 ff.; ders., GA 1994, 259, Fn. 81 ff. Zur Bedeutung einer intakten Familie für die Sozialisation des Kindes siehe Toby, Einfluß, S. 91 ff.

[112] Hilde Kaufmann, Kriminologie I, S. 120.

[113] So auch Kargl, Funktion, S. 19 f. u. passim.

[114] Hegel, Rechtsphilosophie, § 99, Zusatz, S. 190. Hegels eigene Straftheorie ist freilich nicht minder problematisch, siehe unten, S. 187 ff.

[115] Wieacker, Recht und Sittlichkeit, S. 252.

[116] Wieacker, a.a.O., S. 251 f.

[117] Günther, Möglichkeiten, S. 208 ff.; Kargl, Funktion, S. 25, 31, 44 f.

Verantwortlichkeit bei Kindern wird dieses Ergebnis bestätigen. Nach Jean Piaget gelangt das Kind über die Entdeckung, daß die Wahrhaftigkeit für die Beziehungen gegenseitiger Sympathie und Achtung notwendig ist, zur eigentlichen Autonomie; moralische Autonomie besteht, wenn das Bewußtsein ein Ideal als notwendig erachtet, das von jedem äußeren Druck unabhängig ist. Die Autonomie tritt mit der Gegenseitigkeit erst in Erscheinung, wenn die gegenseitige Achtung stark genug ist, im Individuum das innerliche Bedürfnis hervorzurufen, den anderen so zu behandeln, wie es selbst behandelt werden möchte[118]. Die Entwicklung moralischen Regelbewußtseins erfolgt Piaget zufolge in vier aufeinanderfolgenden Entwicklungsstadien, die er als motorisches und individuelles Stadium, egozentrisches Stadium, Stadium der beginnenden Zusammenarbeit und Stadium der Kodifizierung der Regeln benennt[119]. Piagets Muster der Organisation von Denk- und Erkenntnisprozessen hat Lawrence Kohlberg zu einer Theorie der Entwicklung moralischen Urteilens weiterentwickelt[120].

Nach Kohlbergs Theorie konstituiert das Individuum sein Realitätsverständnis aktiv in der Auseinandersetzung mit der natürlichen und sozialen Umwelt. Der Mensch wird nicht als Produkt einer Kausalgeschichte, als nur von seiner Umwelt geprägte oder von angeborenen Reifungsprozessen gesteuerte, sondern als aktiv lernende Persönlichkeit betrachtet, als "Gestalter seiner Entwicklung". Das Denken entwickelt sich in der Auseinandersetzung mit der dinglichen und sozialen Umwelt, moralische Entwicklung besteht in der zunehmenden Vertiefung des Verständnisses der Geltungsgründe moralischer Regeln und ihrer Befolgung. Kohlberg unterscheidet drei Entwicklungsebenen (präkonventionelle, konventionelle und postkonventionelle Ebene) mit insgesamt sechs Entwicklungsstufen[121], die die aufeinanderfolgenden Etappen des Wegs der moralischen Entwicklung vom anfänglichen intuitiven Egoismus des Kindes hin zum Erkennen der Interessen und Motivationen der anderen und zur Übernahme sozialer Verantwortung beschreiben. Auf der letzten Entwicklungsstufe (postkonventionelles Niveau) gilt die Einheit von Urteilen, Motivation und Handeln als realisiert: der Handelnde tut das Rechte auch unter persönlichen Kosten, weil er die universelle Rechtfertigbarkeit moralischer Prinzipien erkennt, Motiv der Regelbefolgung ist die Einsicht in die Legitimität der Regelgeltung. Moralische Urteile sind nicht die bloße Reproduktion vorgegebener Lehren, sondern eigenständige Konstruktionsleistungen des Subjekts; der vorrangige Lernmechanismus ist der Zwang, sich mit Wider-

---

118 Piaget, Urteil, S. 222 u. passim; vgl. auch Hassenstein, Verhaltensbiologie, S. 115 u. passim.

119 Zusammenfassende Übersicht zum Modell Piagets a.a.O., S. 21 ff.

120 Z.B. Kohlberg, Essays (1981); Kohlberg/Boyd/Levine, Wiederkehr, S. 205 ff.; eine gute Übersicht in deutscher Übersetzung bietet nunmehr die Zusammenstellung Kohlberg, Psychologie der Moralentwicklung (1995).

121 Schematische Übersichten bei Oser/Althof, Moralische Selbstbestimmung, S. 54, 64 f.

sprüchen *auseinandersetzen* zu müssen. Beweggrund moralischen Handelns ist somit - empirisch nachgewiesen - die freiwillige (!) Selbstbindung aus Einsicht (!) in die Geltungsgründe moralischer Normen und Prinzipien sowie Legalität und Legitimität - sanktions- und autoritätsunabhängig. Zwischen faktisch vorherrschenden und moralisch gerechtfertigten Normen kann also klar differenziert werden[122].

Untersuchungen zur Handlungsmotivation von Kindern haben gezeigt, daß normkonformes Verhalten (z.B. andere Kinder nicht zu schädigen, bestehlen etc.) nicht durch die Erwartung negativer oder positiver Sanktionen - Akzeptanz oder Ablehnung durch Gleichaltrige, Strafe oder Belohnung durch Erwachsene - geleitet wird, sondern durch den Wunsch, das autonom als richtig Empfundene zu tun[123]. "Moralische Gefühle der Schuld oder Scham entstehen, wenn das Individuum nicht in Übereinstimmung mit moralischen Vorbildern oder Selbstidealen gehandelt hat. Gefühle des Stolzes und der Zufriedenheit entstehen dann, wenn es den moralischen Vorbildern gerecht wird"[124]. Konsistenz wird ex ante hergestellt, indem die Handlung in Übereinstimmung mit dem erfolgt, was als richtig oder verantwortlich im Sinne interpersonaler und moralischer Standards angesehen wird; Konsistenz wird post hoc hergestellt durch Rechtfertigungen und Entschuldigungen, sofern moralische Standards verletzt wurden[125]. Auch Kohlbergs Modell ist angelehnt an Meads Konzept der idealen Rollenübernahme: Es verlangt die universelle Austauschbarkeit der Perspektiven aller Betroffenen, Ego muß sich vorstellen können, wie sich ein jeder in die Lage eines jeden anderen hineinversetzt[126].

Die Entwicklung moralischer Verantwortlichkeit wird also beeinflußt durch in positiven Anerkennungsverhältnissen durch Bezugspersonen vorgelebte und vermittelte Werte, die moralischen Werte müssen durch Selbstreflexion rekonstruiert und verstanden werden, bevor sie handlungsleitend werden können. Entscheidend ist die auf der Einsicht des Betroffenen basierende Internalisation der moralischen Werte. Bestätigt ist damit die These, daß sich durch autoritäre Erziehung und Sanktionen nicht moralische Werthaltungen, sondern allein äußerlich konforme Verhaltensweisen erzeugen lassen[127]. Den Anhängern einer

---

122 Zum Ganzen Nunner-Winkler/Edelstein, Einleitung, S. 7 ff., 27; Oser/Althof, Moralische Selbstbestimmung, S. 41 ff.; Oerter, Moderne Entwicklungspsychologie, S. 227 ff., 281 ff.

123 Hierzu Nunner-Winkler, Entwicklung, S. 283 ff., 292 f.

124 Keller/Edelstein, Entwicklung, S. 310. Zu Selbstachtung und Scham siehe auch Tugendhat, Identität, S. 33 ff.

125 Keller/Edelstein, a.a.O., S. 313.

126 Zur Bedeutung Meads für die Theorie Kohlbergs vgl. Habermas, Gerechtigkeit, S. 299 ff.

127 Daß Erziehung ohne Autorität und Gehorsam auskommen könnte, soll damit nicht ge-

rein abschreckungspräventiven Straftheorie dürfte das genügen. Entgegenzuhalten ist dem, daß selbst die bloße Abschreckung ihren Zweck verfehlen muß, wenn dem Adressaten der Zwangsnormen die Einsicht in das Warum fehlt. Darüberhinaus ist hinlänglich bekannt, daß Sanktionen, deren Sinn der Betroffene nicht nachzuvollziehen vermag, zu Verstörung[128] und Persönlichkeitsschäden führen können[129], weil es, psychoanalytisch gesprochen, an der Ich-Integrierbarkeit der Inhalte einer reinen Zwangsmoral fehlt.

Mitscherlich führt aus, daß eine nicht auf der Einfühlung in das Kind beruhende autoritäre Erziehung es bei einem Erfahrungsautomatismus beläßt, der nicht mit Einsicht verknüpft wird: "Das Kind muß von da an Gerechtigkeit mit Strafe und Belohnung verwechseln. Diese Einengung ist nicht verschieden von der Einhurdung des Viehs, das der elektrische Schlag des Drahtes abschreckt, sich nach dem saftigen Gras jenseits der Umzäunung gelüsten zu lassen"[130]. Noch deutlicher wird E. S. Wolf:

> "Der Pol der Werte und Ideale ist eine notwendige Grundkomponente des gesunden Selbst. Fehlt dieser Pol oder ist er durch Schädigung geschwächt oder infolge von Störungen in seiner normalen Entwicklung beeinträchtigt, dann ist die gesamte Struktur des Selbst geschwächt. Das geschwächte Selbst neigt zu Fragmentierung, Kohärenzverlust und erhöhter Verletzlichkeit. Es ist wichtig zu begreifen, daß ein schwacher Wertepol nicht nur Ungewißheit über den Inhalt von Werten und Idealen nach sich zieht, sondern das richtige Funktionieren und manchmal sogar das Überleben des Selbst in Frage stellt"[131].

In der Formulierung weniger drastisch, im Ergebnis aber ähnlich sind die Schlußfolgerungen von Oser und Althof aus entsprechenden Versuchsreihen mit Kindern. "Indem Kindern Tugenden nahegebracht werden, die sie noch nicht verstehen können (`staatsbürgerliche Pflichten´ sind für einen Zehnjährigen auf Stufe 2 [Anm.: auf das Kohlberg-Modell bezogen] ziemlich belanglos), forciert man

---

sagt sein. Zu unterscheiden sind "echter" und "unechter" Gehorsam. Echter Gehorsam bedeutet, Anordnungen Folge zu leisten, zu denen das Kind sich nicht gezwungen sieht, weil es den Sinn der Anordnung einsieht oder aufgrund seines Vertrauens in den Anordnenden für berechtigt hält. Unechter Gehorsam resultiert dagegen aus der Furcht negativer bzw. der Erwartung positiver Sanktionen (Metzger, Psychologie, S. 66 f.). Wenn Horkheimer von einer "durchaus großen Sehnsucht" junger Menschen nach Autorität spricht, ist damit in erster Linie eine "durchaus positive und geliebte Autorität, als eine Person, die hilft oder Vorbild ist", gemeint (Horkheimer, Sozialpsychologische Forschungen, S. 19).

128 Zur "verstörenden Strafe" siehe Mitscherlich, Gesellschaft, S. 221 ff.: "Die drakonischen Strafen knebeln die Autonomiebestrebungen des Kindes und erregen es zugleich in höchsten Maße". Die Folge: nur das Fortlaufen in eine Umwelt, die weniger einschüchternd erscheint, könne Entlastung bringen (a.a.O., S. 223).

129 Überzeugend E. S. Wolf, Selbst, S. 159 ff.

130 Mitscherlich, a.a.O., S. 224.

131 E. S. Wolf, a.a.O., S. 161.

Heuchelei - vorgebliche Übereinstimmung mit dem, was die Lernperson hören will"[132]. Versuche, konventionell vordefinierte Werte verhaltenswirksam zu übertragen, müssen scheitern, wenn Motive und Begründungen vernachlässigt werden[133]. Gleiches gilt für indoktrinative Erziehungsmethoden. Indoktrination bedeutet Zwang durch Manipulation, weil sie - anders als Zwang durch offene Gewalt oder Konditionierung auf subtile Weise wirkend - eine Überzeugung unter Umgehung der freien Entscheidung des Überzeugten zu verankern versucht. Indoktrinative Erziehung schließt Selbstbestimmung und Rationalität aus und beraubt das Kind der Chance, Erkenntnis und Vernunft anzuwenden und zu entwikkeln. Sie ist daher ebenso schädlich wie eine auf unmittelbarem Zwang basierende Erziehung, das Ziel der Moralbildung kann sie nicht erreichen[134].

Für die Bedingungen moralischen Lernens gilt daher: "Moralische Erziehung bleibt erfolglos, wenn sie sich auf bloßen Erwerb von Wissen über soziale Zusammenhänge und auf abstrakte Beschäftigung mit Rechten und Pflichten beschränkt. Der Maßstab des Erfolgs kann einzig und allein das Ausmaß sein, in dem das eigene Denken der Kinder und Jugendlichen in Gang gesetzt wird. Bloße Belehrung versagt hier ebenso wie die `Verstärkung´ vorgeblich richtiger Erkenntnisse"[135]. Damit ist noch nicht gesagt, daß moralische (Nach-)Erziehung überhaupt nicht möglich wäre. Unmöglich ist sie jedenfalls durch bloßes Vermitteln oder Predigen moralischer Normen oder Tugenden, soviel steht fest. Möglich ist das Erlernen von Urteilsfähigkeiten und Handlungsbereitschaften, soweit die Betroffenen selbstverantwortlich in Fälle verwickelt werden, in denen sie durch Eigenverantwortung und praktischen Vernunftgebrauch die Art und Weise der Entscheidungsfindung nachvollziehen und mit ihrer Persönlichkeit vereinbaren können. Moralisches Lernen am Gegenstand läßt sich exemplarisch anhand des amerikanischen Modells "Gerechter Schulgemeinschaften" ("Just Community") aufzeigen. "Durch die Einbettung des einzelnen in den Entstehungs- und Begründungszusammenhang von Regulierungen erfährt er konkret - positiv gesprochen - die Kraft eines Beschlusses, die Überzeugungsschärfe eines Arguments, die Ausführung eines Entschlusses und die freiwillige Verantwortungsübernahme für ein Beziehungssystem, das der Beziehung zu einzelnen übergeordnet wird"[136]. Es geht also um gemeinsames Planen, Entscheiden und Handeln, um gemeinsames, für jeden Beteiligten nachvollziehbares Hervorbringen der impliziten Normen.

---

[132] Oser/Althof, Moralische Selbstbestimmung, S. 99.

[133] Oser/Althof, a.a.O., S. 100 f. Beispiel: Kindergruppen, denen in der Sonntagsschule Ehrlichkeit als Tugend beigebracht wurde, zeigten in einem Test genauso hohe Betrugs- und Mogelwerte wie jene Gruppen, die keine solchen Erziehungsmaßnahmen über sich hatten ergehen lassen.

[134] Oser/Althof, a.a.O., S. 101, m.w.N.

[135] Oser/Althof, a.a.O., S. 143.

[136] Oser/Althof, a.a.O., S. 355.

Die Schüler erfahren Verantwortungsbewußtsein und das Entstehen einer auf diskursivem Konsens beruhenden generalisierbaren Norm. Weil alle an der Entstehung der Norm partizipiert haben, enthält die Norm eine Bedeutung für alle.

> "Sie erfahren, was es heißt, sich `verpflichtet zu fühlen´ oder sich nicht `verpflichtet zu fühlen´. Sie erfahren, was es heißt, einem Vorsatz treu zu sein oder nicht treu zu sein. Sie erfahren Verantwortung für eine größere Gruppe von Kameraden per se. Sie erfahren Diskurs, als die Tatsache, daß man ihnen zutraut, selber mitdenken, mitreden und mitentscheiden zu können. Sie erfahren die notwendige gegenseitige Unterstützung für alles, was gemeinschaftliche Sorge um jeden einzelnen bedeutet"[137].

Zusammenfassend ist festzuhalten: Die Bildung moralischer Urteile und Werthaltungen kann sich nur durch die Betroffenen selbst vollziehen, nur eigenverantwortlich und selbstbestimmt. Für die spätere Erörterungen der Strafzwecke ist das fundamental wichtig. Anregungen von außen können nur dann Erfolg haben, wenn sie in der oben geschilderten Art und Weise letztlich von den Betroffenen selbst nachvollzogen und insofern von ihnen selbst hervorgebracht werden. Die Annahme, moralische Urteile durch Zwang oder Indoktrination erzeugen zu können, ist trügerisch. Sie führt "zur Vorgaukelung einer ethischen Sicherheit, die es in Wirklichkeit objektiv nicht gibt, weil der Mensch eine solche Sicherheit nur dann finden kann, wenn er sich in jeder Situation erneut um eine `richtige´, d.h. verantwortliche und wohlbegründete Entscheidung bemüht"[138].

Schon 1910 hat George Herbert Mead zu schulischem Lernen erklärt, es sei "unmöglich, den Unterrichtsgang voll zu interpretieren oder zu lenken, ohne das Kind als eine Identität anzuerkennen und seine Bewußtseinsvorgänge unter dem Gesichtspunkt der Beziehung zu betrachten, die sie innerhalb seines Bewußtseins zu seiner eigenen Identität als einer unter anderen hat. ... Der tatsächliche Erfolg eines Lehrers hängt weithin von seiner Fähigkeit ab, den Gegenstand des Unterrichts im Hinblick auf das Erfahren und das Erleben der Kinder zu formulieren"[139]:

> "Was unsere Schulen vermitteln können, müssen sie durch soziales Bewußtsein des Kindes vermitteln, während sich dieses Bewußtsein entwickelt. Nur sofern ein Kind die soziale Bedeutung dessen erkennt, was es lernt und tut, kann ihm eine moralische Erziehung zuteil werden. ... Was seine Erziehung angeht, wird ein Kind nicht durch Lernen sozial. Es muß sozial sein, um zu lernen"[140].

Daß sich moralisch motiviertes Handeln nicht nur durch Sozialisationsinstanzen wie Familie oder Schule nicht "anerziehen" läßt, sondern vielmehr auch nicht

---

137 Oser/Althof, a.a.O., S. 358.

138 Oser/Althof, a.a.O., S. 102.

139 Mead, Unterricht, S. 464 f., 466.

140 Mead, a.a.O., S. 470 f.

durch Rechtsnormen erzwungen werden kann, hat Walter Kargl am Beispiel der Strafvorschrift gegen Unterlassene Hilfeleistung (§ 323c) überzeugend dargelegt. Er verweist unter anderem auf Untersuchungen über Unfallretter und Nichtretter im Hinblick auf das Strafverhalten der jeweiligen Eltern: Die Eltern von Rettern maßregelten so gut wie nie mit körperlichen Strafen, argumentierten entschieden mehr und zeigten mehr mitfühlendes Verhalten. Auf diese Weise wurden starke affektive Dispositionen erworben, die letztlich die axiomatische Basis für die moralischen Prinzipien abgeben[141]. Alles spricht also dafür, daß Einfühlungsvermögen und Verantwortungsbewußtsein nur über vorgelebte positive Anerkennungsverhältnisse erworben werden; autoritäre Erziehung kann die Moralität nicht erreichen, sie besitzt keine motivationale Kraft. Für autoritäre "Erziehung" Erwachsener durch den Gesetzgeber kann nichts anderes gelten. Die Annahme Welzels, dem Strafrecht könne eine moralbildende Funktion zukommen, ist nach alledem entschieden zu bestreiten. Auch dem noch immer propagierten Erziehungsgedanken des Jugendstrafrechts, das sich nicht alleine in der Erzeugung äußerlicher Anpassung der Jugendlichen erschöpfen solle, "sondern es geht um eine Verinnerlichung der für die Legalbewährung unerläßlichen Werte"[142], ist mit größter Skepsis zu begegnen[143].

Das Beispiel des berühmten Milgram-Experiments[144] darf in diesem Zusammenhang nicht unerwähnt bleiben. Es zeigt wiederum anschaulich, daß Autorität nur äußerliches Verhalten steuern kann, nicht jedoch die innere Motivation. Die Versuchsteilnehmer, die den "Opfern" auf Anweisung des Versuchsleiters schwerste "Strafen" durch Elektroschocks zufügten, kannten das Gebot, andere Menschen nicht zu verletzen oder töten; dieses Bewußtsein blieb trotz der gegenteiligen Befehle der Autorität unangetastet. Die Diskrepanz zwischen moralischem Denken und (moralwidrigem) äußerlichem Verhalten war in diesem Fall anders als bei den Unfallhelfern keine Frage eines unterentwickelten Verantwortungsbewußtseins, sondern eine Frage der innerlichen Rechtfertigung des Verhaltens durch Neutralisationstechniken. Die Theorie der Neutralisationstechniken besagt, daß die Normbrecher zwar die zentralen Werte der Gesellschaft akzeptieren, also auch die Rechtsnorm als Ausfluß dessen, sich aber eigene Rechtfertigungsgründe zurechtlegen, die die alten Werte im Einzelfall durch "Ausnahmeregelungen" neutralisieren; bestritten werden die Normen gar nicht[145]. Im Fall des Milgram-

141 Kargl, GA 1994, 259.

142 Schlüchter, GA 1988, 106 ff.

143 Kritisch auch Ostendorf, NJ 1995, 62 ff. und Albrecht, Jugendstrafrecht, S. 66 ff., m.w.N.

144 Milgram, Das Milgram-Experiment (1974).

145 Die wichtigsten dieser "Rechtfertigungsgründe" sind Ablehnung eigener Verantwortlichkeit, Bagatellisierung bzw. Verneinung des Unrechts, Ablehnung bzw. Abwertung des Opfers, Ablehnung der Justiz, Berufung auf "höhere" Werte. Weiterführend Sykes / Matza, Techniken der Neutralisierung, S. 360 ff.

Experiments wurden mögliche Bedenken gegen die Legitimität des Verletzens anderer Menschen entgegen der Nichtschädigungsnormen durch das Argument der übergeordneten Autorität des "Wissenschaftlers" zerstreut[146].

Die entscheidenden Erkenntnisse des Experiments sind in soziologischer Hinsicht das Vorhandensein einer latent abrufbaren Autoritätsfixierung bei nahezu allen Menschen[147], in rechtstheoretischer Hinsicht zeigt sich, daß die Funktion des Strafrechts nicht in der "Normbekräftigung" als solcher bestehen kann, wird doch die Geltung der Norm gar nicht bestritten. Dic Aufgabc des Rechts besteht dann darin, zum Ausdruck zu bringen, daß bestimmte "Rechtfertigungsgründe" nicht akzeptiert werden können. An dieser Stelle soll es genügen, die Schlußfolgerungen aus dem Milgram-Experiment als weiteres aussagekräftiges Argument der Annahme entgegenzuhalten, Autorität könne auf *innere* Einstellungen der Menschen Einfluß nehmen. Dem Strafrecht muß folglich die Fähigkeit zu motivatorischer Einwirkung auf die Normadressaten abgesprochen werden, es kann lediglich das äußerlich wahrnehmbare Legalverhalten beeinflussen.

Noch ein ganz anderes Beispiel: Kurz und knapp konstatiert Roxin, daß allein die (frühere) Strafdrohung gegen Ehebruch keine einzige Ehe gerettet habe[148]. Wie auch? Daß das Strafrecht überhaupt denkbar schlecht zur Lösung gesellschaftlicher Konflikte geeignet ist, zeigt auch das Beispiel der Terrorismuspolitik der siebziger Jahre. Niemand wird behaupten, daß das Ende der "R.A.F." auf die Vorverlagerung der Strafbarkeit schon ins Vorfeld krimineller Handlungen (§ 129 a) und die Beschneidung strafprozessualer Verfahrensgarantien zurückzuführen ist. Die unflexible und hysterische Reaktion des Staates auf die anfangs noch vergleichsweise harmlosen Aktivitäten "Baader-Meinhof-Bande" hat m.E. eher die letztlich ausweglose "Spirale der Gewalt" nur verstärkt. Noch ein aktuelles Beispiel: die restriktive Betäubungsmittelpolitik hat niemandem geholfen; vorsichtige, von konservativer Seite heftig bekämpfte Alternativkonzepte (Methadonausgabe, öffentliche "Gesundheitsräume" etc.)[149] dagegen haben wenigstens teilweise das Elend der Abhängigen gemildert und empirisch nachweisbar einen Rückgang der Zahl der Drogentoten bewirkt[150].

---

146 Zum Ganzen Kargl, Funktion (1995).

147 62,5 % der Versuchspersonen verweigerten den Gehorsam auch bei konkreter Todesgefahr des "Opfers" nicht, weitere 22,5 % ließen immerhin erhebliche Körperverletzungen der "Opfer" zu, nur 15 % verweigerten den weiteren Gehorsam, nachdem die "Opfer" weitere Schmerzzufügungen beendet wissen wollten. Ein Erklärungsversuch: "Es ist dieser Wunsch, die Achtung oder das Wohlwollen von Mitmenschen [hier: des Versuchsleiters] zu gewinnen bzw. nicht zu verlieren, der Menschen dazu veranlaßt, auch die verzerrtesten und unplausibelsten Urteile anderer zu akzeptieren (Wilson, Empfinden, S. 347).

148 Roxin, Sittlichkeit, S. 160.

149 Zu den sozialen und rechtlichen Aspekten vgl. Körner, StV 1994, 683 ff.

Gerade am Beispiel der immer noch akuten Antisemitismusproblematik läßt sich zeigen, daß Strafdrohung und Bestrafung keine Änderung der Werteinstellungen der Bevölkerung bewirken können, sondern allenfalls, daß die öffentliche Kundgabe derartiger Überzeugungen aus Sanktionsfurcht unterlassen wird. Vorurteile haben eine lange traurige Tradition, die sich nicht alleine an bestimmten historischen Epochen oder Gesellschaftsstrukturen festmachen läßt[151]. Daß die Tabuisierung bestimmter Ansichten oder Verhaltensweisen oft nur zu einer Verfestigung der vorhandenen Vorurteile führt, ist ein bekanntes Phänomen[152] - ausgrenzende Sanktionen verstärken eher die Flucht der Betroffenen in Gegenkulturen, in denen die Vorurteile dann in aller Abgeschiedenheit bestätigt und verfestigt werden. Der soziale Sprengstoff wird nur potenziert.

Gleiches gilt für das Problem der Ausländerfeindlichkeit. Niemand wird ernsthaft behaupten, die einschlägigen Strafdrohungen hätten auch nur einen einzigen Rechtsextremisten zu einer Änderung seines Welt- und Menschenbildes bewegen können. Mit äußerlicher "Ruhe im Staat" ist aber weder das Problem gelöst noch das nach wie vor latent vorhandene Konfliktpotential entschärft. Eine wirkungsvolle Alternative zu Strafe und Ausgrenzung zeigt hier ein Beispiel praktischer Sozialarbeit, das dem "Just Community"-Prinzip sehr ähnlich ist[153]. Mitarbeiter des Vereins Jugendhilfe Gelnhausen wurden beauftragt, sechs Skinheads im Alter von 17 bis 19 Jahren im Anschluß an eine Gerichtsverhandlung wegen Angriffs und schwerer Verletzung eines Inders, Übergriffen auf Türken, Landfriedensbruchs und Tragens von Naziemblemen für ein Jahr individuell zu betreuen. Das Programm sah einen halbjährigen sozialen Trainingskurs mit anschließender halbjähriger Einzelbetreuung vor. Auch nach der Verurteilung zeigten die Jugendlichen zunächst noch Ablehnung und irrationalen Haß gegen Ausländer. Emotionaler Zugang zu den Einstellungen der Skinheads sollte nicht durch moralisierende Vorwürfe aufgebaut werden, sondern durch lockere freizeitpädagogische Veran-

---

150 Vgl. Frankfurter Rundschau v. 10. 10. 1995, S. 19.

151 Diesen Problemkreis beleuchten aus unterschiedlichen Blickwinkeln z. B. H. E. Wolf, Soziologie der Vorurteile, S. 912 ff; Mitscherlich, Psychologie des Vorurteils, S. 9 ff.; Adorno, Studien, S. 105 ff. u. passim. Zu "Fremden" in Deutschland siehe Roeck, Außenseiter, Randgruppen, Minderheiten (1993), speziell zum Antisemitismus Benöhr, JuS 1989, 8 ff. und Adorno/Horkheimer, Dialektik, S. 177 ff.; Selbst ein aufgeklärter Geist wie Karl Ferdinand Hommel ließ beiläufig den Satz fallen "Sechs Tage betrügt der Jude, aber den siebenten nicht. Das tut er und nennt dieses Gottesfurcht" (Hommel, Vorrede, S. 10).

152 Was z.B. Adorno, Sexualtabus, S. 299 ff., eindrucksvoll am Beispiel der Sexualtabus zeigt. "Am Nachleben der sexuellen Tabus bestätigt sich, daß Verfolgung nicht besser macht" (a.a.O., S. 307). Sofern Verhaltensweisen aus psychoanalytischer Sicht auf Neurosen zurückzuführen sind, so würde, "nach dem Gesetz der Anlehnung, der gesellschaftlich-legale Druck, wäre es auch mittelbar, die Neurosen perpetuieren und verstärken" (a.a.O., S. 308).

153 Zum Folgenden Möller, Skinheads, S. 101 ff.

staltungen, die die Betroffenen mitgestalten konnten, um ihnen so das Gefühl des Vertrauens und der Eigenverantwortung zu vermitteln. Dem Veranstaltungsleiter war es "wichtig für die Arbeit mit Skins, diese nicht nur über eine abstrakte rationale Schiene zu führen - was von ihnen intellektuell auch nicht leistbar ist - sondern auf gefühlsmäßiger Ebene"[154]. Im Verlauf des Seminars wurden Treffen mit ausländischen Jugendlichen organisiert, bei denen es erwartungsgemäß auch zu handfesten Konflikten kam. Diese sollten jedoch nicht gewalttätig ausgetragen, sondern "ausdiskutiert" werden, was schließlich auch gelang, ohne daß es im Laufe des weiteren Zusammenseins nochmals zu tätlichen Auseinandersetzungen gekommen wäre. Was also durch Verbote, erhobenen Zeigefinger und gerichtliche Verurteilung nicht erreicht wurde, nämlich Verständnis für Situation und Perspektive der intuitiv abgelehnten anderen, allmähliche Akzeptanz von Ausländern, wurde durch behutsame, bei den Skinheads Vertrauen und Verantwortungsbewußtsein erzeugende Sozialarbeit realisiert. Auf diese Weise gelang es ebenfalls, die Jugendlichen dazu zu bewegen, sich kritisch mit der zuvor unreflektiert glorifizierten NS-Ideologie auseinanderzusetzen, speziell mit der sog. "Auschwitzlüge":

> "Um dieser Sache etwas Greifbares und Nachvollziehbares entgegensetzen zu können, versuchte ich, die Jugendlichen zur Teilnahme an einer 6-Tagesfahrt nach Prag, Theresienstadt und Lidice zu motivieren. Auffallend war, daß die Jugendlichen wider Erwarten tatsächlich beeindruckt waren. Es ist eben doch ein Unterschied, ob man Ereignisse nur hört oder im Fernsehen sieht oder aber sich an den Originalschauplätzen befindet und zudem von einer kompetenten jüdischen Reiseleiterin erzählt bekommt, was sich alles zugetragen hat und auch erfährt, welche Personen sie selbst alle verloren hat. Tiefe Betroffenheit und vereinzelt sogar Abscheu haben die dokumentierten Morde und Fotos der ermordeten Kinder ausgelöst, deren Zeichnungen sich im Museum im jüdischen Viertel befinden. Ich kann Ihnen bestätigen, daß dies keine oberflächlichen Eindrücke waren und auch nicht gespielt. Denn dazu wurde in den Nächten danach zu lang und zu oft immer wieder darüber gesprochen"[155].

Wenn es also darum geht, gesellschaftliche Konflikte wirklich zu lösen bzw. gesellschaftliches Konfliktpotential effektiv zu entschärfen - und nur darum sollte es gehen -, führt an dieser Form der "Behandlung" kein Weg vorbei. Alles andere wäre vordergründiger Aktionismus.

1.1.5 Exkurs: Kritische Anmerkungen zur Strafbarkeit der "Auschwitzlüge"

Vor diesem Hintergrund ist auch die Neufassung des § 130 Abs. 3 kritisch zu hinterfragen. Die Norm, die die sog. "Auschwitzlüge" nunmehr ausdrücklich unter

[154] Möller, a.a.O., S. 102.
[155] Möller, a.a.O., S. 105.

Strafe stellt, ist sicherlich geeignet, der Bevölkerung, den Verfolgungsopfern und deren Angehörigen ein Gefühl erhöhter Sicherheit zu vermitteln, indem der Staat ein deutliches Zeichen der Mißbilligung von Diskriminierung und Faschismusverherrlichung setzt. Auch außenpolitisch dürfte dieses Signal positiv aufgenommen werden. Und doch bleibt es fragwürdig, mehr noch: es ist nach dem oben Erörterten eindeutig zu verneinen, daß das durch öffentliches Bestreiten der Massenvernichtung offen zutage tretende Konfliktpotential durch vordergründige Pönalisierung und Sanktionierung auch nur ansatzweise effektiv entschärft werden könnte. Die heftig diskutierte Frage lautet: ist die Leugnung der nationalsozialistischen Massenverbrechen im Gerichtssaal oder in öffentlichen Diskursen zu widerlegen? Für beide Ansätze gibt es gute Argumente.

Für ersteres spricht die historische Verantwortung der Deutschen, gerade in diesem höchstsensiblen Bereich ("Die Konfrontation mit den Verbrechen des Nationalsozialismus ... ist ein Thema, das wie kein anderes in Deutschland geeignet ist, um Gefühle der Ohnmacht, Empörung und Scham hervorzurufen"[156]) ein deutliches politisches Zeichen zu setzen. Für den öffentlichen Diskurs spricht, daß die inhaltliche Auseinandersetzung langfristig, wie am Beispiel der Sozialarbeit mit Skinheads gezeigt, effektiver ist. Schon zur alten Fassung des § 130 erklärte Ostendorf: "Latente Aggressionen gegen Bevölkerungsgruppen können zwar mit dem Schwert des Strafrechts mundtot gemacht werden, oftmals vermehren sie sich aber im Untergrund erst dadurch nach hydraischem Muster"[157]. Die "Notwendigkeit eines § 130" erscheine zweifelhaft, "hierbei ist die strafrechtliche Verfolgung häufig ein *Alibiersatz* für die fehlende politische Auseinandersetzung"[158]. An anderer Stelle führt Ostendorf aus, eine primäre Prävention gegen Neo-Nazismus habe bei den Ursachen, den Wurzeln, anzupacken, gerade hinsichtlich jugendlicher Neo-Nazis. "Neben einer pädagogischen Aufklärung, die allerdings in der Schule, zumindest in der Hauptschule kaum geleistet wird und nach Schulbeendigung von Staats wegen schwer leistbar ist, ist eine aktive Arbeits- und Sozialpolitik der beste Schutz vor einem neo-nazistischen Sozialprotest"[159]. Ganz im Sinne der hier vertretenen Ansicht schreibt auch Dietz, die Selbstverständlichkeit einer wahren Tatsache müsse sich im demokratischen Staat immer im freien Streit der Meinungen durchsetzen - strafrechtliche Reaktion "dient der Aufrechterhaltung eines Tabus auf eine Weise, die langfristig gesehen eher schaden als nutzen wird"[160]. Daß der Gesetzgeber der Bevölkerung durchaus zutrauen darf, in der öffentlichen Erörterung der "Auschwitzlüge" zu den "richtigen" Ergebnissen zu

156 Dietz, KritJ 1995, 210.

157 AK-StGB-Ostendorf, § 130, Rn. 8. Auch Honneth, Dynamik, S. 92 f., sieht diese Gefahren.

158 Ostendorf, a.a.O.

159 Ostendorf, NJW 1985, 1064.

160 Dietz, KritJ 1995, 210, 221.

gelangen, zeigt die nahezu einhellige ablehnende Reaktion auf die revisionistischen Beiträge zum "Historikerstreit". Jeder, der mit der Geschichte einigermaßen vertraut ist, weiß, daß es an den deutschen Verbrechen keinen Zweifel gibt und geben kann. Die historischen Tatsachen werden dadurch nicht "noch richtiger", daß die Behauptung des Gegenteils unter Strafe gestellt wird. Baumann schreibt, "so wenig diese Verbrechen dadurch verschwinden, so wenig sind die dahin zielenden Geschichtsklitterungen strafbar". Die Infragestellung der Gaskammermorde hält er für "eine Spätfrucht der m. E. zu zaghaften Aufarbeitung der NS-Gewaltverbrechen. Auch die Justiz hat sich hier nicht mit Ruhm bedeckt, wenn man daran denkt, daß keine einzige Strafe verhängt wurde wegen des Todes von Millionen russischer Kriegsgefangener (ein eingestelltes Verfahren ist mir bekannt)"[161].

Damit ist ein weiteres Problem angesprochen. Angesichts der zahlreichen Verfahrenseinstellungen und Freisprüche der tatsächlichen nationalsozialistischen Massenmörder und Massenmordgehilfen, zudem angesichts solcher Fälle, in denen die *Beihilfe zum Mord in mehreren tausend Fällen*[162] mit gerade mal drei oder vier Jahren Haft geahndet wurde[163], drängt sich die Frage nach der Verhältnismäßigkeit auf. § 130 Abs. 3 droht mit einer Freiheitsstrafe von bis zu fünf Jahren für das Bestreiten der Gaskammermorde; wenn dagegen diejenigen, die tatsächlich an der Ermordung tausender Menschen im Unrechtsstaat aktiv beteiligt waren, mit deutlich geringeren Strafen davonkamen, ist zu fragen, ob denn die konkrete Ermordung oder das Leugnen der Ermordungen das größere Unrecht darstellt.

Staat und gesellschaftliche Institutionen hatten und haben bessere Möglichkeiten, die Ernsthaftigkeit des antifaschistischen Anliegens im täglichen Leben unter Beweis zu stellen, als durch die Forderung nach bzw. den Erlaß von Strafvorschriften wie dem § 130 Abs. 3. Daß ein demonstratives Bekenntnis zum Antifaschismus nur allzuoft versäumt wurde, ist hinreichend bekannt. Die Empörung über die Karrieren (ehemaliger) nationalsozialistischer Funktionäre in Wirtschaft und Politik des neuen demokratischen Staat hielt sich in Grenzen, mit Hans Globke

161 Baumann, NStZ 1994, 392.

162 Um Mißverständnissen vorzubeugen: hier geht es um die Beteiligung einzelner Täter an jeweils mehreren tausend Mordvorgängen. Auf "Beihilfe zum Mord" konnte nach der damals herrschenden "subjektiven Tätertheorie" sogar bei eigenhändiger Tötung entschieden werden, wenn der Täter die Tat nicht "als eigene", sondern "als fremde" wollte. Vgl. hierzu Roxin, Täterschaft, S. 51 ff., 557 ff.

163 Zahlreiche Beispiele hierzu bei Klee, Täter, S. 27 ff. Die von Klee zitierten Entscheidungen sind sicher nur Schlaglichter, die nicht als repräsentativ für die gesamte Rechtsprechung zu NS-Verbrechen gelten dürfen, aber doch Indizien dafür, daß eine umfassende Vergangenheitsbewältigung durch die Justiz nicht stattfand. Einen gewissen Überblick dazu bieten z. B. die Abhandlung von Hanack, JZ 1967, 297 ff., 329 ff. und die Beiträge in dem Sammelband Red. Kritische Justiz (Hrsg.), Der Unrechts-Staat (1979).

konnte sogar der amtliche Kommentator der "Nürnberger Rassengesetze" in der Adenauer-Ära Staatssekretär im Bundeskanzleramt werden. Auch die Entnazifizierung der Justiz blieb Makulatur[164], neuerdings räumt selbst der BGH (5. Strafsenat) offen "die (insgesamt fehlgeschlagene) Auseinandersetzung mit der NS-Justiz" ein[165]. Selbst die überzeugtesten NS-Ideologen unter den deutschen Rechtslehrern - exemplarisch seien Carl Schmitt ("Der Führer schützt das Recht"[166]), Forsthoff ("Der totale Staat"[167]), Larenz, Schaffstein oder Dahm genannt[168] - konnten auch nach 1945 in durchaus renommierten Verlagen und Zeitschriften weiterhin publizieren[169]. Ob sie wirklich geläutert waren, darf zumindest teilweise bezweifelt werden. Am Beispiel Georg Dahms: den Fall, daß "die Hitlerjugend einer katholischen Jugendorganisation die Fahne entreißt und als Trophäe verbrennt", hielt er 1935 aus ideologischen Gründen für nicht strafbar[170]. Gemeinsam mit Schaffstein sprach sich Dahm schon früh für ein antiliberales autoritäres Strafrecht auf der Grundlage der nationalsozialistischen Staatstheorie aus[171]. Noch in seinem Lehrbuch aus dem Jahre 1964, also lange nach jenem Ereignis, das er als "die Vernichtung des nationalsozialistischen Großdeutschen Reiches, die politische, militärische und wirtschaftliche Zerstörung der europäischen Mitte, die Schwächung Europas im ganzen, der Übergang der Vorherrschaft in der Welt auf Amerika und Rußland"[172] bezeichnet, wollte sich Dahm nicht auf eine Auseinandersetzung mit der eigenen Vergangenheit und dem

---

164 Beispiele bei Schaefer, Justiz, S. 13 ff.; Klee, Täter, S. 15 ff.; Spendel, Rechtsbeugung, S. 1 ff.

165 BGH Urt. v. 16. 11. 1995, 5 StR 747/94; vgl. auch BGH StV 1996, 34 (36); BGHSt 40, 30 (40).

166 Schmitt, DJZ 1934, 946 ff.; zu Person und Wirkungskreis siehe Rüthers, Carl Schmitt ([2]1990).

167 Forsthoffs "Totaler Staat" (1933) war nicht nur ein leidenschaftliches Plädoyer für die autoritäre Führerdiktatur, sondern auch ein grausiges Dokument der Intoleranz gegenüber allem "Nicht-Völkischen". Es enthält unter anderem die unmißverständliche Forderung, daß "der Jude" als "Feind ... unschädlich gemacht werden" müsse (a.a.O., S. 101).

168 Weiterführend Rüthers, Entartetes Recht (1988); Stolleis, Recht im Unrecht (1994). Aus neuerer Zeit sei auf den "Fall Maunz" hingewiesen, näheres hierzu bei Stolleis, a.a.O., S. 306 ff.

169 Bleibt die Frage, ob es nicht einer stillschweigenden Rehabilitation der Schreibtischtäter gleichkommt, wenn so schillernde Persönlichkeiten wie Schmitt oder Forsthoff auch heute noch als ernstzunehmende Staatsrechtler gehandelt werden. Um nur ein Beispiel zu nennen: Rainer Wolf, Risikogesellschaft, S. 357 ff., zitiert Schmitt und Forsthoff an verschiedenen Stellen (a.a.O., S. 357, 363, 369, 378), ohne auch nur ein Wort über deren "background" zu verlieren. Wolf ordnet sie lediglich der "konservativen Staatslehre" zu. Mehr noch: er spricht in diesem Zusammenhang sogar von "maßgeblichen Rechtswissenschaftlern" (a.a.O., S. 357). In welchem historischen Kontext sie "maßgeblich" waren, wird verschwiegen.

170 Dahm, Verbrechen und Tatbestand, S. 89.

171 Dahm/Schaffstein, Liberales oder autoritäres Strafrecht? (1933). Zum geistesgeschichtlichen Hintergrund siehe Marcuse, Kampf, S. 17 ff.

172 Dahm, Deutsches Recht, S. 273.

Nationalsozialismus im allgemeinen einlassen. Das Kapitel "Der Nationalsozialismus" wird mit einem bemerkenswerten Satz eingeleitet: "Über den Nationalsozialismus zu sprechen ist es noch nicht an der Zeit"[173]. 1964 wohlgemerkt, zu einer Zeit, als die Auschwitzprozesse des Fritz Bauer längst in vollem Gange waren[174]. Überzeugungstätern wie Schmitt oder Dahm in der Nachkriegszeit kein Publikationsforum zu bieten, wäre ein respektableres Manifest der Bekämpfung antidemokratischer Gesinnung gewesen als es die heutige Strafandrohung des § 130 Abs. 3 ist. Und: viel zu lange waren im freiheitlich-demokratischen Rechtsstaat einige Bundeswehrkasernen nach höchst zweifelhaften Vorbildern benannt, nach Wehrmachts-Generälen, denen die Geschichtsforschung längst nachgewiesen hat, daß sie in die Verbrechen des NS-Regimes mehr als üblich verstrickt waren[175]. Hier aber tut sich die Politik schwer, ein Zeichen zu setzen, das überfällig ist[176], der Vorbildcharakter von NS-Schergen ist nicht nur jungen Wehrpflichtigen schwer zu vermitteln.

Die Annahme, die Fehler unzureichender Vergangenheitsbewältigung würden nur noch weiter vertieft, wollte man bestimmte öffentliche Diskussionen über die Zeit des Nationalsozialismus generell verbieten, seien die Argumente oder Tatsachenbehauptungen auch noch so dumm oder falsch, dürfte nur schwer zu widerlegen sein. Rationales Verstehen dieser Epoche und Tabuisierung bestimmter Aspekte schließen einander aus[177]; die Lehren aus dem düstersten Kapitel deutscher Geschichte lassen sich nicht per Gesetz verordnen, jeder einzelne muß sie selbst ziehen. Die Erfahrung hat gezeigt, daß dumpfer Rechtsextremismus nicht durch neue Strafgesetze oder Bestrafungen geändert werden kann, sondern nur durch intensive Auseinandersetzung mit den Vertretern solcher Ansichten, nur durch die behutsame Vermittlung von Anerkennung läßt sich ein ernsthaftes Verantwortungsbewußtsein für den anderen erzeugen. Und nur darum sollte es der Politik gehen; ein durch Tabuisierung bewirkter Schutz bestimmter Erwartungshaltungen der Bevölkerung ist trügerisch und auf lange Sicht dysfunktional. Die besseren Gründe scheinen nach alledem dafür zu sprechen, daß die sog. "Auschwitzlüge" nicht im Gerichtssaal, sondern in immer wieder neu zu führenden öffentlichen Diskursen zu widerlegen ist. Daß öffentliche Diskurse das Interesse Jugendlicher

---

173 Dahm, a.a.O., S. 268.

174 Ein unbelasteter Strafrechtler wie Eberhard Schmidt konnte schon 1947 den "Zusammenbruch der deutschen Strafrechtspflege im nationalsozialistisch-totalitären Staate" analysieren, vgl. Hassemer, Strafrechtswissenschaft, S. 259.

175 Vgl. hierzu Frankfurter Rundschau, 14. 10. 1995, S. 1, 3 und 16. 10. 1995, S. 5.

176 Mittlerweile wurden die bisher nach den Generälen Dietl ("Der Bluthund von Lemberg") und Kübler benannten Kasernen dann doch umbenannt (FR, 10. 11. 95, S. 1 und 25. 11. 95, S. 4). Jedenfalls hat das viel zu lange gedauert.

177 Vgl. Mitscherlich, Massenpsychologie, S. 104 ff., zur Frage, ob Tabus die Demokratisierung der deutschen Gesellschaft hemmen. "Tabus stehen ... Vorurteilen nahe, sind zum Teil mit ihnen identisch" (a.a.O., S. 129).

überhaupt finden könnten, bezweifelt Monika Frommel unter Hinweis auf eine entsprechende Studie der "TAZ", die mit "Prädikat: langweilig" überschrieben war. Sie schlußfolgert: "Also muß man - setzt man auf nichtstrafrechtliche Reaktionen - Aktionen starten, die mit dem `Prädikat: langweilig´ versehen werden. Ein hoher Preis"[178]. Daß alternative Strategien allerdings nicht per se "langweilig" sein und somit ihre Zielsetzung verfehlen müssen, hat obiges Skinheads-Beispiel gezeigt. Es kommt eben darauf an, wie und mit welchem Aufwand diese Strategien in Einzelfall betrieben werden. Daß aus zeitlichen, personellen und finanziellen Gründen ein derart intensiver Aufwand wohl nicht in allen Fällen tatsächlich geleistet werden kann, ist ein anderes Problem. Aus Kostengründen aber auf nicht nur mildere, sondern vor allem auch effektivere Einwirkungsmöglichkeiten zu verzichten und statt dessen zur Wunderwaffe des Strafrechts zu greifen, ist der falsche Weg.

1.1.6 Zwischenbetrachtung

Als vorläufiges Ergebnis können wir festhalten: rationale Motive lassen sich nicht empirisch erzeugen, sondern entspringen alleine der autonomen Einsicht. Die autonome Einsicht läßt sich mit behutsamen Mitteln anregen, aber nie erzwingen. Gehorsam und Moral schließen sich aus. Des weiteren halten wir fest, daß das Strafrecht seit der Lehre vom Sozialkontrakt nur in sehr begrenztem Umfang moralisch wirken darf, daß es auch gar nicht moralisch wirken *kann*. Damit ergibt sich eine erste Einschränkung der Auslegungsmöglichkeiten des § 185 StGB. Der "Instrumentalisierung des Strafrechts zu Zwecken der Volkspädagogik"[179] bzw. dem "Mißbrauch der Justiz als Sittenwächter der Nation"[180] ist entgegenzutreten. Umgekehrt kann ein gänzlich moralfreies Strafrecht auch nicht das Maß aller Dinge sein. Das "richtige" Maß liegt irgendwo in der Mitte[181]. Für die Auslegung des § 185 StGB kommt es entscheidend darauf an, in welchem Umfang dieser Norm moralische Aspekte zugrundegelegt werden dürfen. Ein sachgerechtes Verhältnis von Recht und Moral gilt es im folgenden unter dem Aspekt des Rechtsgüterschutzes auszutarieren, dabei werden sich zugleich weitere Erkenntnisse für die Frage des Strafzwecks ergeben. Die Annahme, dem Strafrecht käme eine moralbildende Funktion zu, wurde bereits widerlegt.

---

178 Frommel, KritJ 1995, 410.

179 Vgl. Herzog, Gesellschaftliche Unsicherheit, S. 146; Hassemer, NStZ 1989, 554.

180 Vgl. S. Ott, Pornographie, S. 119.

181 Karl Engisch, Gerechtigkeit, S. 105, hält ganz richtig fest, daß sich die Rechtsordnung schon dadurch an bestimmte sittliche Gehalte bindet, indem sie sich auch zu ideellen Werten wie der "Würde des Menschen" oder der "freien Entfaltung der Persönlichkeit" bekennt; ähnlich Wieacker, Recht und Moralität, S. 640 f., der zudem noch das "aktive weltanschauliche Toleranzgebot des Art. 3 Abs. 3 GG" anführt.

1.2 Rechtsgüterschutz und Normlegitimation

Die Aufgabe des Strafrechts wird nach ganz herrschender Auffassung im Rechtsgüterschutz gesehen[182]. Unmittelbare Rückschlüsse auf die Zwecke der Strafe lassen sich aus dieser Funktionsbeschreibung noch nicht ziehen, wie die konkrete Strafe wirken soll, bleibt zunächst offen. Über die Kriterien Rechtsgüterschutz, Sozialschädlichkeit und Subsidiaritätsprinzip sollen die Normsetzungsbefugnisse des Strafgesetzgebers wie auch die Normauslegungsmöglichkeiten des Normanwenders begrenzt werden. Die stetige Zunahme von Strafnormen, die als "symbolisches Strafrecht" kritisiert werden, zeigt indes, daß sich der Gesetzgeber über diese strafrechtslimitierenden Prinzipien (innerhalb der Grenzen des verfassungsmäßig Zulässigen) ebensogut hinwegsetzen kann, nicht zuletzt, weil es den herkömmlichen Strafzwecktheorien an theorieimmanenten Strafbegrenzungskriterien fehlt.

1.2.1 Ausgangslage

Die Rechtsgüterschutzlehren sollen kriminalpolitische und tatbestandsbegrenzende Funktionen erfüllen. Nur was dem Schutz legitimer Rechtsgüter dient, soll als legitimer Gegenstand einer Strafnorm in Betracht kommen. Im zweiten Abschnitt wurden Rechtsgüter als schutzwürdige menschliche Interessen definiert. Aus dem Gedanken des Gesellschaftsvertrags ergibt sich zudem der Grundsatz, daß nur solches Verhalten unter Strafe gestellt werden darf, das mit den Bedingungen eines friedlichen, freiheitlichen und materiell gesicherten Zusammenlebens der Bürger (friedliche Koexistenz) unvereinbar ist. Dies ist das rechtsdogmatische Fundament der oben als notwendig erachteten Entflechtung von Recht und Moral. Das moderne rechtsstaatliche Strafrecht ist nicht mehr befugt, jede als sündhaft, sittenwidrig oder ungehörig geltende Verhaltensweise mit der Kriminalstrafe zu bedrohen; es knüpft nicht mehr an die Unmoral eines Verhaltens an, sondern an seine Sozialschädlichkeit[183]. Unmoralisches Verhalten muß straflos bleiben, solange es das friedliche Zusammenleben der Menschen nicht nachhaltig stört[184]. In der

---

182 Z. B. Otto, Rechtsgutsbegriff, S. 1; Hassemer, Theorie, S. 12 ff. u. passim; Armin Kaufmann, Aufgabe, S. 20; Jakobs, AT, 2/24; Kienapfel, AT, S. 39; Maurach/Zipf, AT 1, 19/5, Albrecht/Hassemer/Voß (Hrsg.), Rechtsgüterschutz, S. 7 ff.; Müller-Dietz, Aspekte, S. 95 ff.; Kindhäuser, Gefährdung, S. 132 ff.; Roxin, AT, § 2, Rn. 1 ff.; Baumann/Weber/Mitsch, AT, § 3, Rn. 10 ff.; Kargl, Rechtsgüterschutz, S. 53; Bottke, Assoziationsprävention, S. 10 ff., 223 ff. u. passim; Schünemann, GA 1995, 218; vgl. auch § 2 Abs. 1 AE.

183 Vgl. nur Amelung, Rechtsgutsverletzung, S. 269 ff.; SK-Rudolphi, Vor § 1, Rn. 1.

184 Vgl. Jäger, Strafgesetzgebung, S. 17 ff.; M. Marx, Definition, S. 84 ff.; Roxin, JuS 1966, 382; Amelung, Rechtsgüterschutz, S. 318 ff.; Rudolphi, Rechtsgutsbegriff, S. 159 ff.; Zipf, Kriminalpolitik, S. 101 ff.; Jakobs, AT, 2/13.

Bundesrepublik hat sich diese liberale Konzeption erst mit der Strafrechtsreform seit 1969 durchgesetzt[185].

1.2.2 Sozialschädlichkeit

Die Schutzbedürftigkeit der Rechtsgüter richtet sich nach heutigem Verständnis danach, ob die fraglichen Verhaltensweisen als sozialschädlich gelten. Als sozialschädlich lassen sich solche Handlungen definieren, die eine erhebliche Beeinträchtigung des Sozialsystems und der in ihm zusammengeschlossenen Individuen bedeuten. Die Setzung von Strafrechtsnormen und der Einsatz der Kriminalstrafe sind somit grundsätzlich nur dann zulässig, wenn dies zur Wahrung und Sicherung der Lebensbedingungen der auf der Freiheit der Person basierenden Gesellschaft notwendig ist, d. h. um die Voraussetzungen der friedlichen Koexistenz der Bürger nach innen und außen vor Angriffen zu schützen[186].

Die für die Auslegung des § 185 entscheidende Frage, wieviel Moral der Norm zugrundegelegt werden darf bzw. muß, ist mit dieser Einschränkung der Normsetzungsbefugnisse noch nicht umfassend geklärt. Auf nachmetaphysischem Begründungsniveau kann in der Moderne nur ein in demokratischen Diskursen erzielter übergreifender Konsens eine legitime Grundlage jeder Moral darstellen - mit den früheren Legitimationsschemata läßt sich Moral im demokratischen Verfassungsstaat nicht mehr begründen. Die Berufung auf Gott kommt im säkularisierten modernen Staat nicht mehr in Betracht, weil dieser Staat nur irdische Ziele verfolgt und seine Strafgewalt nicht der Durchsetzung der Gebote Gottes oder einer transzendenten Gerechtigkeitsidee dient[187]. Auch ein für alle Menschen und alle Zeiten gültiges Naturrecht kann spätestens seit Kant nicht mehr zur Begründung rechtlicher Inhalte herangezogen werden[188]. Der moderne demokratische Staat ist einzig durch die Übertragung der Staatsgewalt durch gleichberechtigte freie Bürger legitimiert (Art. 20 Abs. 2 GG), nur deren Willen kann staatliche Maßnahmen rechtfertigen. Daraus folgt, daß die Aufgabe des Staates nur sein kann, den Bürgern

---

185 Vgl. Roxin, JA 1980, 545 ff.

186 Vgl. nur Amelung, Rechtsgüterschutz, S. 388 u. passim; Würtenberger, Rechtsfriede, S. 212; Zaczyk, Begriff, S. 114 f.; SK-Rudolphi, Vor § 1, Rn. 1.

187 Vgl. Roxin, Sittlichkeit, S. 158 f.; Eb. Schmidt, Einführung, § 52; J.Schütz, Jura 1995, 400.

188 Vgl. Arthur Kaufmann, Problemgeschichte, S. 71; Zippelius, Recht und Gerechtigkeit, S. 40 ff. Hommel, Vorrede, S. 1, formulierte es so: "Wir haben kein charakteristisches Kennzeichen von einem göttlichen, allgemeinen positiven Gesetze. Alle Kennzeichen, welche man bisher davon gegeben, trügen. Es gibt dergleichen nicht". Wenn es noch eines Beweises dafür bedurft hätte, wäre dieser spätestens durch das nationalsozialistische Naturrecht erbracht worden, anhand dessen z.B. Topitsch, Sprachlogische Probleme, S. 25 ff., den zirkulären und leerformelhaftigen Charakter naturrechtlicher Formeln nachgewiesen hat.

als Inhabern der Staatsgewalt ein ungefährdetes Zusammenleben bei optimalen persönlichen Entfaltungsmöglichkeiten zu sichern. Roxin hat treffend herausgearbeitet, welche Konsequenzen daraus für das Verhältnis von Moral, Sittlichkeit und Strafrecht zu ziehen sind:

> "Das Strafrecht soll nach diesem gesellschaftsvertraglichen Ordnungsmodell den einzelnen vor Angriffen schützen; eine Befugnis, erwachsene Bürger moralisch zu erziehen und durch Strafdrohungen sittlich zu festigen, steht ihm dagegen schlechterdings nicht zu. Im Bereich der Sittlichkeitsdelikte bedeutet das: Die Strafgewalt ist darauf beschränkt, gewaltsame Anschläge auf die Freiheit der sexuellen Selbstbestimmung, deren schwersten etwa die Notzucht darstellt, und außerdem Beeinträchtigungen der geschlechtlichen Integrität Jugendlicher zu verhindern. Alle Verhaltensweisen aber, die dem gemeinsamen Willen erwachsener Personen entsprechen und die Rechte Dritter unangetastet lassen, liegen außerhalb der vom Staat zu regelnden Sphäre: Sexuelle Handlungen unter Personen desselben Geschlechts oder mit Tieren, der Austausch von Ehepartnern oder Striptease-Vergnügungen sind also nach dieser Auffassung möglicherweise unmoralisch, aber nicht strafbar"[189].

Bereits die großen Aufklärer haben dies erkannt, stellvertretend läßt sich Beccaria zitieren:

> "Einige Verbrechen zerstören unmittelbar die Gesellschaft oder denjenigen, der sie repräsentiert. Einige verletzen die persönliche Sicherheit eines Bürgers im Hinblick auf Leben, Vermögen oder Ehre. Andere wiederum sind Handlungen, die dem entgegenstehen, was jeder zu tun oder nicht zu tun verpflichtet ist im Hinblick auf das öffentliche Wohl. Eine Handlung, die nicht von den beiden oben genannten Grenzen umfaßt ist, kann nur von demjenigen als Verbrechen bezeichnet oder als ein solches bestraft werden, der ein Interesse daran hat, es so zu bezeichnen"[190].

1.2.3 Subsidiaritätsprinzip

Mit dem Erfordernis der Rechtsgutverletzung und der Sozialschädlichkeit als Voraussetzung der Strafdrohung ist aber noch nicht gesagt, daß tatsächlich jede

---

189 Roxin, Sittlichkeit, S. 159.

190 Beccaria, Über Verbrechen und Strafen, § 25. Hommel erklärte in seinem Beccaria-Kommentar, warum etwa die "Blutschande" (Inzest) kein Verbrechen, sondern nur (straflose) Sünde sei: "Fleischliche Vergehungen entstehen aus Schwachheit, Verbrechen aus Bosheit" (Hommel, Vorrede, S. 13). Zu Recht und Moral: "Allein der selbst denkende Jurist und Staatskundige muß durchaus moralische Plauderei und betäubende Wörter sich nicht irre machen lassen, die Größe des Verbrechens in etwas anderem als einzig und allein in dem Schaden zu suchen, welcher daraus der Gesellschaft erwächst" (a.a.O.). Was nicht in diesem Sinne ein Verbrechen sei, "können nur Blödsinnige ... für ein Verbrechen halten" (a.a.O., S. 17). Das heute immer noch geltende Inzestverbot (§ 173) wird z. B. von Naucke, Grundbegriffe, S. 148 ff., kritisch hinterfragt. Zur Wirkungsgeschichte Beccarias siehe Naucke, Modernisierung, S. 37 ff.

als sozialschädlich empfundene Verhaltensweise mit strafrechtlichen Sanktionen bedroht werden müßte.

Strafe bedeutet nicht nur einen empfindlichen Eingriff in individuelle Freiheiten, Strafe bedeutet für den Betroffenen stets die Erfahrung eines empfindlichen Übels, das mit weitreichenden Konsequenzen verbunden ist. Strafe bedeutet Stigmatisierung[191], soziale Desintegration durch den Makel des "Vorbestraftseins", strikte Reglementierung im Strafvollzug, Prisionierungsschäden etc. Diese persönlichkeitsbeeinträchtigenden Folgen der Strafe lassen sich wissenschaftlich nicht bestreiten[192]. Emile Durkheim hat diese Folgen in deutliche Worte gefaßt:

> "Strafen heißt verdammen und tadeln. Darum hat die Hauptform der Strafe zu allen Zeiten darin bestanden, den Täter auf den Index zu setzen, ihn auf Abstand zu halten, ihn zu isolieren, Leere um ihn zu erzeugen, ihn von den anständigen Leuten zu trennen. Da man niemanden tadeln kann, ohne ihn schlechter zu behandeln als diejenigen, die man schätzt, da es keine andere Möglichkeit gibt, das Gefühl, das eine verurteilte Handlung erweckt, auszudrücken, so mündet im allgemeinen jede Verurteilung darin, dem Verurteilten ein Leid zuzufügen"[193].

Stigmatisierungsprozesse charakterisiert Erving Goffman folgendermaßen: ein Attribut, das einen Menschen "von anderen in der Person und Kategorie, die für ihn zur Verfügung steht, unterscheidet", ist geeignet, ihn "von einer ganzen und gewöhnlichen Person zu einer befleckten, beeinträchtigten" herabzumindern. "Ein solches Attribut ist ein Stigma, besonders dann, wenn seine diskreditierende Wirkung sehr extensiv ist"[194]. Stigmatisierung durch die Rechtsinstanzen hat George Herbert Mead plastisch beschrieben: "Die Majestät des Gesetzes ist die des Engels mit dem Flammenschwert, der am Tor steht und einen von der Welt abschneiden kann, zu der man gehört"[195].

Herrschaftskritische kriminalsoziologische Theorien gehen davon aus, daß Kriminalität erst durch das Strafrecht "produziert" werde, Kriminalität sei das Produkt sozialer Kontrolle, ein "künstliches Phänomen"[196]. Klaus Lüderssen hält das Strafen schlicht für einen "Anachronismus", der "nicht mehr in unsere Gesellschaft paßt"[197]. Je nach Ausrichtung der Konzeptionen wird erklärt, daß

---

[191] Zum "labeling approach" vgl. Sack, KrimJournal 1972, 3 ff.; Keckeisen, Definition (1974); Kaiser, Kriminologie, S. 275 ff.

[192] Vgl. auch BVerfGE 45, 174 (192).

[193] Durkheim, Erziehung, S. 215. Vgl. auch Foucault, Überwachen, passim.

[194] Goffman, Stigma, S. 10 f.

[195] Mead, Psychologie, S. 265.

[196] Vgl. Quensel, Funktionalität, S. 187 f.

[197] Lüderssen, Abschaffen, S. 7, 385. Zudem: "Die Psychoanalyse hat außerdem darauf aufmerksam gemacht, daß die strafende Gesellschaft, repräsentiert durch ihre Strafverfolgungsbehörden, in ähnlicher Weise wie der Delinquent - über die wahren Gründe ih-

abweichendes Verhalten ausschließlich bzw. verstärkt auf gesellschaftlicher Zuschreibung beruhe, daß im Extremfall der Täter die Zuschreibung kriminellen Verhaltens derart verinnerlichen würde, daß erst aus dieser Fremddefinition "kriminelle Karrieren" erwüchsen, als "self-fulfilling prophecy"[198]. Relativierungsbedürftig sind solche Ansätze zumindest dahingehend, daß jedenfalls der erste Normbruch eines Täters noch nicht auf Stigmatisierung und Fremdzuschreibung in diesem Sinne beruhen kann - kein Mensch wird zum Totschläger, nur weil ihn die Instanzen der Sozialkontrolle so definieren[199]. Diese Fragen können hier dahingestellt bleiben; als gesichert gilt dagegen, daß ungünstige soziale Gegebenheiten die Entstehung abweichenden Verhaltens begünstigen können[200], und daß abweichendes Verhalten zumindest auch die logische Konsequenz zunehmender Verrechtlichung der sozialen Lebenswelt durch den Erlaß immer neuer Strafnormen ist[201]: ohne Normen, die bestimmte Verhaltensweisen pönalisieren, kann es auch keinen entsprechenden Normbruch geben[202]. Unbestritten ist: je mehr Strafvorschriften erlassen (und angewandt) werden, desto mehr kriminelles Verhalten ist registrierbar, desto mehr gesellschaftliche "Outsider" (H. S. Becker) werden "erzeugt". Schon wegen dieser Ambivalenz der Verrechtlichung - je mehr Strafgesetze, desto mehr Straftaten und Straftäter - ist das Subsidiaritätsprinzip ein wichtiges Kriterium, die Normsetzungsbefugnisse des Strafgesetzgebers einzuschränken.

Die Ordnung des Zusammenlebens der Menschen in der sozialen Gesellschaft beruht primär auf ungeschriebenen Regeln der Sozialethik, die weitgehend ohne staatlichen Zwang auskommen und mit Hilfe immanenter gesellschaftlicher

---

res Handelns im unklaren ist. ... Vielmehr möchte man mit der Bestrafung des Delinquenten das eigene Asoziale oder Unsoziale, das man haßt und unterdrückt, stellvertretend treffen" (a.a.O., S. 74 f.).

198 Übersicht hierzu bei Kaiser, Kriminologie, S. 272 ff.; vgl. auch Scheerer, KritJ 1985, 245 ff.; Haferkamp, Kriminelle Karrieren (1975).

199 Eine unkonventionelle Erklärung findet sich bei Luhmann, Copierte Existenz, Anm. 21: "Die moderne Streitfrage, ob die Person an ihren Delikten schuld ist oder die Gesellschaft, die ihr ungünstige Bedingungen vorgibt, läßt sich auf diese Weise lösen: schuld ist die Karriere". (?)

200 Paradigmatisch Merton, Sozialstruktur und Anomie, S. 283 ff.

201 Instruktiv Becker, Außenseiter (1973).

202 Eisenberg, Kriminologie, S. 220, verweist exemplarisch auf die Prohibitionspolitik in den USA und die anschließende einschlägige Kriminalität, die die Entwicklung eines Berufsverbrechertums begünstigt und neben Schädigungen der Gesundheit durch unreine Produkte auch die Beamtenbestechung gefördert habe. Schon Mead, Psychologie, S. 261, schrieb, "daß ein System von Strafen, das im Hinblick auf seine abschreckende Wirkung entworfen worden ist, Verbrechen nicht nur sehr unzureichend unterbindet, sondern eine Klasse von Verbrechern produziert. Dieser andere Teil der Geschichte, der sich weder an der Vergeltung noch an der sozialen Zweckdienlichkeit ablesen läßt, enthüllt sich in der aufgesetzten Feierlichkeit des Strafprozesses, in der Majestät des Gesetzes und in dem angeblich unparteiischen und unpersönlichen Charakter der Justiz".

Sanktionen durchgesetzt werden[203]. Das Gesamtsystem der sozialen Kontrolle setzt sich zusammen aus den verschiedensten öffentlichen oder privaten Institutionen wie z.B. Familie, Schule, Kirche, Betriebe, öffentlicher Dienst, Verbände, Vereine[204]. Die staatliche Rechtsordnung ist nur ein Teil dieses Gesamtsystems der sozialen Kontrolle, das Strafrecht bildet wiederum nur einen Teilaspekt der Rechtsordnung.

Die Rechtsgüterschutzlehren korrelieren mit der fundamentalen Aufgabe des Staates, den Schutz des friedlichen Zusammenlebens der Menschen in der Gesellschaft, gleichsam als "Vorbedingung jedes menschenwürdigen Daseins in Frieden und Sicherheit"[205], zu gewährleisten. Die Grundprinzipien der Verfassung[206], insbesondere das Rechtsstaats- und Verhältnismäßigkeitsprinzip, besagen zwingend, daß das Strafrecht nicht als Universalmittel der gesellschaftlichen Problem- und Konfliktlösung beliebig anwendbar ist, sondern als "ultima ratio" im Instrumentarium des Gesetzgebers - als "das schärfste Schwert staatlicher Steuerung oder Reaktion auf Normbrüche"[207] - nur dann eingreifen darf, wenn dies zum Schutze der Gesellschaft und der Mindestbedingungen des freiheitlichen Zusammenlebens der Menschen unverzichtbar ist, d.h. wenn schutzbedürftige Rechtsgüter nicht durch andere staatliche bzw. sozialpolitische Maßnahmen genauso effektiv oder gar wirkungsvoller geschützt werden können[208]. Staatstheoretisch ist das damit zu erklären, daß im modernen demokratischen Rechtsstaat nicht die Bürger für den Staat da sind, sondern "der Staat um des Menschen willen da" ist[209]. Die Bürger übertragen dem Staat nur soviel Macht, wie dies zur Sicherung eines friedlichen Zusammenlebens unerläßlich ist. Aufgabe des vom Volk in demokratischen Wahlen legitimierten Gesetzgebers ist es, den einzelnen vor den Übergriffen anderer zu schützen und ihm ein Leben in größtmöglicher Freiheit und Wohlfahrt zu sichern. Dazu gehört es nicht, erwachsene Bürger gegen ihren Willen moralisch zu bevormunden[210].

---

203 Schmidhäuser, Rechtsordnungen, S. 12.

204 Vgl. LK[11]-Jescheck, Einl., Rn. 1, m.N.

205 Würtenberger, Rechtsfriede, S. 209 ff.

206 "Freiheitlich demokratische Grundordnung", vgl. BVerfGE 2, 1 (12 f.).

207 Albrecht/Hassemer/Voß (Hrsg.), Rechtsgüterschutz, S. 7.

208 BVerfGE 39, 1 (44 ff., 47). Als Literaturauswahl, ohne Anspruch auf Vollständigkeit: Roxin, JuS 1966, 382; Arthur Kaufmann, Subsidiaritätsprinzip, S. 102 f.; Zipf, Kriminalpolitik, S. 52 f.; Hassemer, Einführung, S. 127 ff., 294 ff; Albrecht, KritV 1988, 182 ff., 205 ff.; Albrecht/Hassemer/Voß (Hrsg.), Rechtsgüterschutz, S. 7 ff.; Albrecht u.a. (Hrsg.), Strafrecht - ultima ratio, S. 9 ff.; Roxin, AT, § 2, Rn. 28 f.; Jakobs, AT, 2/26 f.

209 So der Wortlaut des Entwurfs des Herrenchiemseer Verfassungskonvents zu Art. 1 Abs. 1 GG. Art. 20 Abs. 2 Satz 1 GG: "Alle Staatsgewalt geht vom Volke aus".

210 Roxin, AT, § 2, Rn. 9 ff.; Otto, Rechtsgutsbegriff, S. 10: "Der Mündige ... entscheidet über die Richtpunkte seines sittlichen Lebens eigenverantwortlich. Weisungen an ihn dürfen nur dort ergehen, wo er die äußere Ordnung verletzt. Die Bevormundung durch einen ständigen Sittenrichter ist nur geeignet, dem Bürger das Leben in der Rechtsge-

Sozialschädliches Verhalten kann also nur strafbar sein, wenn eine Intervention mit milderen Mitteln der sozialen Kontrolle nicht mehr möglich oder zweckmäßig erscheint. Das Spektrum der sozialen Kontrolle reicht von Lachen über Kopfschütteln, von subtilen zu einschneidenden Formen der sozialen Ausgrenzung, von schlichtenden Verfahren über zivil- und verwaltungsrechtliche Sanktionen zur Kriminalstrafe[211]. Erst dann, wenn die privaten und öffentlichen Institutionen des Gesamtsystems der sozialen Kontrolle versagen, dürfen staatliche Maßnahmen einsetzen. Wenn also bestimmte Verhaltensweisen als sozialschädlich und für ein materiell gesichertes Zusammenleben der Bürger in friedlicher Koexistenz nicht hinnehmbar erscheinen, ist vorrangig zu eruieren, ob nicht schon Sanktionen nach dem Zivil-, Verwaltungs- oder Ordnungswidrigkeitenrecht hinreichend effektiv erscheinen. Das Strafrecht mit dem Sanktionsinstrument der Kriminalstrafe als schwerstem Eingriff in die Freiheitsrechte des Bürgers ist "kein Allheilmittel zur Bewältigung gesellschaftlicher Konflikte oder zur Einwirkung auf verbreitete Einstellungen in der Bevölkerung"[212], es darf erst auf ganz wesentliche Beeinträchtigungen des sozialen Zusammenlebens, auf schwere Verstöße gegen grundlegende Freiheits- und Persönlichkeitsrechte der Bürger[213], reagieren, wenn mildere Mittel nicht mehr ausreichen. Ein bestimmtes Sexualverhalten außerhalb der Öffentlichkeit, mag es auch allgemein als ungehörig oder unmoralisch empfunden werden, muß demnach beispielsweise ebenso straffrei bleiben wie ein Vertragsbruch (Zivilrecht) oder falsches Parken (Verwaltungsrecht[214]).

Zusammengefaßt dient also das Strafrecht als "ultima ratio" der Sozialkontrolle dem subsidiären Rechtsgüterschutz. Es soll nur Anwendung finden, wenn bestimmte Verhaltensweisen das friedliche Zusammenleben der Bürger in der Gemeinschaft so gravierend und nachhaltig beeinträchtigen, daß andere, mildere

---

sellschaft zu verleiden".

211 Frommel, Umrisse, S. 257.

212 Albrecht u.a. (Hrsg.), Strafrecht - ultima ratio, S. 13.

213 Frommel, Umrisse, S. 267.

214 Von den verwaltungsrechtlichen Interventionsinstrumenten sind vor allem versammlungs- sowie polizei- und ordnungsrechtliche Verbotsverfügungen als mildere Eingriffsmittel in Betracht zu ziehen. Weitreichende Eingriffsbefugnisse folgen bereits aus der Generalklausel der polizeirechtlichen Gefahrenabwehr (in Hessen § 11 HSOG), die nicht nur Reaktionen auf eingetretene oder bevorstehende Rechtsnormverletzungen (öffentliche Sicherheit) zuläßt, sondern auch auf Gefahren für *ungeschriebene gesellschaftliche Regeln*. Der Begriff der "öffentlichen Ordnung" bezeichnet "die Gesamtheit jener Regelungen, deren Befolgung nach den jeweils herrschenden sozialen und ethischen Anschauungen als unentbehrliche Voraussetzungen für ein gedeihliches Miteinander der innerhalb eines bestimmten Gebietes wohnenden Menschen angesehen wird" (W. Schmidt, Staats- und Verwaltungsrecht, Rn. 198). So problematisch diese Weitläufigkeit der Eingriffsbefugnisse sein mag, sie bietet jedenfalls die Möglichkeit, zum Beispiel gegen die öffentliche Auschwitzleugnung (unzweifelhaft eine Beeinträchtigung des friedlichen Miteinanders der Menschen) außerstrafrechtlich zu intervenieren. Insofern stellt das Subsidiaritätsprinzip ein zusätzliches Argument gegen § 130 Abs. 3 StGB dar.

Instrumente des Gesamtsystems der sozialen Kontrolle nicht mehr ausreichen. Die Hierarchie von Zwangsmitteln läßt die Kriminalstrafe als schwerste staatliche Sanktion nur im äußersten Fall als äußerstes Mittel zu[215]. Zu beachten ist freilich die weitreichende gesetzgeberische Einschätzungsprärogative hinsichtlich der Effizienz möglicher milderer außerstrafrechtlicher Mittel. Das Subsidiaritätsprinzip ist somit - mit den Worten Arthur Kaufmanns - als "Leitprinzip" und "Orientierungshilfe" zu betrachten, "die der Gesetzgeber natürlich mißachten kann"[216]. Darin liegt das Problem.

1.2.4 Kriminalpolitische Bedeutung

Die kriminalpolitische Bedeutung der Rechtsgüterschutzlehren ist damit bereits angesprochen. Aus der Strafrechtsaufgabe des subsidiären Rechtsgüterschutzes folgt eine - rechtsstaatlich gebotene - Beschränkung staatlichen Strafens. Der fragmentarische Charakter des Strafrechts zwinge zur Zurückhaltung bei der Strafgesetzgebung, "möglichst wenige Taten durch Gesetz strafbar zu machen"[217]. Befürchtungen, Begrenzungen des strafrechtlichen Wirkungsbereichs könnten erhebliche Beeinträchtigungen der öffentlichen Sicherheit bzw. der individuellen Lebensqualität der Bürger bewirken, wurden schon früh geäußert[218] und ebenso früh überzeugend widerlegt[219].

Auf Regelungsbereiche, in denen der Gesetzgeber die von Kaufmann als "Orientierungshilfe" bezeichneten Prinzipien zu mißachten scheint, hat die Wissenschaft in den letzten Jahren unermüdlich hingewiesen. Peter-Alexis Albrecht etwa

---

[215] Vgl. Naucke, Strafrecht, S. 37 ff.

[216] Arthur Kaufmann, Subsidiaritätsprinzip, S. 102 f.: "Gleichwohl kann sich der Gesetzgeber natürlich über solche Erwägungen hinwegsetzen und dennoch eine Strafdrohung erlassen; nur wird er nicht erwarten dürfen, daß ein solches Gesetz dann aus Überzeugung befolgt wird".

[217] Naucke, Strafrecht, S. 62 f.

[218] Z.B. 1907 von Birkmeyer mit dem Titel "Was läßt von Liszt vom Strafrecht übrig? Eine Warnung vor der modernen Richtung im Strafrecht".

[219] Von Binding, ebenfalls einem entschiedenen Gegner v. Liszts, stammt die Formel vom "fragmentarischen Charakter" des Strafrechts (Lehrbuch, S. 20). Auch wenn darin, anders als in der heutigen Rechtstheorie, ein "großer Mangel des StGB" (Binding, a.a.O.) gesehen wurde: schon 1872 beklagte eben Binding die "hoch bedauerliche Strafsucht des modernen Staates" (Ehre, S. 13). Daß der Verzicht auf die Androhung schwerster Strafen keineswegs einen Anstieg der Kriminalität nach sich führte, ließ sich längst empirisch belegen. So ging beispielsweise mit der auf den Einfluß Beccarias zurückgehenden Abschaffung der Todesstrafe durch Art. 51 des 1786 erlassenen Gesetzbuches für die Toskana keine registrierbare Einbuße an öffentlicher Sicherheit einher (vgl. hierzu Rüping, Grundriß, S. 69). Umgekehrt sei auf die hohe Kriminalitätsrate in den USA trotz Androhung und Vollzug der Todesstrafe in der überwiegenden Zahl der Bundesstaaten verwiesen (vgl. dazu Frankowski, ZStW 100 (1988), 951 ff.).

konstatiert "Erosionen" des rechtsstaatlichen Strafrechts[220]. Winfried Hassemer sieht die gegenwärtige Kriminalpolitik in einem schlechten Zustand, "in der Theorie wie in der Praxis. Praktische Kriminalpolitik bedeutet hierzulande seit etwa zwanzig Jahren nichts anderes als Verschärfung und Verbilligung". Die Politik überziehe uns heute mit "bisweilen ruckartigen, nicht selten überstürzten faits accomplis, denen wir nicht hinterherkommen und wohl auch nicht hinterherkommen sollen". Es werde "gehobelt, die Spähne, die dabei fallen, stammen aus den Grundrechten: Freiheit, Privatheit, Kommunikation, Wohnung, Eigentum. Die Gründe sind auch ohne Sachverstand leicht zur Hand: Verbrechensfurcht, Risikobeherrschung, Konfliktverteidigung, Verfahrensverzögerung"[221]. Das materielle Strafrecht sei geprägt durch Strafverschärfungen und die Schaffung immer neuer Straftatbestände auf Feldern, in denen die Öffentlichkeit einen "dringenden Handlungsbedarf" sehe: Drogen, Umwelt, Wirtschaft, Außenhandel, Organisierte Kriminalität[222]. Das "Verbrechensbekämpfungsgesetz" von 1994 ist ein guter Beleg für diesen Befund, nicht nur des martialischen Titels wegen. Hassemer stellt die Legitimität solcher auf kurzfristige politische Ziele abzielender Maßnahmen anhand des Prinzips des subsidiären Rechtsgüterschutzes in Frage:

> "Es geht nicht mehr um Leben oder Freiheit von einzelnen Menschen, es geht um Gesamtrechtsgüter, und die noch in besonders weiten Gewändern: um die Volksgesundheit oder die Funktionsfähigkeit des Subventionswesens. Unter diesen Gewändern findet fast jegliches Verbot einen Unterschlupf, diese Rechtsgüter machen dem Strafgesetzgeber kein Kopfzerbrechen mehr, wenn er darlegen muß, ob dieses Verbot sich denn auch wirklich auf den Rechtsgüterschutz berufen könne; es kann immer"[223].

Das Problem liegt auf der Hand: es geht um die "Verflüssigung der Rechtsgüter", indem die neuen Strafdrohungen fast ausschließlich Gefahren inkriminieren, "zumeist abstrakte Gefahren, sie warten nicht auf einen Schaden, sondern knüpfen die Strafbarkeit schon an eine bestimmte Handlung"[224]. Es geht um "Kriminalisierung im Vorfeld einer Rechtsgutsverletzung"[225], um "symbolisches Strafrecht"[226]. Als "symbolisch" definiert Hassemer Strafnormen, deren latente Funktionen die manifesten Funktionen überwiegen: "indem zu erwarten ist, daß durch die Norm und ihre Anwendung eher andere als die von der Norm selber bezeichneten

---

220 Albrecht, KritV 1993, 163.

221 Hassemer, StV 1995, 483.

222 Hassemer, a.a.O., 483.

223 Hassemer, a.a.O., 484.

224 Hassemer, a.a.O., 484; ders., Strafrechtswissenschaft, S. 299. Lüderssen, Abschaffen, S. 22, spricht von einer "nahezu schrankenlosen Disponibilität der Rechtsgüter".

225 Jakobs, ZStW 97 (1985), 751 ff.

226 Instruktiv Voß, Symbolische Gesetzgebung; Hassemer, NStZ 1989, 553 ff.; Lehne, KrimJournal 1994, 210 ff.

Zustände realisiert werden"[227] - was eigentlich bezweckt werden soll, bringt Roxin so auf den Punkt: weniger konkrete Schutzwirkungen sollen durch diese Strafvorschriften entfaltet, sondern häufig solle "nur die Beschwichtigung des Wählers" erreicht werden, "indem durch voraussehbar ineffektive Gesetze doch der Eindruck erweckt werden kann, daß zur Bekämpfung unerwünschter Handlungen und Zustände `etwas geschieht´"[228]. Hassemer faßt zusammen, das System der Strafjustiz werde "mißbraucht und läßt sich mißbrauchen als Allzweckwaffe gegen so ziemlich alles, was uns nicht paßt oder wovor wir Angst haben"[229]. Ähnlich pessimistisch fällt die aktuelle Einschätzung Nauckes aus: "Inhaltlich offene, weitgespannte legale Opportunität ist das Hauptkennzeichen der Wende zum relativistischen, politisch aufgeladenen Positivismus. Es ist ein unmöglicher Zustand des Strafrechts entstanden; es ist schon etwas Anderes als Strafrecht entstanden, aber nichts Besseres"[230]. Die Legitimität solcher Gesetzgebung muß sich an der Vereinbarkeit mit dem Prinzip des Rechtsgüterschutzes messen lassen.

Im zweiten Abschnitt wurden Rechtsgüter als strafrechtlich schutzbedürftige individuelle Interessen der Person definiert. Angesichts der oben thematisierten Universalrechtsgüter stellt sich nun die Frage, ob sich diese noch als individuelle Interessen begreifen lassen. Die grundsätzliche Legitimität des strafrechtlichen Schutzes auch nicht-höchstpersönlicher Rechtsgüter (als Individualrechtsgüter nennt Hassemer die primären Interessen der Person an Leben, Gesundheit, Freiheit und Eigentum[231]; zu ergänzen wäre diese Auflistung um das Interesse der Person an intersubjektiver Anerkennung) stellt selbst eine personale Rechtsgutslehre[232] nicht in Abrede, freilich sollen für überindividuelle Rechtsgüter strengere Kriterien gelten - der Schutz von Universalinteressen soll nur soweit legitim sein, wie er sich als notwendig erweist, die notwendigen Voraussetzungen für die freie Entfaltung und das friedliche, gesicherte Zusammenleben der Bürger zu

227 Hassemer, NStZ 1989, 556.

228 Roxin, AT, § 2, Rn. 22. Ähnlich Herzog, Gesellschaftliche Unsicherheit, S. 146 f.: "Innenpolitische Zielsetzungen werden in die Kriminalpolitik verschoben, dort dramatisiert, ethisiert und in strafrechtlichen Handlungsbedarf verwandelt; das Strafrecht soll dann ... sozialethische Zeichen setzen, sozialpädagogische Aufgaben wahrnehmen und innenpolitische Handlungsfähigkeit erweisen".

229 Hassemer, StV 1995, 485 - "Kaum wird ein Problem öffentlich wahrgenommen, schon hört man Verantwortliche und weniger Verantwortliche unisono nach dem Strafrecht rufen, und immer geht es um Verschärfung und Verbilligung".

230 Naucke, Aushöhlung, S. 498.

231 Hassemer, Strafrechtswissenschaft, S. 283.

232 Die Gegenposition, eine eher systemfunktionale Rechtsgüterschutzlehre (z.B. Amelung, Rechtsgüterschutz, S. 361, 389 f. u. passim), stellt vorrangig auf den Schutz des sozialen Gesamtsystems ab und nur mittelbar auf den Schutz der einzelnen Person. Roxin wendet gegen diesen Ansatz ein, daß danach die Person im Zweifel auch der Gesellschaft "aufgeopfert werden dürfte, wenn nur das soziale Gesamtsystem unbeeinträchtigt bleibt" (Roxin, AT, § 2, Rn. 33; vgl. auch Eisenberg, Kriminologie, S. 220 f.).

gewährleisten[233]. Dort also, wo es schwer fällt, ein Individualinteressen der Person dienendes Rechtsgut auszumachen, ist die Legitimität der entsprechenden Strafnorm gemäß dem Prinzip des subsidiären Rechtsgüterschutzes an einen deutlich höheren Begründungs- bzw. Rechtfertigungsmaßstab gebunden[234] - Universalrechtsgüter müssen "den Test bestehen, ob sie sich letztlich auf konkrete und berechtigte Interessen von Personen zurückführen lassen"[235].

Als Beispiele unstreitig akzeptierter Rechtsgüter der Allgemeinheit nennt Roxin etwa den Staat (§§ 81 ff.), die Währung (§§ 146 ff.) oder die Rechtspflege (§§ 153 ff.)[236]. Problematisch sind dagegen Universalrechtsgüter wie die Volksgesundheit (BtMG), das Vertrauen in den Kapitalmarkt[237], die Umwelt oder der Tierschutz. Letzteres führte zu der Annahme, daß es auch Delikte ohne Rechtsgut geben könne[238]. Nach Gallas etwa sei das Tier keine Person und könne daher auch nicht Träger eines Rechtsgutes sein, das Tierschutzgesetz diene alleine der Sanktionierung der Selbsterniedrigung des Tierquälers[239]. Jakobs spricht vom "Schutz der Gefühle", der jedoch kein hinreichend objektives Kriterium für die Schutzwürdigkeit sei[240]. Diese Auffassungen relativiert Rudolphi dahingehend, daß das in § 17 TierschG normierte Verbot der Tierquälerei insofern dem Schutz menschlicher Interessen diene, als es in der Gesellschaft tief verwurzelten Wertvorstellungen entspreche[241].

Problematischer erweist sich dagegen die Rechtsgutsqualität der "Umwelt", deren Schutz diverse abstrakte Gefährdungsdelikte dienen sollen. Hierfür hat sich seit Ulrich Becks "Risikogesellschaft" der Begriff des "Risikostrafrechts" etabliert[242].

---

233 Hassemer, Grundlinien, S. 90 ff.; Günther, Möglichkeiten, S. 211; SK-Rudolphi, Vor § 1, Rn. 1; Bottke, Assoziationsprävention, S. 235, Anm. 770.

234 Hierzu Hassemer, Grundlinien, S. 93, der von einem "Prüfprogramm, das der Strafgesetzgeber vor einer Kriminalisierung absolvieren muß", spricht: "Eine personale Rechtsgutslehre ist skeptischer. Zu ihrem theoretischen Arsenal gehört die kritische Frage, ob ein Strafrechtsschutz die Interessen der Menschen wirklich befördern könnte, und wie. ... Wer Universalrechtsgüter großzügig anerkennt, ist in der Gefahr, das Strafrecht nicht als ultima, sondern als prima oder gar sola ratio des Rechtsgüterschutzes zu akzeptieren".

235 Hassemer, Strafrechtswissenschaft, S. 283 f., 308.

236 Roxin, AT, § 2, Rn. 5; ähnlich Baumann/Weber/Mitsch, AT, § 3, Rn. 13.

237 Stellvertretend hierzu sei auf die Kritik von Zaczyk, Begriff, S. 113 ff., bezüglich § 264a StGB verwiesen. Zur Gegenposition vgl. aber Schünemann, GA 1995, 212 f.

238 So z.B. Welzel, Lb., S. 228; ähnlich auch Jakobs, AT, 2/18 ff. Kritisch dazu aber Krümpelmann, Bagatelldelikte, S. 75 und Sina, Dogmengeschichte, S. 97 ff.

239 Vgl. dazu Amelung, Rechtsgüterschutz, S. 282 f.

240 Jakobs, AT, 2/19.

241 SK-Rudolphi, Vor § 1, Rn. 11. Wobei er zu recht hinzufügt, daß solche Strafnormen eng begrenzte Ausnahmen bleiben müssen. Ähnlich Stratenwerth, ZStW 105 (1993), 694 und Roxin, AT, § 2, Rn. 21.

Daß das ("Risiko"-)Strafrecht als wirksames Mittel zur Beherrschung moderner Lebensrisiken taugt, wird von zahlreichen Autoren energisch bestritten[243], die an der Idee des subsidiären Schutzes personale Interessen vermittelnder Rechtsgüter orientierte Forderung nach der Reduzierung des Strafrechts auf ein "Kernstrafrecht" lehnt Umweltschutz mit den Mitteln des Strafrechts ausdrücklich ab. Zwingend ist diese Schlußfolgerung nicht. Den Umweltschutz dem Ordnungswidrigkeiten- oder Verwaltungsrecht zu überlassen liefe nach Stratenwerth auf "eine Art von qualifiziertem Verwaltungsstrafrecht hinaus", gelöst wäre damit vor allem ein Problem: "Wir", d.h. die Strafrechtler, "jedenfalls wären das Problem los"[244]. Ebenso wie insbesondere Schünemann[245] hält Stratenwerth strafrechtlichen Umweltschutz für unverzichtbar: "Daß auf die Strafe als schwerste und eindrücklichste Sanktion, die unser Recht kennt, ausgerechnet dort verzichtet werden sollte, wo Lebensinteressen nicht nur einzelner, sondern der Menschheit als ganzer auf dem Spiel stehen, das halte ich, bei allem Verständnis für dogmatische und rechtsstaatliche Bedenken, für unannehmbar"[246]. Ferner bleibt zu bedenken, daß auch und gerade der "Kronzeuge"[247] des "Risikostrafrechts", Ulrich Beck, einen entschiedenen Schutz der Umwelt zum Schutze der natürlichen Bedingungen des menschlichen Lebens fordert[248] - und menschliche Lebensbedingungen werden zu den legitimen personal vermittelten Rechtsgütern gerechnet.

[242] Zuerst noch versteckt in einer Fußnote (Hassemer, NStZ 1989, 557, Fn. 67), schon bald darauf aber war die "Risikogesellschaft" das Thema ausgedehnter Monographien, z.B. Prittwitz, Strafrecht und Risiko (1993); Hilgendorf, Strafrechtliche Produzentenhaftung in der "Risikogesellschaft" (1993). Müller-Dietz, Aspekte, S. 104 nennt das Gefährdungsstrafrecht "das Merkmal der Risikogesellschaft". Kritisch dazu Kuhlen, GA 1994, 347 ff., der nicht nur die Kritik an den Gefährdungsdelikten zurückweist, sondern schon die "Risiko"-Terminologie als "witzlos und irreführend" abkanzelt (a.a.O., S. 352). Schünemann, GA 1995, 210 f., hält das Risikoparadigma nach der "durchschlagenden Antikritik von Kuhlen" für "schon wieder demontiert", was mir doch etwas voreilig erscheint. Insgesamt läßt sich in den neueren Abhandlungen zu diesem Problemkreis eine Abkehr vom Paradigma der "Risikogesellschaft" nicht feststellen. Zweifelhaft ist auch Schünemanns Einschätzung, die Lebensrisiken des einzelnen seien "heute beispielsweise viel geringer als in der frühen Neuzeit, in der das Leben ein stetes Risiko war" (a.a.O., S. 211).

[243] Neben den in der vorigen Fußnote Genannten z.B. Herzog, Gesellschaftliche Unsicherheit, S. 141 ff.; Hassemer, ZRP 1992, 381 ff.; Naucke, KritV 1993, 158 ff.; Albrecht, KritV 1993, 163 ff.; vgl. auch Müller-Dietz, Aspekte, S. 95 ff.; Frommel, Umrisse, S. 267, 276.

[244] Stratenwerth, ZStW 105 (1993), 687.

[245] Schünemann, GA 1995, 201 ff. Unter anderem mit dem Argument, die Denkfigur des Gesellschaftsvertrags könne nur dann konsequent durchgeführt werden, "wenn man sich als [Vertrags-]Partner die *gesamte Menschheit* vorstellt, also auch die *künftigen* Generationen" (a.a.O., S. 206).

[246] Stratenwerth, ZStW 105 (1993), 688, 690 f. Im Ergebnis ähnlich Bottke, Assoziationsprävention, S. 226, mit verfassungs- und europarechtlicher Begründung (Art. 130 EWG-Vertrag; Art. 20a GG).

[247] So Kuhlen, GA 1994, 356.

[248] Beck, Risikogesellschaft, S. 107.

Die Frage, ob "die Umwelt" *als solche* ein legitimes Strafrechtsgut darstellen kann oder nicht, soll hier dahingestellt bleiben; die obige Darstellung der Problematik des "symbolischen Strafrechts" diente der Verdeutlichung der kriminalpolitischen Bedeutung der Rechtsgüterschutzlehren. Nicht unbedenklich ist jedoch die Selbstverständlichkeit, mit der die Umweltschutzdelikte in einem Atemzug mit den Bereichen Drogen, Wirtschaft, Außenhandel, Organisierte Kriminalität (die Fragwürdigkeit von Universalrechtsgütern wie "Volksgesundheit" oder "Sicherheit des Kapitalmarktes" ist ja evident) als "symbolisches Strafrecht" abqualifiziert werden - als Schutzgüter der §§ 324 ff. lassen sich durchaus handfeste individuelle Gesundheits- und Lebensinteressen der einzelnen Personen ausmachen, wenn auch die legislatorische Ausgestaltung der einzelnen Tatbestände zugegebenermaßen alles andere als unproblematisch ist. Bagatellisierungen und grobe Verallgemeinerungen geben nur die halbe Wahrheit wieder[249]. Mit dieser knappen Problemskizzierung sollen die Ausführungen zum

[249] Zu einseitig ist die Argumentation jedenfalls, wenn alleine aus der Ablehnung der gegenwärtigen Ausgestaltung des § 324 verallgemeinernd die Abschaffung des gesamten Umweltstrafrechts gefordert wird. Am Beispiel der Ausführungen von Herzog, Gesellschaftliche Unsicherheit, S. 141 ff.: Sicher führt der "faule Kompromiß" der Verwaltungsakzessorietät (S. 141) zu schwer vermittelbaren Ungleichbehandlungen, wenn die Industrie ganz legal riesige Schadstoffmengen emittieren darf, der "einfache Bürger" sich dagegen bereits bei geringfügigen Verunreinigungen strafbar machen kann. Merkwürdig ist dagegen Herzogs Behauptung, durch die Umweltstrafgesetzgebung sei "der Irrglaube bestärkt worden ..., daß Verschärfungen des Strafrechts zu einer `Genesung´ der Umwelt beitragen könnten" (S. 142). Daß irgendjemand ernsthaft an eine "Genesung" der Umwelt durch das Strafrecht geglaubt haben könnte, bestreite ich: ganz so naiv sind die Menschen dann doch nicht. Dem Strafrecht geht es ja auch gar nicht um eine *Verbesserung* irgendwelcher Verhältnisse, sondern um Schutz vor (ggf.: weiteren) Beeinträchtigungen und Schädigungen. Sinn und Zweck des strafrechtlichen Vermögensschutzes ist beispielsweise nicht, zur "Genesung" des Vermögens Mitteloser oder Verschuldeter beizutragen, sondern der Schutz des gegenwärtigen Bestands. Nichts anderes kann für den Schutz der Umwelt gelten. Daß das Umweltstrafrecht weitere Beeinträchtigungen der Umwelt überhaupt zu vermeiden geeignet ist, stellt Herzog kategorisch in Abrede: "Die dramatischen Schäden treten durch legale als sozialadäquat geltende Umweltverschmutzungen ein, neben den genehmigten Industrieeinleitungen vor allem durch den massenhaften Individualverkehr mit Kraftfahrzeugen" (S. 150). Das ist soweit unstreitig. Die grobe Unterscheidung zwischen legalen und sozialadäquaten Umweltverschmutzungen einerseits und der Inkriminierung kleiner Umweltsünden des "einfachen Bürgers" andererseits übersieht aber ein ganz zentrales Problem: Soll z.B. das Ablassen von Altöl im Wald deshalb straffrei bleiben, weil die Großindustrie mit behördlicher Genehmigung ein vielfaches an Schadstoffen emittieren darf? Und vor allem: wie steht es um *nicht genehmigte* Emissionen? Umweltschädigungen lassen sich kaum auf Fälle von "Stolpern mit Milch oder Salatöl auf einer Brücke über einen Bach, wobei etwas Flüssigkeit in den Bach schwappt" (S. 152) reduzieren. Was zum Beispiel ist mit Unternehmern, die Fässer mit hochgiftigen Substanzen einfach "wild" deponieren? Daß durch das Umweltstrafrecht, wie Herzog annimmt, nur "Verhaltensweisen kriminalisiert werden sollen, die für sich betrachtet völlig harmlos sind und erst durch ihre Häufung zur ökologischen Last werden" (S. 146), kann so nicht richtig sein. Um beim Beispiel des Ölablassens zu bleiben: es ist bekannt, wieviel Grundwasser schon ein einziger

"symbolischen Strafrecht" und zur kriminalpolitischen Bedeutung der Rechtsgüterschutzlehren abgeschlossen werden. Der Beleidigungstatbestand ist, jedenfalls hinsichtlich des Bezugs auf personale Interessen, "unverdächtig".

1.2.5 Tatbestandsbegrenzende Bedeutung

In unserem Zusammenhang bedeutender sind die Konsequenzen, die sich aus dem Prinzip des subsidiären Rechtsgüterschutzes für die Auslegung des unbestimmten Beleidigungstatbestands ergeben. Ein anschauliches Beispiel für die tatbestandsbegrenzende Funktion des Rechtsgüterschutzprinzips im Fall des § 185 ist der Problemkreis der sogenannten "Sexualbeleidigung", der in der Literatur schon eingehend aufbereitet wurde[250]. An dieser Stelle soll daher eine kurze Problemskizzierung genügen.

Schon das Reichsgericht hat den § 185 als eine Art "Auffangtatbestand" für moralisch-sittlich als strafwürdig erachtete Handlungen herangezogen, die nicht unter einen speziellen Straftatbestand subsumiert werden konnten[251]. Auch der BGH blieb noch sehr lange auf dieser Linie[252]. Der Terminus "Sexualbeleidigung" steht synonym für jene Fälle sexualbezogener Handlungen, in denen die Rechtsprechung (1.) neben einem Sexualdelikt auch eine Beleidigung bejaht hat[253], bzw. (2.) wenn die Strafbarkeit wegen eines Sexualdeliktes ausgeschlossen war, wenigstens noch eine Strafbarkeit wegen Beleidigung konstruieren zu können glaubte.

Tropfen Öl verseuchen kann - leicht läßt sich ausrechnen, was hier ein kompletter Ölwechsel anzurichten vermag. "Für sich betrachtet völlig harmlos"? Die Erkenntnisse, die Herzog ausschließlich aus der Betrachtung des § 324 gewinnt, auf das gesamte Umweltstrafrecht zu beziehen, halte ich für eine unzulässige Verallgemeinerung, denn zum Umweltstrafrecht zählen auch Verbote des Umgangs mit Kernbrennstoffen oder ähnlichen unbeherrschbaren Substanzen - spätestens hier ist der Vergleich mit Bürger X und seinem Ölkännchen unangemessen.

250 Aus neuerer Zeit: Ritze, JZ 1980, 91 f.; Laubenthal, JuS 1987, 700 ff.; Hillenkamp, JR 1987, 126 ff.; Kiehl, NJW 1989, 3003 ff.; Otto, JZ 1989, 803 f.; Sick, JZ 1991, 330 ff.; Ignor, Beleidigung, S. 47 ff. Übersichten bei SK-Rudolphi, § 185, Rn. 14; Schönke / Schröder-Lenckner, § 185, Rn. 4 ff.; LK[10]-Herdegen, § 185, Rn. 28 ff.; Lackner-Kühl, § 185, Rn. 6.

251 Zur zeitgenössischen Kritik an der Rechtsprechung des RG siehe Bassenge, Ehre, S. 77 f.; Gallas, ZAkDR 1941, 15 ff.; Dohna, DStR 1941, 34 ff.; ders., ZStW 57 (1938), 158 ff.

252 Vgl. hierzu Arthur Kaufmann, ZStW 72 (1960), 426; Hirsch, Ehre, S. 61 ff.; Engisch, Bemerkungen, S. 410 f.

253 Wobei allerdings § 185 auf der Konkurrenzebene regelmäßig zurücktrat, vgl. Hirsch, Ehre, S. 63, Fn. 43; Sick, JZ 1991, 330.

"Quasi durch die Hintertür"[254] wurden Fälle, in denen eine Strafbarkeit nach §§ 174 ff. mangels Erfüllung sämtlicher Tatbestandsvoraussetzungen oder wegen strafbefreienden Rücktritts vom Versuch (§ 24)[255] ausgeschlossen war, in den Strafbarkeitsbereich zurückgeholt. Jene Rückgriffe auf § 185 als gleichsam subsidiäre Deliktskategorie (als "kleines Sexualdelikt"[256]), die der Schließung echter oder vermeintlicher Strafbarkeitslücken und letztlich der Durchsetzung eines intuitiven Strafbedürfnisses dienen sollten, waren aus mehreren Gründen dogmatisch nicht haltbar. Eine Bestrafung trotz Rücktritts vom Versuch widerspricht der ratio legis[257], der Mißbrauch des Beleidigungstatbestands als "Auffangtatbestand"[258] ist mit der Systematik der Rechtsgüter unvereinbar und kommt der Weitläufigkeit der alten "iniuria" bedenklich nahe[259]. Nicht nur Art. 103 Abs. 2 GG steht einer extensiven Anwendbarkeit des § 185 auf sittlich, sozialethisch mißbilligten Verhaltensweisen entgegen, sondern vor allem das Rechtsgüterschutzprinzip. Die Tatbestandsauslegung hat sich am jeweiligen Rechtsgut zu orientieren, darüberhinaus auch an den Wertaussagen, die anderen Rechtsgütern entnehmbar sind. Schon am Anfang dieser Arbeit wurde ausgeführt, warum nicht jede Mißachtung der Persönlichkeit eine Beleidigung sein kann. Nicht anders verhält es sich mit den Sexualdelikten: eine Verletzung des Persönlichkeitsrechts der Betroffenen ist noch lange keine Beleidigung. Nach dem Ehrbegriff Hirschs:

> "Wer eine Frau vergewaltigt, erklärt jedoch gerade nicht, daß sie ein Minus an Ehre aufweise, sondern die Gewaltanwendung drückt vielmehr im Gegenteil aus, daß die integre Ehre der Frau ein gewaltsames Vorgehen zur Zielerreichung notwendig macht. Der Täter mißachtet zwar ihre Personwürde, aber das tut auch derjenige, der sie ermordet oder mißhandelt. Ehrverletzung ist nicht Nichtrespektierung der menschlichen (weiblichen) Würde, sondern Erklären, daß ein Ehrmangel vorliegt"[260].

Im Ergebnis gilt auch für den hier vertretenen anerkennungstheoretischen Ehrbegriff nichts anderes. Ein noch zwingenderes Argument gegen die Rechtsprechung zur "Sexualbeleidigung" folgt aus der Neuregelung des Sexualstrafrechts durch das Vierte Gesetz zur Reform des Strafrechts (1973)[261]: die Regelung der Straftaten gegen die sexuelle Selbstbestimmung ist, worauf der Gesetzgeber deutlich hinwies, abschließend zu verstehen. Damit wurde unmißverständlich klargestellt,

---

[254] Ritze, JZ 1980, 92.

[255] Vgl. hierzu BGH StV 1982, 14 ff. - Strafbarkeit wegen Beleidigung trotz Rücktritts vom Versuch der Vergewaltigung.

[256] Arzt, JuS 1982, 725.

[257] Vgl. nur Hillenkamp, JR 1987, 127, m.w.N.

[258] Kiehl, NJW 1989, 3004, sieht § 185 "zum moralischen Empörungstatbestand gegen unsittliches Verhalten denaturiert".

[259] Hillenkamp, JR 1987, 128, spricht in diesem Zusammenhang von der "unzulässigen Verlagerung der historisch verabschiedeten Verdachtsstrafe ins materielle Recht".

[260] Hirsch, Ehre, S. 61 f.

[261] BGBl. I, 1725 ff.

daß sexualbezogene Verhaltensweisen, die nicht nach den §§ 174 ff. strafbar waren, nicht mehr hilfsweise als Beleidigungen geahndet werden durften, solange nicht eine über den sexualdeliktsspezifischen Unwertgehalt hinausgehende Ehrverletzung vorliegt. In der Rechtsprechung hat sich dies nur sehr zögerlich durchsetzen können[262], die neuere Rechtsprechung folgt aber mittlerweile der - rechtsstaatlich zwingend gebotenen - rechtsgutorientierten Abgrenzung des Beleidigungstatbestands von den abschließend geregelten Sexualdelikten. In einer Entscheidung aus dem Jahre 1994 heißt es nunmehr ausdrücklich, die Neuregelung des Sexualstrafrechts durch das 4. StrRG erlaube nicht ohne weiteres, ein Verhalten, das den Tatbestand eines Sexualdelikts nicht erfüllt, nach § 185 StGB zu ahnden - "vielmehr ist in solchen Fällen der Tatbestand der Beleidigung nur verwirklicht, wenn in dem - sexuellen - Verhalten des Täters nach den gesamten Umständen zugleich eine - von ihm gewollte - herabsetzende Bewertung des Opfers zu sehen ist"[263].

Diese kurzen Hinweisen auf die Problematik der sog. "Sexualbeleidigung" sollen genügen, um die tatbestandsbegrenzende Funktion des Rechtsgüterschutzprinzips aufzuzeigen. Der Beleidigungstatbestand ist streng rechtsgutbezogen auszulegen, Verhaltensweisen, die von den abschließenden Regelungen anderer Tatbestände des Besonderen Teils erfaßt werden, können nur in ganz wenigen Ausnahmefällen eine Beleidigung darstellen. § 185 ist kein "Auffangtatbestand" für möglicherweise als unmoralisch, geschmacklos oder ungehörig geltende Verhaltensweisen oder Äußerungen. Für die Frage, unter welchen Voraussetzungen eine strafbare Verletzung des Interesses der Person an intersubjektiver Anerkennung möglich ist, bleibt damit dennoch ein relativ großer Auslegungsspielraum, der weiterer einschränkender Kriterien bedarf.

1.2.6 Gesellschaftsvertrags- und diskurstheoretische Normlegitimation

Sehr enge Grenzen für die Setzung und Auslegung von Strafnormen ergeben sich, wenn man die Normlegitimität an vertrags- bzw. diskurstheoretische Rechtfertigungsprinzipien knüpft. Legitim wären danach nur solche Normen, denen jeder Normadressat vernünftigerweise zustimmen könnte. Das Recht dürfte danach nicht jeglicher moralischer Prinzipien entbehren und alleine an formale Prinzipien ("ethisches Minimum") gebunden sein, ebensowenig dürfte es nur die jeweils vorherrschenden Moralvorstellungen der jeweiligen Mehrheit zugrundelegen. Das Recht wäre an diejenige Moral gebunden, die die hypothetische Zustimmung *aller* findet.

---

262 Nachweise bei Hillenkamp, JR 1987, 127 f. und Sick, JZ 1991, 331 ff.

263 BGH NStZ 1995, 129 (unter Bezugnahme auf BGH NStZ 1986, 453 und BGHSt 36, 145 [150]).

Nach der Gerechtigkeitstheorie von Rawls ist die Gesellschaft ein "Unternehmen der Zusammenarbeit zum gegenseitigen Vorteil"[264]. Die pluralistische Vertragskonzeption besagt, daß es grundsätzlich verschiedene "Konzeptionen des Guten" geben kann, auch wenn diese miteinander unvereinbar sind. Was das friedliche Zusammenleben der Bürger nicht beeinträchtigt, geht die Rechtsordnung nichts an - mit Thomas Jefferson gesprochen: "Wenn mein Nachbar meint, es gebe zwanzig Götter oder es gebe keinen Gott, tut er mir nicht weh"[265]. Eine Gerechtigkeitskonzeption, die nicht auf Pluralismus ausgerichtet, sondern auf eine bestimmte moralische, religiöse oder philosophische Weltanschauung festgelegt ist, kann nur durch einen starken Zwangsapparat aufrechterhalten werden, ganz im Sinne der Hobbesschen Staatstheorie. An besonders hoher Intensität der Strafandrohung und -vollstreckung läßt sich im Umkehrschluß die eigentliche Instabilität repressiver Staatssysteme erkennen, das Mittelalter bietet dazu anschauliche Belege[266]. Die Unnachsichtigkeit und Grausamkeit des peinlichen Strafensystems sieht beispielsweise Eberhard Schmidt als einen Indikator politischer Schwäche[267].

Eine im Sinne des politischen Liberalismus "gerecht" konzipierte Gesellschaft bezieht dagegen ihre Stabilität nicht aus einem repressiven Staats- und Strafapparat, sondern aus der Zustimmung der Bürger zu den als gerecht im Interesse jedes einzelnen empfundenen Grundwerten. Gerecht sind nur solche Normen, auf die sich freie und gleiche Bürger unter fairen Bedingungen einigen (würden), nur solche, die im gleichmäßigen Interesse aller Normadressaten liegen. Dieses Ideal geht weiter als die reale Entscheidungsfindung in der repräsentativen Demokratie. Wenn Aristoteles erklärte, die Menge könne vieles besser beurteilen als einer alleine[268], ist das zunächst richtig. Bekannt sind aber auch die Gefahren, die das Abstellen auf bloße Mehrheiten birgt, Privatinteressen, manipulierte Meinungen und Tagesstimmungen könnten gravierende Freiheitsbeschränkungen für die jeweilige Minderheit zur Folge haben[269]. Das Wesen der Demokratie besteht gerade darin, daß Mehrheitskonstellationen ständigem Wandel unterliegen und der jeweilige Gesetzgeber nur auf Zeit legitimiert ist. *Gerechtigkeitsmaßstab* kann also nicht eine zufällige Tagesmehrheit sein, sondern nur das, was auch

---

264 Rawls, Theorie, S. 105.

265 Jefferson, zit. nach Rorty, Vorrang, S. 82.

266 Vgl. Arthur Kaufmann, JuS 1978, 365: "Das alte Wort: `pessimae rei publicae, plurimae leges´ - je schlechter der Staat, umso mehr Gesetze - gilt auch in seiner Umkehrung: je mehr Gesetze, umso schlechter der Staat". Eine vorzügliche Darstellung der Problematik findet sich bei Foucault, Überwachen (1977), lesenswert auch Bloch, Naturrecht, S. 276 ff. - wegen des peinlichen Strafensystems charakterisiert Bloch etwa die Carolina von 1532 treffend als "in ihren Strafbestimmungen ebenso ein Gesetzbuch wie ein Lehrbuch des Sadismus" (a.a.O., S. 278).

267 Eberhard Schmidt, Einführung, S. 67.

268 Aristoteles, Politik, 1281 b, 1286 a.

269 Vgl. stellvertretend Zippelius, Recht und Gerechtigkeit, S. 111 ff.

Veränderungen der Mehrheitsverhältnisse Rechnung trägt. Ein dauerhafter common sense ist nur dadurch zu erreichen, daß zukunftsorientiert die Interessen *aller* potentiellen Normadressaten bei der Normsetzung berücksichtigt werden. Darauf stellen die Gerechtigkeitstheorie Rawls' und die Diskursethik ab.

Rawls hat dargelegt, daß die Anerkennung des "Faktums des Pluralismus" bedeutet, daß es eine Mehrzahl vernünftiger, aber miteinander unvereinbarer Konzeptionen des Guten geben kann. Gerecht kann daher nicht der Wille der jeweiligen, zeitbedingt häufig zufälligen, Mehrheitskonstellationen sein, der den Minderheiten seine Wertvorstellungen und Verhaltensmaximen aufoktroyiert, sondern nur das, was auf die zwanglose Zustimmung aller vernünftigen Bürger stößt. Autoritäre Entscheidungen der Mehrheit gefährden den Bürgerfrieden[270]. Solange niemand versucht, seine Mitbürger zu zwingen, der von ihm favorisierten Konzeption des Guten zu folgen, können divergierende Konzeptionen[271] nebeneinander bestehen, ohne daß dadurch die Verbindlichkeit der verschiedenen Auffassungen denen gegenüber, die sie teilen, in Frage gestellt würde - jeder hat einen Anspruch darauf, nur solchen Reglements unterworfen zu werden, denen er im Lichte dessen, was er nicht unvernünftigerweise für gut und richtig hält, zustimmen kann[272]. Schon John Lockes Gesellschaftsvertragsmodell ging davon aus, daß in einer auf freiwilligen Zusammenschluß freier und gleicher Menschen gegründeten Gesellschaft niemand Gewalt haben könne, dieser Gesellschaft Gesetze zu geben, als durch ihre eigene Zustimmung und eine von ihr empfangene Ermächtigung[273].

Solange es über einen Regelungssachverhalt vernünftige Meinungsverschiedenheiten gibt, wäre die Regelung nicht gerecht. Nur ein solches liberales Verständnis der Rechtsgeltung kann ausschließen, daß das Strafrecht als Instrument zur Unterdrückung oder zum Ausschluß von Rechten und Freiheiten von Minderheiten mißbraucht werden könnte. Als äußerer Faktor darf das Strafrecht nach der "Theorie der Gerechtigkeit" nur reagieren, wenn die Aufrechterhaltung der gerechten Ordnung beeinträchtigt ist[274]. Die oben skizzierte Rechtsprechung der fünfziger Jahre zu Sittengesetz, Sexualität, Ehe und der "schöpfungsmäßigen", "von Gott gestifteten" Rollenverteilung der Geschlechter zeigt anschaulich, daß alleine die Verfassungsmäßigkeit von Gesetzen und Gesetzesanwendung keineswegs die Gewährleistung des Pluralismusprinzips bedeuten muß, vielmehr bleibt

270 Zippelius, Recht und Gerechtigkeit, S. 123.

271 Siehe auch Horkheimer, Wahrheit, S. 102: "Die kritische Theorie, zu der ich mich bekenne, besagt, daß wir nicht im Besitz der absoluten Wahrheit sind, daß kein totales, fertiges System je zu entwerfen sein wird".

272 Hinsch, Rawls-Einleitung, S. 26 f.

273 Locke, Two treatises, II, § 134.

274 Rawls, Theorie, S. 23. Zur Strafrechtskonzeption und -legitimation bei Rawls vgl. Wittig, ZStW 107 (1995), 251 ff. und Bottke, Assoziationsprävention, S. 173 ff., 188 f.

auch innerhalb der Verfassungsgrenzen grundsätzlich ein nicht zu knapper Spielraum für moralische Bevormundungen von Minderheiten.
Für die Legitimation der einzelnen Strafnorm ergeben sich aus der Konzeption Rawls' andere Voraussetzungen als bloß form- und verfahrensgemäße Normsetzung durch den zuständigen Gesetzgeber. Als "gerecht" können nur solche Normen gelten, die für jeden Normadressaten - Vernunft vorausgesetzt - zustimmungsfähig sind. Gerecht sind Normen in diesem Sinne nur dann, wenn sie im gleichmäßigen Interesse aller liegen, wenn sie von einem übergreifenden Konsens getragen werden und diesbezüglich keine vernünftigen Meinungsverschiedenheiten möglich sind. Einschränkungen seiner Grundfreiheiten muß der einzelne dann akzeptieren, weil er seine Zustimmung zu den gesellschaftskonstituierenden Rechten und Pflichten gegeben hat[275].

Eine Norm, über die es vernünftige Meinungsverschiedenheiten geben kann, scheidet nach diesem Modell als legitime Sanktionsgrundlage aus. In der Tendenz ähnlich ist die Forderung Lüderssens, "die Geltung von Rechtsnormen an ihre Kenntnis und Annahme durch die Menschen, die unter ihnen leben sollen, zu knüpfen"[276]. Die Legitimität einer Norm von der Normanerkennung durch die Normadressaten abhängig zu machen deckt sich mit obigen Studien zu Moralbildung und Handlungsmotivation: Normen, die der Normadressat nicht verstehen und verinnerlichen kann, können nicht handlungsmotivierend sein. Was für die allgemeine Normgeltung gilt, ist im Falle inhaltlich unbestimmter Normen auch auf deren Auslegung zu übertragen. Im Fall des § 185 wäre also eine Auslegung nur hinsichtlich solcher Norminhalte legitim, denen jeder potentielle Normadressat vernünftigerweise zustimmen könnte.

Zu dem gleichen Ergebnis gelangt die Diskursethik, der Unterschied liegt in der prozeduralen Herleitung. Nicht der übergreifende Konsens bezüglich eines fiktiven Gesellschaftsvertrags soll dabei für die Rechtfertigung des Rechts maßgeblich sein, sondern der übergreifende Konsens in realen praktischen Diskursen. Das Diskursprinzip bezeichnet sich gegenüber Moral und Recht zunächst als indifferent. Es soll erst auf dem Wege der rechtsförmigen Institutionalisierung die Gestalt des Demokratieprinzips annehmen, das dann seinerseits dem Prozeß der

---

275 Woran auch der fiktive Charakter des imaginären Sozialkontrakts nichts ändert: der (gedankliche) Vertrag manifestiert nur solche Prinzipien, denen jeder Bürger vernünftigerweise zustimmen *müßte*. Legitimation bedeutet somit nicht Zustimmung jedes einzelnen, sondern allgemeine (potentielle) Zustimmungsfähigkeit.

276 Lüderssen, Erfahrung als Rechtsquelle, S. 185 ff., 194. Siehe aber auch ders., Kriminologie, S. 60: "Wo die Legitimation qua Konsens - auch in abgeschwächter, entwicklungsfähiger Form - nicht sichtbar ist, muß man das registrieren und nach politischen Lösungen suchen. Die vorgestellte Konzeption der rechtlichen Geltung von Rechtsgütern ist sicher unterschiedlichen Interpretationen zugänglich. ... Die Darstellung bleibt hier bewußt offen".

Rechtssetzung legitimitätserzeugende Kraft verleiht[277]. Nach dem Diskursmodell gelten Aussagen als wahr, wenn sie sich als intersubjektiv begründbar erweisen, dies ist nur möglich im Falle der Zustimmung aller. Der vernünftige, zwanglos zustandegekommene Konsens gilt als Indiz für die Wahrheit und somit den Geltungsanspruch der Aussage. Das Prinzip der Wahrhaftigkeit von Aussagen ("Wahrheit bezeichnet den Geltungsanspruch von Aussagen; wahr ist eine Aussage dann, wenn sie sich als intersubjektiv begründbar erweist"[278]) läßt sich übertragen auf den Geltungsanspruch von Normen. Das "Apriori der Kommunikationsgemeinschaft"[279] besagt dann, daß nur diejenigen Regeln gültig sind, die auf einem diskursiv ermittelten Konsens aller Bürger beruhen.

Diskursethisch gerechtfertigt sind nur solche Normen, die sich auf nachmetaphysischem Begründungsniveau in zwanglosen, rational geführten Diskursen als allgemein konsentierbar erweisen. Die Legitimation des Rechts beruht mithin auf der Einhaltung von Verfahrensregelungen der Kommunikationsprozesse, die Einhaltung der formellen Kriterien begründet die Vermutung der Rationalität von Rechtssetzung und Rechtsanwendung. Die Bedingung für die Wahrheit normativer Aussagen, also für den Geltungsanspruch von Normen, ist dann die potentielle Zustimmung *aller*[280]. Das Strafrecht als ein auf legales Verhalten zugeschnittenes Zwangsrecht kann seine sozialintegrative Kraft nach der Diskurstheorie nur dadurch bewahren, daß sich die Normadressaten in ihrer Gesamtheit zugleich als vernünftige Urheber dieser Normen verstehen dürfen - Normgeltung und Systemstabilität folgen daraus, daß die Normadressaten als zugleich hypothetische Normsetzer die Geltung der Normen vernünftigerweise nicht in Frage stellen können[281].

Mit der zentralen Aussage in "Faktizität und Geltung" - "Als rational bewähren sich die vom politischen Gesetzgeber verabschiedeten Normen und die von der Justiz zuerkannten Rechte inhaltlich daran, daß die Adressaten als freie und gleiche Mitglieder einer Gemeinschaft von Rechtssubjekten behandelt werden"[282] - umreißt Habermas die Grundprinzipien des modernen demokratischen Rechtsstaats. Die soziale Geltung von Rechtsnormen bestimmt sich nach der faktisch zu erwartenden Akzeptanz der Normadressaten[283]. Das Demokratieprinzip, darin

277 Habermas, Faktizität, S. 154.

278 Bei Luhmann heißt es: "Wahr im strengen Sinne ist eine Kommunikation, der jedermann zustimmen muß, will er sich nicht der Gefahr aussetzen, seine Qualität als Subjekt einzubüßen" (Luhmann, Selbststeuerung, S. 234).

279 Apel, Apriori, S. 358 ff.

280 Habermas, Wahrheitstheorien, S. 211 ff. Kritisch zum *Wahrheits*postulat aber Weinberger, Konsens, 152.

281 Habermas, Faktizität, S. 51 ff.

282 Habermas, a.a.O., S. 499.

283 Habermas, a.a.O., S. 47.

stimmt Habermas mit Rawls überein, darf nicht dem Moralprinzip untergeordnet werden. Das Verhältnis von Recht und Moral faßt Habermas so zusammen:

> "Ich gehe davon aus, daß sich auf dem nachmetaphysischen Begründungsniveau rechtliche und moralische Regeln gleichzeitig aus traditionaler Sittlichkeit ausdifferenzieren und als zwei verschiedene, aber einander ergänzende Sorten von Handlungsnormen nebeneinandertreten. ... Eine Rechtsordnung kann nur legitim sein, wenn sie moralischen Grundsätzen nicht widerspricht. ... Die autonome Moral und das auf Begründung angewiesene positive Recht stehen vielmehr in einem Ergänzungsverhältnis. ... Gültig sind genau die Handlungsnormen, denen alle möglicherweise Betroffenen als Teilnehmer an rationalen Diskursen zustimmen können"[284].

An anderer Stelle heißt es:

> "Gültige Normen stützen ihren verpflichtenden Charakter auf den Umstand, daß sie ein verallgemeinerungsfähiges Interesse verkörpern und daß mit der Wahrung dieses Interesses gleichzeitig Autonomie und Wohlergehen der Einzelnen wie auch Integration und Wohl des gesellschaftlichen Kollektivs auf dem Spiel stehen"[285].

Auch Klaus Günther spricht sich für eine diskursethische Begründung des Strafrechts aus. Die Anerkennung einer Rechtsnorm lasse sich nicht durch "Einüben" bewirken, sondern nur durch autonome Einsicht gewinnen - was wir oben in anderem Zusammenhang bereits feststellen konnten. Das diskursethische Verständnis von Subjektivität besagt, daß individuelles Selbstbewußtsein in sozialen Interaktionen entsteht, die es dem einzelnen ermöglichen, durch die Übernahme der Rolle des Anderen ein Selbstverständnis zu gewinnen[286]. Von diesem Grundprinzip können wir nach dem bisher Erörterten ausgehen. Aus diesem Verhältnis von Subjektivität, Intersubjektivität und der Möglichkeit des Perspektivenwechsels folgert Günther nun, daß es universalisierbare Erwartungen sein müssen, d. h. solche, über die sich *alle* verständigen können, die Strafnormen und Sanktionen rechtfertigen können.

Aus der Perspektive eines "verallgemeinerten Dritten" sind wir fähig, Empörung über die einem anderen zugefügte Verletzung oder Beleidigung zu empfinden. Dies geschieht abstrahiert von der konkret betroffenen Person, aus der Perspektive des "generalisierten Anderen" stellt sich die einer konkreten Person zugefügte Verletzung gewissermaßen stellvertretend zugleich als Verletzung einer von allen anerkannten Norm dar. In der Fähigkeit zum Perspektivenwechsel im Sinne des Modells von Mead liegt somit der Kern der konsentierten Normgeltung. Erst wenn die Perspektive der konkret verletzten Person zugleich die Perspektive eines neutralen Dritten und somit aller anderen sein kann, wird die Beleidigung zu

---

284 Habermas, a.a.O., S. 135 ff.

285 Habermas, Gerechtigkeit, S. 308.

286 Günther, Möglichkeiten, S. 210 f.

einer moralischen Verletzung. Die Verständigung über Geltung und Verletzung von Normen läuft also über eine dezentrierte Sozialperspektive und die Fähigkeit, sich in allen drei Perspektiven (Ich - Er - Wir) gleichzeitig bewegen zu können. Was sich nur aus der Sicht des Betroffenen als Verletzung darstellt, nicht aber aus der Perspektive jedes anderen, kann nicht als strafrechtlich relevante Verletzung gelten[287]. Die Sanktionslegitimation ähnelt derjenigen nach dem Vertragsmodell im Rawlsschen Sinne, statt auf einen fiktiven Sozialkontrakt im Interesse aller stellt das Diskursmodell auf den (möglichen) Perspektivenwechsel ab:

> "Wer eine gültige Norm nicht befolgt, verletzt das Prinzip der wechselseitigen Perspektivenübernahme. Wenn Ego gegen eine gültige Norm verstößt, ist eine der Bedingungen nicht erfüllt, unter denen Alter seine Zustimmung geben könnte: ihre allgemeine Befolgung. Alter darf dann aber nicht länger zugemutet werden, sich dennoch weiterhin rational durch gute Gründe motivieren zu lassen und das zu tun, was im gemeinsamen Interesse eines jeden einzelnen liegt. Die Befolgung einer gültigen Norm ist jedem einzelnen nur unter der Bedingung zumutbar, daß auch alle anderen diese Norm befolgen. Diese Zumutbarkeitsbedingung begründet die moralische Erlaubnis, eine allgemeine Normbefolgung mit empirischen Mitteln zu bewirken, und diese moralische Befugnis begründet das Recht"[288].

Günthers Ausführungen unterstreichen, daß nur solche Normen legitim sein können, die im Interesse aller gleichberechtigten, vernunftbegabten (hier: zum Perspektivenwechsel fähigen) Bürger liegen. Für die Feststellung des Normbruchs kommt es nicht auf das möglicherweise egozentrische Empfinden des unmittelbar Betroffenen an, sondern auf den diskursiven Konsens aller. Im Ergebnis bleibt es dabei: Gültig sind auch nach der Diskursethik nur diejenigen Handlungsnormen, denen alle möglicherweise Betroffenen als Teilnehmer an rationalen Diskursen zustimmen könn(t)en.

Das Problem dieses Modells ist die praktische Realisierbarkeit eines allgemeinen Konsenses. Einen praktischen Diskurs aller über alle Angelegenheiten kann es real nicht geben[289], wie also sollte ein solcher Konsens konstruiert werden? Das Abstellen auf einen fiktiven Konsens ist dem Einwand ausgesetzt, dies habe "mit demokratischer Meinungs- und Willensbildung nichts zu tun"[290]. Habermas hat

---

287 Günther, Möglichkeiten, S. 212 ff.

288 Günther, Möglichkeiten, S. 207.

289 Vgl. die Argumente von Höffe, Ethik und Politik, S. 245 ff. Zur Kritik am Diskursmodell vgl. stellvertretend Arthur Kaufmann, Problemgeschichte, S. 170 ff.; zum Problem des Konsenses Weinberger, Konsens, S. 147 ff., 155 ff.

290 Weinberger, Konsens, S. 151. Deshalb aber auf Majoritätsentscheidungen realer Diskurse zu setzen, ist nicht minder problematisch. Weinberger selbst hat an anderer Stelle (Leitideen, S. 621) eingeräumt, daß auch "durch echte und formal-demokratisch einwandfreie Majoritätsentscheidungen inhaltlich markant undemokratische Beschlüsse zustandekommen können", von der "Beschränkung des Minderheitenschutzes" bis zur "Einsetzung einer Diktatur". Auch wenn dies aus verfassungsrechtlichen Gründen nicht

das Problem der praktischen Realisierbarkeit seines Anspruchs gesehen. Das Postulat der diskursethischen Normgeltung nur in jenen Fällen, in denen alle von ihr möglicherweise Betroffenen als Teilnehmer eines praktischen Diskurses Einverständnis bezüglich der (für alle verbindlichen) Normgeltung erzielen, hat er aus diesem Grund durch den Zusatz "(bzw. erzielen würden)" ergänzt[291]. Klargestellt ist damit, daß es nur auf die hypothetische Zustimmungsfähigkeit aller Betroffenen ankommen kann[292]. Eindeutig erkennbar sind jedenfalls solche Fälle, in denen ein übergreifender Konsens nicht gegeben ist.

1.2.7 Zusammenfassung

Stellt man gemäß der Vertrags- bzw. Diskurstheorie hinsichtlich der Rechtfertigung des Rechts auf universelle Konsentierbarkeit der Rechtsnormen ab, ergibt sich folgendes Verhältnis von Recht und Moral: Moral darf in Strafrechtsnormen nur insoweit eine Rolle spielen, wie sie im liberal-pluralistischen Sinne dem gleichmäßigen Interesse aller Bürger entspricht und in permanenten öffentlichen Diskursen artikuliert wird. Rechtsgüter konstituieren sich in der gesellschaftlichen Werterfahrung, durch die der Gesellschaft zugrundeliegende Moralität[293]. Die Schutzwürdigkeit von Rechtsgütern richtet sich nach gesellschaftlich konsentierbaren Moralvorstellungen, die es durch das Recht zu schützen gilt. Mit anderen Worten: es kann nur um die Gewährleistung bzw. Aufrechterhaltung der allgemein akzeptierten Grundbedingungen des friedlichen Miteinanderauskommens gehen.

Recht und Moral lassen sich also nicht vollständig trennen. Das Recht muß sich an den moralischen Mindestvorstellungen der Gesellschaft orientieren, die es legitimiert; ein völlig moralfreies Recht läuft Gefahr, unmoralisch und somit ungerecht zu werden. Habermas bezeichnet Moral und Recht als "so etwas wie Ausfallbürgschaften für die sozialintegrativen Leistungen aller institutionellen Ordnungen"[294]. Nach den modernen Demokratietheorien ist es nicht die Aufgabe des Rechts, beliebige Moralvorstellungen zu erzwingen oder aufrechterhalten, das

möglich ist: daß die durch den demokratischen Diskurs (Wahlen) legitimierten Organe nicht nur allgemein konsentierbare Entscheidungen treffen, ist das Dilemma der repräsentativen parlamentarischen Demokratie. Ein anderes Verfahren aber, tatsächlich *jeden* zu *jeder* Entscheidung zu befragen, ist schon technisch nicht möglich.

291 Habermas, Diskursethik, S. 76.

292 Vgl. auch Freundlieb, ZfaW 6 (1975), 92; Lüderssen, Analyse & Kritik 3 (1981), 204 f.; Alexy, Argumentation, S. 361.

293 Hassemer, Grundlinien, S. 92; Kargl, Rechtsgüterschutz, S. 59. Lampe, Recht und Moral, S. 305, spricht von den "elementaren soziokulturellen Werten, die ein Volk als rechtlich schützenswert anerkennt", ähnlich Amelung, Rechtsgutsverletzung, S. 277.

294 Habermas, Faktizität, S. 99.

Recht bleibt auf konsentierte Moralvorstellungen der Bevölkerung beschränkt. Zeitlichen Wandlungen der Werte müssen Rechtssetzung und Rechtsanwendung Rechnung tragen. Mangels metaphysischer, absolut gültiger Gerechtigkeitsmaßstäbe kann jede Gerechtigkeitskonzeption immer nur vorübergehende Geltung beanspruchen[295]. Im demokratischen Kontext ist das Strafrecht nicht als moralisierendes Regelwerk zu instrumentalisieren, sondern es muß moralisch begründet sein. Soziale Geltung können nur solche Normen beanspruchen, die potentiell mit den Gerechtigkeitsvorstellungen aller vernünftigen Betroffenen vereinbar sind. Nicht vom Konsens der Gemeinschaft getragene Normen bzw. Normdeutungen, über die es - mit Rawls gesprochen - vernünftige Meinungsverschiedenheiten gibt, können in diesem Sinne nicht als gerechtfertigt gelten[296]. Eine konsequente Umsetzung des Prinzips des *subsidiären* strafrechtlichen Rechtsgüterschutzes durch den Strafgesetzgeber kann daher nur bedeuten, daß der Normenkatalog des Strafgesetzbuches auf jenen Kernbereich zu beschränken ist, der für freie Entfaltung und friedliche Koexistenz der Menschen sowie für den Bestand der sozialen Ordnung unverzichtbar ist; Normen eines so verstandenen Kernstrafrechts können nur solche sein, die allgemein konsentierbar sind, d.h. solche, über die es keine "vernünftigen Meinungsverschiedenheiten" gibt. Solche Regelungsgegenstände aber, die diese Kriterien nicht erfüllen, sind nicht der ultima ratio der Sozialkontrolle, sondern weniger "scharfen Schwertern" der Rechtsordnung (Zivil-, Verwaltungs- oder Ordnungswidrigkeitenrecht) oder außerrechtlichen Kontrollinstanzen zu überlassen.

Willkürliche und ideologische Strafdrohungen schützen keine Rechtsgüter, da sie weder der Freiheit des einzelnen in einem freiheitlichen Staat noch der Funktionsfähigkeit eines auf diesen Prinzipien aufbauenden sozialen Systems dienen. Bloße Moralwidrigkeiten verletzen keine Rechtsgüter, ebensowenig solche Handlungen, die gegen allgemeine gesellschaftliche Wertvorstellungen oder Interessen des Souveräns gerichtet sind[297]. Die eingangs getroffene Aussage, die Funktion des Strafrechts bestehe im subsidiären Rechtsgüterschutz, läßt sich nun präzisieren: das Strafrecht dient, vermittelt durch den "Filter" Rechtsgüterschutz, der Aufrechterhaltung dessen, was für die zugrundegelegte Moralität wertvoll ist[298]. Es dient der Erhaltung und Gewährleistung der Möglichkeiten des einzelnen, sich innerhalb der sozialen Gemeinschaft frei zu entfalten und die eigenen Lebenspläne zu verwirklichen. Den Kernbereich der Grundbedingungen des gesicherten

295 Zum Zeitbezug des Rechts vgl. Kargl, Rechtsgüterschutz, S. 62 ff.; Luhmann, Recht, S. 124 ff., 239 ff., 557 ff.; Stolleis, KritV 1995, 64: Ethische Einstellungen "können und dürfen nicht von Seiten des Staates `hergestellt´, sondern müssen von der Gesellschaft ständig erneuert und eingebracht werden".

296 Signifikante Problemfelder sind etwa Sterbehilfe, Schwangerschaftsabbruch, Sitzblockaden oder das Betäubungsmittelstrafrecht.

297 Vgl. Hassemer, NStZ 1989, 557; Roxin, AT, § 2, Rn. 10 ff.

298 Vgl. Kargl, Rechtsgüterschutz, S. 59.

Zusammenlebens der Menschen in friedlicher Koexistenz bilden die Verhältnisse intersubjektiver Anerkennung. Dem Schutz dessen ist das Strafrecht verpflichtet, seine Aufgabe ist nicht die Förderung der allgemeinen Sittlichkeit oder gar die Erzwingung von Moralität[299].

Ein Blick auf den derzeitigen Normenkatalog des StGB zeigt allerdings, daß in der Praxis andere Kriterien maßgeblich sind. Strafrechtliche Normen gelten als gerechtfertigt, wenn sie in formeller und materieller Hinsicht den verfassungsrechtlichen Anforderungen genügen. Um allgemeine Konsentierbarkeit der Normen geht es dabei nicht, wie auch Luhmanns pragmatisches Modell der "Legitimation durch Verfahren" zeigt:

> "Legitimation durch Verfahren setzt Waffengleichheit nicht real, sondern als Möglichkeit voraus. Wer diese Möglichkeit nicht zu nutzen weiß, dem fällt diese Unfähigkeit als Obliegenheitsverletzung selbst zur Last und er kann die Legitimität der Entscheidung, auf die Einfluß zu nehmen er Gelegenheit hatte, nicht anfechten. Wer nicht rechtzeitig zutreffend seine Kritik anbringt, verwirkt seine Chance auf relevante Kritik, wird also nicht mehr gehört. Verpaßte Gelegenheiten kehren nicht wieder, verspätete Proteste sind unglaubwürdig"[300].

Die Annahme, daß es in ganz zentralen, die individuellen Freiheiten jedes einzelnen unmittelbar betreffenden Fragen der Organisation der sozialen Gemeinschaft so etwas wie eine Präklusion geben könnte, aus welchen Gründen auch immer, kann nicht befriedigen. Mit den *Idealformen* der Gerechtigkeitsfindung durch übergreifenden Konsens ist das kaum vereinbar; zumindest müßte die "nicht mehr gehörte" Kritik als hypothetisches Argument von den übrigen Diskursteilnehmern bei der Konsensfindung mitberücksichtigt werden. Die Interessen desjenigen, der seine Vorstellungen nicht oder "nicht rechtzeitig" vorträgt, dürfen nicht wegen eines *Formfehlers* zur Disposition der Mehrheit gestellt werden[301].

Die Frage bleibt nun, ob die vertrags- und diskurstheoretischen Legitimationsmodelle nur ein abstraktes Ideal darstellen, deren Umsetzung bei der Gesetzgebung und -anwendung zwar wünschenswert wäre, das aber mit Blick auf die bisherige Praxis ebensogut übergangen werden könnte. Verfassungsmäßig ist es schließlich nicht zu beanstanden, daß bezüglich der Rechtfertigung des Rechts weniger auf die soziale Geltung der Normen als vielmehr auf deren verfahrensmäßig korrekte Setzung abgestellt wird - auch wenn dadurch etwa einseitige Moralvorstellungen (siehe z.B. die "Sittengesetz"-Rechtsprechung) in das Strafrecht einfließen

299 Vgl. auch Baumann, Schuld und Sühne, S. 13; Hassemer, NStZ 1989, 557; Kargl, GA 1994, 263.

300 Luhmann, Legitimation, S. 45.

301 Wiederum sei der Hinweis angefügt, daß im Zentrum der Theorie(n) Luhmanns nicht die personalen Interessen des einzelnen stehen, sondern die Funktionalität formaler Systeme.

können und der Strafgesetzgeber das ultima-ratio-Prinzip des Rechtsgüterschutzes nicht allzu genau nehmen muß. Verfassungsrechtlich ist auch gegen so diffuse Rechtsgüter wie die "Volksgesundheit" (BtMG) oder gegen Straftatbestände wie die "Verletzung der Buchführungspflicht" (§ 283b) nichts einzuwenden, selbst wenn hinsichtlich der Angemessenheit dessen "vernünftige Meinungsverschiedenheiten" offensichtlich sind, es also an der allgemeinen Konsentierbarkeit fehlt.

Die Verfassung gibt vor, daß Minderheiten nicht ohne sachlichen Grund ungleich behandelt, d.h. benachteiligt werden dürfen, nicht aber, daß im Rahmen der Strafgesetzgebung anstelle des Mehrheitsprinzips die Legitimität der Strafnormen von einem übergreifenden Konsens *aller* abhängen müßte. Auch die herkömmlichen Strafzwecktheorien setzen eine allgemeine Konsentierbarkeit der gebrochenen Normen nicht notwendigerweise voraus: spezial- oder generalpräventive, vergeltende oder abschreckende Straftheorien können grundsätzlich auch Strafen für die Verletzung solcher Rechtsgüter rechtfertigen, die alleine im Interesse des jeweiligen Gesetzgebers liegen und schlechtestenfalls noch nicht mal den Interessen der Mehrheit entsprechen (Binding definierte als legitime Rechtsgüter "alles, an dessen unveränderter und ungestörter Erhaltung *das positive Recht nach seiner Ansicht* ein Interesse hat, was es deshalb durch seine Normen vor unerwünschter Verletzung oder Gefährdung zu sichern bestrebt ist"[302]). Im folgenden soll nicht nur gezeigt werden, daß keine der traditionellen Strafzwecktheorien Legitimität und Zwecksetzung staatlichen Strafens überzeugend erklären kann, es soll darüberhinaus versucht werden, eine Strafzweckkonzeption zu skizzieren, die das Prinzip der Normlegitimation durch übergreifenden Konsens theorieimmanent voraussetzt und eine anerkennungstheoretische Begrenzung der legitimen Rechtsgüter begründet. Es soll gezeigt werden, daß rechtsstaatliches Strafen nur dann gerechtfertigt werden kann, wenn solche Normen gebrochen wurden, denen *jeder* Normadressat vernünftigerweise (hypothetisch) zustimmen kann.

---

302 Binding, Normen, S. 193 (Hervorhebungen von mir).

2 Strafzwecktheorien

Daß staatliche Strafe stets eine Reaktion auf einen Normbruch darstellt, ist unstreitig. Der Zweck des Strafens bleibt dagegen nach wie vor umstritten und wird bis heute kontrovers diskutiert. Die ganz überwiegende Antwort der Literatur lautet, mit unterschiedlicher Akzentuierung und Begründung: Spezial- und Generalprävention, letztgenannte vornehmlich im Sinne der sog. positiven Generalprävention. Die Rechtsprechung favorisiert dagegen eine Vereinigungstheorie vielfältiger Strafzwecke: "Schuldausgleich, Prävention, Resozialisierung des Täters, Sühne, Vergeltung für begangenes Unrecht"[303]. Von den im ersten Teil dieses Abschnitts angestellten Vorüberlegungen ausgehend, wird hier die These vertreten, daß jede der traditionellen Strafzwecktheorien für sich betrachtet nicht umfassend als legitime Strafrechtfertigung geeignet ist, und sich das Legitimationsproblem auch nicht durch Kumulation sämtlicher Konzeptionen im Sinne einer Vereinigungstheorie überzeugend lösen läßt. Vertreten wird die Ansicht, daß Vergeltungsaspekte vorab als illegitim ausscheiden und spezial- bzw. generalpräventive Modelle - von reiner Abschreckung bis zu "Erwartungssicherung" oder "Normstabilisierung" - aus verschiedenen Gründen ebenfalls gewichtigen Einwänden ausgesetzt sind. Ambitionierte Ziele wie Spezialprävention oder positive Generalprävention lassen sich mit den "bescheidenen Mitteln des Strafrechts"[304] nicht realisieren, zudem lassen sich Bestrafungen bestimmter Tätergruppen alleine aus präventiven Erwägungen heraus nicht rechtfertigen - genannt seien nur heute längst ungefährlich gewordene NS- oder DDR-Täter[305], aber auch ehemalige "RAF"-Terroristen und vor allem sog. Affekttäter, die aus einmaligen unwiederholbaren Konfliktsituationen heraus handelten. Angesichts der Legitimationsproblematik wäre dann in der Tat mit Lüderssen eine "Krise des öffentlichen Strafanspruchs"[306] zu konstatieren.

Mehr noch: es wird gestraft, ohne daß die maßgeblichen Strafzwecktheorien Legitimität, Erforderlichkeit und Zwecksetzung des staatlichen Strafens plausibel und allgemeingültig erklären und rechtfertigen könnten. Überspitzt formuliert ließe sich dann die von Mead monierte "aufgesetzte Feierlichkeit des Strafprozesses"[307] als bloßes "Theater"[308] diffamieren. Das soll nicht die hier vertretene Position sein. Im Anschluß an die Kritik der herkömmlichen Strafzwecklehren soll

303 BVerfGE 45, 187 (253 f.); vgl. auch BVerfGE 28, 264 (278); 32, 98 (109); 39, 1 (57).

304 Vgl. Kargl, Handlung, S. 14.

305 Umfassende Darstellung der Problematik der DDR-Justiz bei Rottleuthner (Hrsg.), Steuerung der Justiz (1994).

306 Lüderssen, Abschaffen, S. 22 ff.

307 Mead, Psychologie, S. 261.

308 Vgl. Schild, Strafrichter, S. 95: "freilich ein sehr ernst zu nehmendes, damit auch: ein von allen Beteiligten ernst zu spielendes Theater".

versucht werden, das von Walter Kargl skizzierte Konzept der "Friedenssicherung durch Strafrecht" mit den oben dargestellten vertrags- und diskurstheoretischen Legitimationsgrundsätzen zu verbinden. Das kritische Potential dieser Strafzweckkonzeption liegt in der theorieimmanenten anerkennungstheoretischen Begrenzung der legitimen Rechtsgüter, während nach den herkömmlichen Strafzwecktheorien die strafbegrenzenden Prinzipien Rechtsgüterschutz, Sozialschädlichkeit, Subsidiaritätsprinzip etc., wie die Praxis zeigt, ebensogut übergangen werden können. Im Zentrum dieses Modells steht der Schutz des öffentlichen Rechtsfriedens, der unbestritten zu den legitimen Aufgaben des Strafrechts zählt[309].

2.1 Vergeltung

Daß die Rechtsprechung nach wie vor, zumindest partiell, am Strafzweck der Vergeltung festzuhalten scheint, ist schon erstaunlich. Prominentester neuzeitlicher Vertreter einer substanziellen Vergeltungsstrafe im Sinne des Talionsprinzips ("Auge um Auge") war Kant, der in der "Metaphysik der Sitten" eine von jeglichen sozialen Zwecken losgelöste Strafe propagierte: ohne Rücksicht auf gesellschaftlichen Nutzen diene die Strafe der "Gerechtigkeit", der Wiederherstellung einer transzendenten Ordnung. "Richterliche Strafe ... kann niemals bloß als Mittel ein anderes Gutes befördern für den Verbrecher selbst oder für die bürgerliche Gesellschaft, sondern muß jederzeit nur darum wider ihn verhängt werden, *weil er verbrochen* hat". Denn: "wenn die Gerechtigkeit untergeht, so hat es keinen Wert mehr, daß Menschen auf Erden leben". Selbst im Falle einer einvernehmlichen Auflösung der Gesellschaft "müßte der letzte im Gefängnis befindliche Mörder vorher hingerichtet werden, damit jedermann das widerfahre, was seine Taten wert sind, und die Blutschuld nicht auf dem Volke hafte, das auf diese Bestrafung nicht gedrungen hat"[310]. Daß dies nichts anderes als eine in wohlgesetzte Worte gekleidete Beschreibung eines archaischen Strafverständnisses ist - vom Alten Testament bis zu den "spiegelnden Strafen" des Mittelalters[311] -, hat schon v. Liszt hervorgehoben: "Die Strafe ist ursprünglich, d.h. in jenen primitiven Formen, welche wir im Uranfange der menschlichen Kulturgeschichte zu erkennen vermögen, *blinde, instinktmäßige, triebartige, durch die Zweckvor-*

[309] Vgl. nur Armin Kaufmann, Aufgabe, S. 5; Engisch, Gerechtigkeit, S. 104 f., 281 f.; Würtenberger, Rechtsfriede, S. 210 f.; E. A. Wolff, ZStW 97 (1985), 818, 827; Zipf, Integrationsprävention, S. 490; Jakobs, AT, 2/21; Roxin, AT, § 3, Rn. 27.

[310] Kant, MdS, VIII, Rechtslehre, Allgemeine Anmerkung, E., I. Gerade anhand des Insel-Beispiels hat Klug, Abschied, S. 39 f., die Widersprüchlichkeit der Argumentation Kants nachgewiesen: man brauche "nur zu fragen, auf wem eigentlich jene mystische "Blutschuld" haften solle, wenn es doch gerade die Voraussetzung der Test-Überlegung von Kant war, daß kein Volk mehr existiere".

[311] Hierzu Rüping, Grundriß, S. 17 f.; umfassende Übersicht bei Ebert, Talion und Spiegelung, S. 399 ff.

stellung nicht bestimmte Reaktion der Gesellschaft gegen äußere Störungen der Lebensbedingungen des einzelnen wie der vorhandenen Gruppen von Einzelindividuen"[312]. Nicht nur, daß einer substanziellen Vergeltung schon in praktischer Hinsicht enge Grenzen gesetzt sind (sollte etwa versuchter Totschlag dadurch vergolten werden, daß *versucht* würde, den Täter zu töten?), sie ist vor allem wissenschaftlich nicht mehr haltbar[313]. Unrecht mit Unrecht zu vergelten ist ein unzulässiger Zirkelschluß, der die Notwendigkeit des gesellschaftlichen Nutzens der Strafe gänzlich außer acht läßt und nichts anderes bedeutet, als ein Übel mit einem anderen Übel zu überlagern[314]. Vergeltungstheorien bedeuten "Rationalisierung von Rachegelüsten"[315], "Lynchjustiz"[316], schlechte Metaphysik. Demokratisch-rechtsstaatlich legitimiert kann nur eine zukunftsorientierte Strafe sein, die sich für alle Gesellschaftsmitglieder als vorteilhaft erweist.

Ein Vorteil der Vergeltungslehre gegenüber anderen Straftheorien läßt sich darin erblicken, daß die Vergeltungsstrafe zumindest in gewisser Weise eine verhältnismäßige Reaktion auf vorangegangenes Unrecht darstellt, indem sich die Vergeltung an Art und Intensität der Tat orientiert. Zwischen den Aufgaben des Strafrechts und denen der Strafe gebe es keinen Bruch, sondern einen "zwanglosen Übergang: Die Strafe soll das gebrochene Recht wiederherstellen, die Negation des Rechts negieren, den `besonderen Willen´ aufheben, der Gerechtigkeit genüge tun. Dabei soll sie selber gerecht sein, und sie soll die Würde des Menschen achten, ihn nicht zum Objekt staatlichen Zwangs oder staatlicher Fürsorge machen"[317]. Im Unterschied zu den Präventionstheorien gelinge der Vergeltungslehre mühelos der Einbau der normativen Prinzipien der Strafbegrenzung und des Rechtsschutzes in die Ziele der Strafe - die Begrenzung tendenziell möglicher Auswüchse übermäßiger Zweckverfolgung, die den Präventionskonzepten theoretisch fremd sei, sei der gerechtigkeitsorientierten Tatvergeltung als Rechtsprinzip immanent: "Die Strafzielbestimmung erhält ihre Inhalte von der Strafrechtsbestimmung her"[318].

---

312 v. Liszt, ZStW 3 (1883), 6.

313 Klug, Abschied, S. 36 ff., Baumann, Schuld und Sühne, S. 14 ff. und Noll, Strafe, S. 48 ff., haben dies eindeutig herausgearbeitet.

314 Vgl. Moos, Integrationsprävention, S. 297 und Kargl, Handlung, S. 557, mit Hinweis auf Durkheim, Teilung, S. 207: "Das ist, wie wenn ein Arzt, um einen kranken Arm zu heilen, den anderen amputiert".

315 Naucke, Strafrecht, S. 41.

316 Mead, Psychologie, S. 261.

317 Hassemer, Einführung², S. 324.

318 Hassemer, a.a.O. Allerdings betont Mead, Psychologie, S. 259, daß auch "jene großartigen Rechtsverdrehungen und die Pracht primitiver menschlicher Rache ..., die die Herzen und Phantasien der Menschen des Mittelalters als göttlich hingenommen haben", der Vergeltung dienen sollten.

Was die immanente Strafbegrenzung betrifft, ist das richtig; strafbegrenzende Kriterien müssen den herkömmlichen Präventionsmodellen in ihren verschiedenen Ausprägungen jeweils von außen hinzugefügt werden, um den rechtsstaatlichen Erfordernissen zu genügen. Die Vereinbarkeit des Automatismus der Vergeltungsstrafe mit den von Kant selbst aufgestellten Grundsätzen der Achtung der Menschenwürde kann dagegen nicht voreilig bejaht werden. Sicher: der Bestrafte wird nicht zu den Zwecken anderer Menschen als bloßes "Objekt" behandelt, eben weil die Vergeltungsstrafe gar keinen gesellschaftlichen Zielen dient. Das aber ist das entscheidende Problem dieser Theorie. Und wenn er auch nicht als bloßes Mittel zu den Zwecken anderer Menschen behandelt wird, dann wohl aber als bloßes Mittel zu den Zwecken *des Staates*, um "seine Gerechtigkeitsvorstellung unweigerlich und ohne Rücksicht auf die Erfordernisse sozialer Notwendigkeit und Angemessenheit durchzusetzen"; der Staat maße sich damit "göttliche Funktionen" an[319]. Aus dieser Perspektive ist die Vergeltungsstrafe dann auch nicht mit dem Menschenwürdeprinzip vereinbar, ebensowenig, wie sie mit dem Schuldprinzip und den übrigen Anforderungen rechtsstaatlichen Strafens vereinbar wäre. Spätestens seit der Diskussion um den sich noch zur Vergeltungsstrafe bekennenden Regierungsentwurf von 1962 bzw. den Alternativentwurf von 1966[320] spielt die Vergeltungsstrafe in der rechtstheoretischen Diskussion keine Rolle mehr[321]. Entgegen der Auffassung der Rechtsprechung sind vergeltende Aspekte der Strafbegründung nach heutigem rechtsstaatlichen Verständnis unzulässig.

Nichts anderes gilt für die Straftheorie Hegels, die auf nicht substanzielle, sondern wertmäßige Vergeltung abstellte. Nach der Dialektik Hegels gilt Strafe als "Negation der Negation"[322] - die Straftat negiere das Recht, die Sanktion sei die notwendige Negation dieser Negation: "Das Aufheben des Verbrechens ... ist die Wiederherstellung des Rechts ... [und] insofern *Wiedervergeltung*"[323]. Spezial- oder generalpräventive Strafzwecke lehnt Hegel im Zusatz zu § 99 ausdrücklich ab. Hegels Straftheorie stellt zum einen darauf ab, daß der Täter durch die Tat ein eigenes Gesetz aufgestellt habe, unter das er subsumiert werden

---

319 Moos, Integrationsprävention, S. 285.

320 "Strafe zu verhängen ist kein metaphysischer Vorgang, sondern eine bittere Notwendigkeit in einer Gemeinschaft unvollkommener Wesen, wie sie die Menschen nun einmal sind" (Begründung zu § 2 AE, AE-AT, S. 29).

321 Allenfalls noch marginal, Reinhart Maurach etwa zeigte Sympathie für die Vergeltungsstrafe, deren "vornehmste Eigenschaft" ihre "zweckgelöste Majestät" sei (Maurach, AT[4], S. 77). Zum philosophisch-weltanschaulichen Hintergrund des E 1962 vgl. Woesner, NJW 1965, 1249 ff.: "mit dem Bekenntnis zur Strafe als Vergeltung ... verläßt der Entwurf den Boden weltanschaulicher Neutralität".

322 Hegel, Rechtsphilosophie, VII, § 97, Zusatz, S. 186.

323 Hegel, a.a.O., §§ 99, 101, S. 187, 192; Anm. zu § 101, S. 194: "Gesunder Menschenverstand [:] wie er getan hat, so soll ihm geschehen".

dürfe[324], zum anderen diene die Sanktion der Wiederherstellung des durch die Tat verletzten Verhältnisses wechselseitiger Anerkennung[325]. Diese Argumente hat Kurt Seelmann überzeugend widerlegen können[326]: ebenso, wie es fragwürdig ist, "ob die Unvernunft zum Kriterium auf Unvernunft gemacht werden sollte", ist zweifelhaft, daß die Anerkennungsbeziehung nur durch eine rechtliche Statusminderung des Täters, also durch staatliche Übelszufügung, wiederhergestellt werden könne[327]. Seelmann bekräftigt das, was wir oben hinsichtlich des Anerkennungsverhältnisses bereits festgestellt haben: für das Verhältnis intersubjektiver Anerkennung kommt es entscheidend auf die Fähigkeit des anderen zum Wechsel der Handlungsperspektiven an; unzweifelhaft geht es dabei um *innere Haltungen*, die nicht dadurch substituiert werden können, daß der die gebotene Anerkennung Verweigernde durch Strafe herabgesetzt wird.

Damit wäre gezeigt, daß das Strafkonzept Hegels ebenso wie das Kants nicht geeignet ist, sozialen Zwecken, nämlich der friedlichen Koexistenz der Menschen in der sozialen Gemeinschaft, zu dienen. Ulrich Klug hat die rechtsstaatlich gebotene Verabschiedung der Straftheorien der großen Aufklärer so zusammengefaßt: "Gerade die Achtung vor der Menschenwürde gebietet es der Gesellschaft, nicht einfach zwecklos vergeltend zurückzuschlagen, sondern die Resozialisierung zu versuchen. Erst dann wird der Täter `als Vernünftiges geehrt´"[328]. Peter Noll spricht zugespitzt von "kurzschlüssiger und unintelligenter Metaphysik" dieser Straftheorien und wirft die Frage auf, ob sie auch dann so wirksam geworden wären, "wenn statt Kant und Hegel zwei zeitgenössische Juristen sie verkündet hätten und wenn dieselben Gedanken in weniger anspruchsvolle und feierliche Worte gekleidet worden wären"[329]. Weil nun absolute Strafbegründungen mit der

---

324 Hegel, a.a.O., § 100, S. 190 f.: "Denn in seiner als eines *Vernünftigen* Handlung liegt, daß sie etwas Allgemeines, daß durch sie ein Gesetz aufgestellt ist, das er in ihr für sich anerkannt hat, unter welches er also als unter *sein* Recht subsumiert werden darf. ... Daß die Strafe darin als *sein* eigenes Recht enthaltend angesehen wird, darin wird der Verbrecher als Vernünftiges *geehrt*". Dazu Brunkhorst, Sozialtherapie, S. 18: "Bei Hegel war noch alles klar. Der Henker versöhnt den Verbrecher mit der sittlichen Totalität ebenso wie mit sich selbst. Die Strafe ist nicht nur *an sich* oder objektiv die Verwirklichung der Vernunft, sie ist auch subjektiv, *für ihn*, den armen Delinquenten, das Beste: das Wahre nämlich und das Gute. Aus Hegels Sicht ist noch das Fallbeil das Dasein der Freiheit dessen, dessen Kopf es abschlägt".

325 Nach Hegels Anerkennungstheorie verletze derjenige, indem er einem anderen durch die Tat die geschuldete wechselseitige Anerkennung entziehe, zugleich sich selbst als Rechtssubjekt. Das Anerkennungsverhältnis sei dadurch gestört, daß der Täter sich einseitig über den anderen hinweggesetzt habe; wiederherzustellen sei das Anerkennungsverhältnis nur dadurch, daß Täter und Verletzter wieder auf eine gleiche Ebene gebracht werden, dies könne nur durch die Herabsetzung des Rechtsstatus des Täters geschehen.

326 Seelmann, ARSP 1993, 230 ff.

327 Seelmann, a.a.O., S. 231, 234.

328 Klug, Abschied, S. 41.

heutigen Staatstheorie unvereinbar sind, muß es ebenso unzulässig sein, in sogenannten "Vereinigungstheorien" noch auf vergeltende Strafzwecke abzustellen, sei es auch nur teil- oder hilfsweise.

2.2 Spezialprävention

Diesseitige Ziele bezwecken die relativen Straftheorien, die nicht auf Wiederherstellung einer transzendenten höheren Ordnung abstellen, sondern zukunftsorientiert auf die Motivation konkreter Menschen zielen. Spezialprävention bedeutet Einwirkung auf den einzelnen Straftäter, Generalprävention zielt auf die Gesamtgesellschaft ab, auf alle potentiellen Straftäter. Die Präventionsmodelle sollen künftige Straftaten vermeiden, die avisierten Wirkungsweisen sind höchst unterschiedlich.

Die Individual-(Spezial-)prävention soll den einzelnen Täter von künftigen (weiteren) Straftaten abhalten. Franz von Liszt, der "Vater" der spezialpräventiven Zweckstrafe, setzte dabei allerdings in seinem "Marburger Programm" nicht nur auf die heute vor allem mit Spezialprävention assoziierte "Resozialisierung", sondern zugleich auf Abschreckung und gar "Unschädlichmachung", je nach Sozialprognose:

> "1) Besserung der besserungsfähigen und besserungsbedürftigen Verbrecher;
> 2) Abschreckung der nicht besserungsbedürftigen Verbrecher;
> 3) Unschädlichmachung der nicht besserungsfähigen Verbrecher"[330].

Die Fragwürdigkeit dieser Kategorisierung ist offensichtlich[331]. Gerade die letzte der Lisztschen Kategorien hat mit dem Resozialisierungsideal nichts mehr zu tun und ist mit dem Sozialstaatsprinzip kaum vereinbar[332]; wem sollte das Urteil über die "Besserungsunfähigkeit" zustehen und auf welcher methodischen Grundlage? In der heutigen Diskussion ist der Gedanke der sozialen Verteidigung ("défense sociale")[333] deutlich hinter das Resozialisierungsprinzip zurückgetreten. Nicht Ausschluß des Täters aus der Gesellschaft, sondern (Re-) Integration bildet den Schwerpunkt der spezialpräventiven Idee. Auch der Gesetzgeber hat dies in § 2

---

329 Noll, Strafe, S. 49.

330 v. Liszt, ZStW 3 (1883), 36 (ff.).

331 Zur Kritik siehe Frommel, Präventionsmodelle, S. 83 ff., 179 ff.

332 v. Liszt, a.a.O., S. 39 f., in der Sprache seiner Zeit: "Die 'Unschädlichmachung' der Unverbesserlichen denke ich mir in folgender Weise ... Sie besteht in 'Strafknechtschaft' mit strengstem Arbeitszwang: als Disziplinarstrafe wäre die Prügelstrafe kaum zu entbehren; ... Einzelhaft hätte nur als Disziplinarstrafe, verbunden mit Dunkelarrest und strengstem Fasten, einzutreten" (u.s.w.).

333 Paradigmatisch Ancel, La défense sociale nouvelle ([2]1966); Melzer, Sozialverteidigung (1970).

StVollzG zum Ausdruck gebracht, als Vollzugsziel wird an erster Stelle genannt, der Gefangene solle im Vollzug der Freiheitsstrafe "fähig werden, künftig in sozialer Verantwortung ein Leben ohne Straftaten zu führen". Erst im zweiten Satz ist dort vom "Schutz der Allgemeinheit vor weiteren Straftaten" die Rede.

Vor- und Nachteile der spezialpräventiven Konzeption sind bekannt. Als theoretische und praktische Vorzüge der Spezialprävention hebt etwa Roxin hervor, daß dieses Modell der rechtsgüterschützenden Funktion des Strafrechts und dem Sozialstaatsprinzip "hervorragend gerecht" werde: "Indem sie ein auf soziales Training und helfende Behandlung abstellendes Vollzugsprogramm fordert, ermöglicht die konstruktiven Reformen und entgeht der praktischen Sterilität des Vergeltungsprinzips"[334].

Gewichtig sind die Einwände gegen die Spezialprävention. Zunächst die rechtstheoretischen: Roxin hat den Hauptmangel darin ausgemacht, daß die spezialpräventive Straftheorie kein Maßprinzip für die Höhe bzw. Begrenzung der Strafe liefert, es besteht die Gefahr einer tendenziell unbegrenzten Strafdauer - "es läge in ihrer Konsequenz, einen Verurteilten solange festzuhalten, bis er resozialisiert ist. ... Ja, eine (re)sozialisierende Behandlung wäre sogar in Betracht zu ziehen, wenn jemand sich als schwer kriminalitätsgefährdet erweist, ohne bisher nachweisbar eine konkrete Straftat begangen zu haben"[335]. Grundsätzlich ist zu fragen, ob der Staat überhaupt legitimiert ist, erwachsene Bürger zu erziehen oder "behandeln", gegebenenfalls gar durch Eingriffe wie z.B. Kastration[336]. Das BVerfG hat dies jedenfalls für den unantastbaren Persönlichkeitskern Erwachsener (Menschenwürde) verneint[337].

Praktische Einwände gegen die staatlich verordnete "Behandlung" folgen zwingend aus den obigen Feststellungen zur Unwirksamkeit autoritärer Erziehung. Erziehungsversuche durch Indoktrination oder Konditionierung sind eher kontraproduktiv und zum Scheitern verurteilt. Zukünftig handlungsleitend kann nicht die bloße Sanktionsangst werden, sondern nur eine behutsam vermittelte, auf die *Einsicht* des Betroffenen abstellende Einwirkung - ohne Vermittlung der Erfahrung reziproker Anerkennung der eigenen Person können auch noch so starke und drastische Zwänge[338] letztlich nichts bewirken als eine stets labile (weil nicht im

---

334 Roxin, AT, § 3, Rn. 15.

335 Roxin, AT, § 3, Rn. 16; ders., JuS 1966, 379 f.; vgl. auch Jakobs, AT, 1/41 ff.; Baumann/Weber/Mitsch, AT, § 3, Rn. 46.

336 Vgl. Jakobs, AT, 1/36. Als schärfste Form der "Behandlung" müßte man sich (rein theoretisch) wohl Gehirnoperationen vorstellen.

337 BVerfGE 22, 180 (219).

338 v. Liszt, ZStW 3 (1883), 40 f., propagierte etwa bezüglich der "Besserungsbedürftigen" Maßnahmen wie "ernste und anhaltende Zucht". Ganz ähnlich behauptete noch fünfzig Jahre später Stock, daß "das Eingespanntsein des Rechtsbrechers in die Ordnung der

moralischen Bewußtsein des Betroffenen verwurzelte) "künstliche Anpassung"[339] - zuzüglich der persönlichkeitszerstörenden Begleiterscheinungen unbegründeten Zwangs. Oben wurde beschrieben, daß sich rationale Motive nicht empirisch erzeugen lassen, sondern alleine der autonomen Einsicht entspringen. Strafdrohung und konkrete Bestrafung signalisieren dem Täter, daß bestimmte Handlungen nicht gebilligt werden bzw. zu unterlassen sind. Was die bloße Manifestation des Rechts nicht zu bewirken vermag, ist die selbstreflexive Einsicht in die *Gründe*, warum dies so sein soll. Insbesondere im Strafvollzug ist die Realisierbarkeit des Vollzugsziels des § 2 Satz 1 StVollzG in Zweifel zu ziehen. Resozialisierung durch Strafvollzug setzt erst Desozialisierung und Stigmatisierung des Verurteilten voraus[340], und in keinem anderen Bereich der sozialen Wirklichkeit kann von Eigenverantwortlichkeit ("soziale Verantwortung" !) sowenig die Rede sein wie im Gefängnis, dem "Setting der totalen Institution"[341]; angesichts der Vollzugsrealität mutet der Anspruch positiver Beeinflussung der Straftäter im Strafvollzug utopisch an. Im "Knast" werden kriminelle Antriebe häufig noch potenziert oder überhaupt erst erzeugt ("Schule des Verbrechens"). Wenn es den Resozialisierungskonzepten aber nicht nur um vordergründig angepaßtes äußerliches Verhalten geht, sondern um eine Einwirkung auf das Sozialbewußtsein der Menschen, sei nur auf das oben angeführte Unfallhelfer-Beispiel verwiesen: die effektivere Einwirkungsmöglichkeit besteht gerade im Strafverzicht[342].

Als einzig sinnvolle und effektive Möglichkeit der Einwirkung auf Handlungsmotivationen haben wir soziale Trainingsmethoden kennengelernt, die auf teilnehmender Hilfe zu eigenverantwortlichem Nachvollziehen der Gründe normgemäßen Verhaltens basieren. Hinzu kommt, daß eine wirksame Sozialtherapie in der Regel auch materielle Hilfe erfordert - daß in der Praxis weder materielle Hilfe noch in allen Fällen (noch nicht einmal annähernd) soziale Trainingsprogramme bereitgestellt werden können, soll die theoretischen Vorzüge der spezialpräventiven Idee nicht mindern. In der Praxis bleibt die Resozialisierungsidee dagegen ein derzeit nicht in zufriedenstellender Weise realisierbares Ideal ("nothing works"); ob sich die Resozialisierung nur in einer

---

Strafanstalt an und für sich schon eminent pädagogisch wirken kann, besonders dann, wenn straffe Arbeit dazutritt" (Stock, Strafe, S. 79 ff., 83).

339 Vgl. Kargl, Handlung und Ordnung, S. 554: "die spezialpräventive Losung einer `künstlichen Anpassung´ des Straftäters an die Gesellschaft [läuft] auf pure Unterwerfung unter faktisch gegebene Zustände hinaus". Mit "sozialer Verantwortung" im Sinne des § 2 Satz 1 StVollzG hat das nichts mehr zu tun. Roxin, JuS 1966, 386: "Alles Resozialisierungsbemühen kann nur ein Angebot an den Delinquenten sein, bei der Arbeit an sich selbst mitzuhelfen. Es muß scheitern, wo er dazu nicht bereit ist".

340 Zum zusätzlichen Resozialisierungshindernis der Kostentragungspflicht des Verurteilten immer noch wichtig: Hassemer, ZStW 85 (1973), 651 ff.

341 Scheerer, Abolitionismus, S. 13.

342 Vgl. noch Eisenberg, Kriminologie, S. 571.

Krise befindet[343] oder spezialpräventive Zwecke als gescheitert anzusehen sind[344], kann hier dahingestellt bleiben. Solange jedenfalls die spezialpräventive Theorie aufgrund der praktischen Gegebenheiten nicht effektiv in die Tat umsetzbar ist, ist sie nicht in der Lage, staatliches Strafen überzeugend zu rechtfertigen.

Bereits angesprochen wurde zudem der allgemeine Einwand gegen alle herrschenden Präventionstheorien, daß sie Strafen gegen bestimmte, aller Wahrscheinlichkeit nach zukünftig nicht mehr gefährliche Straftäter nicht zu legitimieren vermögen[345]. Weil und solange es Fälle gibt, in denen es nicht mehr um die Prävention künftiger Straftaten eines Täters bzw. potentieller Nachahmer geht (die "Wiederholung" von Kriegsverbrechen, KZ-Exzessen oder Affekttaten steht nicht zu befürchten), können diese Modelle staatliches Strafen nicht umfassend und nicht ohne Rückgriffe auf die unzulässige Vergeltungslehre legitimieren.

2.3 Negative Generalprävention

Auf Abschreckung nicht des einzelnen Straftäters, sondern der Allgemeinheit, setzt die von Feuerbach entwickelte "Theorie des psychologischen Zwangs".

> "Das Eigenthümliche meiner Strafrechtstheorie ... besteht darin, daß sie die Strafe nicht als Sicherungsmittel vor einem *bestimmten* Verbrecher in concreto, sondern als Sicherungsmittel vor *möglichen* Verbrechern überhaupt, sowohl in Rücksicht auf die Androhung, als in Rücksicht auf die Execution der Strafe, darstellt. ...
> Der Zweck der Androhung der Strafe ist, durch die Vorstellung derselben von *möglichen* Verbrechen abzuschrecken; der Zweck der Zufügung derselben ist, die Wirksamkeit der gesetzlichen Drohung möglich zu machen; denn nur dann kann eine Drohung wirklich abschrecken, wenn man weiß, daß sie realisiert werden wird"[346].

---

343 Vgl. hierzu Eser, Resozialisierung, S. 505 ff.; Schöch, Empirische Grundlagen, S. 1082 und Kaiser, Kriminologie, § 120, Rn. 16 ff., der ebenfalls die Diskrepanz zwischen unverzichtbarer Sozialtherapie und der Behandlungsrealität betont. Zu den Problemen der Resozialisierung und des Resozialisierungsvollzugs siehe auch Neumann/Schroth, Neuere Theorien, S. 22 ff.

344 Nachweise hierzu bei Roxin, Entwicklung, S. 341 ff. und Lüderssen, Abschaffen, S. 32 ff.; 132 ff., die jeweils die Spezialprävention nicht für durchweg gescheitert halten, sondern alternative Modelle skizzieren; vgl. auch Frehsee, Schadenswiedergutmachung, S. 76 ff. Das Argument mangelnder empirischer Nachweisbarkeit spezialpräventiver Effekte ist ebenso richtig wie problematisch. Prittwitz hat sicher recht, daß das Strafrecht eindeutig *nachweisbare* Effekte nur erziele, "soweit es während der Verbüßung von Freiheitsstrafen Prävention von Straftaten leistet" (Strafrecht und Risiko, S. 210). Das Dilemma der Nachweisbarkeit erfolgreicher Resozialisierung besteht darin, daß eben nur nachgewiesen werden kann, daß bei bestimmten "rückfällig" gewordenen Tätern die "Behandlung" entgegen der günstigen Sozialprognose doch nicht erfolgreich war.

345 Vgl. Engisch, Gerechtigkeit, S. 105. Lehrbuchbeispiele nach Baumann/Weber/Mitsch, AT, § 3, Rn. 45: "der erblindete Banknotenfälscher", "der abgestürzte und querschnittsgelähmte Fassadenkletterer" wie auch "NS-Gewaltverbrecher, die sich nach dem Zusammenbruch von 1945 geradezu vorbildlich in die Gesellschaft eingeordnet haben".

Abschreckung durch Strafdrohung und Zwang bedeutet, an einzelnen Tätern Exempel zu statuieren, um der Allgemeinheit die Konsequenzen des Normbruchs möglichst drastisch vor Augen zu führen. Den einzelnen Straftäter aber zum bloßen Objekt der Zwecke anderer zu machen, verstößt gegen das Menschenwürdeprinzip[347]; zudem beinhaltet die reine Abschreckungstheorie keine immanente Strafbegrenzung - je höher und empfindlicher die Strafen ausfallen, desto höher wäre der abschreckende Effekt[348]. Nach Roxin hat der generalpräventive Ansatz "ganz allgemein eine Tendenz zum staatlichen Terror"[349].

Problematisch ist das Menschenbild, das der Theorie des psychologischen Zwangs zugrundeliegt. Alle Menschen gelten als potentielle Straftäter, die triebgeleitet handeln, um Lust zu gewinnen bzw. Unlust zu vermeiden. Soziales Verhalten sei erst die Folge verinnerlichter Autorität zur Unlustvermeidung. Dies mag, wie Roxin sagt, laienpsychologisch evident und tiefenpsychologisch erklärbar sein[350]. Jedenfalls nach der Theorie Sigmund Freuds[351], die aber nur sehr begrenzt erklärungstauglich ist. Gerade Freud wurde nämlich schon immer vorgeworfen, anhand von in Einzelfällen plausiblen Erfahrungen und Erkenntnissen in unzulässiger Weise Allgemeingültigkeiten mit unbegrenzter Validität aufzustellen[352].

Diesem nicht verifizierbaren psychoanalytischen Ansatz ist die lerntheoretische Konzeption des Behaviorismus *im Ergebnis* recht ähnlich. B. F. Skinner hat die Mechanismen instrumentellen Lernens bedingter Aktion bzw. bedingter Aversion durch Belohnung bzw. Bestrafung in bestimmten Tierversuchen nachweisen können. Lernen am Erfolg / Mißerfolg zeigte sich bei Goldhamstern und Tauben in der "Skinner-Box", Mäusen oder Ratten in Labyrinthen. Lernerfolge bedingter Verhaltenshemmung durch operante Konditionierung stellten sich ebenso ein bei

---

346 Feuerbach, Strafe, S. 94, 96. Schon Fichte nannte als Zweck des Strafgesetzes, "daß der Fall seiner Anwendung gar nicht vorkomme" (Naturrecht, Zweiter Teil, § 20). Zum Einfluß Fichtes auf Feuerbach vgl. Seelmann, Vertragsmetaphern, S. 456 f.

347 Vgl. nur Kindhäuser, Strafe, S. 31, aber auch Hegels Kritik an der Theorie Feuerbachs: "Der Mensch wird ... wie ein Hund behandelt" (Hegel, Rechtsphilosophie, § 99, Zusatz, S. 190).

348 Auch wenn Feuerbach, a.a.O., S. 113 dem entgegengetreten ist: "Der Zwang darf *in meiner Theorie nicht größer seyn, als nothwendig ist, dieses Hinderniß der Freyheit aufzuheben*. Der Staat darf nicht mehr Uebel drohen, als die Größe der Gefahr, die er durch Strafe entfernen will, erfordert. Denn die *Rechtmäßigkeit* der Strafdrohung ist durch ihre Zweckmäßigkeit begründet und bedingt. ... Was zunächst nur von der Androhung gesagt ist, gilt zugleich auch von der Zufügung, weil die Zufügung der Strafe blos durch die Androhung begründet ist und um jener Willen existirt".

349 Roxin, JuS 1966, 380.

350 Roxin, AT, § 3, Rn. 24.

351 Vgl. Freud, Totem und Tabu, S. 361 f. u. passim.

352 Vgl. nur Haynal, Psychoanalytische Erkenntnis, S. 81.

Hunden mit Stachelhalsbändern, womit Skinner die Erlernbarkeit der Vermeidung als negativ empfundener Reizsituationen erklären zu können meinte[353]. Und doch lassen sich aus diesen einfach strukturierten Versuchsreihen mit im Vergleich zum Menschen einfacher strukturierten, im wesentlichen instinktgeleitet handelnden Lebewesen keine Analogieschlüsse auf menschliches Lernverhalten durch Belohnung und Bestrafung ziehen[354], wie die oben angeführten Beispiele aus der Entwicklungspsychologie deutlich gezeigt haben. Nach Kohlberg tut der Handelnde das Rechte auch unter persönlichen Kosten, wenn und weil er die universelle Rechtfertigbarkeit moralischer Prinzipien erkennt. Primäres Motiv der Regelbefolgung ist die Einsicht in die Legitimität der Regelgeltung, nicht die Erwartung von Lob oder Tadel.

Immer wieder wird darauf Aufmerksam gemacht, daß die generalpräventive Wirkung von Strafen nicht empirisch nachgewiesen ist[355], jedenfalls nicht umfassend für sämtliche Delikts- und Tätergruppen. Die obige Erörterung entwicklungspsychologischer Modelle bestätigt die Skepsis gegenüber generalpräventiven Erwägungen. Wenn es, in der Sprache der Psychoanalyse, an der Ich-Integrierbarkeit bestimmter Werte fehlt, kann dies durch reine Über-Ich-Angst nicht kompensiert werden; zu befürchten sind vielmehr tiefgreifende Persönlichkeitsschädigungen. Die entsprechenden schon gegenüber der Spezialprävention vorgetragenen Argumente gelten auch gegenüber der Abschreckungsprävention - zusammengefaßt: es ist nicht die Aufgabe des Rechts, "künstliche Anpassung" zu erzwingen. Des weiteren müssen auch Befürworter einer auf Abschreckung abzielenden Straftheorie einräumen, daß damit nicht jede Strafe gerechtfertigt werden kann. Max Horkheimer schrieb 1960 zur Ergreifung Adolf Eichmanns: "Strafe ist ein Mittel, durch das ein bestimmter Staat in seinen Grenzen die Achtung vor dem Gesetz erzwingt, ihr Zweck ist Abschreckung. Alle anderen Straftheorien sind schlechte Metaphysik. Anzunehmen, daß Strafe in Israel die möglichen Nachfolger Eichmanns abzuschrecken vermag, ist Wahnsinn"[356]. Wenn also Abschreckung

---

353 Beispiele nach Holland/Skinner, Analyse des Verhaltens, S. 9 ff., 41 ff., 97 ff., speziell zum Lernen durch Bestrafung S. 245 ff.

354 Gruter, Verhaltensforschung, S. 30 f.: "Selbstverständlich ist der Grad, in dem der Homo sapiens Informationen übermittelt und sich bei ihm Werturteile einschalten, bevor er solche Informationen akzeptiert oder ablehnt, viel höher als in jeder anderen Spezies, weil das menschliche Hirn die Fähigkeit hat, Symbole und abstrakte Gedanken zu produzieren". Ein ganz wichtiges Argument gegen die Verallgemeinerungsfähigkeit der Erkenntnisse Skinners ist zudem, daß der sog. "Standard-Experimentierraum" gegen äußere Reizeinwirkungen abgeschirmt war, die Versuche also unter Ausblendung jeglicher Umwelteinflüsse stattfanden.

355 Roxin, JuS 1966, 380; Neumann/Schroth, Neuere Theorien, S. 37; Prittwitz, Strafrecht und Risiko, S. 206, 212; Lüderssen, Abschaffen, S. 31; Hassemer, StV 1995, 486. Auch in BVerfGE 45, 187 (255) wird das Problem der empirischen Nachweisbarkeit gesehen.

356 Horkheimer, Zur Ergreifung Eichmanns, in: ders., Kritik, S. 317 f. Auch etwaige lernpädagogische Effekte des (damals bevorstehenden) Eichmann-Prozesses stellt Horkhei-

die Bestrafung nicht rechtfertigen kann und Vergeltung die Strafe nicht rechtfertigen darf, bleibt die Legitimationsfrage weiterhin offen.

2.4 Positive Generalprävention

Die Theorien der positiven Generalprävention gehen davon aus, daß Strafe positive Effekte bewirken könne, die Terminologie versteht sich als Gegenpol zum negativ besetzten Begriff der Prävention durch (reine) Abschreckung im Sinne der Feuerbachschen Theorie. Positive Generalprävention ist ein Sammelbegriff verschiedener Konzeptionen, die unterschiedliche Aspekte der Strafe betonen, die nach jeweils eigener Auffassung als positiv bewertet werden. Gemeinsam ist diesen Ansätzen der empirische Anspruch, Normkonformität primär durch Einsicht und nicht durch Sanktionsfurcht sicherzustellen.

Schon die grobe Kategorisierung der einzelnen Ansätze wird unterschiedlich vorgenommen. Kargl differenziert zwischen "defensiver Integrationsprävention" (hierzu zählen Topoi wie "Beschwichtigung des Kollektivbewußtseins", "Vertrauens- bzw. Erwartungssicherung", "Normstabilisierung", "Verteidigung der Rechtsordnung"[357] etc.) und "offensiver Integrationsprävention" (jene Ansätze, die dem Recht eine bewußtseins*ändernde* Funktion zuschreiben)[358]. Der maßgebliche Unterschied besteht darin, daß es nach dem ersten Ansatz primär um die Aufrechterhaltung des Normensystems geht, im Mittelpunkt des zweiten Ansatzes steht die Beeinflussung der Einstellungen von Menschen[359]. Roxin dagegen unterteilt die Ansätze in drei Kategorien, sozialpädagogisch motivierter Lerneffekt, Vertrauenseffekt und Befriedungseffekt. Den Terminus "Integrationsprävention" bezieht er im wesentlichen auf den Befriedungseffekt[360]. Ob all diese Aspekte tatsächlich als "positiv" - und vor allem: durch das Strafrecht realisierbar - gelten können, muß aufgrund der Vorüberlegungen zum Themenkomplex Recht und Moral bezweifelt werden.

Als Beispiel einer auf Bewußtseinsänderung der Individuen abstellenden Theorie wurde oben die Konzeption Welzels vorgestellt, auch die höchstrichterliche Rechtsprechung stellt ab auf "Stärkung der Rechtstreue der Bevölkerung",

---

mer entschieden in Abrede. Wenn die Erkenntnis über das Dritte Reich "durch die gründliche Literatur, die in wissenschaftlichen wie in allgemein zugänglichen Werken der Kultursprachen vorliegt, nicht zu vermitteln ist", warum dann ausgerechnet durch Prozeßberichte?

357 Vgl. §§ 47 Abs. 1, 56 Abs. 3, 59 Abs. 1 Nr. 3 StGB.

358 Kargl, Instrumentalität und Symbolik, S. 105 ff.

359 Vgl. auch Hörnle/Hirsch, GA 1995, 261 f.

360 Roxin, AT, § 3, Rn. 27; ähnlich Zipf, Integrationsprävention, S. 479 ff., 490; anders Hassemer, Einführung², S. 325 f.

deutlicher: "Bewußtseinsbildung in der Bevölkerung"[361], und sieht das Gesetz als "Instrument der Steuerung (!) gesellschaftlicher Prozesse"[362]. Selbst bei Autoren, denen es vorrangig um Normbestätigung und Systemstabilität geht, finden sich ähnliche Elemente. Jakobs beispielsweise hebt als Effekte seiner Straftheorie diverse "Einübungen" hervor: "*Einübung in Normvertrauen*", "*Einübung in Rechtstreue*", "*Einübung in die Akzeptation der Konsequenzen*" - zusammengefaßt als "Einübung in Normanerkennung"[363].

Sämtliche Konzeptionen positiver Generalprävention sind wiederum dem Einwand ausgesetzt, daß sich die avisierten Effekte nicht empirisch nachweisen lassen[364]. Was die Ziele der "Einübung" bzw. "Bewußtseinsbildung" angeht, können wir nach dem zur Bildung moralischer Urteile Erörterten noch einen Schritt weitergehen: es läßt sich sagen, daß derartige Ziele nur auf der Basis wirklicher Einsicht des Betroffenen realisierbar sind[365] - das Recht kann Strafnormen aufstellen und Strafen verhängen, dadurch aber eben nicht tatsächlich die Einstellungen von Menschen verändern. Was sich "einüben" läßt, ist nicht Anerkennung, sondern nur äußerlich angepaßtes Legalverhalten. Was dann doch nichts anderes heißt als - wenn auch subtile - Konditionierung. Dieser erste (offensive) Aspekt der positiven Generalprävention läßt sich also nicht nur *nicht empirisch belegen*, er läßt sich sogar empirisch *widerlegen*. Er kommt folglich als Legitimationsgrundlage staatlichen Strafens nicht in Betracht.

Die Grenzen zwischen "offensiven" und "defensiven" Präventionskonzepten sind fließend, wie schon obige Jakobs-Zitate andeuten. Auch den offen auf Bewußtseinsänderung abzielenden Auffassungen geht es letztlich um die Bestätigung des Rechts und seiner Normen, in der Terminologie der Rechtsprechung: "Erhaltung und Stärkung des Vertrauens in die Bestands- und Durchsetzungskraft der Rechtsordnung"[366]. Jakobs nennt als Zweck der Strafe die "Stabilisierung der verletzten Norm" durch "Demonstration der Normgeltung auf Kosten eines Zuständigen":

---

361 BVerfGE 45, 187 (256).

362 BVerfGE 39, 1 (59).

363 Jakobs, AT, 1/15.

364 Kargl, Instrumentalität und Symbolik, S. 105 f; Kindhäuser, Strafe, S. 31 f.; Prittwitz, Strafrecht und Risiko, S. 213, 235; Lüderssen, Abschaffen, S. 31; Hörnle/Hirsch, GA 1995, 262. Das sieht auch Hassemer, Einführung^2, S. 328.

365 Vgl. auch Zaczyk, Begriff, S. 123: "Die von den Institutionen ausgehende Handlungsbestimmung darf also nicht als fremder Zwang, sondern muß als sinnvoller Handlungsinhalt begriffen werden". Mit Wolff, ZStW 97 (1985), 802 f., ist hinzuzufügen, daß der einzelne, wenn es um die "Einübung" der "Rechtstreue" anderer geht, "dann von den Strafenden zum eigenen oder fremden Vorteil als Objekt behandelt" werde - wie bei der negativen Generalprävention.

366 BVerfGE 45, 187 (256); BGHSt 24, 40 (46); 24, 64 (66).

> "Wenn ein sozialer Kontakt überhaupt eingegangen wird, ist dies schon ein Zeichen dafür, daß kein völlig unbestimmter Ausgang erwartet wird. Wird die Erwartung enttäuscht, so entsteht für den Enttäuschten ein Konflikt, in dem er reagieren muß; denn durch die Enttäuschung steht fest, daß die Bilanz zwischen den Verläufen, auf deren Eintritt er baut, und den Verläufen, die realisiert werden, nicht mehr stimmt: Die Orientierungsmuster des Enttäuschten müssen überprüft werden. ... Eine Enttäuschung speziell im Bereich sozialer Kontakte betrifft diejenigen Erwartungen, die sich aus dem Anspruch an den Partner ergeben, dieser werde die geltenden Normen respektieren. ... Eine normative Erwartung muß auch im Enttäuschungsfall nicht preisgegeben, sondern kann (kontrafaktisch) durchgehalten werden, indem nicht die Erwartung des Enttäuschten, sondern der Normbruch des Enttäuschenden als der maßgebliche Fehler definiert wird"[367].

In diesem Sinne sei die Aufgabe der Strafe die "Erhaltung der Norm als Orientierungsmuster für sozialen Kontakt. Inhalt der Strafe sei ein auf Kosten des Normbrechers erfolgender Widerspruch gegen die Desavouierung der Norm"[368]. Ganz ähnlich argumentiert Luhmann. Rechtsnormen als "ein Gefüge symbolisch generalisierter Erwartungen" bzw. "kontrafaktisch stabilisierte Verhaltenserwartungen" gelte es zu bestätigen:

> "Das Recht ermöglicht es, wissen zu können, mit welchen Erwartungen man sozialen Rückhalt findet, und mit welchen nicht. Gibt es diese Erwartungssicherheit, kann man mit größerer Gelassenheit den Enttäuschungen des täglichen Lebens entgegensehen; man kann sich zumindest darauf verlassen, in seinen Erwartungen nicht diskreditiert zu werden. Man kann sich in höherem Maße riskantes Vertrauen oder auch Mißtrauen leisten, wenn man dem Recht vertrauen kann"[369].

Die Funktion des Rechts als "Stabilisierung normativer Erwartungen" solle die "Durchhaltefähigkeit" negierter Erwartungen bekräftigen. Das Recht müsse "den Erwartungen bestätigen, daß sie im Recht sind - und sei es durch eine Transformation in eine andere Form, etwa die einer Strafe"[370]. Im wesentlichen gehen diese Ansätze auf Durkheim zurück, im Zentrum dessen Theorie das Vertrauen der Allgemeinheit in den Bestand der Ordnung und somit gesellschaftliche Stabilität stand. Der Normbruch demoralisiere die Beobachter der Tat und erschüttere deren Vertrauen in die Geltung der Norm ("Undisziplin schwächt die Disziplin"[371]). Die Sanktion müsse die durch die Tat negierte Norm durch Bekräftigung der Normgeltung wiederherstellen; dadurch beweise sich die Existenz von

---

367 Jakobs, AT, 1/4 ff; ähnlich Bottke, Assoziationsprävention, S. 64 f.: "Jeder Tadel des Normbruchs verdeutlicht den Kommunikationsadressaten die gehegte Organisationserwartung gegen den festgestellten Normbruch. ... Tadel stabilisiert gegen den normschänderischen Sinn des sozialen Kontaktes die enttäuschte Erwartung gegen weitere Enttäuschung und Normaufgabe".

368 Jakobs, AT, 1/11.

369 Luhmann, Recht, S. 130 ff.; im diesem Sinne auch F.-X. Kaufmann, Sicherheit, S. 75 ff.

370 Luhmann, a.a.O., S. 138 f.

371 Durkheim, Teilung, S. 206.

Strafrechtsnormen[372]. Soweit die vorgenannten Konzeptionen Strafe als erforderliche Negation der Negation des Rechts durch den Normbruch erklären, ist der Einfluß Hegels unverkennbar. Neben dieser Bekräftigungsfunktion sieht Durkheim in der Kriminalität insofern eine positive Funktion, daß die Straftat die übrigen Gesellschaftsmitglieder wegen ihres Vertrauens in die Normgeltung enger zusammenrücken und ein Solidaritätsgefühl entstehen lasse[373]. Den "einzigartigen Vorzug" des Solidaritätseffekts sah auch Mead, und zwar deutlich als "Haß auf den kriminellen Aggressor"[374].

Um den systemtheoretisch-funktionalistischen Zweck der Stabilisierung der Erwartbarkeit allgemeiner Normbefolgung geht es im Ergebnis auch Hassemer, der im Vergleich zu Jakobs von einem grundverschiedenen Rechtsgüterschutzkonzept ausgeht (personal, nicht funktional): Inhalt der positiven Generalprävention sei "die öffentliche Behauptung und Sicherung von Normen sowohl der wirksamen Konfliktvermeidung als auch der formalisierten Konfliktverarbeitung". Wobei er zugleich Wert legt auf die Betonung der notwendigen Begrenzung des staatlichen Strafanspruchs:

> "Anders als in der Sicht der Abschreckungsprävention, werden die Ziele einer positiven Generalprävention nicht nur verfehlt bei einer zu permissiven, sondern gleichermaßen bei einer zu repressiven Verbrechenskontrolle: Positive Generalprävention gelingt dann und nur dann, wenn dem Strafrecht die Formalisierung sozialer Kontrolle gelingt"[375].

Angesprochen sind damit die rechtsstaatlich gebotenen Strafbarkeitsgrenzen, die insbesondere aus dem Prinzip des subsidiären Schutzes personal vermittelter Rechtsgüter folgen; Hassemers Ziel ist die Verbindung der Straftheorie mit der Strafrechtstheorie[376]. Diesen Zusammenhang betont auch Bottke, dessen Konzept der "Assoziationsprävention" sich als "diejenige Generalprävention, die in einer freiheitlichen Gesellschaft strafverfassungskonform ist" versteht[377], sie "will die

---

372 Durkheim, Teilung, S. 149; ders., Regeln, S. 157 ff.

373 Durkheim, Teilung, S. 143 f.

374 Mead, Psychologie, S. 269 f. und S. 263, zur "feindselige[n] Einstellung gegenüber dem Gesetzesbrecher als einem Widersacher der Gesellschaft, der wir angehören": "Der Respekt vor dem Gesetz ist die Kehrseite unseres Hasses [!] auf den kriminellen Aggressor".

375 AK-StGB-Hassemer, Vor § 1, Rn. 431; ders., Einführung[2], S. 325 ff.

376 Hassemer, Einführung[2], S. 325; in diesem Sinne auch Schöch, Empirische Grundlagen, S. 1083 f.

377 Bottke, Assoziationsprävention, S. 42 f., 323 ff.: "Assoziationsprävention beginnt als negative Generalprävention oder Androhungsprävention durch strafverfassungskonforme Androhungen zureichend schwerer Kostenproduktionen, tatvorteilsentreichernder Kondiktionen und etwaiger Restitutionen zu Lasten von Straftatzuständigen (und Normbruchspartipizianten). Assoziationsprävention setzt sich als positive Generalprävention fort in strafverfassungskonformen Strafprozessen und den sich in ihnen ereignenden Grundrechtseingriffen. Sie hebt an mit strafverfassungskonformer, gegenkom-

Auslegung des geltenden Kriminalrechts, des Sanktionenrechts und des Strafverfahrensrechts führen"[378]. Trotz der Autorität der (jedenfalls im Ergebnis feststellbaren) Übereinstimmung prominenter Vertreter doch recht unterschiedlicher Strafrechtskonzeptionen[379] über die Vorzüge der positiven Generalprävention muß hinterfragt werden, wie "*positiv*" die Ziele der Stabilisierung (oder "Konservierung"[380]) von Normen resp. Verhaltenserwartungen eigentlich sind.

Als "positiv" gilt beispielsweise die Annahme, die sog. "Normstabilisierung" ließe sich durch Erzeugung einer nachteiligen Kosten-Nutzen-Bilanz zu Lasten des Normbrechers betreiben. Das Argument notwendiger Kompensation rechtswidrig erlangter Vorteile durch kostenproduktive Nachteilszufügung beruft sich auf das vertragstheoretische Gerechtigkeitsmodell von John Rawls, was nicht unbedenklich ist. Zunächst zur Argumentationslinie: Strafe ist gleichbedeutend mit einer Einschränkung individueller Freiheiten. Einschränkungen der Freiheit läßt Rawls nur nach Maßgabe der "Ersten Vorrangregel (Vorrang der Freiheit)" zu, und nur in folgenden Fällen: "a) eine weniger umfangreiche Freiheit muß das Gesamtsystem der Freiheiten für alle stärken; b) eine geringere als gleiche Freiheit muß für die davon Betroffenen annehmbar sein". Strafe ist also nur zulässig, wenn dies für alle Gesellschaftsmitglieder vorteilhaft wäre. Auf der Grundlage des Gesellschaftsvertrags reagiert Strafe auf die Verletzung der natürlichen Pflichten der Vertragspartner, auf die Verletzung des Verbots, andere nicht zu schädigen. Die für alle vorteilhafte gesellschaftliche Kooperation dürfe nicht durch Regelbrüche einzelner - Bottke spricht von "normschänderischem Verhalten"[381] - beeinträchtigt werden. Soweit bestehen keine Bedenken.

Bedenklich ist jedoch die Verquickung des Vertragsgedankens mit der wie selbstverständlich zugrundegelegten Annahme, Strafe könne lern- und verhaltens-

---

munikativer, wahrheitsfinaler, hoheitlicher Straftatverdachtsaufklärung hinreichender Häufigkeit. ... Sie kulminiert in strafverfassungskonformen Urteilen, die zureichend schwere Deliktsfolgen kostenproduktiver, vorteilskondiktiver und / oder schadensausgleichender Art festsetzen. Sie vollendet sich in der (jedenfalls zunächst `unangenehmen') strafverfassungskonformen Vollstreckung vorurteillich oder urteillich festgesetzter Folgen hinreichend verdachtserhärteter oder zur tatgerichtlichen Gewißheit festgestellter Delikte. Hierzu zählt auch der Vollzug von deliktsunwertgerecht tatschuldmaßlimitiert verhängten Freiheitsstrafen, mag er auch zur Befähigung des Gefangenen zu zukünftig straftatenfreiem Konfliktlösungsverhalten beaufgabt sein".

378 Bottke, a.a.O., S. 333. Zum Vergleich: nach dem Konzept der "Integrationsprävention" soll die Strafe weitere Rechtsbrüche verhüten, "indem sie den *Täter und die Gemeinschaft* in die Norm *integriert* und somit auch die *innere Integrität der Rechtsordnung wiederherstellt*" (Moos, Positive Generalprävention, S. 300).

379 Eine prägnante Gegenüberstellung der Konzepte von Hassemer und Jakobs findet sich bei Prittwitz, Strafrecht und Risiko, S. 206 ff., 215 ff.

380 So Bottke, Assoziationsprävention, S. 97, 101.

381 Bottke, a.a.O., S. 64 ff., 147 ff.

motivatorisch wirken. Kindhäuser führt aus: "Eine allseitig vorteilhafte Norm setzt voraus, daß sich (fast) jeder an sie hält. Da jedoch die Gefahr besteht, daß man selbst der Dumme ist, wenn sich nicht auch (fast) alle anderen an die Norm halten, ist es rational, die Norm ebenfalls nicht zu befolgen"[382]. Die Sanktion solle über die Erkenntnis, daß sich regelwidriges Verhalten nicht individuell lohne, künftiges regelkonformes Verhalten aller Normadressaten sicherstellen. Rationale Strafe habe "den Geltungsverlust der Norm durch Nachteilszufügung zu kompensieren und zugleich den in der Straftat zum Ausdruck gebrachten Mangel an Gerechtigkeitssinn zu tadeln"[383]. Kindhäuser und Wittig berufen sich auf Rawls, wenn sie argumentieren, Straftäter wollten als "Schwarzfahrer" von den Kollektivgütern profitieren, ohne ihrerseits einen Beitrag zu deren Bereitstellung zu leisten (z.B. Inanspruchnahme von Freiheitsrechten, ohne zugunsten anderer notwendigen Verzicht zu leisten). Würden alle so handeln, wären die Grundgüter in absehbarer Zeit für niemanden mehr verfügbar, dies gelte es durch Strafe zu verhindern. Es gehe insofern um die Stabilisierung der sozialen Ordnung, dem Staat komme die Aufgabe zu, durch Bereitstellung eines Sanktionensystems die individuelle Entscheidungssituation so zu verändern, daß regelwidriges Verhalten mit zusätzlichen Kosten verbunden wird - wenn alle wüßten, daß regelwidriges Verhalten nicht individuell vorteilhaft ist, solle gewährleistet sein, daß sich alle regelkonform verhalten werden[384].

Die These der verhaltensmotivatorischen Kosten-Nutzen-Erwägungen ist nur eine Interpretationsmöglichkeit der "Theorie der Gerechtigkeit", Rawls selbst hat sich nur ganz am Rande straftheoretisch geäußert, und dies alles andere als eindeutig. Von der Sicherung der Erwartbarkeit regelkonformen Verhaltens spricht Rawls tatsächlich, er vermeidet aber gerade die von den oben zitierten Autoren gezogene Schlußfolgerung, Strafe müsse bzw. könne durch kostenproduktive Sanktionen Erziehungs- oder Lerneffekte bewirken. Rawls will am Institut der Strafe festhalten, um "der Vermutung den Boden [zu entziehen], die anderen hielten sich nicht an die Regeln" der für alle vorteilhaft eingerichteten Gesellschaft[385]. Die konkreteste Äußerung zu den Zwecken der Strafe lautet, der Zweck des Strafrechts sei "die Durchsetzung der grundlegenden natürlichen Pflichten ... , die uns verbieten, andere Menschen an Leib und Leben zu schädigen oder ihnen ihre Freiheit oder ihr Eigentum zu nehmen; diesem Zweck sollen Strafen dienen"[386]. *Wie* er sich das genau vorstellt, bleibt offen. Rawls bekennt, daß in der Gerechtigkeitstheorie

---

382 Kindhäuser, Gefährdung, S. 155.

383 Kindhäuser, a.a.O., S. 157.

384 Wittig, ZStW 107 (1995), 263; Kindhäuser, Gefährdung, S. 155 f. Die ganz ähnliche Argumentation Bottkes beruft sich ebenfalls auf Rawls (Assoziationsprävention, S. 173 ff.).

385 Rawls, Theorie, S. 271, 348 f.

386 Rawls, a.a.O., S. 349.

über straftheoretische Erwägungen überhaupt "nur sehr wenig gesagt" wird[387], denn "diese Fragen können jedoch hier nicht weiter behandelt werden"[388]. Er definiert Strafen als "Maßnahmen, die zur Aufrechterhaltung gerechter Institutionen nötig sind"[389] und läßt damit nahezu jede straftheoretische Interpretation zu, die nicht für alle Gesellschaftsmitglieder vorteilhafte weil zweckgelöste Vergeltungsstrafe einmal ausgenommen. Selbst die Andeutungen zu Kosten-Nutzen-Erwägungen bleiben erstaunlich mehrdeutig:

> "[Die Strafen] sind nicht einfach ein System von Steuern und Lasten, die bestimmten Verhaltensweisen einen Preis auferlegen und dadurch das Verhalten der Menschen im Sinne ihres gegenseitigen Vorteils steuern sollen"[390].

"Nicht einfach": sollen Strafen das Verhalten steuern oder nicht? Selbst wenn es primär um die Erzeugung von Einsicht in die Vorteilhaftigkeit normkonformen Verhaltens ginge, bedeutet die Drohung mit Kostenproduktion zu Lasten des Täters doch, der "Einsicht" notfalls mit Zwang nachhelfen zu wollen. Wenn so mit Einsicht die Einsicht in das berühmte "crime doesn`t pay" gemeint ist, heißt das am Ende doch - wenn auch nur unterschwellig - Prävention durch Abschreckung.

Bottke räumt das für sein kostenproduktiv angelegtes Konzept "positiver" Generalprävention ganz offen ein[391], Jakobs und Hassemer geben sich zurückhaltender. Jakobs bezeichnet abschreckende Effekte der Strafe als "erwünscht", aber "sekundär":

> "Sekundär mag die Strafe den Bestraften oder dritte Personen so beeindrucken, daß diese von künftigen Taten ablassen. Solche nicht über Normanerkennung, sondern über Furcht vermittelten Effekte sind Beigaben der Strafe, die erwünscht sein mögen; es ist aber nicht die Aufgabe der Strafe, diese Effekte hervorzurufen"[392].

Ähnlich ist bei Hassemer zu lesen, das Strafrechtssystem vermittle sich "nicht über Furcht, sondern über Einsicht"[393]. Dieser Anspruch ist es, der die Theorie der positiven Generalprävention als diejenige erscheinen läßt, die "am besten zu unserer Zeit und Rationalitätsstruktur" passe[394].

Die Ziele der Normstabilisierung und der Vermittlung von Einsichten sind indes nicht per se kohärent. Frommel kritisiert, daß das Ziel der reinen Norm-

---

387 Rawls, a.a.O., S. 624.

388 Rawls, a.a.O., S. 273.

389 Rawls, a.a.O., S. 624 f.

390 Rawls, a.a.O., S. 349.

391 Bottke, Assoziationsprävention, S. 42.

392 Jakobs, AT, 1/16.

393 Hassemer, Einführung², S. 325.

394 Stellvertretend Prittwitz, Strafrecht und Risiko, S. 209.

stabilisierung zu einem tautologischen Begriff gerate, "per definitionem stabilisieren die Instanzen der strafrechtlichen Kontrolle die jeweils gegebene Ordnung"[395]. In diesem Sinne schreibt auch Lüderssen:

> "Stabilisierung der Normen heißt es - aber wenn die Sanktion diese Stabilisierung garantieren soll, dann muß man wissen, warum sie eigentlich stabilisiert. Es handelt sich um eine Spekulation auf das Bewußtsein der in einer Gesellschaft existierenden, die Sanktionen erlebenden Menschen. Je nachdem, welchen Sinn sie mit einer Sanktion verbinden, lassen sie sich von ihr motivieren oder nicht. Damit ist man dann doch bei der Frage, was die Sanktion für sich genommen soll: vergelten, abschrecken, sichern, erziehen?"[396].

Weil ein [illegible] registrierbarer Bruch bestimmter Normen immer auch ein Indiz für den Akzeptanzverlust überlieferter Regeln infolge gesellschaftlichen Wandels sein kann[397], ist es doch so, daß reine Normstabilisierung nicht bedeuten muß, vom sozialen Bewußtsein getragene Wertvorstellungen zu bekräftigen. Genau das Gegenteil dessen kann der Fall sein[398]. Daß das Gesellschaftsvertragsmodell keineswegs zwingend für eine der herrschenden Straftheorien spricht, hat Regina Harzer mit Blick auf die vertragstheoretischen Konzeptionen von Hobbes und Kant gezeigt. Sie gelangt zu dem Ergebnis, daß das von den Vertretern der Theorie der Verhaltenssteuerung durch Kostenproduktion vorgetragene Begründungsschema ein Staatsverständnis offenbart, das dem Hobbesschen Leviathan näher steht als dem auf Subjektivität und Persönlichkeitsentfaltung angelegten demokratischen Staatsziel. Mit dem Verstoß gegen das Prinzip "pacta sunt servanda" werden die verschiedensten relativen Straftheorien gerechtfertigt, Prävention durch Besserung bzw. Sicherung, Abschreckung, Normstabilisierung. Diese "law and order-Erhaltung" bedeute jedoch nichts anderes als "primitive Selbsterhaltungstheorien, die dem auf das Wesen der Subjektivität aufgebauten Staat *völlig entgegengesetzt* sind. Insbesondere die auffallend schlecht begründete Straftheorie der \`positiven´ Generalprävention benutzt den unausgesprochenen Vertragsgedanken für die Rechtfertigung ihrer Gewalttätigkeit gegenüber den Beteiligten: Strafe erfüllt den Zweck, den bestehenden Staat und seine Rechtsordnung zu erhalten, ihn zu stärken und seine Mitglieder zur Treue anzuhalten. Die so Rechts-

---

395 Frommel, Umrisse, S. 274, die jedoch an der Funktion der Normverdeutlichung im Bereich des Kernstrafrechts festhält (a.a.O., S. 267, 275 f.).

396 Lüderssen, Abschaffen, S. 31.

397 Vgl. Eisenberg, Kriminologie, S. 96 ff.

398 Hörnle/Hirsch, GA 1995, 262 f., weisen zudem auf die Problematik einer rein funktionalistisch-ökonomischen Interessensaldierung in Form von Kosten-Nutzen-Analysen hin. Wenn dies so geschähe, wie etwa Richard Posner es erwägt - durch kostensenkende Einsparungen bei Polizei und Staatsanwaltschaft die Verfolgungswahrscheinlichkeit abzusenken und Einbußen im Abschreckungseffekt durch eine Verdoppelung (!) der Strafen der Verurteilten auszugleichen -, sind "elementare ethische Prinzipien wie das Gebot fairer Behandlung von Straftätern nur schwer in Übereinstimmung zu bringen".

unterworfenen sollen demnach durch Gesetzgebung und Rechtsprechung an den abgeschlossenen Vertrag erinnert werden". Deshalb dränge sich schließlich die Frage auf, "worin sich die `positive´ Generalprävention von der Hobbesschen Vertragstheorie unterscheiden soll?"[399]. Grundsätzlich könnten auf der Grundlage dieses Strafverständnisses auch Normen gänzlich "sinnlosen Inhalts" (Kelsen) "stabilisiert" werden, um schlichtweg "die Autorität des verletzten Gesetzes aufrechtzuerhalten" (Binding). Für staatliches Strafen, das im gerecht verfaßten Staatswesen im Interesse aller Staatsbürger liegen muß, wäre dies das falsche Strafverständnis.

Den oben dargestellten vertragstheoretisch begründeten Kosten-Nutzen-Modellen geht es nun nicht um die Stabilisierung irgendwelcher Normen, sondern um die Stabilisierung solcher Normen, die im Rawlsschen Sinne als "gerecht", d.h. für jedermann vorteilhaft gelten. Es geht nicht darum, um jeden Preis die vorgegebene gesellschaftliche Ordnung zu fixieren, sondern um die Aufrechterhaltung einer als gerecht anerkannten Ordnung. Und doch gehen diese Ansätze von falschen Voraussetzungen aus. *Gerechte*, allgemein konsensfähige Normen bedürfen keiner "Stabilisierung" durch die Drohung mit Kostenproduktion, weil es nicht die Erwartung etwaiger Sanktionen ist, die für das (Legal-)Verhalten handlungsleitend wird. Des weiteren kann die Hypothese, im Falle eines Normbruchs sei ein "Geltungsverlust der Norm" zu konstatieren (und durch Strafe zu "kompensieren"), nicht verifiziert werden.

Die Entwicklungspsychologie hat gut dokumentiert, daß moralisches Lernen auf Einsicht basiert, handlungsleitende Motivationen sind Selbstideale und moralische Vorbilder; die Erwartung positiver oder negativer Sanktionen spielt bei der Handlungsmotivation von Kindern allenfalls eine marginale Rolle[400]. Für das Verhalten Erwachsener muß das erst recht gelten, anderenfalls müßte man unterstellen, sie seien leichter konditionierbar als Kinder. Die Annahme, Kosten-Nutzen-Analysen seien handlungsleitend für menschliches Legalverhalten, ist damit gewichtigen Bedenken ausgesetzt. Sie mag möglicherweise hinsichtlich einiger Delikts- und Tätertypen berechtigt sein, ist aber keinesfalls generell auf das menschliche Sozialverhalten in seiner ganzen Komplexität übertragbar. Der empirische Nachweis steht aus. Zur Fundierung der Kostenproduktionshypothese werden immer wieder "persönliche Erfahrungen" im Straßenverkehr bemüht[401]. Warum etwa sollte ein Autofahrer auch dann nachts an einer übersichtlichen Kreuzung vor einer roten Ampel halten, vorausgesetzt, weit und breit wären keine anderen Verkehrsteilnehmer in Sicht, wenn nicht aufgrund eines infolge der *Sanktionsdrohung*

[399] Harzer, Naturzustand, S. 132 ff. (Hervorhebung von mir).

[400] Siehe oben, S. 142 ff.

[401] Z.B. Engisch, Gerechtigkeit, S. 104; Zipf, Integrationsprävention, S. 484; Kuhlen, GA 1994, 364.

automatisierten Verhaltens? Auf den ersten Blick mag es in der Tat plausibel erscheinen, darin eine erfolgreiche operante Konditionierung im Sinne bedingter Verhaltenshemmung (Skinner) zu sehen. Das automatische Farbzeichen der Ampel würde dabei als lerntheoretisch bedingt mit der Sanktionsbefürchtung verknüpfter Reizauslöser gelten. Bei näherer Betrachtung ist allerdings Skepsis angebracht. Gerade in der hier unterstellten verkehrsarmen Situation geht doch die Entdeckungs- und Verfolgungswahrscheinlichkeit gegen Null; konkrete Sanktionen sind also überhaupt nicht zu befürchten. Die Erklärung muß folglich darauf abstellen, daß die regelkonforme Verhaltensweise des Autofahrers schon soweit internalisiert wurde, daß ein konkreter Entscheidungsprozeß in der konkreten Situation nicht mehr bewußt abläuft - das Anhalten vor der Ampel wäre ein bloßer Verhaltensautomatismus, der aus früher angestellten Kosten-Nutzen-Erwägungen resultieren würde. Wenn es aber um die Verinnerlichung bestimmter Verhaltensmotivationen geht, ließe sich ebenso gut die Auffassung vertreten, daß dafür eben nicht Sanktionserwartungen, sondern autonome Einsichten des Betroffenen maßgeblich waren. Warum sollte der Autofahrer die Regeln des Straßenverkehrs nicht deshalb internalisiert haben, weil er *aus autonomer Einsicht* die Notwendigkeit der Regelung des Straßenverkehrs im Interesse der Sicherheit aller Verkehrsteilnehmer und somit die entsprechenden Regeln akzeptiert hat? Insofern ließe sich Legalverhalten im Straßenverkehr genauso gut mit der Verinnerlichung der als notwendig und "richtig" erachteten, für den Normadressaten rational nachvollziehbaren Verkehrsregeln erklären. Daß die Normkonformität des Verkehrsverhaltens auf reine Sanktionsfurcht zurückzuführen sei, ist demnach nur eine Erklärungsmöglichkeit, die keineswegs zwingend ist. Somit können selbst die Straßenverkehrsbeispiele die Kostenproduktionshypothese nicht überzeugend fundieren.

Daß eine Manifestation der Geltung rechtlicher Normen durch Sanktionen so etwas wie "Normtreue" ohne weiteres fördern könnte, setzt ein Verständnis menschlichen Lernverhaltens voraus, das dann doch der lerntheoretischen Konzeption des Behaviorismus recht nahe käme. Und das ist nach dem bislang Gesagten eindeutig unhaltbar. Zwang, sei es auch nur als Sekundärziel, und Einsicht schließen sich aus. Das von Hassemer proklamierte Ziel der positiven Generalprävention, Sanktionsdrohung und Sanktion sollten dem Lernen "nicht durch Zwang, sondern durch Einsicht" dienen, kann nach alledem seinen Zweck nicht - jedenfalls nicht umfassend - erreichen. Einsicht ist nicht durch Zwang zu bewirken, sie muß freiwillig aus autonomer Überzeugung entspringen, maßgeblich sind hier vorgelebte positive Anerkennungsverhältnisse.

Auch die Hypothese, mit jedem Normbruch gehe ein drohender "Geltungsverlust der Norm" einher, kann widerlegt werden. Nach den Grundsätzen der "Gerechtigkeitstheorie" und der Diskursethik sind nur allgemein konsentierbare Normen legitim, nur solche, deren Sinn jeder vernünftige Bürger einsehen kann. Normen, die der Normadressat nicht verstehen und verinnerlichen kann, können nicht handlungsmotivierend sein - nach diesem Verständnis ist die Legitimität solcher Normen, die aus vernünftigen Gründen nicht allgemein anerkennungsfähig sind, zu verneinen. Umgekehrt ist es so, daß die legitimen Normen bereits der autonomen Einsicht der Normadressaten entspringen, also allgemein akzeptierte Wertvorstellungen symbolisieren. Warum sollten nun diese Grundüberzeugungen durch einzelne Normbrüche ernsthaft in Frage gestellt werden?

So wie die Annahme Hegels, durch den Verstoß gegen das Gesetz stelle der Täter "sein eigenes Gesetz" auf, unter das er sich demnach subsumieren lassen müsse, unhaltbar ist, ist es falsch anzunehmen, ein Täter proklamiere durch den Normbruch das Ende der Normgeltung. Kein Dieb erklärt durch den Diebstahl konkludent, daß das Diebstahlsverbot nicht mehr gelte - spätestens wenn es um sein eigenes Eigentum geht, wird er sich vielmehr ausdrücklich darauf berufen. Das Milgram-Experiment hat nachdrücklich gezeigt: nicht die Geltung der verletzten Normen wird bestritten, sondern die Normbrecher reklamieren für sich jeweils spezielle "Rechtfertigungsgründe"[402]. Nicht das Normbewußtsein ist also zu stärken, sondern unzulässige Rechtfertigungsgründe sind durch das Recht zurückzuweisen. Wenn aber die Geltung allgemein konsentierter Normen des Kernstrafrechts durch den Normbruch gar nicht in Frage gestellt wird, bedarf es insofern auch nicht der "Normstabilisierung". Man muß es so deutlich sagen: die universelle Geltung der Normen muß weder dem Täter noch der Gesellschaft gegenüber bekräftigt werden, sie *ist bekannt* - entgegen der Annahme Jakobs' müssen auch "die Orientierungsmuster" des über den Normbruch Enttäuschten *nicht* "überprüft" werden[403]. Normen, die jedermann verinnerlicht hat, weil er deren Geltungsgründe nachvollziehen kann, bedürfen keiner Bestätigung oder Bekräftigung durch die Sozialkontrolle. In diesem Sinne gelangt auch Kargl zu dem Ergebnis, daß die Theorien der positiven Generalprävention ihrem empirischen Anspruch praktisch nicht gerecht werden können:

> "Im Hinblick auf die Geltung der kardinalen Regeln, auf Normanerkennung und Normstabilisierung ist das Strafrecht überflüssig, im Hinblick auf die handlungsleitende Verbindlichkeit, die aus Zuwendungsverhältnissen erwächst, ist es untauglich. Eine teleologische Rechtfertigung der Strafe, die auf Moralerziehung qua kognitiver Belehrung setzt, ist mithin empirisch ebenso belanglos wie eine Teleologie der Abschreckung. Über das Instrument der Verhaltenssteuerung kann strafrechtlicher Rechtsgüterschutz nicht gelingen. Um Verhaltenswahrscheinlichkeiten für die Zukunft zu ändern, müßte auf den dominanten Anteil der Verbindlichkeiten, nämlich auf die Konstituierung von Liebes- und Achtungsverhältnissen eingewirkt werden können. Das aber liegt jenseits der Reichweite des Strafrechts"[404].

---

402 Zu den "Neutralisationstechniken" siehe oben, Anm. 145.

403 Jakobs, AT, 1/4 ff; ders., ZStW 97 (1985), 775.

404 Kargl, ARSP 1996, 502.

Weil sich dies mit den obigen Ausführungen zu den intersubjektiven Anerkennungsverhältnissen[405] und zur Bildung handlungsleitender Motivationen deckt, ist der Schlußfolgerung Kargls ausdrücklich zuzustimmen: "das Vertrauen der Bürger in die Norm braucht durch Strafe nicht bekräftigt zu werden. Die Norminhalte des Kernstrafrechts bedürfen keiner Normstabilisierung"[406]. Prittwitz schließlich hält die Theorie der positiven Generalprävention "im Grunde" für eine "Täuschung des Rechtsgenossen": "Seine Normstabilisierung setzt den Glauben, daß Strafrecht entweder eine gerechte Schuldvergeltung im Sinn der absoluten Straftheorien ist, oder daß Strafrecht nützliche Zwecke erfüllt und deswegen gilt, voraus. Wüßten aber alle Bürger, daß Strafe positiv generalpräventiv wirkt, dann würde sie gerade nicht mehr so wirken"[407]. Zusammenfassend ist an dieser Stelle festzuhalten, daß auch die Theorien der positiven Generalprävention in ihren verschiedenen Ausprägungen staatliches Strafen nicht überzeugend legitimieren können.

Selbst Hassemer stellte jüngst den präventiven Anspruch des gegenwärtigen Strafrechts deutlich in Frage: Prävention könne "nicht das Ziel des Strafrechts sein", die präventive Ausrichtung des modernen Strafrechts habe "zwei Webfehler, die miteinander zusammenhängen: Dieses Strafrecht erreicht zwar nicht seine Ziele, es erreicht aber sehr wohl eine Zerstörung der Grundlagen, die jedes anständige Strafrecht braucht"[408]. Effiziente Prävention, die zugleich mit den liberalen empirischen Ansprüchen vereinbar ist, wird den herkömmlichen Strafkonzepten nicht mehr zugetraut. In der Debatte um Alternativen zum Strafen bzw. zum Strafrecht kristallisieren sich vielversprechende Grundrisse moderner Interventionsmechanismen heraus (Stichworte: Täter-Opfer-Ausgleich[409], Wiedergutmachung[410], "Interventionsrecht"[411], "Sozialarbeit als Konfliktschlichtung"[412]), die zukünftige Diskussionen maßgeblich prägen werden. Auch die Idee der stufenweisen Ersetzung der Freiheitsstrafe[413] muß im Interesse weiterer Humanisierung des

---

405 Siehe im 2. Abschnitt die Anerkennungsmuster Honneths und die entwicklungspsychologische Bedeutung reziproker Anerkennung.

406 Kargl, ARSP 1996, 502. Mead, Psychologie, S. 262: "Wie respektieren nicht abstrakt das Gesetz, sondern die Werte, die die Gesetze der Gemeinschaft bewahren".

407 Prittwitz, Strafrecht und Risiko, S. 235.

408 Hassemer, StV 1995, 486.

409 Siehe den neuen § 46a und dazu BT-Drs. 12/6853, S. 21 f.; König/Seitz, NStZ 1995, 1 f.; zur Rechtsprechung vgl. BGH StV 1995, 464 und 584; BayObLG StV 1995, 367.

410 Vgl. neben den oben in Anm. 344 Genannten noch Lüderssen, Abschaffen, S. 153 ff.; Roxin, AT, § 3, Rn. 63 ff.; Sessar, Neue Wege, S. 371 ff., 382 ff.

411 Hassemer, StV 1995, 490.

412 S. Müller / H.-U. Otto (Hrsg.), Damit Erziehung nicht zur Strafe wird. Sozialarbeit als Konfliktschlichtung (1986).

413 Zu entsprechenden Reformvorschlägen siehe Lüderssen, Stufenweise Ersetzung der Freiheitsstrafe, S. 83 ff., 90 ff.

Strafrechts weiterverfolgt werden (Lüderssen: "Wäre es zu dem Sündenfall der Einführung des staatlichen Strafrechts nicht gekommen, wäre es auch nicht die Notwendigkeit seiner Humanisierung"[414]); die rigorose Abschaffung des Strafrechts wird nur vereinzelt gefordert[415]. Die aktuelle Legitimationsproblematik bleibt aber ungeklärt und verführt zu der Feststellung, rechtsstaatliches Strafen sei "nicht nur nicht durchführbar", sondern vielmehr "in sich widersprüchlich"[416]. Die Kunstgriffe diverser Vereinigungstheorien zu Elementen absoluter Straftheorien, namentlich zu Vergeltungsaspekten, vermögen diese Widersprüche nicht zu zerstreuen, sie vertiefen sie nur. Auch der jugendstrafrechtliche "Erziehungs"-Gedanke erweist sich als dringend reformbedürftig. Die vorgeblich beanspruchte integrationspräventive Normen- und Werteinternalisierung kann über Strafen, Maßregeln und sog. "Zuchtmittel" denkbar schlecht umgesetzt werden. Sozialpädagogische Aufgaben sind bei der Strafjustiz in den falschen Händen.

2.5 Zwischenbetrachtung

Die traditionellen Strafzwecklehren sind nach dem bislang Erörterten gewichtigen Einwänden ausgesetzt.

- Das Strafrecht kann die Moralität des Verhaltens nicht erreichen. Es kann weder im Sinne der *Spezialprävention* verhaltensmotivatorisch noch im Sinne der *positiven Generalprävention* erzieherisch wirken. Dies gilt sowohl für die "offensive" (z.B. Welzel: "Formung des sozialethischen Urteils der Bürger"; "allerstärkste sittenbildende sozialethische Kraft des Strafrechts") wie für die "defensive" (z.B. Jakobs: "Erhaltung der Norm als Orientierungsmuster für sozialen Kontakt") Variante der positiven Generalprävention.

- Das Strafrecht kann auch die Utilität des Verhaltens nicht erreichen. Es kann keine Verhaltenskontrolle durch *Abschreckung* bewirken.

- Das Strafrecht darf aus verfassungsrechtlichen Gründen nicht vergeltend wirken. Der Strafzweck der *Vergeltung* verbietet sich.

Keine der traditionellen Strafzwecktheorien kann rechtsstaatliches Strafen legitimieren. Die Unwirksamkeit dieser Strafzwecklehren bedeutet weiterhin, daß eine direkte Vorbeugung kriminellen Verhaltens entgegen aller Zielvorgaben nicht möglich ist, somit kann auch kein direkter Rechtsgüterschutz gewährleistet werden, weder als Schutz der Angriffsobjekte noch als Schutz der Normen.

---

414 Lüderssen, a.a.O., S. 91.

415 Zu den verschiedenen Varianten des Abolitionismus vgl. Schumann, KrimJ 1985, 19 ff.; Scheerer, Abolitionismus, S. 3 ff.; Quensel, Funktionalität, S. 186 ff.

416 Lüderssen, Abschaffen, S. 382.

2.6 Friedensschutz

Im folgenden soll den herrschenden Straftheorien eine Konzeption gegenübergestellt werden, nach der staatliches Strafen unter dem Aspekt des Friedensschutzes legitimiert werden kann. Prävention heißt dabei, durch die Strafe primär möglichen Straftaten derjenigen entgegenzutreten, die durch das Delikt moralisch empört sind. Das mag einstweilen paradox klingen, ist aber die logische Konsequenz aus der Tatsache, daß eine Bekämpfung der Primärgewalt im Täter mit rechtsstaatlichen Mitteln entgegen der weit verbreiteten Vorstellung nicht gelingen kann, weder als Verhaltenssteuerung noch als Motivationssteuerung. Die viel beschworenen alltagstheoretischen "Erfahrungen als Straßenverkehrsteilnehmer" sind nicht mehr als ein Streiflicht, viel zu speziell, um als allgemeingültige Bestätigung abschreckungspräventiver Konzepte in Betracht zu kommen[417]. Handlungsleitend sind wie gezeigt primär innere Überzeugungen, die Prävention abweichenden Verhaltens muß dort - an der Wurzel - in der oben skizzierten Weise (etwa im Sinne des "just-community"-Prinzips) ansetzen, will sie erfolgreich sein. Dies aber kann ebensowenig die Aufgabe des Strafrechts sein wie eine Verbesserung sozialer Lebenslagen und Entwicklungsperspektiven oder eine Steuerung des für die individuelle Entwicklung maßgeblichen Kernbereichs intersubjektiver Anerkennungsbeziehungen. Das eine bleibt die Aufgabe einer verantwortungsbewußten Sozialpolitik (Chancengleichheit, Bildung, Arbeit, Wohnraum, Freizeitangebote etc.), das andere ist die Sache der beteiligten Menschen, insbesondere der jeweiligen primären Bezugspersonen. Das Strafrecht bleibt auf Gegensteuerung in einem eng umgrenzten Bereich der sozialen Lebenswelt beschränkt.

Grundvoraussetzung dieser Friedensschutzkonzeption ist zunächst die Bestätigung der Ausgangsthese, daß ein staatliches Strafrecht zur Aufrechterhaltung des öffentlichen Friedenszustands unverzichtbar ist, in den weiteren Schritten soll versucht werden, dieses Strafzweckmodell mit den Prinzipien der vertrags- und diskurstheoretischen Strafrechtslimitierung zu verbinden. Dabei soll eine anerkennungstheoretische Begrenzung der Rechtsgüter entwickelt werden, die die

[417] Daß es neben der Berufung auf "Alltagserfahrungen" natürlich auch seriöse Versuche gibt, die avisierten Wirkungen der Generalprävention auf wissenschaftlicher Basis zu fundieren, soll hier nicht verschwiegen werden. Beispielsweise von Schöch, Empirische Grundlagen, S. 1085 ff., dessen Untersuchung den Delikten Schmuggel, Diebstahl am Arbeitsplatz, Trunkenheit im Verkehr und Körperverletzung mit schweren Folgen galt. Allgemeingültigkeit kann die von Schöch konstatierte Bestätigung des generalpräventiven Anliegens ("die *verhaltenssteuernde* [!] *und einstellungsprägende* [!] *Wirkung des Strafrechts* ist so stark ... ", a.a.O., S. 1104) aber schon wegen der Beschränkung der Untersuchung auf einige wenige Delikte nicht beanspruchen. Hinlänglich bekannt ist das methodologische Argument, daß alle empirischen Untersuchungen die soziale Realität nur ausschnitthaft abbilden können, vgl. dazu Lamneck, Sozialisation, S. 85.

Legitimität von Strafnormen an die allgemeine Konsentierbarkeit durch alle Normadressaten knüpft.

2.6.1 Prävention der Gegengewalt

Nach der Friedensschutzthese Walter Kargls ist der präventive Zweck staatlichen Strafens primär darin zu sehen, *weitere* Gewalttätigkeiten als Reaktion auf vorangegangenes Unrecht zu unterbinden. Mit Blick auf die bereits an anderer Stelle kurz umrissenen Konfliktregelungsmechanismen archaischer Gesellschaften erscheint das plausibel. Um die Bedingungen strikter Egalitiät zu sichern, waren diese Gesellschaften darauf angewiesen, die Lösung von Konflikten infolge bereits realisierter Verletzungsakte vorrangig durch Beruhigung und Streitschlichtung zu suchen. Es galt das Primat friedlicher Konfliktregelung durch Aussöhnung und Konsensfindung, ritualisierte Gegengewalt kam erst als Reaktion auf gravierende Gewalttätigkeiten in Betracht. Der friedensstiftende Charakter dieser Konfliktregulatorien diente der Bannung unkontrollierbarer reziproker Gegengewalt, ausgelöst durch die Empörung über Gewalt und Erniedrigung, die den Bestand der gesamten Gesellschaft ernsthaft gefährdet hätte[418] - die Ordnung der "primitiven" Gesellschaften stand, wie Trutz von Trotha sagt, "im Schatten der gewaltsamen Selbsthilfe", wegen der "Allgegenwärtigkeit des Abgrundes, der sich mit der Drohung öffnet, das Recht der gewaltsamen Selbsthilfe in Anspruch zu nehmen"[419]. Die Übertragbarkeit dessen auf heutige pluralistische und verrechtlichte Gesellschaften ist gewiß grundsätzlichen Einwänden ausgesetzt[420]. Auch ist erwiesen, daß sich die "Wilden" den traditionellen Regeln der Gemeinschaft nicht nur aus Überzeugung, sondern auch aus Furcht vor ritualisierten Sanktionen bis hin zum drohenden Ausschluß aus der Gemeinschaft unterworfen haben[421]. Dennoch gilt als gesichert, daß die Sanktionen nicht der Anpassung bzw. Unterwerfung des Betroffenen dienten, sondern als eine Art "Notbremse" die Bestandsbedingungen der Gesellschaft durch die Verhinderung unkontrollierbarer Selbsthilfe und Gegengewalt sichern sollten. Die Sanktionen herrschaftsfreier Gesellschaften hatten keinen Strafcharakter im heutigen Sinne, sie stellten vielmehr Versuche dar, die Folgen abweichenden Verhaltens aufzuheben, Schlimmeres zu vermeiden und die Zukunft zu sichern. Sie knüpften an Verhaltensweisen an, die sich gegen

---

418 Siehe auch oben, S. 68 ff.

419 v. Trotha, Distanz, S. 1 ff., 6.

420 Sie betreffen vor allem die Rechtsqualität der vorstaatlichen Interventionsstrukturen und die Idealisierung des "guten Wilden", vgl. hierzu Müller, KritJ 1979, 253 ff.

421 Auch wenn die Sanktionen mitunter metaphysisch mit der Notwendigkeit begründet wurden, den Zorn der Götter zu besänftigen (vgl. Wesel, KritJ 1979, 248), ändert das nichts daran, daß unkontrollierte Gegengewalt den Bestand der Gesellschaft ernsthaft gefährdet hätte.

die Egalität und Reziprozität richteten und "mithin Versuche darstellen, ökonomische Abhängigkeiten und politische Ungleichheiten aufzubauen"[422].

Der entscheidende Unterschied zu den formalisierten rechtlichen Verfahren heutiger Gesellschaften besteht darin, daß in den vorstaatlichen Gesellschaften ein souveränes und unabhängiges Organ fehlte, dem die Gegengewalt vorbehalten war. Der Erfolg der Bannung reziproker Gegengewalt war abhängig von einem Mindestmaß an Versöhnungswillen, war dieses nicht vorhanden, gab es keine Möglichkeiten, der gesellschaftszerstörenden Eigendynamik von Rache und Vergeltung entgegenzutreten[423].

Staatliches Gewaltmonopol und rechtsstaatliches Strafverfahren können den "Teufelskreis der Gewalt" durchbrechen. Durch die staatliche Strafe kann zwar die Gewalt nicht aufgehoben, wohl aber auf einen einzigen Akt der Gegengewalt begrenzt werden - "damit behauptet sich die gerichtliche Autorität immer als das letzte Wort der moralischen Empörung, die eine Straftat auslöst. Die Gewalt der Empörung wird nicht mehr gerächt, der Prozeß ist an sein Ende gekommen; die Gefahr der Eskalation gebannt". In diesem Sinne heißt strafrechtliche Prävention die Bekämpfung der Kontinuität der (Gegen-)Gewalt derjenigen, die durch ein Delikt moralisch empört sind, es gilt, "die Sicherheit und den Frieden der Gesellschaft zu bewahren, indem die Gegengewalt, der Schrecken der Selbsthilfe unterbunden wird"[424]. Diese teleologische Strafkonzeption hat gegenüber den herrschenden Präventionsmodellen den Vorteil, daß sie auch solche Strafen rechtfertigen kann, die unter Präventionsaspekten nur schwer und nicht ohne den - unzulässigen - Rückgriff auf Vergeltungselemente zu erklären sind. Die Bestrafung von aller Wahrscheinlichkeit nach längst ungefährlich gewordenen NS- oder DDR-Verbrechern, ehemaligen Terroristen oder Affekttätern - die viel beschworenen Kosten-Nutzen-Erwägungen werden in einmaligen emotionalen Ausnahmesituationen gerade nicht "durchgerechnet" - läßt sich unter dem Aspekt der Bannung unkontollierbarer reziproker Gegengewalt (Selbsthilfe, "Lynchjustiz") gut rechtfertigen. Diese Konzeption deckt sich mit dem anerkannten Ziel des rechtsstaatlichen Strafverfahrens, nicht "Gerechtigkeit" um jeden Preis, sondern vor allem Rechtsfrieden zu schaffen[425].

---

422 Hess/Stehr, Erfindung, S. 19.

423 v. Trotha, Distanz, S. 5 ff.; Kargl, ARSP 1996, 506 f.

424 Kargl, a.a.O.

425 Vgl. nur BGHSt 38, 215 (219 f.); Beulke, Strafprozeßrecht, S. 3; Roxin, Strafverfahrensrecht, § 1, Rn. 1 ff.; Schäfer, DRiZ 1995, 463 (zudem: "wohlfahrtsstiftende produktive Kraft" der Justiz, a.a.O., 465). Kritisch dagegen Bottke, Assoziationsprävention, S. 33 ff., der die strafverfahrensrechtliche Rechtsfriedensthese für eine "Leerformel" hält (S. 40, Fn. 106).

Daß in Folge solchermaßen begründeter Strafen auch hinsichtlich der Primärtaten generalpräventive Effekte *in Einzelfällen* entstehen *können* (von Abschreckung angesichts der Erwartbarkeit nutzenübersteigender Kosten bis zur Erwartungssicherung durch öffentliche Manifestation der Geltung desavouierter Normen - das "Vertrauen der Bevölkerung in die Bestandskraft der Normen"[426] wird auch durch eine primär den Friedensschutz bezweckende Strafe bekräftigt), soll nicht bestritten werden. Solche Effekte bleiben jedoch *Reflexe* der friedensschützenden Strafbegründung.

Roxin hat den "Befriedungseffekt, der sich einstellt, wenn das allgemeine Rechtsbewußtsein sich aufgrund der Sanktion über den Rechtsbruch beruhigt und den Konflikt mit dem Täter als erledigt ansieht"[427], als einen Aspekt der positiven Generalprävention bezeichnet. Das mag eine definitorische Frage sein, auch die Friedensschutzkonzeption zielt letztlich auf generalpräventive Effekte ab. Und doch unterscheidet sie sich in zentralen Punkten von den Theorien der positiven Generalprävention. Sie behauptet nicht wie etwa Jakobs, daß infolge des Normbruchs die "Orientierungsmuster des Enttäuschten überprüft werden" müßten, sondern sie knüpft an die Erwartung an, daß der Staat der Auflösung des (fiktiven) Gesellschaftsvertrags, der die Bedingungen der friedlichen Koexistenz der Bürger in einem von jedermann als gerecht anerkannten Gemeinwesen entgegentreten muß, um die Entstehung neuer, weniger gerechter Ordnungen zu verhindern. Das ist eine andere Form der "Erwartungssicherung". Zudem, und das ist entscheidend, behauptet die hier vertretene Position nicht die Möglichkeit der Gewährleistung eines *direkten* Rechtsgüterschutzes; die legitimen Rechtsgüter können nur *indirekt* geschützt werden.

2.6.2 Erforderlichkeit des Strafrechts

Die Legitimität dieser Strafkonzeption setzt voraus, daß das Strafrecht zur Gewährleistung des friedlichen Zusammenlebens der Mitglieder einer Gesellschaft überhaupt erforderlich ist. Klaus Sessar erhebt dagegen grundsätzliche Einwände:

> "Die Friedlosigkeit in einer Gesellschaft ohne Strafrecht wird behauptet und dient als seine Stütze, da eine stets latent drohende Privatjustiz oder Privatrache nur durch den staatlichen Strafanspruch gebunden werden könne. Der Verdacht ist aber, daß das, was als allgemeine Strafbedürfnisse ausgegeben wird, weitaus eher Ausfluß der systemeigenen Strafbedürfnisse des Strafrechts oder der Strafjustiz ist. ... Damit hängt zusammen, daß die Öffentlichkeit in einer Weise mit Strafe als einzig vorstellbarem Reaktionsmittel programmiert ist, daß diese dann auch jederzeit \`abrufbereit´ ist. Nichtpunitive Alternativen, die genauso oder besser dem Ausgleichsbedürfnis gerecht

[426] Hassemer, Einführung², S. 325.

[427] Roxin, AT, § 3, Rn. 27; ders., Diskussion, S. 305 f.

werden könnten, konnten in einem solchen Klima bislang keine offizielle Anerkennung erhalten, geschweige denn sich bewähren"[428].

Sessar bezieht sich dabei auf empirische Untersuchungen zu Anzeigeverhalten und außerstrafrechtlicher Konfliktbewältigungsbereitschaft repräsentativ ausgewählter Bevölkerungsgruppen und gelangt zu dem Ergebnis, daß es den "Ruf nach Strafe" nur bedingt gebe. Analysen von Anzeigemotiven ließen den Schluß zu, daß Strafbedürfnisse der Opfer, je nach empfundener Deliktsschwere variierend, insgesamt nur eine untergeordnete Rolle spielen, primär gehe es um Vorsorge und Restitution: Verhinderung weiterer Viktimisierungen, Geltendmachung von Versicherungsansprüchen (die eine Strafanzeige zwingend voraussetzen), Rückgewinnung des Eigentums, Schadensersatz, etc. - "Der Bedarf an sozialer Kontrolle richtet sich insoweit auf Minderung und Beseitigung der durch die Straftat eingetretenen Isolierung und Desorientierung, auf eine Restabilisierung sozialer Beziehungen und Kontakte. ... Ein funktionierendes soziales Netzwerk und aufeinander abgestimmte Hilfsressourcen dürften daher die Bedeutung der Strafanzeige weiter mindern"[429]. Im nächsten Schritt wurde untersucht, inwieweit die Befragten mit einer - in der Praxis nicht in allen Fällen möglichen - außerstrafrechtlichen Erledigung einverstanden wären. Auch hier war festzustellen, daß insgesamt nur eine Minderheit für rückhaltlose Bestrafung eintritt, bei Opfern war der Anteil etwas höher als bei Nichtopfern. Damit ist nun tatsächlich gezeigt, daß ein Straf- bzw. Vergeltungsbedürfnis der Opfer bzw. der Beobachter von Normbrüchen einen Automatismus staatlichen Strafens nicht durchweg mit dem Argument, durch die Sanktion werde einer latent drohenden Privatjustiz oder Privatrache vorgebeugt, rechtfertigen kann.

Die Ergebnisse dieser Studien verlangen unstreitig, in Fällen, in denen die Bereitschaft zu außerstrafrechtlicher Konflikterledigung vorhanden ist, eben diesen Interventionsmechanismen den Vorrang vor dem scharfen Schwert der Kriminalstrafe einzuräumen. Ist damit aber auch Sessars Ausgangsthese bestätigt, daß die Friedensschutzfunktion des Strafrechts bzw. "die Friedlosigkeit einer Gesellschaft ohne Strafrecht" nur "behauptet" werde, um "systemeigene Strafbedürfnisse des Strafrechts oder der Strafjustiz" zu legitimieren? Wohl nicht, jedenfalls nicht umfassend. Wenn Sessar selbst einräumt, daß bei bestimmten Delikten durchaus ein hohes Strafverlangen der Befragten zu konstatieren ist - beim Wohnungseinbruch sprachen sich bis zu 50% für "kompromißlose Bestrafung" aus, bei der Vergewaltigung bis zu 80%[430] -, sind das recht eindeutige Hinweise auf ein Selbsthilfe- oder Selbstjustizpotential, das eben jene unkontrollierbare Gegengewalt auslösen könnte, wenn das Strafrecht untätig bliebe.

---

428 Sessar, Neue Wege, S. 380.

429 Sessar, a.a.O., 386 f.

430 Sessar, a.a.O., 389.

Sicher könnte das Friedensschutzargument, und das meint im Kern wohl die These Sessars, *grundsätzlich* auch zur Rechtfertigung maßloser und willkürlicher Strafen in einem autoritären System mißbraucht werden. Das soll hier selbstverständlich nicht gemeint sein. Daß aber das Strafrecht gänzlich überflüssig wäre, weil die Friedlosigkeit einer Gesellschaft ohne staatliches Strafrecht nur "behauptet" werde, läßt sich gut widerlegen.

Nochmals zurück zu den akephalen Gesellschaften, denen eine vergleichbare formalisierte soziale Kontrolle fremd war. Aggressionen wurden wenig geschätzt, das Wissen um die Destruktivität gewalttätiger Konfliktaustragung ließ die herrschaftsfreien Gesellschaften Befriedungsmechanismen entwickeln, die der Sicherung des sozialen Friedens und der Pazifisierung des Lagers dienen sollten. Bekannt sind nicht nur die Beispiele rascher Intervention von Verwandten, die wütende und erregte Hordenmitglieder mit Worten und physischer Kraft zurückhielten, sich für den Tod einer geliebten Person zu rächen, sondern auch Institutionen wie der "Lager-Clown" der Mbuti, der durch Ironisierung der Konflikte vor der Eskalation zu bewahren half und vor allem ritualisierte Wettkämpfe und Wettbewerbe, die der Konfliktentschärfung und (Gegen-)Gewaltbegrenzung dienten. Die Streitgesänge der Eskimos, ritualisiertes Speerwerfen in Australien oder "lebensmittelausstellungsähnliche" Wettrituale in Neu-Guinea sind Beispiele dafür. Es ging nicht um Vergeltung oder Erniedrigung des Verantwortlichen, sondern um Besänftigung, um Ablenkung vom eigentlichen Konflikt und um die Möglichkeit, gegenseitige Vorwürfe abzureagieren und die allgemeine Spannungssituation aufzulösen[431]. Sozialkontrolle funktionierte also in der Regel nicht ausgrenzend, sondern integrativ. Die Konfliktregelungsmechanismen wurden erst bei schwersten Verstößen gegen die Grundbedingungen der friedlichen Koexistenz, Egalität und Reziprozität, in Gang gesetzt. Weil es aber an einer institutionalisierten Autorität fehlte, blieb die "straffreie" Ordnung stets latent instabil. Fehlte es nämlich den Mitgliedern der Gemeinschaft am Versöhnungswillen und wurde das Konfliktbegrenzungsinstrumentarium erst aus dem Gleichgewicht gebracht, gab es keine Möglichkeiten mehr, die Entfesselung der gemeinschaftszerstörenden Gegengewalt seitens der Betroffenen gegenzusteuern. Es läßt sich somit anhand der Betrachtung der Konfliktregelungsmechanismen vorstaatlicher Gesellschaften keineswegs sagen, daß die friedliche Koexistenz der Gesellschaftsmitglieder auch ohne formalisierte Sozialkontrolle dauerhaft effektiv gewährleistet werden könnte. Vorstaatliche Gesellschaftssysteme können gute Argumente für die Beschränkung der Sozialkontrolle auf die für die friedliche Koexistenz unverzichtbaren Elementarrechtsgüter und eine ansonsten vorrangig zu handhabende Anwendung nicht-strafender Ausgleichsmechanismen liefern, nicht aber die Überflüssigkeit eines staatlichen Strafrechts erklären.

---

[431] Hess/Stehr, Erfindung, S. 23 f.

Einmal etablierte Herrschaftsstrukturen lassen sich nicht mehr zu Gunsten eines herrschaftsfreien Systems beseitigen. Herrschaft wird es in den heutigen Gesellschaftsformen immer geben, so oder so. Wenn der Staat nicht in der Lage ist, umfassend Herrschaft auszuüben, werden informelle Subsysteme das so entstandene Machtvakuum ausfüllen und eigene Herrschaftsstrukturen einrichten. Die Alternative "Herrschaftsfreiheit" bzw. Beseitigung des staatlichen Zwangsapparats kann daher nicht ernsthaft erwogen werden, die Alternativen lauten entweder Herrschaft durch den Staat und dies auch mittels eines hoheitlichen Zwangsinstrumentariums oder Herrschaft durch informelle Gruppen. Staatliche Herrschaft wiederum kann nur dauerhaften Bestand haben, wenn die Bürger dieses System allgemein akzeptieren und der Staat im äußersten Fall der Auflösung des öffentlichen Friedenszustands mit den Mitteln eines effektiven und allgemein akzeptierten Strafrechts gegenzusteuern vermag. Die Notwendigkeit einer für alle Bürger zustimmungsfähige Staatsverfassung und eines allgemein akzeptierten Sanktionsinstrumentariums läßt sich mit Blick auf informelle Herrschaftssysteme wie etwa mittelamerikanische "Todesschwadronen" oder die sizilianische Mafia gut belegen.

Die sizilianische Sozialstruktur und die mafiotische Gruppenstruktur hat Henner Hess eingehend analysiert[432]. Die Entstehung der Mafia führt Hess auf die besondere politische Struktur Siziliens zurück, die er als seit jeher von einer "außerordentlichen Schwäche des formellen Herrschaftsapparates, von Mißtrauen, ja Feindschaft der Bevölkerung allen staatlichen Organen gegenüber und ihrem Rückzug auf ein informelles System von Selbsthilfeinstitutionen, vor allem die Familie und die Klientel" geprägt charakterisiert[433]. Das historisch bedingt tief verwurzelte Gefühl, von der staatlichen Gerichtsbarkeit ausgenommen zu sein, und das Mißtrauen gegenüber den fernen und schwachen Zentralregierungen führte zur Ausbildung einer weitgehenden Selbständigkeit der stärksten lokalen Mächte und dem Gefühl, durch die Zugehörigkeit zu einer bevorrechteten Klientel rechtmäßigerweise private Herrschaft ausüben zu können[434]. Der schwache Staat konnte die öffentliche Sicherheit nicht gewährleisten, "die chronische Schwäche des Staates führte zur Bildung von Selbsthilfeinstitutionen, und die ausschließliche Machtstellung informeller Gruppen machte es später dem Staat unmöglich, Loyalität zu gewinnen, während seine nunmehr dadurch mitbedingte Schwäche wiederum Familie, Klientel und mafiose Positionen stärkte"[435]. Die Durchsetzung der staatlichen Normen mißlang nicht nur faktisch und

---

432 Hess, Mafia (^{2}1986). Der Begriff "Mafia" wird dabei synomym für bestimmte Verhaltensweisen bzw. eine bestimmte Form repressiven Verbrechens mit herrschaftsstabilisierenden Funktionen benutzt (a.a.O., S. VI).

433 Hess, Mafia, S. 16.

434 Hess, a.a.O., S. 16 ff.

435 Hess, a.a.O., S. 29.

organisatorisch, sondern auch moralisch. Es kam zur Entstehung einer doppelten Moral, deren positive Seite auf persönliche Bindungen, deren negative gegen den Prototyp formeller Ordnung, den Staat, gerichtet war: staatliche Normen werden abgelehnt, "die Normen der in-group-Beziehungen allerdings, der Beziehungen zu Familie, Verwandten, rituellen Verwandten, Freunden, zum Patron bzw. zum Klienten oder auch der Beziehungen innerhalb eines durch die omertá konstituierten weitgreifenden Solidaritätsrahmens werden mit bewußter Überzeugung, unter Opfern und manchmal mit Selbstaufopferung eingehalten"[436]. Wegen der Schwäche des staatlichen Zwangsapparates fehlt die rechtliche Ordnung und fehlen die Sanktionen, die den Beziehungen in heteronomen Gruppen Verläßlichkeit und Dauer verleihen. Dieser Mangel hat keinen Einfluß auf die Möglichkeit oder Festigkeit von Beziehungen in autonomen Gruppen, deren Normen nicht öffentlichrechtlich sanktioniert werden - die Bindungen innerhalb dieser Primärgruppen werden deutlich und verpflichtend gefühlt[437]. Zusammengefaßt: die Entstehung mafiotischer Strukturen basiert auf der fehlenden Zustimmungsfähigkeit des staatlichen Normensystems und auf der politischen Schwäche des Staates, der nicht in der Lage ist, seinen Normen Geltung zu verleihen. Den historischen Hintergrund bilden der Zerfall der feudalen Herrschaftsordnung einerseits und das Versagen des bürokratischen Staates, ein Monopol legitimen physischen Zwanges wirklich geltend zu machen, andererseits. Dieses Machtvakuum füllt "der mafioso", der zunächst Funktionen innerhalb des subkulturellen Systems erfüllt, indem er in den Dienst anderer tritt und durch die ständig sich wiederholende Funktionsausübung seine Position kontinuierlich stärkt. "Sein Verhalten wird vom kodifizierten Recht des überlagernden Staates als illegitim angesehen, entspricht jedoch den subkulturellen Normen und findet seine Legitimierung in der Volksmoral. Der mafioso unterhält ein Netz von auf Gegenleistung beruhenden Beziehungen zu Trägern formell-institutionalisierter, d.h. staatlicher Macht und entzieht sein Verhalten so den vom kodifizierten Recht angedrohten Sanktionen". Und: "Die Rolle des mafioso ist in dieser Situation eine Selbsthilfe-Institution"[438].

Verallgemeinert besagt dieses Beispiel, daß die Gefahr privater bzw. informeller Selbsthilfe immer dann besteht, wenn der Staat sein Gewaltmonopol nicht umfassend auszuüben vermag - die Gewalt wird dann von anderen Gruppen ausgeübt - und wenn staatliche Organisation und staatliches Handeln nicht umfassend akzeptiert werden - erst die fehlende Akzeptanz des Staates kann die informellen Herrschaftsformen "legitimieren". Hess schreibt zu Recht, daß nicht ein starker Staat an sich, sondern nur ein starker Rechtsstaat das richtige Mittel gegen reziproke Gewaltakte sein kann. Ein starker Rechtsstaat, der sich auf eine allgemein akzeptierte Verfassung, allgemein zustimmungsfähige Rechtsnormen und ein allgemein

[436] Hess, a.a.O., S. 30 f.

[437] Hess, a.a.O., S. 38.

[438] Hess, a.a.O., S. 178 f.

zustimmungsfähiges und handlungsfähiges Monopol legitimen physischen Zwangs stützt, um die gerechte Ordnung zu schützen.

Friedensschützendes Strafrecht heißt also nicht, um jeden Preis "Ruhe im Staat" herstellen zu wollen, sondern das Strafrecht als notwendiges, aber zugleich nur im äußersten Fall anzuwendendes Mittel zur Verhinderung unkontrollierbarer individueller oder organisierter Gegengewalt verantwortungsbewußt einzusetzen. Im liberal-rechtsstaatlichen Kontext heißt friedensschützendes Strafrecht, durch *gerechte* Strafen den äußeren Bestand einer für alle Bürger vorteilhaften *gerechten* Ordnung zu gewährleisten. Das ist an dieser Stelle noch nicht allzu konkret, aber schon etwas deutlicher als etwa die Forderung Bindings nach dem Erhalt all dessen, woran der jeweilige Gesetzgeber "nach seiner Ansicht ein Interesse hat"[439].

2.6.3 Anerkennungstheoretische Straflegitimation

Es kann, wie Wolfgang Schild in anderem Zusammenhang sagt, nicht darum gehen, daß gar keine Herrschaft mehr ausgeübt wird, sondern nur darum, daß diese Herrschaft rechtlich gebunden ist und so Macht (und nicht Gewalt) darstellt[440]. Die Entstehung der Mafia war nicht nur durch fehlende Durchsetzungsfähigkeit des staatlichen Apparats begünstigt, sondern zudem auch durch fehlende Akzeptanz der staatlichen Normen und der staatlichen Ordnung überhaupt durch größere Teile der Bevölkerung. Die Erforderlichkeit des Zwangsmoments des staatlichen Rechts kann daher nicht ohne die Erforderlichkeit umfassender Akzeptanz der staatlichen Ordnung durch die Bürger gedacht werden, insbesondere nicht ohne eine rechtsstaatliche Begrenzung der staatlichen Zwangsbefugnisse. Herrschaft muß *gerecht* sein.

Das staatliche Monopol *legitimen* physischen Zwangs muß an die Legitimität der Rechtsordnung gebunden sein. Legitimität von Rechtsnormen bedeutet im vertragstheoretischen und diskursethischen Kontext, daß die Normen im Interesse aller gleichberechtigten und vernunftbegabten Bürger liegen, also von einem übergreifenden Konsens getragen werden müssen. Es darf keine "vernünftigen Meinungsverschiedenheiten" über die Normlegitimität geben.

Wolfgang Kersting definiert den rechtfertigungstheoretischen Vertrag als "ein universalistisches moralepistemologisches Kriterium; er ist mit dem kategorischen Imperativ und den anderen Unparteilichkeitsgrundsätzen aus der Familie der universalistischen Moralprinzipien verwandt; wie diese stellt er ein gedanken-

---

439 Vgl. Binding, Normen, S. 193.

440 Schild, Strafrichter, S. 2.

experimentelles Testverfahren da[r], das Prinzipien und Verfassungsgrundsätze bestehen müssen, wenn sie als gerecht gelten wollen"[441]. Soweit es um die Begründung jener Prinzipien geht, die (hypothetisch) als in dem gedachten Gesellschaftsvertrag manifestiert gelten, lassen sich Vertrags- und Diskurstheorie durchaus verbinden - was sich in realen Diskursen nicht als allgemein konsensfähig erweist (weil die Möglichkeit der Beteiligung *aller* an realen Diskursen faktisch nicht gegeben ist, kommt es auch hier auf *hypothetische* Konsensfähigkeit an[442]), kommt nicht als legitimer Gegenstand des gedachten Sozialkontrakts in Betracht. Der Gesellschaftsvertrag fungiert als "zuverlässiges theoretisches Instrument, situationsrelative Gerechtigkeitsregeln zu formulieren, die die Zustimmung der Betroffenen finden müssen, wenn sie die normativen Voraussetzungen des gesamten Verfahrens nur auch akzeptieren". Verbunden mit einer "sowohl moralisch zulässigen als auch hinreichend bestimmten, auf das Gerechtigkeitsproblem genau zugeschnittenen Urzustandskonzeption" ist die Figur des gerecht konzipierten Vertrags eine "philosophisch anspruchsvolle Auslegung des verfassungsrechtlichen Grundsatzes, daß alle Gewalt vom Volke ausgeht"[443].

Die verpflichtende Einigung souveräner Individuen auf der Grundlage wechselseitiger Rechtsverzichte gilt als gerecht und für alle Beteiligten bzw. Betroffenen als vorteilhaft, wenn sie von einem "overlapping consensus" (Rawls) getragen wird, einem "dynamischen Konsens über Normen, die sich in Fragen der Gerechtigkeit als \`öffentlich´ begründet *erweisen* und als solche *vernünftigerweise* auf der Basis guter Gründe einsehbar sind. Vernünftige Personen erkennen das allgemein Gerechtfertigte an, *weil* es reziprok und allgemein und somit für eine jede Person begründet (und einsehbar) ist. In diesem Sinne ist es vernünftigerweise (das heißt ohne vernünftigen Gegengrund) in ihre umfassende normative Identität integrierbar"[444].

> "\`Vernünftige´ Personen ... erkennen die faktische Möglichkeit einer Pluralität ethischer Antworten auf Fragen des guten Lebens an, die insofern vernünftig sind, als sie weder irrational noch unmoralisch sind. Sie erkennen weiterhin die Bedeutung solcher Antworten für Personen und respektieren sie auch dann, wenn sie diese als ethisch ungenügende Antworten ansehen. ... Dies schließt den Versuch nicht aus, andere von der Qualität bestimmter Werte, die ihr Leben bereichern würden, zu überzeugen; es schließt jedoch aus, deren ethische Lebensform mit anderen als reziprok und allgemein zu rechtfertigenden Gründen einzuschränken"[445].

---

441 Kersting, Gesellschaftsvertrag, S. 352.

442 Vgl. Habermas, Diskursethik, S. 76 und oben S. 175 ff.

443 Kersting, Gerechtigkeit, S. 353 f.

444 Forst, Kontexte, S. 77.

445 Forst, a.a.O., S. 77 f.

Genau das meint auch Rawls mit der Forderung nach pluralistischer Anerkennung einander widersprechender "Konzeptionen des Guten"[446]. Reziproke Anerkennung verlangt, daß nicht die Mehrheit der Minderheit ihre Moral- und Wertvorstellungen aufzwingt, sondern auch abweichende Lebensformen und -ziele respektiert und toleriert; Einschränkungen der individuellen Freiheiten sind nur zulässig, wenn die entsprechenden Gründe allgemein gerechtfertigt werden können, d.h. alle Betroffenen den Einschränkungen vernünftigerweise zustimmen können. Ethische Werte können nur dann Anspruch auf allgemein-rechtliche Verbindlichkeit erheben, wenn sie diesen Kriterien entsprechen. Rechtlich erzwingbare Normen müssen, wie Rainer Forst zutreffend ausführt, "sofern es sich um grundlegende Normen handelt, gegenüber und zumuten einer jeden Person, welche ethische Identität sie auch haben möge, normative (und nicht bloß faktische) Geltung beanspruchen können und nicht partikulare Werte mit dem Verweis auf die Erhaltung einer bestimmten Lebensform verallgemeinern" - "nur Normen, die allgemein und reziprok zu rechtfertigen sind, können einen allgemein verbindlichen Geltungsanspruch erheben: Darin liegt der Kern einer prozeduralistischen, deontologischen Theorie"[447]. Bei dieser universellen Rechtfertigung des Rechts und der Rechtsnormen ist der Moralische Standpunkt nicht mehr "derjenige, der allein fragt, womit *ich* mich identifizieren kann, sondern der fragt, was *wechselseitig* und *allgemein* gerechtfertigt werden kann"[448]. Werden die Interessen und Bedürfnisse jedes anderen auf diese Weise angemessen berücksichtigt (entsprechend dem Meadschen Modell des Perspektivenwechsels), ist die gedachte vertragliche Übereinkunft für jeden "Vertragspartner" vorteilhaft; weil jeder Normadressat die Gründe der jeweiligen Normen einsehen und nachvollziehen kann, können sich die Adressaten der Normen zugleich als deren (potentielle) Schöpfer betrachten; der einzelne wird, entsprechend dem "Just Community"-Prinzip, in den (hypothetischen) Entstehungs- und Begründungszusammenhang der Regelungen einbezogen und empfindet die Normen schon deshalb als handlungsverpflichtend. Die Stabilität des Normensystems beruht somit nicht auf Zwang, sondern auf allgemeiner Zustimmungsfähigkeit.

Sind diese Kriterien erfüllt, läßt sich der fiktive Gesellschaftsvertrag als gerecht bezeichnen. Der Vertrag ist dann, in den Worten Kerstings, "der Legitimationsgrund der politisch-bürgerlichen Welt und ihrer herrschaftlichen Verfassung. Er formuliert die Grammatik des wechselseitigen politischen Anerkennungsmodus der Bürger und der Entstehung und Ausübung legitimer Herrschaft. Die Konsequenz dieses gesellschaftsvertraglichen Egalitarismus ist die legitimatorische Auszeichnung der Demokratie"[449]. Der Vertrag dient der Gewährleistung der für die

[446] Siehe oben, S. 41 ff.

[447] Forst, Person, S. 221 ff.

[448] Forst, a.a.O., S. 235.

[449] Kersting, Gesellschaftsvertrag, S. 354.

individuelle Entfaltung der Personen unverzichtbaren intersubjektiven Anerkennungsverhältnisse ("Die menschliche Existenz erfordert Kooperation; Kooperation erfordert Reziprozität"[450]), der Sicherung menschlicher Handlungsfreiheit und menschlicher Subjektivität.

> "Die Menschen treten durch die wechselseitige Anerkennung als gleiche und freie Bürger in eine politische intersubjektive Existenz, in der sie gemeinsam ihre politische staatsbürgerliche Autonomie im Rahmen rational-diskursiver Meinungs- und Willensbildung ausüben und dabei in der vertraglichen Intersubjektivität das normativ-prozedurale Ideal ihrer gemeinsamen Praxis betrachten"[451].

Gegenstände des gedachten Gesellschaftsvertrags können nur solche Normen sein, die für die Verwirklichung der individuellen Freiheiten, Persönlichkeitsrechte und Lebenspläne unverzichtbar sind. Der Vertrag begründet das allgemeine Gesetz, individuelle Freiheit und intersubjektive Anerkennungsverhältnisse zu gewährleisten und die Pflicht der "Vertragspartner", die Zusage der "Vertragserfüllung" einzuhalten. E.A. Wolff definiert Freiheit als die Fähigkeit, aufgrund des eigenen Verständnisses das Dasein als eigenes und zusammen mit anderen bewältigen zu können; Selbständigkeit und Selbstverwirklichung des Menschen beruhen auf Freiheit, die ihrerseits Verhältnisse intersubjektiver Anerkennung voraussetzt[452]. Der Schutz dessen macht den Kernbereich eines gerechten Gesellschaftsvertrags aus, die Gewährleistung intersubjektiver Anerkennungsverhältnisse als Voraussetzung menschlicher Freiheit ist für alle vernünftigen Vertragspartner vorteilhaft und allgemein konsentierbar. Staatliches Strafen ist vertragstheoretisch nur legitimierbar, sofern es für den Bestand der gerechten Gesellschaftsordnung, die den Bestand der für die individuelle Entfaltung der Personen unverzichtbaren intersubjektiven Anerkennungsverhältnisse gewährleistet, als äußerstes Mittel erforderlich ist. Dies setzt zugleich eine anerkennungstheoretische Begrenzung der legitimen Rechtsgüter voraus.

2.6.4 Anerkennungstheoretische Begrenzung der Rechtsgüter

Mit der Funktionsumschreibung, das Strafrecht diene der Bannung unkontrollierbarer reziproker Gegengewalt, die durch die moralische Empörung der Opfer bzw. Beobachter eines Normbruchs ausgelöst werden könnte, ist die Friedensschutzkonzeption noch nicht hinreichend scharf konturiert, auf den ersten Blick mag sie eher weitläufig erscheinen. Kargl hat sein Modell am Beispiel der Tötungsdelikte skizziert, diesbezüglich leuchten die Gefahren gewalttätiger Selbsthilfe infolge der Empörung über entsprechende Normbrüche ohne weiteres ein.

---

[450] Wilson, Empfinden, S. 117.

[451] Kersting, a.a.O., S. 355; vgl. auch E.A. Wolff, Abgrenzung, S. 191.

[452] E.A. Wolff, Abgrenzung, S. 140.

Nun fällt aber die Empörung über die Verletzung überindividueller Rechtsgüter in aller Regel deutlich geringer und insofern weniger friedensgefährdend aus, und hinsichtlich solcher Delikte wie der Verletzung der Buchführungspflicht (§ 283b) dürfte sie allenfalls marginal sein. Umgekehrt ist die Empörung über juristisch völlig richtige Entscheidungen des Bundesverfassungsgerichts (z.B. "Kruzifix"[453] oder "Tucholsky"[454]) allgegenwärtig. Daß derartiger Empörung nicht mit den Mitteln des Strafrechts zu begegnen ist, versteht sich von selbst.

Bei näherer Betrachtung läßt sich aber gerade über den Bezugspunkt der *moralischen* Empörung der Opfer bzw. Beobachter eines Delikts eine ganz erhebliche Einschränkung der zulässigen Rechtsgüter vornehmen; über diesen Bezugspunkt läßt sich das vertrags- bzw. diskurstheoretische Prinzip der an allgemeine Zustimmungsfähigkeit gebundenen Normlegitimität in die Strafzweckkonzeption des Friedensschutzes integrieren. Während verfassungsrechtlich die formelle und materielle Verfassungsmäßigkeit von Normen für die Rechtfertigung des Rechts genügen und auch die herkömmlichen Strafzwecklehren nicht notwendigerweise die übergreifende Konsentierbarkeit der Normen verlangen, funktioniert die hier vertretene Strafzwecktheorie nicht nach rein positivistischen Grundsätzen[455] oder dem Mehrheitsprinzip, sondern nur bei universalisierbarer Zustimmungsfähigkeit der Normen.

Moralische Empörung basiert auf moralischen Urteilen. Dabei geht es nicht um beliebige faktische Urteile, die jeder Mensch von frühester Kindheit an ständig und in jeder Lebenssituation fällt, sondern um jenes moralische Empfinden, "das zum Tragen kommt, wenn wir unparteiisch und uneigennützig über unser eigenes Verhalten oder das anderer sprechen"[456]. Durch Perspektivenwechsel kann der vernünftige Mensch nachvollziehen, was die Verletzung von Anerkennungsbeziehungen für den anderen bedeuten kann. Honneth hat diese Gefühle nach den verschiedenen Formen der Mißachtung gegliedert. Mißachtungen der körperlichen Integrität verletzen nachhaltig das "Vertrauen in die Fähigkeit der autonomen Koordinierung des eigenen Körpers", "gepaart mit einer Art von sozialer Scham, ein[em] Verlust an Selbst- und Weltvertrauen, der bis in die leiblichen Schichten des praktischen Umgangs mit anderen Subjekten hineinreicht". Die Erfahrung rechtlicher Mißachtungen bedeutet "typischerweise auch ein[en] Verlust an Selbstachtung, der Fähigkeit also, sich auf sich selbst als gleichberechtigter

453 BVerfG NJW 1995, 2477.

454 BVerfG NJW 1994, 2943 ff. (Kammer) und BVerfG EuGRZ 1995, 443 = NJW 1995, 3303 = StV 1996, 17 = NStZ 1996, 26 (Erster Senat).

455 Binding definierte als legitime Rechtsgüter noch "alles, an dessen unveränderter und ungestörter Erhaltung das positive Recht nach seiner Ansicht [!] ein Interesse hat, was es deshalb durch seine Normen vor unerwünschter Verletzung oder Gefährdung zu sichern bestrebt ist" (Normen, S. 193).

456 Wilson, Empfinden, S. 20 ff., 56 f.

Interaktionspartner zu beziehen". Die Erfahrung sozialer Mißachtungen schließlich bedeutet typischerweise einen "Verlust an persönlicher Selbstschätzung ..., der Chance also, sich selber als ein in seinen charakteristischen Eigenschaften und Fähigkeiten geschätztes Wesen verstehen zu können". Zudem: "Durch die Erfahrung von sozialer Erniedrigung und Demütigung sind menschliche Wesen in ihrer Identität ebenso gefährdet, wie sie es in ihrem physischen Leben durch das Erleiden von Krankheiten sind"[457]. Die Enttäuschung normativer Achtungserwartungen löst die Gefühlserregung aus, "von der ein Subjekt überwältigt wird, wenn es aufgrund der Erfahrung einer Mißachtung seiner Ichansprüche nicht einfachhin weiterzuhandeln vermag"[458].

Diese Gefühle des Enttäuschten gelten als angemessen, wenn sie jeder "universalisierte Andere" durch Einfühlung in die Perspektive des Betroffenen als nachvollziehbar zu beurteilen vermag, und sie sind der Bezugspunkt der friedensschützend begründeten Strafe, wenn sie sich auf Verletzungen allgemein konsentierbarer Normen beziehen. Es sind dann Gefühle der Empörung über die Verletzung allgemein anerkannter Grundprinzipien der friedlichen Koexistenz der Gemeinschaftsmitglieder, Gefühle der Empörung über die Verletzung des hypothetischen Gesellschaftsvertrags, der die intersubjektiven Voraussetzungen der Persönlichkeitsentwicklung und -entfaltung garantiert. Nicht die faktische Empörung einzelner ist somit der Bezugspunkt dieser Strafkonzeption, sondern die gerechtfertigte hypothetische Empörung über die Verletzung allgemein anerkannter Grundprinzipien der Gemeinschaft.

Es geht um jene *hypothetische* Empörung, die jedermann vernünftigerweise durch Einfühlung in die Handlungs- und Erwartungsperspektive des anderen nachvollziehen kann. Das bereits dargestellte diskursethische Straflegitimationskonzept Günthers hat dies überzeugend herausgearbeitet: Aus der Perspektive des "verallgemeinerten Dritten" sind wir fähig, Empörung über die einem anderen zugefügte Verletzung oder Beleidigung zu empfinden; abstrahiert von der konkret betroffenen Person stellt sich aus der Sicht des "generalisierten Anderen" die einer konkreten Person zugefügte Verletzung zugleich als Verletzung einer von allen anerkannten Norm dar. Was sich indes nur aus der Perspektive des Betroffenen als Verletzung darstellt, nicht aber aus der Perspektive jedes anderen, kann nicht als strafrechtlich relevante Verletzung gelten[459]. Das Prinzip der Moralentstehung erklärt folglich nicht nur die Legitimität universalisierbarer Normen, sondern auch die (hypothetische) Empörung bei der Mißachtung dieser Normen.

---

457 Honneth, Anerkennung, S. 214 ff.

458 Honneth, a.a.O., S. 223.

459 Ausführlich hierzu oben S. 173 ff.

Universalisierbare moralische Empörung über eine Rechtsgutsverletzung kann in diesem Sinne nur vorliegen, wenn das beeinträchtigte Interesse durch eine Rechtsnorm symbolisiert wird, deren moralische Geltung von (hypothetisch) *allen* Normadressaten anerkannt wird. Bei der moralischen Empörung als objektivem Ansatzpunkt der Strafe geht es also nicht darum, ob einzelne über den Normbruch empört sind oder nicht (anderenfalls hinge die Strafbarkeit vergleichbarer Taten von der jeweils zufälligen Reaktion der Betroffenen ab, d.h. vom jeweils subjektiven Empfinden der Opfer bzw. der Deliktsbeobachter), sondern es geht um moralische Empörung, die von *jedem* Deliktsbeobachter vernünftigerweise geteilt werden könnte. Der Kreis der legitimen Rechtsgüter wird auf diese Weise auf solche Interessen begrenzt, deren Schutz für alle Bürger vernünftigerweise [illegible] bzw. zustimmungsfähig ist. Bei Rechtsgütern dagegen, deren Schutzwürdigkeit nicht von allen anerkannt wird und über die es "vernünftige Meinungsverschiedenheiten" gibt, funktioniert diese Straftheorie nicht, weil es bei der Verletzung solcher Rechtsgüter an der universalisierbaren moralischen Empörung fehlt.

In dieser theorieimmanenten anerkennungstheoretischen Begrenzung der legitimen Rechtsgüter liegt das kritische Potential dieser Strafzweckkonzeption. Friedensschutz durch Strafrecht heißt gerade nicht, jedes gerade bestehende Gesellschaftssystem mit dem Argument des Friedens- und Systemschutzes zu stabilisieren, Rechtsfrieden um jeden Preis durchzusetzen und jeden beliebigen Verstoß gegen positives Recht zu sanktionieren - die bloße Aufrechterhaltung des Rechtsfriedens ließe sich ebenso durch totalitäre Repression realisieren[460]. Das Strafrecht ist nach der hier vertretenen Position auf einen eng umgrenzbaren Kernbereich legitimer Rechtsgüter beschränkt und erst im äußersten Notfall zur Intervention legitimiert, um "Schlimmeres zu verhindern", nämlich die Auflösung der für alle vorteilhaften gerechten Ordnung durch den Abgrund unkontrollierbarer reziproker Gegengewalt infolge moralischer Empörung über Normbrüche und die damit verbundene Gefahr der Entstehung neuer informeller Herrschaftssysteme, die nicht mehr für alle vorteilhaft wären. Das Strafrecht dient als äußerstes Mittel der Sicherung der friedlichen Koexistenz der Bürger in einem für alle vorteilhaft konstituierten Gemeinwesen, der Anwendungsbereich des Strafrechts bleibt auf jene elementaren Rechtsgüter beschränkt, die für die Verwirklichung individueller Freiheiten und den Bestand des Gemeinwesens unverzichtbar sind.

Welche Rechtsgüter das konkret sind, soll hier nicht enumerativ entschieden werden. Grundsätzlich läßt sich sagen, daß die allgemeine Zustimmungsfähigkeit zu Strafnormen und die moralische Empörung über Normbrüche umso stärker abnehmen, je weiter die geschützten Interessen vom Kernbereich des Schutzes der Entwicklungs- und Entfaltungsmöglichkeiten der Person entfernt sind. Die moralische Empörung ist bei Tötungsdelikten am höchsten, bei unmittelbar gegen die

[460] Vgl. Habermas, Moral, S. 66.

persönliche Freiheit oder die körperliche Integrität gerichteten Delikten jedenfalls eindeutig höher als bei Verletzungen jener diffusen Universalrechtsgüter, die das geltende Straf- und Nebenstrafrecht zunehmend durchziehen. Die gewichtigen Argumente der Wissenschaft gegen zahlreiche abstrakte Gefährdungsdelikte, beispielsweise im Bereich des Betäubungsmittel- oder Wirtschaftsstrafrechts, sind sichere Indizien dafür, daß solche Strafnormen eben nicht von einem allgemeinen Konsens getragen werden und sich somit auch keine universalisierbare moralische Empörung über entsprechende Normbrüche ermitteln läßt. Mit fehlender moralischer Empörung entfallen die Gefahren reziproker Gegengewalt und Selbsthilfe. Je geringer die Bedeutung einer Norm für die individuellen Entfaltungsmöglichkeiten und den Bestand der für alle vorteilhaft eingerichteten Gesellschaft ist, desto weniger gehören entsprechende Normen in den Regelungsbereich des Kernstrafrechts; was nicht allgemein anerkennungsfähig ist, kann nach diesem Modell nicht Gegenstand der ultima ratio der Sozialkontrolle sein. Die hier umrissene Strafzweckkonzeption beinhaltet somit eine ganz erhebliche Einschränkung der legitimen Rechtsgüter und Strafnormen, indem sie nur in jenem Kernbereich anwendbar ist, in dem sich die moralische Empörung der Opfer bzw. Deliktsbeobachter als allgemein nachvollziehbar erweist. Die Unzulässigkeit bzw. die Unwirksamkeit der herkömmlichen Strafzwecklehren sprechen dafür, staatliches Strafen auf dieser Grundlage als Mittel zum Friedensschutz durch Unterbindung von Gegengewalt und Selbsthilfe zu legitimieren.

2.7 Zusammenfassung

2.7.1 Friedensschutz als allgemeiner Strafzweck

Staatliches Strafen dient der Prävention gewalttätiger Selbsthilfehandlungen, die durch die (hypothetische) moralische Empörung über Verstöße gegen die für alle Gesellschaftsmitglieder vorteilhaften Rahmenbedingungen der friedlichen Koexistenz ausgelöst werden könnten und die ohne die Existenz eines allgemein anerkannten staatlichen Gewaltmonopols legitimen physischen Zwangs in letzter Konsequenz die Auflösung des allgemein vorteilhaften Gesellschaftsvertrags und die Errichtung neuer, nicht mehr allgemein vorteilhafter Machtstrukturen zur Folge haben könnten. Legitime Strafe knüpft an die Verletzung legitimer Strafnormen an und dient der Begrenzung weiterer Gewaltakte auf einen einzigen staatlichen Gewaltakt. Die Konsentierbarkeit nicht nur der Sanktionsnormen, sondern auch der Sanktion selbst setzt wiederum voraus, daß auch die konkrete Strafe allgemein konsentierbar, d.h. gerecht sein muß.

An der Entwicklung alternativer Interventionskonzepte bei größtmöglichem Sanktionsverzicht führt kein Weg vorbei. Echte intersubjektive Anerkennung des anderen als gleichberechtigten Interaktionspartner, Verantwortungsbewußtsein, Respekt, Toleranz und Solidarität müssen der Überzeugung jedes einzelnen entspringen. Solche Haltungen können von außen angeregt, nicht aber erzwungen werden. Umso besser wird dies gelingen, je mehr sich Strafen darauf beschränken, die Delinquenten zu Schadenswiedergutmachung oder zur Teilnahme an sozialen Trainingsprogrammen zu verpflichten; auf insofern kontraproduktive empfindlichere Eingriffe in individuelle Freiheiten ist so weit wie möglich zu verzichten. Die Betrachtung der Konfliktregelungsmechanismen der "primitiven" Gesellschaften hat gezeigt, daß Ausgleichshandlungen der Versöhnung und der Wiederherstellung des persönlichen Einvernehmens besser dienen als Unterwerfung und Strafe. Auch die Entwicklungspsychologie belegt, daß durch Sanktionsverzicht und affektive Vermittlung moralischer Werte effektiver auf das Sozialbewußtsein der Menschen eingewirkt werden kann als durch Strafen.

Legitim ist eine Strafdrohung nach der Friedensschutzkonzeption nur, wenn sie sich auf jene zentralen Persönlichkeitsrechte und Bereiche der sozialen Lebenswelt bezieht, die für das Zusammenleben der Menschen in friedlicher Koexistenz von elementarer Bedeutung sind. Formalisierte soziale Kontrolle durch das scharfe Schwert des Strafrechts muß auf diesen Kernbereich beschränkt bleiben, Regelungsgegenstände, über die es "vernünftige Meinungsverschiedenheiten" gibt, sind anderen, weniger intensiv in Freiheitsrechte der Betroffenen eingreifenden Instanzen der Sozialkontrolle zu überlassen. Vertrauen in den Rechtsstaat und Vertrauen in gesellschaftliche Fairneß setzen eine streng an diesen Prinzipien orientierte Rechtssetzung und Rechtsanwendung voraus. Das hier skizzierte Strafzweckmodell kann staatliches Strafen nicht nur umfassender als die herkömmlichen Strafzwecklehren rechtfertigen, sondern zugleich auch die dem Rechtsgüterschutz- und dem ultima-ratio-Prinzip entsprechenden Forderungen nach Rechtsgüter- und Strafbegrenzung so in das Strafzweckkonzept einbetten, daß diese Prinzipien mehr sind als nur, wie Arthur Kaufmann sagt, eine "Orientierungshilfe, die der Gesetzgeber natürlich mißachten kann"[461]. Die Mißachtung des Prinzips der allgemeinen Konsentierbarkeit von Rechtsgütern und Normen (vermittelt durch das Prinzip der allgemeinen Nachvollziehbarkeit der moralischen Empörung über Normbrüche) läßt nach dieser Konzeption entsprechende Strafdrohungen nicht nur wie nach den herkömmlichen Strafzwecktheorien als "problematisch" erscheinen (siehe die Debatte um das "symbolische Strafrecht"), sondern als *illegitim*.

---

[461] Siehe oben, Anm. 216.

2.7.2 Friedensschutz als Strafzweck der Beleidigung

Die oben umrissenen allgemeinen Erwägungen gelten auch für den Strafzweck der Beleidigung. Strafrechtliche Sanktionen von Beleidigungen dienen dem Zweck, Verletzungen des personalen Interesses an intersubjektiver Anerkennung zu tadeln und durch die Verbindlichkeit des Urteils den Konflikt für beendet zu erklären. Es gilt, die Gefahren des durch die emotionale Betroffenheit hervorgerufenen Aggressionspotentials zu bannen, das in aller Regel nicht nur auf verbale Gegenaggressionen beschränkt bleibt[462]. Auch hier erfährt das zunächst weitläufig gefaßte Rechtsgut der Beleidigung einschneidende Begrenzungen durch das Prinzip der Entstehung moralischer Urteile bzw. das Erfordernis allgemeiner Konsentierbarkeit der Inhalte von Strafnormen. Nicht jede Anerkennungsverletzung kann Gegenstand des § 185 sein, sondern nur solche Fälle der Mißachtung, die sich für jedermann bei vernünftiger Betrachtungsweise und Einfühlung in die Erwartungsperspektive des Betroffenen als schwerwiegende Verletzung der Grundbedingungen der friedlichen Koexistenz der Menschen in der sozialen Gemeinschaft darstellen. Ob der einzelne sich gekränkt oder mißachtet fühlt oder "Seelenschmerz" empfindet, ist unerheblich[463], maßgeblich ist hier die allgemeine Nachvollziehbarkeit der moralischen Empörung über Verhaltensweisen, die den Kernbereich der Persönlichkeit verletzen und die individuellen Entfaltungsmöglichkeiten gefährden.

Honneth hat geschildert, daß mit der Erfahrung sozialer Erniedrigung und Demütigung typischerweise ein Verlust an persönlicher Selbstschätzung einhergeht, ein Verlust an Selbst- und Weltvertrauen. Weil der Mensch konstitutiv von der Erfahrung der Anerkennung abhängig ist, führen Verletzungen der elementarsten Form der praktischen Selbstbeziehung nicht nur zu negativen Gefühlsreaktionen wie Scham oder Wut, sie können zudem wie handfeste organische Erkrankungen wirken[464]. Ein in seinem Basisvertrauen in sich selbst und in die Zuverlässigkeit anderer erschütterter Mensch ist in seinen individuellen Entfaltungsmöglichkeiten, insbesondere in der Freiheit der Aufnahme unbeeinträchtigter sozialer Interaktion und Kommunikation, erheblich beeinträchtigt. Weil ein Mensch, dem jegliche Achtungsansprüche abgesprochen werden, sich nicht durch unbeeinträchtigte Aufnahme sozialer Beziehungen frei entfalten kann, erweist sich der Anspruch auf intersubjektive Anerkennung als unverzichtbare Grundlage jeder Entfaltung der Persönlichkeitsrechte in der Gesellschaft. Der Schutz dieser Grundvoraussetzung aller individuellen Entfaltungsmöglichkeiten ist daher zu universell konsen-

---

[462] Kurzübersicht zur Aggressionsforschung bei Kaiser, Kriminologie, S. 609 ff.; Schendzielorz, Umfang, S. 116 ff.

[463] Zu den subjektiven Ehrtheorien siehe oben S. 22 f.

[464] Honneth, Anerkennung, S. 216 ff.

tierbaren legitimen Rechtsgütern zu zählen; die moralische Empörung des Erniedrigten und die Empfindungen von Scham und Wut sind im Wege der Perspektivenübernahme für jeden vernünftigen Dritten hypothetisch nachvollziehbar.

Forderungen nach der Abschaffung des strafrechtlichen Ehrenschutzes stellen die allgemeine Konsentierbarkeit der Beleidigungsstrafnorm (welche Verhaltensweisen im einzelnen unter § 185 subsumierbar sind, ist Gegenstand des nächsten Abschnitts) allerdings in Frage. Monika Frommel forderte unlängst, "den gesamten Ehrenschutz aus dem Strafrecht zu verbannen und dem Zivilrecht zu überlassen". Weil sie aber am "Interesse aller Bürger und Bürgerinnen daran, daß bestimmte Basisregeln, die Freiheitsrechte erst lebbar machen, nicht ungestraft verletzt werden", ausdrücklich festhält, funktioniere der zivilrechtliche Weg nicht "bei der menschenverachtenden Diskriminierung von Gruppen" - strafrechtliche Diskriminierungsverbote sollen grundsätzlich weiterhin bestehen, jedoch nicht mehr durch die §§ 185 ff., sondern ausschließlich im Sinne des neugefaßten § 130: "So gesehen kann man die Bedenken gegen § 130 umdrehen und den strafrechtlichen Ehrenschutz als Relikt, die noch etwas diffuse Antidiskriminierungsnorm aber als diskussionswürdige Alternative für die Zukunft ansehen"[465].

Die Konsentierbarkeit eines gegen Diskriminierungen und Erniedrigungen gerichteten strafrechtlichen Anerkennungsschutzes wird mit dieser Argumentation nicht bestritten, es geht lediglich um die normative Umsetzung dessen. Daß jedoch der Schutz vor Mißachtungen der Person nicht so einfach, wie Frommel glauben macht, und vor allem nicht ohne erhebliche Einschränkungen von den §§ 185 ff. auf § 130 verlagerbar ist, folgt aus obigen Betrachtungen des Anwendungsbereichs des § 130. Der Straftatbestand der Volksverhetzung kann zwar die schwersten Formen der Mißachtung erfassen, allerdings nur in sehr begrenztem Umfang. Angriffe auf die Menschenwürde des einzelnen fallen nicht unter § 130, wenn es am Bezugspunkt "Teile der Bevölkerung" bzw. der Eignung zur Störung des öffentlichen Friedens fehlt. Sofern der einzelne nicht stellvertretend für eine bestimmte Bevölkerungsgruppe mit Attributen wie "minderwertig" oder "Untermensch" belegt wird, ist strafrechtlicher Schutz de lege lata nur über § 185 möglich[466], auch nach der Neufassung des § 130. Infolge einer Abschaffung des Tatbestands der Individualbeleidigung wäre der von Frommel wohl beabsichtigte Antidiskriminierungsschutz durch das Strafrecht nur höchst lückenhaft gewährleistet. Auch wenn der "fragmentarische Charakter" für das Strafrecht typisch ist und Strafbarkeitslücken "das Ethos des Strafrechts ausmachen"[467], würde es gerade hier an einem einleuchtenden sachlichen Grund für die Lückenhaftigkeit fehlen: warum Angriffe auf den unverzichtbaren Kern der menschlichen Persön-

[465] Frommel, KritJ 1995, 411.

[466] Siehe oben, S. 119 ff.

[467] Vgl. Kargl, ZStW 103 (1991), 185.

lichkeit bei fehlendem Gruppenbezug straffrei bleiben sollten, läßt sich nicht überzeugend begründen - und Frommel ist auf diese praktische Konsequenz ihres Vorschlags auch nicht eingegangen. Gravierende Mißachtungen einzelner Menschen können für die Betroffenen die gleichen persönlichkeitsschädigenden Wirkungen haben wie Mißachtungen ganzer Gruppen für deren Mitglieder. Mehr noch: moralische Empörung und Wut werden im Zweifel bei Individualmißachtungen größer sein, weil der Individualbezug bei Kollektivmißachtungen in Relation zur Größe der angegriffenen Personengruppe immer weiter abnimmt. Der Reformvorschlag Frommels stellt daher die Schutzwürdigkeit des Interesses der Person an intersubjektiver Anerkennung nicht in Abrede. Weil auch sonst ernsthafte Argumente für eine Auslagerung des Anerkennungsschutzes aus dem Strafrecht nicht ersichtlich sind[468], kann die allgemeine Konsentierbarkeit einer Strafnorm gegen Mißachtungen der Person bejaht werden. Problematisch ist lediglich die Frage der legitimen Inhalte bzw. der Strafbarkeitsgrenzen des § 185, die im folgenden Abschnitt erörtert wird.

Daß die Beleidigungsstrafbarkeit mit dem Friedensschutz zusammenhängt, hat im Kern schon Friedrich Bassenge 1937 geschrieben, wenn auch nicht ganz im Sinne der hier vertretenen Position. "Angriffsobjekt der Beleidigung" könne nach Bassenges Ansicht "nur der öffentliche Frieden sein", weil die Beleidigung zu weiteren Reaktionen wie "Retorsion" oder "Zweikampf" herausfordere[469]. In dieser Form kann das nicht richtig sein. *Angriffsobjekt* ist das konkrete Objekt der Tat, an dem die Tathandlung vollzogen wird; angegriffen werden kann nur das konkrete Individuum, der Beleidigte, logischerweise aber nicht der "öffentliche Frieden" als solcher. Was Bassenge wohl meinte, war der öffentliche Frieden als *Rechtsgut* der Beleidigung. Auch das ist definitiv falsch, wie im 1. Abschnitt gezeigt wurde. Es bleibt zu vermuten, daß Bassenge hier die Begriffe durcheinandergeraten sind, nicht zuletzt, weil er schließlich seine Gegengewaltthese ausdrücklich in den Kontext der *Rechtfertigung* der Beleidigungs*strafe* stellt:

> "Ihre Rechtfertigung [scil.: der Beleidigungsstrafe] liegt erst darin, daß man bei der Beleidigung des Einzelnen nicht unbedingt an die staatliche Strafjustiz verweisen kann, ... weil hier die 'Schmerzerregung' normalerweise so empfindlich ist, daß Selbsthilfe niemand verdacht werden kann; weil die Ehre Selbsthilfe geradezu gebieten kann. Beleidigung ist in diesem Sinne das persönlichste, das am innerlichsten verwundende Delikt unter den Angriffen gegen den Einzelnen"[470].

---

[468] Auch in den ansonsten sehr umfassenden Entkriminalisierungsempfehlungen der Hessischen bzw. Niedersächsischen Kommission zur Strafrechtsreform (Albrecht/Hassemer/ Voß [Hrsg.], Rechtsgüterschutz und Albrecht u.a. [Hrsg.], Strafrecht - ultima ratio) werden die §§ 185 ff. nicht problematisiert.

[469] Bassenge, Ehre, S. 27, 42 f.

[470] Bassenge, a.a.O., S. 39 f.

Damit dürfte gemeint sein, daß die Beleidigungsstrafe der Prävention von Gegengewaltakten seitens des Opfers dient, was insofern mit der hier vertretenen Position übereinstimmen würde. Schon der nächste Satz in Bassenges Abhandlung stellt diesen Befund jedoch wieder in Frage, wenn es dort heißt, "gerade deshalb" sei die Beleidigung "das einzige Delikt", das "den öffentlichen Frieden zu verletzen noch heute geeignet ist"[471]. Die Gefahren gewaltsamer informeller Selbsthilfe bestehen keineswegs nur bei "innerlich verwundenden" Delikten wie der Beleidigung. Anhand dieser Beispiele zeigt sich, daß Übereinstimmungen zwischen der Position Bassenges und dem hier vertretenen Konzept zwar bestehen, jedoch eher nur zufällig. Entgegen der Auffassung Bassenges kann der Schutz des öffentlichen Friedens nur Gegenstand des Strafzwecks der Beleidigung sein, Rechtsgut und Angriffsobjekt sind dagegen personal zu definieren.

Die Strafsanktion wegen Beleidigung dient primär der Verhinderung weiterer, möglicherweise über Verbalattacken hinausgehender Aggressionen. Daß schon die Strafdrohung und die Erwartbarkeit von Sanktionen im Falle des Normbruchs hinsichtlich des Primärdelikts präventiv wirken *können*, kann nicht ausgeschlossen, aber auch nicht allgemeingültig bejaht werden. Die Prävention von Beleidigungen kann somit nicht der eigentliche Zweck der Beleidigungsstrafe sein, sondern allenfalls ein - wenn auch willkommener - Reflex derselben. Gemessen am Anspruch, die Strafnormen dienten dem *Schutz* der dadurch symbolisierten Rechtsgüter, klingt das zugegebenermaßen recht bescheiden.

Die Behauptung aber, schon die Existenz, gegebenenfalls auch die Bekräftigung von Normen, gewährleiste einen umfassenden *direkten* Schutz der jeweiligen Rechtsgüter, wäre nach allem bisher Erörterten Etikettenschwindel: "Die Kriminalität je völlig zu beseitigen, wird nicht möglich sein. Sie gehört als die dunklere Seite zum gesellschaftlichen Leben hinzu, so wie es eine individuelle Existenz ohne Verfehlung und Tragik schwerlich gibt"[472]. Das Rechtsgut der Beleidigung - das Interesse der Person am Schutz des Verhältnisses intersubjektiver Anerkennung, am Schutz der Persönlichkeitsentwicklung und -verwirklichung, der Möglichkeit unbeeinträchtigter Teilnahme an kommunikativer Interaktion - umfassend vor Beeinträchtigungen zu schützen, könnte selbst mittels drakonischer Abschreckungsstrafen nicht gelingen, schon gar nicht mit den Mitteln des rechtsstaatlichen Strafrechts. Damit müssen wir uns abfinden.

[471] Bassenge, a.a.O., S. 40.

[472] Roxin, JuS 1966, 386.

Vierter Abschnitt

Die Strafbarkeitsvoraussetzungen und -grenzen der Beleidigung

Nach ganz herrschender Auffassung wird unter der Beleidigung ein "rechtswidriger Angriff auf die Ehre eines anderen durch eine vorsätzliche Kundgabe der Nichtachtung oder Mißachtung" verstanden[1]. Besonders präzise ist diese Formel noch nicht, zumal die im vorigen Abschnitt angeführten Beispiele belegen, daß sie - je nach Umfang des Ehrbegriffs - auch vergleichsweise harmlose Anerkennungsverletzungen zu pönalisieren vermag. Im folgenden soll versucht werden, anhand der Ergebnisse zu Rechtsgut und Strafzweck der Beleidigung Kriterien zu entwickeln, die den Auslegungsmöglichkeiten des unbestimmten Tatbestands des § 185 deutlich engere Grenzen setzen, im Anschluß an die Tatbestandsvoraussetzungen und -grenzen werden jene Faktoren erörtert, die bestimmte Äußerungen trotz grundsätzlich beleidigenden Charakters straffrei bleiben lassen. Diese Problemkreise betreffen nicht nur die Beleidigungs- und Grundrechtsdogmatik, sondern darüberhinaus auch das zentrale sozialphilosophische Thema des idealen Interessenausgleichs in einer "gerecht" verfaßten Gesellschaft. Die Regeln der Grenzen der Beleidigungsstrafbarkeit stehen dabei stellvertretend für den notwendigen Ausgleich zwischen Individualinteressen (Schutz der Achtungs- und Anerkennungsansprüche des einzelnen) und Kollektivinteressen (Schutz der Möglichkeiten freier und offener Kommunikation) in der politischen Gemeinschaft.

1 Tatbestandsvoraussetzungen

Zur Erfassung des Tatbestands des § 185 kann an der oben zitierten Definitionsformel grundsätzlich festgehalten werden, erforderlich ist jedoch, die einzelnen Elemente nach Maßgabe des bisher Erörterten näher zu präzisieren. Mit Blick auf die verschiedenen Ehrbegriffe ist unschwer festzustellen, daß sich alleine anhand der jeweiligen Rechtsgutsdefinitionen noch nicht hinreichend präzise erklären läßt, welche Formen der Mißachtung unter § 185 subsumiert werden dürfen.

1.1 Strafrechtliche Relevanz von Mißachtungen

1.1.1 Ausgangslage

Nach dem hier vertretenen Ehrbegriff muß sich die Mißachtung auf den Anspruch auf Achtung und Anerkennung der Person schlechthin als freien, gleichbe-

[1] Vgl. nur BGHSt 1, 288 (289); LK^{10}-Herdegen, Vor § 185, Rn. 9; Schönke/Schröder-Lenckner, § 185, Rn. 8.

rechtigten und zurechnungsfähigen Menschen (Achtung der Menschenwürde als absolute Ehrkomponente) oder auf den Anspruch auf Achtung und soziale Anerkennung der jeweiligen individuellen Eigenheiten der jeweiligen Person in der Weise, wie diese individuellen Komponenten in intersubjektiven Kommunikationsprozessen artikuliert werden, berechtigt sind und konsentierten gesellschaftlichen Wertvorstellungen nicht zuwiderlaufen (Achtung des individuellen Geltungswerts der Person als variable Ehrkomponente), beziehen. Auch das besagt noch nicht sehr viel.

(1.) Wann die schwersten Formen der Mißachtung einer Person vorliegen, ist noch vergleichsweise einfach zu beantworten. Es sind nicht, wie Kant meinte, Bezeichnungen eines Mannes als "Narr" oder "ein[es] Frauenzimmer[s], daß sie ekelhaft genannt werde"[2], sondern solche Unwerturteile, die den Kern der menschlichen Persönlichkeit angreifen. Erforderlich ist dabei im Rahmen des § 185 nicht wie bei § 130 das "Absprechen des Lebensrechts" des Betroffenen, es genügt, wenn einer Äußerung der Sinngehalt beigemessen werden kann, der Angegriffene sei kein gleichberechtigter Mensch oder ein Mensch von "minderer Qualität".

(2.) Umstrittener ist die Frage, wann ein rechtswidriger Angriff auf den sozialen Geltungswert eines Menschen vorliegt. Nach dem "normativen" Ehrbegriff soll es z.B. noch nicht ehrrelevant sein, dem Betroffenen bestimmte Leistungen etwa sportlicher, beruflicher oder karitativer Art abzusprechen, ähnliches gilt - wenn wir das Problem des konkludent geäußerten Vorwurfs der Lüge einmal ausblenden - für das Absprechen des nationalsozialistischen Verfolgungsschicksals der Juden: erst der Vorwurf einer "Pflichtverletzung" begründe eine Beleidigung. Auch der Vorwurf der "Häßlichkeit" oder der "Beschränktheit" berühre nicht die Ehre und liege daher unterhalb der Strafbarkeitsgrenze des § 185. Erforderlich sei vielmehr die "Zuschreibung einer negativen Qualität". Daß diese Grenzziehung mit dem hier vertretenen anerkennungstheoretischen Konzept der Ehre nicht umfassend vereinbar ist, wurde bereits kurz erläutert[3].

In der praktischen Anwendung des § 185 wird der Begriff der Mißachtung des Anerkennungsanspruchs erstaunlich weit ausgelegt. Verwundern müssen auch die in Lehrbüchern typischerweise als Beispiele für Beleidigungen angeführten Verhaltensweisen: Tippen an die Stirn gegenüber einem anderen Straßenverkehrsteilnehmer, Weglassen der Anrede "Herr", Aushang einer Fotografie an anstößiger Stelle, Ausräuchern eines Stuhles, auf dem der Gemeinte gesessen hat, "regelmäßig" auch die Verwendung des Wortes "Bulle" gegenüber Polizeibeamten,

---

[2] Kant, Beobachtungen über das Gefühl des Schönen und Erhabenen, in: ders., Vorkritische Schriften 2, Werke II, A 59.

[3] Siehe oben, S. 119 ff.

u.s.w.[4]. Diese Auswahl ist zufällig und ließe sich beliebig fortsetzen; hervorzuheben ist, daß die Beispiele aus einem aktuellen Lehrbuch stammen und auch in der übrigen Literatur in ähnlicher Form anzutreffen sind.

Noch erstaunlicher ist, daß es dabei nicht um Verhaltensweisen an der Grenze zu straffreien Unhöflichkeiten gehen soll, sondern teilweise gar um Angriffe auf den Kern der Persönlichkeit. Das "Vogelzeigen" im Straßenverkehr deutet Maiwald als eine Kundgabe des "Zweifel[s] am Verstand des Verkehrsteilnehmers"[5], Tenckhoff zufolge werden Polizisten durch die Bezeichnung "Bulle" regelmäßig "auf die Stufe eines Tieres herabgewürdigt"[6]. Hinter solchen ganz alltäglichen Gesten und Redewendungen den tieferen Sinn zu vermuten, dadurch ziehe der Äußernde die Gleichwertigkeit, Zurechnungsfähigkeit oder sogar die Subjektqualität des Adressaten ernsthaft in Zweifel, mutet ziemlich realitätsfern an. Wenn heute eine Vielzahl der Polizisten der Bezeichnung als "Bulle" zumindest gleichgültig gegenübersteht oder sich gar selbst so bezeichnet, ist das ein sicheres Indiz für die Interpretationsweite dieses Begriffs im allgemeinen Sprachgebrauch. Auch die ritualisierte Mißfallenskundgabe in Form des "Autofahrergrußes" wird unnötig dramatisiert, wollte man dahinter das Absprechen der Menschqualität des Adressaten vermuten. Eine nüchterne und sachliche Betrachtung des objektiven Aussagegehaltes ist hier unverzichtbar.

Und noch etwas zeigen obige Beispiele: soweit der Umfang der Beleidigungsstrafbarkeit nur nach Maßgabe des jeweiligen Rechtsgutsbegriffes definiert wird, bleibt die Grenze zu den straffreien Mißachtungen unscharf. Im dritten Abschnitt wurde gezeigt, daß das Rechtsgüterschutzprinzip zwar gewisse Strafbarkeitsgrenzen vorzugeben vermag, indem es etwa bestimmte ideologisch geprägte oder moralisierende Auslegungen des § 185 (siehe "Sexualbeleidigung") für unzulässig erklärt. Gezeigt wurde aber auch, daß erst das durch die hier entwickelte Strafzweckkonzeption gebotene Prinzip der gesellschaftsvertrags- bzw. diskurstheoretischen Normlegitimation ein hinreichend scharfes Kriterium der Strafbarkeitsbegrenzung darstellen kann.

Anknüpfend an den Strafzweck der Beleidigung, die Verhinderung von Gegengewalt der durch das Delikt Empörten, erfährt das zunächst weitläufig gefaßte Rechtsgut der Beleidigung einschneidende Begrenzungen durch das Prinzip der Entstehung moralischer Urteile und das Erfordernis allgemeiner Konsentierbarkeit der Inhalte von Strafnormen. Nicht jede Anerkennungsverletzung kann Gegenstand des § 185 sein, sondern nur solche Fälle der Mißachtung, die sich für jedermann bei vernünftiger Betrachtungsweise und Einfühlung in die Erwartungs-

---

4 Maurach/Schroeder/Maiwald, BT 1, § 25, Rn. 6, 7, 11, 14.

5 Maurach/Schroeder/Maiwald, a.a.O., Rn. 6.

6 Tenckhoff, JuS 1988, 791.

perspektive des Betroffenen als schwerwiegende Verletzung der Grundbedingungen der friedlichen Koexistenz der Menschen in der sozialen Gemeinschaft darstellen. Maßgeblich ist die allgemeine Nachvollziehbarkeit der moralischen Empörung über Verhaltensweisen, die den Kernbereich der Persönlichkeit verletzen und die individuellen Entfaltungsmöglichkeiten gefährden können.

Obwohl auch Verhaltensweisen wie "Vogelzeigen" das Rechtsgut der Beleidigung, die individuellen Anerkennungsansprüche, grundsätzlich tangieren, ist mit Blick auf den Strafzweck der Beleidigung mangels allgemein konsentierbarer moralischer Empörung in derartigen Fällen die Tatbestandsmäßigkeit zu verneinen. Im folgenden werde ich dies in Auseinandersetzung mit verschiedenen Beleidigungsdefinitionen näher begründen und sodann eine eigene Definition der Beleidigung auf dieser Grundlage entwickeln.

1.1.2 Die Strafbarkeitsgrenze nach der Definition Tenckhoffs

Als zu eng erweist sich das von den Vertretern des "normativen" Ehrbegriffs vorgenommene Abstellen auf die sog. "Ehrrelevanz" und das "Unterlassen von Pflichtverletzungen" hinsichtlich des "variablen Ehrfaktors". Anhand des Falles BGHZ 39, 124 läßt sich verdeutlichen, zu welch merkwürdigen Ergebnissen dieser Ansatz zu führen vermag: die Zeitschrift "Stern" spottete über eine Fernsehansagerin, sie sehe aus wie eine "ausgemolkene Ziege", bei deren Anblick den Zuschauern "die Milch sauer" werde. Hierzu führt Jörg Tenckhoff aus, der in dieser Passage steckende Vorwurf der Häßlichkeit sei "nicht ehrrelevant, da zu einer voll entwickelten menschlichen Persönlichkeit ein bestimmtes Mindestmaß an Schönheit nicht erforderlich ist"[7]. Häßlichkeit sei keine "elementare menschliche Unzulänglichkeit" im Sinne des "konstanten Ehrfaktors", und sie lasse sich ebensowenig vom "variablen Ehrfaktor", dem "Unterbleiben von sittlichen, rechtlichen oder sozialen Pflichtverletzungen", erfassen. Der Vorwurf der Häßlichkeit soll also straffrei bleiben. Dagegen verwundert dann aber, daß nach diesem Ehrbegriff zoologische Schimpfwörter generell als Beleidigungen angesehen werden, weil dadurch "der vernunftbegabte Mensch auf die Stufe eines Tieres herabgewürdigt und insofern nicht entsprechend seines wahren Menschenwertes behandelt" werde[8].

Die dem "normativen" Ehrbegriff entsprechende Tatbestandsumschreibung wertet bestimmte Äußerungen je nach begriffsspezifischer "Ehrrelevanz" als Beleidigungen (z.B. zoologische Schimpfwörter) oder eben nicht (z.B. Vorwürfe der

---

[7] Tenckhoff, JuS 1988, 205.

[8] Tenckhoff, a.a.O.

Häßlichkeit), geringfügige Herabsetzungen lassen sich dagegen nicht per definitionem als straffrei erfassen, sobald die in diesem Sinne verstandene Ehre tangiert ist.

Nach der hier vertretenen anerkennungstheoretischen Definition des Rechtsguts der Beleidigung kann es dagegen keinen Unterschied machen, ob jemand als häßlich bezeichnet oder mit einem derben Schimpfwort belegt wird - das schutzwürdige Vertrauen in die eigene Persönlichkeit und in respektvolles Verhalten anderer kann durch den Vorwurf der Häßlichkeit ebenso erschüttert werden wie durch den Vorwurf elementarer menschlicher Unzulänglichkeiten oder Pflichtverletzungen. Beides ist grundsätzlich geeignet, den Betroffenen zu kränken oder in seiner persönlichen Entfaltung zu beeinträchtigen. Das Verhältnis intersubjektiver Anerkennung wird auch durch den Vorwurf der Häßlichkeit verletzt. Mehr noch: die Alltagserfahrung lehrt, daß die Menschen auf Vorwürfe ästhetischer Defizite um ein vielfaches empfindlicher reagieren als auf bloße Schimpfworte aus dem zoologischen Bereich. Damit soll nicht gesagt werden, daß alle ästhetikbezogenen Mißachtungskundgaben als Beleidigungen zu qualifizieren sind. Sie können allerdings auch nicht generell mit dem Argument der mangelnden "Ehrrelevanz" aus dem Anwendungsbereich des § 185 ausgeklammert werden, da es gerade die Empfindlichkeit der Menschen gegenüber Mißachtungen der Person ist, die jenes Gegengewaltpotential hervorzurufen vermag, dem das Strafrecht entgegenzutreten hat.

Nach der Definition Tenckhoffs soll nicht beleidigend sein, daß den Zuschauern beim Anblick der Ansagerin "die Milch sauer" werde, auch nicht, daß sie "ausgemolken" aussehe, wohl aber die Bezeichnung als "Ziege". Das geht an der sozialpsychologischen Realität vorbei. Mit Blick auf den Grund der Schutzwürdigkeit des Interesses an der Ehre bzw. an intersubjektiver Anerkennung erscheint es nicht sachgerecht, die Strafbarkeit davon abhängig zu machen, ob ein Unwerturteil im Sinne der Definition Tenckhoffs "ehrrelevant" ist, vielmehr ist zu fragen, ob es den Kernbereich der Persönlichkeit und der individuellen Entfaltungsmöglichkeiten zu berühren geeignet ist. Die Strafbarkeit bestimmter Mißachtungen kommt nur als äußerstes Mittel der Konfliktschlichtung in Betracht, und nur unter der Voraussetzung der diskurstheoretischen Begründbarkeit.

Gerade bei Bagatellangriffen wie "Vogelzeigen", zoologischen Schimpfwörtern oder dem Verweigern eines Grußes oder der ordnungsgemäßen Anrede einer Person dürften die Beeinträchtigungen der individuellen Entfaltungsmöglichkeiten sowie des Selbst- bzw. Fremdbildes des Angegriffenen nicht gravierender sein als bei jenen Verletzungen des allgemeinen Persönlichkeitsrechts, die nach § 823 Abs. 1 BGB i.V.m. Art. 1 Abs. 1, 2 Abs. 1 GG Schadensersatz- bzw. Schmerzensgeldpflichten (§ 847 BGB) oder Widerrufspflichten (§ 1004 BGB) begründen können. Berücksichtigt man weiterhin, daß die Zivilgerichte in bestimmten Konstellationen vorsätzlicher Verletzungen des Persönlichkeitsrechts auch Präventionserwägungen in die Höhe der Geldentschädigung einfließen lassen[9], muß bei geringfügigen Ehrverletzungen in konsequenter Anwendung des ultima-ratio-Prinzips eine Sanktion durch das Zivilrecht als milderes Mittel der Sozialkontrolle als ausreichend erachtet werden.

1.1.3 Die Strafbarkeitsgrenze nach der Rechtsprechung

Noch deutlicher wird das Problem der Grenzziehung zwischen Beleidigungsstrafbarkeit und Straffreiheit, wenn man sich vergegenwärtigt, was die Rechtsprechung als "durchschnittliche" Beleidigungen einstuft. Daß die vorgenannten Lehrbuchbeispiele wie Vogelzeigen, Anredeweglassen[10], Fotoaushang oder Stuhlausräuchern das Persönlichkeitsrecht der Betroffenen beeinträchtigen, soll gar nicht bestritten werden. Worin dabei aber der deutlich stärkere Unwertgehalt im Vergleich zu den zu Recht nicht von § 185 erfaßten Unhöflichkeiten, Belästigungen oder Geschmacklosigkeiten liegen soll, der den Einsatz des äußersten Mittels der Kriminalstrafe rechtfertigen könnte, bleibt schleierhaft. Vogelzeigen, Zungerausstrecken und ähnliche Verhaltensweisen werden in der Praxis nicht an der unteren Grenze der Beleidigungsstrafbarkeit angesiedelt, sondern im mittleren Bereich: als "durchschnittliche Ehrverletzungen"[11]. Was nach dieser Auffassung an der unteren Strafbarkeitsgrenze liegen könnte, soll hier nicht weiter interessieren. Schon die als "durchschnittliche" Ehrverletzungen eingestuften Verhaltensweisen sind vergleichsweise harmlos und bei nüchterner Betrachtungsweise auch nicht annähernd geeignet, jene Gefährdungen für Selbstverständnis und Selbstverwirklichung und jene universalisierbare moralische Empörung hervorzurufen, die den eigentlichen Grund der Beleidigungsstrafbarkeit bilden.

---

9 So etwa im Fall Caroline von Monaco (unwahre Tatsachenbehauptung auf der Titelseite einer Illustrierten), BGH NJW 1995, 861.

10 Sarstedt, JZ 1969, 152, erklärt überzeugend, warum es auch keine "Ungebühr" i.S.d. § 178 GVG darstellen kann, einen Herrn Richter Meier nur mit "Richter Meier" anzureden. Zur Gegenposition (Beleidigungsstrafbarkeit) siehe RG LZ 1915, 445.

11 Vgl. AG Grünstadt NJW 1995, 889. § 185 StGB wurde dort im Rahmen zivilrechtlicher Beseitigungs- bzw. Unterlassungsansprüche geprüft, die Streitwertfestsetzung auf 4000 DM entspricht "durchschnittlichen" Fällen von Ehrverletzungen. (Der Streitwert richtet sich bei nichtvermögensrechtlichen Streitigkeiten nach § 12 Abs. 2 GKG, bei Ehrverletzungen werden als Ausgangswert i.d.R. 4000 DM angesetzt, die entsprechend den Einzelfallumständen ermäßigt oder erhöht werden können [siehe Zöller-Herget, § 3 ZPO, Rn. 16, Stichw. "Ehre" und "Nichtvermögensrechtliche Streitigkeiten"]).

1.1.4 Die Strafbarkeitsgrenze nach der Definition Wolffs

Auch nach dem anerkennungstheoretischen Ehrbegriff Wolffs bleiben die Grenzen des § 185 unscharf. Wolff erklärt zwar, "erst wenn in der Beschimpfung gesagt werden soll, daß der Täter den anderen grundsätzlich nicht für gleichberechtigt halten will, weil er ihn überhaupt für minderwertig hält, dann ist es wieder eine Verletzung des maßgebenden Verhältnisses"[12], doch auch diese Formel steht recht gegensätzlichen Interpretationsmöglichkeiten offen. Einerseits ließe sich dieser Ehrbegriff als sehr weitläufig und ähnlich dem allgemeinen Persönlichkeitsrecht im zivilrechtlichen Sinne auffassen[13], andererseits könnte er auch so gedeutet werden, daß der Aussagegehalt der "Minderwertigkeit" des Angegriffenen ähnlich der Definition des Angriffs auf die Menschenwürde (§ 130) nur einen äußerst engen Rahmen des § 185 zulassen würde.

1.1.5 Zwischenbetrachtung

Diese verschiedenen Beispiele zeigen, daß sich alleine über den Ehrbegriff geringfügige Beeinträchtigungen des Persönlichkeitsrechts nicht aus dem Anwendungsbereich des § 185 ausscheiden lassen. Dies kann nur unter Bezugnahme auf den Strafzweck der Beleidigung und das damit verbundene Kriterium der diskurstheoretischen Begründbarkeit der Inhalte der Strafnormen geschehen.

Anknüpfungspunkt der Strafbarkeit ist die moralische Empörung des Erniedrigten, dessen Empfindungen von Wut und Scham über die herabsetzende Behandlung müssen sich im Wege der Perspektivenübernahme für jeden vernünftigen Dritten als hypothetisch nachvollziehbar erweisen. Dies wird umso eher der Fall sein, je größer die Bedeutung der enttäuschten Erwartungen für die Entwicklungs- und Entfaltungsmöglichkeiten jedes Menschen und für das Zusammenleben der Menschen in friedlicher Koexistenz ist. Das Rechtsgut der Beleidigung entspricht grundsätzlich diesen Voraussetzungen, weil ein Mensch ohne jede Achtungsansprüche nicht in der sozialen Gemeinschaft leben und sich frei entfalten kann; die Erfahrung von Anerkennung ist von fundamentaler Bedeutung für Selbstvertrauen und Selbstwertgefühl des Individuums und eine Grundbedingung der Möglichkeit intersubjektiver Kommunikation. Das Recht kann jedoch nur einen Kernbereich der Anerkennungsverhältnisse schützen, die für die Persönlichkeitsentwicklung und -entfaltung bedrohlichsten Enttäuschungen in Familie, Liebe, Partnerschaft oder Freundschaft scheiden vorab aus dem Regelungsbereich des Rechts aus. Rechtlicher Schutz von Anerkennungsbeziehungen muß sicherstellen, daß die

---

12 E. A. Wolff, ZStW 81 (1969), 903.

13 So LK[10]-Herdegen, Vor § 185, Rn. 11; Tenckhoff, Bedeutung, S. 174.

Menschen ein Leben in Selbstachtung und sozialer Anerkennung führen können[14], zu schützen ist das rechtlich konstituierte Basisvertrauen, daß der Mensch nicht, wie Wolff sagt, in einer Art verletzt wird, "auf die er sich - in dem von der Rechtsordnung eingeräumten selbstorientierten Dasein - nicht aus eigener Kraft einstellen kann"[15]. Nicht jede Anerkennungsverletzung kann daher Gegenstand des Beleidigungsstraftatbestands sein, der rechtliche Anerkennungsschutz bleibt auf den Kernbereich der Verletzung, Beeinträchtigung oder Erschütterung des Selbst- oder Fremdbildes eines Menschen und die damit verbundenen Möglichkeiten der ungehinderten Persönlichkeitsentfaltung beschränkt. Die Strafdrohung nach § 185 knüpft an das individuelle Interesse der Person an Bestand und Erhaltung dieser Bedingungen an.

Die Begrenzung des Tatbestands erfolgt über das Prinzip der Entstehung moralischer Urteile und das Erfordernis der allgemeinen Konsentierbarkeit der moralischen Empörung über Normbrüche, d.h. über das Prinzip der allgemeinen Konsentierbarkeit der Inhalte von Strafnormen. Nicht jede Anerkennungsverletzung kann Gegenstand des § 185 sein, sondern nur solche Fälle der Mißachtung, die sich für jedermann bei vernünftiger Betrachtungsweise und Einfühlung in die Erwartungsperspektive des Betroffenen als schwerwiegende Verletzung der Grundbedingungen der friedlichen Koexistenz der Menschen in der sozialen Gemeinschaft darstellen.

Die von der Rechtsprechung als "durchschnittliche" Beleidigungen eingestuften Verhaltensweisen wie "Vogelzeigen" oder Zungerausstrecken sind in aller Regel - sofern der Betroffene nicht gerade besonders empfindlich ist, worauf es für die Strafbarkeit aber nicht ankommen kann - weder geeignet, das Selbst- oder Fremdbild eines Menschen und dessen Möglichkeiten der Persönlichkeitsentfaltung durch ungehinderte Kommunikation mit anderen sowie dessen Akzeptanz als gleichberechtigter und zurechnungsfähiger Kommunikationspartner ernsthaft zu erschüttern, noch ist ersichtlich, daß derartiges Verhalten eine universalisierbare moralische Empörung jedes vernünftigen Beobachters der Situation hervorrufen würde. Man wird es zur Kenntnis nehmen, ohne dieser Mißfallenskundgabe eine größere Bedeutung beizumessen. Vernünftigerweise wird niemand ein Interesse daran haben, daß der ganze repressive Apparat der Verbrechensbekämpfung schon bei leichtesten und ganz alltäglichen Unmutsäußerungen in Bewegung gesetzt wird. Geringfügige Persönlichkeitsverletzungen sind mit weniger einschneidenden Mitteln der Sozialkontrolle zu regeln, hier reichen die zivilrechtlichen Interventionsmechanismen aus. Karl Binding konstatierte schon 1890 "des Deutschen ewige Angst, seine Ehre könne ihm jeden Augenblick von einem frivolen

---

14 Vgl. Forst, Person, S. 229; ders., Kontexte, S. 413 ff.

15 E.A. Wolff, Abgrenzung, S. 213.

Gesellen geraubt werden"[16], auch Arthur Kaufmann schreibt: "Wir Deutschen sind im allgemeinen viel zu empfindlich, fühlen uns viel zu rasch in unserer Würde und unserem Selbstbewußtsein verletzt und rufen allzu schnell nach dem Strafrichter"[17].

Die Definition der Beleidigung läßt sich unter Bezugnahme auf das Rechtsgut und den Strafzweck vorläufig präzisieren als ein *rechtswidriger Angriff auf das diskurstheoretisch begründbare objektive Interesse der Person an der Achtung der Menschenwürde bzw. an der Achtung des individuellen Eigenwerts durch vorsätzliche Kundgabe der Mißachtung, Nichtachtung oder Geringschätzung*. Eine Einschränkung der strafrechtlich relevanten Anerkennungsverletzungen könnte durch den Zusatz erfolgen, wonach *der Angriff geeignet sein muß, die Möglichkeiten der freien Persönlichkeitsentfaltung nicht nur unerheblich zu beeinträchtigen*. Ob der einzelne sich gekränkt oder mißachtet fühlt oder ob er "Seelenschmerz" empfindet, ist irrelevant. Maßgeblich kann nur die allgemeine Nachvollziehbarkeit der moralischen Empörung des generalisierten Dritten über Verhaltensweisen sein, die grundsätzlich den Kernbereich der Persönlichkeit verletzen und die individuellen Entfaltungsmöglichkeiten *gefährden können*. Weniger gravierende Verhaltensweisen können nach dieser Tatbestandsumschreibung aus dem Anwendungsbereich des § 185 ausgeschlossen werden, wobei freilich auch hier die Bewertung der Intensität letztlich dem Tatrichter überlassen bleibt. Die Intensität des Angriffs und die allgemeine Konsentierbarkeit der moralischen Empörung über die Verletzung der Grundbedingungen des friedlichen Zusammenlebens müssen einzelfallorientiert ermittelt werden, der Tatrichter muß sich sozusagen in die Handlungs- und Erwartungsperspektive des "universalisierbaren Dritten" hineinversetzen. Unter dieser Voraussetzung sind jedenfalls übertriebene Deutungen ausgeschlossen, etwa in dem Sinne, daß jedes beliebige tierische Schimpfwort dem Gemeinten eine "menschenunwürdige" Existenz bescheinigen würde.

1.1.6 Exkurs: Die Beleidigungsdefinition Ignors

Eine teilweise ähnliche, in einigen Punkten aber grundverschiedene Definition des Beleidigungstatbestands ist in der jüngst veröffentlichten Abhandlung Alexander Ignors über die Vereinbarkeit des § 185 mit Art. 103 Abs. 2 GG zu finden. Ignor verspricht eine Tatbestandsumschreibung, die klarstelle, "daß es bei der Strafbarkeit der Beleidigung nicht nur darum geht, bloße Taktlosigkeiten oder Unmutsäußerungen zu sanktionieren oder den Empfindlichkeiten von `Hinz oder Kunz´ Rechnung zu tragen; sondern, daß eine Strafbarkeit nur in Betracht kommt, wenn

---

16 Binding, Ehre, S. 23.

17 Arthur Kaufmann, ZStW 72 (1960), 432.

die Äußerung mit realen Konsequenzen für den Betroffenen - nämlich mit Gefahren für seine legitime Entfaltung - verbunden ist"[18]. Die Definition lautet:

> "*Eine Äußerung über einen anderen, die eine Herabsetzung entweder seiner Subjektqualität* (das heißt seiner Personalität oder seiner rechtlichen Gleichwertigkeit) *oder seines individuellen Eigenwertes zum Inhalt hat und den anderen dadurch in seiner legitimen Entfaltung konkret gefährdet*. Eine solche Gefährdung ist bei herabsetzenden Äußerungen unter vier Augen der Fall, wenn die Äußerung das personale Verhältnis zwischen dem Äußernden und dem Betroffenen nachhaltig beeinträchtigt, bei herabsetzenden Äußerungen gegenüber Dritten, wenn die Äußerung geeignet ist, den Betroffenen in der Meinung, die sich Dritte von dessen Subjektqualität oder dessen individuellem Eigenwert machen, herabzusetzen"[19].

Daß die Beleidigung etwas mit Achtung und Anerkennung der Person schlechthin und mit Achtung und sozialer Anerkennung individueller Eigenheiten der jeweils betroffenen Person zu tun hat, deckt sich noch mit dem in der vorliegenden Arbeit entwickelten Ergebnis zum Rechtsgut der Beleidigung. Ignors Konzept ist eng an das Anerkennungsmodell Wolffs angelehnt und wird durch die Wertaussagen der Art. 1 Abs. 1 und Art. 2 Abs. 1 Satz 1 GG ergänzt[20].

Problematisch ist dagegen die Schlußfolgerung Ignors, § 185 entgegen der herrschenden Dogmatik als *konkretes* Gefährdungsdelikt aufzufassen, "das heißt: der Eintritt der `Gefahr´ (für die legitime Entfaltung) muß im Einzelfall festgestellt werden"[21]. Während sich beispielsweise im Rahmen des § 315c eine konkrete Gefahr für Leib oder Leben eines anderen oder fremde Sachen von bedeutendem Wert einigermaßen sicher feststellen läßt, dürfte sich die Feststellung einer konkreten Gefahr für die legitime Entfaltung eines anderen weitaus schwieriger gestalten. Bei der Gefährdung des Straßenverkehrs darf der Eintritt einer konkreten Gefahr nicht alleine aus der abstrakt gefährlichen Tathandlung geschlossen werden, vielmehr muß festgestellt werden, welche bestimmten Menschen oder Sachen konkret gefährdet worden sind[22]. Die von abstrakt gefährlichen Anerkennungsverletzungen ausgehenden (konkreten) Gefahren für die Persönlichkeitsentfaltung sind jedoch einer äußerlichen Wahrnehmung weitgehend unzugänglich. Im 2. Abschnitt wurde gezeigt, daß die Bedeutung der Verletzung des Verhältnisses intersubjektiver Anerkennung für den Betroffenen zu einem ganz erheblichen Teil mit den psychischen Folgen für den Betroffenen zusammenhängt, die mit der Erfahrung von Mißachtung durch andere einhergehen *können*. Die Entstehung, Entwicklung und Entfaltung der Ich-Identität ist abhängig von intersubjektiven

18 Ignor, Beleidigung, S. 187.

19 Ignor, a.a.O., S. 186. Mit "Subjektqualität" ist dabei "Menschenwürde" gemeint (a.a.O., S. 177 f.).

20 Ignor, Beleidigung, S. 174 ff.

21 Ignor, a.a.O., S. 187.

22 Vgl. nur Dreher/Tröndle, § 315c, Rn. 16, m. N.

Anerkennungsbeziehungen, Folgen der Anerkennungsverletzungen können Schmerz-, Scham- und Schutzlosigkeitsgefühle sein, die je nach Intensität und Persönlichkeitsstruktur des Betroffenen in handfeste organische Erkrankungen übergehen können. Möglich ist zudem, daß sich die angegriffene Person infolge eines kohärenten Selbstwertverlustes von gesellschaftlicher Interaktion in Form kommunikativer Prozesse zurückzieht. Es sind also die Möglichkeiten derartiger Beeinträchtigungen der Ich-Identität und der freien Entfaltung des Betroffenen, die den Kern des Unwertgehalts der Erfahrung von Mißachtung ausmachen. Gerade weil sich diese negativen Folgen auf der äußerlich nicht wahrnehmbaren psychologischen Ebene abspielen, wäre der Eintritt einer "konkreten Gefahr" für den Betroffenen im Einzelfall von individualpsychologischen Bedingungen, vom subjektiven Empfinden der Beteiligten abhängig zu machen. Dies wiederum wäre kein verallgemeinerbarer normativer Bezugspunkt der Strafbarkeit bestimmter Verhaltensweisen. Die sog. "Todsünden" im Straßenverkehr, beispielsweise "Geisterfahrten", stellen für jeden anderen davon betroffenen Verkehrsteilnehmer gleich große Gefahren für Leib oder Leben dar, ohne daß es dabei auf dessen individualpsychologische Befindlichkeiten ankäme. Eine konkrete Gefahr nach § 315c besteht, wenn die Sicherheit einer Person oder Sache durch das Fahrverhalten des Täters so beeinträchtigt wird, daß eine Verletzung nur noch vom Zufall abhängt[23]. Bei der Beleidigung hängt der Eintritt von Persönlichkeitsschädigungen dagegen nicht von objektiven Zufällen ab, sondern von rein subjektiven Komponenten. Je identische herabsetzende Äußerungen können die Entfaltungsmöglichkeiten einer Person stark beeinträchtigen, wenn die Vernehmenden der Äußerung eine starke Bedeutung zukommen lassen, umgekehrt können sie aber auch für die Entfaltungsmöglichkeiten irrelevant bleiben, wenn die Vernehmenden die fragliche Äußerung nicht ernst nehmen. Verallgemeinerbar bleibt daher bei Beleidigungen nur die *Eignung* zur Beeinträchtigung der individuellen Entfaltungsmöglichkeiten, das Abstellen auf *konkrete* Gefahren kann nicht sachgerecht sein.

Bei der Beleidigung unter vier Augen soll Ignor zufolge eine "nachhaltige Beeinträchtigung" des personalen Verhältnisses zwischen dem Äußernden und dem Betroffenen infolge der Äußerung erforderlich sein. Das ist wohl so zu verstehen, daß das interpersonale Verhältnis zwischen den Beteiligten vor und nach dem schädigenden Ereignis, der herabsetzenden Äußerung, verglichen werden müßte. Was bei der Schadenssaldierung im Rahmen des § 263 rein mathematisch möglich ist, ist in diesem Fall nicht ohne weiteres praktikabel und letztlich von nicht generalisierbaren subjektiven Wertungen abhängig. Die Annahme eines konkreten Schadens wäre maßgeblich von einer bestimmten, subjektiv stark variierenden Reaktion des Angegriffenen abhängig; es wäre darzulegen, daß gerade diese Äußerung das intersubjektive Verhältnis nachhaltig verschlechtert hätte. Wenn es aber dabei entscheidend auf das subjektive Empfinden des Betroffenen ankom-

23 Jagusch/Hentschel, § 315c StGB, Rn. 3.

men soll, gerät diese Definition der Beleidigung unter vier Augen in die Nähe des alten - unhaltbaren - subjektiven Ehrbegriffs, zumal Ignor beispielsweise auch eine konkrete (!) "Zufügung seelischen Leids durch Worte"[24] als Beleidigung verstanden wissen will[25]. Nach heutigem Verständnis kann es nicht darauf ankommen, wie der konkret Betroffene die Äußerung empfindet, weil nicht das subjektive Ehrbewußtsein bzw. -gefühl Gegenstand des Beleidigungstatbestands ist[26], somit muß ebenfalls irrelevant sein, wie der Betroffene die Äußerung bewertet (d.h.: ob er darin eine Verschlechterung des interpersonalen Verhältnisses zum Äußernden erblickt oder nicht).

Ein weiteres Problem der Definition Ignors: wenn das Verhältnis von A und B schon vor der fraglichen Äußerung pessimal schlecht und gar nicht noch weiter verschlechterbar wäre, wenn also alle nur denkbaren Kränkungen und Schmähungen bereits ausgetauscht wären, müßte konsequenterweise jede weitere herabsetzende Äußerung unter vier Augen straffrei bleiben - mangels weiterer Verschlechterbarkeit des Verhältnisses von A und B fehlte die "nachhaltige Beeinträchtigung". Ein merkwürdiges Ergebnis.

1.1.7 Die eigene Definition

Die gebotene Objektivität der strafbarkeitsbegründenden Kriterien kann nur dadurch gewährleistet werden, daß § 185 unabhängig von der subjektiven Empfindlichkeit und unabhängig vom personalen Verhältnis der jeweils Betroffenen bzw. Beteiligten - das Problem der Sozialadäquanz sei an dieser Stelle einmal ausgeklammert - allgemein auf die generelle Gefährlichkeit von Mißachtungen, d.h. auf die Eignung zur Gefährdung individueller Entfaltungsmöglichkeiten abstellt. Dabei ist stets der straftheoretische Hintergrund zu berücksichtigen: Strafrechtliche Sanktionen von Beleidigungen dienen dem Zweck, Verletzungen des personalen Interesses an intersubjektiver Anerkennung zu tadeln und durch die Verbindlichkeit des Urteils den Konflikt für beendet zu erklären. Es gilt, die Gefahren des durch die emotionale Betroffenheit hervorgerufenen Aggressionspotentials zu bannen. Abzustellen ist dabei auf die allgemeine Nachvollziehbarkeit der moralischen Empörung über Verhaltensweisen, die den Kernbereich der Persönlichkeit zu verletzen und die individuellen Entfaltungsmöglichkeiten zu gefährden geeignet sind.

Die Beleidigung läßt sich somit definieren als *ein rechtswidriger Angriff auf das diskurstheoretisch begründbare objektive Interesse der Person an der Achtung*

24 Ignor, a.a.O., S. 181.

25 Gegen die "Seelenschmerztheorie" siehe oben S. 21 ff.

26 Vgl. nur Hirsch, Ehre, S. 14 ff.; Tenckhoff, JuS 1988, 790, Fn. 39 m.w.N.

der Menschenwürde bzw. an der Achtung des individuellen Eigenwerts durch vorsätzliche Kundgabe der Mißachtung, Nichtachtung oder Geringschätzung, der geeignet ist, die Möglichkeiten der freien Persönlichkeitsentfaltung eines Menschen nicht nur unerheblich zu beeinträchtigen.

Bei welchen Äußerungen dies der Fall ist, läßt sich nicht pauschal beantworten, auch der Vorschlag Teubners, die legitimen Inhalte unbestimmter Generalklauseln demoskopisch zu ermitteln, erscheint wenig erfolgversprechend[27]. Ausgehend von Rechtsgut und Schutzzweck des § 185 muß der entscheidende Richter im Einzelfall prüfen, ob eine Verhaltensweise im obigen Sinne erheblich ist oder nicht, als Richtlinie für die Legitimität der einzelfallorientiert zu konkretisierenden Norminhalte und die Universalisierbarkeit von Erwartungen wäre das diskurstheoretische Modell des Perspektivenwechsels bzw. der Perspektivenübernahme heranzuziehen. Verhaltensweisen, die zwar Achtungsansprüche verletzen, aber nicht allgemein konsentierbar als nicht nur unerhebliche Gefährdung der individuellen Entfaltungsmöglichkeiten anerkannt werden (beispielsweise kann der rechtswissenschaftliche Diskurs Anhaltspunkte vermitteln, in welchen Fällen einer Beleidigungsstrafbarkeit "vernünftige Meinungsverschiedenheiten" entgegenstehen), lassen sich jedenfalls aus dem Kreis der strafrechtlich relevanten Mißachtungen i.S.d. § 185 ausscheiden.

1.2 Kundgabe der Mißachtung und Tatbestandsausschluß

Die Tatbestandsvoraussetzungen des § 185 sind mit obiger Definition noch nicht umfassend umschrieben. Erforderlich ist stets, daß die Mißachtung im obigen Sinne einem anderen gegenüber kundgegeben wurde. Das bedeutet, daß die Mißachtung dem Beleidigten oder einem Dritten mit Willen des Äußernden zur Kenntnis gelangt sein muß; geäußert werden kann die Gedankenerklärung des Täters verbal, schriftlich, bildlich, symbolisch, konkludent oder durch Tätlichkeit (§ 185 Alt. 2). Die Beleidigung kann auch in einem Unterlassen bestehen[28] oder "mittelbar" erfolgen[29]. Erforderlich ist zudem, daß erkennbar ist, auf wen sich die Äußerung bezieht, jedenfalls muß die beleidigte Person im Wege der Auslegung individualisierbar sein. Unerheblich bleibt, ob der Urheber der Äußerung ersichtlich ist.

---

[27] Teubner, Standards, S. 79 ff., 118 u. passim, sprach sich Anfang der siebziger Jahre für eine Ermittlung der Inhalte privatrechtlicher Generalklauseln anhand der Methoden der empirischen Sozialforschung aus. Die grundsätzlichen Bedenken gegen "Auftragsforschung" und die damit verbundenen Gefahren der Verzerrung und Manipulation hat dagegen Jäger, KrimJ 1980, 230, prägnant zusammengefaßt.

[28] Vgl. nur Hirsch, Ehre, S. 238 ff.; SK-Rudolphi, § 185, Rn. 16; Küpper, JA 1985, 456.

[29] Vgl. Wessels, BT-1, Rn. 467 f.; Haft, BT, S. 60: "Hurensohn" beleidigt unmittelbar den Sohn und mittelbar die Mutter.

Bei Tagebuchaufzeichnungen, Selbstgesprächen und Briefen, die noch nicht aus der Hand gegeben wurden, liegt keine Kundgabe vor[30].

Streitig ist, inwieweit ehrenrührige Äußerungen im engsten Kreis als kundgegeben zu bewerten sind. Einigkeit besteht im Ergebnis, mit unterschiedlichen Begründungen, daß vertrauliche Äußerungen, insbesondere im engsten Familienkreis, nicht als Beleidigung strafbar sind. Unbestritten ist, daß der Mensch Möglichkeiten der zwanglosen Aussprache mit anderen braucht, Möglichkeiten des "Dampfablassens"[31], die frei sind von rechtlichen Pflichtanforderungen, sozialer Kontrolle und Sanktion. Dieses Grundbedürfnis der Selbstentfaltung muß gerade in der Privatsphäre, in der Kommunikation mit nahestehenden Vertrauenspersonen, insbesondere wegen des verfassungsrechtlich garantierten Persönlichkeitsschutzes nach Art. 1 Abs. 1 und 2 Abs. 1 GG (allgemeines Persönlichkeitsrecht) gegenüber dem Schutzinteresse des in seiner Ehre Beeinträchtigten vorrangig sein und somit straffrei bleiben[32]. Der Vertrauensaspekt rechtfertigt es, diesen Intimbereich zwang- und sanktionsloser Kommunikationsmöglichkeiten nicht nur auf den familiären Bereich zu beschränken, nicht zuletzt, weil ein solches Aussprachebedürfnis auch dann gegeben ist, wenn dem Äußernden eine Familie i.S.d. Art. 6 Abs. 1 GG aus welchen Gründen auch immer fehlen sollte. Auch von der höchstrichterlichen Rechtsprechung wird dies anerkannt:

> "Am Schutz der Privatsphäre nimmt auch die vertrauliche Kommunikation teil. ... Nur unter den Bedingungen besonderer Vertraulichkeit ist dem einzelnen ein rückhaltloser Ausdruck seiner Emotionen, die Offenbarung geheimer Wünsche oder Ängste, die freimütige Kundgabe des eigenen Urteils über Verhältnisse und Personen oder eine entlastende Selbstdarstellung möglich. ... Die vertrauliche Kommunikation erschöpft sich aber nicht in solchen auf Selbstentfaltung gerichteten Äußerungen. Äußerungen in der Privatsphäre oder im engsten Familienkreis dienen nicht nur dazu, dem eigenen Empfinden unverstellt Ausdruck zu geben oder einem Unmut befreiend Luft zu machen. Sie können auch auf Familienmitglieder oder andere Vertraute bezogen sein und diesen in einer Persönlichkeitskrise oder Existenzbedrohung Hilfe bieten oder Erleichterung verschaffen und so zur seelischen Stabilisierung oder gesellschaftlichen Integrationsfähigkeit beitragen"[33].

---

30 SK-Rudolphi, § 185, Rn. 5 f.; Schönke/Schröder-Lenckner, § 185, Rn. 8; LK[10]-Herdegen, § 185, Rn. 10 ff.; Wessels, BT-1, Rn. 470 ff.; Krey, BT 1, Rn. 417 ff.; Otto, BT, S. 160; Haft, BT, S. 61 f.; Schendzielorz, Umfang, S. 153 ff.

31 Nicht zuletzt zum Abbau eines Aggressionsstaus, gerade um die Bereitschaft zur Ausführungen (weiterer) Aggressionen zu verhindern, näheres dazu bei Schendzielorz, Umfang, S. 114 ff., 122 f.

32 SK-Rudolphi, Vor § 185, Rn. 18, spricht von einem "letzten Refugium", das dem einzelnen verbleiben müsse. Ganz ähnlich LK[10]-Herdegen, § 185, Rn. 13; Schönke/Schröder-Lenckner, Vor §§ 185 ff., Rn. 9; Welzel, Lb., S. 308; Otto, BT, S. 119; Hellmer, GA 1963, 129.

33 BVerfG NStZ 1994, 403 (404); vgl. auch BVerfGE 57, 170 (178).

"Dabei dürfen einerseits die strafrechtlichen Bestimmungen zum Schutz der Ehre nicht ausgehöhlt werden, andererseits muß auch dem Alleinstehenden ein ausreichender Freiraum geschaffen werden, in dem er die katharsische Funktion von auch drastischen Meinungsäußerungen über (angebliches) Fehlverhalten Dritter nutzen kann"[34].

Enge Freundschaften und Lebensgemeinschaften sind daher ebenfalls dem Vertrauensbereich zuzuordnen, Voraussetzung der Annahme einer beleidigungsfreien Sphäre ist jedoch stets, daß die Äußerung Ausdruck des besonderen Vertrauens der Kommunikanten ist und keine begründete Möglichkeit ihrer Weitergabe über diesen engsten Kreis hinaus besteht. Umstritten ist, ob auch im Verhältnis zu Personen, die zur Verschwiegenheit verpflichtet sind (z.B. gegenüber Ärzten und Rechtsanwälten), ein solcher Freiraum zu bejahen ist[35]. Bewußt unwahre Tatsachenbehauptungen (§ 187) sollen in jedem Fall auch im engsten Kreis nicht als schutzwürdig gelten[36].

Die dogmatischen Begründungen der Straffreiheit in den anerkannten Fallgruppen der beleidigungsfreien Privatsphäre variieren stark. Zum einen wird die Auffassung vertreten, in diesen Fällen sei bereits der Tatbestand der Beleidigung nicht verwirklicht. Teilweise wird dabei argumentiert, es fehle, entsprechend der Situation bei Selbstgesprächen, an der Kundgabe der Aussage[37], teilweise wird die Kundgabe im wörtlichen Sinne als an einen anderen gerichtete, zur Kenntnisnahme durch ihn bestimmte und als solcher gewollte Äußerung zwar eingeräumt, die Tatbestandsmäßigkeit jedoch im Wege der teleologischen Reduktion verneint[38]. Zum anderen wird die Ansicht vertreten, da sich das Vorliegen einer Kundgabe im rechtstechnischen Sinne nicht leugnen lasse, sei Straffreiheit in den Fällen vertraulicher Äußerungen im Wege der Güterabwägung (Rechtfertigungsgrund) zu statuieren[39], eine dritte Auffassung schließlich hält Tatbestandsmäßigkeit, Rechtswidrigkeit und Schuld für gegeben und will "entsprechend § 36" (Abgeordnetenindemnität) einen Strafausschließungsgrund annehmen[40]. Das BVerfG hat in dem oben zitierten Beschluß offengelassen, "ob es sich dabei um einen

---

34 OLG Frankfurt NStZ 1994, 404 (405).

35 Grundsätzlich bejaht wird dies für das Verhältnis Mandant/Rechtsanwalt z.B. von Otto, BT, S. 119, verneint dagegen - sofern nicht eine dem engsten Familienbereich vergleichbare persönliche Beziehung gegeben ist - z.B. von SK-Rudolphi, Vor § 185, Rn. 19 und LK[10]-Herdegen, § 185, Rn. 14, jeweils m.w.N. Nach letztgenannter Auffassung soll in diesen Fällen nur eine Rechtfertigung nach § 193 in Betracht kommen.

36 Vgl. nur Rudolphi, a.a.O.; Herdegen, a.a.O.; Wessels, BT-1, Rn. 477; Hellmer, GA 1963, 138.

37 OLG Oldenburg GA 1954, 284; Krey, BT 1, Rn. 417.

38 SK-Rudolphi, Vor § 185, Rn. 18; Lackner-Kühl, § 185, Rn. 9; Maurach/Schroeder/Maiwald, BT 1, § 24, Rn. 31; Wessels, BT-1, Rn. 472 ff.

39 RGSt 71, 159 (161); LK[10]-Herdegen, § 185, Rn. 14; Otto, Persönlichkeitsschutz, S. 87; ders., BT, S. 119; Schmidhäuser, BT, 5/10; Schendzielorz, Umfang, S. 22, 153 ff., 214.

40 Schönke/Schröder-Lenckner, Vor §§ 185 ff., Rn. 9.

Tatbestandsausschluß oder einen Rechtfertigungsgrund handelt"[41], die Alternative "Strafausschließungsgrund" blieb unerwähnt.

Mit Blick auf die verfassungsrechtlich zu gewährleistenden Freiräume des einzelnen gerade in der Privatsphäre läßt sich die Annahme einer teleologischen Tatbestandsreduktion bei vertraulichen Äußerungen im engsten Kreis (Familie, enge Freundschaften, Lebensgemeinschaften und ähnliche Vertrauensbeziehungen) gut vertreten. Die Rechtfertigungsthese läuft auf das gleiche Ergebnis hinaus, nicht jedoch Lenckners Modell des Strafausschließungsgrundes: die Sanktionsfreiheit innerhalb des privilegierungsbedürftigen Lebenskreises als Raum der vertraulichen Aussprache wäre nur unvollständig gewährleistet, bliebe der Äußernde infolge der Bejahung von Rechtswidrigkeit und Schuld zivilrechtlichen Ansprüchen ausgesetzt[42]. Weil der objektive Gehalt der Grundrechte aber auch auf das Privatrecht ausstrahlt[43], kann dieser Lösungsweg nicht sachgerecht sein. Zudem ist zu bedenken, daß die Gründe für die Indemnitätsregelung des § 36 einerseits und die Straffreiheit für vertrauliche Äußerungen im engsten Kreis andererseits grundverschieden sind: bei § 36 geht es nicht um Katharsis oder Dampfablassen als Ausprägung elementarer menschlicher Bedürfnisse im Sinne des allgemeinen Persönlichkeitsrechts, sondern um die Gewährleistung der Möglichkeit zwangloser Erörterung öffentlicher Angelegenheiten in der parlamentarischen Öffentlichkeit sowie um die Gewährleistung freien Abstimmungsverhaltens der nur ihrem Gewissen unterworfenen Abgeordneten (Art. 46, 38 Abs. 1 Satz 2 GG) - "Ist es die Aufgabe des Parlaments, in schöpferischer Diskussion allgemein verbindliche Antworten auf die Fragen von existentieller Bedeutung für Volk, Nation und Staat zu finden, so muß die parlamentarische Redefreiheit geradezu als eine unabdingbare Voraussetzung für *das Funktionieren des Parlaments* und als ein den Abgeordneten zu Recht vor den anderen Staatsbürgern auszeichnendes Privileg erscheinen"[44]. Um die Erwartung bzw. die Erwartbarkeit der *Geheimhaltung* des Abgeordnetenverhaltens geht es gerade nicht. Schon diese grundlegenden Unterschiede sprechen gegen die analoge Anwendbarkeit des § 36 auf die straffreie *Privat*sphäre.

Aufgrund der im dritten Abschnitt dargelegten Position zum Strafzweck der Beleidigung kommt in den Fällen vertraulicher Kommunikation nur ein Tatbestandsausschluß in Betracht. Die Universalisierbarkeit der moralischen Empörung über die Erfahrung von Mißachtung knüpft an das moralische Urteil des verallgemeinerten Dritten über die betreffenden Verhaltensweisen an. Das Wesen vertraulicher Kommunikation besteht nun aber gerade darin, daß die Kommuni-

41 BVerfG NStZ 1994, 403 (404).

42 So auch SK-Rudolphi, Vor § 185, Rn. 18.

43 Vgl. BVerfGE 73, 261 (269).

44 Rinck, JZ 1961, 248 f. (Hervorhebung von mir).

kationsinhalte Außenstehenden gar nicht zur Kenntnis gelangen sollten. Sollte eine Kenntnisnahme Dritter dennoch erfolgt sein, so fehlt es jedenfalls an einer konsentierbaren Berechtigung der Empörung. In den Fällen vertraulicher Kommunikation ist daher auch bei grundsätzlich beleidigenden Gedankenerklärungen eine Strafbarkeit nach § 185 mangels Kundgabe zu verneinen.

1.3 Die Abgrenzung zu den §§ 186, 187

Zu klären bleibt schließlich die Abgrenzung bzw. das Konkurrenzverhältnis des § 185 zu den §§ 186, 187. Insofern bestehen zwischen der hier vertretenen Position und der herkömmlichen Beleidigungsdogmatik keine grundlegenden Unterschiede. § 185 stellt die Kundgabe der Miß- oder Nichtachtung eines anderen in der oben umschriebenen Weise unter Strafe. Als Begehungsformen kommen in Betracht:

1.) die Äußerung eines ehrverletzenden Werturteils gegenüber dem Betroffenen ("Du Lümmel")
2.) die Äußerung eines ehrverletzenden Werturteils gegenüber einem Dritten ("A ist ein Lümmel")
3.) die Äußerung einer ehrverletzenden Tatsachenbehauptung gegenüber dem Betroffenen ("Du hast mir meine Uhr gestohlen")[45].

Die systematische Zuordnung ehrverletzender Tatsachenbehauptungen *gegenüber Dritten* ist abhängig von der Wahrheit bzw. Erweislichkeit der Tatsachen. Bei Wahrheit der Tatsache kommt eine Formalbeleidigung (§§ 185, 192) in Betracht, bei Nichterweislichkeit der Tatsache § 186 (Üble Nachrede) und bei wissentlicher Unwahrheit der Tatsache § 187 (Verleumdung)[46].

Werturteile und Tatsachenbehauptungen lassen sich folgendermaßen unterscheiden: eine *Tatsachenbehauptung* liegt vor, wenn der Gehalt der Äußerung einer objektiven Klärung zugänglich ist und als etwas Geschehenes dem Beweis offensteht; ein *Werturteil* ist anzunehmen, wenn die Äußerung ohne greifbaren Tatsachenkern durch Elemente der Stellungnahme, des Dafürhaltens oder Meinens geprägt ist und die Richtigkeit oder Unrichtigkeit der Behauptung Sache persönlicher Überzeugung ist. Entscheidend ist der subjektive Bezug zwischen dem einzelnen und dem Gegenstand seiner Äußerung[47]. In der Praxis gestaltet sich die Abgrenzung schwierig, weil Äußerungen nahezu regelmäßig tatsächliche *und*

---

[45] Fallgruppen und Beispiele nach Otto, BT, S. 110.

[46] Vgl. nur Haft, BT, S. 58; Maurach/Schroeder/Maiwald, BT 1, § 25, Rn. 1.

[47] BVerfGE 61, 1 (8); BGH NJW-RR 1994, 1246; NJW 1982, 2248; Otto, BT, S. 110; Wessels, BT-1, Rn. 498; Arzt, JuS 1982, 719; Geppert, Jura 1983, 541.

wertende Elemente enthalten. Für die Zuordnung der Äußerung soll nach h.M. maßgeblich sein, welches Element bei objektiver Betrachtung dominiert[48]. Sofern das tatsächliche bzw. das wertende Element nicht deutlich hinter dem anderen zurücktritt, ist wegen der verfassungsrechtlich gewährleisteten Meinungsäußerungsfreiheit im Zweifel der Begriff der Meinung weit auszulegen[49]. Der Tatrichter muß die Gesamtumstände der Aussage hinreichend würdigen, zu berücksichtigen sind insbesondere Alter, Bildungsgrad und Stellung des Täters wie auch des Gemeinten oder des Adressaten, ferner die Beziehung zwischen den Beteiligten, ihr Verhältnis zueinander, Anschauungen und Verkehrston in den betreffenden sozialen Schichten oder engeren Gemeinschaften, Ortsüblichkeit bestimmter Ausdrücke, sowie die örtlichen und zeitlichen Verhältnisse, unter denen die Kundgabe erfolgte. "Auf dem Oktoberfest herrscht ein anderer Umgangston als im Sanatorium"[50]. Die generellen Probleme der Sachverhaltsermittlung und der Auslegung mehrdeutiger Äußerungen werden später näher erörtert[51].

Ob eine Äußerung als Mißachtungskundgabe zu bewerten ist, muß von objektiven Kriterien abhängen, also nicht von der Bewertung durch "Opfer" oder Täter, sondern von ihrem (durch Auslegung zu ermittelnden) objektiven Sinngehalt[52]. Mißverständlich ist in diesem Zusammenhang die Entscheidung BGHSt 8, 325, in der es um die strafrechtliche Bewertung der vom Täter als Mißachtungskundgabe bezweckten Aussage ging, der damalige SPD-Vorsitzende Ollenhauer sei ein Jude. Nach dem BGH soll diese Äußerung zwar keine ehrenrührige Tatsachenbehauptung i.S.d. § 186 darstellen, wohl aber grundsätzlich als Beleidigung i.S.d. § 185 in Betracht kommen. Maßgebend für § 185 sei der erkennbare subjektive (!) Sinn, den der Täter der Äußerung beilegt, und, wie Jescheck zustimmend anmerkt, "wenn jemand fanatisch und unbelehrbar genug ist, kann der Hinweis auf die angebliche Zugehörigkeit zur jüdischen Rasse immer noch Mißachtungssinn haben"[53]. Dieser Einschätzung ist zu widersprechen. Art. 3 Abs. 3 GG gibt eindeutig vor, daß Abstammung, Rasse, Herkunft, Glauben, religiöse oder politische Anschauungen nicht Gegenstand der Bevorzugung oder Benachteiligung bestimmter Menschen sein dürfen, daraus folgt, daß diese Kriterien auch nicht geeignet sind, negative Eigenschaften einer Person zu begründen. Der verfassungsrechtliche Gleichheitsgrundsatz verlangt, daß an die in Art. 3 Abs. 3 GG angeführten Merkmale anknüpfende Werturteile objektiv nicht als negativ gelten

---

48 Vgl. nur BGHSt 6, 159 (162); Geppert, Jura 1983, 541 f.; Otto, BT, S. 110 f.

49 Vgl. BVerfGE 61, 1 (9); 90, 241 (253); näheres dazu unten, S. 286 ff.

50 Maurach/Schroeder/Maiwald, BT 1, § 25, Rn. 6.

51 Siehe unten, S. 277 ff.

52 Vgl. BGHSt 16, 49 (52); OLG Bamberg NStZ 1994, 406; SK-Rudolphi, § 185, Rn. 7; Schönke/Schröder-Lenckner, § 185, Rn. 8; LK[10]-Herdegen, § 185, Rn. 17; Hirsch, Ehre, S. 86, Fn. 97; Tenckhoff, JuS 1988, 790.

53 Jescheck, GA 1958, 11.

dürfen, sondern als wertneutral zu verstehen sind. Die Behauptung, jemand sei "Jude", ist für sich betrachtet, wie Hirsch zu Recht feststellt, "selbstverständlich nicht ehrenrührig, ebensowenig wie die, daß jemand Protestant, Sachse, Bayer oder Preuße sei"[54]. Beleidigungsrelevant kann eine solche Äußerung erst werden, wenn ihr der Erklärungsgehalt beigemessen werden kann, der Betroffene sei gerade wegen der Eigenschaft als "Jude" ein minderwertiger Mensch. Ein solcher Aussagegehalt läßt sich dem dieser BGH-Entscheidung zugrundeliegenden Sachverhalt jedoch nicht entnehmen[55]. Die Sichtweise der Rechtsprechung beinhaltet die Gefahr, "daß das Wort `Jude´ wieder dem Katalog der Beschimpfungen eingeordnet wird, soweit es nur jemand mit erkennbar antisemitischer Zuspitzung verwendet". Dadurch käme man "leicht in die Lage, daß man das, was auf der einen Seite bekämpft wird", nämlich den Antisemitismus, "auf der anderen Seite durch Bejahung der Ehrenrührigkeit *kultiviert*"[56]. Auch Tenckhoff führt aus, der BGH habe "letztlich dem Opfer, vor allem aber auch der jüdischen Rasse, Steine statt Brot gegeben, weil der Anschein erweckt wird, jüdischer Abstammung zu sein sei etwas Minderwertiges" - die Bezeichnung "Jude" eigne sich objektiv nicht als Schimpfwort, "selbst wenn die Äußerung von Haß oder Verachtung diktiert sein sollte"[57]. Daß der im Wege der Auslegung zu ermittelnde Erklärungsgehalt der Äußerung also *objektiv* ehrenrührig sein muß, verlangt schon die allgemeine Strafrechtsdogmatik. Der objektive Tatbestand eines Delikts kann nur erfüllt sein, wenn die objektiven Strafbarkeitsvoraussetzungen gegeben sind. Wenn aber die diffamierend gemeinte Bezeichnung eines anderen in objektiver Hinsicht keine Beleidigung darstellt, käme allenfalls eine Versuchsstrafbarkeit in Betracht, die bei § 185 hingegen nicht möglich ist; zudem wäre der Versuch untauglich. Es muß folglich entgegen der Auffassung des BGH dabei bleiben, daß der seitens des Täters einer Äußerung beigelegte subjektive Sinngehalt bei objektiv nicht vorhandener Ehrrelevanz eine Strafbarkeit nach § 185 nicht begründen kann.

1.4 Vorsatz

Hinsichtlich der subjektiven Tatseite des § 185 ergeben sich nach dem hier vertretenen Konzept keine Abweichungen gegenüber der herrschenden Dogmatik. Der subjektive Tatbestand des § 185 läßt bedingten Vorsatz bezüglich der objektiven Tatumstände genügen, eine besondere Beleidigungs- bzw. Kränkungs*absicht* ist nicht erforderlich[58]. Der Täter muß gewußt haben, einem anderen

---

[54] Hirsch, Ehre, S. 86, Fn. 97.

[55] Die Veröffentlichung der Urteilsgründe enthält so gut wie gar keine Abgaben zum konkreten Sachverhalt.

[56] Hirsch, a.a.O.

[57] Tenckhoff, JuS 1988, 620, 790; ähnlich Arzt, JuS 1982, 727.

[58] Vgl. nur SK-Rudolphi, § 185, Rn. 20; Schönke/Schröder-Lenckner, § 185, Rn. 14; LK[10]-Herdegen, § 185, Rn. 39.

gegenüber eine objektiv ehrenrührige Äußerung kundzugeben, die geeignet ist, ehrverletzend zu wirken, und er muß dies zumindest im Sinne des dolus eventualis gewollt haben[59].

1.5 Zusammenfassung

Die Verwirklichung des Tatbestands des § 185 erfordert *einen rechtswidrigen Angriff auf das diskurstheoretisch begründbare objektive Interesse der Person an der Achtung der Menschenwürde oder an der Achtung des individuellen Eigenwerts durch vorsätzliche Kundgabe der Mißachtung, Nichtachtung oder Geringschätzung eines anderen, der geeignet ist, die Möglichkeiten der freien Persönlichkeitsentfaltung eines Menschen nicht nur unerheblich zu beeinträchtigen.* Erfolgen kann ein solcher Angriff *gegenüber dem Betroffenen oder Dritten durch negative Werturteile bzw. gegenüber dem Betroffenen durch negative Tatsachenbehauptungen.* Wahre negative Tatsachenbehauptungen können nach der Form der Äußerung oder den Umständen, unter denen sie geschah, als Formalbeleidigung (§§ 185, 192) strafbar sein, gegenüber Dritten geäußerte ehrverletzende Tatsachenbehauptungen werden von § 186 (bei Nichterweislichkeit der Tatsache) bzw. § 187 (bei wissentlicher Unwahrheit der Tatsache) erfaßt.

2 Passive Beleidigungsfähigkeit / Rechtsgutträger

Eine der zentralen Streitfragen der Beleidigungsdogmatik bleibt das Problem der passiven Beleidigungsfähigkeit, die Frage, wer überhaupt Rechtsgutträger sein und somit beleidigt werden kann.

2.1 Natürliche Personen

Passiv beleidigungsfähig sind grundsätzlich alle natürlichen Personen, also alle lebenden Menschen[60], auch Kinder[61], Geisteskranke[62] und Personen, denen gem.

---

[59] Zur Abgrenzung des dolus eventualis von der bewußten Fahrlässigkeit vgl. Roxin, AT, § 12, Rn. 21 ff.; grundsätzliche Bedenken gegen die ganz allgemein vorgenommene Trennung von "Wissen" und "Wollen" und das Konstrukt der "bewußten Fahrlässigkeit" können im Rahmen dieser Arbeit nicht vertieft, müssen aber jedenfalls angesprochen werden. Instruktiv zum Begriff des Vorsatzes auf der Basis der kognitiven Handlungstheorie: Kargl, Vorsatz, S. 61 ff. u. passim: "Bewußte Fahrlässigkeit kann es ... unter normalpsychologischen Voraussetzungen nicht geben. Sie ist ein pathologisches Phänomen. ... Die Differenz, die auf die virtuelle Spaltung von Verstand und Gefühl abhebt, ist philosophisch, kognitionspsychologisch und affektlogisch überholt. Wissen ist Willen, und Wollen ist Wissen" (a.a.O., S. 67 ff.).

[60] Hinsichtlich Verstorbener kommt ausschließlich § 189 in Betracht, zum Streitstand über

§§ 45 ff. durch richterliches Urteil bestimmte staatsbürgerliche Rechte abgesprochen wurden[63].

Eine Ausnahme muß für Beleidigungen gelten, die "unter vier Augen" gegenüber Personen geäußert werden, die aus intellektuellen Gründen nicht in der Lage sind, den herabsetzenden Charakter einer Äußerung zu erfassen[64]. Fallgruppen sind etwa Kinder, geistig Zurückgebliebene oder schwer verwirrte Menschen. Anders als etwa Hans-Joachim Hirsch möchte ich dies aber nicht mit einer "Ehrminderung wegen elementarer menschlicher Unzulänglichkeit"[65] begründen, sondern mit den hier vorgetragenen Ergebnissen zu Rechtsgut und Strafzweck der Beleidigung.

Ein schutzwürdiges Interesse an der Achtung der eigenen Person und an respektvoller Behandlung hat uneingeschränkt jeder Mensch. Eine herabsetzende Äußerung, die nur dem Betreffenden zur Kenntnis gelangt, verletzt aber nicht dessen Anerkennungsanspruch, solange er nicht in der Lage ist, den mißachtenden Sinngehalt der textlichen Äußerung vollständig zu erfassen. Er fühlt sich nicht mißachtet und kann schon deshalb nicht über die Äußerung moralisch empört sein.

Dem steht nicht entgegen, daß auch Geisteskranken ein "trotz ihrer Erkrankung noch zukommender Geltungswert"[66] verbleibt und auch die nicht krankheitsbedingt reduzierbare Menschenwürde dieser Menschen "unantastbar" bleiben muß. Über verbale Attacken, deren Sinngehalt der Betreffende nicht vollständig zu erfassen vermag hinausgehende Angriffe auf die Integrität einer Person sind selbstverständlich auch gegenüber Kindern oder Geisteskranken ohne Einschränkungen strafbar. Und auch Beleidigungen gegenüber diesen Menschen sind strafbar, sobald ein Dritter von der fraglichen Äußerung Kenntnis erlangt, da in diesen Fällen ein schutzwürdiges Interesse des Betroffenen zu bejahen ist: sobald die Beleidigung nicht nur "unter vier Augen" kundgegeben wird, kommt es nicht mehr darauf an, ob der Adressat die Äußerung begreift oder nicht, da auch die Lebens-

das Schutzgut dieser Norm vgl. oben S. 16 Anm. 13.

61 Grundsätzlich BGHSt 7, 129 (132); vgl. auch RGSt 10, 372 (373).

62 BGHSt 23, 1 (3 f.); vgl. auch hier bereits RGSt 10, 372 (373).

63 Geppert, Jura 1983, 535.

64 Vgl. Hirsch, Ehre, S. 16, Fn. 7; Tenckhoff, JuS 1988, 202, 789, Fn. 33, m.w.N.

65 Hirsch, Ehre, S. 90, 83: "Voll geltende Person zu sein, heißt mehr als das Vorliegen der sittlichen Integrität. So fehlt namentlich dem Geisteskranken durch die Unfähigkeit zu verantwortlichem Handeln und sonstiger persönlicher Entfaltung ein essentielles Moment der vollen Personqualität. Ebenso haben aber auch der intellektuell Beschränkte, der Zwitter etc. Defekte, die ihre volle Persongeltung verringern". Und: "Ein Zurückbleiben hinter den bei *jedem* Menschen ... vorausgesetzten Mindestintellektuellgrad bedeutet, daß der volle Ehrumfang nicht erreicht ist" (a.a.O., Anm. 92).

66 SK-Rudolphi, Vor § 185, Rn. 6.

und Entwicklungschancen geistig nicht voll entwickelter Menschen Dritten gegenüber durch entsprechende Herabsetzungen nicht weiter beeinträchtigt werden dürfen.

Dagegen kann beispielsweise die Bezeichnung eines Mörders als "Mörder" auch "unter vier Augen" eine Beleidigung sein, jedenfalls der Form und der Umstände nach als Formalbeleidigung (§§ 185, 192) trotz des Wahrheitsbeweises (§ 190). Selbst nach schweren sozialen Verfehlungen muß es einem verurteilten Straftäter prinzipiell möglich sein, sich nach Verbüßung der Strafe wieder in die soziale Gemeinschaft einzugliedern und dort unbeeinträchtigt leben zu können. Das BVerfG hat dies in der "Lebach"-Entscheidung unmißverständlich klargestellt[67]. Günther Jakobs erklärt dies mit der Gefahr einer weiteren "Verschlechterung des Ehrbestands, der aber schon vor der Tat negativ gewesen sein kann"[68].

Nach der hier vertretenen Definition des Rechtsguts der Beleidigung bedarf es dieses Kunstgriffs zu "Ehrbestand" und "Ehrenkonto" nicht. Nicht zuletzt das Resozialisierungs- und Wiedereingliederungsgebot verbietet, dem Betroffenen den ihm zustehenden Anerkennungsanspruch als gleichberechtigtes Mitglied der sozialen Gemeinschaft durch derartige Äußerungen abzusprechen.

Während also - mit Ausnahme der oben genannten Fallgruppen - jede natürliche Person beleidigt werden kann, läßt sich die Frage der passiven Beleidigungsfähigkeit von Kollektiven weniger eindeutig beantworten. Zu unterscheiden sind die Problemkreise einer "Kollektivehre" von Institutionen, Personengesamtheiten bzw. Personenmehrheiten sowie die Beleidigung einzelner Kollektivangehöriger unter einer Kollektivbezeichnung.

2.2 Institutionen

Der Wortlaut des § 194 Abs. 3, 4 legt die Vermutung nahe, daß nicht nur natürliche Personen passiv beleidigungsfähig sein können, sondern darüber hinaus auch die dort enumerativ aufgeführten "Behörden", "sonstigen Stellen, die Aufgaben der öffentlichen Verwaltung wahrnehmen", "Religionsgemeinschaften des öffentlichen Rechts", "Gesetzgebungsorgane des Bundes oder eines Landes" oder "anderen politischen Körperschaften im räumlichen Geltungsbereich" des StGB. Klar ist, daß § 194 Abs. 3, 4 den jeweiligen Behördenleitern Strafantrags- bzw.

67 BVerfGE 35, 202 (235 f.).

68 Jakobs, Aufgabe, S. 639: "Wie die Erhöhung der Schulden einer Person, die kein verfügbares Vermögen mehr besitzt, Vermögensschädigung ist, weil und solange der Weg zu verfügbarem Vermögen verlängert wird, so kann auch der Ehrlose beleidigt werden, weil und solange der Weg zur Ehrenhaftigkeit verlängert wird". Binding, Ehre, S. 16 und Lehrbuch, S. 140, prägte den Begriff eines "Ehrenkontos".

Ermächtigungsrechte einräumt; dies ist soweit unstreitig. Die Rechtsprechung sieht nun in dieser Norm eine verbindliche Regelung der passiven Beleidigungsfähigkeit der dort namentlich bezeichneten Institutionen[69], die ganz überwiegende Meinung im Schrifttum stimmt dieser Auffassung zu, da diese Regelung nur dann einen Sinn mache, wenn die fraglichen Institutionen überhaupt als solche beleidigt werden könnten, also eine verletzbare Kollektivehre besitzen[70].

Auf der Grundlage eines anerkennungstheoretischen Ehrbegriffs ist diese Auffassung in Frage zu stellen. Die Beleidigung als Verletzung des intersubjektiven Anerkennungsverhältnisses einzelner Menschen ist nach Maßgabe des hier ermittelten Anerkennungsbegriffs streng individualbezogen, das Interesse an intersubjektiver Anerkennung ist ein höchstpersönliches Rechtsgut. Der Anspruch auf Anerkennung setzt sich zusammen aus dem allgemeinen personalen Geltungswert, der jedem Menschen zukommt (Menschenwürde) und aus dem sozialen Geltungswert des einzelnen. Nach dem anerkennungstheoretischen Konzept der Ehre schützen die Beleidigungstatbestände das die Selbständigkeit und Selbstverwirklichung des einzelnen in der sozialen Gemeinschaft ermöglichende Anerkennungsverhältnis. Anerkennung ist die notwendige Voraussetzung für die Selbstkonstituierung des Menschen innerhalb der Gemeinschaft, für angstfreien Umgang mit sich selbst und mit anderen, für ungezwungene kommunikative Interaktion und praktische Realisation der individuellen Lebensziele. Die Erfahrung von Mißachtung beeinträchtigt das Selbst- und Weltvertrauen des Betroffenen, der strafrechtliche Schutz gilt folglich der Erhaltung der Möglichkeit einer positiven Selbstbeziehung und der Stabilisierung der schutzbedürftigen Ich-Identität des einzelnen Menschen.

All dies sind Aspekte, die sich auf das Wesen abstrakter Institutionen nicht übertragen lassen. Den in § 194 Abs. 3, 4 genannten "Behörden" etc. fehlt es bereits an der Grundvoraussetzung der Begründung wechselseitiger Anerkennungsverhältnisse, am Menschsein. Die psychischen Komponenten wie Selbstkonstituierung oder Selbstvertrauen lassen sich juristischen Personen ebensowenig zuschreiben wie eine Ich-Identität oder individuelle Lebensziele. Wie sollte etwa das Grundprinzip des Anerkennungsmodells, die Fähigkeit des einzelnen zum Perspektivenwechsel, in jedem anderen zugleich sich selbst anzusehen, auf "Gesetzgebungsorgane des Bundes oder eines Landes" übertragbar sein? Eine potentiell instabile Ich-Identität, die es in sozialisatorischen Interaktionsprozessen erst zu entwickeln und allmählich zu stabilisieren gilt (erinnert sei an die Beispiele von Kaspar Hauser und Wolfskindern sowie an die Hospitalismusgeschädigten,

---

69 RGSt 4, 45; BGHSt 36, 88; ständige Rechtsprechung.

70 Hirsch, Ehre, S. 91 ff.; Geppert, Jura 1983, 536; Maiwald, JR 1989, 486; Giehring, StV 1992, 195; Maurach/Schroeder/Maiwald, BT 1, § 24, Rn. 14; Ignor, Beleidigung, S. 70; vorsichtig Arzt, JuS 1982, 719.

als anschauliche Belege für Entwicklungsstörungen infolge fehlender zwischenmenschlicher Anerkennungsprozesse), ist ein Attribut, das begriffslogisch nur natürlichen Personen, also nur einzelnen Menschen, zukommen kann, nicht aber abstrakten überpersönlichen Gebilden. Eine derartige Abstraktionsleistung ist ohne gedankliche Widersprüche kaum zu vollziehen.

Auch auf der Grundlage anderer Ehrbegriffe wurde schon früher die Auffassung vertreten, daß nur der Einzelmensch Objekt der Beleidigung sein könne[71]. Das Reichsgericht stellte in einer frühen Entscheidung fest, daß "die Ehre ein Attribut der menschlichen Persönlichkeit und daher eine Ehrenkränkung nur in Bezug auf Personen denkbar" sei[72]. Binding nannte eine Kollektivehre von Familien, Ständen, Versammlungen, juristischen Personen, Firmen oder Behörden schlicht "ein Unding" - "sie entbehren des Menschenwertes, und der Mann soll noch gefunden werden, der etwa durch ein animalisches Schimpfwort eine Stiftung beleidigen könnte"[73]. Daß das, was geeignet ist, den einzelnen Menschen zu beleidigen, schon sprachlogisch nicht ohne Sinnverzerrung auf Institutionen übertragbar ist, verdeutlicht Binding anhand des Beispiels "Der Reichstag ist ein Esel!"[74]. Dieselbe Äußerung, die einen einzelnen kränken kann, wirkt auf Institutionen bezogen nur noch komisch. Beleidigungen von Institutionen wären folglich nach anderen Maßstäben zu bemessen als Beleidigungen einzelner Individuen.

Damit ist die Frage aufgeworfen, ob dies mit dem Bestimmtheitsgrundsatz noch vereinbar ist. Bereits hinsichtlich der Individualehre ist § 185 wie gezeigt gewichtigen Bedenken ausgesetzt, was die Vereinbarkeit mit Art. 103 Abs. 2 GG betrifft. Daß die Beleidigungstatbestände, wie vom BVerfG gefordert, in langdauernder gleichmäßiger Übung mit festen Konturen versehen worden seien, läßt sich bezüglich der Individualbeleidigung gerade noch vertreten. Die Grundlage dessen bildet allerdings ein Ehrbegriff, der sowohl nach dem hier vertretenen Konzept wie auch nach den anderen im 1. Abschnitt vorgestellten Theorien an den einzelnen Menschen als Person anknüpft. Eine eigene Ehre von Institutionen unabhängig von der Betroffenheit der einzelnen Mitglieder anzuerkennen würde bedeuten, dem § 185 zwei grundverschiedene Ehrbegriffe zugrundelegen zu müssen. Selbst Arthur Kaufmann, der sogar die Anerkennung einer "Familienehre" fordert, räumt ein, daß die sog. Gemeinschaftsehre - für die "Institutionenehre" kann nichts anderes gelten - "gewiß nicht dasselbe wie die Ehre des einzelnen Menschen" ist[75]. Dennoch eine Institutionenehre anzuerkennen hieße, den

71 RGSt 4, 75 (76); KG JW 1930, 1098; Bruhns, GS 27 (1875), 495; Binding, Lehrbuch, S. 140.

72 RGSt 3, 246 (247).

73 Binding, Lehrbuch, S. 140.

74 Binding, a.a.O., S. 141, Fn. 1.

75 Arthur Kaufmann, ZStW 72 (1960), 440.

ohnehin bedenklich unbestimmten Tatbestand des § 185 durch zwei gewissermaßen parallel anwendbare grundverschiedene Ehrbegriffe endgültig überzustrapazieren. Von "festen Konturen" kann dann keine Rede mehr sein. Das Bestimmtheitsgebot bleibt nur dann gewahrt, wenn § 185 ein einheitliches Rechtsgut zugrundegelegt wird; nach der hier vertretenen Auffassung ist das der rein individualbezogene Ehrbegriff. Beleidigungsfähig sind demnach nur einzelne Personen, nicht aber Institutionen. Der strikte Individualbezug des auf das intersubjektive Anerkennungsverhältnis bezogenen Ehrbegriffs schließt eine Kollektivehre der in § 194 Abs. 3, 4 angeführten Institutionen aus. Der Wortlaut des § 194 steht diesem Ergebnis nicht entgegen.

Die von der herrschenden Meinung wie selbstverständlich aus § 194 Abs. 3, 4 hergeleitete Annahme, durch diese Norm habe der Gesetzgeber die Beleidigungsfähigkeit von Verbänden positivrechtlich anerkannt, ist bei näherer Betrachtung keineswegs zwingend. Grundvoraussetzung aller Beleidigungsfähigkeit ist zunächst das Vorhandensein einer Ehre im Rechtssinne, eine solche kann nach dem hier vertretenen Konzept nur Einzelpersonen zukommen. Eine Strafbarkeit der Beleidigung von Institutionen würde eine dem Bestimmtheitsgrundsatz entsprechende hinreichend deutlich formulierte Strafvorschrift voraussetzen, eine solche ist jedoch nicht gegeben: die auf individuelle Anerkennung bezogenen §§ 185 ff. scheiden aus den bekannten Gründen aus. § 194 Abs. 3, 4 selbst als strafbegründende Norm zu betrachten, scheitert daran, daß die Formulierung "ist die Beleidigung gegen ... begangen" ihrerseits eine tatbestandsmäßige Beleidigung voraussetzt. Im Zweifel ist davon auszugehen, daß "Beleidigung" bzw. "die Tat" in § 194 Abs. 3, 4 dasselbe meint wie in § 185, nämlich einen Angriff auf die Ehre - rein individualbezogen. Arthur Kaufmann stellt zutreffend fest, daß "der Gesetzgeber eine nicht vorhandene Ehre nicht einfach dekretieren" könne[76]. Als weiteres Argument für die h.M. wird neben § 194 des öfteren auch auf die Regelung der Privatklagebefugnis gem. § 374 Abs. 3 StPO verwiesen[77]. Doch auch dieser Hinweis ist kein zwingendes Argument für die Annahme einer Kollektivehre, da diese Norm alleine die Prozeßfähigkeit im Privatklageverfahren regelt. Hinsichtlich der Verletzungsfähigkeit ist das Strafverfahrensrecht an die materiellrechtlichen Regelungen des StGB gebunden, die StPO kann eine verletzbare Kollektivehre nicht konstituieren. Eine positivrechtliche Rechtsgrundlage für die passive Beleidigungsfähigkeit von Institutionen ist somit entgegen der h.M. nicht gegeben.

Zuzugeben bleibt, daß das hier vertretene Ergebnis im Schrifttum nur vereinzelt Zustimmung findet[78]. Genaugenommen wäre jedoch m.E. diese Schlußfolgerung

---

[76] Arthur Kaufmann, ZStW 72 (1960), 428.

[77] Hurwicz, ZStW 31 (1911), 880; Dohna, ZStW 57 (1938), 880; Frank, Strafgesetzbuch, Vorbem. II 4 vor § 185.

[78] Grünwald, KritJ 1979, 295; Fischer, JZ 1990, 68 ff.; ähnlich auch Hassemer, KritJ

auch von den Vertretern des sog. "normativen" Ehrbegriffs zu ziehen: Hirsch beispielsweise definiert Ehre als einen "Aspekt der Personwürde. Jeder Mensch ist in ihrem Vollbesitz, es sei denn, daß sie durch einen sittlichen Mangel oder wegen elementarer menschlicher Unzulänglichkeit gemindert ist"[79]. Jeder *Mensch*! - Institutionen sind keine mit Personenwürde ausgestatteten Menschen. Die Konsequenz, eine "Institutionenehre" zu verneinen, wäre naheliegend.

Die Gegenansicht stellt jedoch auf die für die juristische Person handelnden Menschen und den zivilrechtlichen Schutz juristischer Personen ab[80]. Bei letzterem geht es indes, worauf auch Herdegen hinweist, primär um "eine Erscheinung anderer Art", nämlich um den funktionellen Zusammenhang von "(geschäftlichem) Ansehen, (Firmen-)Ruf, lautere[m] Wettbewerb, Abwehr von Diskreditierung"[81]. Wenn es aber um strafrechtlichen Ehrenschutz der hinter einer juristischen Person stehenden Menschen geht, ist dem entgegenzuhalten, daß ein solcher auch nach den Regeln der Beleidigung unter einer Kollektivbezeichnung gewährleistet werden kann[82]. Damit läßt sich strafrechtlicher Schutz der hinter einer juristischen Person stehenden einzelnen Mitarbeiter, Mitglieder etc. regelmäßig realisieren, sofern nur der erforderliche Individualbezug noch erkennbar ist.

Das eigentliche Problem der Auslegung des § 194 Abs. 3, 4 liegt auf einer anderen Ebene: die dort aufgeführten Institutionen sind durchweg solche des öffentlichen Rechts, es geht also um den Schutz staatlicher Einrichtungen. Wird mithin abstrakt auf einen "Ehrenschutz" staatlicher Einrichtungen abgestellt, liegt der Verdacht nahe, daß es gar nicht mehr um schutzwürdige Interessen einzelner Menschen gehen soll; konkret hieße das, den §§ 185 ff. einen autoritäts- und staatsschützenden Charakter zuzuschreiben[83]. In einer Entscheidung zu den §§ 196, 197 a.F.[84] sah auch der BGH das Problem, ob diese Normen auf "Ehrverletzungen im üblichen Sinne oder nicht vielmehr Autoritätsverletzungen" ausgerichtet seien[85]. Den Unterschied zwischen "Autorität" und "Ehre" hat bereits Binding herausgestellt: "Gewiß besitzen jene [Institutionen] einen Anspruch auf

1990, 365; Brackert, JA 1991, 193; Prittwitz, Soldaten, S. 97.

79 Hirsch, Ehre, S. 90.

80 Vgl. die Nachweise bei Hirsch, Ehre, S. 91 ff.

81 LK[10]-Herdegen, Vor § 185, Rn. 19.

82 Siehe dazu unten, S. 265 ff.

83 Dies klingt bereits an bei Bruhns, GS 27 (1875), 494, Liepmann, Beleidigung, S. 356 und Binding, Lehrbuch, S. 140 f. Ähnlich Lackner, in: Niederschriften, Bd. 9, S. 90.

84 § 194 Abs. 3, 4 entspricht dem Kerngehalt dieser Normen, vgl. Art. 20 Nr. 82 f. EGStGB v. 2.3.1974, BGBl. I, S. 469.

85 BGHSt 6, 186 (187). Das Gericht hat in der Regelung der §§ 196 f. a. F. nur einen "Hinweis" auf den Willen des historischen Gesetzgebers gesehen. Zur Abgrenzung der Begriffe Ehre, Ansehen und Autorität unter Bezugnahme auf den E 1960 vgl. auch Arthur Kaufmann, ZStW 72 (1960), 428, m.w.N. in Fn. 51.

Respektirung ihrer Stellung und Autorität: aber er fließt nicht aus der Ehre, sondern aus ihrer Stellung. Gewiß sollte die Mißachtung dieser Achtungsansprüche strafbar sein, nur nicht als Beleidigung!"[86]. Wie gezeigt dienen die §§ 185 ff. dem Schutz individueller Anerkennungsansprüche, die an konkrete Menschen gebunden sind. Dieser Ansicht war im Ergebnis wohl schon der historische Gesetzgeber des PrStGB von 1851, indem er die entsprechenden Delikte ebenso wie die Majestätsbeleidigung als Vergehen wider die öffentliche Ordnung (§§ 101, 102 PrStGB) systematisch von Angriffen auf die persönliche Ehre (§ 152 ff. PrStGB) eindeutig trennte[87]. Die Trennung von Individual- und Staatsehre findet sich noch früher bereits im Preußischen Allgemeinen Landrecht (ALR II 20 § 564) und im Bayerischen StGB von 1813[88].

Im heutigen StGB wird staatliche Autorität in anderen systematischen Zusammenhängen geschützt: zum einen durch die auch überindividuelle Rechtsgüter schützenden §§ 146 ff., 153 ff., 257 f., zum anderen durch die "Staatsschutzdelikte" im weiteren Sinne (insbesondere §§ 86, 86a, 90, 90a, 90b, 109d)[89]. Autorität und Ehre sind streng zu unterscheiden. Für Grünwald liegt es nahe, "aus der Gegenüberstellung von 'allgemeinen Gesetzen' und Recht der *persönlichen* Ehre in Art. 5 GG zu schließen, daß es einen Ehrenschutz für den Staat oder für Institutionen nicht geben darf"[90]. Etwas vorsichtiger, aber im Ergebnis ähnlich, bezweifelt auch Laufhütte in anderem Zusammenhang, "ob ein reiner 'Ehrenschutztatbestand' zugunsten des Staates vor der Verfassung - insbesondere Art. 5 Abs. 1 GG - Bestand haben könnte und sich abgesehen hiervon im Hinblick auf ein 'säkularisiertes' Staatsverständnis überhaupt noch rechtfertigen ließe"[91]. Maihofer lehnt einen solchen "vorverlegten Staatsschutz" aus verfassungsrechtlichen Gründen ausdrücklich ab[92].

Für die anhand des Rechtsgutes der Beleidigungstatbestände nachgewiesene Unvereinbarkeit der §§ 185 ff. mit überindividuellen Staatsschutzzwecken sprechen des weiteren die von Fischer nachgewiesenen Ungereimtheiten hinsichtlich der jeweiligen Strafrahmen der Beleidigungs- und Staatsschutzdelikte, wollte man gegen staatliche Institutionen, die verfassungsmäßige Ordnung oder den Staat als

---

86 Binding, Lehrbuch, S. 141.

87 Dazu Liepmann, Beleidigung, S. 355.

88 Näheres bei Fischer, JZ 1990, 68.

89 Vgl. Arzt/Weber, LH 5, Rn. 8; Fischer JZ 1990, 71.

90 Grünwald, KritJ 1979, 295.

91 LK[11]-Laufhütte, § 90 a, Rn. 1.

92 Maihofer, Staatsschutz, S. 186 ff., forderte schon 1969 die Streichung der §§ 89 - 90b. Ein anderes Argument gegen die Staatsschutzdelikte führt Lüderssen, Abschaffen, S. 67, an: "Taten, auf die mit der Forderung nach Schadensausgleich zu reagieren kaum in Betracht kommen kann, sind nicht selten zugleich auch aus fragwürdigem Grund strafbar; das gilt etwa für die 'Verhöhnung von staatlichen Symbolen'".

solchen gerichtete Äußerungen unter beide Normgruppen subsumieren: das Ergebnis wäre höchst widersprüchlich[93]. Auch Giehring sieht in § 109d eine vorrangige Sonderregelung, die gegen die Anwendbarkeit des § 185 auf die Bundeswehr und ihre Teilstreitkräfte spricht - die engen tatbestandsmäßigen Voraussetzungen des § 109d würden durch den Rückgriff auf § 185 unterlaufen[94]. Zudem ist die Ausgestaltung der Beleidigung als Privatklagedelikt (§ 374 Abs. 1 Nr. 2 StPO) ein gewichtiges Indiz für die hier vertretene Ansicht. Überpersönliche gesellschaftspolitische Bezüge in die Beleidigungstatbestände hineinzulegen ist mit dem Sinn des Privatklageverfahrens, dessen Sozialrelevanz den Bereich von Täter und Opfer typischerweise nicht überschreitet, nur schwer vereinbar[95].

Die Auffassung, die eine Kollektivehre juristischer Personen bejaht, stellt im wesentlichen zum einen auf den Vergleich mit dem zivilrechtlichen Ehrenschutz juristischer Personen ab[96], zum anderen auf die soziale Komponente des Ehrbegriffs: der sittliche Geltungswert als Element des Ehrbegriffs könne auch juristischen Personen zukommen und durch den Vorwurf sozialethischer Pflichtverletzungen beeinträchtigt werden[97]. Dem Vergleich mit dem zivilrechtlichen Schutz von Gemeinschaften und Gesellschaften ist der entscheidende Unterschied zwischen zivilrechtlicher und strafrechtlicher Normsetzung und -anwendung entgegenzuhalten, daß nämlich das Zivilrecht nicht an das strafrechtliche Bestimmtheitsgebot (Art. 103 Abs. 2 GG) gebunden ist.

Zivilrechtliche Regelungen orientieren sich regelmäßig[98] an wirtschaftlichen Schäden, die überindividuelle Personenmehrheiten in der Tat *als solche* unabhängig vom jeweiligen Mitgliederbestand erleiden können; sie reagieren nicht auf die (für den Anerkennungsbegriff maßgeblichen) möglichen psychischen Aspekte von Mißachtung: eingetragene Vereine können ebensowenig wie Handelsgesellschaften in Selbstzweifel verfallen, Beeinträchtigungen ihrer Ich-Identität oder gar einen "psychischen Tod" erleiden. Aus diesem Grund ist eine der Quintessenz des Ehrbegriffs zuwiderlaufende Ausweitung der Beleidigungstatbestände mit dem Bestimmtheitsgrundsatz nicht mehr vereinbar. Die Bejahung einer Kollektivehre von Institutionen setzt voraus, der Individual- und der Kollektivbeleidigung zwei unterschiedliche Ehrbegriffe zugrundezulegen. Wenn schon hinsichtlich der Individualehre der § 185 nur knapp mit dem strafrechtlichen Bestimmtheitsgebot vereinbar ist, würde die Ausdehnung des Normanwendungsbereichs auch auf Institutionen diese Grenze überschreiten. Erforderlich wäre eine eindeutige materiell-

---

93 Fischer, JZ 1990, 71.

94 Giehring, StV 1992, 196.

95 Hassemer, KritJ 1990, 365.

96 Vgl. die Nachweise bei Hirsch, Ehre, S. 91 ff.

97 Hirsch, Ehre, S. 97.

98 Immaterielle Schäden bilden die Ausnahme, § 253 BGB.

rechtliche Regelung der Beleidigungsfähigkeit von Institutionen. § 194 Abs. 3, 4 kann eine solche materiellrechtliche Funktion nicht beigemessen werden - das Strafantragsrecht setzt eine kriminalisierungsfähige Straftat im materiellrechtlichen Sinne logischerweise voraus, umgekehrt ist ein fehlender Strafantrag ein Strafverfolgungs- und Prozeßhindernis, an der grundsätzlichen Strafbarkeit ändert das nichts. § 194 Abs. 3, 4 kann nicht strafbegründend wirken[99]. Dieser Unterschied verbietet zivilrechtlich begründete Analogieschlüsse hinsichtlich strafrechtlicher Normen.

Als weiteres Argument verweist die Gegenansicht auf den "sittlichen Geltungswert"[100] von Gemeinschaften. Auch ohne einen "personalen Geltungswert" zu besitzen, hätten juristische Personen jedenfalls insofern einen sittlichen Geltungswert, wie sie selbst als Pflichtadressaten in Betracht kämen. Die Verletzung dieses sittlichen Geltungswerts könne ebenfalls eine Beleidigung begründen. Nach dem anerkennungstheoretischen Modell wird dieser soziale Aspekt des Ehrbegriffs nicht als sittlicher, sondern als sozialer Geltungswert umschrieben. Als sozialer Geltungswert *des Menschen*. Das Menschsein ist wiederum die Grundvoraussetzung dafür, daß ein sozialer Geltungswert überhaupt konstituiert werden kann. Konsequent weitergedacht zeigt sich dieses Abhängigkeitsverhältnis auch bei dem von Hirsch vertretenen "normativen" Ehrbegriff, der zuerst auf den personalen Geltungswert eines Menschen (!) abstellt. Fehlt es jedoch wie im Falle der juristischen Personen an einem personalen Geltungswert, an der Menschenwürde als "Kern der Ehrenhaftigkeit"[101], kann der soziale bzw. sittliche Geltungswert gar nicht mehr zum Tragen kommen - Staat und staatliche

---

99 Vgl. v. Bar, GS 52 (1896), 198: "Die Frage, ob Beleidigung vorliege, muß unabhängig von der Frage, wer einen Strafantrag stellen könne, beantwortet sein".

100 Hirsch, Ehre, S. 97, terminiert dies so.

101 Vgl. BGHSt 11, 67 (70 f.). Hirsch, Ehre, S. 95, Fn. 7 und S. 100, Fn. 14, stellt auf die verfassungsrechtliche Grundrechtsgeltung für "inländische juristische Personen" gem. Art. 19 Abs. 3 GG ab. Hirsch übersieht aber, daß der zweite Halbsatz dieser Norm die wesensmäßige Anwendbarkeit der Grundrechte auf juristische Personen voraussetzt - das Grundrecht der Menschenwürde ist begriffslogisch nicht auf Kollektivpersonen anwendbar. Im Ergebnis verneint Hirsch zwar die passive Beleidigungsfähigkeit von Personenmehrheiten mit Blick auf Art. 103 Abs. 2 GG, er hält jedoch an der Beleidigungsfähigkeit der in § 194 Abs. 3, 4 genannten Institutionen fest (a.a.O., S. 116). Auch die Bejahung einer Institutionenehre durch Ignor, Beleidigung, S. 69 ff., verkennt dieses Problem, obwohl dessen Abhandlung gerade die Vereinbarkeit des § 185 mit Art. 103 Abs. 2 GG beleuchten will. Die Bejahung der Institutionenehre paßt nicht zu Ignors allgemeinem Ehrbegriff, der auf die legitime Entfaltung des einzelnen [!] und die Anerkennung des einzelnen [!] "als 'Subjekt'" sowie auf "die Anerkennung seines [und das kann in diesem sprachlichen Zusammenhang nur heißen: des *einzelnen*, F.S.] durch legitime Entfaltung erlangten Eigenwerts" abstellt (a.a.O., S. 182) - zumal Ignor den Begriff "Subjekt" ausdrücklich im Sinne von "Subjektqualität" und "Menschenwürde" verstanden wissen will (a.a.O., S. 177 f.). Genau das fehlt nun aber den in § 194 Abs. 3, 4 genannten Institutionen.

Institutionen sind keine mit Würde ausgestatteten Menschen[102]. Nicht nur nach dem anerkennungstheoretischen Ehrbegriff steht der Mensch im Mittelpunkt dieses Rechtsguts. Wo nicht der einzelne Mensch tangiert ist, kann somit nicht die Ehre in diesem Sinne tangiert sein. Auch Helmut Coing stellt klar, daß "sittliches Handeln" stets "höchstpersönlich" ist: "die Gruppe kann als solche nicht sittlich handeln"[103].

Nach alledem ist an dem individualbezogenen Rechtsgut der §§ 185 ff. strikt festzuhalten; die Beleidigungstatbestände sind keine "kleinen Staatsschutzdelikte"[104]. Hirsch selbst hat in anderem Zusammenhang davor gewarnt, die Beleidigung als "Auffangtatbestand" für beleidigungsunspezifische Verhaltensweisen, als "Dirne des Besonderen Teils", zu mißbrauchen[105]. Dabei muß es blieben.

Damit ist allerdings nicht gesagt, daß die Regelungen des § 194 Abs. 3, 4 obsolet wären. Fischer ist zuzustimmen, diese Normen verfahrensrechtlich dahingehend auszulegen, daß im Falle einer Beleidigung der Behördenbediensteten unter einer Sammelbezeichnung der Behördenleiter berechtigt sein soll, neben den Betroffenen selbst den Strafantrag zu stellen[106]. Eine über das Antragsrecht hinausgehende Interpretation des § 194 Abs. 3, 4 als strafbegründende Norm wäre nach alledem systemwidrig.

Als praktische Beispiele zur Verdeutlichung dessen eignen sich die berühmten Soldaten-Mörder-Vergleiche. Nicht, weil dazu noch nicht genug geschrieben worden wäre, sondern vielmehr, weil die Bezeichnung anderer als "Mörder" einer der wenigen Fälle ist, die unabhängig vom jeweiligen Ehrbegriff und der problematischen Frage der tatbestandsmäßigen Grenzen unzweifelhaft als Beleidigung charakterisiert werden können[107] - vorbehaltlich der später zu erörternden Auslegungsproblematik. Und auch deshalb, weil gerade hinsichtlich der Bundeswehr das Bedürfnis nach Schutz der Autorität des Staates besonders pathetisch artikuliert wird. Zum Beispiel, wenn auch in anderem Zusammenhang, von Arnold Gehlen.

---

102 Und lassen sich auch nicht als "Übermenschen" denken (Hold-Fernek, Der Staat als Übermensch, 1926).

103 Coing, Rechtsphilosophie, S. 139.

104 Vgl. Arzt, JuS 1982, 727.

105 Hirsch, Ehre, S. 70: "ein Tatbestand, der sich nur allzu bereitwillig anbietet, wenn sich ein echtes oder vermeintliches Strafbedürfnis sonst nicht befriedigen läßt".

106 Fischer, JZ 1990, 73. Begründet wird dies im übrigen damit, daß die umgangssprachliche Bedeutung der Formulierung "gegen eine Behörde" eher auf "alle Bediensteten" abziele. Bereits RGSt 76, 366 (369) stellte klar, daß der damalige § 196 kein Tatbestandsmerkmal der Beleidigung enthält, sondern nur das Antragsrecht regelt.

107 Vgl. nur Hassemer, KritJ 1990, 361: schlimmer könne man einem Menschen die Ehre nicht abschneiden.

Gehlen beklagt, daß "die Disqualifikation der moralischen Autorität des Staates ... in westlichen Gesellschaften weit fortgeschritten" sei[108], wofür er vornehmlich die Proteste gegen den Vietnamkrieg und die 68er-Studentenbewegung verantwortlich macht[109]. Dagegen: "Ein gutes Symbol bei uns ist der neu eingezogene Soldat, der mit dem Baby auf dem Arm am Kasernentor erscheint. Dieses Symbol beweist, um mit Forsthoff zu sprechen, daß `die Stunde des Staates geschlagen hat´"[110].

Diese Auszüge verstehen sich nicht als Argument für die passive Beleidigungsfähigkeit staatlicher Institutionen, Gehlens Interesse galt anderem; sie sollen hier lediglich verdeutlichen, daß der Ruf nach dem Schutz der Bundeswehr als Institution nicht vom Gedanken des Schutzes des einzelnen Bundeswehrangehörigen geleitet ist - bei Gehlen wird der einzelne Soldat zum bloßen "guten Symbol" -, sondern von der Idee des Schutzes der Autorität des (in diesem Fall: starken) Staates. Mit dem individualschützenden Charakter des § 185 hat das nichts mehr zu tun. Die Bundeswehr als Institution kann daher nach alledem nicht im Sinne des § 185 beleidigt werden. Auf die Frage, ob die Bundeswehr eine Behörde i. S. d. § 194 Abs. 3 Satz 2 darstellt und insofern als solche passiv beleidigungsfähig sei[111], kommt es nach der hier vertretenen Ansicht nicht mehr an: selbst bejahendenfalls sind Behörden als solche nicht beleidigungsfähig.

Der Schutz der Bundeswehr vor verleumderischen Tatsachenbehauptungen ist durch § 109d abschließend geregelt, die "Funktionsfähigkeit" der Bundeswehr bleibt durch § 89 ausreichend geschützt[112]. Zusammengefaßt: Staats- und Institutionenschutz lassen sich mit dem individualschützenden Charakter des § 185 nicht vereinbaren, die in § 194 Abs. 3, 4 genannten Institutionen sind nicht als solche passiv beleidigungsfähig. § 194 ist rein verfahrensrechtlich auszulegen.

2.3 Gemeinschaften

In Rechtsprechung und Literatur wird über die in § 194 Abs. 3, 4 genannten Institutionen hinaus auch bestimmten Personenmehrheiten als solchen eine passiv beleidigungsfähige Kollektivehre zugesprochen. Streitig war zunächst, ob die Aufzählung im heutigen § 194 abschließend oder beispielhaft zu verstehen sei, also ob eine Kollektivehre nur den dort ausdrücklich angeführten juristischen

---

108 Gehlen, Moral, S. 40.

109 Gehlen, a.a.O., z.B. S. 175: "erst die Studenten haben das wieder zerstört".

110 Gehlen, a.a.O., S. 123 f. Zur Staatsidee Forsthoffs siehe oben, S. 155, Anm. 167.

111 Dies bejahen etwa OLG Hamm, NZWehrR 1977, 70, m. zust. Anm. Hennings; Dau, NJW 1988, 2652; Maiwald, JR 1989, 486; Maurach/Schroeder/Maiwald, BT 1, § 24, Rn. 16; Dreher/Tröndle, § 185, Rn. 19; Schönke/Schröder-Lenckner, Vor §§ 185 ff., Rn. 3; ablehnend z.B. Giehring, StV 1985, 36; ders. StV 1992, 195.

112 Vgl. Dau, NJW 1988, 2655, der - bedenklich weitgehend - auch § 90a zu den bundeswehrschützenden Normen zählt.

Personen[113] oder darüber hinaus auch anderen Personengesamtheiten zukommen solle.

Der historische Hintergrund der Ausweitung des Ehrbegriffs auf Personengesamtheiten ist finster[114]. Das Reichsgericht ging ursprünglich noch davon aus, daß "die Ehre ein Attribut der menschlichen Persönlichkeit und daher eine Ehrenkränkung nur in bezug auf Personen denkbar" sei[115]. Das "neue völkische Rechtsdenken"[116] des Nationalsozialismus mit seinem ins Irrsinnige übersteigerten Gemeinschaftsdenken ("Du bist nichts, Dein Volk ist alles") bewirkte zwangsläufig auch einen Wandel der Rechtsprechung. Nach anfänglichem Zögern sprach das RG 1936 auch "Personeneinheiten, die das Recht anerkennt und die mit staatlicher Billigung der Erfüllung öffentlicher Aufgaben zu dienen bestimmt sind", die passive Beleidigungsfähigkeit zu[117]. Dem Zeitgeist entsprechend stellte auch die Lehre auf "volkswichtige Aufgaben" ab[118]. Wie diese Ausweitung der Ehrfähigkeit in der Praxis zu verstehen war, zeigte sich sehr bald. Als passiv beleidigungsfähig galten beispielsweise nicht nur öffentliche Krankenkassen oder der Anwaltsstand, sondern auch Ortsgruppen der "NS-Frauenschaft", der "Stahlhelm"[119] oder die "SA"[120]. Auch die sogenannte "Familienehre" wurde anerkannt[121].

Die Feststellung, daß eine Kollektivehre nicht mit dem individualbezogenen Ehrbegriff identisch sein kann, bestätigt auch Hans Welzel[122]. Die oben vorgetragene Schlußfolgerung, daß demnach die Verletzbarkeit der Kollektivehre einer eindeutig bestimmten materiellrechtlichen Regelungsnorm bedürfe, umgeht Welzel jedoch unter Verweis auf historische Ehrbegriffe und die zur damaligen Zeit (1938) exponierte Stellung der "Gemeinschaft". Die "Leistungen und Taten und

---

113 So Bolze, GA 26 (1878), 4 ff., 14 f.; Liepmann, Beleidigung, S. 354; v. Liszt-Schmidt, S. 508; aus neuerer Zeit z.B. LK[10]-Herdegen, Vor § 185, Rn. 19; SK-Rudolphi, Vor § 185, Rn. 9 m.w.N.

114 1936 konnte der berüchtigte Roland Freisler stolz resümieren, daß "die deutsche Rechtswissenschaft und Rechtspflege ... aus eigener Kraft - von ganz wenigen Ausnahmen und Ansatzpunkten abgesehen - ohne Hilfe des Nationalsozialismus nicht zur Anerkennung einer Gemeinschaftsehre gelangt" sei (Freisler, DJ 1936, 1459).

115 Ständige Rechtsprechung seit RGSt 3, 246 (247); weitere Nachweise bei Arthur Kaufmann, ZStW 72 (1960), 419, Fn. 6.

116 Vgl. Dahm, Ehrenschutz der Gemeinschaft, S. 1, 8; Freisler, DJ 1936, 1458 ff.

117 RGSt 70, 140 (141).

118 Dahm, a.a.O., S. 32; Welzel, ZStW 57 (1938), 43.

119 RGSt 70, 140 (141 f.).

120 Dahm, a.a.O., S. 29 f.; weitere Beispiele bei Krug, Ehre, S. 35, Fn. 13 ff. und Bruns, NJW 1955, 689 f.

121 RGSt 73, 113 (117). Dies war eines der zentralen Anliegen Freislers, vgl. dessen Kritik an der früheren Rechtsprechung des RG in DJ 1936, 1458. "Die Familie ist geradezu das Urbild der Gemeinschaft" (Freisler, a.a.O., 1461).

122 Welzel, ZStW 57 (1938), 40.

überhaupt die ganze geschichtliche Größe und Bedeutung einer Gemeinschaft"[123] sollten als Rechtsgrundlage der Kollektivehre genügen, zudem verwies Welzel auf den "antiken und altgermanischen Ehrbegriff"[124]. Für einen ansonsten so scharfsinnigen Dogmatiker wie Welzel ist diese "Begründung" der Kollektivehre bemerkenswert schwammig. So wie auch Dahm nur lapidar feststellte, daß "für uns ... gerade die Gemeinschaft lebendig und wirklich [ist] ... ; sie ist selbst einer Ehre teilhaftig, ohne die keine Gemeinschaft besteht"[125], sucht man bei Welzel vergeblich nach dem Versuch einer tiefgründigeren dogmatischen Begründung der passiven Beleidigungsfähigkeit von Gemeinschaften. Ebenso nachhaltig wie die Vorstellung, der einzelne definiere sich über seine Gliedstellung in der Gemeinschaft, wurde auch der von Welzel bemühte "altgermanische Ehrbegriff" von der modernen Rechtswissenschaft eindeutig als nach heutigem Verständnis unhaltbar verabschiedet[126]. Der Verzicht auf eine hinreichend bestimmte Rechtsgrundlage der Gemeinschaftsehre war damals nur deshalb möglich, weil zuvor durch das Gesetz vom 28. 6. 1935 das Gesetzlichkeitsprinzip (§ 2 RStGB a. F.) faktisch beseitigt wurde: eine Tat durfte danach nicht mehr nur dann bestraft werden, wenn sie zuvor durch das Gesetz eindeutig für strafbar erklärt wurde, sondern auch, wenn sie "nach dem Grundgedanken eines Strafgesetzes und nach gesundem Volksempfinden Strafe verdient"[127]. Im Zweifel genügte also das "gesunde Volksempfinden" als Rechtsgrundlage einer Strafbarkeit von Gemeinschaftsbeleidigungen. Mit der höchstrichterlichen Anerkennung der "volkswichtigen Aufgaben" von "SA" und "Stahlhelm" wurde ohnehin offenkundig, daß es bei der "Kollektivehre" gar nicht mehr um dogmatische Stringenz ging: die Interessen der neuen Machthaber sollten bedient werden, mehr nicht. Nach der Wiederherstellung des Bestimmtheitsgebotes im demokratischen Rechtsstaat läßt sich eine Kollektivehre von Gemeinschaften nicht mehr mit "geschichtlicher Größe der Gemeinschaft", "gesundem Volksempfinden" oder den "alten Germanen" begründen.

Befreit vom ideologischen Ballast der nationalsozialistischen Ideologie beschränkte der BGH den Ehrenschutz zunächst wieder auf den einzelnen Menschen[128], geriet aber *im Ergebnis* sehr bald zurück auf den vom RG vorgezeichneten Weg. Die neue Rechtsprechung ging sogar noch weiter. Nunmehr sollte es nicht mehr auf die Erfüllung "öffentlicher Aufgaben" ankommen, auch privatrechtliche Wirtschaftsunternehmen wurden als Ehrträger anerkannt[129].

---

123 Welzel, a.a.O., 43 f.

124 Welzel, a.a.O., 40.

125 Dahm, a.a.O., S. 17.

126 Vgl. oben, 1. Abschnitt.

127 Hierzu Roxin, AT, § 4, Rn. 14; § 5, Rn. 15.

128 BGH NJW 1951, 531.

129 Im Fall BGHSt 6, 186 ging es z. B. um eine Verlags-GmbH; vgl. auch BGH NJW 1971, 1655 (Gewerkschaft); OLG Stuttgart NJW 1976, 628 ff. (Handelsgesellschaft);

Unabhängig von der rechtlichen Organisationsform der Personengesamtheit sollte es genügen, daß "die Personengesamtheit eine rechtlich anerkannte gesellschaftliche (auch wirtschaftliche) Aufgabe ('soziale Funktion') erfüllt und einen einheitlichen Willen bilden kann"[130]. Mit "rechtlich anerkannter gesellschaftlicher Aufgabe" ist so etwas wie "Gemeinschaftsnützlichkeit"[131] gemeint, ausscheiden müßten dementsprechend Vereinigungen mit rechtlich mißbilligter Zielsetzung (z. B. Verbrechersyndikate) und Personenmehrheiten mit zwar legalen, aber nicht besonders gemeinschaftsnützlichen Zielen (z. B. Stammtischrunden, Skatvereine etc.)[132]. Stellvertretend für die Gegenansicht hält Herdegen diese Kriterien der Rechtsprechung für "nichtssagend, beliebige Leerformeln", die "die Tatbestandsgrenzen völlig offen lassen"[133].

Eine Grenzziehung wäre in der Praxis tatsächlich schwierig. Besonders weitgehend sind die Forderungen Arthur Kaufmanns, der "allen Gemeinschaften, in denen der Mensch als solcher zur Entfaltung gebracht wird, in denen das Selbst der Personen eingesetzt ist, in denen es nicht nur um diese oder jene Interessen, sondern um die menschliche Existenz selbst geht"[134], eine eigene Kollektivehre zusprechen will. "Es sind ... Gemeinschaften mit *existentiellem* Charakter. ... Worauf es ... ankommt, ist das gegenseitige Aufeinanderangewiesensein, das wechselseitige Füreinanderstehen, das Mitverantwortlichsein des einen für den anderen und das Bewußtsein einer inneren, im Sittlichen und Gesinnungsmäßigen wurzelnden Zusammengehörigkeit ... : ehrfähig sind nur die echten Lebens- und Schicksalsgemeinschaften"[135]. Was nun konkret darunter verstanden werden soll, muß verwundern: nicht nur die Familie als "geradezu der Prototyp der ehrfähigen Gemeinschaft", die Ehe, sondern auch die "echte Dorfgemeinschaft" und "wenigstens grundsätzlich das Volk bzw. die Nation" sollen eine eigene Kollektivehre besitzen[136]. Noch weitläufiger geht es kaum noch. Volk und Nation als

---

BayObLG NStZ 1983, 126 (gemeinnützige Genossenschaft).

130 BGHSt 6, 186 (190 f.). Der BGH war sichtbar auf Distanz zur nationalsozialistischen Gemeinschaftsideologie bedacht, indem er ausführte, der "lebensgemäße, nahezu selbstverständliche Rechtsgedanke" der Gemeinschaftsehre sei "nicht neu und kein nationalsozialistischer Gedanke" (a.a.O., 189 f.). Daß aber die Rechtsprechung erst Mitte der dreißiger Jahre zu der oben geschilderten weitläufigen Anerkennung der "Gemeinschaftsehre" gelangte, ist eine historische Tatsache.

131 Vgl. Geppert, Jura 1983, 537.

132 Vgl. Geppert, a.a.O.

133 LK[10]-Herdegen, Vor § 185, Rn. 19.

134 Arthur Kaufmann, ZStW 72 (1960), 441.

135 Arthur Kaufmann, a.a.O.; ähnlich Scheler, Formalismus, S. 551. Hierzu ist anzumerken, daß Ehrfähigkeit und Schicksalsgemeinschaft grundverschiedene Begriffe sind. Das klassische Lehrbuchbeispiel für eine im Sinne der Unterlassungsdelikte garantenpflichtbegründende Schicksalsgemeinschaft bilden die Gemeinschaften von Bergsteigern; diesen eine Kollektivehre zuzusprechen, wäre absurd.

136 Arthur Kaufmann, a.a.O., S. 441 f. Die Verneinung der Beleidigungsfähigkeit der Fami-

selbständige Ehrträger zu denken, ist, vorsichtig formuliert, im modernen Verfassungsstaat keine gute Idee[137]. Eine Kollektivehre der Familie wird zu recht[138] von Rechtsprechung[139] und herrschender Literaturmeinung[140] verneint, bejaht wird dagegen die passive Beleidigungsfähigkeit etwa von Parteiorganisationen[141], Arbeitgebervereinigungen[142], Banken[143], Handelsgesellschaften[144], religiösen Orden, Ortskrankenkassen oder dem Roten Kreuz[145].

Dieser gefestigten Rechtsprechung wird von der wohl herrschenden Meinung im Schrifttum unter Berufung auf den sozialen Geltungs- und Achtungsanspruch als Element des Ehrbegriffs zugestimmt[146]. Vornehmlich die Vertreter des "normativen" Ehrbegriffs lehnen diesen Schritt als mit dem für die Ehre maßgeblichen personalen Geltungswert unvereinbar ab und wollen es dabei belassen, ausschließlich den in § 194 Abs. 3, 4 explizit erwähnten Institutionen eine Kollektivehre zuzusprechen[147].

---

lie als solcher widerspreche "jedem natürlichen Rechtsempfinden" (a.a.O., S. 420).

137 So sind denn auch die von Kaufmann zitierten Nachweise für diesen Gedanken allesamt älteren Datums, a.a.O., S. 442, Fn. 118. Um aber Mißverständnisse zu vermeiden: Arthur Kaufmann ist selbstverständlich über jeden Verdacht völkischer Denkweise erhaben, die Kritik bezieht sich auf den m. E. realitätsfernen Idealismus dieses Ansatzes.

138 Auch hier zeigt der historische Rückblick, welche Ideologie hinter der Idee der "Familienehre" steht: "Wer die Ehre einer Frau ... antastet, verletzt zugleich die des Ehemannes. Diese Auffassung wurzelt in der deutschen Auffassung der Familie. Der Schimpf, den ein Mitglied erleidet, trifft die Gemeinschaft" (RGSt 70, 94 [97]). Gerade wegen des Gemeinschaftsdenkens war die Familienehre ein besonderes Anliegen nationalsozialistischer Hardliner wie Freisler (DJ 1936, 1458 ff.) oder Dahm (JW 1936, 2498 ff.) - "der Führer [!] ist es gewesen, der diese Erkenntnis in uns hat lebendig und damit bewußt werden lassen" (Freisler, a.a.O., 1460).

139 BGH JZ 1950, 520; BGHSt 6, 186 (192).

140 Vgl. nur Hirsch, Ehre, S. 108 ff. und LK[10]-Herdegen, Vor § 185, Rn. 20, m.w.N. - ebensowenig, wie es eine kollektive Familien*unehre* gebe, könne es eine kollektive Familien*ehre* geben. Jedenfalls fehle es an der Möglichkeit einer einheitlichen Willensbildung. Schon Binding hielt wie gesagt "eine Kollektivehre von Familien, Ständen, Versammlungen, ... [und] Behörden" für ein "Unding" (Lehrbuch, S. 140).

141 OLG Düsseldorf MDR 1979, 692.

142 BGH NJW 1971, 1655.

143 OLG Köln NJW 1979, 1723.

144 BGH NJW 1980, 2807; NJW 1981, 2119.

145 Bruns, NJW 1955, 689 ff.; Schönke/Schröder-Lenckner, Vor §§ 185 ff., Rn. 3, m.w.N.

146 Geppert, Jura 1983, 537; Küpper, JA 1985, 455; Tenckhoff, JuS 1988, 458; Blei, BT, S. 94; Eser, StR III, S. 181; Haft, BT, S. 60; Schönke/Schröder-Lenckner, Vor §§ 185 ff., Rn. 3, m.w.N.; Arzt, JuS 1982, 719, macht die Ehrfähigkeit davon abhängig, daß die Vertretungsmacht nach außen hin, also die Legitimation zur Stellung eines Strafantrags, klar sein müsse.

147 Arthur Kaufmann, ZStW 72 (1960), 438; Hirsch, Ehre, S. 91 ff., 116 f.; Welzel, Lb., S. 306; LK[10]-Herdegen, Vor § 185, Rn. 15; Krug, Ehre, S. 210 ff.; SK-Rudolphi, Vor § 185, Rn. 9; Wagner, JuS 1978, 675 f., 679; Brackert, JA 1991, 192 f. Richtig ist, daß die Kriterien der Willensbildungsfähigkeit und der sozialen Funktion mit der *Ehrfähig-*

Der anerkennungstheoretische Ehrbegriff läßt wie gezeigt schon eine Kollektivehre der in § 194 Abs. 3, 4 genannten Institutionen nicht zu. Für eine über den Wortlaut dieser Norm hinausgehende Ausweitung auf andere Personengesamtheiten kann wegen des strafrechtlichen Bestimmtheitsgebots nichts anderes gelten, auch hier müßten demselben Straftatbestand zwei grundverschiedene Ehrbegriffe parallel zugrundegelegt werden. Beleidigungsfähig können nur einzelne Personen sein, alle Kunstgriffe, eine Kollektivehre von Personengemeinschaften zu konstruieren, verkennen den rein individualbezogenen Charakter des § 185. Emile Durkheims Annahme beispielsweise, daß "die Gesellschaft als eine Person betrachtet werden kann"[148], ist nach heutigem Verständnis unhaltbar[149]. Es muß also dabei bleiben, daß Institutionen und Personenmehrheiten als solche nach dem anerkennungstheoretischen Konzept der Ehre nicht passiv beleidigungsfähig sind.

Auch der BGH hat den Ehrbegriff eigentlich rein personal definiert: "Angriffsobjekt der Beleidigung ist die dem Menschen als Träger geistiger und sittlicher Werte zukommende innere Ehre, außerdem seine darauf beruhende Geltung, sein guter Ruf innerhalb der mitmenschlichen Gesellschaft. Wesentliche Grundlage der inneren Ehre und damit der Kern der Ehrenhaftigkeit des Menschen ist die ihm unverlierbar von Geburt an zuteil gewordene Menschenwürde"[150]. Arthur Kaufmann räumt ebenfalls ein, daß die Gemeinschaft "ontologisch kein Selbst" besitze, ihr Sein vielmehr vom Sein der Individuen abgeleitet sei: "Daher ist auch ihre Ehre nur eine abgeleitete, von der Ehre der Einzelpersonen abhängige Ehre"[151]. Den naheliegenderen Schluß, es dabei zu belassen, auf die Ehre der unter den jeweiligen Gemeinschaftsbegriff subsumierten Einzelpersonen abzustellen, zieht er allerdings wie gesehen nicht. Nicht nur nach dem hier vertretenen Ehrbegriff wäre dies der konsequentere Weg, zumal dies keine Einbußen hinsichtlich des Schutzes der Einzelehren bedeuten muß. Auch hier gilt: daß nicht das Kollektiv als solches beleidigungsfähig ist, heißt nicht, daß die dahinter stehenden Individuen (die einzelnen Mitarbeiter, Mitglieder etc.) schutzlos wären. Als "Beleidigung unter einer Kollektivbezeichnung" können auch auf das Kollektiv bezogene herabsetzende Äußerungen als Beleidigungen tatbestandsmäßig sein, wenn sich ein entsprechender *Individualbezug* feststellen läßt[152].

---

keit nichts zu tun haben (vgl. Kaufmann, a.a.O., S. 424). Hirsch, Ehre, S. 120 ff., 123, fordert jedoch, daß eine strafgesetzliche Neuregelung *allen Kollektivpersonen* eine Kollektivehre einzuräumen habe.

148 Durkheim, Soziologie, S. 87.

149 Vgl. nur Adorno, Durkheim-Einleitung, S. 18.

150 BGHSt 11, 67 (70 f.); vgl. auch BGHSt 1, 288 (289).

151 Arthur Kaufmann, ZStW 72 (1960), 440.

152 Damit ist klar, daß das hier vertretene Konzept nur auf den ersten Blick Einbußen hinsichtlich des praktischen Ehrenschutzes befürchten läßt. Eine Kollektivehre von Personengesamtheiten als solche nach geltendem Recht zu verneinen bietet den Vorteil, zumindest einen Teil der von Kaufmann konstatierten "geradezu beispiellosen Rechtsunsi-

Das gilt auch für die umstrittenen "Soldaten sind (potentielle) Mörder"-Fälle. Weil es keine passiv beleidigungsfähigen Personengemeinschaften als solche geben kann, können auch auf "die Soldaten" bzw. "die Soldaten der Bundeswehr" bezogene (oder im Wege der Sinndeutung beziehbare) herabsetzende Äußerungen nicht das Kollektiv der Soldaten als solches beleidigen. In diesem Zusammenhang übrigens ganz unabhängig von der spitzfindigen Frage, ob der berühmte Autoaufkleber mit dem Tucholsky-Zitat überhaupt die Bundeswehrsoldaten gemeint haben kann, gab es doch zu Tucholskys Lebzeiten noch gar keine Bundeswehr. Beleidigungsfähig ist also nicht die Personengesamtheit aller Soldaten, sondern nur der einzelne, bei entsprechendem Individualbezug der Äußerung.

2.4 Beleidigung einzelner unter einer Kollektivbezeichnung

Der aufgrund des anerkennungstheoretischen Ehrbegriffs erforderliche Individualbezug beleidigender Äußerungen ist bei nicht unmittelbar gegen einzelne Personen gerichteten Herabsetzungen nur dann gewahrt, wenn die fragliche Äußerung zwar direkt gegen einen größeren Personenkreis gerichtet ist, sich aber dahinter ein entsprechender Individualbezug ermitteln läßt. Angegriffen wird also nicht die "Kollektivehre" der Gruppe, sondern die individuelle Ehre einzelner, die zwar vom Täter nicht explizit "beim Namen genannt" werden, sich aber bei objektiver Würdigung der Äußerung individualisieren lassen - der Täter nennt namentlich nur den größeren Personenkreis, dem der einzelne angehört[153].

Beleidigungen einzelner unter einer Kollektivbezeichnung sind in folgenden Konstellationen denkbar: mit der Kollektivbezeichnung können dessen sämtliche Mitglieder gemeint sein, oder nur einzelne Mitglieder, oder (trotz Kollektivbezeichnung) nur eine einzige Person. Diese Form der Kollektivbeleidigung - und nur diese - läßt sich unproblematisch mit dem anerkennungstheoretischen Konzept der Ehre vereinbaren. Praktische Schwierigkeiten ergeben sich lediglich bei der Grenzziehung im Einzelfall, dies ist aber kein ehrbegriffsspezifisches Problem.

Nach der Rechtsprechung ist die Voraussetzung der Beleidigung unter einer Kollektivbezeichnung, daß die betreffende Personenmehrheit "so deutlich aus der Allgemeinheit hervortritt, daß der Kreis der beteiligten Einzelpersonen scharf umgrenzt ist", damit erkennbar wird, welche einzelnen Personen beleidigt sind[154].

cherheit" (a.a.O., S. 418) zu beseitigen.

[153] Vgl. Geppert, Jura 1983, 538. Im Gegensatz zu den vorgenannten Formen der Kollektivbeleidigung ist die Figur der Beleidigung einzelner unter einer Sammelbezeichnung durchweg anerkannt.

[154] Grundlegend BGHSt 2, 38 (39); 11, 207 (208). So auch die h. M. im Schrifttum, vgl. Schönke/Schröder-Lenckner, Vor §§ 185 ff., Rn. 6.; Wagner, JuS 1978, 677; Arzt, JuS

Der angesprochene Personenkreis muß zahlenmäßig überschaubar sein, damit sich die Äußerung nicht in der Masse verliert und sich letztlich niemand mehr als Person angesprochen fühlt[155].

Die Erklärung dafür ist einfach: je größer der angegriffene Personenkreis ist, desto geringer wird der Bezug zum einzelnen Mitglied, die Schutzbedürftigkeit nimmt also proportional ab. Umgekehrt: je kleiner der Personenkreis ist, umso stärker treten die individuellen Merkmale in Erscheinung. Einleuchtend ist, daß ganz allgemeine pauschale Beschimpfung weitester Bevölkerungskreise dem Abgrenzbarkeitskriterium nicht genügen, weil nach dem objektiven Erklärungswert derartiger Pauschalurteile stets zugleich konkludent die individuelle Ausnahme miterklärt wird, so daß eben nicht jeder einzelne in seiner individuellen Ehre verletzt wird[156]: pauschale Angriffe auf "die Protestanten", "die Katholiken", "die Akademiker"[157], "die Polizei"[158] genügen nicht, ebensowenig solche auf "alle Frauen"[159]. Bei ehrenrührigen Äußerungen, die sich unsubstantiiert auf nicht näher abgrenzbare Personenmehrheiten beziehen, fehlt es also am objektiven Einbezogensein ausnahmslos *aller* Kollektivangehörigen[160].

Ergänzend ist auch in diesem Zusammenhang auf die Strafzweckerwägungen abzustellen. Solange sich der einzelne mangels Individualbezugs der Äußerung nicht angesprochen fühlen darf, fehlt es insoweit auch an der allgemeinen

---

1982, 719; Küpper, JA 1985, 455; Maiwald, JR 1989, 485. Umfassende Nachweise bei Androulakis, Sammelbeleidigung, S. 12 ff. und Wehinger, Kollektivbeleidigung, S. 17 ff., 33 ff.

155 Maiwald, JR 1989, 485; Androulakis, Sammelbeleidigung, S. 79 f.: der Personenkreis dürfe nur so groß sein, daß der Täter ihn noch individuell überschauen kann, da er die einzelnen Gruppenmitglieder noch einer persönlichen Beurteilung unterziehen müsse.

156 Vgl. RGSt 33, 46 (47); v. Bar, GS 52 (1896), 196; Binding, Lehrbuch, S. 143; Liepmann, Beleidigung, S. 349; LK[10]-Herdegen, Vor § 185, Rn. 22; SK-Rudolphi, Vor § 185, Rn. 13; Wagner, JuS 1978, 678; Tenckhoff, JuS 1988, 459.

157 BGHSt 11, 207 (209).

158 BGH StV 1982, 222; BayObLG NJW 1989, 1742; NJW 1990, 921; OLG Düsseldorf NJW 1981, 1522. Anderes gilt, wenn erkennbar das Personal eines konkreten Polizeieinsatzes gemeint ist, vgl. den Fall OLG Frankfurt NJW 1977, 1353: "Polizei ermordet jungen Arbeiter in Mannheim. ... Polizei und Justiz wollen mit allen Mitteln die Wahrheit unterdrücken. ... Schluß mit dem Polizeiterror!" - verletzt ist nur die Individualehre jedes an dem bezeichneten Einsatz beteiligten Mannheimer Polizisten verletzt, nicht aber die Ehre *jedes* Mannheimer Polizisten; so auch zutreffend Geppert, Jura 1983, 540, Fn. 65.

159 LG Hamburg NJW 1980, 56: Alice Schwarzer sah in einem "sexistischen" Titelbild des "Stern" eine Verletzung der Ehre "der Frauen". Aus den gleichen Gründen kann auch der radikal-feministische Spruch "Alle Männer sind (potentielle) Vergewaltiger" keine Beleidigung darstellen.

160 Vgl. zuletzt BVerfG EuGRZ 1995, 443 (453) [Tucholsky-Zitat]: Da jedem Adressaten einer solchen Äußerung klar sei, daß nicht alle gemeint sein können, bestimmte Personen aber nicht genannt seien, werde durch eine solche Äußerung niemand beleidigt.

Konsentierbarkeit einer moralischen Empörung - allgemein gehaltene Herabsetzungen ohne Individualbezug sind nicht geeignet, den Kernbereich der Persönlichkeit zu verletzen und die individuellen Entfaltungsmöglichkeiten zu gefährden. Auch deshalb sind im Rahmen der Sammelbeleidigung präzise Abgrenzungskriterien unverzichtbar.

In der Praxis blieb das Abgrenzbarkeitskriterium das zentrale Problem der Rechtsprechung. Die Folge war auch hier zwangsläufig eine nahezu beliebige Uneinheitlichkeit der verschiedenen Entscheidungen. Bejaht wurde beispielsweise eine Sammelbeleidigung bei den Bezeichnungen "die Großgrundbesitzer der Provinz Ostpreußen sind böse Nichtstuer und Henkersknechte der arbeitenden Landbevölkerung"[161], "alle in jenem Vorfall vom 1.11.1910 tätig gewordenen Polizeibeamten sind Knüppelgardisten"[162], aber auch - bedenklich weit - "alle preußischen Richter sind korrupt"[163], "die deutschen Ärzte sind Halsabschneider und Scharlatane"[164]. Ähnlich ausufernd: "die Geistlichen christlicher Konfession"[165], "die deutschen Rechtsanwälte"[166], "die Patentanwälte"[167], "die Spitze der Großbanken"[168]. Angesichts der in diesen Beispielen offensichtlich zutage tretenden Verwässerung des Kriteriums der scharfen Umgrenzbarkeit des angesprochenen Personenkreises spricht Krug von der "Großzügigkeit, mit der das Reichsgericht das objektive Moment der scharfen Umgrenzung einer Gruppe zu bejahen bereit war, die zur Skepsis berechtigt"[169]. Dennoch zeigt er sich zuversichtlich, daß die Rechtsprechung im Einzelfall zu gerechten Ergebnissen zu gelangen verstehe[170].

Eine sachgerechte Grenzziehung stellt dagegen die Verneinung der Beleidigung aller in Moabit tätigen 200 Strafrichter durch die Bezeichnung "Robenknechte in Moabit und Tegel" dar, weil der kollektiv angesprochene Kreis "so groß und hinsichtlich der Individualität seiner Mitglieder so wenig überschaubar" sei, daß "die Beschimpfung sich in der Unbestimmtheit verliert"[171]. Eine Sammelbeleidigung

---

161 RGSt 33, 46 (47).

162 RGSt 45, 138 (139).

163 RGRspr. Bd. 1, 292.

164 RG JW 1932, 3113.

165 RG GA 48 (1901), 121.

166 RG JW 1936, 751.

167 BayObLG NJW 1953, 554.

168 OLG Hamm DB 1980, 1215.

169 Krug, Ehre, S. 29 f. Die "Patentanwälte"- und "Spitze der Großbanken"-Entscheidungen (1953 bzw. 1980) fallen allerdings nicht mehr in den Verantwortungsbereich des Reichsgerichts.

170 Krug, a.a.O., S. 30.

171 KG JR 1978, 422 f.

wurde auch bezüglich der Bezeichnung "alle[r] an der Entnazifizierung aktiv beteiligten Personen" als "völkerrechtliche Verbrecher" verneint[172].

Problematisch ist die Frage, ob "die Juden" als Kollektiv passiv beleidigungsfähig sein können. Der BGH hat dies bejaht: "Die als Juden vom Nationalsozialismus verfolgten Menschen, die jetzt in Deutschland leben, bilden eine Personenmehrheit, die beleidigungsfähig ist"[173]. In späteren Entscheidungen begnügte sich der BGH mit knappen Hinweisen auf diese Grundsatzentscheidung[174]. Das ursprünglich vom Obersten Gerichtshof für die Britische Zone eingeführte Argument der Betroffenheit der deutschen Juden von der nationalsozialistischen Sondergesetzgebung ("Nürnberger Rassengesetze") als Abgrenzungskriterium bezüglich der Überschaubarkeit des Personenkreises[175] wurde später deutlich ausgeweitet: Auch erst nach dem Ende der nationalsozialistischen Herrschaft geborene Juden wurden in den Kreis der von allgemein gehaltenen Judenschmähungen betroffenen Personen einbezogen, weil sie als Juden von den faschistischen Sondergesetzen betroffen gewesen *wären*[176]. Auf diese zivilrechtliche Entscheidung wird regelmäßig auch in strafrechtlichen Judikaten des BGH verwiesen[177].

Ob dies ein geeignetes Abgrenzungskriterium darstellt, muß bezweifelt werden, klingt die Begründung doch arg konstruiert und ergebnisorientiert. Um die Quintessenz der Argumentation zu rekapitulieren: alleine das Verfolgungsschicksal soll die scharfe Umgrenzbarkeit dieser Personengruppe ausmachen; auch wer das Glück hatte, wegen seiner späten Geburt nicht selbst verfolgt gewesen zu sein, wird der Gruppe der Verfolgten dadurch zugeordnet, daß ihm eine Art rückwirkender Verfolgtenstatus nach Maßgabe hypothetischer Betroffenheit von früheren

---

172 BGHSt 2, 38 (39).

173 BGHSt 11, 207 (208).

174 Z.B. in BGHSt 13, 32 (38); 16, 49 (57).

175 OGHSt 2, 291 (312): "Zumindest seit der Sondergesetzgebung des nationalsozialistischen Staates waren nun die deutschen Juden eine unter Sonderrecht stehende und deshalb in jeder Beziehung scharf abgrenzbare Volksgruppe".

176 BGHZ 75, 160 (164 ff.) - Die Sichtweise, jemand sei nicht persönlich betroffen, weil er kein Jude sei und ein Verfolgungsschicksal nicht selbst erlitten habe, sei zu eng: "Unstreitig hat der Kläger zumindest einen jüdischen Großvater. Die Sonderbehandlung, der die Juden allein wegen ihrer Abstammung ausgesetzt waren, erfaßte auch die Enkel von `Volljuden´. ... Durch diese `Sonderbehandlung´ sind die `jüdischen Mischlinge´ mit der Verfolgung und Ermordung im `Dritten Reich´ untrennbar verbunden; zusammen mit ihren `volljüdischen´ Eltern oder Großeltern waren sie einer Volksgruppe zugewiesen, der die Existenzberechtigung abgesprochen wurde. ... [Es] steht dem persönlichen Betroffensein des Klägers nicht entgegen, daß er erst 1950 geboren und daher selbst jener Verfolgung nicht mehr ausgesetzt gewesen ist. ... Der Kreis der Betroffenen beschränkt sich daher nicht auf die Juden, die unter der Verfolgung des Dritten Reiches leben mußten und sie überlebt haben. ... Sie verkörpern diese Vergangenheit, auch wenn sie selbst nicht an ihr teilhaben mußten".

177 Vgl. nur BGHSt 40, 97 (104).

Diskriminierungsgesetzen zugebilligt wird. Das ist schon erstaunlich. Nicht nur das in diesem Zusammenhang einzigartige Abstellen auf hypothetische Kausalverläufe verwundert, sondern vor allem der Widerspruch zu den allgemein anerkannten - auch: eigenen - Maßstäben hinsichtlich des Abgrenzbarkeitskriteriums. Wenn bei 200 Strafrichtern - völlig zu recht - der Individualbezug nicht ausgemacht werden kann, warum dann bei "etwa 30.000 Juden"[178]?

Pauschale Entwürdigungen von Juden können und dürfen nicht hingenommen werden, schon gar nicht in der Form, die der Entscheidung BGHSt 11, 207 zugrundelag: "Wie schön, daß Hitler mit den Juden aufgeräumt hat". Das Problem ist die Vereinbarkeit mit rechtsdogmatischen Grundsätzen, die auch bei noch so dummen oder widerwärtigen Äußerungen nicht geopfert werden sollten. Stereotype Verweise auf frühere Judikate können nicht über die Widersprüchlichkeit der Begründung in derartigen Fallkonstellationen hinwegtäuschen.

In der Literatur überwiegt dann auch die Kritik: Geppert hält die Rechtsprechung zur Sammelbeleidigung der Juden vorsichtig für "nicht unproblematisch"[179]. Sie mag tatsächlich, wie Deutsch sagt, "menschlich, politisch und historisch befriedigend"[180] sein, überschreitet aber die strafrechtliche Grenze zu einem Individualdelikt[181]. Arzt argumentiert ebenfalls, daß von einem überschaubaren Kreis, der sich von der Allgemeinheit deutlich abhebt, keine Rede sein könne[182]. Krug dagegen stimmt der Rechtsprechung insofern zu, als andere Personenmehrheiten "kein vergleichbares Ereignis zu einer aus der Allgemeinheit hervortretenden Einheit verbunden hat"[183]. So notwendig die Bejahung einer Strafbarkeit hier aus menschlichen Gründen, aufgrund des "Rechtsgefühls" oder aufgrund der historischen Verantwortung der Deutschen auch erscheinen mag, strafrechtsdogmatisch bleibt die Argumentation der Rechtsprechung inkonsistent. In der Regel wird sich in Fällen wie dem oben genannten eine Strafbarkeit nach § 130 unproblematisch bejahen lassen, der ja seiner Entstehungsgeschichte nach gerade auf solche gravierenden Haßtiraden mit deutlich überindividuellem Bezug zugeschnitten ist. Eindeutiger als durch die Äußerung, es sei "schön", daß Hitler mit den Juden "aufgeräumt" habe, läßt sich die Menschenwürde von Teilen der Bevölkerung kaum angreifen. Um zu einer Strafbarkeit derartiger Äußerungen zu gelangen, bedarf es somit des Kunstgriffs zum Individualdelikt der Beleidigung gar nicht.

---

[178] So aber BGHSt 11, 207 (208).

[179] Geppert, Jura 1983, 538, Fn. 52.

[180] Deutsch, NJW 1980, 1100.

[181] Geppert, Jura 1983, 539, der § 130 eher für einschlägig hält; in diesem Sinne auch Schönke/Schröder-Lenckner, Vor § 185, Rn. 7.

[182] Arzt, JuS 1982, 719.

[183] Krug, Ehre, S. 31; ähnlich Maurach/Schroeder/Maiwald, BT 1, § 24, Rn. 15.

Eine nähere Betrachtung verdient noch das Argument, das schwere Verfolgungsschicksal habe die Juden zu einer "aus der Allgemeinheit hervortretenden Einheit verbunden". Der Begriff der Einheit impliziert dem Wortsinn nach eine Homogenität der Gruppe, die so nicht gegeben sein kann. Kein Soziologe würde ernsthaft behaupten, daß irgendein Ereignis, auch nicht das schwerste vorstellbare Verfolgungsschicksal, "ca. 30.000" Menschen zu einer "Einheit", einer homogenen Gruppe, verbinden könnte. Das dürfte mit dieser Formulierung aber auch gar nicht gemeint sein. Doch selbst wenn mit "Einheit" nur ein allen Mitgliedern der fraglichen Personenmehrheit gemeinsames Merkmal gemeint wäre, ist Skepsis angebracht. Was haben denn ein KZ-Überlebender und ein vierzig Jahre später geborener Jude konkret gemeinsam? Daß es nicht um Religion oder "Rasse" gehen kann, hat selbst der BGH betont[184]. Bleibt also nur das gemeinsame Verfolgungsschicksal, und auch dieses nach den neueren Judikaten nur noch hypothetisch, indem überhaupt nicht verfolgte Spätgeborene den tatsächlich Verfolgten gleichgestellt werden. Spätestens damit wird die Argumentation unschlüssig. Die einzige reale Gemeinsamkeit besteht dann eben doch nur in der Zugehörigkeit zum jüdischen Glauben, und die ist als Abgrenzungskriterium für die Sammelbeleidigung ebenso untauglich wie eine gemeinsame Zugehörigkeit zur römisch-katholischen Kirche, einem bestimmten Berufsstand oder einer bestimmten Partei.

Es gibt noch weitere Widersprüche: Opfer der systematischen NS-Verfolgungsmaßnahmen waren außer den Juden auch Pazifisten, Gewerkschafter, Sozialdemokraten, Kommunisten, Zigeuner, osteuropäische Zwangsarbeiter etc. Die Konsequenz aber, die heute lebenden Mitglieder dieser Gruppen aufgrund früherer Verfolgungsschicksale als kollektiv beleidigungsfähige "Einheiten" zu qualifizieren, wird aus guten Gründen von niemandem ernsthaft erwogen. Unklar bleibt auch, warum der BGH die Sammelbeleidigungen "der Juden" nur auf "die in Deutschland lebenden Juden" bezieht, nicht aber - die Allgemeinheit der Äußerung legt dies nahe - auf die Juden in Europa, Israel, den USA, schlechthin überall in der Welt.

Über die Gründe der Ungleichbehandlung läßt sich nur spekulieren. Einen interessanten Vergleich stellt Androulakis an, indem er der Rechtsprechung zur Sammelbeleidigung der Juden eine Entscheidung des OLG Hamburg zur Sammelbeleidigung der NPD-Mitglieder gegenüberstellt. Das OLG verneinte das Kriterium der äußerlichen Abgrenzbarkeit der Mitglieder der Gruppe der "Nationaldemokraten" in dem Sinne, daß sich diese Gruppe so deutlich aus der Allgemeinheit abhebe, daß der Kreis der beteiligten Einzelpersonen scharf umgrenzt sei. Erforderlich sei, daß die betroffene Personenmehrheit als "äußerlich erkennbare Einheit in Erscheinung" trete, was deshalb nicht gegeben sei, weil die Zugehörigkeit

---

184 BGHSt 11, 207 (209).

zur NPD kein äußerlich sichtbares Kriterium sei[185]. Das fordert nun zunächst die Feststellung heraus, daß auch die Zugehörigkeit zum jüdischen Glauben oder ein früheres Verfolgungsschicksal nicht "äußerlich sichtbar" sind. Androulakis stellt indes auf die politische Dimension der Entscheidung ab und äußert den Verdacht, daß die ungleiche Beurteilung von Juden einerseits und NPD-Mitgliedern andererseits dadurch beeinflußt sei, daß die Rechtsprechung differenziere, ob die jeweils betroffene Gruppe nach den herrschenden politisch-sozialen Wertmaßstäben als förderungs- bzw. schutzwürdig erachtet werde oder eben nicht[186]: "Heute scheinen die Gewichte anders verteilt zu sein. Die Juden ja - die NPD-Mitglieder nein; ein Ergebnis, das für das heutige überwiegende Wertgefühl durchaus repräsentativ ist"[187].

Die Entscheidung BGHZ 75, 160 scheint Androulakis' Vermutung nachträglich zu bestätigen: das einzigartige Verfolgungsschicksal der Juden präge den Achtungs- und Geltungsanspruch eines jeden von ihnen "vor allem gegenüber den Bürgern des Landes, auf dem diese Vergangenheit lastet". Es "weist den in der Bundesrepublik lebenden Juden ein besonderes personales Verhältnis zu ihren Mitbürgern zu; in diesem Verhältnis ist das Geschehen auch heute gegenwärtig. Es gehört zu ihrem personalen Selbstverständnis, als zugehörig zu einer durch das Schicksal herausgehobenen Personengruppe begriffen zu werden, der gegenüber eine besondere moralische Verantwortlichkeit aller anderen besteht, und das Teil ihrer Würde ist. Die Achtung dieses Selbstverständnisses ist für jeden von ihnen geradezu eine der Garantien gegen eine Wiederholung solcher Diskriminierung und eine Grundbedingung für ihr Leben in der Bundesrepublik"[188]. So unzweifelhaft wichtig die "moralische Verantwortung" der Deutschen auch ist, die Rechtsprechung setzt sich mit dem Rekurs darauf über die herkömmlichen dogmatischen Grundsätze der Sammelbeleidigung hinweg. Man muß es so deutlich sagen. Der Widerspruch zur sonstigen Rechtsprechung des BGH zur Sammelbeleidigung wird dann auch ganz offen eingeräumt: "Dies hat der Bundesgerichtshof im Gegensatz zu seiner sonst einengenden Haltung gegenüber anderen Kollektivbeleidigungen bejaht und ausgeführt ..."[189]. Das entscheidende Problem ist hier abermals die Vereinbarkeit dessen mit dem strafrechtlichen Bestimmtheitsgebot, spätestens mit der Rezeption dieser Entscheidung des 6. Zivilsenats durch die Strafsenate des BGH wurde diese Frage akut. Aus der "Magna Charta des Verbrechers" (v. Liszt), dem Gesetzestext, geht in keiner Weise hervor, daß aufgrund historischer Tatsachen und daraus resultierender besonderer moralischer Verantwortungen hinsichtlich bestimmter Bevölkerungsgruppen andere Maßstäbe gelten sollen als

185 OLG Hamburg NJW 1967, 2314 (2315 f.).

186 Androulakis, Sammelbeleidigung, S. 32.

187 Androulakis, a.a.O., S. 33; zustimmend auch Wehinger, Kollektivbeleidigung, S. 40 f.

188 BHGZ 75, 160 (162 f.).

189 BGHZ 75, 160 (163).

in sonstigen Fällen der Beleidigung von Personenmehrheiten. Für die Normadressaten ist nicht ersichtlich, daß die Beleidigung einer Personenmehrheit von Juden sozusagen "einfacher" unter Strafe gestellt werden kann als die Beleidigung einer Personenmehrheit von Polizisten, Richtern oder sonstiger Bevölkerungsgruppen. Wie also sollte "jedermann voraussehen können, welches Verhalten verboten und mit Strafe bedroht ist, damit er in der Lage ist, sein Verhalten entsprechend einzurichten"[190]? Es muß dabei bleiben, daß Rechts- oder Wertgefühl oder politische Erwägungen keine rechtsdogmatisch relevanten Rechtsfindungskriterien sein können. Die dogmatischen Grundsätze bezüglich der Sammelbeleidigung dürfen nicht contra legem unter Hinweis auf "eine besondere moralische Verantwortlichkeit" ausgehebelt werden.

Aus strafrechtsdogmatischen Gründen ist nach alledem bei Beleidigungen "der Juden" ohne nähere Eingrenzung in räumlich-zeitlicher Hinsicht der erforderliche Individualbezug zu verneinen[191]. Bezogen auf den "Auschwitzlüge"-Fall heißt das, daß § 185 mangels individueller Konkretisierung nicht einschlägig sein kann. Gleiches gilt für die pauschale Herabsetzung der Asylbewerber im "Asylbetrüger"-Pamphlet-Fall: auch hier bleibt völlig offen, ob auch anerkannte Asylanten, oder aber nur Asylbewerber oder "Asylbetrüger" gemeint sein sollen, jedenfalls ist nach jeder dieser Deutungsmöglichkeiten der angesprochene Personenkreis so groß und unüberschaubar, daß ein Individualbezug nicht mehr auszumachen ist.

Anders verhält es sich mit Sammelbeleidigungen, bei denen erkennbar nur einzelne Mitglieder einer Gruppe gemeint sind, aber offenlassen, wer genau gemeint sein soll. Das typische Beispiel dazu ist die Äußerung, ein bayrischer Minister sei regelmäßig Kunde eines "Callgirl-Rings"[192]. Welcher Minister konkret gemeint sein sollte, blieb offen. Da das damalige Kabinett nur aus sieben Mitgliedern bestand, ist in diesem Fall die Sammelbeleidigung zu bejahen, weil sie nur "einen verhältnismäßig kleinen, in bezug auf die Individualität seiner Mitglieder ohne weiteres deutlich überschaubaren Personenkreis umfaßt"[193]. Durch die Äußerung werden alle sieben Mitglieder gleichermaßen in Verdacht gebracht[194]. In solchen Fällen ist also der Individualbezug dadurch gegeben, daß sich der die Äußerung Vernehmende konkrete Persönlichkeiten vorstellen kann, auf die sich die Äußerung bezieht.

---

190 Vgl. BVerfGE 25, 269 (285) zum Bestimmtheitsgebot.

191 In diesem Sinne auch Wehinger, Kollektivbeleidigung, S. 60 ff., 70 f., 135 f.; siehe auch Dreher/Tröndle, § 194, Rn. 1; Schönke/Schröder-Lenckner, § 194 Rn. 1; Lackner-Kühl, Vor § 185, Rn. 3.

192 BGHSt 19, 235.

193 BGHSt 19, 235 (239).

194 Wagner, JuS 1978, 678; Ignor, Beleidigung, S. 78 f. Weiterführend zu den Grenzen derartiger Fälle Androulakis, Sammelbeleidigung, S. 38 ff. und Wehinger, a.a.O.

Wieder anders sind solche Fälle, in denen trotz Kollektivbezeichnung erkennbar nur eine bestimmte Person gemeint ist. Auch hierzu soll ein Beispiel genügen: Wenn jemand nach verlorenem Prozeß in Richtung auf seinen Rechtsanwalt sagt, "alle Rechtsanwälte" seien "große Dummköpfe", ist offensichtlich, daß nicht "alle" Rechtsanwälte gemeint sein sollen, sondern nur dieser eine[195]. Genaugenommen handelt es sich bei derartigen Fällen mithin nicht um Sammel-, sondern um Individualbeleidigungen[196].

Ähnlich umstritten wie die Sammelbeleidigung von Juden ist die Frage der Sammelbeleidigung "aller Soldaten". Das OLG Frankfurt hat 1989 "die Soldaten der Bundeswehr" als zahlenmäßig überschaubaren Personenkreis bezeichnet[197]. Angesichts der oben angeführten Kriterien der Sammelbeleidigung ist auch das deutlich zu weit, gleiches gilt für die ähnlich gelagerten Fälle pauschaler Beleidigungen "der Polizei"[198]. Mit "alle Soldaten" kann grundsätzlich jeder aktive Soldat auf der Welt gemeint sein, zudem Reservisten und ehemalige Soldaten. Wie dieser Personenkreis "zahlenmäßig überschaubar" sein soll, ist rätselhaft. Auch die ausdrückliche Beschränkung solcher Pauschalurteile auf "die Soldaten der Bundeswehr" wird dem Kriterium der Überschaubarkeit noch lange nicht gerecht.

Die Rechtsprechung sieht das anders. Der BGH erklärte, unter einer Sammelbezeichnung könnten nicht nur alle aktiven Bundeswehrsoldaten beleidigt werden, sondern zudem auch die in einem Wehrdienstverhältnis befindlichen Reservisten und sogar ehemalige Soldaten, die "sich weiterhin der Bundeswehr verbunden fühlen und diese Einstellung durch ihr Verhalten manifestieren"[199]. Wenn auch allgemeine Äußerungen über alle Soldaten der Welt von der Strafbarkeit ausgenommen werden, sind doch die in dieser Entscheidung entwickelten Kriterien der Sammelbeleidigung eindeutig zu weit gefaßt. Auffällig ist zudem die Widersprüchlichkeit der Begründung. Zum einen heißt es, maßgeblich sei gar nicht das Kriterium der zahlenmäßigen Überschaubarkeit des angesprochenen Personenkreises, vielmehr komme es auf die ausnahmslose Betroffenheit aller Angehörigen der bezeichneten Personengesamtheit an[200], zum anderen wird aber gesagt, der

---

195 Vgl. Geppert, Jura 1983, 540.

196 Wären tatsächlich "alle Rechtsanwälte" gemeint, wäre dies nach den oben genannten Abgrenzungskriterien ein deutlich zu großes unbestimmtes Kollektiv, also keine Beleidigung.

197 OLG Frankfurt NJW 1989, 1367.

198 Vgl. dazu Wagner, JuS 1978, 678: "Ein Staat, dessen Polizei und Justiz insgesamt das Grundgesetz und die Gesetze achten, kann auf Pauschalurteile mit Gelassenheit reagieren und auf strafrechtliche Reaktionen verzichten, solange nicht die Voraussetzungen der §§ 90b, 130 erfüllt sind".

199 BGHSt 36, 83 (84 ff.).

200 BGHSt 36, 83 (87).

Kreis der ehemaligen Soldaten sei "derart groß und unüberschaubar" (also doch!), "daß er insgesamt keine beleidigungsfähige Personenmehrheit mehr bildet"[201].

Auch der Erste Senat des BVerfG führte jüngst im "Tucholsky"-Urteil aus, die Strafgerichte seien "von Verfassungs wegen nicht gehindert, in den (aktiven) Soldaten der Bundeswehr eine hinreichend überschaubare Gruppe zu sehen, so daß eine auf sie bezogene Äußerung auch jeden einzelnen Angehörigen der Bundeswehr kränken kann, wenn sie an ein Merkmal anknüpft, das ersichtlich oder zumindest typischerweise auf alle Mitglieder des Kollektivs zutrifft"[202]. Allerdings müsse jedenfalls bei allgemein gehaltenen Diffamierungen von Soldaten "vielmehr dargelegt werden, daß gerade die Soldaten der Bundeswehr gemeint sind, obwohl die Äußerung sich auf Soldaten schlechthin bezieht"[203]. Trotz der Einschränkungen kann dieser Auffassung nicht widerspruchslos gefolgt werden. In bezug auf Überschaubarkeit und Abgrenzbarkeit der Personenmehrheit "Soldaten der Bundeswehr" ist wiederum zu fragen, warum hier andere Maßstäbe gelten sollten als bei sonstigen Sammelbeleidigungen. Der Widerspruch zu jenen Entscheidungen, die - zu recht - Sammelbeleidigungen bei diffamierenden Pauschaläußerungen gegen "die Strafrichter in Moabit" oder "die an der Entnazifizierung Beteiligten" verneinten, ist evident. Sachgerecht und systemkonsistent kann es nur sein, bei geäußerten Unwerturteilen gegen die Soldaten der Bundeswehr ähnliche Maßstäbe anzulegen wie beispielsweise bei solchen gegen "die Polizei". Das Individualdelikt der Beleidigung kann erst einschlägig sein, wenn der angegriffene Personenkreis näher eingegrenzt werden kann, z.B. im Sinne von "die in der X-Kaserne stationierten" oder "die am Y-Manöver beteiligten Soldaten der Bundeswehr..."[204]. Darüberhinausgehende Auslegungen des § 185 würden den Individualbezug der Beleidigung verkennen und sind nach dem bislang Erörterten abzulehnen.

Pauschal gehaltenen Herabsetzungen oder Beschimpfungen, die sich ganz allgemein ohne nähere Einschränkungen auf "die Soldaten" oder "die Soldaten der Bundeswehr" beziehen, muß somit der für die Beleidigungsstrafbarkeit erforderliche Individualbezug abgesprochen werden. Und zwar auch dann, wenn der Inhalt derartiger Äußerungen besonders geschmacklos und überzogen erscheint wie in den folgenden Fällen:

---

201 BGHSt 36, 83 (88).

202 BVerfG EuGRZ 1995, 443 (453).

203 BVerfG EuGRZ 1995, 443 (453): "Ein derartiges Auseinanderfallen von sprachlicher Fassung und objektivem Sinn ist keinesfalls unmöglich. Die Gerichte müssen dann aber die Umstände benennen, aus denen sich das am Wortlaut der Äußerung allein nicht erkennbare anderweitige Verständnis ergibt". Näheres zur Auslegungsproblematik unten, S. 277 ff.

204 Vgl. oben Anm. 158; ähnlich Giehring, StV 1992, 199.

"Jeder Soldat ist ein berufsmäßiger Mörder, jeder Ausbilder ein Anstifter zu Mordtaten, jeder Luftwaffenpilot ein professioneller Bombenwerfer, jeder Waffenwart ein Bombenbastler, jeder Musiker einer Militärkapelle ein Public Relation Mann des Todes, jede Armee ist eine Terrorbande"[205].

"Nebenbei bemerkt ist für mich jeder deutsche Soldat (Polizist, Jurist usw.) aus der BRD ein potentieller Judenausrotter (sind nur leider keine mehr da) und Säuglinge-mit-dem-Kopf-an-die- Wand-Klatscher, wie es ja wohl auch neben dem Skatspielen eine der Lieblingsbeschäftigungen der deutschen Wehrmacht (Polizei, Justiz etc.) im 3. Reich war"[206].

Bei derart allgemein gehaltenen Unwerturteilen kann strafrechtsdogmatisch Straffreiheit unter dem Aspekt der Beleidigungstatbestände[207] das einzig richtige Ergebnis sein. An der Voraussetzung, daß die Beleidigung unter einer Sammelbezeichnung nur einen verhältnismäßig kleinen, in bezug auf die Individualität seiner Mitglieder ohne weiteres deutlich überschaubaren Personenkreis umfassen darf, ist konsequent festzuhalten - unabhängig von politischen Opportunitäten oder ähnlichen Erwägungen. Es ist nicht einzusehen, daß herabsetzende Äußerungen, die so allgemein gehalten sind, daß der erforderliche Individualbezug nicht mehr feststellbar ist, als Verletzung höchstpersönlicher Rechtsgüter pönalisiert werden sollten. Läßt sich ein Individualbezug der fraglichen Äußerung nicht hinreichend deutlich ermitteln, kann diese nach dem anerkennungstheoretischen Ehrbegriff von vornherein nicht als Beleidigung tatbestandsmäßig sein. Auf Inhalt, Sinndeutung und gegebenenfalls Rechtfertigung der Äußerung kommt es somit in diesen Fällen gar nicht mehr an. Daß im Fall des umstrittenen "Tucholsky"-Zitats[208] mangels Individualbezugs eine Beleidigung einzelner Soldaten nicht in Betracht kommen kann, gibt selbst ein so entschiedener Kritiker der verfassungsgerichtlichen Ehrenschutzjudikatur wie Horst Sendler zu[209].

---

205 Wegen des unbestimmten und uneingrenzenden Sprachgebrauchs hat OLG Frankfurt, 2 Ss 133/82, darin zu recht keine zielgerichtete Beleidigung einzelner gesehen. Dau, NJW 1988, 2653, ist gegenteiliger Ansicht und hält sogar § 130 für verwirklicht.

206 OLG Frankfurt, 2 Ss 401/83, sah auch hier die Formulierung "jeder deutsche Soldat, Polizist, Jurist" zutreffend als so allgemein, daß sie weder einer bestimmten Einzelperson noch einer näher bestimmbaren Personengruppe zugerechnet werden könne. Dau, NJW 1988, 2654, ist wiederum anderer Ansicht. Wenn aber aus gutem Grund schon Äußerungen wie "die Robenknechte in Moabit" oder "die Polizei in X" als zu allgemein erachtet werden, muß dies in diesem Fall erst recht gelten.

207 Ab einer gewissen Intensität kommt freilich nach geltendem Recht eine Strafbarkeit wegen Volksverhetzung oder diverser Staatsschutzdelikte in Betracht. Nach dem oben in anderen Zusammenhängen zu diesen Normen gesagten ist dies nicht unproblematisch.

208 BVerfG NJW 1994, 2943 ff. (Kammer) und BVerfG EuGRZ 1995, 443 ff. (Erster Senat).

209 Sendler, ZRP 1994, 345.

Daß damit keineswegs gesagt wäre, daß Soldaten nunmehr generell straffrei als Mörder tituliert werden dürften, hat das BVerfG unmißverständlich unterstrichen[210]. Gesagt ist damit nur, daß bei ganz allgemein gehaltenen Pauschalangriffen eben nicht die persönliche Ehre einzelner verletzt sein kann. Zu recht hat der Erste Senat darauf Aufmerksam gemacht, daß "der Umstand, daß Soldaten Waffendienst leisten, als Wehrpflichtige hierzu vom Staat herangezogen werden und dabei Gehorsam üben müssen, ihre persönliche Ehre nicht [!] schutzwürdiger als diejenige von Angehörigen ziviler Bevölkerungsgruppen" mache[211]. Dies zu akzeptieren, fällt der Politik zuweilen schwer. Wenn nun abermals die richterliche Unabhängigkeit auf beängstigende Weise in Frage gestellt wird, zeigt dies nur aufs Neue ein Rechtsverständnis bestimmter Politiker, das im Fall des sehr eindeutig formulierten Urteils des Ersten Senats auch nicht mehr mit Fehlinterpretationen infolge einer möglicherweise mißverständlichen Urteilsfassung zu erklären ist[212]. Zu schlußfolgern, nun müßten auch Soldaten die Richter als "Rufmörder" beschimpfen dürfen[213], ist schlichtweg ignorant. Wie gesagt: neu sind derartige Reaktionen nicht. Am Beispiel des Politikers, der anläßlich eines früheren Soldaten-Mörder-Vergleichs nicht nur sämtliche Soldaten, sondern auch noch "alle Mütter, Frauen und Bräute" aller Soldaten als beleidigt ansah, wie auch am Beispiel des Bundeswehr-Generalmajors Schultze-Rhonhof, der durch den "Tucholsky"-Kammerbeschluß des BVerfG gar sich selbst beleidigt fühlte, offenbart sich nichts anderes als das alte, rechtsdogmatisch längst überholte subjektive Ehrverständnis[214]. Von den Grundprinzipien des gegenwärtigen Strafrechts sind diese Auffassungen meilenweit entfernt.

---

210 BVerfG EuGRZ 1995, 443 (452 ff.).

211 BVerfG EuGRZ 1995, 443 (454): "Ein verfassungsrechtlicher Grundsatz, wonach bestimmte Gehorsamspflichten durch erhöhten Ehrenschutz zu kompensieren sind, besteht nicht". Zur Gegenansicht vgl. das Sondervotum der Richterin Haas, a.a.O., S. 457 f. (458).

212 Wenn die CDU sofort nach Gesetzesänderungen ruft, um einen "verbesserten Ehrenschutz der Soldaten zu gewährleisten", zeigt dies, daß entweder die Voraussetzungen der Sammelbeleidigungsstrafbarkeit nicht verstanden worden sind oder aber, daß man Soldaten eben doch für schutzwürdiger erachtet als andere Berufsstände oder Personengruppen. Was die fast schon obligatorische Richterschelte betrifft, ist den Politikern im Vergleich zu den Reaktionen auf die "Kruzifix"-Entscheidung (BVerfG NJW 1995, 2477) nicht viel Neues eingefallen: "undeutlich" (Koblow/SPD) sei das Urteil, "in höchstem Maße unverständlich" (Hintze/CDU), eine "Schande für die deutsche Justiz" (Augustinowitz/CDU), zit. jeweils nach Frankf. Rundschau, 8. 11. 1995, S. 4.

213 Koppelin (FDP), a.a.O.

214 CSU-Landtagsabgeordneter Diethei, zit. nach Fischer, JZ 1990, 75, Fn. 111. Zur Kritik an Schultze-Rhonhofs absurdem Vergleich des Verfassungsgerichts mit dem Volksgerichtshof siehe nur Bader, Betrifft Justiz 1995, 2 und Lamprecht, Mythos, S. 59 ff. Hinzuzufügen bleibt, daß es unstreitig eher zum Beruf des Soldaten gehört, in bestimmten Situationen andere Menschen zu töten, sei es auch gerechtfertigt, als es die Aufgabe der Verfassungsgerichtsbarkeit wäre, verbrecherische und menschenverachtende Terrorurteile zu fällen.

2.5 Zusammenfassung

Nach dem anerkennungstheoretischen Konzept der Ehre sind Institutionen, Körperschaften, Behörden, Verbände und sonstige Personenmehrheiten bzw. -gesamtheiten als solche nicht passiv beleidigungsfähig. Als Rechtsgutträger der Ehre kommt ausschließlich der einzelne Mensch in Betracht. Eine Beleidigung einzelner unter einer Sammelbezeichnung ist grundsätzlich möglich, aber im Einzelfall an enge Voraussetzungen gebunden. Je größer die bezeichnete Gruppe ist, desto weniger wird sich der erforderliche Individualbezug feststellen lassen.

Die gesellschaftspolitisch brisanten Fälle unsubstantiierter Angriffe auf "die Soldaten" oder "die Juden" werden den Individualbezug regelmäßig vermissen lassen, so daß diese Äußerungen bereits vorab aus dem Anwendungsbereich der §§ 185 ff. herausfallen. Auf die Auslegung des objektiven Sinngehalts und eine eventuelle Rechtfertigung der Äußerung insbesondere im Hinblick auf die verfassungsrechtlich garantierte Meinungsäußerungsfreiheit kommt es dann nicht mehr an. Strafrechtliche Sanktionen derartiger Pauschalangriffe bleiben dennoch grundsätzlich möglich, etwa nach § 130 (Volksverhetzung) - speziell zur "Auschwitzlüge" der neugefaßte § 130 Abs. 3 -, oder nach § 109d (Störpropaganda gegen die Bundeswehr), aber jeweils ebenfalls an enge Voraussetzungen gebunden. Derartiger Schutz "der Soldaten" oder "der Juden" ist dann allerdings kein "Ehrenschutz" mehr, sondern Schutz des "öffentlichen Friedens" oder Staatsschutz.

3 Auslegung mehrdeutiger Äußerungen

Von dem zuvor nur unter dem Aspekt der Kollektivbeleidigung behandelten Problemkreis "Soldatenurteile" läßt sich nun zur Problematik der Auslegung mehrdeutiger Äußerungen überleiten. Auch wenn ein Soldaten-Mörder-Vergleich eindeutig auf einen ganz bestimmten Soldaten bezogen ist, muß diese Äußerung nicht zwingend als Beleidigung strafbar sein.

Auf die Auslegung mehrdeutiger Textäußerungen kommt es in mehrfacher Hinsicht an. Klärungsbedürftig ist nicht nur, auf welche konkreten Personen sich das jeweilige Unwerturteil genau bezieht, sondern auch, ob die fragliche Äußerung überhaupt eine Beleidigung darstellt. Nicht jede kundgegebene Äußerung herabwürdigender oder kränkender Art ist tatbestandsmäßig als Beleidigung zu qualifizieren, auch wenn darin eine Mißachtung der gebotenen Anerkennung eines Menschen gesehen werden kann. Die Betonung liegt auf *kann* - mehrdeutige Äußerungen bedürfen sorgfältiger Auslegung unter Berücksichtigung der verfassungsrechtlichen Wertordnung des Grundgesetzes.

Der Strafrichter ist verpflichtet, den objektiven Bedeutungsgehalt der jeweiligen Kommunikationsinhalte zu ermitteln[215], vgl. §§ 244 Abs. 2, 261 StPO. Maßgeblich für eine Strafbarkeit wegen Beleidigung ist nicht, ob eine Äußerung als Beleidigung angesehen werden könnte, sondern ob diese vor allem aufgrund der Umstände und Zusammenhänge eindeutig als Kundgabe der Mißachtung einer Person gewertet werden muß. Nicht zuletzt die exponierte Stellung der Meinungsäußerungsfreiheit in der Verfassung gebietet den Gerichten, alternativen Deutungsmöglichkeiten nachzugehen, soweit diese strafrechtlich milder zu beurteilen wären bzw. zu Straffreiheit führen würden. Im "Tucholsky"-Urteil wurde dies erneut bekräftigt:

> "Andernfalls besteht die Gefahr, daß der sich Äußernde für eine Äußerung bestraft wird, die die angenommene Kränkung nicht enthält. Den Zugang zu solchen Alternativen dürfen sich die Gerichte nicht durch eine isolierte Betrachtung des inkriminierten Teils der Äußerung verschließen. Vielmehr muß der Kontext, soweit er für die Adressaten der Äußerung wahrnehmbar war, berücksichtigt werden. Das gilt zuerst für den sprachlichen Zusammenhang, in dem die umstrittene Äußerung steht, kann aber auch außertextliche Umstände einschließen"[216].

Objektive Sinndeutung ist gefordert, aber praktisch nur schwer realisierbar. Ein divergierendes subjektives Verständnis kommunikativer Handlungen liegt regelmäßig jeder menschlichen Kommunikation zugrunde: "Sobald Sprachverwendungen individuell variieren oder Kommunikationssituationen vom Gewohnten abweichen, treten Verständigungsprobleme auf. Da weder die kommunizierenden Subjekte noch ihre Lebenssituationen je identisch sind, muß man vielmehr damit rechnen, daß in aller Regel einem sprachlichen Text von verschiedenen Rezipienten auch verschiedene Bedeutungen zugeordnet werden. Das ist also der zu erwartende Normalfall"[217].

Die Regeln der Auslegung und des Verstehens textlicher Sinngehalte sind der zentrale Gegenstand der philosophischen Hermeneutik, wobei sich als entscheidendes Problem erweist, daß das unmittelbare Ziel der Auslegung, Verständnis herzustellen, nur erreicht werden kann, wenn der Interpret das Auszulegende bereits verstanden hat. Martin Heidegger bezeichnete diese untrennbare Abhängigkeit dessen, was Gegenstand des Verstehens werden soll, von dem schon durch eigene innere Erfahrung vorhandenen Wissen des Textrezipienten als "circulus vitiosus" (sog. "hermeneutischer Zirkel")[218]. Hans-Georg Gadamer nennt es unumgänglich, daß in jeden Verstehensvorgang etwas "hineingesteckt" wird: "Wer zu

---

215 Vgl. BGHSt 32, 310 (311).

216 BVerfG EuGRZ 1995, 443 (452).

217 Kargl, Handlung, S. 444.

218 Heidegger, Sein und Zeit, S. 152 ff.; zum Begriff der "hermeneutischen Spirale" siehe Hassemer, Tatbestand, S. 107 u. passim.

verstehen sucht, ist der Beirrung durch Vor-Meinungen ausgesetzt"[219]. Es gebe "niemals den Leser, der, wenn er seinen Text vor Augen hat, einfach liest, was dasteht. In allem Lesen geschieht vielmehr eine Applikation, so daß, wer einen Text liest, selber noch in dem vernommenen Sinn darin ist. Er gehört mit zu dem Text, den er versteht"[220]. Das Verstehen und Interpretieren sei nicht nur ein Problem von Textdeutungen, sondern ganz allgemein des Verhältnisses der Menschen zueinander und zur Welt[221]. Weil eine strikte Trennung von Verstehenssubjekt und -objekt ebensowenig realisierbar ist wie die Ausschaltung jeglicher Vorverständnisse und Vorurteile, bleibt die Hermeneutik darauf beschränkt, diese Zusammenhänge ins Bewußtsein zu rufen, mit den Worten Gadamers: "die Bedingungen aufzuklären, unter denen Verstehen geschieht"[222]. Sachgerechtes Erfassen textlicher Sinngehalte sei nur möglich durch Offenlegung oder Reflexion des jeweiligen Vorverständnisses desjenigen, der zu verstehen versucht: Offenheit für die Meinung des anderen bzw. des Textes. Es gelte, "der eigenen Voreingenommenheit innezusein, damit sich der Text selbst in seiner Andersheit darstellt und damit in die Möglichkeit kommt, seine sachliche Wirkung gegen die eigene Vormeinung auszuspielen"[223].

Praktisch bedeutsam ist das Problem unvermeidbarer Vorverständnisse und Vorurteile im juristischen Diskurs bei der richterlichen Interpretation von Gesetzen, insbesondere bei unbestimmten Rechtsbegriffen und Generalklauseln[224], und (möglicherweise: vermeintlich) strafbaren Textäußerungen vor dem Hintergrund eigener Vorverständnisse und Wertüberzeugungen[225]. Bei der richterlichen Textdeutung kommt es also darauf an, daß sich die Verfahrensbeteiligten die eigenen Vorverständnisse und Überzeugungen bewußt machen, um auf diese Weise für mögliche alternative Sichtweisen offen zu bleiben. Jeder Kommunikations-

[219] Gadamer, Wahrheit, Bd. 1, S. 272. Vgl. auch aus anderer Sicht Haynal, Psychoanalytische Erkenntnisse, S. 76: "Die Psychologie hat gut belegt, daß unsere Wahrnehmung der äußeren Welt bereits durch unsere Subjektivität, unsere Erwartungen und unsere Projektionen gefärbt ist".

[220] Gadamer, a.a.O., Bd. 1, S. 345.

[221] Gadamer, a.a.O., Bd. 2, S. 330.

[222] Gadamer, a.a.O., Bd. 1, S. 300.

[223] Gadamer, a.a.O., Bd. 1, S. 273 f.

[224] Raiser, Rechtssoziologie, S. 32, sieht darin geradezu ein "Einfallstor richterlicher Wertvorstellungen in die Judikatur", es liege nahe, sie mit eigenen moralischen Standards auszufüllen; ähnlich Röhl, Rechtssoziologie, S. 76. Grundlegend hierzu Teubner, Standards, S. 42 ff. u. passim.

[225] Beispielhaft Grünwald, KritJ 1979, 298, zur richterlichen Auslegung politischer Äußerungen: Welcher Sinngehalt einer Äußerung beigelegt wird, hänge ab von der subjektiven Einstellung des Richters und seiner Einschätzung der politischen Position des Täters. Vgl. zum Ganzen Dahrendorf, Deutsche Richter (1961); Lautmann, Justiz (1972); Peters, Richter (1973). Grundlegend zur *juristischen* Hermeneutik mit unterschiedlicher Akzentuierung z. B. Hassemer, Tatbestand (1968); Esser, Vorverständnis (^{2}1972); Kriele, Rechtsgewinnung (^{2}1976); F. Müller, Methodik (^{4}1990).

teilnehmer ist in irgendeiner Weise voreingenommen, um beim Beispiel der Soldaten-Mörder-Vergleiche zu bleiben: jeder einzelne Strafrichter hat zu grundlegenden gesellschaftspolitischen Streitfragen eine eigene persönliche Meinung, die die Gefahr nahelegt, je nach persönlicher Einstellung anhand einzelner Textpassagen für bzw. gegen eine Strafbarkeit zu entscheiden. Das Bewußtmachen eigener Vorverständnisse dient also der Selbstkontrolle, die erforderlich ist, die gebotene Objektivität zu gewährleisten; in der Rechtsprechungspraxis gelingt das freilich nicht immer[226]. Den Revisionsgerichten obliegt die Aufgabe, die Auslegung von Kommunikationsinhalten (Beweiswürdigung) durch den Tatrichter dahingehend zu überprüfen, ob sie rechtsfehlerhaft war (§ 337 StPO), d.h. ob sich das Gericht hinreichend vergewissert hat, daß alternative Deutungsmöglichkeiten nicht in Betracht kommen konnten. Der Richter muß sich mit dem Sachverhalt erschöpfend auseinandergesetzt haben. Vor dem BVerfG geht es ebenfalls um die Klärung der Frage, ob die Strafgerichte einschließlich der Revisionsgerichte alternativen Deutungsmöglichkeiten hinreichend nachgegangen sind, anderenfalls läge eine Verletzung des Grundrechts der Meinungsäußerungsfreiheit durch die öffentliche Gewalt (Judikative) vor.

Neben der Voreingenommenheit der Textrezipienten liegt ein weiteres Problem des richtigen Textverstehens in der immanenten Begrenztheit der Sprache selbst. Fritjof Haft weist darauf hin, daß die natürliche Sprache eindimensional in der Zeit verläuft und der Mensch unfähig ist, komplexe Realitäten in angemessenen Sprachmodellen abzubilden[227]. Die Bedeutung von Sätzen und Wörtern, so Winfried Hassemer, "ist gleich der Summe der Fälle, in denen dieses sprachliche Gebilde richtig angewendet wird". Wortinhalte werden "letztlich nur durch die konkrete Wortanwendung erkennbar", das Sprechen stehe vor dem Festsetzen und Klassifizieren[228].

---

226 Peinlich ist beispielsweise, daß sich der Vorsitzende Richter der Zweiten Strafkammer beim LG Mainz in einer "Soldaten sind Mörder"-Entscheidung bei den als Zuhörer anwesenden uniformierten Bundeswehrsoldaten ausdrücklich dafür entschuldigte, daß er den Angeklagten aufgrund der nunmehr gefestigten Rechtsprechung des BVerfG wegen der Pauschalität der fraglichen Äußerung (ein Bezug auf *bestimmte* Soldaten ließ sich nicht feststellen) freisprechen mußte. Daß sich ein Richter bei den Zuhörern entschuldigt, weil er den Angeklagten nicht verurteilen "durfte", ist ebenso ungewöhnlich wie die harsche Verfassungsgerichtsschelte, die jedenfalls in der Urteilsbegründung fehl am Platze ist: er (der Vorsitzende Richter) sei lediglich der "Vollstrecker" der "ideologisch motivierten Karlsruher Entscheidung", die auch mit der Besetzung des Verfassungsgerichts nach "Parteibuch und Proporz" zusammenhängen könne und zudem "anmaßend, juristisch fragwürdig und gesellschaftspolitisch falsch" sei (FR, 05.01.1996, S. 1).

227 Haft, Sprache, S. 274.

228 Hassemer, Tatbestand, S. 67, 69, 71: "Wie die Satzbedeutung aus der konkreten Wortbedeutung entsteht, so entsteht die konkrete Wortbedeutung aus der Satzbedeutung".

Für die Auslegung mehrdeutiger Texte ist also auf die objektive Sinndeutung der Äußerung abzustellen. Diese folgt nicht alleine aus dem Text als solchem, sondern immer auch aus dem Kontext, in dem der Text vorgetragen wurde. Texte identischen Wortlautes können in verschiedenen Äußerungssituationen grundverschiedene Bedeutungen haben. Die Sinnermittlung muß mithin dem jeweiligen Kommunikationszusammenhang Rechnung tragen[229]. Um nur ein Beispiel zu nennen: der Ausspruch "mit dem Verstand eines Kindes!" hat zweifellos gegenüber einem Kind eine andere Bedeutung als gegenüber einem Erwachsenen[230]. Und das Tucholsky-Zitat "Soldaten sind Mörder" muß in einem größeren textlichen Zusammenhang keineswegs bedeuten, daß der Äußernde damit konkreten Soldaten schwerste sittlich-moralische Verfehlungen unterstellen würde.

Dies kann auch dann nicht der Fall sein, wenn die Äußerung nur auf einen einzigen Soldaten bezogen ist und dadurch die oben behandelte Problematik der Kollektivbeleidigung bei unüberschaubar großen Personenmehrheiten ausgeblendet wird. Am Beispiel eines früheren Soldatenurteils[231] läßt sich dies anschaulich verdeutlichen. In einer Podiumsdiskussion über "Nato-Doppelbeschluß" und atomare Ausrüstung sagte der spätere Angeklagte in Richtung auf einen Offizier der Bundeswehr den Satz "Jeder Soldat ist ein potentieller Mörder, auch Sie!"[232]. Der erforderliche Individualbezug der Äußerung ist zunächst unproblematisch gegeben, auch besteht *grundsätzlich* kein Zweifel an der Eignung der Äußerung, als Kundgabe der Mißachtung eines anderen Menschen qualifiziert zu werden, denn "schlimmer kann man einem Menschen die Ehre kaum abschneiden"[233]. Das Problem dieses Falles liegt wiederum auf der Ebene der objektiven Textdeutung.

Zu dem von Haft konstatierten Problem der Begrenztheit der menschlichen Sprache paßt der Hinweis Denningers, daß es Sachverhalte gibt, die sich mit den Mitteln der menschlichen Sprache kaum noch umschreiben lassen. Der Versuch, das unvorstellbare Grauen einer atomaren Vernichtung in Worte zu fassen, stößt an die Grenzen der Sprache: die Sprache hat "keine Ausdrucksmittel, die jene Dimension der Zerstörung, der Angst und des Leidens auch nur annähernd erreichen. Wie könnte sie ... das fast Unausdenkbare wiedergeben?"[234].

Dieses "Unausdenkbare" bezeichnet Ulrich Beck als "ein neuartiges `askriptives´ Gefährdungsschicksal, aus dem es bei aller Leistung kein Entrinnen gibt"; das Atomzeitalter sei geprägt von "Gefahren, denen man distanzlos ausgeliefert

229 BVerfGE 85, 1 (19).

230 Vgl. Geppert, Jura 1983, 536.

231 LG Frankfurt StV 1990, 73.

232 Dokumentation dieses Prozesses vor dem LG Frankfurt bei Fülle, Soldaten (1994).

233 Hassemer, KritJ 1990, 361.

234 Denninger, KritJ 1990, 366.

ist"[235]. Diese Dimension unvorstellbarer und mit den Mitteln der menschlichen Sprache nicht umfassend darstellbarer Gefahren durch das Militärwesen für die menschliche Existenz schlechthin muß bei militärkritischen Äußerungen in der heutigen Zeit als Deutungsmöglichkeit auf jeden Fall angemessen berücksichtigt werden. "Während der physische Untergang selbst irreal bleibt, da die Apokalypse nun einmal nicht erlebbar ist, ist die Vorstellung, das Ausmalen, das Erfahren entscheidungsabhängiger Selbstvernichtung im entfalteten Sicherheitsstaat eine politische Realität eigener Qualität"[236]. Vor diesem Hintergrund ist zu bezweifeln, ob obiges "Mörder"-Zitat trotz des unmittelbar auf den anwesenden Offizier bezogenen Zusatzes "auch Sie!" nicht auch die Deutungsmöglichkeit zuläßt, daß es dem Äußernden nur um plakative Schwarz-Weiß-Malerei ging, um sprachliche Übertreibungen im Konkurrenzkampf um die öffentliche Auseinandersetzung[237]. Eine Strafbarkeit wegen Beleidigung setzt voraus, daß keine andere Auslegungsmöglichkeit in Betracht kommen durfte als die, daß die "Mörder"-Äußerung in diesem konkreten Einzelfall tatsächlich objektiv wie subjektiv nur als Herabsetzung des Adressaten in der Weise zu deuten wäre, daß ihm konkrete negative Charaktereigenschaften zugeschrieben werden sollten.

Ob der Terminus "Mörder" dabei im strafrechtlichen Sinne zu verstehen ist, kann für die Textdeutung nicht maßgeblich sein[238]. Zu klären bleibt der Vorwurf der potentiellen Bereitschaft zur Tötung anderer Menschen, nicht aber, ob die Aussage auch den Vorwurf der Tötung anderer Menschen aus besonders verwerflichen Beweggründen, in besonders verwerflicher Begehungsweise oder zur Erreichung eines besonders verwerflichen deliktischen Ziels, ohne daß Rechtfertigungs- oder Entschuldigungsgründe eingriffen, beinhaltet. Letzteres würde dem Alltagsgebrauch der Sprache nicht gerecht, und mit der von Lamprecht aufgeworfenen Frage, ob denn die Aussage "Alle Soldaten sind Totschläger" weniger anstößig gewesen wäre[239], zeigt sich, daß es hier nicht um die strafrechtliche Bedeutung von Mord und Mordmerkmalen (§ 211) gehen kann. Ehrverletzend kann auch der Vorwurf des Tötens im Sinne des § 212 sein.

Für die Strafbarkeit des Soldaten-Mörder-Vergleichs ist zunächst maßgeblich, ob die Äußerung auf einen hinreichend individualisierbaren Adressatenkreis bezogen ist, ist diese Voraussetzung erfüllt, bleibt zu klären, ob die Äußerung auch tatsächlich den bzw. die bezeichneten Soldaten angreifen will oder ob es sich um allgemeine Kritik am Militärwesen handelt.

---

235 Beck, Risikogesellschaft, S. 8, 72.

236 Beck, Gegengifte, S. 130.

237 Vgl. Beck, Risikogesellschaft, S. 161.

238 Kritisch aber Herdegen, NJW 1994, 2933 f.; Grasnick, JR 1995, 162 ff.; Campbell, NStZ 1995, 328 f.

239 Lamprecht, Mythos, S. 61 f.

Herbert Jäger sieht in dem Soldaten-Mörder-Vergleich die "provokative Eröffnung einer bisher nur unzulänglich geführten Diskussion", ein "moralisches Werturteil", daß "Kriegstötung und die Vorbereitung auf sie verwerflich" seien - es lasse sich "nicht bezweifeln, daß die Bewertung des Krieges als Verbrechen oder Mord aus einer bestimmten moralischen Position möglich ist und in der öffentlichen Diskussion auch uneingeschränkt zulässig sein muß"[240]. Die Deutung der Äußerung im Sinne eines individuellen Vorwurfs des Mordes gemäß § 211 sei somit unangemessen und nicht intendiert[241]. Auch das BVerfG hat nunmehr unmißverständlich klargestellt, daß sorgfältig zu prüfen ist, ob sich pazifistische Äußerungen "nicht gegen Soldatentum und Kriegshandwerk schlechthin" richten, "das verurteilt wird, weil es mit dem Töten von Menschen verbunden ist, das unter Umständen auf grausame Weise vor sich geht und auch die Zivilbevölkerung trifft"[242]. Alleine die Bezeichnung eines konkreten Soldaten als "Mörder" schließt diese Deutungsmöglichkeit nicht aus:

> "Daß die Beschwerdeführer überwiegend nicht unpersönlich von `Mord', sondern personalisiert von `Mörder' gesprochen haben, ist für sich allein genommen nicht geeignet, diese Deutung auszuschließen. Denn auch in der Verwendung des Wortes `Mörder' muß nicht notwendig der Vorwurf einer schwerkriminellen Haltung oder Gesinnung gegenüber dem einzelnen Soldaten enthalten sein. Vielmehr kann der sich Äußernde auch in besonders herausragender Form darauf aufmerksam machen, daß Töten im Krieg kein unpersönlicher Vorgang ist, sondern von Menschenhand erfolgt"[243].

Vieles spricht dafür, daß es dem Angeklagten in unserem Fall trotz des Individualbezugs ("Auch Sie!") nicht um Diffamierung des eigentlich bezeichneten Soldaten ging, sondern vielmehr um allgemeine Militärkritik. Mit guten Gründen läßt sich annehmen, daß der Äußernde angesichts der Begrenztheit der sprachlichen Ausdrucksmittel auf die Ebene der Individualisierung wechselte, um die unvorstellbaren Ausmaße einer menschheitsbedrohenden Waffentechnik möglichst anschaulich darzustellen. Prittwitz ist zuzustimmen, daß politisch-moralische Kritik in der öffentlichen Auseinandersetzung, gerade im Fall der unvorstellbaren atomaren Bedrohung, an möglichst konkreten und möglichst anwesenden Personen ansetzen muß, wenn sie im politischen Meinungskampf etwas erreichen will - "ein Bewußtwerdungsprozeß dürfte - übrigens ganz unabhängig von der heutigen Reizüberflutung - erst dann erreichbar sein, wenn die politisch-moralische These mit den Menschen, mit denen diskutiert wird, verknüpft wird"[244].

---

240 Jäger, Soldaten, S. 129 f.

241 Jäger, a.a.O.; Prittwitz, Soldaten, S. 92.

242 BVerfG EuGRZ 1995, 443 (452).

243 BVerfG EuGRZ 1995, 443 (452).

244 Prittwitz, Soldaten, S. 102.

Dieser Befund läßt sich mit Blick auf die sprachwissenschaftlichen Erkenntnisse bestätigen. Die natürliche Sprache ist ein dynamisches System zur Beschreibung der wahrnehmbaren Welt, das auf verschiedenen Ebenen verläuft. Konkrete Sprachverwendung und -gestaltung kann unter verschiedenen stilistischen Aspekten analysiert werden, etwa rhetorisch, personal, psychologisch, exzeptionell, gattungsgebunden, funktional, pragmatisch, didaktisch, selektiv, quantitativ, textgrammatisch oder semantisch[245]. Eine eindimensionale Textdeutung verbietet sich daher. Weiterhin bleibt zu berücksichtigen, daß sprachliche Bilder, Metaphorisierungen, Personifizierungen und Übertreibungen geläufige Stilformen der sprachlichen Verständigung über bestimmte Sachverhalte sind, die in allen sprachlichen Funktionsstilen auftreten können und der größeren Lebendigkeit und Anschaulichkeit der Sprache und der bezeichneten Gegenstände oder Erscheinungen dienen[246]. Personifizierende oder übertreibende Texte dürfen daher nicht ohne weiteres wörtlich genommen werden, vielmehr muß der Textinterpret die stilistische Bedeutung solcher Textelemente im Gesamtkontext der Aussage beurteilen.

Die Personifizierung "Auch Sie!" läßt demnach nicht zwangsläufig auf die Unterstellung ehrenrührigen Verhaltens schließen, sondern kann ebenso als Stilmittel der veranschaulichenden Darstellung eines nicht sinnlich wahrnehmbaren Sachverhalts dienen. Auch die Verkürzung komplexer Aussagegehalte auf eine plakative mediengerechte Kurzformel ist hier ein stilistisches Mittel, dessen Funktion bei der Textdeutung zu berücksichtigen bleibt. Die reizüberflutete "Mediendemokratie" verlangt nach Vereinfachungen, die Provokation sichert die Aufmerksamkeit in der politischen Auseinandersetzung[247]. Das provokative Mörder-Zitat läßt sich also sehr wohl auch als Beitrag zum öffentlichen Diskurs und zur öffentlichen Meinungsbildung begreifen, der sich zur Verdeutlichung seines Anliegens des Stilmittels der "Individualisierung" des Krieges und des Militärwesens bedient. Nach dieser Deutungsvariante geht es nicht um persönliche Schmähung des bezeichneten Soldaten oder um einen Angriff auf dessen individuelle Ehre, sondern, wie Denninger formuliert, "um ein politisch-moralisches Problem, das uns alle betrifft"[248].

Solange diese Interpretationsmöglichkeit offen steht, darf wegen Art. 5 Abs. 1 GG im Ergebnis nicht auf Strafbarkeit wegen Beleidigung entschieden werden.

---

245 Vgl. Sowinski, Stilistik, S. 29 u. passim.

246 Näheres hierzu bei Sowinski, a.a.O., S. 255 ff.

247 Vgl. auch Denninger, KritJ 1990, 366. Zur Auslegungsproblematik siehe auch AG Hamburg NJW 1995, 1039 - wegen der Möglichkeit alternativer Deutungen wurde der Terminus "Auschwitz-Mythos" nicht als per se die nationalsozialistische Massenvernichtung leugnend charakterisiert, sondern als "für sich gesehen neutral, jedenfalls nicht negativ besetzt". Das LG Hamburg hat dieses Urteil bestätigt (F.A.Z. v. 07. 09. 1995); zur Gegenposition vgl. LK[11]-v. Bubnoff, § 130, Rn. 44.

248 Denninger, KritJ 1990, 367.

Unklar ist dabei, ob die Mehrdeutigkeit der Aussage schon zur Verneinung der Tatbestandsmäßigkeit führen muß oder ob hier der Rechtfertigungsgrund des § 193 eingreift[249]. Die Deutungsmöglichkeit der Äußerung als allgemeine Kriegs- und Militärkritik läßt m.E. bereits den Tatbestandsausschluß zu: wenn nicht eindeutig ausgeschlossen werden kann, daß die Personalisierung lediglich als stilistisches Mittel der Veranschaulichung des Anliegens des Angeklagten dienen sollte und es dem Gesamtzusammenhang der Äußerung nach nicht um ein negatives Werturteil über den Charakter des zwar individuell bezeichneten Soldaten ging, fehlt eben schon der Angriff auf dessen Achtungs- und Anerkennungsinteresse, objektiv wie subjektiv. Die grundlegende Bedeutung des Grundrechts der Meinungsfreiheit ("als unmittelbarster Ausdruck der menschlichen Persönlichkeit in der Gesellschaft eines der vornehmsten Menschenrechte überhaupt. Für eine freiheitlich-demokratische Staatsordnung ist es schlechthin konstituierend, denn es ermöglicht erst die ständige geistige Auseinandersetzung, den Kampf der Meinungen"[250]) ist bereits bei der Auslegung der Tatbestände der Grundrechtsschranken nach Art. 5 Abs. 2 GG zu berücksichtigen ("Wechselwirkungslehre"[251]).

Soldaten-Mörder-Vergleiche in Einzelfällen für straffrei zu erklären trägt notwendigerweise der Bedeutung des Grundrechts der freien Meinungsäußerung in der öffentlichen Auseinandersetzung Rechnung und bedeutet keineswegs eine nicht hinnehmbare Verkürzung oder gar Abschaffung des individuellen Ehrenschutzes. Freisprüche in diesen Fällen bedeuten gerade nicht, daß nun jedermann jeden Soldaten straffrei als Mörder diffamieren dürfte. Die Grenze der Zulässigkeit provokativer politischer Meinungsäußerungen wird überschritten, wenn eine Äußerung primär als persönliche Schmähung des Betroffenen aufzufassen ist. Dies wird insbesondere dann der Fall sein, wenn die fraglichen Äußerungen ersichtlich nicht als Beitrag zum öffentlichen Diskurs gemeint sein können, etwa bei Beschimpfungen unter vier Augen. Außerhalb des Bereichs des öffentlichen politischen Meinungskampfes bleibt es dabei, daß die Bezeichnung eines anderen als Mörder den Tatbestand der Beleidigung erfüllt und auch nicht zu rechtfertigen ist. Dieses Ergebnis entspricht dem verfassungsmäßigen Prinzip der Güter- und Interessenabwägung.

---

249 Dies bejahte im vorliegenden Fall LG Frankfurt StV 1990, 73 ff.

250 BverfGE 7, 198 (208), st. Rspr.

251 BVerfGE 7, 198 (208); 66, 116 (150); 71, 206 (214); 85, 1 (17); BVerfG NStZ 1994, 357 f.

4 Verfassungsrechtliche Aspekte und Wahrnehmung berechtigter Interessen (§ 193)

Neben den allgemeinen Rechtfertigungsgründen sind bei den Beleidigungsdelikten die speziellen Rechtfertigungsgründe des § 193 von zentraler Bedeutung. Nach § 193 können fünf Fallgruppen tatbestandsmäßiger Beleidigungen[252] gerechtfertigt werden, sofern nicht die Form der Äußerung oder die Umstände, unter denen sie geschah, für eine Strafbarkeit sprechen (Formalbeleidigung): (1.) tadelnde Urteile über wissenschaftliche, künstlerische oder gewerbliche Leistungen, (2.) Äußerungen, welche zur Ausführung oder Verteidigung von Rechten oder (3.) zur Wahrnehmung berechtigter Interessen gemacht werden, (4.) Vorhaltungen und Rügen der Vorgesetzten gegen ihre Untergebenen sowie (5.) dienstliche Anzeigen oder Urteile von seiten eines Beamten. Der sachliche Gehalt dieser besonderen Rechtfertigungsgründe wird geprägt durch das Grundrecht auf freie Meinungsäußerung, wobei der Umfang der Rechtfertigungsfähigkeit nach dem Prinzip der Güter- und Interessenabwägung zu ermitteln ist.

Wann ein "berechtigtes Interesse" vorliegt, das eine tatbestandsmäßige Beleidigung rechtfertigt, muß im Lichte des Grundrechts der Meinungsäußerungsfreiheit ermittelt werden. Art. 5 Abs. 1 Satz 1 GG gewährleistet das Recht, daß jedermann seine Meinung in Wort, Schrift und Bild frei äußern und verbreiten darf, jedoch gemäß Art. 5 Abs. 2 GG nur im Rahmen der allgemeinen Gesetze, der gesetzlichen Bestimmungen zum Schutze der Jugend und des Rechts der persönlichen Ehre. Grundsätzlich ist weder der Meinungsfreiheit noch dem Schutz der individuellen Achtungs- und Anerkennungsansprüche der Person absoluter Vorrang einzuräumen, die Wechselwirkung zwischen Grundrecht und Grundrechtsschranken verlangt eine einzelfallbezogene Interessenabwägung in diesem Spannungsfeld.

Der Schutz der elementaren Anerkennungsverhältnisse und Achtungsansprüche der Person ist eine der Grundvoraussetzungen der freien Entfaltung des Menschen in der Gesellschaft. Soweit eine herabsetzende Äußerung die Menschenwürde als den Kernbereich des Persönlichkeitsrechts angreift, muß Art. 5 GG zurücktreten, da die Garantie der unantastbaren Menschenwürde keinen Beschränkungsmöglichkeiten unterliegt, auch nicht durch andere Verfassungsgüter oder Grundrechte[253]. Dieser Kernbereich des Persönlichkeitsrechts ist also als Ausprägung des höchsten Verfassungsgutes nicht unter Berufung auf die Gewährleistung der Meinungsfreiheit einschränkbar, in diesen Fällen erfolgt keine Güterabwägung i.S.d. § 193. Anders verhält es sich mit dem individuellen Geltungswert der

---

[252] § 193 gilt nicht nur für § 185, sondern für alle Ehrverletzungsdelikte.

[253] Vgl. nur BVerfGE 75, 369 (380); Jarass/Pieroth-Jarass, Art. 1 GG, Rn. 10.

Person, dieses Element des Rechtsguts der Beleidigung zählt nicht zum Kernbereich des Art. 1 Abs. 1 GG und ist daher grundsätzlich im Wege der Interessenabwägung zu Gunsten des Grundrechts der Meinungsäußerungsfreiheit einschränkbar.

Wie die Gewährleistung der individuellen Anerkennungsansprüche ist auch die Gewährleistung der "Kommunikationsgrundrechte"[254] ein, wie das BVerfG sagt, "schlechthin konstituierendes" Element einer freiheitlich-demokratischen Staatsordnung, als "unmittelbarster Ausdruck der menschlichen Persönlichkeit in der Gesellschaft"[255]. Die moderne Sozialphilosophie ist sich einig, daß ein gerecht und für alle Bürger vorteilhaft eingerichtetes Staatswesen die Voraussetzungen schaffen muß, daß der einzelne ein Leben in Selbstachtung und sozialer Anerkennung führen kann, wozu insbesondere auch größtmögliche Meinungsäußerungsfreiheit in zwanglosen und herrschaftsfreien intersubjektiven Diskursen gehört. John Rawls terminiert dies als das "Faktum des Pluralismus"[256], Jürgen Habermas fordert, "alle Diskursteilnehmer müssen die gleiche Chance haben, Deutungen, Behauptungen, Empfehlungen, Erklärungen und Rechtfertigungen aufzustellen und deren Geltungsanspruch zu problematisieren, zu begründen oder zu widerlegen, so daß keine Vormeinung auf Dauer der Thematisierung und der Kritik entzogen bleibt"[257]. Die Qualität einer für alle Bürger gleichermaßen vorteilhaften pluralistischen Demokratie läßt sich gerade am Umfang der gewährleisteten Meinungsfreiheit ablesen, und zwar unabhängig von der "Qualität" der jeweiligen Kommunikationsbeiträge: "Ein Staatswesen kann sich daher genau in dem Maß als Demokratie bezeichnen, in dem es noch selbständig denkende Bürger besitzt - und diese selbständig denkenden Bürger nicht lahmlegt. Diese bilden, ganz gleich wie wenige oder wie viele es sind, das gesunde lebendige Gewebe des Organismus einer Demokratie"[258]. Eine Selbstbeschneidung der Handlungs- und Mitwirkungsfähigkeit der Bürger durch "planmäßige Zerstörung von Kommunikationschancen" bedeutet nach Erhard Denninger immer auch eine "Schwächung der Demokratie"[259]. Der Verfassungsrichter Dieter Grimm warnt davor, daß durch Beschränkungen der Meinungsfreiheit die Diskussion öffentlich interessierender Fragen aus Furcht vor Sanktionen unterbleiben oder eingeschränkt werden könnte[260].

---

[254] Art. 5 (Meinungs-, Presse-, Kunst- und Wissenschaftsfreiheit), 8 (Versammlungsfreiheit) und 9 GG (Vereinigungsfreiheit).

[255] BVerfGE 7, 198 (208); 65, 1 (43); 69, 315 (344). Schmidt-Jortzig, HbStR VI, spricht vom "menschlichen Daseinsphänomen 'Meinung'" (S. 644), "die Möglichkeit zu ungehinderter Meinungsäußerung erweist sich für den Menschen als unverzichtbare Bedingung seiner Existenz" (S. 636).

[256] Rawls, Idee, S. 293 ff.

[257] Habermas, Vorstudien, S. 177.

[258] Metzger, Individuum, S. 77.

[259] Denninger, KritV 1995, 14 f.

[260] Grimm, NJW 1995, 1701.

Die große Bedeutung sowohl der individuellen Achtungsansprüche der einzelnen einerseits wie auch der Gewährleistung größtmöglicher Kommunikationsfreiheit andererseits für das menschliche Zusammenleben in friedlicher Koexistenz in einem für alle vorteilhaft verfaßten Gemeinwesen verbietet es, pauschal eines dieser Güter für vorrangig zu erklären. Daher läßt sich auch nicht abstrakt beantworten, in welchen Fällen eine tatbestandsmäßige Beleidigung durch ein "berechtigtes Interesse" i.S.d. § 193 gedeckt ist.

Gewisse generalisierende Kriterien, nach denen die widerstreitenden Grundprinzipien des Schutzes der Entfaltungsmöglichkeiten des Individuums sachgerecht austariert werden können, hat das BVerfG entwickelt. In der richtungsweisenden "Lüth"-Entscheidung hat das Gericht ausgeführt, die "allgemeinen Gesetze müssen in ihrer das Grundrecht beschränkenden Wirkung ihrerseits im Lichte der Bedeutung dieses Grundrechts gesehen und so interpretiert werden, daß der besondere Wertgehalt dieses Rechts, der in der freiheitlichen Demokratie zu einer grundsätzlichen Vermutung für die Freiheit der Rede in allen Bereichen, namentlich aber im öffentlichen Leben, führen muß, auf jeden Fall gewahrt bleibt"[261]. Wichtig ist dabei die Wechselwirkung zwischen dem Grundrecht einerseits und den einfach-gesetzlichen Grundrechtsschranken andererseits: "Das Recht zur Meinungsäußerung muß zurücktreten, wenn schutzwürdige Interessen eines anderen von höherem Rang durch die Betätigung der Meinungsfreiheit verletzt würden. Ob solche überwiegenden Interessen anderer vorliegen, ist auf Grund aller übrigen Umstände des Falles zu ermitteln"[262].

Grundsätzlich ist demnach die freie Meinungsäußerung vorrangig - "Nur die freie öffentliche Diskussion über Gegenstände von allgemeiner Bedeutung sichert die freie Bildung der öffentlichen Meinung, die sich im freiheitlich-demokratischen Staat notwendig `pluralistisch´ im Widerstreit verschiedener und aus verschiedenen Motiven vertretener, aber jedenfalls in Freiheit vorgetragener Auffassungen, vor allem in Rede und Gegenrede vollzieht"[263] -, ein "berechtigtes Interesse" gemäß § 193 kann nur bejaht werden, wenn das Interesse der Person am Schutz der individuellen Anerkennungsansprüche sich gegenüber dem gesellschaftlichen Interesse an zwanglos-sanktionsfreier öffentlicher politischer Kommunikation als vorrangig erweist.

Schutzwürdige Interessen i.S.d. § 193 können eigene oder mittelbare eigene Interessen des Äußernden sein, d.h. eine Nähe zu den eigenen persönlichen Belangen muß gegeben sein. Darüber hinaus kommt auch die Wahrnehmung von Interessen der Allgemeinheit als ein berechtigtes Anliegen in diesem Sinne in

---

[261] BVerfGE 7, 198 (208).

[262] BVerfGE 7, 198 (209 f.).

[263] BVerfGE 12, 113 (125).

Betracht, was insbesondere die Aufklärungsfunktion ("Wächterfunktion"[264]) einer kritischen und unabhängigen Presse betrifft[265]. Das Mittel zur Interessenwahrnehmung muß zudem zur Erreichung des intendierten Zwecks angemessen sein, ferner ist als subjektives Rechtfertigungselement die Absicht der Interessenwahrnehmung erforderlich.

Die Angemessenheit richtet sich wiederum nach dem Umfang des Grundrechts nach Art. 5 Abs. 1 Satz 1GG. Der Schutzbereich dieses Grundrechts umfaßt Meinungen (persönliche Ansichten, die sich der einzelne zu Verhältnissen, Ereignissen, Ideen oder Personen bildet[266] und die durch das Element des Dafürhaltens und der Beurteilung geprägt sind[267], wobei der subjektive Bezug zwischen dem einzelnen und dem Gegenstand seiner Äußerung entscheidend ist[268]) unabhängig von ihrer inhaltlichen Qualität und der Form der Äußerung[269]. Das gilt auch für solche Äußerungen, die als überzogen, polemisch, aufreizend oder abstoßend empfunden werden könnten, weil es gerade der Sinn von Meinungsäußerungen ist, Einfluß auf die Meinungsbildung anderer zu nehmen und diese von der Vorzugswürdigkeit der eigenen Meinung zu überzeugen. Die Wirkung auf Dritte bleibt somit hinsichtlich des grundrechtlichen Schutzbereichs außer Betracht[270].

Tatsachenbehauptungen sind dagegen nicht unmittelbar in den Schutzbereich des Art. 5 Abs. 1 Satz 1 GG einbezogen, sondern nur weil und soweit sie meinungsbezogen sind und damit ihrerseits zur Meinungsbildung beitragen[271]. Anders als Meinungen fallen aber nicht alle meinungsbezogenen Tatsachenbehauptungen uneingeschränkt in den Schutzbereich der Meinungsfreiheit, weil sie wahr oder unwahr sein können. So sollen nach dem BVerfG unrichtige Informationen grundsätzlich bezüglich des Meinungsbildungsprozesses nicht schutzwürdig sein[272].

---

264 Barton, AfP 1995, 453.

265 Zu den (erhöhten) presserechtlichen Sorgfaltspflichten vgl. BVerfGE 85, 1 (22); BGHSt 14, 48 (51); 19, 235 (237); BGH NJW 1995, 861; NJW-RR 1995, 789; OLG Köln NJW 1963, 1634; OLG Stuttgart JZ 1972, 745; AG Mainz NStZ 1995, 347 m. Anm. Otto; Hager, Jura 1995, 566 ff., m.w.N.; Barton, AfP 1995, 452 ff.

266 Grimm, NJW 1995, 1698.

267 BVerfGE 61, 1 (8); 85, 1 (14); BGH NJW 1994, 2614 (2615).

268 BVerfGE 33, 1 (14); 90, 241 (247).

269 BVerfGE 30, 336 (347); 33, 1 (14); 90, 241 (247).

270 Grimm, NJW 1995, 1698 f.

271 BVerfGE 61, 1 (8). In der Regel ist davon auszugehen, daß jede Tatsachenbehauptung in meinungsbildender Absicht kundgegeben wird. Wer an Kommunikationen teilnimmt, nimmt mit jeder Äußerung auf den Meinungsbildungsprozeß der Rezipienten Einfluß. Jede scheinbar noch so neutrale Tatsachenbehauptung enthält insofern eine Wertung des Äußernden, wie er sich dafür entschieden hat, gerade diese Äußerung in dieser Form kundzugeben bzw. andere Äußerungen zu unterlassen. Zumindest darin liegt das wertende Element jeder Tatsachenbehauptung.

272 BVerfGE 54, 208 (219).

Aus dem grundrechtlichen Schutzbereich fallen jedoch nur bewußte Lügen und solche Tatsachenbehauptungen heraus, deren Unwahrheit zum Zeitpunkt der Äußerung evident ist[273]. Ein rückwirkender Entzug des Grundrechtsschutzes bei nachträglicher Erweislichkeit der Unwahrheit ist nicht möglich[274].

Problematisch gestaltet sich die Abgrenzung von Meinungsäußerung und Tatsachenbehauptung, weil in der Regel jede kommunikative Äußerung beide Elemente enthält: Meinungen beziehen sich auf Tatsachen, Tatsachen werden in meinungsbildender Intention artikuliert. Sofern sich diese Elemente im Einzelfall nicht eindeutig trennen lassen, muß im Zweifel im Interesse des Grundrechtsschutzes ein weiter Meinungsbegriff Anwendung finden, wobei gleichwohl obige Kriterien hinsichtlich der Schutzwürdigkeit der tatsächlichen Elemente zu berücksichtigen sind[275].

An der Verbreitung bewußt unwahrer Tatsachenbehauptungen kann also grundsätzlich kein berechtigtes Interesse bestehen, auch bei "schweren und haltlosen Kränkungen im privaten Bereich" genießt der Ehrenschutz regelmäßig den Vorrang vor der Meinungsfreiheit[276]. Dies ist gerade auch bei politischen Auseinandersetzungen in der Öffentlichkeit bedeutsam. Hierbei ist die Grenze der Beleidigungsstrafbarkeit grundsätzlich höher anzusetzen als bei "privaten" Angriffen auf die Achtungsansprüche einer Person, sofern die Äußerung der Sache nach noch als Beitrag zur inhaltlichen Erörterung öffentlicher Probleme und nicht nur vorrangig als böswillige Herabsetzung eines anderen anzusehen ist. Vor allem in der politischen Auseinandersetzung sind auch scharfe, schonungslose und übersteigerte Formulierungen zur wirksamen Betonung eines sachlichen Standpunktes ebenso erlaubt wie taktlose und unhöfliche Ausdrücke[277], weil dabei regelmäßig die Kritik an der vom Bezeichneten vertretenen politischen Position und nicht das Absprechen individueller Geltungsansprüche Gegenstand der Äußerung ist. Übertreibungen und drastische Kennzeichnungen sind für die politische Auseinandersetzung typisch[278], je stärker es um öffentliche Belange geht, desto stärker spricht die Vermutung für die Zulässigkeit der freien Rede[279].

---

273 BVerfGE 61, 1 (8).

274 Grimm, NJW 1995, 1699: Die Behandlung von Tatsachenbehauptungen "muß dem Umstand Rechnung tragen, daß die Wahrheit oder Unwahrheit einer solchen Äußerung nicht schon immer feststeht, sondern sich häufig im Prozeß der Kommunikation erst herausstellt oder präzisiert. Irrtümer sind dabei unvermeidlich. Der Kommunikationsprozeß würde verkümmern, wenn allein die unzweifelbar wahre Tatsachenbehauptung den Grundrechtsschutz genösse und der Irrtum zum Grundrechtsverlust führte".

275 BVerfGE 61, 1 (9); 90, 241 (253).

276 BVerfGE 54, 129 (137); BVerfG NStZ 1994, 403; BGH NJW 1995, 861 (863).

277 BVerfGE 24, 278 (286); 90, 241 (247 f.); BGHZ 45, 296 (310); 99, 133 (139); BGH NJW 1994, 124 (126).

278 Vgl. BVerfG NJW 1969, 227 (228).

Gänzlich überzogene Abwertungen, bei denen nicht mehr der Beitrag in der Sache, sondern die Diffamierung der Person im Vordergrund steht, beispielsweise Wertungsexzesse, durch die bewußt ein nach der negativen Seite entstelltes, verzerrtes Bild über eine Person und die Motive ihres politischen Handelns gezeichnet wird[280] bzw. grobe Schimpfworte ohne jeden Sachbezug[281], sind dagegen als sog. "Schmähkritik"[282] nicht mehr als angemessenes Mittel i.S.d. § 193 zu rechtfertigen und daher gem. §§ 185 ff. strafbar. Im Kern gelten diese Maßstäbe auch für das Verhältnis des Schutzes der individuellen Achtungsansprüche zum Grundrecht der Kunstfreiheit nach Art. 5 Abs. 3 GG, wobei jedoch die vorbehaltlose, aber nicht schrankenlose Gewährleistung der Kunstfreiheit die straffreie Sphäre hier weiter zieht als bei der unter dem Vorbehalt des Art. 5 Abs. 2 GG gewährleisteten Meinungsfreiheit. Jedenfalls die unantastbare Menschenwürde als zentrales Element der Anerkennungsansprüche der Person darf auch durch die Kunst - die begrifflich nicht generell definierbar ist[283] - nicht angegriffen werden[284].

Vereinfacht ausgedrückt: bei ehrenrührigen Äußerungen geht der Ehrenschutz grundsätzlich vor, soweit es sich bei Meinungsäußerungen um Formalbeleidigungen, Schmähkritik oder Angriffe auf die Menschenwürde handelt. Bei unwahren Tatsachenbehauptungen ist der Ehrenschutz ebenfalls vorrangig, nur wenn der Äußernde bei nicht bewußt oder erwiesen unwahren Tatsachenbehauptungen die entsprechenden Sorgfaltspflichten beachtet hat, ist eine Interessenabwägung vorzunehmen. bei wahren Tatsachenbehauptungen geht der Ehrenschutz vor, soweit die Intimsphäre betroffen ist, ist dagegen die Sozialsphäre betroffen, ist wiederum abzuwägen, wie auch bei schlicht herabsetzenden Meinungsäußerungen[285].

Anhand der Maßstäbe des BVerfG zur Interessenabwägung im Spannungsfeld von Ehrenschutz und Meinungsfreiheit lassen sich für die Rechtfertigungsfähigkeit beleidigender Verhaltensweisen nach § 193 folgende Indizien festhalten: soweit es um Sachbeiträge zur Erörterung öffentlicher Belange geht, spricht das Grundrecht der Meinungsfreiheit auch dann für die Vermutung der freien Rede, wenn die Äußerung scharfe Kritik oder überspitzte Formulierungen enthält. Der Bürger muß selbst beurteilen, was er von der Äußerung zu halten hat[286]. Eine

279 BVerfGE 7, 198 (212); 90, 241 (248); BGH NJW 1994, 124 (126).

280 BVerfGE 82, 272 (284).

281 OLG Köln AfP 1983, 472.

282 BVerfGE 61, 1 (12); 82, 272 (284); 90, 241 (248); BVerfG EuGRZ 1995, 443 (454); BGHZ 45, 296 (310); BGH NJW 1994, 124 (126).

283 BVerfGE 67, 213 (225); zum Begriffsrahmen siehe Denninger, HbStR VI, 848 ff.

284 Zum Verhältnis von Ehrenschutz und Kunstfreiheit vgl. F. Müller, Kunst, S. 130 ff.; Denninger, HbStR VI, 870 ff.; Erhardt, Kunstfreiheit (1989); Ignor, Beleidigung, S. 127 ff.; Häberle, AöR 1985, 577 ff.; Henschel, NJW 1990, 1937 ff.; Isensee, AfP 1993, 619 ff.

285 Vgl. die schematische Darstellung bei Grimm, NJW 1995, 1705.

Rechtfertigung gemäß § 193 kommt dagegen nicht in Betracht bei bewußt unwahren Tatsachenbehauptungen und Schmähkritik, bei der der persönliche Angriff, die gezielte Diffamierung oder Kränkung einer Person im Vordergrund steht und das sachliche Anliegen der öffentlichen Erörterung eines Themas dahinter zurücktritt.

Tatbestandsmäßige Beleidigungen lassen sich nach § 193 rechtfertigen, wenn die fraglichen Verhaltensweisen in Wahrnehmung eines berechtigten Interesses erfolgten, die Verletzung des individuellen Anerkennungsanspruchs des Angegriffenen zu diesem Zweck geeignet, erforderlich und angemessen war und der Täter unter Verzicht auf jegliche Abwertungsexzesse zum Zweck der Interessenwahrnehmung handelte.

Jene Fälle tatbestandsmäßiger Beleidigung, die nach § 193 gerechtfertigt werden können, stellen die Grundprinzipien des individuellen Anerkennungsschutzes in aller Regel schon deshalb nicht in Frage, weil dabei - gerade wenn es um öffentliche oder politische Diskussionen geht - gar nicht die Anerkennungsrechte des einzelnen als Person bestritten werden, sondern die Kritik vielmehr auf den Angegriffenen als Funktions- oder Rollenträger bezogen sein wird. Auch scharfe und überzogene Kritik an der politischen Position eines öffentlichen Funktionsträgers bedeutet nicht, daß zugleich dessen Menschenwert oder sozialer Geltungswert in Abrede gestellt würde.

Die Abwägungskriterien der höchstrichterlichen Rechtsprechung bleiben notwendigerweise abstrakt und lassen sich nur einzelfallorientiert konkretisieren[287]. Für jede Form der Interessenabwägung ist charakteristisch, daß in den Einzelfällen niemals sämtliche Betroffenen mit dem konkreten Abwägungsergebnis zufrieden sein werden. Dennoch stellen die vom BVerfG entwickelten Maßstäbe einen vernünftigen Mittelweg des Ausgleichs zwischen den widerstreitenden Interessen der persönlichen Autonomie einerseits und der öffentlichen Kommunikationsfreiheit andererseits dar. Die Kompromißformeln zur Rechtfertigung bestimmter herabsetzender Verhaltensweisen entsprechen dem sozialphilosophischen Ziel distributiver Gerechtigkeit, dem einzelnen ein Leben in Selbstachtung und sozialer Anerkennung zu ermöglichen und zugleich durch die Bereitstellung strafloser Freiräume die Möglichkeiten der zwang- und sanktionslosen Teilnahme an den Prozessen der demokratischen Willensbildung in öffentlichen Diskursen in vollständiger Autonomie zu gewährleisten. Gerade weil individuelle Autonomie und Intersubjektivität einander wechselseitig bedingen, muß eine politische Gemeinschaft, wie

---

286 BGHZ 45, 296 (307 f.); zur "Zurücknahme des Gerichtsschutzes zugunsten des Tribunals der Öffentlichkeit" vgl. Kübler, JZ 1984, 541, 547.

287 Zur Vereinbarkeit der Prinzipien der Einzelfallabwägung und der Universalisierbarkeit vgl. Alexy, Grundrechte, S. 152 ff.

Forst erklärt, in der Lage sein, die "Funktionen von Konflikt, Konsens, Kompromiß und Solidarität zu vereinbaren und zu institutionalisieren, sie muß die Balance einer sozialen Einheit sozialer Einheiten halten"[288]. Die Kriterien der Interessenabwägung im Spannungsfeld von individuellem Anerkennungsschutz und den Grundrechten auf Kommunikationsfreiheit sichern insoweit die allgemein konsentierbaren Mindestbedingungen der individuellen Selbst-Konstitutions- und Entfaltungsmöglichkeiten, der Achtung des Menschen als gleichberechtigten Interaktionspartner, der politischen Selbstbestimmung des Menschen und somit des Zusammenlebens der Bürger in friedlicher Koexistenz.

5 Kritik ?

Zahlreiche Autoren sehen das nun ganz anders und artikulieren ihre Ablehnung der Güterabwägungsprinzipien des BVerfG in zunehmend rüder Form. Drastisch ist von "Verkürzung"[289], "Abschaffung"[290] oder gar von der "Liquidierung"[291] des strafrechtlichen Ehrenschutzes durch das BVerfG die Rede, von "verlorener Ehre des Bundesbürgers"[292]. Die Bundesverfassungsrichter[293] "verstellen sich selbst die Sicht, wozu auch ihr Deutsch beitragen mag"[294], hielten eine "Fundgrube mit nützlichen Hinweisen und Formulierungshilfen für potentielle Ehrabschneider"[295] bereit, "Menschenhatz, Pranger und seelische Folter feiern fröhliche Urständ"[296] u.s.w. - die Auflistung ließe sich beliebig verlängern[297].

Der Verdacht liegt nahe, daß gerade in der öffentlichen Diskussion höchstrichterlicher Entscheidungen, die allgemeine politisch-weltanschauliche Kontroversen betreffen, in einer Vielzahl von Fällen nicht mehr die juristische Argumentation, sondern die jeweils eigene politische Werthaltung Form und Inhalt der Stellungnahmen prägt - auf Kosten der gebotenen Sachlichkeit. In besonderem Maße gilt das für die Richterschelte durch Politiker. Die öffentliche Reaktion auf ein früheres "Soldatenurteil" nannte Denninger im Hinblick auf das Bewußtsein von der

---

288 Forst, Person, S. 229.

289 Schwinge, Ehrenschutz, S. 36.

290 Kriele, NJW 1994, 1904; Krey, JR 1995, 224.

291 Kiesel, NVwZ 1992, 1129.

292 Stürner, JZ 1994, 865.

293 Meurer, NStZ 1993, 136: "Es gibt ordentliche Gerichte und es gibt das *Verfassungsgericht*".

294 Grasnick, JR 1995, 164.

295 Sendler, ZRP 1994, 349.

296 Tettinger, Ehre, S. 42.

297 Vgl. noch Dreher/Tröndle, § 193, Rn. 14b; Larenz, Methodenlehre, S. 332; Schmitt Glaeser, AöR 97 (1972), 280; Großfeld, NJW 1995, 1719 ff.

rechtsstaatlichen Bedeutung einer wirklich unabhängigen Justiz ein "besorgniserregendes Lehrstück zur Frage des Umgangs der Politik mit der Justiz"[298], die derben Reaktionen auf die sog. "Kruzifix"-Entscheidung (von "Schand-" und "Fehlurteil"[299] bis "verfassungswidrig"[300]) bestätigen diesen Befund nur allzu deutlich. Rolf Lamprecht, der Vorsitzende der Karlsruher Justizpressekonferenz, sieht die Kritik an höchstrichterlichen Judikaten zum Ehrenschutz weniger durch allgemeine Besorgnis um den Schutz der individuellen Ehre motiviert, sondern vielmehr durch handfeste (partei-)politische Interessen. Er spricht von "hysterischen Rezipienten" der Judikate und Politikern aus dem "konservativen Lager", die über die Urteile "gezielte Falschnachrichten" verbreiten, die Urteilskritik basiere auf Trugschlüssen und Fehldeutungen: "die einen kommen zustande, weil es am Verstand hapert, die anderen in der Absicht zu täuschen"[301]. Vom Vorwurf bewußter Fehldeutungen dürfen auch Teile der Medien nicht ausgenommen werden[302].

Die angebliche "Liquidierung des Ehrenschutzes" durch das "aus dem Ruder" laufende Bundesverfassungsgericht[303] ist in den oben zitierten wissenschaftlichen Beiträgen indes keineswegs "so eingehend, kenntnisreich und überzeugend dargelegt", wie etwa Volker Krey das behauptet[304]. Durch den als Beleg genannten Aufsatz Martin Krieles jedenfalls schon gar nicht. Gerade Krieles Interpretation der Rechtsprechung des Ersten Senats[305] läßt sich bei näherer Betrachtung unschwer als tatsachenverzerrende Polemik enttarnen[306]. Daß man jetzt - um nur die zentralen Argumente Krieles aufzugreifen - "jeden Bürger in der aggressivsten Weise öffentlich beleidigen" dürfe, weil das Vorliegen unzulässiger "Schmähkritik" in der Praxis "so gut wie nie angenommen" werde[307], oder daß "Rufmord so gut wie risikolos" sei[308], ist schlichtweg falsch[309]. Unseriös ist schließlich Krieles "psychologische" Deutung der höchstrichterlichen Beweggründe für die (vermeintliche) "Abschaffung des Ehrenschutzes": Solidarität der Verfassungsrichter mit denjenigen, die "Macht und noch mehr Macht" haben und "über die Instrumente des Rufmords verfügen", wodurch "so etwas wie Klassenjustiz von oben"

298 Denninger, KritJ 1990, 366.

299 Vgl. hierzu Der Spiegel 33/1995, S. 22 ff.

300 MdB Geis (CDU), Frankfurter Rundschau v. 21. 8. 1995.

301 Lamprecht, NJ 1995, S. 180; ders., Mythos, S. 58 ff.

302 Interessante Analyse der Berichterstattung in der Tagespresse über ein "Soldatenurteil" bei Staab, KZfSS 43 (1991), 70 ff.

303 So Krey, JR 1995, 221, 228.

304 Krey, JR 1995, 225.

305 Kriele, NJW 1994, 1897 ff.

306 Überzeugend Soehring, NJW 1994, 2926 ff. und Barton, AfP 1995, 454 f.

307 Kriele, NJW 1994, 1899.

308 Kriele, NJW 1994, 1898.

309 Vgl. Grimm, ZRP 1994, 276; Soehring, NJW 1994, 2927; Barton, AfP 1995, 455.

entstehe, "nur daß die Klassen nicht durch die Verfügung über die Produktionsmittel, sondern über die Publikationsmittel geschieden sind"[310].

Ähnlich verwegen argumentieren auch Großfeld mit seiner Warnung vor "Überflutung mit Verfassungsrecht" und "einem ausufernden Minderheitenrecht"[311] oder Sendler, demzufolge Grundrechte und Rechtsstaat "auch übertrieben werden" könnten. Die Erklärung dieser These ist verblüffend schlicht: "Jeder weiß, daß z.B. Butter und Eier im allgemeinen eine gute Sache sind und im besonderen einem Kuchen guttun; aber ein Kuchen, in dem übertreibend zuviel davon enthalten ist, nimmt Schaden an seiner Seele. Beim Glase Wein ist das nicht anders"[312]. Sendler empört sich über "die vom BVerfG gebilligte Gleichsetzung" von Soldaten mit Mördern, moniert das mit "Kadijustiz" umschriebene "vielfach zu beobachtende Bedürfnis des BVerfG, ... auch die Rolle des obersten Amtsgerichts der Nation zu übernehmen" und stellt das "fragwürdige Vorbild eines Tucholsky" in Frage[313]. Kurt Tucholsky war nun aber kein Feind der einzelnen Soldaten, sondern ein überzeugter Kritiker des Militärwesens; die Soldaten sah der Schriftsteller unzweifelhaft primär als Opfer der gesellschaftspolitischen Verhältnisse[314].

Was die Funktion des Verfassungsgerichts betrifft, müßte es der ehemalige Präsident des Bundesverwaltungsgerichts eigentlich besser wissen. Der Vorwurf der "Kadijustiz" verkennt, daß die Karlsruher Richter nicht nach eigenem Ermessen entscheiden, zu welchen Rechtsstreitigkeiten sie Stellung beziehen wollen - das BVerfG muß tätig werden, wenn ein Verfahren in zulässiger Weise eingeleitet wird. Und daß das BVerfG nicht bestimmte Äußerungen "billigt" oder in der Sache über Strafbarkeit oder Freispruch entscheidet, sondern auf die Grundrechtskontrolle fachgerichtlicher Entscheidungen beschränkt bleibt, ist hinlänglich bekannt.

310 Kriele, NJW 1994, 1905.

311 Großfeld, NJW 1995, 1722: Dies führe zur "Erpreßbarkeit der Mehrheit unter Berufung auf die Verfassung" und zu einem "Generationenkonflikt. Dabei muß man sich klar machen: Verfassungsrecht soll kulturelle Traditionen wahren, ist Demokratie unter Einschluß der Toten. Aber es beruht doch auf der Entscheidung einer toten Generation; es entmündigt die Mehrheit der jetzt Lebenden, wenn es zu weit geht, sich in die Tagesgeschäfte einmischt". Vgl. dagegen die Replik von Benda, NJW 1995, 2470 f.

312 Sendler, ZRP 1994, 343.

313 Sendler, ZRP 1994, 343, 344, 346.

314 Zu einem Foto von Heimkehrern aus dem Ersten Weltkrieg notierte Tucholsky beispielsweise: "Sie ziehen zurück - wozu sind sie hinausgezogen? Für wen? Verkleidete Bergarbeiter, Handwerker, Rohrleger, kaufmännische Angestellte kommen zurück - mit einem Feind im Rücken, der ihnen im Grunde kein feind gewesen ist, nur Partner im Kriege - mit einem Feind vor sich, den nur die Klassenbewußten unter ihnen wirklich kennen. Sie wissen noch nicht, was sie zu Hause als Dank des Vaterlandes erwartet: Inflation, dieser betrügerische Bankrott des Staates, Hunger, Arbeitslosigkeit - und 1,67 Mark Kriegsverletztenrente in der Woche. Wozu? Für wen - ? Für die Bankhalter eurer Kriege; für die Bankhalter eures Friedens" (Tucholsky, Deutschland, S. 13).

Unzulässige Grundrechtsbeschränkungen liegen vor, wenn die Fachgerichte den Sinngehalt einer Äußerung nicht hinreichend gewürdigt haben, insbesondere dann, wenn bei mehrdeutigen Äußerungen andere Deutungsmöglichkeiten als diejenige Deutung, die zur Verurteilung geführt hat, nicht mit überzeugenden Gründen ausgeschlossen wurden[315]. In diesen Fällen "verletzt [der Richter] ... als Träger öffentlicher Gewalt durch sein Urteil das Grundrecht, auf dessen Beachtung auch durch die rechtsprechende Gewalt der Bürger einen verfassungsrechtlichen Anspruch hat"[316]; der Verurteilte kann nach Ausschöpfung des Rechtswegs mittels Verfassungsbeschwerde (Art. 93 Abs. 1 Nr. 4a GG, §§ 13 Nr. 8a, 90 ff BVerfGG) vor dem BVerfG eine Verletzung seines Grundrechts auf freie Meinungsäußerung durch die öffentliche Gewalt (hier: Judikative) geltend machen. Das BVerfG trifft keine endgültige Entscheidung in der Sache, sondern hebt im Falle eines bejahten Grundrechtsverstoßes das angegriffene Urteil auf, um die Sache gem. § 95 Abs. 2 BVerfGG an die Fachgerichte zurückzuverweisen - was entgegen der Darstellung Sendlers eben nicht heißt, daß die Verfassungsrichter die fraglichen Äußerungen "billigen" würden.

Schließlich ist zu bestreiten, daß die Interessenabwägungsrechtsprechung durch das BVerfG zu jener "Übertreibung" von Grundrechten und Rechtsstaat führt, die Sendler mit Hilfe seines launigen Kuchen-Beispiels attackiert. Ein Zuviel an rechtsstaatlichen Garantien (Sendler zieht hier erstaunlicherweise die Parallele zum "totalen Staat"[317], einem Begriff, der seit Forsthoff[318] in eindeutiger Weise besetzt ist) kann es ebensowenig geben wie ein Zuviel an Grundrechten; je mehr Individualgrundrechte durch Verfassung oder höchstrichterliche Rechtsfortbildung anerkannt werden, desto mehr wird es auf sachgerechte Interessenabwägungen bei kollidierenden Grundrechten ankommen.

Die nähere Betrachtung der zentralen Argumente der Kritiker der BVerfG-Rechtsprechung zum Spannungsfeld von Ehrenschutz und Meinungsfreiheit zeigt, daß nach Abzug der unsachlichen bzw. verzerrenden Erwägungen und Erklärungen allenfalls die Abwägungsergebnisse in konkreten Einzelfällen einer vernünftigen Kritik in der Sache ausgesetzt sein können. Das aber ändert nichts daran, daß die vom BVerfG entwickelten universellen Abwägungsmaßstäbe grundsätzlich als sachgerechte Grundlage der Interessenabwägung zwischen dem Schutz der individuellen Anerkennungsverhältnisse und den Grundrechten der Kommunikationsfreiheit geeignet sind.

---

315 Vgl. BVerfGE 82, 43 (52 ff.). Wie bereits ausgeführt ist der Äußerungssinn unter vollständiger Betrachtung der Kommunikationssituation zu ermitteln.

316 BVerfGE 7, 198 (207).

317 Sendler, ZRP 1994, 343.

318 Forsthoff, Der totale Staat (1933).

6 Fazit

Die Voraussetzungen und Grenzen der Beleidigungsstrafbarkeit ergeben sich zunächst aus der anerkennungstheoretischen Begrenzung der legitimen Rechtsgüter durch die Strafzwecktheorie. Die hier vorgeschlagene enge Tatbestandsdefinition des § 185 dient dem Schutz der elementaren individuellen Entwicklungs- und Entfaltungsinteressen der Person, aus dem strikten Individualbezug der Norm folgen erhebliche Einschränkungen der passiven Beleidigungsfähigkeit von Personenmehrheiten. Weitere einschneidende Strafbarkeitsgrenzen resultieren aus den Rechtfertigungsgründen nach § 193.

Eine im Sinne der modernen Sozialphilosophie als gerecht geltende Gesellschaft muß nicht nur die individuellen Achtungs- und Anerkennungsansprüche des einzelnen schützen, sondern zugleich auch das überindividuelle Interesse an freier und offener Kommunikation, das für die pluralistische Demokratie "schlechthin konstituierend" ist. Die diesbezüglichen Güter- und Interessenabwägungsmaßstäbe des Bundesverfassungsgerichts erweisen sich dabei als sachgerechte Kompromißformeln, die einen vernünftigen Ausgleich zwischen den widerstreitenden individuellen und überindividuellen Interessen ermöglichen und somit die allgemein konsensfähigen Mindestbedingungen des friedlichen Zusammenlebens der Bürger gewährleisten.

Sowohl auf der Tatbestands- wie auch auf der Rechtfertigungsebene lassen sich die konkreten Strafbarkeitsvoraussetzungen und -grenzen nur einzelfallorientiert bestimmen. Daß jede fallbezogene Abwägung gewisse Unsicherheiten birgt, ist allerdings, wie Dieter Grimm feststellt, kein Problem von Meinungsfreiheit und Ehrenschutz, sondern ein Problem des Verhältnismäßigkeitsgrundsatzes überhaupt[319]. Abstrakt betrachtet lassen sich insofern die institutionalisierten Regeln der Beleidigungsstrafbarkeit als stellvertretendes Beispiel für einen fairen Ausgleich zwischen Individual- und Kollektivinteressen in der politischen Gemeinschaft betrachten. Wenn sich diese Regeln als vernünftigerweise universell konsentierbar erweisen, ist das ein gewichtiges Indiz für eine im sozialphilosophischen Sinne "gerechte" Verfassung des Gemeinwesens.

---

[319] Grimm, ZRP 1994, 279.

Literaturverzeichnis

Adorno, Theodor W.: *Sexualtabus* und Recht heute, in: Bauer/Bürger-Prinz/Giese/Jäger (Hrsg.), Sexualität und Verbrechen. Beiträge zur Strafrechtsreform, Frankfurt a.M. 1963, S. 299 ff.

- *Einleitung*, in: Durkheim, Soziologie und Philosophie, Frankfurt a.M. 1967, S. 7 ff.

- *Studien* zum autoritären Charakter, Frankfurt a.M. 1995.

Albrecht, Peter-Alexis: Das Strafrecht auf dem Weg vom liberalen Rechtsstaat zum sozialen Interventionsstaat. Entwicklungstendenzen des materiellen Strafrechts, in: KritV 1988, S. 182 ff.

- *Jugendstrafrecht*. Ein Studienbuch, 2. Aufl., München 1993.

- Erosionen des rechtsstaatlichen Strafrechts, in: KritV 1993, S. 163 ff.

Albrecht, Peter-Alexis u.a. (Hrsg.): *Strafrecht - ultima ratio*. Empfehlungen der Niedersächsischen Kommission zur Reform des Strafrechts und des Strafverfahrensrechts, Baden-Baden 1992.

Albrecht, Peter-Alexis / Hassemer, Winfried / Voß, Michael (Hrsg.): *Rechtsgüterschutz* durch Entkriminalisierung. Vorschläge der Hessischen Kommission "Kriminalpolitik" zur Reform des Strafrechts, Baden-Baden 1992.

Alexy, Robert: Theorie der juristischen *Argumentation*, Frankfurt a.M. 1978.

- Eine Theorie des praktischen *Diskurs*es, in: Oelmüller (Hrsg.), Normenbegründung, Normendurchsetzung, Paderborn 1978, S. 22 ff.

- Theorie der *Grundrechte*, Baden-Baden 1985.

Alternativkommentar zum Grundgesetz für die Bundesrepublik Deutschland, Band 1, Art. 1 - 20, 2. Aufl., Neuwied 1989. (zit.: *AK-GG-Bearbeiter*)

Alternativkommentar zum Strafgesetzbuch, Band 1, §§ 1 - 21; Band 3, §§ 80 - 145 d, Neuwied 1986. (zit.: *AK-StGB-Bearbeiter*)

Amelung, Knut: *Rechtsgüterschutz* und Schutz der Gesellschaft, Frankfurt a.M. 1972.

- *Rechtsgutverletzung* und Sozialschädlichkeit, in: Jung/Müller-Dietz/Neumann (Hrsg.), Recht und Moral, Baden-Baden 1991, S. 269 ff.

Ancel, Marc: *La défense sociale nouvelle*, 2. Aufl., Paris 1966.

Androulakis, Nikolaos: Die *Sammelbeleidigung*, Neuwied 1970.

Apel, Karl-Otto: Das *Apriori* der Kommunikationsgemeinschaft und die Grundlage der Ethik, in: ders., Transformation der Philosophie, Band 3, Frankfurt a.M. 1973, S. 358 ff.

- *Sprechakttheorie* und transzendentale Sprachpragmatik zur Frage ethischer Normen, in: ders. (Hrsg.), Sprachpragmatik und Philosophie, Frankfurt a.M. 1976, S. 10 ff.

- *Diskurs* und Verantwortung. Das Problem des Übergangs zur postkonventionellen Moral, Frankfurt a.M. 1988.

Aristoteles: *Politik*, hrsg. v. Eugen Rolfes, 3. Aufl., Leipzig 1922.
- *Nikomachische Ethik*, hrsg. v. Günther Bien, Hamburg 1972.

Arzt, Gunther: Der strafrechtliche Schutz der *Intimsphäre*. Vom zivilrechtlichen Persönlichkeitsschutz aus betrachtet, Tübingen 1970.
- Der strafrechtliche Ehrenschutz - Theorie und praktische Bedeutung, in: JuS 1982, S. 717 ff.

Arzt, Gunther / Weber, Ulrich: Strafrecht, Besonderer Teil, Lehrheft 5, Bielefeld 1982. (zit.: *LH 5*)

Backes, Otto: *Strafrecht und Lebenswirklichkeit*, in: Rechtsstaat und Menschenwürde, Festschrift für Werner Maihofer, Frankfurt a.M. 1988, S. 41 ff.

Bader, Hans: Mörder?, in: Betrifft Justiz 1995, S. 1 ff.

Bar, Ludwig v.: Zur Lehre von der Beleidigung mit besonderer Rücksicht auf die Presse, in: GS 52 (1896), S. 81 ff.

Barton, Dirk Michael: Pressefreiheit und Persönlichkeitsschutz, in: AfP 1995, S. 452 ff.

Bassenge, Friedrich: *Ehre* und Beleidigung, Berlin 1937.

Baumann, Jürgen: *Schuld und Sühne* als Grundproblem heutiger Strafrechtspflege?, in: ders. (Hrsg.), Mißlingt die Strafrechtsreform?, Neuwied 1969, S. 8 ff.
- Anm. zu BGHSt 40, 97, in: NStZ 1994, S. 392 f.

Baumann, Jürgen / Weber, Ulrich / Mitsch, Wolfgang: Strafrecht, Allgemeiner Teil, Lehrbuch, 10. Aufl., Bielefeld 1995. (zit.: *AT*)

Bayertz, Kurt: Die Idee der Menschenwürde: Probleme und Paradoxien, in: ARSP 1995, S. 465 ff.

Beccaria, Cesare: *Über Verbrechen und Strafen*. Nach der Ausgabe von 1766 übersetzt und herausgegeben von Wilhelm Alff, Frankfurt a.M. 1988.

Beck, Ulrich: *Risikogesellschaft*. Auf dem Weg in eine neue Moderne, Frankfurt a.M. 1986.
- *Gegengifte*. Die organisierte Unverantwortlichkeit, Frankfurt a.M. 1988.

Beck, Ulrich / Beck-Gernsheim, Elisabeth: *Individualisierung* in modernen Gesellschaften - Perspektiven und Kontroversen einer subjektorientierten Soziologie, in: dies. (Hrsg.), Riskante Freiheiten. Individualisierung in modernen Gesellschaften, Frankfurt a.M. 1994, S. 10 ff.

Becker, Howard S.: *Außenseiter*. Zur Soziologie abweichenden Verhaltens, Frankfurt a.M. 1973.

Beisel, Daniel: Die Strafbarkeit der Auschwitzlüge. Zugleich ein Beitrag zur Auslegung des neuen § 130 StGB, in: NJW 1995, S. 997 ff.

Beling, Ernst: Die Lehre vom *Verbrechen*, Tübingen 1906.

Benda, Ernst: Schriftlicher Bericht des Rechtsausschusses, in: BT-Drs. 3/1746 (1960), S. 1 ff.
- "Die *Würde* des Menschen ist unantastbar", in: Lampe (Hrsg.), Beiträge zur Rechtsanthropologie, ARSP-Beiheft 22, Stuttgart 1985, S. 23 ff.

- Menschenwürde und Persönlichkeitsrecht, in: Benda/Maihofer/Vogel (Hrsg.), Handbuch des Verfassungsrechts der Bundesrepublik Deutschland, 2. Aufl., Berlin 1994, S. 161 ff. (zit.: *HbVerfR*)
- Wirklich Götterdämmerung in Karlsruhe?, in: NJW 1995, S. 2470 f.
Benöhr, Hans-Peter: Judenverfolgung, Judenstern und Judenrecht im Mittelalter und in der Neuzeit, in: JuS 1989, S. 8 ff.
Berger, Peter L. / Berger, Brigitte / Kellner, Hansfried: Das *Unbehagen* in der Modernität, Frankfurt a.M. 1987.
Bertram, Günter: Noch einmal: Die "Auschwitzlüge" - Anmerkungen zum Urteil der 6. Großen Strafkammer des LG Mannheim vom 22.6.1994, in: NJW 1994, S. 2397 ff.
Beulke, Werner: *Strafprozeßrecht*, Heidelberg 1994.
Binding, Karl: Die *Normen* und ihre Übertretung, Band 1, 1. Aufl., Leipzig 1872.
- *Handbuch* des Strafrechts, Band 1, Leipzig 1885.
- Die *Ehre* im Rechtssinne und ihre Verletzbarkeit, Leipzig 1890.
- *Lehrbuch* des Gemeinen Deutschen Strafrechts, Besonderer Teil, 1. Band, 2. Aufl., Leipzig 1902.
Binding, Karl / Hoche, Alfred: Die *Freigabe* der Vernichtung lebensunwerten Lebens. Ihr Maß und ihre Form, 2. Aufl., Leipzig 1922.
Birkmeyer, Karl: *Was läßt von Liszt vom Strafrecht übrig?* Eine Warnung vor der modernen Richtung im Strafrecht, München 1907.
Birnbacher, Dieter: Utilaristische Ethik und Tötungsverbot. Zu Peter Singers "Praktische Ethik", in: Analyse & Kritik 12 (1990), S. 205 ff.
Birnbaum, Johann Michael Franz: Ueber das *Erforderniß* einer Rechtsverletzung zum Begriffe des Verbrechens, mit besonderer Rücksicht auf den Begriff der Ehrenkränkung, in: Archiv des Criminalrechts, Neue Folge, 1834, S. 149 ff.
Blankenburg, Erhard: Das *Ideologem* einer Gesellschaft ohne Recht, in: Gessner/Hassemer (Hrsg.), Gegenkultur und Recht, Baden-Baden 1985, S. 73 ff.
Blei, Hermann: Strafrecht, Band I, Allgemeiner Teil, 18. Aufl., München 1983. (zit.:*AT*)
- Strafrecht, Band II, Besonderer Teil, 12. Aufl., München 1983. (zit.:*BT*)
Bloch, Ernst: *Naturrecht* und menschliche Würde, Gesamtausgabe Bd. 6, Frankfurt a.M. 1985.
Bolze: Die Beleidigung kollektiver Personeneinheiten, in: GA 26 (1878), S. 1 ff.
Bottke, Wilfried: *Assoziationsprävention*. Zur heutigen Diskussion der Strafzwecke, Berlin 1995.
Brackert, Gesine: Kollektivbeleidigung und Meinungsfreiheit. Eine Anmerkung zum sog. Soldatenurteil, in: JA 1991, S. 189 ff.
Brock, Ditmar: Die Risikogesellschaft und das Risiko soziologischer Zuspitzung, in: Zeitschrift für Soziologie 20 (1991), S. 12 ff.

Brockelmann, Kurt: § 130 StGB und antisemitische Schriften, in: DRiZ 1976, S. 213 ff.
Broekman, Jan M.: *Sprechakt*, Freiheit und Autorität, in: Sprache, Performanz und Ontologie des Rechts, Festgabe für Kazimierz Opalek, Berlin 1993, S. 97 ff.
Brugger, Winfried: Grundlinien der Kantischen Rechtsphilosophie, in: JZ 1991, S. 893 ff.
Bruhns: Können juristische Personen und Körperschaften Gegenstand einer Beleidigung sein?, in: GS 27 (1875), S. 481 ff.
Brunkhorst, Hauke: *Sozialtherapie* - Schuld - Strafe, in: S. Müller/H.-U. Otto (Hrsg.), Damit Erziehung nicht zur Strafe wird. Sozialarbeit als Konfliktschlichtung, Bielefeld 1986, S. 17 ff.
Bruns, Hans-Jürgen: Zur Frage der passiven Beleidigungsfähigkeit handelsrechtlicher Kapitalgesellschaften im Strafrecht, in: NJW 1955, S. 689 ff.
Bubnoff, Eckhart v.: Die strafrechtliche Bekämpfung rechtsextremistischer Aktivitäten. Der Referentenentwurf eines 21. Strafrechtsänderungsgesetzes, in: ZRP 1982, S. 118 ff.
Calliess, Rolf-Peter: Theorie der *Strafe* im demokratischen und sozialen Rechtsstaat, Frankfurt a.M. 1974.
Campbell, Bert: Anm. zu BVerfG NStZ 1994, 580, in: NStZ 1995, S. 328 f.
Chomsky, Noam: Aspekte der *Syntax-Theorie*, Frankfurt a.M. 1969.
- *Sprache* und Geist, Frankfurt a.M. 1973.
Coing, Helmut: Grundzüge der *Rechtsphilosophie*, Berlin 1950.
Dahm, Georg: Die Ehre im Strafrecht, in: DR 1934, S. 417 ff.
- *Verbrechen und Tatbestand*, in: ders. (Hrsg.), Grundfragen der neuen Rechtswissenschaft, Berlin 1935, S. 62 ff.
- Der strafrechtliche Ehrenschutz der Familie, in: JW 1936, S. 2498 ff.
- Der *Ehrenschutz der Gemeinschaft*, in: Gegenwartsfragen der Strafrechtswissenschaft. Festschrift für Graf W. Gleispach, Berlin und Leipzig 1936, S. 1 ff.
- Der *Tätertyp* im Strafrecht, Leipzig 1940.
- *Deutsches Recht*. Die geschichtlichen und dogmatischen Grundlagen des geltenden Rechts. Eine Einführung, Stuttgart 1963.
Dahm, Georg / Schaffstein, Friedrich: *Liberales oder autoritäres Strafrecht?*, Hamburg 1933.
Dahrendorf, Ralf: *Deutsche Richter*. Ein Beitrag zur Soziologie der Oberschicht, in: ders., Gesellschaft und Freiheit, München 1961, S. 176 ff.
Dau, Klaus: Der strafrechtliche Ehrenschutz der Bundeswehr, in: NJW 1988, S. 2650 ff.
Denninger, Erhard: Über das Verhältnis von Menschenrechten zum positiven Recht, in: JZ 1982, S. 225 ff.

- Freiheit der Kunst, in: Isensee/Kirchhof (Hrsg.), Handbuch des Staatsrechts der Bundesrepublik Deutschland, Band VI, Heidelberg 1989, S. 847 ff. (*zit.: HbStR VI*)
- Kommentare zum "Soldatenurteil": Ganz unjuristische Anmerkung, in: KritJ 1990, S. 366 f.
- Verfassungsrecht und Solidarität, in: KritV 1995, S. 7 ff.
Deutsch, Erwin: Anm. zu BGH NJW 1980, 45 (=BGHZ 75, 160), in: NJW 1980, S. 1100.
Dietz, Simone: Die Lüge von der "Auschwitzlüge" - Wie weit reicht das Recht auf freie Meinungsäußerung?, in: KritJ 1995, S. 210 ff.
Dohna, Alexander Graf zu: Neue Mittel des Ehrenschutzes, in: ZStW 57 (1938), S. 158 ff.
- Unzucht und Beleidigung, in: DStR 1941, S. 34 ff.
Dreher, Eduard / Tröndle, Herbert: StGB und Nebengesetze, 47. Aufl., München 1995.
Dreier, Ralf: *Recht* - Moral - Ideologie. Studien zur Rechtstheorie, Frankfurt a.M. 1981.
- Der Begriff des Rechts, in: NJW 1986, S. 890 ff.
- Hauptströmungen gegenwärtiger Rechtsphilosophie in Deutschland, in: ARSP 1995, S. 155 ff.
Dürig, Günter: Der Grundrechtssatz von der Menschenwürde, in: AöR 81 (1956), S. 117 ff.
Durkheim, Emile: *Soziologie* und Philosophie, Frankfurt a.M. 1967.
- *Erziehung*, Moral und Gesellschaft, Neuwied 1973.
- Die *Regeln* der soziologischen Methode, 4. Aufl., Neuwied 1976.
- Über die *Teilung* der sozialen Arbeit, Frankfurt a.M. 1977.
- Die elementaren *Formen* des religiösen Lebens, Frankfurt a.M. 1981.
Dworkin, Ronald: *Bürgerrechte* ernstgenommen, Frankfurt a.M. 1990.
Ebert, Udo: *Talion und Spiegelung* im Strafrecht, in: Festschrift für Karl Lackner, Berlin 1987, S. 399 ff.
Eckhold-Schmidt, Fridel: *Legitimation* durch Begründung. Eine erkenntniskritische Analyse der Drittwirkungskontroverse, Berlin 1974.
Eckstein, Joseph: Die *Ehre* in Philosophie und Recht, Leipzig 1889.
Eisenberg, Ulrich: *Kriminologie*, 3. Aufl., Köln 1990.
Ellscheid, Günter: Das *Naturrechtsproblem*. Eine systematische Orientierung, in: Kaufmann/Hassemer (Hrsg.), Einführung in Rechtsphilosophie und Rechtstheorie der Gegenwart, 6. Aufl., Heidelberg 1994, S. 179 ff.
Engelhard, Herbert: Die *Ehre* als Rechtsgut im Strafrecht. Mannheim, Berlin, Leipzig 1921.
Engisch, Karl: Auf der Suche nach *Gerechtigkeit*. Hauptthemen der Rechtsphilosophie, München 1971.

- *Bemerkungen* über Normativität und Faktizität im Ehrbegriff, in: Festschrift für Richard Lange, Berlin 1976, S. 401 ff.

Erhardt, Elmar: *Kunstfreiheit* und Strafrecht. Zur Problematik satirischer Ehrverletzungen, Heidelberg 1989.

Eser, Albin: *Resozialisierung* in der Krise? Gedanken zum Sozialisationsziel des Strafvollzugs, in: Einheit und Vielfalt des Strafrechts, Festschrift für Karl Peters, Tübingen 1974, S. 505 ff.

- Strafrecht, Band 3, 2. Aufl., München 1981. (zit.: *StR III*)

Esser, Josef: *Vorverständnis* und Methodenwahl in der Rechtsfindung. Rationalitätsgarantien der richterlichen Entscheidungspraxis, 2. Aufl., Frankfurt a.M. 1972.

Evers, Hans-Ulrich: Zum unkritischen Naturrechtsbewußtsein in der Rechtsprechung der Gegenwart, in: JZ 1961, S. 241 ff.

Faller, Hans Joachim: Die richterliche *Unabhängigkeit* im Spannungsfeld von Politik, Weltanschauung und öffentlicher Meinung, in: Festschrift für Wolfgang Zeidler, Band I, Berlin 1987, S. 81 ff.

Ferri, Enrico: Das *Verbrechen* als sociale Erscheinung. Grundzüge der Kriminal-Sociologie, Leipzig 1896.

Feuerbach, Paul Johann Anselm v.: *Revision* der Grundsätze und Grundbegriffe des positiven peinlichen Rechts, 1. Teil, Erfurt 1799.

- Ueber die *Strafe* als Sicherungsmittel vor künftigen Beleidigungen des Verbrechers. Nebst einer näheren Prüfung der Kleinschen Strafrechtstheorie. Als Anhang zu der Revision des peinlichen Rechts, Chemnitz 1800.

- *Lehrbuch* des gemeinen, in Deutschland geltenden Peinlichen Rechts, Gießen 1801.

- *Kritik* des Kleinschrodischen Entwurfs zu einem peinlichen Gesetzbuche für die Chur-Pfalz-Bayrischen Staaten, Gießen 1804.

Fichte, Johann Gottlieb: Grundlage des *Naturrecht*s nach Principien der Wissenschaftslehre, in: Johann Gottlieb Fichte`s sämmtliche Werke, hrsg. v. J. H. Fichte, Dritter Band, Berlin 1845, S. 1 ff.

Fischer, Thomas: Die Eignung, den öffentlichen Frieden zu stören. Zur Beseitigung eines "restriktiven" Phantoms, in: NStZ 1988, S. 159 ff.

- Sind Behörden beleidigungsfähig? Zur Auslegung von § 194 Abs. 3, 4 StGB, in: JZ 1990, S. 68 ff.

Forst, Rainer: *Kontexte* der Gerechtigkeit. Politische Philosophie jenseits von Liberalismus und Kommunitarismus, Frankfurt a.M. 1994.

- Welche *Person*? Wessen Gemeinschaft? Zur Kontroverse zwischen Liberalismus und Kommunitarismus, in: van den Brink/van Reijen (Hrsg.), Bürgergesellschaft, Recht und Demokratie, Frankfurt a.M. 1995, S. 213 ff.

Forsthoff, Ernst: *Der totale Staat*, Hamburg 1933.

Foucault, Michel: *Überwachen* und Strafen. Die Geburt des Gefängnisses, Frankfurt a.M. 1977.

Frank, Reinhard v.: Das *Strafgesetzbuch* für das Deutsche Reich nebst dem Einführungsgesetz, 18. Aufl., Tübingen 1931.
Frankenberg, Günter: Republik und Sozialstaat. Stichworte zum Zusammenhang von öffentlicher Freiheit und ziviler Solidarität, in: KritV 1995, S. 25 ff.
Frankowski, Stanislaw: Die Todesstrafe in den USA, in: ZStW 100 (1988), S. 951 ff.
Frehsee, Detlev: *Schadenswiedergutmachung* als Instrument strafrechtlicher Sozialkontrolle. Ein kriminalpolitischer Beitrag zur Suche nach alternativen Sanktionsformen, Berlin 1987.
Freisler, Roland: Nationalsozialistisches Strafrecht, in: DJ 1934, S. 471 ff.
- Gedanken zum Gemeinschaftsehrenschutz, in: DJ 1936, S. 1458 ff.
Freud, Sigmund: *Totem und Tabu*, in: ders., Fragen der Gesellschaft. Ursprünge der Religion. Studienausgabe, Band IX, Frankfurt a.M. 1982, S. 287 ff.
Freundlieb, Dieter: Zur Problematik einer Diskurstheorie der Wahrheit, in: Zeitschrift für allgemeine Wissenschaftstheorie 6 (1975), S. 82 ff.
Fromm, Erich: *Psychoanalyse* und Ethik. Bausteine zu einer humanistischen Charakterologie, München 1985.
Frommel, Monika: *Präventionsmodelle* in der deutschen Strafzweck-Diskussion. Beziehungen zwischen Rechtsphilosophie, Dogmatik, Rechtspolitik und Erfahrungswissenschaft, Berlin 1987.
- *Umrisse* einer liberal-rechtsstaatlichen Normverdeutlichung durch Strafrecht, in: Festschrift für Horst Schüler-Springorum, Köln 1993, S. 257 ff.
- Das Rechtsgut der Volksverhetzung - oder bloß ein "Ablaßhandel" in drei Akten, in: KritJ 1995, S. 402 ff.
Fuchs, Josef: *Lex naturae*. Zur Theologie des Naturrechts, Düsseldorf 1955.
Fülle, Gudrun: Sind *Soldaten* potentielle Mörder? Innenansichten eines Prozesses - ein Bericht vom Prozeß der 29. Großen Strafkammer des Frankfurter Landgerichts, 2. Instanz, im Herbst 1989. Frankfurt a.M. 1994.
Gadamer, Hans-Georg: *Wahrheit* und Methode. Grundzüge einer philosophischen Hermeneutik. Band 1, 6. Aufl., Tübingen 1990; Band 2, 2. Aufl., Tübingen 1993.
Gallas, Wilhelm: Zur *Kritik* der Lehre vom Verbrechen als Rechtsgutverletzung, in: Gegenwartsfragen der Strafrechtswissenschaft. Festschrift für Graf W. Gleispach, Berlin und Leipzig 1936, S. 50 ff.
- Beleidigung und Sittlichkeitsdelikt, in: ZAkDR 1941, S. 15 ff.
Gehlen, Arnold: *Moral* und Hypermoral. Eine pluralistische Ethik, Frankfurt a.M. 1970.
Geiger, Theodor: *Vorstudien* zu einer Soziologie des Rechts, Neuwied 1964.
Geilen, Gerd: Zur Problematik des volksverhetzenden Leserbriefs, in: NJW 1976, S. 279 ff.

Geis, Max-Emanuel: Das revidierte Konzept der "Gerechtigkeit als Fairneß" bei John Rawls - materielle oder prozedurale Gerechtigkeitstheorie?, in: JZ 1995, S. 324 ff.

Geisler, Linus S.: *Dinosaurier-Ethik* gegen die schöne neue Welt. Zu viel Moral oder zu wenig?, in: Frankfurter Rundschau, 17. 5. 1995, S. 12.

Geppert, Klaus: Straftaten gegen die Ehre (§§ 185 ff. StGB), in: Jura 1983, S. 530 ff., 580 ff.

Gern, Alfons: Menschenwürde und gute Sitten, in: NJW 1983, S. 1585 ff.

Giehring, Heinz: Pazifistische radikale Kritik als Volksverhetzung?, in: StV 1985, S. 30 ff.

- Die sog. "Soldatenurteile" - eine kritische Zwischenbilanz. Zugleich ein Beitrag zum Mißbrauch des Beleidigungstatbestandes zum Schutz staatlicher Institutionen, in: StV 1992, S. 194 ff.

Giese, Bernhard: Das *Würde-Konzept*. Eine normfunktionale Explikation des Begriffes Würde in Art. 1 Abs. 1 GG. Berlin 1975.

Goerlich, Helmut: *Rawls* oder rationales Naturrecht, in: Rechtsphilosophie 9 (1978), S. 434 ff.

Goffman, Erving: *Stigma*. Über Techniken der Bewältigung beschädigter Identität, Frankfurt a.M. 1972.

Grasnick, Walter: Anm. zu BVerfG JR 1995, 160, in: JR 1995, S. 162 ff.

Grimm, Dieter: ZRP-Rechtsgespräch: "Wir machen das Meinungsklima nicht" - Antworten auf die Kritik an der Ehrenschutz-Rechtsprechung des BVerfG, in: ZRP 1994, S. 276 ff.

- Die Meinungsfreiheit in der Rechtsprechung des Bundesverfassungsgerichts, in: NJW 1995, S. 1697 ff.

Großfeld, Bernhard: Götterdämmerung? Zur Stellung des Bundesverfassungsgerichts, in: NJW 1995, S. 1719 ff.

Grünwald, Gerald: Meinungsfreiheit und Strafrecht, in: KritJ 1979, S. 291 ff.

Gruter, Margaret: Die Bedeutung der *Verhaltensforschung* für die Rechtswissenschaft, Berlin 1976.

Günther, Klaus: *Möglichkeiten* einer diskursethischen Begründung des Strafrechts, in: Jung/Müller-Dietz/Neumann (Hrsg.), Recht und Moral, Baden-Baden 1991, S. 205 ff.

Gusy, Christoph: Sittenwidrigkeit im Gewerberecht, in: DVBl 1982, S. 984 ff.

Häberle, Peter: Die Menschenwürde als Grundlage der staatlichen Gemeinschaft, in: Isensee/Kirchhof (Hrsg.), Handbuch des Staatsrechts der Bundesrepublik Deutschland, Band I, Heidelberg 1987, S. 815 ff. (zit.: *HbStR I*)

- Die Freiheit der Kunst im Verfassungsstaat, in: AöR 1985, S. 577 ff.

Habermas, Jürgen: *Arbeit* und Interaktion. Bemerkungen zu Hegels Jenenser "Philosophie des Geistes", in: ders., Technik und Wissenschaft als "Ideologie", Frankfurt a.M. 1968, S. 9 ff.

- *Vorbereitende Bemerkungen* zu einer Theorie der kommunikativen Kompetenz, in: Habermas/Luhmann, Theorie der Gesellschaft oder Sozialtechnologie - Was leistet die Systemforschung?, Frankfurt a.M. 1971, S. 101 ff.
- Theorie der Gesellschaft oder *Sozialtechnologie*? Eine Auseinandersetzung mit Niklas Luhmann, in: Habermas/Luhmann, Theorie der Gesellschaft oder Sozialtechnologie - Was leistet die Systemforschung?, Frankfurt a.M. 1971, S. 142 ff.
- *Wahrheitstheorien*, in: Wirklichkeit und Reflexion, Festschrift für Walter Schulz, Pfullingen 1973, S. 211 ff.
- Was heißt *Universalpragmatik*?, in: Apel (Hrsg.), Sprachpragmatik und Philosophie, Frankfurt a.M. 1976, S. 174 ff.
- *Theorie* des kommunikativen Handelns, *Band 1*, Handlungsrationalität und gesellschaftliche Rationalisierung; *Band 2*, Zur Kritik der funktionalistischen Vernunft, 2. Aufl., Frankfurt a.M. 1982.
- *Diskursethik* - Notizen zu einem Begründungsprogramm, in: ders., Moralbewußtsein und kommunikatives Handeln, Frankfurt a.M. 1983, S. 53 ff.
- *Vorstudien* und Ergänzungen zur Theorie des kommunikativen Handelns, Frankfurt a.M. 1984.
- Die *Krise* des Wohlfahrtsstaates und die Erschöpfung utopischer Energien, in: ders., Die neue Unübersichtlichkeit, Frankfurt a. M. 1985, S. 141 ff.
- *Gerechtigkeit* und Solidarität. Eine Stellungnahme zur Diskussion über "Stufe 6", in: Edelstein/Nunner-Winkler (Hrsg.), Zur Bestimmung der Moral. Philosophische und sozialwissenschaftliche Beiträge zur Moralforschung, Frankfurt a.M. 1986, S. 291 ff.
- Über *Moral*, Recht, zivilen Ungehorsam und Moderne, in: ders., Eine Art Schadensabwicklung, Frankfurt a.M. 1987, S. 64 ff.
- *Faktizität* und Geltung. Beiträge zur Diskurstheorie des Rechts und des demokratischen Rechtsstaats, Frankfurt a.M. 1992.

Haferkamp, Hans: *Kriminelle Karrieren*. Handlungstheorie, teilnehmende Beobachtung und Soziologie krimineller Prozesse, Reinbek 1975.

Haffke, Bernhard: Strafrechtsdogmatik und Tiefenpsychologie, in: GA 1978, S. 33 ff.

Haft, Fritjof: Recht und *Sprache*, in: Kaufmann/Hassemer (Hrsg.), Einführung in Rechtsphilosophie und Rechtstheorie der Gegenwart, 6. Aufl., Heidelberg 1994, S. 269 ff.
- Strafrecht. Besonderer Teil, 5. Aufl., München 1995. (zit.: *BT*)

Hager, Johannes: Persönlichkeitsschutz gegenüber Medien, in: Jura 1995, S. 566 ff.

Hälschner, Hugo: *System* des Preußischen Strafrechts, Zweiter Theil, Die Verbrechen gegen das Recht der Privatperson, Bonn 1868.

Hammeley, Karl: Die *Kollektivbeleidigung* (Beleidigung von Personengesamtheiten und von Einzelpersonen durch Gesamtbezeichnung), Breslau 1910.

Hanack, Ernst-Walter: Zur Problematik der gerechten Bestrafung nationalsozialistischer Gewaltverbrecher, in: JZ 1967, S. 297 ff., 329 ff.
Hartung, Fritz: Die Beleidigungsdelikte im Entwurf 1959, in: ZStW 71 (1959), S. 385 ff.
Harzer, Regina: Der *Naturzustand* als Denkfigur moderner und praktischer Vernunft. Zugleich ein Beitrag zur Staats- und Rechtsphilosophie von Hobbes und Kant, Frankfurt a.M. 1994.
Hassemer, Winfried: *Tatbestand* und Typus. Untersuchungen zur strafrechtlichen Hermeneutik, Köln 1968.
- Dogmatische, kriminalpolitische und verfassungsrechtliche Bedenken gegen die Kostentragungspflicht des Angeklagten, in: ZStW 85 (1973), S. 651 ff.
- *Theorie* und Soziologie des Verbrechens. Ansätze zu einer praxisorientierten Rechtsgutslehre, Frankfurt a.M. 1980.
- *Einführung* in die Grundlagen des Strafrechts. 1. Aufl., München 1981; 2. Aufl., München 1990.
- *Grundlinien* einer personalen Rechtsgutslehre, in: Philipps/Scholler (Hrsg.), Jenseits des Funktionalismus, Arthur Kaufmann zum 65. Geburtstag, Heidelberg 1989, S. 85 ff.
- Symbolisches Strafrecht und Rechtsgüterschutz, in: NStZ 1989, S. 553 ff.
- Kommentare zum "Soldatenurteil": Strafrechtliche Aspekte, in: KritJ 1990, S. 359 ff.
- Kennzeichen und Krisen des modernen Strafrechts, in: ZRP 1992, S. 378 ff.
- *Strafrechtswissenschaft* in der Bundesrepublik Deutschland, in: Simon (Hrsg.), Rechtswissenschaft in der Bonner Republik. Studien zur Wissenschaftsgeschichte der Jurisprudenz, Frankfurt a.M. 1994, S. 259 ff.
- Perspektiven einer neuen Kriminalpolitik, in: StV 1995, S. 483 ff.
Hassenstein, Bernhard: *Verhaltensbiologie* des Kindes, München 1973.
Haynal, André: *Psychoanalytische Erkenntnisse*, Stuttgart 1995.
Hegel, Georg Wilhelm Friedrich: *Jenaer Schriften* 1801 - 1807, in: G. W. F. Hegel, Werke in 20 Bänden, Band 2, Frankfurt a.M. 1986.
- Grundlinien der Philosophie des Rechts oder Naturrecht und Staatswissenschaft im Grundrisse, in: Werkausgabe, Band 7. (zit.: *Rechtsphilosophie*)
- *Enzyklopädie* der philosophischen Wissenschaften III, in: Werkausgabe, Band 10.
Heidegger, Martin: *Sein und Zeit*, 17. Aufl., Tübingen 1993.
Heins, Engelhard: Der historische und der soziale Gehalt der *Ehre*, Breslau-Neukirch 1941.
Hellmer, Joachim: Beleidigung und Intimsphäre, in: GA 1963, S. 129 ff.
Henschel, Johann Friedrich: Die Kunstfreiheit in der Rechtsprechung des Bundesverfassungsgerichts, in: NJW 1990, S. 1937 ff.
Herdegen, Gerhard: "Soldaten sind Mörder", in: NJW 1994, S. 2933 f.

Herzog, Felix: *Gesellschaftliche Unsicherheit* und strafrechtliche Daseinsvorsorge. Studien zur Vorverlagerung des Strafrechtsschutzes in den Gefährdungsbereich. Heidelberg 1991.

Heß, Anton: Die *Ehre* und die Beleidigung nach § 185 StGB. Hamburg 1891.

Hess, Henner: *Mafia*. Zentrale Herrschaft und lokale Gegenmacht, 2. Aufl., Tübingen 1986.

Hess, Henner / Stehr, Johannes: Die ursprüngliche *Erfindung* des Verbrechens, in: KrimJ Beiheft 2, Weinheim 1987, S. 18 ff.

Hilgendorf, Eric: Strafrechtliche *Produzentenhaftung* in der "Risikogesellschaft", Berlin 1993.

Hillenkamp, Thomas: Anm. zu BGH JR 1987, 125, in: JR 1987, S. 126 ff.

Hinsch, Wilfried: *Einleitung*, in: John Rawls, Die Idee des politischen Liberalismus, Frankfurt a.M. 1994, S. 9 ff.

Hippel, Ernst v.: Einführung in die *Rechtstheorie*, 2. Aufl., Bonn 1947.

Hippel, Robert v.: *Lehrbuch* des Strafrechts, Berlin 1932.

Hirsch, Hans Joachim: *Ehre* und Beleidigung. Grundfragen des strafrechtlichen Ehrenschutzes, Karlsruhe 1967.

- Gegenwart und Zukunft des *Privatklageverfahrens*, in: Festschrift für Richard Lange, Berlin 1976, S. 815 ff.

- Literaturbericht, Strafrecht - Besonderer Teil (III. Teil), in: ZStW 90 (1978), S. 965 ff.

Hirschberg, Max: Die *Schutzobjekte* der Verbrechen, Breslau 1910.

Hobbes, Thomas: *Leviathan* (1651). Zit. nach dem Nachdruck bei Vormbaum (Hrsg.), Texte zur Strafrechtstheorie der Neuzeit, Band I, Baden-Baden 1993, S. 36 ff.

Hoerster, Norbert: Grundsätzliches zur Strafwürdigkeit der Gefälligkeitssterilisation, in: JZ 1971, S. 123 ff.

- Zur Verteidigung des Rechtspositivismus, in: NJW 1986, S. 2480 ff.

- Kindstötung und das Lebensrecht von Personen, in: Analyse & Kritik 12 (1990), S. 226 ff.

- Forum: Abtreibungsverbot - Religiöse Voraussetzungen und rechtspolitische Konsequenzen, in: JuS 1991, S. 190 ff.

Höffe, Otfried: *Ethik* und Politik. Grundmodelle und -probleme der praktischen Philosophie, 4. Aufl., Frankfurt a.M. 1992.

- Kategorische *Rechtsprinzipien*. Ein Kontrapunkt der Moderne. Frankfurt a.M. 1994.

- Über *John Rawls'* Theorie der Gerechtigkeit, Frankfurt a. M. 1977.

Höfling, Wolfram: Menschenwürde und gute Sitten, in: NJW 1983, S. 1582 ff.

Hofmann, Frank: *Hospitalismus* (Stichwort), in: Kerner (Hrsg.), Kriminologie Lexikon, 4. Aufl., Heidelberg 1991, S. 139.

Hold-Fernek, Alexander: *Der Staat als Übermensch*. Zugleich eine Auseinandersetzung mit der Rechtslehre Kelsens, Jena 1926.

Holland, James G. / Skinner, Burrhus F.: *Analyse des Verhaltens*, 2. Aufl., München 1974.

Holtzendorff, Franz v.: *Handbuch* des deutschen Strafrechts, Dritter Band, Die Lehre von den Verbrechensarten, Berlin 1874.

Hommel, Karl Ferdinand: Des Herrn Marquis von Beccaria unsterbliches Werk von Verbrechen und Strafen. Auf das Neue selbst aus dem Italiänischen übersezet mit durchgängigen Anmerkungen (1778). Nachdruck auszugsweise in: Vormbaum (Hrsg.), Texte zur Strafrechtstheorie der Neuzeit, Band I, Baden-Baden 1993, S. 131 ff. (zit.: *Vorrede*)

Hondrich, Karl Otto: *Moderne Gesellschaften* brauchen abweichendes soziales Verhalten. Soziologische Thesen zu Liberalität, Mehrheiten und Minderheiten, in: Frankfurter Rundschau, 26. 5. 1995, S. 20.

Honig, Richard Martin: Die *Einwilligung* des Verletzten. Teil I: Die Geschichte des Einwilligungsproblems und die Methodenfrage, Mannheim 1919.

Honneth, Axel: Kritische Theorie. Vom Zentrum zur Peripherie einer Denktradition, in: Kölner Zeitschrift für Soziologie und Sozialpsychologie 41 (1989), S. 1 ff.

- Moralische *Entwicklung* und sozialer Kampf. Sozialphilosophische Lehren aus dem Frühwerk Hegels, in: Honneth/McCarthy/Offe/Wellmer (Hrsg.), Zwischenbetrachtungen. Im Prozeß der Aufklärung, Jürgen Habermas zum 60. Geburtstag, 2. Aufl., Frankfurt a.M. 1989, S. 549 ff.

- *Kommunitarismus*. Eine Debatte über die moralischen Grundlagen moderner Gesellschaften, Frankfurt a.M. 1993.

- Die soziale *Dynamik* von Mißachtung. Zur Ortsbestimmung einer kritischen Gesellschaftstheorie, in: Leviathan 1994, S. 78 ff.

- Kampf um *Anerkennung*. Zur moralischen Grammatik sozialer Konflikte. Frankfurt a.M. 1994.

- Die Stimme der *Gerechtigkeit*. Jenseits von Individuum und Gemeinschaft: die politische Philosophie muß sozialwissenschaftlich erweitert werden, in: Frankfurter Rundschau, 8. 8. 1995, S. 7.

Horkheimer, Max: *Sozialpsychologische Forschungen* zum Problem des Autoritarismus, Nationalismus und Antisemitismus, in: K. D. Hartmann (Hrsg.), Vorurteile, Ängste, Aggressionen, Frankfurt a.M. 1975, S. 19 ff.

- Zur *Kritik* der instrumentellen Vernunft, Frankfurt a.M. 1985.

- Traditionelle und kritische *Theorie*, in: ders., Gesammelte Schriften, Bd. 4, Schriften 1936 -1941, Frankfurt a.M. 1988, S. 162 ff.

- *Wahrheit* im Denken, in: ders., Gesammelte Schriften, Bd. 13, Nachgelassene Schriften 1949-1972, Frankfurt a.M. 1989, S. 100 ff.

Horkheimer, Max / Adorno, Theodor W.: *Dialektik* der Aufklärung. Philosophische Fragmente. Frankfurt a.M. 1988.

Hörnle, Tatjana / Hirsch, Andrew v.: Positive Generalprävention und Tadel, in: GA 1995, S. 261 ff.
Hurwicz, Elias: Beleidigung sozialer Einheiten, in: ZStW 31 (1911), S. 873 ff.
Husmann, J.H.: Die Beleidigung und die Kontrolle des öffentlichen Interesses an der Strafverfolgung, in: MDR 1988, S. 727 ff.
Ignor, Alexander: Der Straftatbestand der *Beleidigung*. Zu den Problemen des § 185 Strafgesetzbuch im Hinblick auf das Bestimmtheitsgebot des Artikel 103, Absatz 2 Grundgesetz, Baden-Baden 1995.
Isensee, Josef: Kunstfreiheit im Streit mit Persönlichkeitsschutz, in: AfP 1993, S. 619 ff.
Jäger, Herbert: *Strafgesetzgebung* und Rechtsgüterschutz bei den Sittlichkeitsdelikten, Stuttgart 1957.
- Zur Ambivalenz von Staatsforschung und staatlicher Auftragsforschung in der Kriminologie, in: KrimJ 1980, S. 228 ff.
- *Soldaten* und Mörder - Anmerkungen zu einem umstrittenen Vergleich, in: Schwimmen gegen den Strom. Um der Überzeugung willen. Festschrift für Helga Einsele, Frankfurt a.M. 1990, S. 125 ff.
Jagusch, Heinrich / Hentschel, Peter: Straßenverkehrsrecht, 33. Aufl., München 1995.
Jakobs, Günther: Die *Aufgabe* des strafrechtlichen Ehrenschutzes, in: Festschrift für Hans-Heinrich Jescheck, 1. Halbband, Berlin 1985, S. 627 ff.
- Kriminalisierung im Vorfeld einer Rechtsgutsverletzung, in: ZStW 97 (1985), S. 751 ff.
- Strafrecht, Allgemeiner Teil. Die Grundlagen und die Zurechnungslehre, 2. Aufl., Berlin 1991. (zit.: *AT*)
- Anm. zu BGHSt 40, 97, in: StV 1994, S. 540 ff.
Jarass, Hans D. / Pieroth, Bodo: Grundgesetz für die Bundesrepublik Deutschland, Kommentar, 2. Aufl., München 1992.
Jellinek, Georg: Die sozialethische *Bedeutung* von Recht, Unrecht und Strafe, 2. Aufl., Wien 1908.
Jescheck, Hans-Heinrich: Die Rechtsprechung des Bundesgerichtshofs in Strafsachen, in: GA 1958, S. 1 ff.
- Lehrbuch des Strafrechts, Allgemeiner Teil, 4. Aufl., Berlin 1988. (zit.: *AT*)
Kaiser, Günther: *Kriminologie*. Ein Lehrbuch. 2. Aufl., Heidelberg 1988.
Kant, Immanuel: Vorkritische Schriften bis 1768 II. Werkausgabe in zwölf Bänden, hrsg. v. Wilhelm Weischedel, Frankfurt a.M. 1977, Band II.
- Kritik der praktischen Vernunft. Grundlegung zur Metaphysik der Sitten. Werkausgabe, Band VII.
- Die Metaphysik der Sitten (*MdS*). Werkausgabe, Band VIII.
- Schriften zur Anthropologie, Geschichtsphilosophie, Politik und Pädagogik 1. Werkausgabe, Band XI.

Kargl, Walter: *Instrumentalität und Symbolik* der positiven Generalprävention, in: Kriminalsoziologische Bibliografie 66/67 (1990), S. 105 ff.
- Gesinnung und Erfolg im Unterschlagungstatbestand. Die Manifestation der Zueignung, in: ZStW 103 (1991), S. 136 ff.
- *Handlung* und Ordnung im Strafrecht. Grundlagen einer kognitiven Handlungs- und Straftheorie, Berlin 1991.
- Unterlassene Hilfeleistung (§ 323c StGB). Zum Verhältnis von Recht und Moral, in: GA 1994, S. 247 ff.
- Die *Funktion* des Strafrechts in rechtstheoretischer Sicht. Schlußfolgerungen aus dem Milgram-Experiment, Heidelberg 1995.
- *Rechtsgüterschutz* durch Rechtsschutz. Über den begrenzenden Zusammenhang von Rechtsgütern, Schaden und Strafe, in: Institut für Kriminalwissenschaften Frankfurt a.M. (Hrsg.), Vom unmöglichen Zustand des Strafrechts, Frankfurt a.M. 1995, S. 53 ff.
- *Friedenssicherung* durch Strafrecht. Teleologische Strafrechtfertigung am Beispiel der Tötungsdelikte, in: ARSP 1996, S. 485 ff.
Karlsruher Kommentar zur Strafprozeßordnung und zum Gerichtsverfassungsgesetz mit Einführungsgesetz, 3. Aufl., München 1993. (zit.: *KK-Bearbeiter*)
Kaufmann, Armin: *Lebendiges und Totes* in Bindings Normentheorie. Normlogik und moderne Strafrechtsdogmatik, Göttingen 1954.
- Die *Aufgabe* des Strafrechts, Opladen 1983.
Kaufmann, Arthur: Das *Unrechtsbewußtsein* in der Schuldlehre des Strafrechts. Zugleich ein Leitfaden durch die moderne Schuldlehre, Mainz 1949.
- Zur Frage der Beleidigung von Kollektivpersönlichkeiten, in: ZStW 72 (1960), S. 418 ff.
- *Subsidiaritätsprinzip* und Strafrecht, in: Grundfragen der gesamten Strafrechtswissenschaft, Festschrift für Heinrich Henkel, Berlin 1974, S. 89 ff.
- Strafrechtspraxis und sittliche Normen. Zugleich ein Beitrag zu den §§ 218 ff. StGB n. F., in: JuS 1978, S. 361 ff.
- Die *Naturrechtsrenaissance* der ersten Nachkriegsjahre - und was daraus geworden ist, in: Die Bedeutung der Wörter. Studien zur europäischen Rechtsgeschichte, Festschrift für Sten Gagnér, München 1991, S. 105 ff.
- Das *Menschenbild* im Recht. Rechtsphilosophische Aspekte, in: Festschrift für Horst Schüler-Springorum, Köln 1993, S. 415 ff.
- *Rechtsphilosophie*, Rechtstheorie, Rechtsdogmatik, in: ders./Hassemer (Hrsg.), Einführung in Rechtsphilosophie und Rechtstheorie der Gegenwart, 6. Aufl., Heidelberg 1994, S. 1 ff.
- *Problemgeschichte* der Rechtsphilosophie, in: ders./Hassemer (Hrsg.), Einführung in Rechtsphilosophie und Rechtstheorie der Gegenwart, 6. Aufl., Heidelberg 1994, S. 30 ff.

- Die Radbruchsche Formel vom gesetzlichen Unrecht und vom übergesetzlichen Recht in der Diskussion um das im Namen der DDR begangene Unrecht, in: NJW 1995, S. 81 ff.
Kaufmann, Franz-Xaver: *Sicherheit* als soziologisches und sozialpolitisches Problem. Untersuchungen zu einer Wertidee hochdifferenzierter Gesellschaften, 2. Aufl., Stuttgart 1973.
Kaufmann, Hilde: *Kriminologie I.* Entstehungszusammenhänge des Verbrechens, Stuttgart 1971.
Keckeisen, Wolfgang: Die gesellschaftliche *Definition* abweichenden Verhaltens. Perspektiven und Grenzen des labeling approach, München 1974.
Keller, Monika / Edelstein, Wolfgang: Die *Entwicklung* eines moralischen Selbst von der Kindheit zur Adoleszenz, in: Edelstein/Nunner-Winkler/Noam (Hrsg.), Moral und Person. Beiträge zur Soziogenese der Handlungsfähigkeit, Frankfurt a.M. 1993, S. 307 ff.
Kelsen, Hans: Die philosophischen *Grundlagen* der Naturrechtslehre und des Rechtspositivismus, Berlin 1928.
- Was ist *Gerechtigkeit*?, Wien 1953.
- *Reine Rechtslehre*, 2. Aufl., Wien 1960.
Kersting, Wolfgang: *John Rawls*, Hamburg 1993.
- Die politische Philosophie des *Gesellschaftsvertrag*s, Darmstadt 1994.
Keßler, Rudolf: Rechtsgut, oder rechtlich geschütztes Interesse, oder subjectives Recht?, in: GS 39 (1887), S. 94 ff.
Kiehl, Walter H.: Das Ende der "kleinen Sexualdelikte"?, in: NJW 1989, S. 3003 ff.
Kienapfel, Diethelm: Strafrecht, Allgemeiner Teil, 4. Aufl., Berlin 1984. (zit.: *AT*)
Kiesel, Martin: Die Liquidierung des Ehrenschutzes durch das BVerfG, in: NVwZ 1992, S. 1129 ff.
Kindhäuser, Urs: *Gefährdung* als Straftat. Rechtstheoretische Untersuchungen zur Dogmatik der abstrakten und konkreten Gefährdungsdelikte, Frankfurt a.M. 1989.
- *Strafe*, Strafrecht und Rechtsgüterschutz, in: Lüderssen/Nestler-Tremel/Weigend (Hrsg.), Modernes Strafrecht und ultima-ratio-Prinzip, Frankfurt a.M. 1990, S. 29 ff.
Klee, Ernst: Wo die *Täter* Opfer spielten, war für die wirklichen Opfer kein Platz. Über die Strafverfolgung von Nazi-Verbrechern, in: Böllinger/Lautmann (Hrsg.), Vom Guten, das noch stets das Böse schafft. Kriminalwissenschaftliche Essays zu Ehren von Herbert Jäger, Frankfurt a.M. 1993, S. 15 ff.
Klug, Ulrich: *Abschied* von Kant und Hegel, in: Baumann (Hrsg.), Programm für ein neues Strafgesetzbuch. Der Alternativ-Entwurf der Strafrechtslehrer, Frankfurt a.M. 1968, S. 36 ff.

Kohlberg, Lawrence: *Essays* on moral development, Vol. I, The philosophy of moral development, San Francisco 1981.
- Die *Psychologie der Moralentwicklung*, hrsg. v. Althof/Noam/Oser, Frankfurt a.M. 1995.

Kohlberg, Lawrence / Boyd, Dwight R. / Levine, Charles: Die *Wiederkehr* der sechsten Stufe: Gerechtigkeit, Wohlwollen und der Standpunkt der Moral, in: Edelstein/Nunner-Winkler (Hrsg.), Zur Bestimmung der Moral. Philosophische und sozialwissenschaftliche Beiträge zur Moralforschung, Frankfurt a.M. 1986, S. 205 ff.

Kohler, Josef: Ehre und Beleidigung, in: GA 47 (1900), S. 1 ff., 98 ff.

Köhler, Michael: Zur Frage der Strafbarkeit des Leugnens von Völkermordtaten, in: NJW 1985, S. 2389 ff.

König, Peter / Seitz, Helmut: Die straf- und strafverfahrensrechtlichen Regelungen des Verbrechensbekämpfungsgesetzes, in: NStZ 1995, S. 1 ff.

Körner, Hans Harald: Gutachten zur Zulässigkeit von Gesundheitsräumen für den hygienischen und streßfreien Konsum von Betäubungsmitteln durch Opiatabhängige, in: StV 1994, S. 683 ff.

Krey, Volker: Strafrecht, Besonderer Teil 1, 9. Aufl., Stuttgart 1994. (zit.: *BT 1*)
- Das Bundesverfassungsgericht in Karlsruhe - ein Gericht läuft aus dem Ruder. Kritische Anmerkungen anläßlich des Sitzblockaden-Beschlusses des Ersten Senats vom 10.1.1995, in: JR 1995, S. 221 ff.

Kriele, Martin: Theorie der *Rechtsgewinnung*. Entwickelt am Problem der Verfassungsinterpretation, 2. Aufl., Berlin 1976.
- Ehrenschutz und Meinungsfreiheit, in: NJW 1994, S. 1897 ff.

Krug, Paul-Eberhard: *Ehre* und Beleidigungsfähigkeit von Verbänden, Berlin 1965.

Krümpelmann, Justus: Die *Bagatelldelikte*. Untersuchungen zum Verbrechen als Steigerungsbegriff, Berlin 1966.

Kübler, Friedrich: Öffentlichkeit als Tribunal? - Zum Konflikt zwischen Medienfreiheit und Ehrenschutz, in: JZ 1984, S. 541 ff.
- Anm. zu BVerfG JZ 1990, 915, in: JZ 1990, S. 916 f.

Kuhlen, Lothar: Zum Strafrecht der Risikogesellschaft, in: GA 1994, S. 347 ff.

Küpper, Georg: Grundprobleme der Beleidigungsdelikte, §§ 185 ff. StGB, in: JA 1985, S. 453 ff.

Lackner, Karl: Strafgesetzbuch mit Erläuterungen, 20. Aufl., München 1993.

Lackner, Karl / Kühl, Kristian: Strafgesetzbuch mit Erläuterungen, 21. Aufl., München 1995.

Lamneck, Siegfried: *Sozialisation* und kriminelle Karriere. Befunde aus zwei Erhebungen, in: Schüler-Springorum (Hrsg.), Mehrfach auffällig. Untersuchungen zur Jugendkriminalität, München 1982, S. 13 ff.

Lampe, Ernst-Joachim: *Recht und Moral* staatlichen Strafens, in: Jung/Müller-Dietz/Neumann (Hrsg.), Recht und Moral, Baden-Baden 1991, S. 305 ff.
- *Anthropologische Struktur* und Geschichtlichkeit des Rechts, in: Strafgerechtigkeit. Festschrift für Arthur Kaufmann, Heidelberg 1993, S. 199 ff.
Lamprecht, Rolf: Urteile und ihre Mißdeutungen, in: Neue Justiz 1995, S. 179 ff.
- Vom *Mythos* der Unabhängigkeit. Über das Dasein und Sosein der deutschen Richter, Baden-Baden 1995.
Larenz, Karl: *Methodenlehre* der Rechtswissenschaft, 4. Aufl., Berlin 1979.
Laubenthal, Klaus: Beleidigung Jugendlicher durch sexuelle Handlungen - BGH NJW 1986, 2442, in: JuS 1987, S. 700 ff.
Lautmann, Rüdiger: *Justiz* - die stille Gewalt, Frankfurt a.M. 1972.
Lehne, Werner: Symbolische Politik mit dem Strafrecht. Versuch einer Reinterpretation des Diskurses um symbolisches Strafrecht, in: KrimJ 1994, S. 210 ff.
Leipziger Kommentar zum StGB, Bd. 1, §§ 1-31, 10. Aufl., Berlin 1985; Bd. 4, §§ 80-184 c, 10. Aufl., Berlin 1988; Bd. 5, §§ 185-262, 10. Aufl., Berlin 1989; neubearbeitete Lieferungen zur 11. Aufl.: 1. Lieferung, Einleitung, §§ 1-2, Berlin 1992; 4. Lieferung, §§ 80-92b, Berlin 1992. (zit.: *LK-Bearbeiter*)
Liepmann, Moritz: Die *Beleidigung*, in: Vergleichende Darstellungen des deutschen und ausländischen Strafrechts, Besonderer Teil IV, Berlin 1906, S. 217 ff.
Liszt, Franz v.: Der Zweckgedanke im Strafrecht, in: ZStW 3 (1883), S. 1 ff.
- Rechtsgut und Handlungsbegriff im Bindingschen Handbuche, in: ZStW 6 (1886), S. 663 ff.
- Der Begriff des Rechtsgutes im Strafrecht und in der Encyklopädie der Rechtswissenschaft, in: ZStW 8 (1888), S. 133 ff.
- Die deterministischen Gegner der Zweckstrafe, in: ZStW 13 (1893), S. 325 ff.
- *Lehrbuch* des deutschen Strafrechts, bearbeitet von Eberhard Schmidt, 25. Aufl., Berlin und Leipzig 1927.
Locke, John: *Two Treatises* of Government, in: Thomas Tegg (Hrsg.), The Works of John Locke. A new edition. Volume V. Neudruck Aalen 1963, S. 207 ff.
Lohse, Volker: "Türken ist der Zutritt verboten" - Volksverhetzung durch Zugangsverweigerung, in: NJW 1985, S. 1677 ff.
Löwe / Rosenberg: Die Strafprozeßordnung und das Gerichtsverfassungsgesetz, Fünfter Band, GVG, EGGVG, Anhang, 23. Aufl., Berlin 1979.
Lüderssen, Klaus: *Erfahrung als Rechtsquelle.* Abduktion und Falsifikation von Hypothesen im juristischen Entscheidungsprozeß. Eine Fallstudie aus dem Kartellstrafrecht, Frankfurt a.M. 1972.
- Recht, Strafrecht und Sozialmoral, in: Analyse & Kritik 3 (1981), S. 194 ff.
- *Kriminologie.* Einführung in die Probleme, Baden-Baden 1984.

- *Stufenweise Ersetzung der Freiheitsstrafe*, in: W. Hassemer (Hrsg.), Strafrechtspolitik. Bedingungen der Strafrechtsreform, Frankfurt a.M. 1987, S. 83 ff.
- *Abschaffen* des Strafens?, Frankfurt a.M. 1995.
Luhmann, Niklas: *Vertrauen*. Ein Mechanismus der Reduktion sozialer Komplexität, Stuttgart 1968.
- *Legitimation* durch Verfahren, Neuwied 1969.
- *Systemtheoretische Argumentationen*. Eine Entgegnung auf Jürgen Habermas, in: Habermas/Luhmann, Theorie der Gesellschaft oder Sozialtechnologie - Was leistet die Systemforschung?, Frankfurt a.M. 1971, S. 291 ff.
- *Positives Recht* und Ideologie, in: ders., Soziologische Aufklärung. Aufsätze zur Theorie sozialer Systeme, Bd. 1, 3. Aufl., Opladen 1972, S. 178 ff.
- *Rechtssoziologie*, 2 Bände, Reinbek 1972.
- Die *Funktion des Rechts*: Erwartungssicherung oder Verhaltenssteuerung?, in: Funktionen des Rechts, ARSP-Beiheft Neue Folge Nr. 8, Wiesbaden 1974, S. 31 ff.
- *Grundrechte* als Institution. Ein Beitrag zur politischen Soziologie, 2. Aufl., Berlin 1974.
- *Liebe* als Passion. Zur Codierung von Intimität, Frankfurt a.M. 1982.
- *Selbststeuerung* der Wissenschaft, in: ders., Soziologische Aufklärung, Aufsätze zur Theorie sozialer Systeme, Bd. 1, 5. Aufl., Opladen 1984, S. 232 ff.
- *Soziale Systeme*. Grundriß einer allgemeinen Theorie. Frankfurt a.M. 1984.
- *Copierte Existenz* und Karriere. Zur Herstellung von Individualität, in: Beck/Beck-Gernsheim (Hrsg.), Riskante Freiheiten. Individualisierung in modernen Gesellschaften, Frankfurt a.M. 1994, S. 191 ff.
- Das *Recht* der Gesellschaft, Frankfurt a.M. 1995.
MacKinnon, Catharine A.: Auf dem Weg zu einer neuen Theorie der Gleichheit, in: KritV 1994, S. 363 ff.
Maihofer, Werner: *Rechtsstaat* und menschliche Würde, Frankfurt a.M. 1968.
- Der vorverlegte *Staatsschutz*, in: Baumann (Hrsg.), Mißlingt die Strafrechtsreform?, Neuwied 1969, S. 186 ff.
Maiwald, Manfred: Zum fragmentarischen Charakter des Strafrechts, in: Festschrift für Reinhart Maurach, Karlsruhe 1972, S. 9 ff.
- Zur Beleidigung der Bundeswehr und ihrer Soldaten, in: JR 1989, S. 485 ff.
Mangoldt, Hermann v. / Klein, Friedrich: Das Bonner Grundgesetz, Bd. 1, Präambel, Art. 1 bis 5, 3. Aufl., München 1985.
Marcuse, Herbert: Der *Kampf* gegen den Liberalismus in der totalitären Staatsauffassung, in: ders., Kultur und Gesellschaft I, 12. Aufl., Frankfurt a.M. 1975, S. 17 ff.
Marx, Karl / Engels, Friedrich: *Manifest* der Kommunistischen Partei, Stuttgart 1983.
Marx, Michael: Zur *Definition* des Begriffs "Rechtsgut". Prolegomena einer materialen Verbrechenslehre, Köln 1972.

Maturana, Humberto R. / Varela, Francisco J.: Der Baum der *Erkenntnis*. Die biologischen Wurzeln des menschlichen Erkennens, Bern 1987.

Maurach, Reinhart: Deutsches Strafrecht. Besonderer Teil. Ein Lehrbuch. 4. Aufl., Karlsruhe 1964.

- Deutsches Strafrecht. Allgemeiner Teil. Ein Lehrbuch, 4. Aufl., Karlsruhe 1971.

Maurach, Reinhart / Schroeder, Friedrich Christian / Maiwald, Manfred: Strafrecht, Besonderer Teil, Teilband 1, 7. Aufl., Heidelberg 1988.

Maurach, Reinhart / Zipf, Heinz: Strafrecht, Allgemeiner Teil, Teilband 1: Grundlehren des Strafrechts und Aufbau der Straftat, 8. Aufl., Heidelberg 1991.

Mayer, Hellmuth: Strafrecht. Allgemeiner Teil, Stuttgart 1967.

McCarthy, Thomas: *Philosophie* und kritische Theorie. Eine Reprise, in: ders., Ideale und Illusionen. Dekonstruktion und Rekonstruktion in der kritischen Theorie. Frankfurt a.M. 1993, S. 193 ff.

Mead, George Herbert: *Geist*, Identität und Gesellschaft, Frankfurt a.M. 1973.

- *Psychologie* der Strafjustiz, in: ders., Gesammelte Aufsätze, Band 1, Frankfurt a.M. 1987, S. 253 ff.

- Der *Unterricht* und seine psychologischen Implikationen im Hinblick auf einen sozialen Begriff des Bewußtseins, in: ders., Gesammelte Aufsätze, Band 1, Frankfurt a.M. 1987, S. 462 ff.

Melzer, Michael: Die neue *Sozialverteidigung* und die deutsche Strafrechtsreformdiskussion, Tübingen 1970.

Merton, Robert K.: *Sozialstruktur und Anomie*, in: Sack/König (Hrsg.), Kriminalsoziologie, Frankfurt a.M. 1974, S. 283 ff.

Metzger, Wolfgang: Das *Individuum* zwischen Meinungen und Einsichten, in: K. D. Hartmann (Hrsg.), Vorurteile, Ängste, Aggressionen, Frankfurt a.M. 1975, S. 76 ff.

- *Psychologie* in der Erziehung, 3. Aufl., Bochum 1976.

Meurer, Dieter: Anm. zu BGH NStZ 1993, 134, in: NStZ 1993, S. 135 f.

Milgram, Stanley: *Das Milgram-Experiment*. Zur Gehorsamsbereitschaft gegenüber Autorität, Reinbek 1974.

Mitscherlich, Alexander: Auf dem Weg zur vaterlosen *Gesellschaft*. Ideen zur Sozialpsychologie, München 1969.

- *Massenpsychologie* ohne Ressentiment, Frankfurt a.M. 1972.

- Zur *Psychologie des Vorurteils*, in: K. D. Hartmann (Hrsg.), Vorurteile, Ängste, Aggressionen, Frankfurt a.M. 1975, S. 9 ff.

Möller, Gundolf: *Skinheads*, in: Hessisches Ministerium der Justiz (Hrsg.), Strafjustiz und Rechtsradikale, Wiesbaden 1994, S. 101 ff.

Moller Okin, Susan: *Gerechtigkeit* und die soziale Institutionalisierung des Geschlechtsunterschiedes, in: van den Brink/van Reijen (Hrsg.), Bürgergesellschaft, Recht und Demokratie, Frankfurt a. M. 1995, S. 281 ff.

Montagu, M. F. Ashley: Das *Verbrechen* unter dem Aspekt der Biologie, in: Sack/König (Hrsg.), Kriminalsoziologie, Frankfurt a.M. 1974, S. 226 ff.
Moos, Reinhard: *Positive Generalprävention* und Vergeltung, in: Strafrecht, Strafprozeßrecht und Kriminologie, Festschrift für Franz Pallin, Wien 1989, S. 283 ff.
Müller, Friedrich: Freiheit der *Kunst* als Problem der Grundrechtsdogmatik, Berlin 1969.
- Juristische *Methodik*, 4. Aufl., Berlin 1990.
Müller, Wolfgang: Entstehung von Recht und frühes griechisches Recht, in: KritJ 1979, S. 253 ff.
Müller-Dietz, Heinz: *Aspekte* und Konzepte der Strafrechtsbegrenzung, in: Festschrift für Rudolf Schmitt, Tübingen 1992, S. 95 ff.
Münch, Ingo v. / Kunig, Philip: Grundgesetz-Kommentar, Band 1, Präambel bis Art. 20, 4. Aufl., München 1992.
Nagler, Johannes: Staatsidee und Strafrecht, in: GS 103 (1933), S. 1 ff.
Naucke, Wolfgang: Über deklaratorische, scheinbare und wirkliche Entkriminalisierung, in: GA 1984, S. 199 ff.
- Rechtsphilosophische *Grundbegriffe*, 2. Aufl., Frankfurt a.M. 1986.
- Die *Modernisierung* des Strafrechts durch Beccaria, in: Deimling (Hrsg.), Cesare Beccaria, Heidelberg 1989, S. 37 ff.
- Schwerpunktverlagerung im Strafrecht, in: KritV 1993, S. 135 ff.
- Die *Aushöhlung* der strafrechtlichen Gesetzlichkeit durch den relativistischen, politisch aufgeladenen strafrechtlichen Positivismus, in: Institut für Kriminalwissenschaften Frankfurt a.M. (Hrsg.), Vom unmöglichen Zustand des Strafrechts, Frankfurt a.M. 1995, S. 483 ff.
- *Strafrecht*. Eine Einführung, 7. Aufl., Neuwied 1995.
Neumann, Ulfrid: Zum Entwurf eines Verbrechensbekämpfungsgesetzes, in: StV 1994, S. 273 ff.
Neumann, Ulfrid / Schroth, Ulrich: *Neuere Theorien* von Kriminalität und Strafe, Darmstadt 1980.
Niederschriften über die Sitzungen der Großen Strafrechtskommission, 9. Band, Besonderer Teil (91. - 103. Sitzung), Bonn 1959.
Nipperdey, Hans-Carl: Die *Würde* des Menschen, in: Bettermann/Neumann/Nipperdey (Hrsg.), Die Grundrechte, Handbuch der Theorie und Praxis der Grundrechte, Band 2, Berlin 1967, S. 1 ff.
Noll, Peter: *Strafe* ohne Metaphysik, in: Baumann (Hrsg.), Mißlingt die Strafrechtsreform?, Neuwied 1969, S. 48 ff.
Nozick, Robert: *Anarchie, Staat, Utopia*. München 1976.
Nunner-Winkler, Gertrud: Die *Entwicklung* moralischer Motivation, in: Edelstein/Nunner-Winkler/Noam (Hrsg.), Moral und Person. Beiträge zur Soziogenese der Handlungsfähigkeit, Frankfurt a.M. 1993, S. 278 ff.

Nunner-Winkler, Gertrud / Edelstein, Wolfgang: *Einleitung*, in: Edelstein/Nunner-Winkler/Noam (Hrsg.), Moral und Person. Beiträge zur Soziogenese der Handlungsfähigkeit, Frankfurt a.M. 1993, S. 7 ff.
Oerter, Rolf: *Moderne Entwicklungspsychologie*, 15. Aufl., Donauwörth 1975.
Oestreich, Gerhard: Die *Entwicklung* der Menschenrechte und Grundfreiheiten, in: Bettermann/Neumann/Nipperdey (Hrsg.), Die Grundrechte, Handbuch der Theorie und Praxis der Grundrechte, Band 1, Berlin 1966, S. 1 ff.
Oser, Fritz / Althof, Wolfgang: *Moralische Selbstbestimmung*. Modelle der Erziehung im Wertebereich. Ein Lehrbuch, 2. Aufl., Stuttgart 1994.
Ostendorf, Heribert: Im Streit: Die strafrechtliche Verfolgung der "Auschwitzlüge", in: NJW 1985, S. 1062 ff.
- Das deutsche Jugendstrafrecht - ein Überblick, in: NJ 1995, S. 62 ff.
Ott, Sieghart: *Pornographie* und Politik. Der Mißbrauch der Justiz als Sittenwächter der Nation, in: Sonnemann (Hrsg.), Wie frei ist unsere Justiz?, München 1969, S. 119 ff.
Ott, Walter: Der *Rechtspositivismus*. Kritische Würdigung auf der Grundlage eines juristischen Pragmatismus, 2. Aufl., Berlin 1992.
Otto, Harro: *Rechtsgutsbegriff* und Deliktstatbestand, in: Müller-Dietz (Hrsg.), Strafrechtsdogmatik und Kriminalpolitik, Köln 1971, S. 1 ff.
- *Persönlichkeitsschutz* durch strafrechtlichen Schutz der Ehre, in: Persönlichkeit in der Demokratie, Festschrift für Erich Schwinge, Köln 1973, S. 71 ff.
- Ehrenschutz in der politischen Auseinandersetzung, in: JR 1983, S. 1 ff.
- Anm. zu BGH JZ 1989, 801, in: JZ 1989, S. 803 f.
- Anm. zu BayObLG JR 1994, 471, in: JR 1994, S. 473 ff.
- Grundkurs Strafrecht. Die einzelnen Delikte, 4. Aufl., Berlin 1995. (zit.: *BT*)
- Persönliche Leistung und persönliches Schicksal als Elemente des strafrechtlich geschützten Anspruchs auf Achtung der Menschenwürde, in: Jura 1995, S. 277 ff.
Partsch, Karl Josef: Neue Maßnahmen zur Bekämpfung von Rassen- und Fremdenhaß. Bessere Durchführung der internationalen Verpflichtungen Deutschlands, in: EuGRZ 1994, S. 429 ff.
Peters, Dorothee: *Richter* im Dienst der Macht. Zur gesellschaftlichen Verteilung der Kriminalität, Stuttgart 1973.
Piaget, Jean: Das moralische *Urteil* beim Kinde, 4. Aufl., Frankfurt a.M. 1981.
Pieroth, Bodo / Schlink, Bernhard: *Grundrechte*. Staatsrecht II, 5. Aufl., Heidelberg 1989.
Podlech, Adalbert: Der Gewissensbegriff im Rechtsstaat, in: AöR 88 (1963), S. 185 ff.
Prittwitz, Cornelius: *Soldaten*, Mörder, Ehre und Meinungsfreiheit, in: Böllinger/Lautmann (Hrsg.), Vom Guten, das noch stets das Böse schafft. Kriminalwissenschaftliche Essays zu Ehren von Herbert Jäger, Frankfurt a.M. 1993, S. 91 ff.

- *Strafrecht und Risiko*. Untersuchungen zur Krise von Strafrecht und Kriminalpolitik in der Risikogesellschaft, Frankfurt a.M. 1993.

Pschyrembel: *Klinisches Wörterbuch*, 256. Aufl., Berlin 1990.

Quensel, Stephan: Zur *Funktionalität* von Kriminalität und Criminal-Justice-System. Skizze eines Arbeitsprogramms bzw. Bitte um kriminalhistorische Unterstützung, in: KrimJ Beiheft 2, Weinheim 1987, S. 186 ff.

Radbruch, Gustav: Zur *Systematik* der Verbrechenslehre, in: Beiträge zur Strafrechtswissenschaft, Band 1, Festgabe für Reinhard von Frank, Tübingen 1930, S. 158 ff.

- *Rechtsphilosophie*, 3. Aufl., Leipzig 1932, (Nachdruck in: Gustav Radbruch Gesamtausgabe [hrsg. v. Arthur Kaufmann], Bd. 2, Heidelberg 1993, S. 206 ff.)

- Gesetzliches Unrecht und übergesetzliches Recht, in: SJZ 1946, S. 105 ff.

Raiser, Thomas: Einführung in die *Rechtssoziologie*, 2. Aufl., Berlin 1973.

Ramm, Harry: Der *Ehrbegriff* als Grundlage des Ehrenschutzes im Strafrecht. Breslau-Neukirch 1936.

Rannacher, Helmut: Der *Ehrenschutz* in der Geschichte des deutschen Strafrechts von der Carolina bis zum Reichsstrafgesetzbuch von 1871, Breslau-Neukirch 1938.

Rawls, John: *Gerechtigkeit als Fairneß*, Freiburg 1977.

- Eine *Theorie* der Gerechtigkeit, Frankfurt a.M. 1979.

- Die *Idee* des politischen Liberalismus, Aufsätze 1978 - 1989, Frankfurt a.M. 1994.

Redaktion Kritische Justiz (Hrsg.): *Der Unrechts-Staat*. Recht und Justiz im Nationalsozialismus, Frankfurt a.M. 1979.

Rinck, Hans-Justus: Die Indemnität des Abgeordneten im Bundesstaat des Bonner Grundgesetzes, in: JZ 1961, S. 248 ff.

Ritze, Klaus: Die "Sexualbeleidigung" nach § 185 StGB und das Verfassungsgebot "nulla poena sine lege", in: JZ 1980, S. 91 f.

Roeck, Bernd: *Außenseiter, Randgruppen, Minderheiten*. Fremde im Deutschland der frühen Neuzeit, Göttingen 1993.

Roemer, Walter: *Naturrecht* vor 150 Jahren und heute, in: Festschrift für Wilhelm Kiesselbach, Hamburg 1947, S. 157 ff.

Rogall, Klaus: Gegenwärtiger Stand und Entwicklungstendenzen der Lehre von den prozessualen Beweisverboten, in: ZStW 91 (1979), S. 1 ff.

Röhl, Klaus F.: *Rechtssoziologie*. Ein Lehrbuch. Köln 1987.

Rorty, Richard: Der *Vorrang* der Demokratie vor der Philosophie, in: ders., Solidarität oder Objektivität? Drei philosophische Essays, Stuttgart 1988, S. 82 ff.

Rottleuthner, Hubert: *Klassenjustiz*?, in: Sonnemann (Hrsg.), Wie frei ist unsere Justiz?, München 1969, S. 48 ff.

- *Steuerung der Justiz* in der DDR. Einflußnahme der Politik auf Richter, Staatsanwälte und Rechtsanwälte, Köln 1994.

Rousseau, Jean-Jacques: *Diskurs* über die Ungleichheit, hrsg. v. Heinrich Meier, Paderborn 1984.
Roxin, Claus: Sinn und Grenzen staatlicher Strafe, in: JuS 1966, S. 377 ff.
- *Sittlichkeit* und Kriminalität, in: Baumann (Hrsg.), Mißlingt die Strafrechtsreform?, Neuwied 1969, S. 156 ff.
- Zur jüngsten *Diskussion* über Schuld, Prävention und Verantwortlichkeit im Strafrecht, in: Festschrift für Paul Bockelmann, München 1979, S. 279 ff.
- Zur Entwicklung der Strafrechtsreform seit den Alternativ-Entwürfen, in: JA 1980, S. 545 ff.
- *Täterschaft* und Tatherrschaft, 5. Aufl., Berlin 1990.
- Zur neueren *Entwicklung* der Kriminalpolitik, in: Die Bedeutung der Wörter. Studien zur europäischen Rechtsgeschichte, Festschrift für Sten Gagnér, München 1991, S. 341 ff.
- Strafrecht, Allgemeiner Teil, Band 1. Grundlagen. Der Aufbau der Verbrechenslehre, 2. Aufl., München 1994. (zit.: *AT*)
- *Strafverfahrensrecht*, 24. Aufl., München 1995.
Rudolphi, Hans-Joachim: Die verschiedenen Aspekte des *Rechtsgutsbegriffs*, in: Festschrift für Richard M. Honig, Göttingen 1970, S. 151 ff.
Rudolphi, Hans-Joachim / Horn, Eckhard / Samson, Erich: Systematischer Kommentar zum StGB, Band 1, Allgemeiner Teil, 6. Aufl., Stand: 22. Lieferung, Neuwied September 1993; Band 2, Besonderer Teil, 5. Aufl., Stand: 31. Lieferung, Neuwied Januar 1994. (zit.: *SK-Bearbeiter*)
Rüping, Hinrich: Der Schutz der Gerichtsverhandlung - "Ungebühr" oder "betriebliche Ordnungsgewalt"?, in: ZZP 88 (1975), S. 212 ff.
- Der Schutz der Pietät, in: GA 1977, S. 299 ff.
- *Grundriß* der Strafrechtsgeschichte, 2. Aufl., München 1991.
Rupp, Hans Heinrich: Anm. zu BVerfGE 30, 1, in: NJW 1971, S. 275 ff.
Rüthers, Bernd: *Entartetes Recht.* Rechtslehren und Kronjuristen im Dritten Reich, München 1988.
- *Carl Schmitt* im Dritten Reich. Wissenschaft als Zeitgeist-Verstärkung?, 2. Aufl., München 1990.
Sack, Fritz: Definition von Kriminalität als politisches Handeln: der labeling approach, in: KrimJournal 1972, S. 3 ff.
Sarstedt, Werner: Anm. zu OLG Nürnberg JZ 1969, 150, in: JZ 1969, S. 152 f.
Sauer, Wilhelm: Die *Ehre* und ihre Verletzung. Kritische Untersuchungen über Tatbestand und Rechtswidrigkeit der Beleidigung mit besonderer Rücksicht auf die deutsche Strafrechtsreform, Berlin 1915.
- *System* des Strafrechts. Besonderer Teil. Köln und Berlin 1954.
Schaefer, Christoph: Ist die *Justiz* auf dem rechten Auge blind?, in: Hessisches Ministerium der Justiz (Hrsg.), Strafjustiz und Rechtsradikale, Wiesbaden 1994, S. 7 ff.

Schäfer, Hans-Bernd: Kein Geld für die Justiz - Was ist uns der Rechtsfrieden wert?, in: DRiZ 1995, S. 461 ff.

Schaffstein, Friedrich: Das Verbrechen eine Rechtsgutverletzung?, in: GA 1935, S. 97 ff.

Schafheutle, Josef: Das Sechste Strafrechtsänderungsgesetz, in: JZ 1960, S. 470 ff.

Scheerer, Sebastian: Neue soziale Bewegungen und Strafrecht, in: KritJ 1985, S. 245 ff.

- *Abolitionismus* und Neoklassizismus, in: S. Müller / H.-U. Otto (Hrsg.), Damit Erziehung nicht zur Strafe wird. Sozialarbeit als Konfliktschlichtung, Bielefeld 1986, S. 3 ff.

Scheler, Max: Der *Formalismus* in der Ethik und die materiale Wertethik. Neuer Versuch der Grundlegung eines ethischen Personalismus, 4. Aufl., Bern 1954.

Schendzielorz, Bernd: *Umfang* und Grenzen der straffreien Beleidigungssphäre. Eine psychologische, soziologische, verfassungsrechtliche und strafrechtsdogmatische Untersuchung zum Verhältnis von Privatsphären- und Ehrenschutz. München 1993.

Schild, Wolfgang: Der *Strafrichter* in der Hauptverhandlung, Heidelberg 1983.

Schlüchter, Ellen: De nihilo nihil - oder: Der Erziehungsgedanke im Jugendstrafrecht, in: GA 1988, S. 106 ff.

Schmidhäuser, Eberhard: Von den zwei *Rechtsordnungen* im staatlichen Gemeinwesen. Ein Beitrag zur allgemeinen Rechtstheorie. Berlin 1964.

- Strafrecht, Besonderer Teil, 2. Aufl., Tübingen 1983. (zit.: *BT*)

Schmidt, Eberhard: Die geistesgeschichtliche Bedeutung der Aufklärung für die Entwicklung der Strafjustiz aus der Sicht des 20. Jahrhunderts, in: SchwZStW 73 (1958), S. 341 ff.

- *Lehrkommentar* zur Strafprozeßordnung und zum Gerichtsverfassungsgesetz, Teil I, 2. Aufl., Göttingen 1964.

- *Einführung* in die Geschichte der deutschen Strafrechtspflege, 3. Aufl., Göttingen 1965.

Schmidt, Walter: *Grundrechte* - Theorie und Dogmatik seit 1946 in Westdeutschland, in: Simon (Hrsg.), Rechtswissenschaft in der Bonner Republik. Studien zur Wissenschaftsgeschichte der Jurisprudenz, Frankfurt a.M. 1994, S. 188 ff.

- *Staats- und Verwaltungsrecht*, 2. Aufl., Neuwied 1994.

Schmidt-Bleibtreu, Bruno / Klein, Franz: Kommentar zum Grundgesetz, 7. Aufl., Neuwied 1990.

Schmidt-Jortzig, Edzard: Meinungs- und Kommunikationsfreiheit, in: Isensee/Kirchhof (Hrsg.), Handbuch des Staatsrechts der Bundesrepublik Deutschland, Band VI, Heidelberg 1989, S. 635 ff. (zit.: *HbStR VI*)

Schmitt, Carl: Der Führer schützt das Recht. Zur Reichstagsrede Adolf Hitlers vom 13. Juli 1934, in: DJZ 1934, S. 946 ff.
Schmitt Glaeser, Walter: Die Meinungsfreiheit in der Rechtsprechung des Bundesverfassungsgerichts, in: AöR 97 (1972), S. 276 ff.
Schöch, Heinz: *Empirische Grundlagen* der Generalprävention, in: Festschrift für Hans-Heinrich Jescheck, 2. Halbband, Berlin 1985, S. 1081 ff.
Schönke, Adolf / Schröder, Horst: Strafgesetzbuch, 24. Aufl., München 1991.
Schopenhauer, Arthur: *Aphorismen* zur Lebensweisheit, in: ders., Parerga und Paralipomena I, Zweiter Teilband, Zürich 1977.
Schreibmüller, Walther: War Kaspar Hauser der badische Erbprinz?, in: NJW 1990, S. 1966 ff.
Schreiter, Max: Gehorsam für automatische Farbzeichen, in: DÖV 1956, S. 692 ff.
Schubarth, Martin: Grenzen der Strafbarkeit sexueller Zumutungen - OLG Hamburg, NJW 1980, 2592, in: JuS 1981, S. 726 ff.
Schumann, Karl F.: Labeling approach und Abolitionismus, in: KrimJournal 1985, S. 19 ff.
Schünemann, Bernd: Kritische Anmerkungen zur geistigen Situation der deutschen Strafrechtswissenschaft, in: GA 1995, S. 201 ff.
Schütz, Johann: Die Rechtsfolgen der Straftat (I). Einführung in das Sanktionensystem des Strafgesetzbuches, in: Jura 1995, S. 399 ff.
Schwinge, Erich: *Teleologische Begriffsbildung* im Strafrecht. Ein Beitrag zur strafrechtlichen Methodenlehre, Bonn 1930.
- *Ehrenschutz* heute. Die Schutzlosigkeit der Führungskräfte, Tübingen 1988.
Seelmann, Kurt: *Vertragsmetaphern* zur Legitimation des Strafens im 18. Jahrhundert, in: Die Bedeutung der Wörter. Studien zur europäischen Rechtsgeschichte, Festschrift für Sten Gagnér, München 1991, S. 441 ff.
- Wechselseitige Anerkennung und Unrecht. Strafe als Postulat der Gerechtigkeit?, in: ARSP 78 (1993), S. 228 ff.
- "Unterlassene Hilfeleistung" oder: Was darf das Strafrecht?, in: JuS 1995, S. 281 ff.
Sendler, Horst: Kann man Liberalität übertreiben?, in: ZRP 1994, S. 343 ff.
Sessar, Klaus: *Neue Wege* der Kriminologie aus dem Strafrecht, in: Gedächtnisschrift für Hilde Kaufmann, Berlin 1986, S. 371 ff.
Sick, Brigitte: Die Rechtsprechung zur Sexualbeleidigung (oder: Wann sexuelle Gewalt die Frauenehre verletzt), in: JZ 1991, S. 330 ff.
Siep, Ludwig: Der *Kampf* um Anerkennung. Zu Hegels Auseinandersetzung mit Hobbes in den Jenaer Schriften, in: Hegel-Studien, Bd. 9 (1974), S. 155 ff.
- *Anerkennung* als Prinzip der praktischen Philosophie. Untersuchungen zu Hegels Jenaer Philosophie des Geistes, München 1979.

Sigrist, Christian: *Regulierte Anarchie*. Untersuchungen zum Fehlen und zur Entstehung politischer Herrschaft in segmentären Gesellschaften Afrikas, Frankfurt a.M. 1979.

Simmel, Georg: *Soziologie*. Untersuchungen über die Formen der Vergesellschaftung, 4. Aufl., Berlin 1958.

Sina, Peter: Die *Dogmengeschichte* des strafrechtlichen Begriffs "Rechtsgut", Basel 1962.

Singer, Peter: *Praktische Ethik*, Stuttgart 1984.

Skinner, Burrhus F.: Jenseits von Freiheit und *Würde*, Reinbek 1973.

Soehring, Jörg: Ehrenschutz und Meinungsfreiheit, in: NJW 1994, S. 2926 ff.

Sowinski, Bernhard: Deutsche *Stilistik*. Beobachtungen zur Sprachverwendung und Sprachgestaltung im Deutschen, Frankfurt a.M. 1988.

Spendel, Günter: *Rechtsbeugung* durch Rechtsprechung. Sechs strafrechtliche Studien, Berlin 1984.

Spitz, René A.: Die Entstehung der ersten *Objektbeziehungen*, 5. Aufl., Stuttgart 1992.

Staab, Joachim Friedrich: Struktur eines publizistischen Konflikts. Die Berichterstattung über das "Soldatenurteil" in der überregionalen Tagespresse der Bundesrepublik Deutschland, in: Kölner Zeitschrift für Soziologie und Sozialpsychologie 43 (1991), S. 70 ff.

Steffen, Wiebke: "*Beleidigungen*": Konfliktregelung durch Anzeigeerstattung? Eine Untersuchung zu den Möglichkeiten strafrechtlicher und außerstrafrechtlicher Streitschlichtung, München 1986.

Stenglein, Melchior: Das Antragsrecht des Vorgesetzten, in: GS 42 (1889), S. 79 ff.

Stock, Ulrich: Die *Strafe* als Dienst am Volke. Der Ausgleichungsgedanke in seiner Bedeutung für das Strafrechtssystem, Tübingen 1933.

Stolleis, Michael: *Recht im Unrecht*. Studien zur Rechtsgeschichte des Nationalsozialismus, Frankfurt a.M. 1994.

- "Staatsethik", oder: Vom sittlichen Staat zu den Bürgertugenden, in: KritV 1995, S. 58 ff.

Stratenwerth, Günther: Zukunftssicherung mit den Mitteln des Strafrechts?, in: ZStW 105 (1993), S. 679 ff.

Streng, Franz: Das Unrecht der *Volksverhetzung*, in: Festschrift für Karl Lackner, Berlin 1987, S. 501 ff.

Stürner, Rolf: Die verlorene Ehre des Bundesbürgers - Bessere Spielregeln für die öffentliche Meinungsbildung?, in: JZ 1994, S. 865 ff.

Sykes, Gresham M. / Matza, David: *Techniken der Neutralisierung*: Eine Theorie der Delinquenz, in: Sack/König (Hrsg.), Kriminalsoziologie, Frankfurt a.M. 1974, S. 360 ff.

Taylor, Charles: *Atomismus*, in: van den Brink/van Reijen (Hrsg.), Bürgergesellschaft, Recht und Demokratie, Frankfurt a. M. 1995, S. 73 ff.

Tenckhoff, Jörg: Die *Bedeutung* des Ehrbegriffs für die Systematik der Beleidigungstatbestände, Berlin 1974.

- Grundfälle zum Beleidigungsrecht, in: JuS 1988, S. 199 ff., 457 ff., 618 ff., 787 ff.; JuS 1989, S. 35 ff., 198 ff.

Tettinger, Peter J.: Der Schutz der persönlichen Ehre im freien Meinungskampf, in: JZ 1983, S. 317 ff.

- Die *Ehre* - ein ungeschütztes Verfassungsgut?, Köln 1995.

Teubner, Gunther: *Standards* und Direktiven in Generalklauseln. Möglichkeiten und Grenzen der empirischen Sozialforschung bei der Präzisierung der Gute-Sitten-Klauseln im Privatrecht. Frankfurt a.M. 1971.

Toby, Jackson: Der unterschiedliche *Einfluß* der zerrütteten Familie, in: Sack/König (Hrsg.), Kriminalsoziologie, Frankfurt a.M. 1974, S. 91 ff.

Topitsch, Ernst: *Hegel* und das Dritte Reich, in: Der Monat 18 (1966), S. 36 ff.

- *Sprachlogische Probleme* der sozialwissenschaftlichen Theoriebildung, in: ders. (Hrsg.), Logik der Sozialwissenschaften, 10. Aufl., Königstein/Ts. 1980, S. 15 ff.

Trotha, Trutz v.: *Distanz* und Nähe. Über Politik, Recht und Gesellschaft zwischen Selbsthilfe und Gewaltmonopol, Tübingen 1986.

Tucholsky, Kurt: *Deutschland*, Deutschland über alles, Reinbek 1980.

Tugendhat, Ernst: Die Rolle der *Identität* in der Konstitution der Moral, in: Edelstein/Nunner-Winkler/Noam (Hrsg.), Moral und Person. Beiträge zur Soziogenese der Handlungsfähigkeit, Frankfurt a.M. 1993, S. 33 ff.

van den Brink, Bert: Die politisch-philosophische Debatte über die demokratische *Bürgergesellschaft*, in: van den Brink/van Reijen (Hrsg.), Bürgergesellschaft, Recht und Demokratie, Frankfurt a. M. 1995, S. 7 ff.

Vitzthum, Wolfgang Graf: Die Menschenwürde als Verfassungsbegriff, in: JZ 1985, S. 201 ff.

- *Gentechnik* und Grundgesetz, in: Das akzeptierte Grundgesetz, Festschrift für Günter Dürig, München 1990, S. 185 ff.

Vogelsang, Klaus: Die Neuregelung zur sog. "Auschwitzlüge" - Beitrag zur Bewältigung der Vergangenheit oder "widerliche Aufrechnung"?, in: NJW 1985, S. 2386 ff.

Volk, Klaus: Anm. zu KG JR 1980, 290, in: JR 1980, S. 291 ff.

Voß, Monika: *Symbolische Gesetzgebung*. Fragen zur Rationalität von Strafgesetzgebungsakten, Ebelsbach 1989.

Wagner, Gerhard: Zur Rekonstruktion und Kritik einer transzendentalen Theorie der Gesellschaft, in: ARSP 1995, S. 1 ff.

Wagner, Heinz: Beleidigung eines Kollektivs oder Sammelbeleidigung? - OLG Frankfurt, NJW 1977, 1353, in: JuS 1978, S. 674 ff.

Wahl, Klaus: Fremdenfeindlichkeit und Rechtsextremismus. Forschungsergebnisse und Erklärungsversuche, in: KrimJ 1995, S. 52 ff.

Wassermann, Rudolf: Richteranklage im Fall Orlet?, in: NJW 1995, S. 303 f.

Watson, John Broadus: *Behaviorismus*, Frankfurt a.M. 1968.

Weber, Adolph Dietrich: Ueber *Injurien* und Schmähschriften, 1. Abteilung, 4. Aufl., Leipzig 1820.

Weber, Max: *Wirtschaft und Gesellschaft*. Grundriß der verstehenden Soziologie, 1. Halbband, 5. Aufl., Tübingen 1976.

Wehinger, Markus: *Kollektivbeleidigung* - Volksverhetzung. Der strafrechtliche Schutz von Bevölkerungsgruppen durch die §§ 185 ff. und § 130 StGB, Baden-Baden 1991.

Weinberger, Ota: Die Rolle des *Konsens*es in der Wissenschaft, im Recht und in der Politik, in: Rechtstheorie, Beiheft 2, Berlin 1981, S. 147 ff.

- *Leitideen* der Demokratie, in: Rechtsstaat und Menschenwürde, Festschrift für Werner Maihofer, Frankfurt a.M. 1988, S. 617 ff.
- Überzeugen als Aufgabe, in: ARSP 81 (1995), S. 305 ff.

Weinkauff, Hermann: Der Naturrechtsgedanke in der Rechtsprechung des Bundesgerichtshofs, in: NJW 1960, S. 1689 ff.

Weischedel, Wilhelm: *Recht und Ethik*. Zur Anwendung ethischer Prinzipien in der Rechtsprechung des Bundesgerichtshofs, 2. Aufl., Karlsruhe 1959.

Welzel, Hans: Über die Ehre von Gemeinschaften, in: ZStW 57 (1938), S. 28 ff.

- *Naturrecht* und materiale Gerechtigkeit, 4. Aufl., Göttingen 1962.
- Das deutsche Strafrecht, 11. Aufl., Berlin 1969. (zit.: *Lb.*)
- Über den substantiellen *Begriff* des Strafrechts, in: ders., Abhandlungen zum Strafrecht und zur Rechtsphilosophie, Berlin 1975, S. 224 ff.

Wertenbruch, Wilhelm: *Grundgesetz* und Menschenwürde, Köln 1958.

Wesel, Uwe: Zur Entstehung von Recht in frühen Gesellschaften, in: KritJ 1979, S. 233 ff.

- *Egalitäres und staatliches Recht*, in: Gessner / Hassemer (Hrsg.), Gegenkultur und Recht, Baden-Baden 1985, S. 45 ff.
- *Frühformen* des Rechts in vorstaatlichen Gesellschaften. Umrisse einer Frühgeschichte des Rechts bei Sammlern und Jägern und akephalen Ackerbauern und Hirten. Frankfurt a.M. 1985.

Wessels, Johannes: Strafrecht. Allgemeiner Teil, 23. Aufl., Heidelberg 1993. (zit.: *AT*)

- Strafrecht. Besonderer Teil - 1, 19. Aufl., Heidelberg 1995. (zit.: *BT-1*)

Westphalen, Daniela: *Karl Binding* (1841 - 1920). Materialien zur Biographie eines Strafrechtsgelehrten, Frankfurt a.M. 1989.

Wieacker, Franz: Rechtsprechung und Sittengesetz, in: JZ 1961, S. 337 ff.

- *Recht und Sittlichkeit*. Über die Beziehungen der Rechtsordnung zu den ethischen Normen, in: Zeitwende 1969, S. 244 ff.

- *Recht und Moralität* in pragmatischer Sicht, in: Rechtsstaat und menschliche Würde. Festschrift für Werner Maihofer, Frankfurt a.M. 1988, S. 631 ff.

Wildt, Andreas: *Autonomie* und Anerkennung. Hegels Moralitätskritik im Lichte seiner Fichte-Rezeption, Stuttgart 1982.

Wilson, James Q.: Das moralische *Empfinden*. Warum die Natur des Menschen besser ist als ihr Ruf, Hamburg 1994.

Wittgenstein, Ludwig: Philosophische *Untersuchungen*, Frankfurt a.M. 1960.

- *Tractatus* logico-philosophicus. Logisch-philosophische Abhandlung, Frankfurt a.M. 1963.

Wittig, Petra: Die Aufrechterhaltung gesellschatlicher Stabilität bei John Rawls. Zwischen Gerechtigkeitssinn und Strafe, in: ZStW 107 (1995), S. 251 ff.

Woesner, Horst: Das weltanschauliche Gesicht des Entwurfs eines StGB 1962, in: NJW 1965, S. 1249 ff.

- Moralisierende Mordmerkmale, in: NJW 1978, S. 1025 ff.

Wolf, Ernest S.: *Selbst*, Idealisierung und Entwicklung von Werten, in: Edelstein/Nunner-Winkler/Noam (Hrsg.), Moral und Person. Beiträge zur Soziogenese der Handlungsfähigkeit, Frankfurt a.M. 1993, S. 148 ff.

Wolf, Heinz E.: *Soziologie der Vorurteile*. Zur methodologischen Problematik der Forschung und Theorienbildung, in: René König (Hrsg.), Handbuch der Empirischen Sozialforschung, Band II, Stuttgart 1969, S. 912 ff.

Wolf, Jean-Claude: Singer über Rechte, Recht auf Leben und Euthanasie, in: Analyse & Kritik 12 (1990), S. 219 ff.

Wolf, Rainer: Zur Antiquiertheit des Rechts in der *Risikogesellschaft*, in: Leviathan 1987, S. 357 ff.

Wolff, Ernst Amadeus: Ehre und Beleidigung. Zugleich eine Besprechung des gleichnamigen Buches von H.J. Hirsch, in: ZStW 81 (1969), S. 886 ff.

- Das neuere Verständnis von Generalprävention und seine Tauglichkeit für eine Antwort auf Kriminalität, in: ZStW 97 (1985), S. 786 ff.

- Die *Abgrenzung* von Kriminalunrecht zu anderen Unrechtsformen, in: Hassemer (Hrsg.), Strafrechtspolitik. Bedingungen der Strafrechtsreform, Frankfurt a.M. 1987, S. 137 ff.

Wunderlich, Dieter: *Sprechakttheorie* und Diskursanalyse, in: Apel (Hrsg.), Sprachpragmatik und Philosophie, Frankfurt a.M. 1976, S. 463 ff.

Würtenberger, Thomas: *Rechtsfriede* und Strafrecht, in: Einheit und Vielfalt des Strafrechts, Festschrift für Karl Peters, Tübingen 1974, S. 209 ff.

Zaczyk, Rainer: Der *Begriff* "Gesellschaftsgefährlichkeit" im deutschen Strafrecht, in: Lüderssen/Nestler-Tremel/Weigend (Hrsg.), Modernes Strafrecht und ultima-ratio-Prinzip, Frankfurt a.M. 1990, S. 113 ff.

Zipf, Heinz: *Kriminalpolitik*. Ein Lehrbuch, 2. Aufl., Karlsruhe 1980.

- Die *Integrationsprävention* (positive Generalprävention), in: Strafrecht, Strafprozeßrecht und Kriminologie, Festschrift für Franz Pallin, Wien 1989, S. 479 ff.

Zippelius, Reinhold: *Recht und Gerechtigkeit* in der offenen Gesellschaft, Berlin 1994.
Zöller, Richard: Zivilprozeßordnung mit Gerichtsverfassungsgesetz und den Einführungsgesetzen, 19. Aufl., Köln 1995.

Abkürzungen gemäß Hildebert Kirchner: Abkürzungsverzeichnis der Rechtssprache, 4. Aufl., Berlin 1993 bzw. DUDEN

FRANKFURTER KRIMINALWISSENSCHAFTLICHE STUDIEN

Band 1 Peter Böning: Die Lehre vom Unrechtsbewußtsein in der Rechtsphilosophie Hegels 100 S., 1978.

Band 2 Wolfgang Schneider: Kriminelle Straßenverkehrsgefährdung (§ 315c Abs. 1 Ziff. 2, Abs. 3 StGB). Eine kriminologische und strafrechtliche Untersuchung zur Problematik dieser Verkehrsstraftaten unter Berücksichtigung ausländischer Rechte. 342 S., 1978.

Band 3 Lothar Kuhlen: Die Objektivität von Rechtsnormen. Zur Kritik des radikalen labeling approach in der Kriminalsoziologie. 178 S., 1978.

Band 4 Günther Grewe: Straßenverkehrsdelinquenz und Marginalität. Untersuchungen zur institutionellen Regelung von Verhalten. 148 S., 1978.

Band 5 Dieter Haberstroh: Strafverfahren und Resozialisierung. Eine Studie über Verstehen und Nicht-Verstehen, über Verstanden-Werden und Nicht-Verstanden-Werden und deren Bedingungen in der Hauptverhandlung. 202 S., 1979.

Band 6 Thomas Vogt: Die Forderungen der psychoanalytischen Schulrichtungen für die Interpretation der Merkmale der Schuldunfähigkeit und der verminderten Schuldfähigkeit (§§ 51 a.F., 20, 21 StGB). 182 S., 1979.

Band 7 Andreas Michael: Der Grundsatz in dubio pro reo im Strafverfahrensrecht. Zugleich ein Beitrag über das Verhältnis von materiellem Recht und Prozeßrecht. 214 S., 1981.

Band 8 Ilias G. Anagnostopoulos: Haftgründe der Tatschwere und der Wiederholungsgefahr (§§ 112 Abs. 3, 112 a StPO). Kriminalpolitische und rechtssystematische Aspekte der Ausweitung des Haftrechts. 1984.

Band 9 Helga Müller: Der Begriff der Generalprävention im 19. Jahrhundert. Von P.J.A. Feuerbach bis Franz v. Liszt. 1984.

Band 10 Frowin Jörg Kurth: Das Mitverschulden des Opfers beim Betrug. 1984.

Band 11 Martin J. Worms: Die Bekenntnisbeschimpfung im Sinne des § 166 Abs. 1 StGB und die Lehre vom Rechtsgut. 1984.

Band 12 Jong-Dae Bae: Der Grundsatz der Verhältnismäßigkeit im Maßregelrecht des StGB. 1985.

Band 13 Helmut Fünfsinn: Der Aufbau des fahrlässigen Verletzungsdelikts durch Unterlassen im Strafrecht. 1985.

Band 14 Christoph Krehl: Die Ermittlung der Tatsachengrundlage zur Bemessung der Tagessatzhöhe bei der Geldstrafe. 1985.

Band 15 Walter-Hermann Kiehl: Strafrechtliche Toleranz wechselseitiger Ehrverletzungen - Zur ratio legis der §§ 199, 233 Strafgesetzbuch -. 1986.

Band 16 Matthias Krahl: Die Rechtsprechung des Bundesverfassungsgerichts und des Bundesgerichtshof zum Bestimmtheitsgrundsatz im Strafrecht (Art. 103 Abs. 2 GG). 1986.

Band 17 Patrick Carroll Campbell: § 220a StGB. Der richtige Weg zur Verhütung und Bestrafung von Genozid? 1986.

Band 18 Winfried Hassemer (Hrsg.): Strafrechtspolitik. Bedingungen der Strafrechtsreform. 1987.

Band 19 Felix Herzog: Prävention des Unrechts oder Manifestation des Rechts. Bausteine zur Überwindung des heteronom-präventiven Denkens in der Strafrechtstheorie der Moderne. 1987.

Band 20 Astrid Michalke-Detmering: Die Mindestanforderungen an die rechtliche Begründung des erstinstanzlichen Strafurteils. Zur Auslegung des § 267 StPO. 1987.

Band 21 Lothar Kuhlen: Die Unterscheidung von vorsatzausschließenden und nichtvorsatzausschliessendem Irrtum. 1987.

Band 22 Michael Buttel: Kritik der Figur des Aufklärungsgehilfen im Betäubungsmittelstrafrecht (§ 31 BtMG). 1988.

Band 23 Matthias Kögler: Die zeitliche Unbestimmtheit freiheitsentziehender Sanktionen des Strafrechts. Eine vergleichende Untersuchung zur Rechtslage und Strafvollstreckungspraxis in der Bundesrepublik Deutschland und den USA. 1988.

Band 24 Klaus Lüderssen/Cornelius Nestler-Tremel/Ewa Weigend(Hrsg.): Modernes Strafrecht und ultima-ratio-Prinzip. 1990

Band 25 Jürgen Taschke: Die behördliche Zurückhaltung von Beweismitteln im Strafprozeß. 1989

Band 26 Daniela Westphalen: Karl Binding (1841-1920). Materialien zur Biographie eines Strafrechtsgelehrten. 1989.

Band 27 Sigrid Jans: Die Aushöhlung des Klageerzwingungsverfahrens. 1990.

Band 28 Dimitris Spirakos: Folter als Problem des Strafrechts. Kriminologische, kriminalsoziologische und (straf-)rechtsdogmatische Aspekte unter besonderer Berücksichtigung der Folterschutzkonvention und der Pönalisierung der Folter in Griechenland. 1990.

Band 29 Stephan Moll: Strafrechtliche Aspekte der Behandlung Opiatabhängiger mit Methadon und Codein. 1990.

Band 30 Stefan Werner: Wirtschaftsordnung und Wirtschaftsstrafrecht im Nationalsozialismus. 1991.

Band 31 Xanthi Bassakou: Beiträge zur Analyse und Reform des Absehens von Strafe nach § 60 StGB. 1991.

Band 32 Rainer Runte: Die Veränderung von Rechtfertigungsgründen durch Rechtsprechung und Lehre. Moderne Strafrechtsdogmatik zwischen Rechtsstaatsprinzip und Kriminalpolitik. 1991.

Band 33 Olaf Hohmann: Das Rechtsgut der Umweltdelikte. Grenzen des strafrechtlichen Umweltschutzes. 1991.

Band 34 Klaus Jochen Müller: Das Strafbefehlsverfahren (§§ 407 ff. StPO). Eine dogmatisch-kriminalpolitische Studie zu dieser Form des schriftlichen Verfahrens unter besonderer Berücksichtigung der geschichtlichen Entwicklung – zugleich ein Beitrag zum StVÄG 1987. 1993

Band 35 Sang-Don Yi: Wortlautgrenze, Intersubjektivität und Kontexteinbettung. Das strafrechtliche Analogieverbot. 1991.

Band 36 Birgit Malsack: Die Stellung der Verteidigung im reformierten Strafprozeß. Eine rechtshistorische Studie anhand der Schriften von C. J. A. Mittermaier. 1992.

Band 37 Rüdiger Schäfer: Die Privilegierung des "freiwillig-positiven" Verhaltens des Delinquenten nach formell vollendeter Straftat. Zugleich ein Beitrag zum Grundgedanken des Rücktritts vom Versuch und zu den Straftheorien. 1992.

Band 38 Cornelius Nestler-Tremel: AIDS und Strafzumessung. 1992.

Band 39 Christine Gutmann: Freiwilligkeit und (Sozio-)Therapie – notwendige Verknüpfung oder Widerspruch? 1993.

Band 40 Walter Kargl: Der strafrechtliche Vorsatz auf der Basis der kognitiven Handlungstheorie. 1993.

Band 41 Jürgen Rath: Zur strafrechtlichen Behandlung der aberratio ictus und des error in objecto des Täters. 1993.

Band 42 Martin Fischer: Wille und Wirksamkeit. Eine Untersuchung zum Problem des *dolus alternativus*. 1993.

Band 43 Regina Harzer: Der Naturzustand als Denkfigur moderner praktischer Vernunft. Zugleich ein Beitrag zur Staats- und Rechtsphilosophie von Hobbes und Kant. 1994.

Band 44 Helmut Pollähne: Lockerungen im Maßregelvollzug. Eine Untersuchung am Beispiel der Anwendung des nordrhein-westfälischen Maßregelvollzugsgesetzes im Westfälischen Zentrum für Forensische Psychiatrie (Lippstadt). 1994.

Band 45 Hans-Joachim Leonhardt: Rechtsmittelermessen der Staatsanwaltschaft. Eine Gegenüberstellung von § 296 StPO mit Nummern 147 und 148 Richtlinien für das Strafverfahren und das Bußgeldverfahren (RiStBV). 1994.

Band 46 Rolf Grünebaum: Zur Strafbarkeit des Therapeuten im Maßregelvollzug bei fehlgeschlagenen Lockerungen. 1996.

Band 47 Barbara Bialas: Promille-Grenzen, Vorsatz und Fahrlässigkeit. 1996.

Band 48 Christine Pott: Die Außerkraftsetzung der Legalität durch das Opportunitätsdenken in den Vorschriften der §§ 154, 154a StPO. Zugleich ein Beitrag zu einer kritischen Strafverfahrensrechtstheorie. 1996.

Band 49 Wolfgang Köberer: *Iudex non calculat*. Über die Unmöglichkeit, Strafzumessung sozialwissenschaftlich-mathematisch zu rationalisieren. 1996.

Band 50 Institut für Kriminalwissenschaften Frankfurt a.M. (Hrsg.): Vom unmöglichen Zustand des Strafrechts. 1995.

Band 51 Petra Kamberger: Treu und Glauben (§ 242 BGB) als Garantenstellung im Strafrecht? 1996.

Band 52 Anastassios Triantafyllou: Das Delikt der gefährlichen Körperverletzung (§ 223a StGB) als Gefährdungsdelikt. (Zugleich ein Beitrag zur Dogmatik der Gefährdungsdelikte). 1996.

Band 53 Norbert Kissel: Aufrufe zum Ungehorsam und § 111 StGB. Grundrechtlicher Einfluß bei der Feststellung strafbaren Unrechts. 1996.

Band 54 Susanne Ehret: Franz von Liszt und das Gesetzlichkeitsprinzip. Zugleich ein Beitrag wider die Gleichsetzung von Magna-charta-Formel und Nullum-crimen-Grundsatz. 1996.

Band 55 Stefan Braum: Geschichte der Revision im Strafverfahren von 1877 bis zur Gegenwart. Zugleich eine Kritik der Kontinuität politischer Macht im Recht. 1996.

Band 56 Katja Diel: Das Regreßverbot als allgemeine Tatbestandsgrenze im Strafrecht. 1997.

Band 57 Christoph Koller: Die Staatsanwaltschaft – Organ der Judikative oder Exekutivbehörde? Die Stellung der Anklagebehörde und die Gewaltenteilung des Grundgesetzes. 1997.

Band 58 Frank Schößler: Anerkennung und Beleidigung. Rechtsgut und Strafzweck des § 185 StGB. 1997.

Peter Lang · Europäischer Verlag der Wissenschaften

Norbert Kissel

Aufrufe zum Ungehorsam und § 111 StGB

Grundrechtlicher Einfluß bei der Feststellung strafbaren Unrechts

Frankfurt/M., Berlin, Bern, New York, Paris, Wien, 1996. 293 S.
Frankfurter kriminalwissenschaftliche Studien. Bd. 53
Verantwortlicher Herausgeber: Klaus Lüderssen.
ISBN 3-631-30661-X · br. DM 84.–*

Der Tatbestand der „Öffentlichen Aufforderung zu Straftaten" (§ 111 StGB) ist in den letzten Jahren von der Rechtspraxis vor allem in solchen Sachverhalten herangezogen worden, in denen Bürger im Protest gegen eine bestimmte staatliche Politik zu demonstrativem Widerstand oder Verweigerung aufgerufen haben. Bei der Bewertung dieser „Aufrufe zum Ungehorsam" als strafrechtswidriges Verhalten ist ein hier festzustellender grundrechtlicher Einfluß regelmäßig außer acht gelassen worden. Unter Berücksichtigung eines insoweit exemplarischen Spannungsverhältnisses von Straf- und Verfassungsrecht versucht die Studie eine Interpretation des § 111 StGB, die den notwendigen Begrenzungen durch das Grundrecht der Meinungsfreiheit Rechnung trägt. Auch wird die Frage behandelt, ob Grundrechte – speziell Art. 5 I GG – unmittelbar als strafrechtliche Rechtfertigungsgründe herangezogen werden können, was der Verfasser in Ausnahmekonstellationen bejaht.

Aus dem Inhalt: Rechtsgut und Reichweite des Tatbestands öffentlicher Aufforderung zu Straftaten (§ 111 StGB) im Einflußbereich des Art. 5 I GG · Möglichkeiten einer strafrechtlichen Rechtfertigung aufgrund Grundrechtsvorrangs

Frankfurt/M · Berlin · Bern · New York · Paris · Wien
Auslieferung: Verlag Peter Lang AG
Jupiterstr. 15, CH-3000 Bern 15
Telefon (004131) 9402131
*inklusive Mehrwertsteuer
Preisänderungen vorbehalten

Printed by
CPI books GmbH, Leck

Kolibri 360 GmbH
Ferdinand-Jühlke-Straße 7
99095 Erfurt, Deutschland
produktsicherheit@kolibri360.de